CHEMIE 2000+

SEKUNDARSTUFE II

Bearbeitet von Dr. Claudia Bohrmann-Linde, Ralf Buric, Patrick Krollmann, Dr. Wolfgang Schmitz, Dr. Ilona Schulze, Prof. Dr. Michael Tausch, Dr. Magdalene von Wachtendonk, Prof. Dr. Heinz Wambach und Dr. Judith Wambach-Laicher

Lehrerhandbuch

C.C.BUCHNER

Dieses Werk folgt der reformierten Rechtschreibung und Zeichensetzung.

Auflage 1 4 3 2   2014 2012 2010
Die letzte Zahl bedeutet das Jahr des Druckes.
Alle Drucke dieser Auflage sind, weil untereinander unverändert, nebeneinander benutzbar.

www.ccbuchner.de

Druck und Bindung: Druckerei Bussard, Gundelsheim, www.bussard.de

ISBN 978-3-7661-3425-7

I. Das Konzept *Chemie 2000+*

Chemie 2000+ ist ein umfassendes Projekt zur curricularen Modernisierung des Chemieunterrichts in der Sekundarstufe II. Es entwickelt sich in enger Kooperation zwischen der Schulpraxis und der Chemiedidaktik an der Hochschule und setzt die Forderungen der Lehrpläne in konkrete Unterrichtsmaterialien um. Dabei werden die aktuellen Forschungsergebnisse der experimentellen Fachdidaktik (etwa neue Zugänge zu Basiskonzepten der Chemie) ebenso berücksichtigt wie die Ergebnisse empirischer Lehr- und Lernforschung (etwa Gestaltung von Lernprozessen und Lernumgebungen).

Im Zusammenhang mit der breiten öffentlichen Diskussion über die Leistungen deutscher Schülerinnen und Schüler auf naturwissenschaftlichem Gebiet ist festzustellen, dass PISA (Program for International Student Assessment) die naturwissenschaftliche Grundbildung (*scientific literacy*) wie folgt definiert:

„Naturwissenschaftliche Grundbildung ist die Fähigkeit, naturwissenschaftliches Wissen anzuwenden, naturwissenschaftliche Fragen zu erkennen und aus Belegen Schlussfolgerungen zu ziehen, um Entscheidungen zu verstehen und zu treffen, welche die natürliche Welt und die durch menschliches Handeln an ihr vorgenommenen Veränderungen betreffen." (OECD, 1999)

Genau diese Fähigkeiten bei den Lernenden zu entwickeln ist das Anliegen von *Chemie 2000+*. Daher werden die Grundkonzepte der Chemie problemorientiert im Rahmen sinnvoller und motivierender Zusammenhänge erschlossen. Die Besonderheiten beim naturwissenschaftlichen Weg der Erkenntnisgewinnung werden exemplarisch aufgezeigt, das gewonnene Wissen angewandt und dabei permanent erweitert.

Die in diesem Lehrerband dargestellten Lösungen aller Aufgaben, einschließlich der Aufgaben zur Versuchsauswertung, sollen eine weitere Hilfe für Kolleginnen und Kollegen bei ihrer alltäglichen Arbeit darstellen.

Der Band für die Sekundarstufe II von *Chemie 2000+* bezieht sich auf die acht großen Problemfelder Aromastoffe, „Vom Erdöl zu Anwendungsprodukten", Stoffkreisläufe, „Vom Rost zur Brennstoffzelle", Spurensuche – Konzentrationsbestimmungen, „Vom Erdöl zum Plexiglas®", „Vom Blattgrün zum Farbmonitor" und „Vom Frühstücksei zum Lifestyle". Jedes dieser Problemfelder ist zu Beginn eines Kapitels in Teilaspekte gegliedert, die grafisch in einem Facettenball dargestellt sind. Kurze Fragen oder Überschriften zu den einzelnen Facetten weisen auf das jeweils zu bearbeitende Problem hin.

Aus den Teilaspekten der oben genannten Problemfelder sind in dem Band für die Sekundarstufe II von *Chemie 2000+* Unterrichtsreihen gestaltet worden, die den Erfordernissen der aufbauend-vernetzenden Struktur der chemischen Fachsystematik entsprechen.
In diesem Gesamtband ist die Nummerierung der Facetten beibehalten. Indem die betreffende Nummer neben der Titelseite auch auf den einzelnen Buchseiten angegeben wird, ist eine Zuordnung der Inhalte von den betreffenden Seiten zu dem gerade im Focus stehenden Teilaspekt des großen Kontextes sehr leicht nachvollziehbar und auch beim einfachen Durchblättern des Buches erkennbar. Im Kompendium am Ende des Buches sind die Fachkenntnisse für das **Zentralabitur** in komprimierter Form übersichtlich und mit Seitenverweisen in die drei Bände zusammengefasst.

Die wichtigsten **Merkmale** des Gesamtwerks ***Chemie 2000+*** lauten:

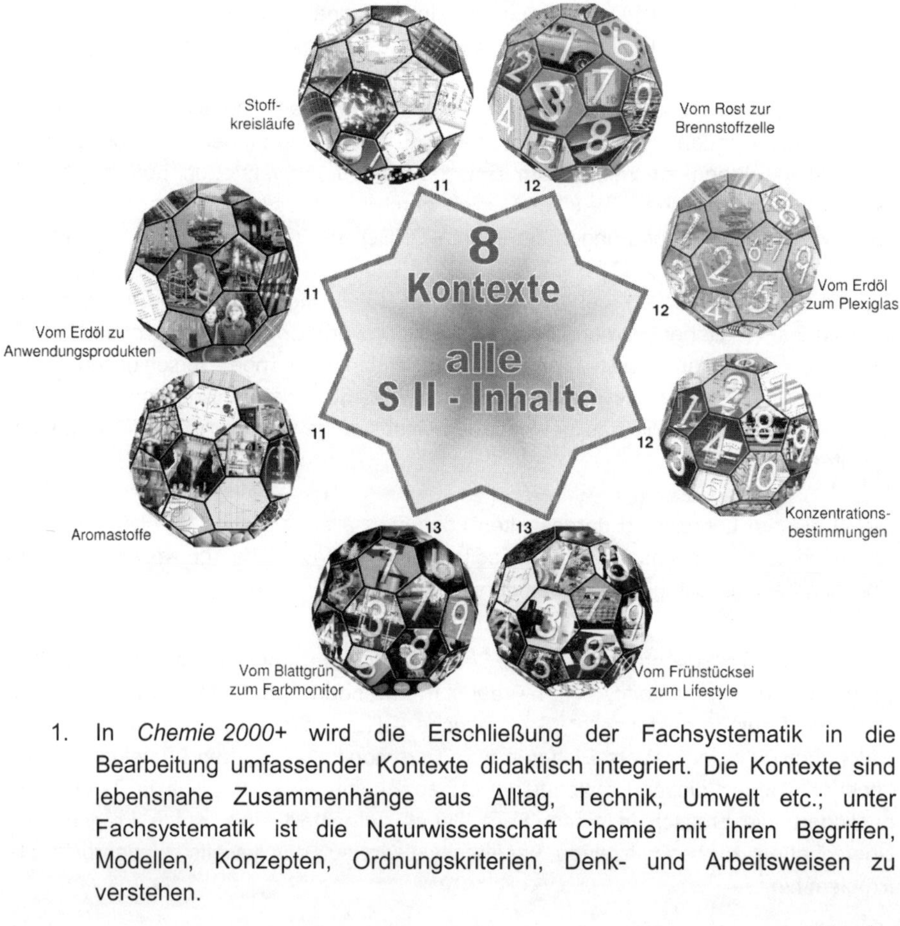

1. In *Chemie 2000+* wird die Erschließung der Fachsystematik in die Bearbeitung umfassender Kontexte didaktisch integriert. Die Kontexte sind lebensnahe Zusammenhänge aus Alltag, Technik, Umwelt etc.; unter Fachsystematik ist die Naturwissenschaft Chemie mit ihren Begriffen, Modellen, Konzepten, Ordnungskriterien, Denk- und Arbeitsweisen zu verstehen.

2. Etablierte Inhalte des Chemieunterrichts werden durch innovative Inhalte ergänzt, wobei neue Erkenntnisse und Anwendungen aus Wissenschaft, Technik, Umwelt und Leben für den Unterricht erschlossen worden sind. Dabei werden die tragenden Konzepte der Chemie und die obligatorischen Inhalte für das Zentralabitur erarbeitet.
3. Mit der Absicht, Schüler zu selbstständigem Lernen anzuleiten, kommt den Aufgaben in *Chemie 2000+* eine besondere Bedeutung zu. Sie sollen nicht lediglich Wissen abfragen, sondern vor allem die Anwendung von Wissen beim Lösen von Problemen fördern. Daher sind die Aufgaben nicht ausschließlich in Blöcken am Ende eines Bausteins plaziert, sondern auch in die Legenden vieler Bilder integriert. Darüber hinaus werden zu allen Versuchen auch Aufgaben zur Auswertung der Ergebnisse vorgeschlagen, die der Lehrperson bei der Gestaltung der Unterrichtsstunde helfen sollen.
4. Auf sogenannten EVA-Seiten (Erweiterung-Vertiefung-Anwendung) wird ebenfalls vielfältiges Material für selbstständiges Lernen und für das Training der Kompetenzen im Sinne von *scientific literacy* (Wissen und Verstehen, Beurteilen und Anwenden, Recherchieren und Kommunizieren etc.) bereitgestellt. So werden Inhalte zur Vertiefung, fakultativer Zusatzstoff und Themen für Referate sowie für Facharbeiten angeboten. Diese Seiten unterscheiden sich durch Layout und logische Struktur von den anderen Seiten.
5. Jede der acht Unterrichtsreihen setzt sich aus überschaubaren Lernbausteinen zusammen, die im Buch auf ein bis zwei Doppelseiten dargestellt sind. Die Struktur eines Lernbausteins entspricht in der Regel der eines Lernzyklus, d.h. von den Vorkenntnissen ausgehend werden neue Problemstellungen entwickelt, die zu neuen Erkenntnissen und deren Anwendung führen.
6. Das äußere Erscheinungsbild der Buchdoppelseiten ist – wie ihr formaler Aufbau – einheitlich. Die linke Arbeitsseite enthält für die Gestaltung des Unterrichts Bilder, Tabellen, Experimente und Vorschläge zur Auswertung. Auf der rechten Leseseite werden aus den Versuchsergebnissen und zusätzlichen Informationen die neuen Erkenntnisse und Begriffe entwickelt und angewandt.
7. Ein besonderes Merkmal dieses Lehrwerks ist die Kombination des gedruckten Mediums Buch mit ergänzenden elektronischen Medien. ***Chemie 2000+ Online*** ist das Internet-Portal zum gedruckten Lehrbuch *Chemie 2000+*. Dieser Service ist kostenlos und kann über ***http://www.chemiedidaktik.uni-wuppertal.de/*** geöffnet werden, wenn entweder der Facettenball im oberen Bereich oder Chemie 2000+ Online in der Seitenleiste angeklickt wird. Dieser Online-Service enthält folgende Optionen:

8. In der Navigationsleiste ist unter „Bücher" beispielsweise der Band 3 von *Chemie 2000+* erreichbar. Von da aus können Online-Ergänzungen zu einzelnen Seiten im Buch direkt durch Anklicken der entsprechenden Seitenzahl angesteuert werden.
9. Ebenfalls über die Navigationsleiste in *Chemie 2000+ Online* können Experimente (nach Themen geordnet), Materialien (z.B. Videos, Flash-Animationen, Folien, Arbeitsblätter), Sachinformationen und Aktivitäten (z.B. Lehrerfortbildung) angesteuert werden.

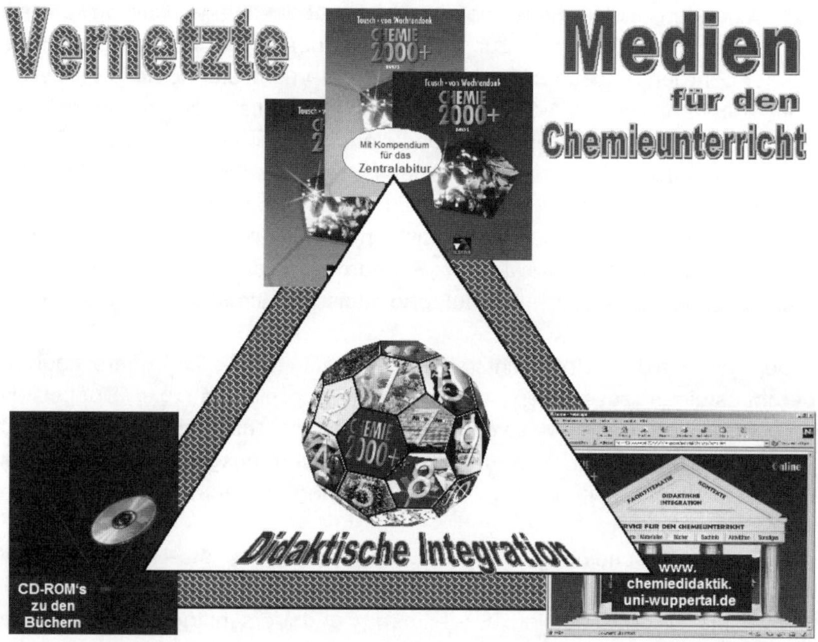

10. Die Materialien unter der Oberfläche *Chemie 2000+ Online* sind sowohl untereinander durch Links vernetzt als auch durch Links mit dem weltweiten Internet verbunden.
11. Die Online-Ergänzungen werden von uns permanent erweitert, aktualisiert und falls nötig korrigiert.
12. Als zusätzliche Hilfe für die Erstellung von eigenen Unterrichtsmaterialien bietet der Verlag eine **CD-ROM** mit allen Bilder und Grafiken des Buchs an. Die Dateien im JPG-Format sind wie auf den Buchseiten benannt, sodass auch hier ein langes Suchen ausgeschlossen ist.

Liebe Kolleginnen und Kollegen, wir wünschen Ihnen und Ihren Schülerinnen und Schülern beim Lehren und Lernen von Chemie mithilfe von *Chemie 2000+* Spaß und Erfolg! Sollten Sie in diesem Lösungsband (und im Schülerband) trotz unserer Sorgfalt bei der Bearbeitung Fehler finden, sind wir Ihnen dankbar, wenn Sie uns darauf hinweisen.

Ihr Team *Chemie 2000+*

II. Lösungen der Aufgaben
und didaktische Hinweise

Seite 4 und 5

Anmerkung zu V2:
Die Wasserdampfdestillation ist auch in einer vereinfachten Apparatur möglich. Dazu werden Lavendelblüten in einem 1-L-Rundkolben mit ca. 500 mL Wasser zum Sieden erhitzt, das Destillat wird in einer eisgekühlten Vorlage aufgefangen.

Auswertung a):
Bei der Wasserdampfdestillation V2 destilliert eine Emulsion aus Wasser und Lavendelöl ab. Diese Emulsion wird in dem Roman „Das Parfum" wegen ihres Aussehens als „dünne trübe Suppe" beschrieben.

Auswertung b):
Die Extraktion V4 ist nicht sehr aufwendig, die Ausbeute an etherischem Öl ist aber auch relativ gering. Die Extraktion in der Soxleth-Apparatur ist aufwendiger, kann aber dafür zur quantitativen Ölgewinnung genutzt werden.

Weitere Hinweise:
Die Wasserdampfdestillation kann auch mit anderen Pflanzenteilen durchgeführt werden, z.B. mit Nelken oder Orangenschalen. Bei einer Extraktion werden auch die Farbstoffe mit extrahiert, weshalb ein gefärbtes etherisches Öl erhalten wird. Bei der Wasserdampfdestillation erhält man dagegen farblose Öle, die Farbstoffe (Carotinoide, Chlorophylle, Anthocyane etc.) lassen sich aufgrund ihrer hohen Siedetemperaturen nicht verdampfen.

B8:
Die linke Florentiner Flasche eignet sich zur Gewinnung etherischer Öle, die eine geringere Dichte als Wasser besitzen – was die Regel ist –, die rechte Flasche für etherische Öle mit einer höheren Dichte als Wasser.

Seite 6 und 7 (EVA)

A1 (Seite 6):
Fläche von Peak 1:

$$h = 4{,}3\ cm;\ b = 0{,}17\ cm;\ A = b \cdot h = 0{,}17 \cdot 4{,}3\ cm^2 = 0{,}731\ cm^2$$

Fläche von Peak 2:

$$h = 2{,}2\ cm;\ b = 0{,}18\ cm;\ A = 0{,}397\ cm^2$$

$$w(Linalylacetat) = \frac{0{,}731}{0{,}731 + 0{,}396} \cdot 100\% = 64{,}9\%$$

$$w(Linalool) = \frac{0{,}396}{0{,}731 + 0{,}396} \cdot 100\% = 35{,}1\%$$

Die Abweichungen zu den vom Computer errechneten Werten sind erstens darauf zurückzuführen, dass nur die Flächen der Peaks 1 und 2 der beiden Hauptbestandteile berücksichtigt und die weiteren Komponenten vernachlässigt wurden, und zweitens auf Messfehler beim Abmessen der Peakhöhen und -breiten.

A1 (Seite 7):

Gegeben:	*p*(Linalylacetat)	=	15 hPa
	p(Wasser)	=	998 hPa
	M(Linalylacetat)	=	196 g/mol
	M(Wasser)	=	18 g/mol
	m(Wasser)	=	10 g
Gesucht:	*m*(Linalylacetat)		

Berechnung:

$$\frac{n(Linalylacetat)}{n(Wasser)} = \frac{p(Linalylacetat)}{p(Wasser)}$$

$$n(Linalylacetat) = \frac{p(Linalylacetat) \cdot n(Wasser)}{p(Wasser)}$$

$$m(Linalylacetat) = \frac{p(Linalylacetat) \cdot M(Linalylacetat) \cdot m(Wasser)}{p(Wasser) \cdot M(Wasser)}$$

$$m(Linalylacetat) = \frac{15\ hPa \cdot 196\ g \cdot mol^{-1} \cdot 10\ g}{998\ hPa \cdot 18\ g \cdot mol^{-1}} = 1{,}64\ g$$

Bei einer Wasserdampfdestillation bei Normdruck werden mit 10 mL (10 g) Wasser 1,64 g Linalylacetat überdestilliert.

Weitere Hinweise:

Der Zusammenhang zwischen Dampfdruck und Temperatur wird durch die CLAUSIUS-CLAPEYRONSCHE Gleichung beschrieben. Danach besteht zwischen lg *p* und 1/*T* eine lineare Beziehung. Diese wird in grafischen Darstellungen für verschiedene Verbindungen unterschiedlicher Siedetemperaturen dokumentiert (vgl. Organikum, Auflage 20, 1999). Anhand dieser Darstellungen können die Siedetemperatur eines Gemisches aus Linalylacetat und Wasser sowie die Dampfdrücke der Komponenten abgeschätzt werden (siehe Abbildung auf der nächsten Seite).

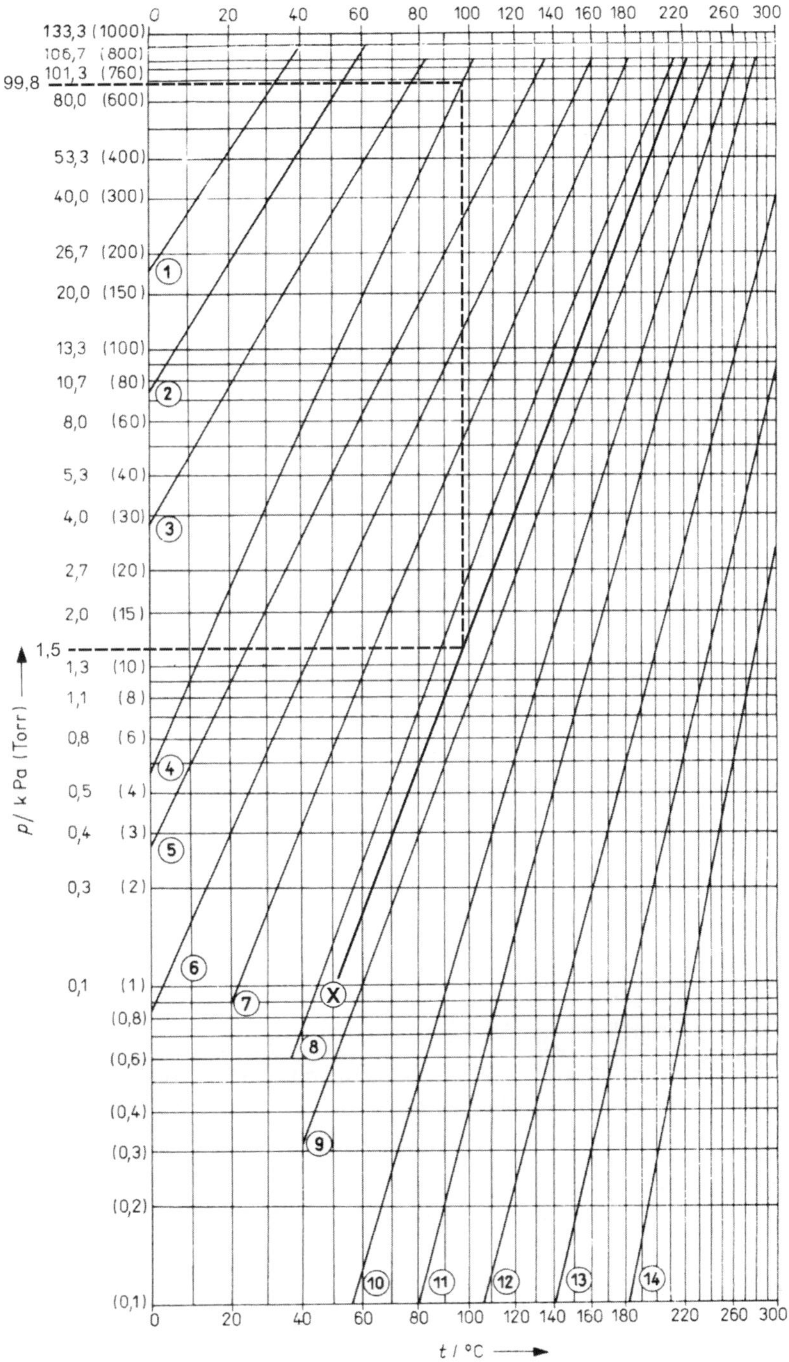

0 20 40 60 80 100 120 140 160 180 220 260 300
133,3 (1000)
106,7 (800)
101,3 (760)
99,8
80,0 (600)
53,3 (400)
40,0 (300)
26,7 (200)
20,0 (150)
13,3 (100)
10,7 (80)
8,0 (60)
5,3 (40)
4,0 (30)
2,7 (20)
2,0 (15)
1,5
1,3 (10)
1,1 (8)
0,8 (6)
0,5 (4)
0,4 (3)
0,3 (2)
0,1 (1)
(0,8)
(0,6)
(0,4)
(0,3)
(0,2)
(0,1)
p / k Pa (Torr)
1
2
3
4
5
6
7
8
9
X
10
11
12
13
14
t / °C

Erläuterungen zur Abbildung „Abhängigkeit der Siedetemperatur vom Druck“:

1	Diethylether	6	Brombenzen	10	Dodecylalkohol
2	Aceton	7	Anilin	11	Triethylenglycol
3	Benzen	8	Nitrobenzen	12	Phthalsäuredibutylester
4	Wasser	X	Linalylacetat	13	Tetracosan
5	Chlorbenzen	9	Chinolin	14	Octacosan

A2:
Lavendelöl ist ein Gemisch aus zwei Hauptkomponenten und einigen Komponenten, die nur in geringer Konzentration enthalten sind. Parfum ist ein Gemisch vieler verschiedener Komponenten.

Seite 8 und 9 (EVA)

A1:
Beobachtung:
Gibt man einen Tropfen etherisches Öl auf Filterpapier, verdunstet das Öl vollständig. Der Fleck ist nach einigen Minuten nicht mehr zu sehen.
Gibt man einen Tropfen eines Speiseöls auf Filterpapier, bleibt der Fleck erhalten.

Erklärung:
Das etherische Öl ist ein Stoffgemisch aus Stoffen, deren Moleküle relativ klein sind (vgl. Formeln in B1, Seite 18 im Schülerband). Beim Verdunsten gehen sie in die Gasphase über. Der Fleck aus etherischem Öl verschwindet vollständig.
Die Moleküle der Stoffe im Speiseöl sind wesentlich größer. Sie gehen nicht in die Gasphase über, der Fleck bleibt erhalten.

A2:

Etherisches Öl	Wirkung; Verwendung
Anisöl	schleimlösend in den Bronchien, krampflösend im Magen-Darm-Trakt; Bonbons, Mundwässer, Anisschnaps
Eukalyptusöl	schleimlösend, örtlich betäubend, erfrischend, antiseptisch, Insekten abweisend; Bonbons gegen Halsschmerzen, Salben zum Einreiben bei Erkältungen, Insektenschutzlotion
Fenchelöl	wie bei Anisöl wegen des hohen Anteils an Anethol, krampflösend bei Leibschmerzen; Tees
Fichtennadel-öl	durchblutungsfördernd beim Einreiben; Salben, Badezusätze zur Anwendung bei rheumatischen Beschwerden
Lavendelöl	Insekten vertreibend; Lavendelsäckchen im Kleiderschank zur Mottenabwehr

Etherisches Öl	Wirkung; Verwendung
Orangenöl	fettlösend; Reinigungsmittel, Backaroma
Nelkenöl	stark antiseptisch, örtlich betäubend; Verwendung in der Zahnmedizin, Mundwässer
Pfefferminzöl	schleimlösend, betäubend, kühlend, antibakteriell; Kaugummis, Bonbons, Mundwässer, Tees

Weitere Beispiele siehe J. Pütz u. Ch. Niklas, Hobbythek – Betörende Parfums, Heilende Düfte, vgs Verlagsgesellschaft, Köln 1993

B1:
Die Ausbeute an Rosenöl aus Rosenblüten beträgt 0,02 bis 0,03%. Die Tagesernte eines Pflückers von 50 kg Rosenblüten ergibt 10 bis 15 g Rosenöl.

B2:
Bei den Bakterienkulturen ist zu erkennen, dass das Bakterienwachstum an den Stellen gehemmt ist, an denen die etherischen Öle aufgetropft worden sind. Dies zeigt, dass die etherischen Öle eine antibakterielle Wirkung haben.

A3:

Butansäureethylester	ϑ_b = 116 °C
Geraniol	ϑ_b = 230 °C
Limonen	ϑ_b = 176 °C
Vanillin	ϑ_b = 285 °C

Butansäureethylester und Limonen sind auf Grund ihrer relativ niedrigen Siedetemperaturen leicht flüchtige Komponenten und könnten daher die Kopfnote eines Parfums bilden. Geraniol mit einer mittleren Siedetemperatur und daher mittleren Flüchtigkeit kommt für die Herznote und Vanillin für die Fondnote infrage.

B6:

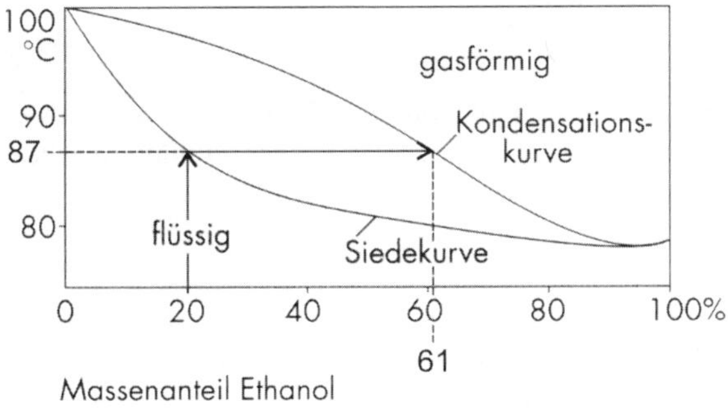

B6 *Siedediagramm eines Ethanol-Wasser-Gemisches.*

Ein Gemisch aus 20% Ethanol und 80% Wasser siedet bei 87 °C. Der Dampf besteht zu 61% aus Ethanol und 39% Wasser.

Seite 10 und 11

Auswertung a):

- V1:
  Bei der Zugabe von Eau de Parfum zu Wasser tritt eine Trübung auf, es bildet sich eine Emulsion aus den nicht wasserlöslichen Bestandteilen und Wasser. Bei der Zugabe von Ethanol bildet sich wieder eine klare Lösung.
- V2:
  Bei der portionsweisen Zugabe von Ethanol zur Mischung aus Pentan und Wasser erfolgt allmählich eine Vermischung der Phasen und Lösung.
- V3:
  Jod: gut löslich in Pentan und Ethanol; schlechter löslich in Wasser
  Glucose: gut löslich in Wasser; schlecht löslich in Pentan; mäßig löslich in Ethanol
  Man sollte möglichst wenig Glucose nehmen, um einen deutlichen Effekt zu erkennen.

Auswertung b):

	Duftstoff-Anteil in %	**Alkohol-Anteil in %**	**Wasser-Anteil in %**
Damenparfums			
Parfum	15 bis 20	80 bis 85	0 bis 5
Eau de Parfum	8 bis 15	75 bis 85	0 bis 17
Eau de Toilette	8 bis 12	73 bis 80	8 bis 19
Eau de Cologne	4 bis 8	70 bis 75	17 bis 26
Herrenparfums			
Eau de Toilette	5 bis 10	70 bis 75	15 bis 25
Eau de Cologne	3 bis 5	70 bis 75	17 bis 20
After Shave	2 bis 3	40 bis 60	37 bis 58

Zusammenfassend lässt sich feststellen: Je höher der Duftstoff-Anteil ist, umso höher ist der Alkohol-Anteil und umso niedriger der Wasser-Anteil eines Parfums.

Auswertung c):
Alkohol dient als Lösemittel für die unpolaren Duftstoffe und für das polare Wasser. Da sich die Duftstoffe und Wasser nicht ineinander lösen, muss bei einem hohen Duftstoff-Anteil auch der Alkohol-Anteil hoch sein.

B3:
Innerhalb einer Periode nimmt die EN zu, innerhalb einer Gruppe ab. Je weiter rechts und je weiter oben ein Element im Periodensystem steht, umso stärker ziehen seine Atome in Molekülen die Bindungselektronen an.

B4:

Aufgrund der im Vergleich zu Kohlenstoff höheren EN von Sauerstoff ist die O-H Bindung stärker polar als die C-H Bindung, die Sauerstoff-Atome ziehen bindende Elektronenpaare in Molekülen stärker an als Kohlenstoff-Atome. Ein Maß für die Polarität einer Bindung ist die EN-Differenz.

Die EN-Differenz zwischen O und H beträgt:

$$\Delta EN = EN(O) - EN(H) = 3{,}5 - 2{,}1 = 1{,}4$$

Die EN-Differenz zwischen C und H beträgt:

$$\Delta EN = EN(C) - EN(H) = 2{,}5 - 2{,}1 = 0{,}4$$

B8:

Wasserstoffbrückenbindungen können sich nur zwischen Molekülen ausbilden, bei denen die Wasserstoff-Atome an stark elektronegative Atome der Elemente Sauerstoff, Stickstoff oder Fluor gebunden sind. Daher können sich Wasserstoffbrückenbindungen zwischen den Hydroxy-Gruppen, aber nicht zwischen den Ethylgruppen ausbilden.

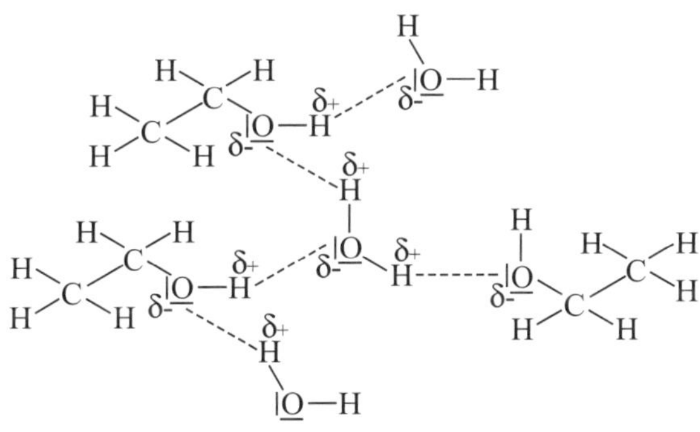

Seite 12 und 13

Auswertung a):

Alkohol	Löslichkeit in Pentan	Löslichkeit in Wasser
Methanol	schlecht	gut
Ethanol	gut	gut
1-Propanol	gut	gut
1-Butanol	gut	schlecht
1-Pentanol	gut	schlecht
Ethandiol	schlecht	gut
Propantriol	schlecht	gut

Auswertung b):

Aus Versuch 2 ist zu schließen, dass Ethanol in Wasser besser löslich ist als in Pentan, da sich eine Wasser-Ethanol-Phase von 4 mL aus 2 mL Wasser und 2 mL Ethanol ergibt und eine Pentanphase von 2 mL.

1-Propanol ist in Wasser und Pentan etwa gleich gut löslich. Die Wasserphase beträgt 3 mL ebenso wie die Pentanphase.

Butanol ist besser in Pentan löslich. Dies lässt den Schluss zu, dass im Ethanol-Molekül die Hydroxy-Gruppe einen stärkeren Einfluss auf die Löslichkeit hat als die Ethylgruppe und dass bei 1-Propanol der Einfluss der Hydroxy-Gruppe und der der Propyl-Gruppe gleich ist. Die Butyl-Gruppe und höhere Alkyl-Gruppen überwiegen den Einfluss der Hydroxy-Gruppe auf die Löslichkeit.

B2:

Vorteile der Struktursymbole: Übersichtlichkeit, schnell zu zeichnen, geben vereinfacht die räumliche Anordnung der C-Atome (Zick-Zack-Kette) wieder.

Struktursymbole:

Glycol

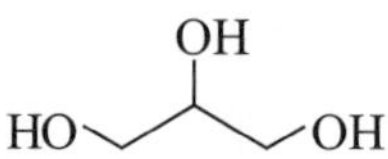

Glycerin

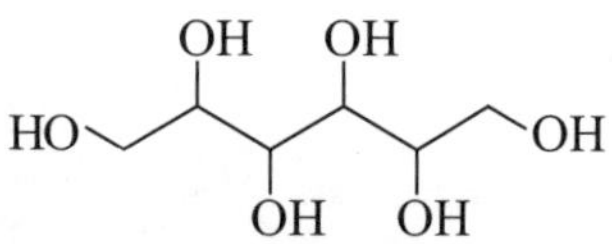

Sorbit

Anmerkung: Bei Sorbit wurde auf die Unterscheidung der optischen Isomere verzichtet.

A1:

Nomenklaturregeln zur Benennung von Alkoholen:

1. Der Name eines Alkohols (Alkanols) wird aus dem Namen des entsprechenden Alkans und der Endung -ol gebildet.
2. Die Stellung der Hydroxy-Gruppe wird durch eine vorangestellte Ziffer angegeben (1-Propanol, 2-Propanol). Dabei wird die Kohlenstoffkette so nummeriert, dass sich möglichst kleine Ziffern ergeben (2-Butanol statt 3-Butanol).
3. Die Anzahl der Hydroxy-Gruppen wird mit den Vorsilben di, tri, tetra usw. vor der Endung -ol angegeben.

A2:

1-Hexanol besitzt nur eine Hydroxy-Gruppe pro Molekül, Sorbit dagegen sechs Hydroxy-Gruppen pro Molekül bei gleicher Anzahl von Kohlenstoffatomen. Sorbit ist auf Grund der sechs Hydroxy-Gruppen stark hydrophil, während bei Hexanol die hydrophobe Hexyl-Gruppe einen größeren Einfluss als die Hydroxy-Gruppe zeigt.

B4:

1-Butanol besitzt die höchste Siedetemperatur der isomeren Butanole. Zwischen den unverzweigten Butyl-Gruppen treten demnach die stärksten VAN-DER-WAALS-

Kräfte auf. Entsprechend ist auch die Wasserlöslichkeit von 1-Butanol am geringsten.
Der Vergleich der Siedetemperaturen von 1- und 2-Butanol sowie von 2-Methyl-1-propanol und 2-Methyl-2-propanol zeigt, dass die VAN-DER-WAALS-Kräfte abnehmen, wenn die Hydroxy-Gruppe nicht endständig, sondern am 2. Kohlenstoff-Atom gebunden ist. Entsprechend ist die Wasserlöslichkeit von 2-Butanol größer als die von 1-Butanol und die von 2-Methyl-2-propanol größer als die von 2-Methyl-1-propanol.
Der Vergleich der Siedetemperaturen von 2-Butanol und 2-Methyl-1-propanol zeigt, dass die Verzweigung der Alkyl-Gruppe einen geringeren Einfluss auf die Eigenschaften hat als die Stellung der Hydroxy-Gruppe.

Seite 14 und 15 (EVA)

B3:
Beim Sieden einer Verbindung werden die zwischenmolekularen Bindungen aufgebrochen.
Ethanol-Moleküle besitzen Hydroxy-Gruppen, die untereinander relativ starke Wasserstoffbrückenbindungen ausbilden. Zwischen Dimethylether-Molekülen treten nur die schwächeren Dipol-Dipol-Kräfte auf. Daher siedet Dimethylether bereits bei einer niedrigeren Temperatur als Ethanol.
Die bessere Wasserlöslichkeit von Ethanol lässt sich damit erklären, dass Ethanol-Moleküle über die Hydroxy-Gruppe aktiv und passiv Wasserstoffbrückenbindungen zu Wasser-Molekülen bilden können. Das Dimethylether-Molekül enthält eine polare Ether-Gruppe, über die lediglich eine Hydratation durch Wasser-Moleküle über passive Wasserstoffbrückenbindungen möglich ist, die zwar eine gewisse, aber deutlich geringere Wasserlöslichkeit von Dimethylether bewirkt.

Auswertung a), b), c):
Siehe Schülerband Seite 14.

B3:
Der Peak bei 15 u, der der Methyl-Gruppe entspricht, ist im Massenspektrum von Methanol ausgeprägter als bei Glykol.
Der Peak bei 31 u, der charakteristisch ist für die primäre Hydroxy-Gruppe $-CH_2OH$, tritt in beiden Spektren auf.
Der Peak bei 62 u tritt nur im Spektrum von Glykol auf, er entspricht dem Molekülpeak und gibt die Molekülmasse an.

Seite 16 und 17

Auswertung b):
Die Bestimmung des Alkohol-Anteils über die Dichte gelingt nur bei reinen Wasser-Alkohol-Lösungen. Im Gäransatz sind noch Zucker und Hefe enthalten, die die Dichte der Lösung beeinflussen. Bei der Destillation erhält man ein Destillat, das nur aus Alkohol und Wasser besteht, da die übrigen Stoffe bei der Destillationstemperatur nicht verdampfen.

A1 (Seite 16):

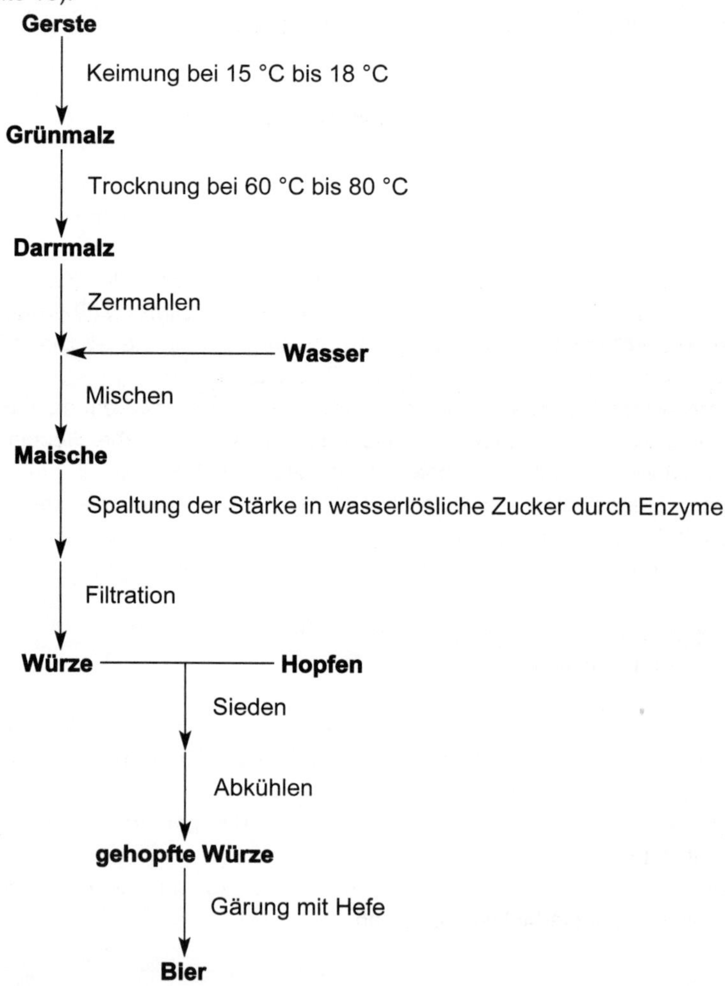

A2 (Seite 16):
Bei schneller Gärung wird pro Zeiteinheit viel Kohlenstoffdioxid gebildet. Die starke Gasentwicklung hält die Mischung in Bewegung und bewirkt, dass die Hefe nach

oben steigt. Bei langsamer Gärung bei niedriger Temperatur ist die Gasbildung schwach und das Verwirbeln der Mischung gering, die Hefe setzt sich ab.

A3 (Seite 16):
Bei der zum Abdestillieren des Alkohols bei Normdruck notwendigen Erhitzung würden auch Aromastoffe verdampfen.

A1 (Seite 17):
Berechnung des Blutalkoholgehaltes φ eines Mannes von 70 kg Gewicht nach dem Genuss von einem Glas Bier (O,3 L; 11,8 g Alkohol):

$$\varphi(Blutalkohol) = \frac{m(Alkohol)\ in\ g}{m(Person)\ in\ kg \cdot K}$$

Mit K = 0,68 und m(Alkohol) = 11,8 g ergibt sich:

$$\varphi(Blutalkohol) = \frac{11{,}8}{70 \cdot 0{,}68} = 0{,}25\ ‰$$

A2 (Seite 17):
Gründe, die zum Alkoholmissbrauch führen können:
Trinken aus

- Langeweile
- Depressionen (Text aus „Der kleine Prinz“); Versuch, Probleme zu verdrängen
- Gruppenzwang, weil alle Alkohol trinken und man dazugehören will

Beispiele für Regeln zum vernünftigen Umgang mit Alkohol:

- Alkoholische Getränke nicht zum Durstlöschen trinken
- sich nicht von anderen zum Trinken verleiten lassen und andere nicht zum Trinken auffordern
- nicht trinken, um Probleme zu verdrängen

A3 (Seite 17):
Aspekte in der Werbung für alkoholische Getränke:

- sich etwas Gutes gönnen
- jung sein und dazugehören
- Gemütlichkeit
- Lebensfreude
- gute Stimmung
- Natürlichkeit und Reinheit der Produkte

A4:
Die brennende Kerze soll den Winzer vor zu hohem Kohlenstoffdioxidgehalt in der Luft des Gärkellers warnen.

Seite 18 und 19

Auswertung a):

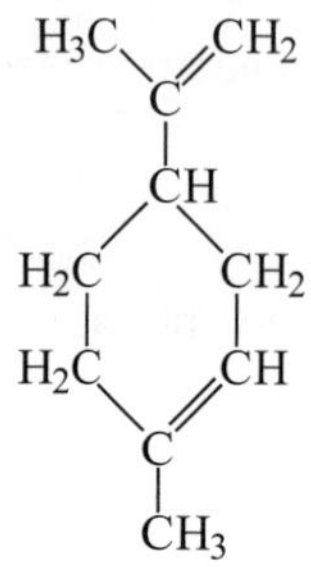

$C_{10}H_{16}$
Limonen

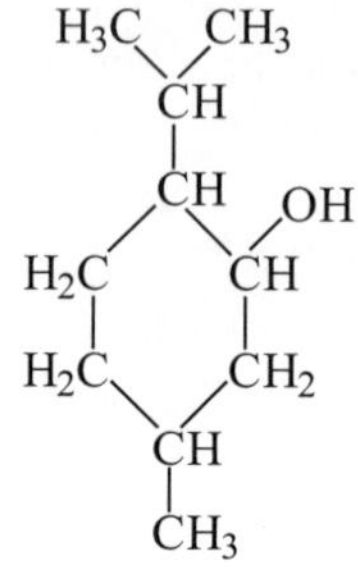

$C_{10}H_{20}O$
Menthol

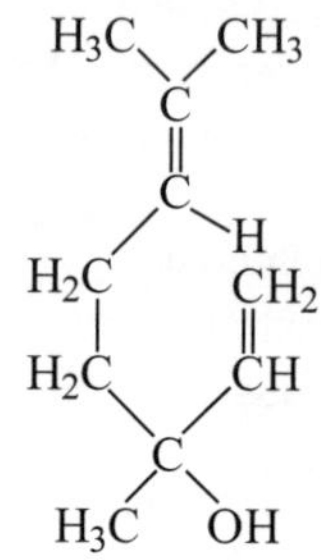

$C_{10}H_{18}O$
Linalool

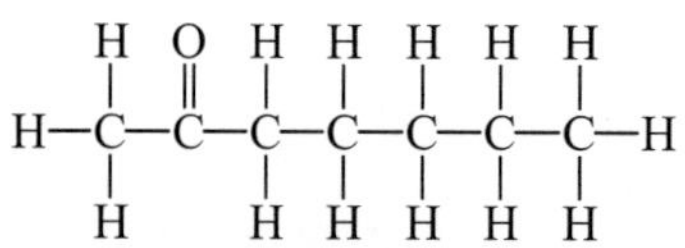

$C_7H_{14}O$
2-Heptanon

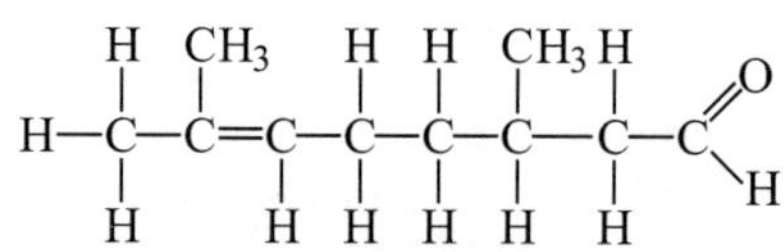

$C_{10}H_{18}O$
Citronellal

Auswertung b) und c):
Ordnungsmöglichkeiten der verschiedenen Verbindungen nach

- gleichen Atomgruppierungen (funktionellen Gruppen), z.B.:

Hydroxy-Gruppen:	Eugenol, Geraniol, Linalool, Menthol, Terpineol, Vanillin
Carbonyl-Gruppen:	Benzaldehyd, Citronellal, Heptanon, Ionon, Vanillin, Zimtaldehyd sowie Ethansäurebenzylester, Butansäureethylester, Linalylacetat
Alkoxy-Gruppen:	Eugenol, Vanillin sowie Ethansäurebenzylester, Butansäureethylester, Linalylacetat
Ester-Gruppen:	Ethansäurebenzylester, Butansäureethylester, Linalylacetat

- Kohlenstoff-Ringe: Benzaldehyd, Ethansäurebenzylester, Ionon, Limonen, Menthol, Terpineol, Vanillin, Zimtaldehyd
- C-C Doppelbindungen
- Anzahl der C-Atome pro Molekül

B5:
Siehe Auswertung b).

B6:
Bei den Kalottenmodellen wird die Raumausfüllung der Atome im Molekül deutlich, bei den Kugelstäbchenmodellen ist die räumliche Struktur der Atomgruppierungen besser zu erkennen.

Seite 20 und 21

A1 (Seite 20):

Limonen	positive Bromwasserprobe	Addition von 2 mol Brom pro mol Limonen
Menthol	negative Bromwasserprobe	
Geraniol	positive Bromwasserprobe	Addition von 2 mol Brom pro mol Geraniol
Linalool	positive Bromwasserprobe	Addition von 2 mol Brom pro mol Linalool
Terpineol	positive Bromwasserprobe	Addition von 1 mol Brom pro mol Terpineol

B1:
Zu den Terpenen gehört von den angegebenen Aromastoffen Limonen.
Terpenderivate sind Citronellal, Geraniol, Ionon, Linalool, Linalylacetat, Menthol, Terpineol.

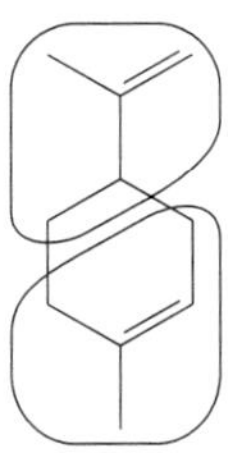

Limonen

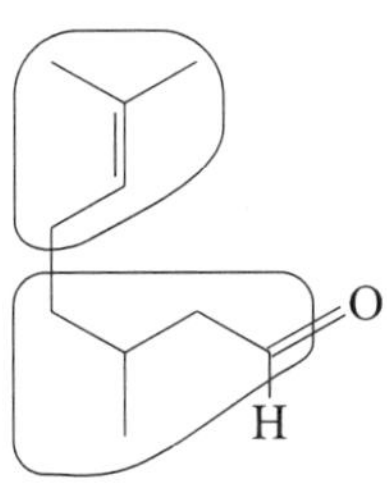

Citronellal

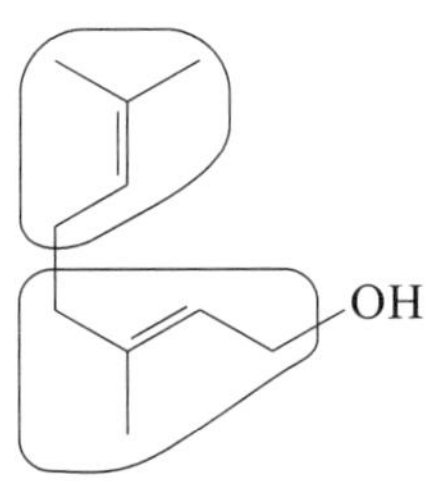

Geraniol

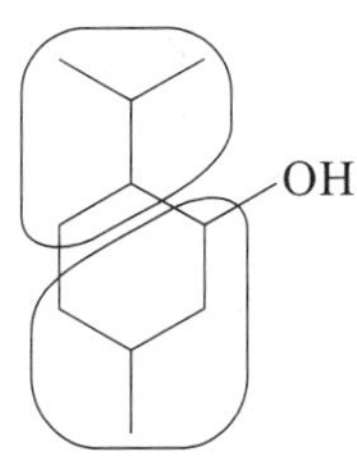

Menthol

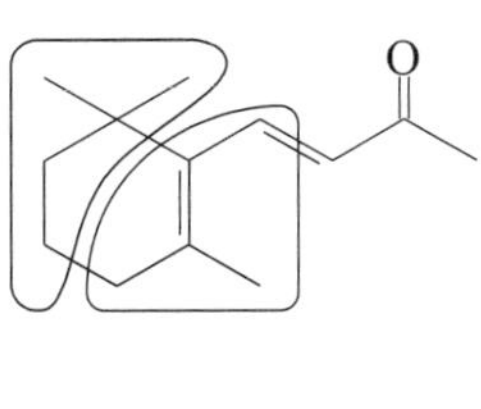

Ionon

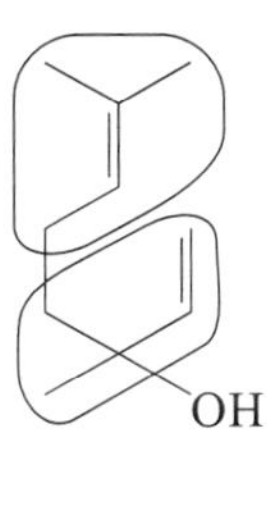

Linalool

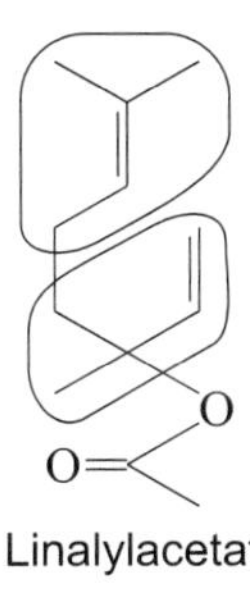

Linalylacetat

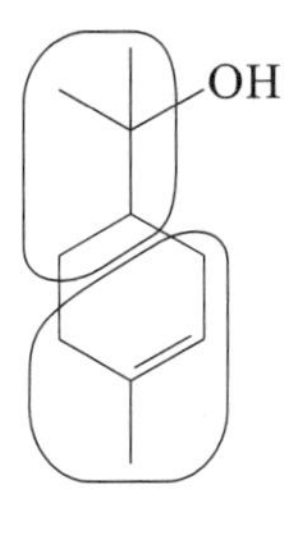

Terpineol

B2:

β-Carotin und Lycopin enthalten jeweils 8 Isopreneinheiten.

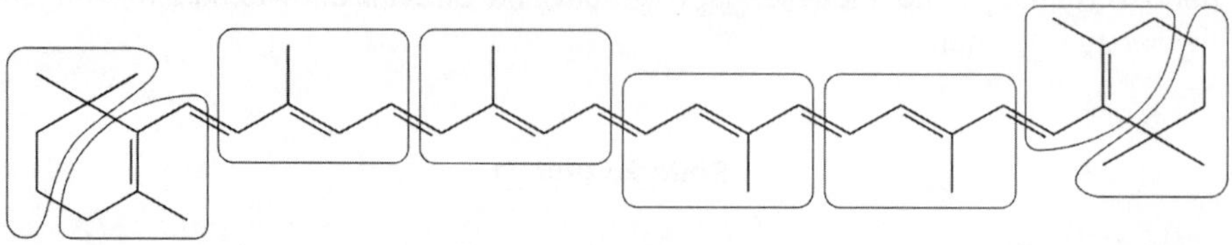

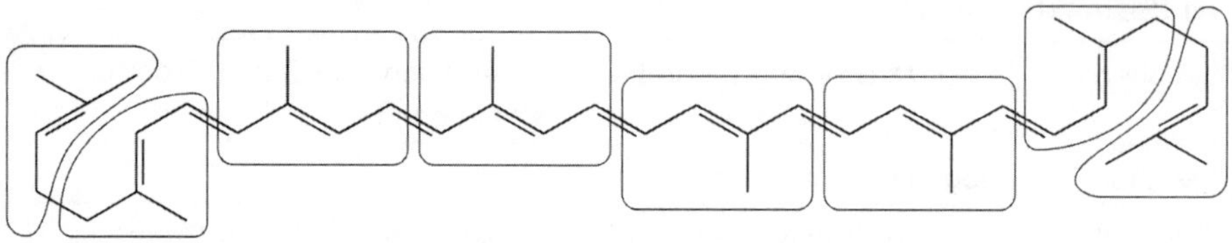

Die farbgebenden Verbindungen Lycopin und β-Carotin sind unpolare, hydrophobe Kohlenwasserstoffverbindungen, die sich gut in unpolaren Lösemitteln wie Ölen und Fetten lösen. Wegen des Fehlens von polaren Gruppen wie Hydroxy-Gruppen sind sie in Wasser schlecht löslich.

B3:

Beim Schütteln von Cyclohexan mit Bromwasser wird die wässrige Phase aufgehellt, die organische Phase braun. Brom löst sich demnach in Cyclohexan besser als in Wasser, denn Brom-Moleküle sind unpolar ebenso wie Cyclohexan-Moleküle.

Beim Schütteln von Cyclohexen mit Bromwasser tritt Entfärbung ein. Das Brom löst sich im unpolaren Cyclohexen besser als in Wasser (Entfärbung der wässrigen Phase), reagiert mit Cyclohexen in einer Addition (Entfärbung der organischen Phase).

A1 (Seite 21):

Alltagsprodukte mit Zusatz von Duftstoffen:

- Waschmittel
- Weichspüler
- Seifen
- Shampoos
- Deodorants
- Cremes
- Kosmetika
- Spülmittel
- Haushaltsreinigungsmittel
- Kerzen

Seite 22 und 23

Auswertung a):
Siehe B5, Seite 23 im Schülerband.

Auswertung b):
Siehe Schülerband Seite 23.

Auswertung c):

Alkohol	**Reaktions-produkt**	**Reaktionsgleichung**
Ethanol	Ethanal	$\mathrm{H_3CCH_2OH \xrightarrow{-2\,H} H_3CC(=O)H}$
1-Propanol	Propanal	$\mathrm{H_3CCH_2CH_2OH \xrightarrow{-2\,H} H_3CCH_2C(=O)H}$
1-Butanol	Butanal	$\mathrm{H_3CCH_2CH_2CH_2OH \xrightarrow{-2\,H} H_3CCH_2CH_2C(=O)H}$
2-Butanol	Butanon	$\mathrm{H_3CCH_2CH(OH)CH_3 \xrightarrow{-2\,H} H_3CCH_2C(=O)CH_3}$

Aus primären Alkoholen entstehen Aldehyde, sekundäre Alkohole werden zu Ketonen oxidiert.

Auswertung d):
Versetzt man Zimtöl, Bittermandelöl, Eau de Parfums u.a. mit SCHIFF-Reagenz, erhält man eine rotviolette Färbung: Nachweis für Aldehyde.

A1 (Seite 22):

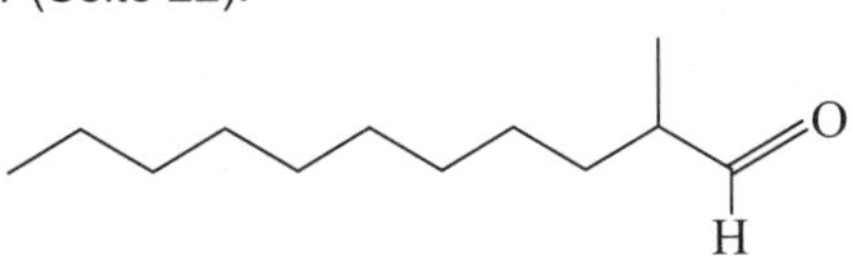

2-Methylundecanal (Chanel Nr. 5)

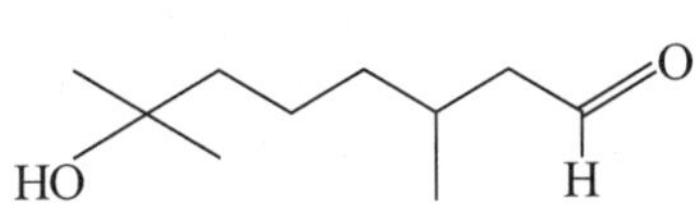

7-Hydroxy-3,7-dimethyloctanal

A2 (Seite 22):

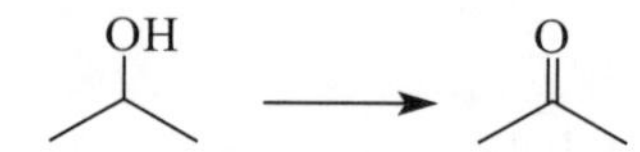

2-Propanol Propanon

2-Methyl-1-propanol 2-Methylpropanal

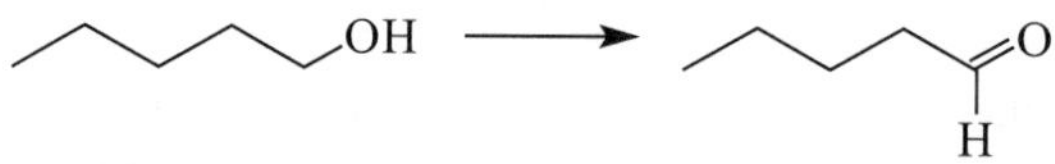

1-Pentanol Pentanal

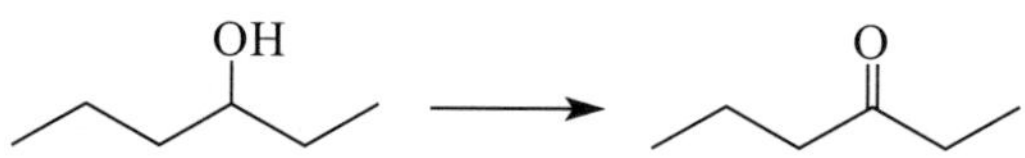

3-Hexanol 3-Hexanon

B2:

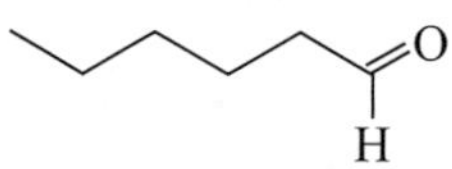

Hexanal

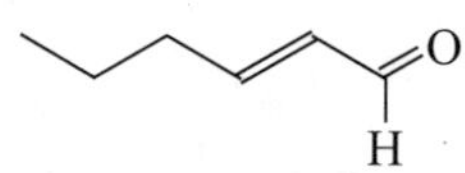

2-Hexenal

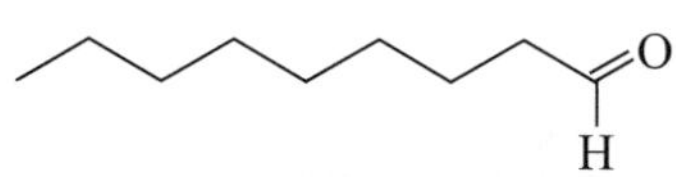

Nonanal

B3:
Bei einem tertiären Alkohol sind an das Kohlenstoff-Atom, an das die Hydroxy-Gruppe gebunden ist, drei weitere Kohlenstoff-Atome gebunden. Es kann sich daher keine C-O Doppelbindung unter Abspaltung eines Wasserstoff-Atoms ausbilden wie es bei der Oxidation von primären und sekundären Alkoholen der Fall ist. Eine Oxidation eines tertiären Alkohols ist mit einer Zerstörung des Kohlenstoff-Gerüstes verbunden.

B4:
Die Siedetemperaturen der Alkanale sind deutlich niedriger als die Siedetemperaturen der entsprechenden Alkohole mit gleicher Kettenlänge. So siedet z.B. Ethanol bei 78 °C und Ethanal bereits bei 21 °C. Zwischen den Hydroxy-Gruppen der Alkohol-Moleküle wirken relativ starke Wasserstoffbrückenbindungen,

zwischen Alkanal-Molekülen wirken lediglich Dipol-Dipol-Kräfte, die deutlich schwächer sind als Wasserstoffbrückenbindungen.

A1 (Seite 23):
Nach der heutigen Definition ist die Oxidation von Kupfer zu Kupferoxid eine Redoxreaktion. Die Kupfer-Atome geben Elektronen ab, sie werden oxidiert. Die Sauerstoffatome der Sauerstoff-Moleküle nehmen die Elektronen auf, sie werden reduziert.

A2 (Seite 23):

a) Die Reaktion

$$CuO + Fe \longrightarrow Cu + FeO$$

ist sowohl nach der ursprünglichen als auch nach der heutigen Definition eine Redoxreaktion.
Nach der ursprünglichen Definition wird CuO reduziert und Eisen oxidiert, nach der heutigen elektronentheoretischen Definition werden die in Kupferoxid gebundenen Kupfer-Ionen reduziert und die Eisen-Atome oxidiert.

b) Nach der ursprünglichen Definition ist Kupferoxid das Oxidationsmittel und Eisen das Reduktionsmittel, nach der heutigen sind die Kupfer-Ionen das Oxidationsmittel (Elektronen-Akzeptor) und die Eisen-Atome das Reduktionsmittel (Elektronen-Donator).

A3:

$$2\,Mg + O_2 \longrightarrow 2\,MgO$$

$2\,Mg \longrightarrow 2\,Mg^{2+} + 4\,e^-$ Oxidation, Elektronenabgabe

$O_2 + 4\,e^- \longrightarrow 2\,O^{2-}$ Reduktion, Elektronenaufnahme

Magnesium-Atome: Elektronen-Donatoren, Reduktionsmittel
Sauerstoff-Atome: Elektronen-Akzeptoren, Oxidationsmittel

$$Mg + Cl_2 \longrightarrow MgCl_2$$

$Mg \longrightarrow Mg^{2+} + 2\,e^-$ Oxidation, Elektronenabgabe

$Cl_2 + 2\,e^- \rightarrow 2\,Cl^-$ Reduktion, Elektronenaufnahme

Magnesium-Atome: Elektronen-Donatoren, Reduktionsmittel
Chlor-Atome: Elektronen-Akzeptoren, Oxidationsmittel

Seite 24 und 25

Auswertung a):
Siehe Schülerband Seite 25.

Auswertung b):

Reduktion: $\overset{\mathrm{II}}{\mathrm{Cu}}{}^{2+} + e^- \longrightarrow \overset{\mathrm{I}}{\mathrm{Cu}}{}^{+}$ $\quad / \cdot 2$

Oxidation: $H_3C\overset{\mathrm{I}}{C}\langle{}^{O}_{H} \longrightarrow H_3C\overset{\mathrm{III}}{C}\langle{}^{O}_{OH} + 2\,e^-$

Reaktionsgleichung:

$$H_3C\overset{\mathrm{I}}{C}\langle{}^{O}_{H} + 2\,\overset{\mathrm{II}}{\mathrm{Cu}}{}^{2+} + 4\,OH^- \longrightarrow H_3C\overset{\mathrm{III}}{C}\langle{}^{O}_{OH} + \overset{\mathrm{I}}{\mathrm{Cu}}{}_2O + 2\,H_2O$$

Anmerkung: Die Ladungsbilanz ist mit OH^--Ionen (links) und die Atombilanz mit Wasser-Molekülen (rechts) ausgeglichen worden.

Auswertung c):

Substanz	FEHLING-Probe	Begründung
Ethanol	positiv	Ethanol wird zu Ethansäure oxidiert.
Propanal	positiv	Propanal wird zu Propansäure oxidiert.
Propanon	negativ	Propanon enthält eine Keto-Gruppe, die nicht weiter oxidiert werden kann.
Glucose	positiv	Glucose enthält eine Aldehyd-Gruppe (siehe B3, Seite 24 im Schülerband), die zur Carboxylgruppe oxidiert werden kann.

B4:

Oxidation: $H_3C\overset{\mathrm{-I}}{C}H_2OH + H_2O \longrightarrow H_3C\overset{\mathrm{III}}{C}OOH + 4\,H^+ + 4\,e^-$ $\quad / \cdot 3$

Reduktion: $\overset{\mathrm{VI}}{\mathrm{Cr}}{}_2O_7^{2-} + 14\,H^+ + 6\,e^- \longrightarrow 2\,\overset{\mathrm{III}}{\mathrm{Cr}}{}^{3+} + 7\,H_2O$ $\quad / \cdot 2$

$$3\,H_3CCH_2OH + 2\,Cr_2O_7^{2-} + 16\,H^+ \longrightarrow 3\,H_3CCOOH + 4\,Cr^{3+} + 11\,H_2O$$

B7:
In den folgenden Molekülen haben die Wasserstoff-Atome immer die Oxidationszahl + I und die Sauerstoff-Atome die Oxidationszahl – II.

Methan

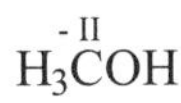
Methanol

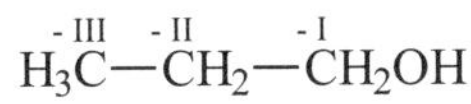
1-Propanol

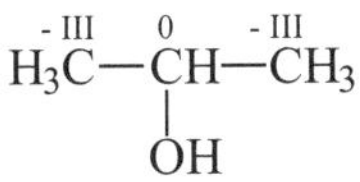
2-Propanol

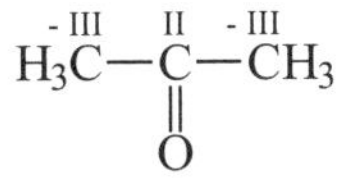
Propanon

Seite 26 und 27 (EVA)

Auswertung a):
Siehe Schülerband Seite 26.

Auswertung b):
Beim Erhitzen der Cu-Späne bildet sich mit dem Sauerstoff aus der Luft in der Apparatur schwarzes CuO, welches beim Überleiten von Ethanoldampf wieder zu Kupfer reduziert wird.

Auswertung zu V3:
a) Aceton enthält zwei unpolare Methylgruppen und eine polare Carbonylgruppe. Daher ist es sowohl mit unpolaren Stoffen (Pentan) als auch mit polaren Stoffen (Wasser) mischbar.
b) Der längerkettige Alkohol Dodecanol ist in Wasser schwerlöslich, es bilden sich zwei Phasen. Beim Zugeben von Aceton bildet sich eine Phase, da Aceton mit Wasser und mit Dodecanol mischbar ist.

A1:

Das C_1-Atom des Ethanol-Moleküls besitzt die Oxidationszahl – I. Bei der Dehydrierung erhöht sich die Oxidationszahl des C_1-Atoms auf + I im Ethanal-Molekül, es liegt also eine Oxidation vor. Die Oxidationszahl der Wasserstoff-Atome erniedrigt sich von + I im Ethanol-Molekül auf 0 im Wasserstoff-Molekül, es liegt demnach eine Reduktion vor.

A2:
Das Kupfer fungiert bei der Dehydrierung als Katalysator.

A3:

Isomere C_4H_8O, die eine Carbonyl-Gruppe enthalten:

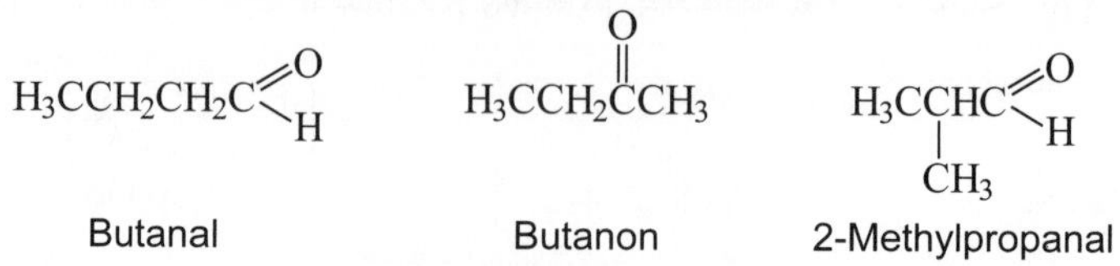

Fällt die FEHLING-Probe mit der Verbindung, deren Struktur ermittelt werden soll, negativ aus, so handelt es sich um Butanon. Ist die FEHLING-Probe positiv, so kann es Butanal oder 2-Methylpropanal sein. Für eine eindeutige Festlegung reicht dieser Versuch nicht aus.

A4:

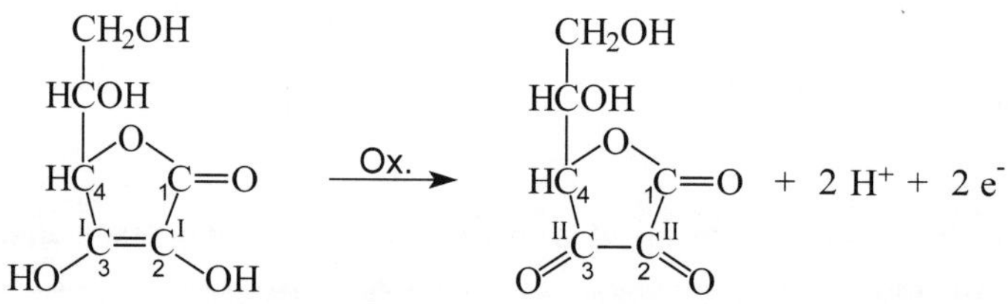

Bei der Oxidation von Ascorbinsäure erhöhen sich die Oxidationszahlen der Atome C_2 und C_3. Man kann diese Oxidation mit der Oxidation eines sekundären Alkohols zu einem Keton vergleichen.

A5:

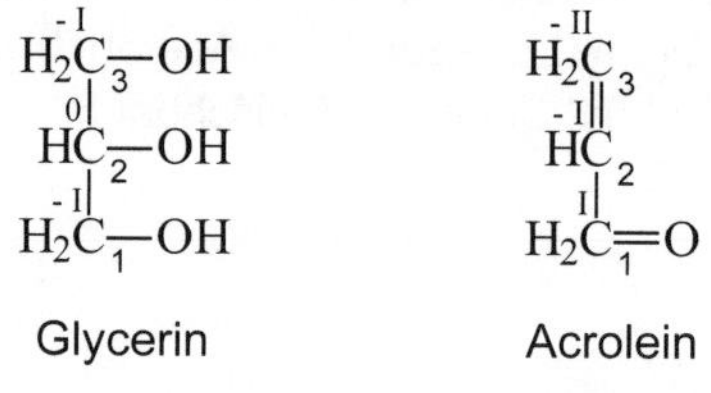

An den Oxidationszahlen ist zu erkennen, dass im Acrolein-Molekül zwei Kohlenstoff-Atome – C_2 und C_3 – reduziert wurden, während das Kohlenstoff-Atom C_1 oxidiert wurde. Das Oxidationszahl-Konzept ist hier nur aussagefähig, wenn man sich auf einzelne Atome bezieht und nicht auf das Molekül als Ganzes.

Seite 28 und 29

Auswertung a):

Säure	Löslichkeit in Wasser	Löslichkeit in Heptan
Methansäure	gut	gut
Ethansäure	gut	gut
Propansäure	gut	gut
Hexadecansäure	schlecht	gut

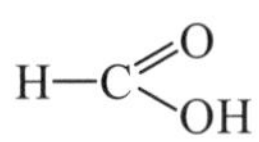

Methansäure

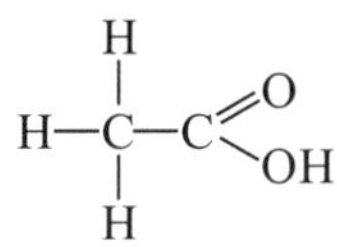

Ethansäure

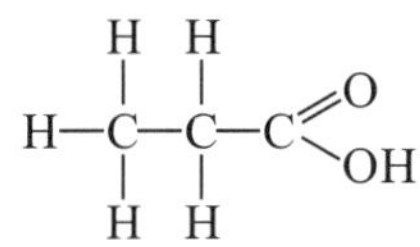

Propansäure

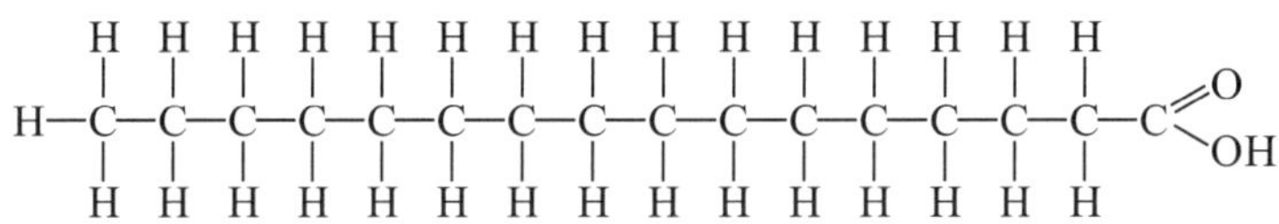

Hexadecansäure

Die gute Wasserlöslichkeit von Methansäure, Ethansäure und Propansäure beruht auf der hydrophilen Carboxy-Gruppe. Mit zunehmender Kettenlänge des Alkylrestes nimmt der Einfluss der Carboxy-Gruppe auf die Wasserlöslichkeit ab und der Einfluss der hydrophoben Alkylgruppe zu. Dies erklärt die schlechte Wasserlöslichkeit von Hexadecansäure.
In dem unpolaren Lösemittel Heptan sind alle Alkansäuren gut löslich. Zwischen den Carboxy-Gruppen zweier Säure-Moleküle bilden sich stabile Wasserstoffbrückenbindungen aus (vgl. B6, Seite 29 im Schülerband). Die so entstandenen dimeren Moleküle sind insgesamt unpolar und daher in unpolarem Heptan löslich.

Auswertung b):
LV2:
Erst bei Zugabe von Wasser zu Ethansäure zeigt Lackmus eine Farbänderung nach rot. Lackmus ist ein Indikator für H_3O^+-Ionen ($H^+(aq)$), die erst durch Protolyse der Säure in Wasser gebildet werden:

$$H_3CCOOH\ (l) + H_2O\ (l) \rightleftharpoons H_3CCOO^-\ (aq) + H_3O^+\ (aq)$$

Mit dieser Protolyse lassen sich auch die Beobachtungen bei Zugabe von Magnesium zu Essigsäure erklären. Erst beim Zutropfen von Wasser setzt eine

Gasentwicklung ein. Magnesium reagiert mit den entstandenen Wasserstoff-Ionen unter Bildung von Wasserstoff:

$$Mg\,(s) + 2\,H^+\,(aq) \longrightarrow Mg^{2+}\,(aq) + H_2\,(g)$$

LV3:

Bei Zugabe von Wasser zu reiner Essigsäure tritt eine elektrische Leitfähigkeit auf, die bei weiterer Wasserzugabe zunimmt. Dies ist auf die Bildung von Ionen, die durch Protolyse der Säure in Wasser gebildet werden (s.o.), und deren Konzentrationszunahme bei weiterer Wasserzugabe zurückzuführen.

Auswertung c):

Zur Titration von 0,6 g Ethansäure werden V_{Ls} = 10 mL Natronlauge, c = 1 mol/L, verbraucht.

$$M(Ethansäure) = 60{,}05\ g \cdot mol^{-1}$$

$$n(Ethansäure) = \frac{m}{M} = \frac{0{,}6\ g}{60{,}05\ g \cdot mol^{-1}} = 0{,}01\ mol$$

$$n(NaOH) = c(NaOH) \cdot V_{LS}(NaOH) = 1\ mol \cdot L^{-1} \cdot 0{,}01\ L = 0{,}01\ mol$$

Daraus folgt:

$$n(Ethansäure) = n(NaOH)$$

Das bedeutet, dass Ethansäure eine einprotonige Säure ist. Das Proton kann aus der Carboxy-Gruppe abgespalten werden.

$$H_3CCOOH\,(aq) + NaOH\,(aq) \longrightarrow H_3CCOONa\,(aq) + H_2O\,(l)$$

B4:

Die Schmelztemperatur von reiner Essigsäure liegt bei 16,6 °C. In kalten Räumen (wie in Laboratorien vor einigen Jahrzehnten) kann die Temperatur auch unter 16 °C fallen. Dann erstarrt die Essigsäure und erscheint wie Eis. Der Name „Eisessig" rührt von der wie Eis aussehenden Essigsäure her.

B5:

Bei der Neutralisation von Buttersäure mit Natriumhydroxid bzw. bei der Umsetzung mit Natriumhydrogencarbonat wird das Natriumsalz der Buttersäure gebildet, das als Ionenverbindung eine sehr viel höhere Siedetemperatur besitzt als die Buttersäure mit einer Siedetemperatur von 164 °C. So verdampfen bereits bei Raumtemperatur einzelne Buttersäure-Moleküle und können in die Nase gelangen, das Salz dagegen verdampft nicht.

B7:
Bei der Speiseessigherstellung wird die Ethanol-Lösung versprüht, um eine gute Durchmischung mit der Luft zu erreichen. Luft dient als Oxidationsmittel.

Oxidation: $$H_3C\overset{-I}{C}H_2OH + H_2O \longrightarrow H_3C\overset{III}{C}OOH + 4\,H^+ + 4\,e^-$$

Reduktion: $$\overset{0}{O}_2 + 4\,H^+ + 4\,e^- \longrightarrow 2\,H_2\overset{-II}{O}$$

$$H_3CCH_2OH + O_2 \longrightarrow H_3CCOOH + H_2O$$

A1:
$$2\,H_3CCOOH\,(aq) + Mg\,(s) \longrightarrow (H_3CCOO)_2Mg\,(aq) + H_2\,(g)$$

Beim Eindampfen der Lösung bleibt festes Magnesiumacetat $Mg(H_3CCOO)_2$ (s) übrig. Es besteht aus Magnesium-Ionen Mg^{2+} und Acetat-Ionen H_3CCOO^-, die in der Lösung hydratisiert und im festen Salz im Gitter vorliegen.

A2:
a) Methanol $\longrightarrow$ Methanal $\longrightarrow$ Methansäure

b) 1-Butanol $\longrightarrow$ Butanal $\longrightarrow$ Butansäure

Seite 30 und 31 (EVA)

B1:
Milchsäure, Oxalsäure, Äpfelsäure und Weinsäure sind in Wasser gut und in Benzin schlecht löslich. Ihre Moleküle sind aufgrund der polaren Hydroxy-Gruppen hydrophil und lipophob.

Auswertung zu V1:

a) Die Isolierung von Citronensäure basiert auf der besonderen Löslichkeitseigenschaft von Calciumcitrat, in kaltem Wasser gut und in heißem Wasser schlecht löslich zu sein. Bei der Neutralisation der Citronensäure entsteht eine Lösung von Calciumcitrat, die von den unlöslichen Bestandteilen abfiltriert werden kann. Beim Erhitzen dieser Lösung fällt Calciumcitrat aus. Dieses wird durch Lösen in kaltem Wasser und Versetzen mit Schwefelsäure in Citronensäure und Calciumsulfat überführt. Nach Abfiltrieren des schwerlöslichen Calciumsulfats kristallisiert die Citronensäure aus.

b) Reaktionsschritt a)

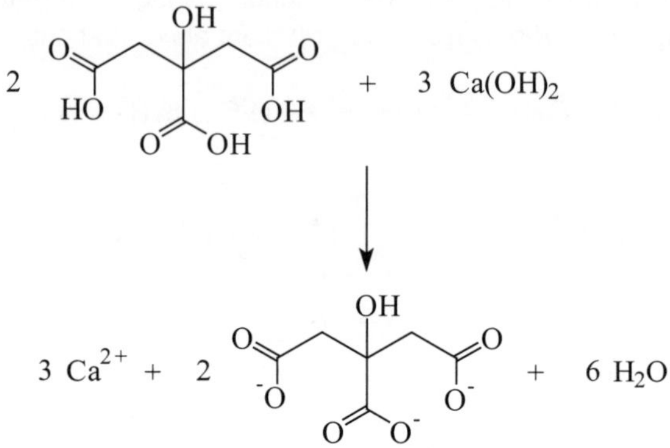

Reaktionsschritt c)

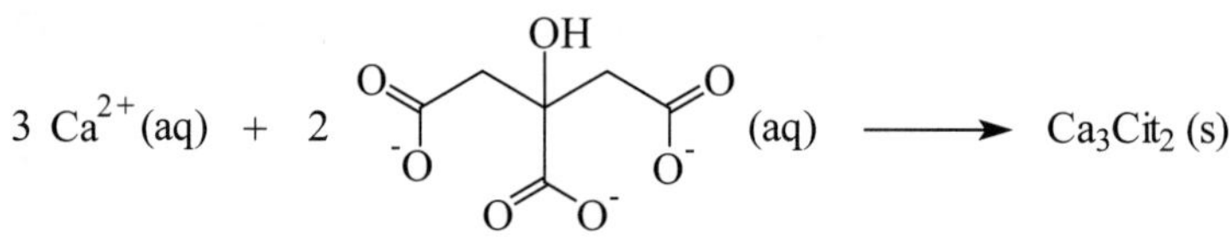

Cit

Reaktionsschritt e)

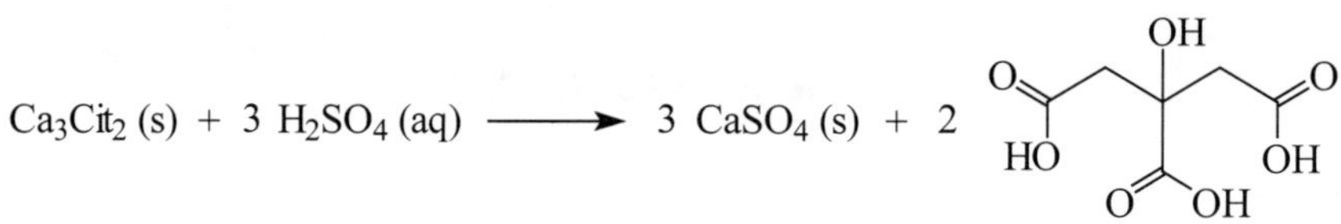

B4:

Beispiele für Lebensmittel, die Carbonsäuren enthalten:

- Marmelade: Citronensäure
- Mixed Pickles: Essigsäure
- eingelegte Oliven: Kaliumsorbat, Milchsäure
- Remoulade: Essigsäure
- Mayonnaise: Essigsäure
- Senf: Essigsäure
- Erdbeersirup: Weinsäure
- eingelegte Paprika: Benzoesäure, Sorbinsäure
- Maiskölbchen: Essigsäure, Ascorbinsäure
- Apfelmus: Citronensäure, Ascorbinsäure
- Pfirsiche (Dose): Citronensäure, Ascorbinsäure
- Ketchup: Essigsäure

Konservierungsmethoden für Lebensmittel:

- Einlegen in Essig (Sauerbraten, Essiggurken, eingelegte Gemüse)
- Milchsäuregärung (Herstellen von Sauerkraut, Saure Bohnen, Joghurt, Kefir, Dickmilch, Käse)
- Zuckern (Marmelade)
- Einlegen in Alkohol
- Einlegen in Salzlösung
- Räuchern

B5:
Citronensäure: kein chirales C-Atom, keine optischen Isomere

Äpfelsäure:

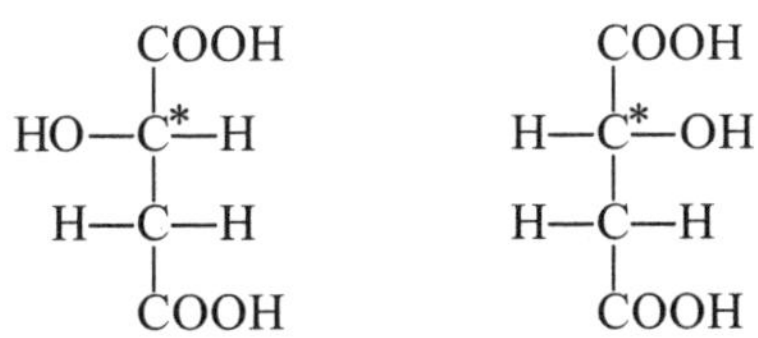

L-Äpfelsäure D-Äpfelsäure

B6:
Chirales C-Atom im Carvon-Molekül:

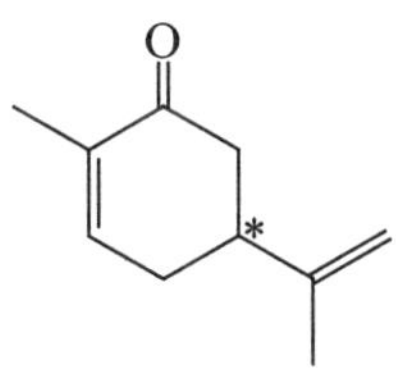

Seite 32 und 33

Auswertung a):

- Beobachtungen bei V1:
  Sprudeln in den Reagenzgläsern a), b) und c). Bei a) mit Marmorpulver ist das Sprudeln am stärksten, bei c) mit Marmorstücken am schwächsten. Das entweichende Gas kann als Kohlenstoffdioxid nachgewiesen werden.
- Beobachtungen bei V2:
  Stärkeres Sprudeln im Reagenzglas mit der Ameisensäure-Lösung der höheren Konzentration.

- Ergebnis:
  Die Reaktionsgeschwindigkeit ist abhängig von dem Zerteilungsgrad des Marmors und der Konzentration der Ameisensäure-Lösung.
- Reaktionsgleichung:
  $CaCO_3\,(s) + 2\,HCOOH\,(aq) \longrightarrow CO_2\,(g) + H_2O\,(l)\ Ca(HCOO)_2\,(aq)$

Auswertung b):
Vgl. Schülerbuch B2, Seite 32.
Das Diagramm enthält Werte, die im Schülerversuch ermittelt wurden.

Auswertung c):
Grafische Darstellung analog B2, Seite 32 im Schülerbuch.

Auswertung d):
Der Verlauf des Graphen im Zeit – Stoffmenge (CO_2) – Diagramm ähnelt dem Verlauf des Zeit – Weg – Diagramms für ein ausrollendes Flugzeug. Der mittleren Geschwindigkeit im Zeit – Weg – Diagramm und damit der Sekantensteigung entspricht die mittlere Reaktionsgeschwindigkeit, d.h. der Quotient aus der Stoffmengendifferenz $\Delta n(CO_2)$ und der Zeitdifferenz Δt. Die momentane Reaktionsgeschwindigkeit entspricht der Momentangeschwindigkeit, d.h. der Tangentensteigung zum Zeitpunkt t.

Auswertung e):
Bei der Umsetzung von Magnesium mit Ameisensäure-Lösung bildet sich Wasserstoff (Nachweis durch die Knallgasprobe) nach:

$Mg\,(s) + 2\,HCOOH\,(aq) \longrightarrow Mg(HCOO)_2\,(aq) + H_2\,(g)$ bzw.

$Mg\,(s) + 2\,H^+\,(aq) \longrightarrow Mg^{2+}\,(aq) + H_2\,(g)$

Auswertung f):
Anmerkung: Aus experimentell-praktischen Gründen ist es günstiger, die Volumenschritte von je 5 mL vorzugeben und die Zeit zu messen.

Beispiele für Messwerte bei V5:

Volumen in mL	**Zeit in s**
5	21
10	45
15	70
20	110
25	160
30	220
35	315

Diagramm:

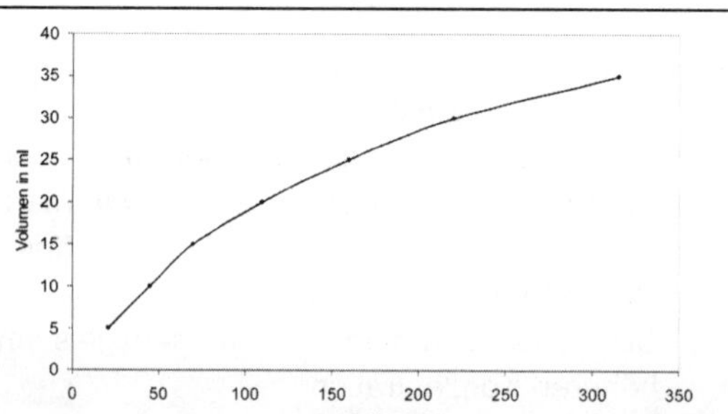

B2:

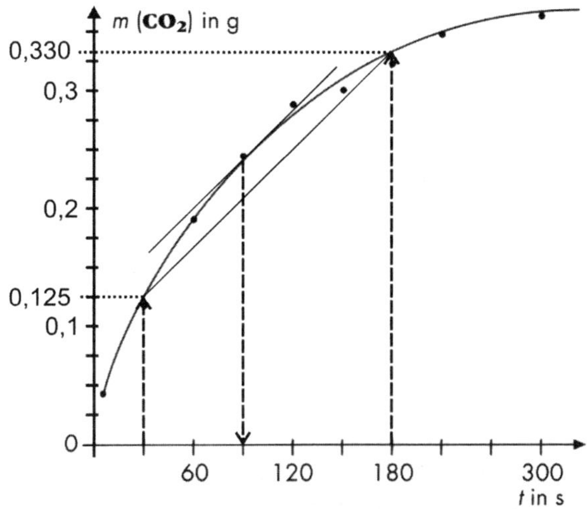

B2 *Zeit-Masse-Diagramm bei der Reaktion von Kalk mit Säure-Lösung.*

Mittlere Reaktionsgeschwindigkeit zwischen t_1 = 30 s und t_2 = 180 s:

$$m_1(CO_2) = 0{,}125\ g$$
$$m_2(CO_2) = 0{,}330\ g$$

$$\Delta m = 0{,}205\ g$$

$$\Delta n = \frac{\Delta m}{M} = \frac{0{,}205\ g}{44\ g \cdot mol^{-1}} = 0{,}00466\ mol$$

$$\bar{v}_r = \frac{\Delta n}{\Delta t} = \frac{0{,}00466\ mol}{180\ s - 30\ s} = 3{,}1 \cdot 10^{-5}\ mol \cdot s^{-1}$$

Zum Zeitpunkt t = 90 s ist die momentane Reaktionsgeschwindigkeit v_r gleich der mittleren Geschwindigkeit im o.g. Zeitintervall.

A1:
Die Wasserstoff-Entwicklung lässt sich besser durch Volumen- statt durch Massenänderung verfolgen, weil diese zu klein ist.

Seite 34 und 35

Auswertung a):
Die bei den Reaktionen von V1 aus Carbonsäuren und Alkoholen entstehenden Ester sind schlecht wasserlöslich. Dies deutet darauf hin, dass in den Ester-Molekülen keine Hydroxy-Gruppen wie in den Edukt-Molekülen vorhanden sind, die mit Wasser-Molekülen Wasserstoffbrückenbindungen eingehen und so eine gute Wasserlöslichkeit bewirken. Der Geruch der Ester erinnert an Fruchtbonbons, Kleber und Nagellackentferner.

Auswertung b):
Schwefelsäure liegt nach der Reaktion in der wässrigen Phase vor, da sie gut in Wasser löslich ist.

Auswertung c):
In der Rückflussapparatur kann die Reaktionsmischung längere Zeit am Sieden gehalten werden. Die verdampfenden Flüssigkeiten kondensieren im Rückflusskühler und tropfen in das Reaktionsgemisch zurück. Auf diese Weise wird gewährleistet, dass keine Stoffe entweichen können. Es handelt sich um ein geschlossenes System.

Auswertung d):
Aus 10 mL (0,17 mol) Essigsäure und 10 mL (0,17 mol) Ethanol erhält man etwa 9 mL (0,113 mol, 9,9 g) Essigsäureethylester. Etwa zwei Drittel der eingesetzten Säure hat mit dem Alkohol zum Ester reagiert.

Auswertung e):
Beim Stehenlassen des Reaktionsgemischs der Veresterung im Messzylinder mit 50 mL Wasser (Überschuss) verschwindet die organische Phase. Die Beobachtungen bei V2 b) lassen den Schluss zu, dass eine Rückreaktion von Ester mit Wasser eingetreten ist.
Zur Überprüfung kann folgender Versuch vorgeschlagen werden:
Essigsäureethylester und Wasser werden gemischt, mit 1 Tropfen Schwefelsäure versetzt und erhitzt. Man prüft den Geruch auf Essig. Die organische Phase muss kleiner, die wässrige Phase größer werden.

Auswertung f):

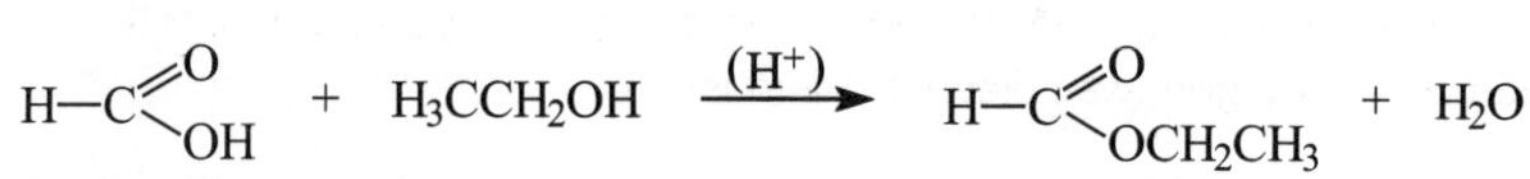

Methansäure | Ethanol | Methansäureethylester

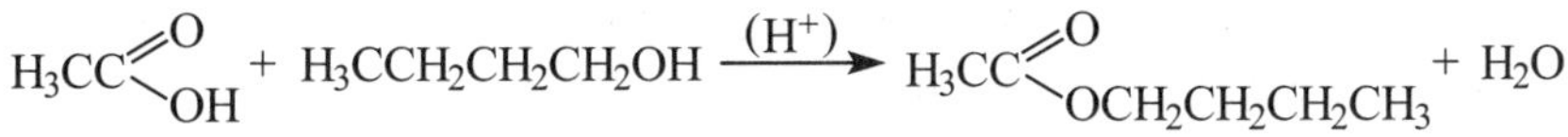

Ethansäure 1-Butanol Ethansäurebutylester

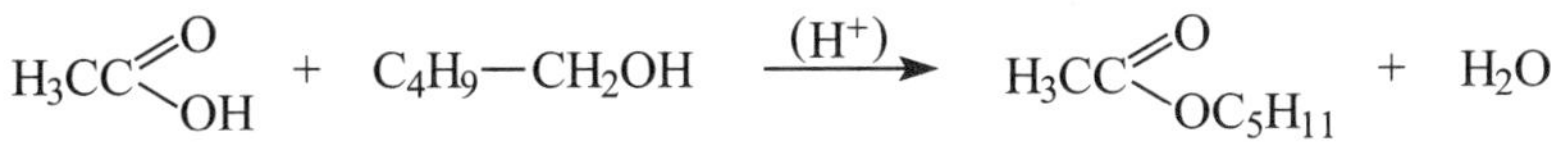

Ethansäure 1-Pentanol Ethansäurepentylester

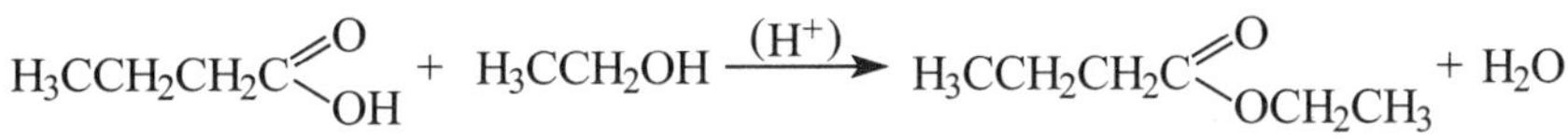

Butansäure Ethanol Butansäureethylester

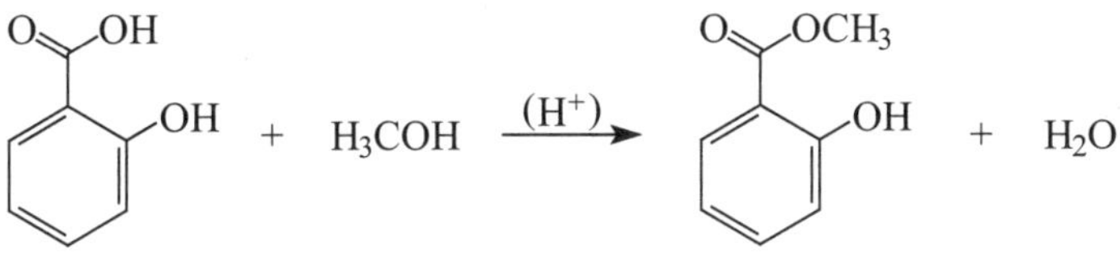

Salicylsäure Methanol Salicylsäuremethylester

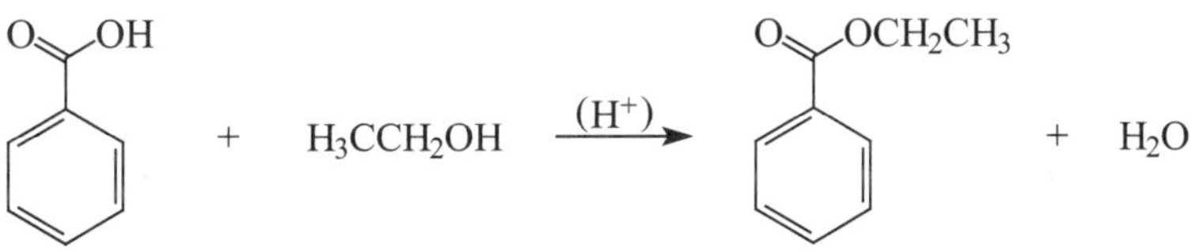

Benzoesäure Ethanol Benzoesäureethylester

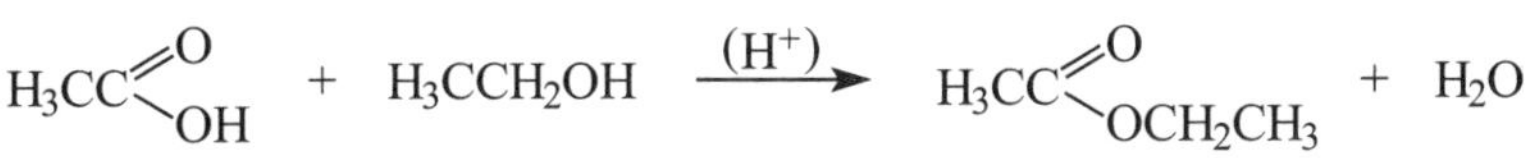

Ethansäure Ethanol Ethansäureethylester

B3:

Methansäuremethylester und Methansäureethylester besitzen niedrigere Siedetemperaturen als Methansäure und die Alkohole Methanol und Ethanol. Die Ester-Moleküle können untereinander nicht wie die Säure- bzw. Alkohol-Moleküle Wasserstoffbrückenbindungen ausbilden, es herrschen lediglich die schwächeren Dipol-Dipol-Kräfte.

Methansäureethylester besitzt eine höhere Siedetemperatur als Methansäuremethylester. Dies ist auf die unterschiedlichen VAN-DER-WAALS-Kräfte zwischen den Molekülen zurückzuführen. Aufgrund der höheren molaren Masse sind die

Van-der-Waals-Kräfte zwischen den Methansäureethylester-Molekülen größer, was die höhere Siedetemperatur bewirkt.
Gleiches gilt auch für die Ester der Ethansäure. Die Siedetemperatur von Ethansäureethylester ist fast gleich der Siedetemperatur von Ethanol. Dies ist mit der Zunahme der Van-der-Waals-Kräfte zwischen der Molekülen aufgrund der deutlich höheren molaren Masse zu erklären.

A1:

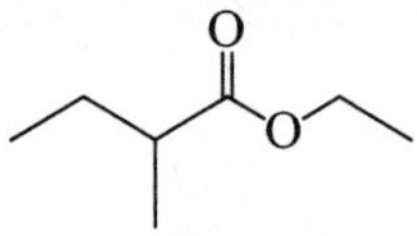

2-Methylbutansäureethylester

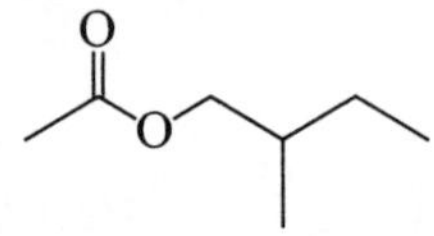

Ethansäure-2-methylbutylester

Beide Verbindungen besitzen dieselbe Summenformel $C_7H_{14}O_2$, sind also Isomere. Sie gehören beide zu der Gruppe der Ester. Während 2-Methylbutansäureethylester aus 2-Methylbutansäure und Ethanol entsteht, wird Ethansäure-2-methylbutylester aus Ethansäure und 2-Methylbutanol gebildet.

A2:

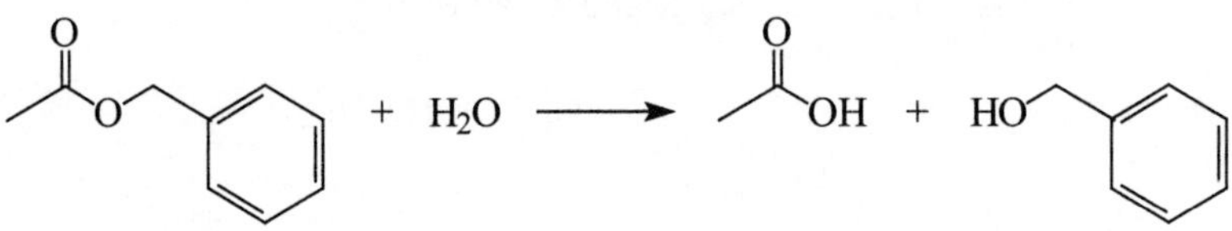

Ethansäurebenzylester Ethansäure Benzylalkohol

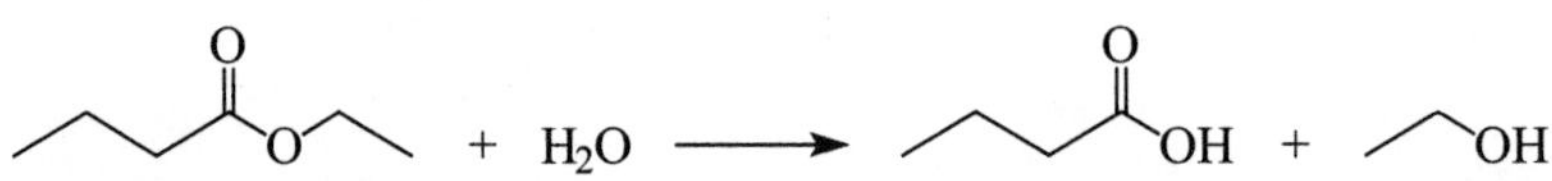

Butansäureethylester Butansäure Ethanol

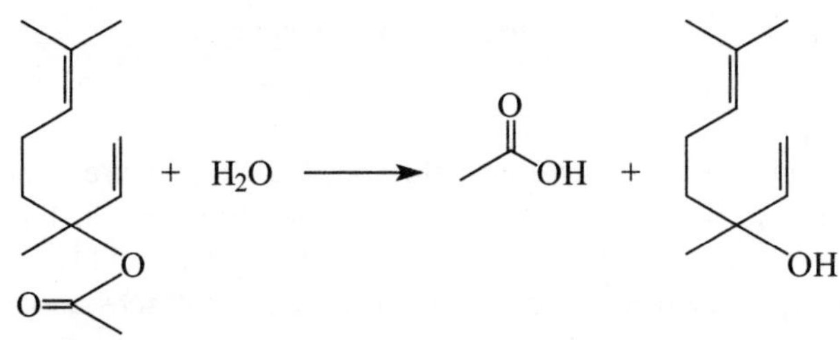

Linalylacetat Ethansäure Linalool

A3:
Bei der Zugabe von Natronlauge zu Methansäureethylester, Wasser und Bromthymolblau tritt zunächst eine Blaufärbung der wässrigen Phase ein, die beim Schütteln in Gelb übergeht. Dies lässt sich mehrfach wiederholen.

A4:
Die Farbänderung des Indikators zeigt an, dass die zugegebene Natronlauge neutralisiert worden ist. Es muss also eine Säure entstanden sein.

$$HCOOC_2H_5 + H_2O \longrightarrow HCOOH + C_2H_5OH$$

$$HCOOH + OH^- \longrightarrow HCOO^- + H_2O$$

A5:
Eine Säure würde Natronlauge sehr schnell neutralisieren. Die allmähliche Neutralisation beim Schütteln deutet darauf hin, dass die Säure erst entsteht, z.B. durch Hydrolyse eines Esters. Daher kann dieser Versuch als ein Esternachweis dienen.

A6:
Im Gegensatz zur Ameisensäure liegen die Äquivalenzpunkte der übrigen Carbonsäuren bei etwa *p*H = 8 bis 9.
Bei dem Nachweis von Estern in Nagellackentfernern u.a. ist daher Phenolphthalein als Indikator besser geeignet als Bromthymolblau, da der Umschlagsbereich im schwach Alkalischen liegt.

Seite 36 und 37

Auswertung a) bis d):

V1		
Ansatz Veresterung	**Ansatz Esterhydrolyse**	**Blindprobe**
0,25 mol Ethansäure 0,25 mol Ethanol 0,005 mol Schwefelsäure 50 mL Lösung	0,25 mol Essigester 0,25 mol Wasser 0,005 mol Schwefelsäure 50 mL Lösung	0,005 mol Schwefelsäure 50 mL Lösung

Titrationsergebnisse:

	Veresterung	Esterhydrolyse	Blindprobe
a) Verbrauch an Natronlauge, c = 0,1 mol/L, zur Titration einer 1 mL-Probe V_{ges}(NaOH)	19,0 mL 18,7 mL 18,5 mL 19,2 mL 18,3 mL	18,5 mL 19,0 mL 18,6 mL 18,2 mL 19,0 mL	1,8 mL 2,0 mL 1,9 mL 1,7 mL 2,1 mL
Mittelwert	18,74 mL	18,66 mL	1,9 mL
b) Verbrauch an Natronlauge, c = 0,1 mol/L, zur Titration der Essigsäure V(NaOH) = V_{ges}(NaOH) – $V_{Blindprobe}$(NaOH)	16,84 mL	16,76 mL	
c) $n(CH_3COOH)$ – 1mL-Probe – 50 mL-Probe	 1,68 mmol 0,084 mol	 1,68 mmol 0,084 mol	
d) $n(C_2H_5OH)$ = $n(CH_3COOH)$	0,084 mol	0,084 mol	
n(Ester) = n_0 – $n(CH_3COOH)$ = 0,25 mol – 0,084 mol	0,166 mol	0,166 mol	
$n(H_2O)$ = n(Ester)	0,166 mol	0,166 mol	

Auswertung e):
Der Graph entspricht B1, Seite 36 im Schülerbuch.

Auswertung f):

Ansatz V3: $n_0(CH_3COOH)$ = 0,25 mol
n_0(Ethanol) = 0,5 mol
0,005 mol Schwefelsäure

- Verbrauch an Natronlauge, c = 0,1 mol/L, zur Titration einer 1 mL-Probe:
  $V_{ges}(NaOH) = 9{,}9\ mL$
  $V_{Blindprobe}(NaOH) = 1{,}9\ mL$
- Verbrauch an Natronlauge, c = 0,1 mol/L, zur Titration der Essigsäure:
  $V(NaOH) = 9{,}9\ mL - 1{,}9\ mL = 8{,}0\ mL$

- $n(CH_3COOH) = n(NaOH) = c(NaOH) \cdot V(NaOH)$

  1 mL-Probe: $n(CH_3COOH) = 0{,}8\ mmol$

  50 mL-Lösung: $n(CH_3COOH) = 0{,}04\ mol$

- $n(Ester) = n_0(Essigsäure) - n(Essigsäure)$

  $n(Ester) = 0{,}25\ mol - 0{,}04\ mol = 0{,}21\ mol$

  $n(Wasser) = n(Ester) = 0{,}21\ mol$

  $n(Ethanol) = n_0(Ethanol) - n(Ester)$

  $n(Ethanol) = 0{,}5\ mol - 0{,}21\ mol = 0{,}29\ mol$

Auswertung g):

Massenwirkungsquotient bei V1:

$$K = \frac{c(Ester) \cdot c(Wasser)}{c(Essigsäure) \cdot c(Ethanol)} = \frac{n(Ester) \cdot n(Wasser)}{n(Essigsäure) \cdot n(Ethanol)}$$

$$K = \frac{0{,}166\ mol \cdot 0{,}166\ mol}{0{,}084\ mol \cdot 0{,}084\ mol} = 3{,}9$$

Massenwirkungsquotient bei V3:

$$K = \frac{0{,}21\ mol \cdot 0{,}21\ mol}{0{,}04\ mol \cdot 0{,}29\ mol} = 3{,}8$$

Bei beiden Versuchen ist unabhängig von den Anfangskonzentrationen (Stoffmengen) der Massenwirkungsquotient gleich.

A1:

Bei der Veresterung von Buttersäure mit Ethanol wird Ethanol im 10-fachen Überschuss eingesetzt, um zu erreichen, dass die übel riechende Buttersäure möglichst vollständig umgesetzt wird.

A2:

Bei einer Veresterung in einer Destillationsapparatur, bei der der Ester abdestilliert wird, liegt kein geschlossenes, sondern ein offenes System vor. Ein Gleichgewicht kann sich nur einstellen, wenn keine Stoffe entweichen oder hinzukommen. Durch Entfernen des Esters während der Reaktion bleibt der Zähler des Massenwirkungsquotienten immer klein, sodass Q < K ist und die Hinreaktion überwiegt. Dies führt dazu, dass die Ausbeute an Ester steigt und im günstigsten Fall die gesamte Ethansäure zu Ester umgesetzt wird.

Seite 38 und 39 (EVA)

B1:

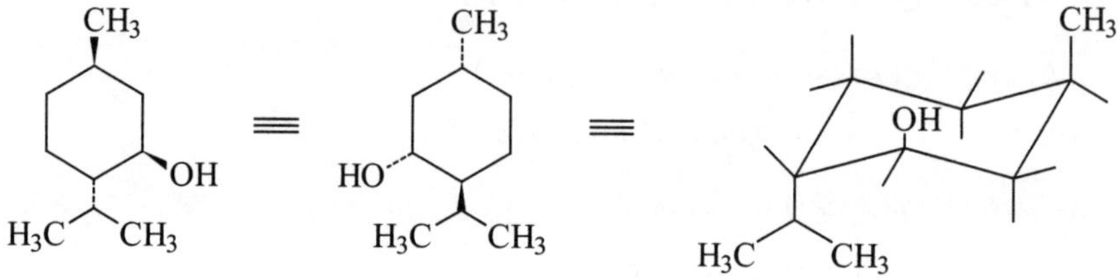

(–)-Menthol, (1R, 2S, 5R)-2-Isopropyl-5-methyl-cyclohexanol

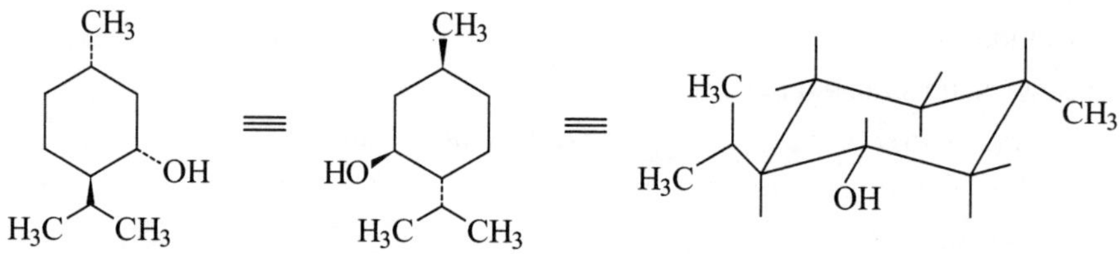

(+)-Menthol, (1S, 2R, 5S)-2-Isopropyl-5-methyl-cyclohexanol

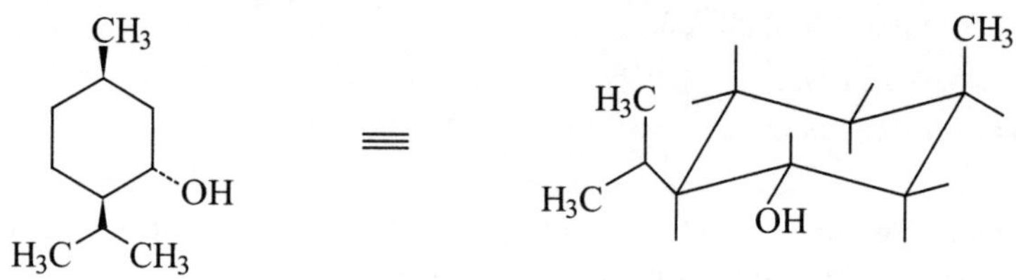

(+)-Isomenthol, (1S, 2R, 5R)-2-Isopropyl-5-methyl-cyclohexanol
(–)-Isomenthol, (1R, 2S, 5S)-2-Isopropyl-5-methyl-cyclohexanol
(Spiegelbildisomer)

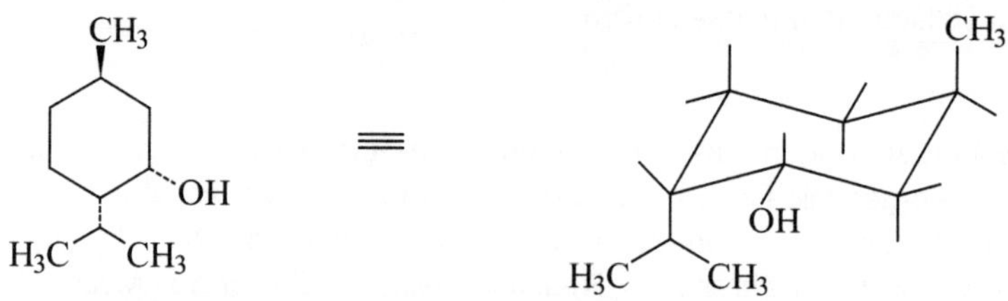

(+)-Neomenthol, (1S, 2S, 5R)-2-Isopropyl-5-methyl-cyclohexanol
(–)-Neomenthol, (1R, 2R, 5S)-2-Isopropyl-5-methyl-cyclohexanol
(Spiegelbildisomer)

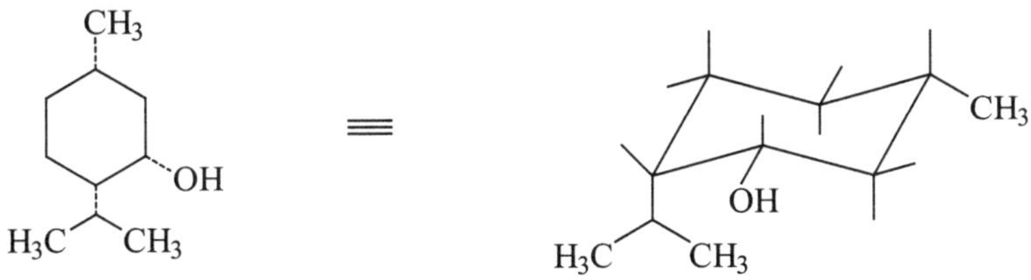

(+)-Neoisomenthol, (1S,2S,5S)-2-Isopropyl-5-methyl-cyclohexanol
(–)-Neoisomenthol, (1R,2R,5R)-2-Isopropyl-5-methyl-cyclohexanol
(Spiegelbildisomer)

B2:

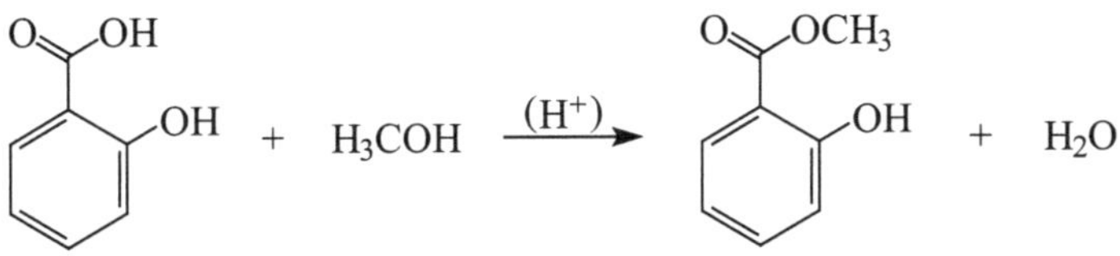

Salicylsäure Methanol Salicylsäuremethylester

Salicylsäure kann zwei Arten von Estern bilden. Da sie sowohl eine Carboxy- als auch eine Hydroxy-Gruppe besitzt, kann sie bei der Veresterung sowohl als Säure-Komponente als auch als Alkohol-Komponente reagieren. Bei der Synthese von Salicylsäuremethylester reagiert Salicylsäure als Säure, bei der Synthese von Acetylsalicylsäure als Alkohol.

A1:
Dient das Rohr a mit dem größeren Durchmesser als Modell der Hinreaktion, so ist im Gleichgewichtszustand im Behälter B ein größeres Wasservolumen als im Behälter A. Dies stellt ein Modell für eine Gleichgewichtsreaktion dar, bei der die Geschwindigkeitskonstante $k_{\rightarrow}$ der Hinreaktion größer ist als die der Rückreaktion $k_{\leftarrow}$, und daher das Gleichgewicht auf der Seite der Produkte liegt. Der umgekehrte Fall tritt ein, wenn als Modell für die Rückreaktion das Rohr mit dem größeren Durchmesser gewählt wird. Dann enthält Behälter A ein größeres Volumen als B, entsprechend einer Gleichgewichtsreaktion, bei der $k_{\rightarrow} < k_{\leftarrow}$, das also auf der Seite der Edukte liegt.

A2:
Bei Verwendung von 2 Rohren mit gleichem Durchmesser liegt nach einiger Zeit in beiden Behältern ein gleich großes Volumen Wasser vor. Es liegt ein Modell vor für den Fall, dass die Geschwindigkeitskonstanten der Hin- und der Rückreaktion gleich sind.

Auswertung a):
Fortführung der Rechnung aus B2

Nr.		$N_A(z)$	$N_B(z)$	Nr.		$N_A(z)$	$N_B(z)$
0		100	0	6	hin	38	62
				6	rück	44	56
1	hin	80	20	7	hin	35	65
1	rück	82	18	7	rück	41	59
2	hin	66	34	8	hin	33	67
2	rück	69	31	8	rück	40	60
3	hin	55	45	9	hin	32	68
3	rück	59	41	9	rück	39	61
4	hin	47	53	10	hin	31	69
4	rück	52	48	10	rück	38	62
5	hin	42	58	11	hin	31	69
5	rück	48	52	11	rück	38	62

ab dem 10. Hin-und Rückzug also keine Änderung mehr

Auswertung b):

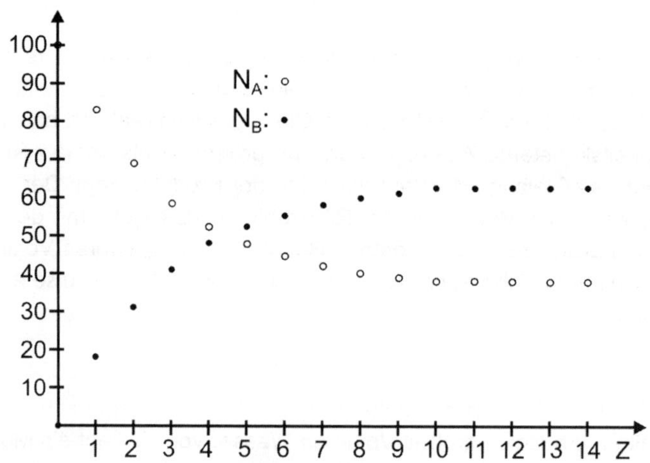

Aufgetragen sind die Anzahl der Kugeln in Urne A N_A und die Anzahl der Kugeln in Urne B N_B nach dem 1., 2., 3. usw. Doppelzug, d.h. die Situation in den beiden Urnen, wie sie sich jeweils nach dem z. Rückzug darstellt. Ab z = 10 ist die Anzahl der Kugeln in den beiden Urnen nach jedem Doppelzug die gleiche. Die Graphen bestehen nur aus Punkten, die nicht verbunden werden dürfen, weil die Funktionen $N_A(z)$ und $N_B(z)$ nur punktweise definiert sind. Dennoch zeigen die Graphen einen ähnlichen Verlauf wie die Konzentration-Zeit-Kurve bei der Veresterung / Esterhydrolyse aus B1, Seite 36 im Schülerband.

Auswertung c):
Wenn man von $N_A(0)$ = 10000 Kugeln ausgehen würde, würde sich das Gleichgewicht erst nach einer wesentlich größeren Anzahl von Doppelzügen einstellen.

Auswertung d):
Man könnte den Modellversuch mit folgender Reaktion korrelieren:

$$\mathrm{A} \underset{k_{\mathrm{rück}}}{\overset{k_{\mathrm{hin}}}{\rightleftharpoons}} \mathrm{B}$$

$N_A(0)$ und $N_B(0)$ entsprächen dann den Anfangskonzentrationen des Edukts A $c_0(A)$ bzw. des Produkts B $c_0(B)$; $N_A(z)$ und $N_B(z)$ entsprächen den momentanen Konzentrationen von A bzw. B, also $c(A)$ bzw. $c(B)$; die „20%“ und die „10%“ entsprächen den Geschwindigkeitskonstanten der Hinreaktion k_{hin} bzw. der Rückreaktion $k_{rück}$.

Auswertung e):

Programmausdruck:

```
100   rem "**********************************************"
110   rem "* Dieses Programm simuliert die              *"
120   rem "* Einstellung von chemischen Gleichgewichten *"
130   rem "* __________________________________________ *"
140   rem "**********************************************"
160   rem
170   if a=0 then a=1:load"graphikpaket",8,8
180   dim na(300),nb(300)
200   br=320:rem "Breite des Bildschirm in Punkten"
210   ho=200:rem "Hoehe des Bildschirm in Punkten"
220   ein   = 51200 : rem "Bildschirm einschalten"
230   clear = 51206 : rem "Bildschirm loeschen"
240   linie = 51221 : rem "Linie,xl,yl, x2,y2"
250   aus   = 51203 : rem "Bildschirm ausschalten"
270   rem
280   rem "Eingabe der Startwerte:"
290   rem -------------------------
300   input "Wieviele Kugeln in Gefaess A";na(1)
310   input "Wieviele Kugeln in Gefaess B";nb(1)
320   input "Wieviele % Kugeln aus A nehmen";ea
330   input "Wieviele % Kugeln aus B nehmen";eb
340   rem
350   rem "Reaktion berechnen:"
360   rem ---------------------
```

```
370    print
380    print "Moment...."
390    i=i+1
400    ga= int( na(i)*ea/100)
410    gb= int( nb(i)*eb/100)
420    nb(i+1)= nb(i) - gb + ga
430    na(i+1)= na(i) - ga + gb
440    if (na(i+1)<>na(i)) or (nb(i+1)<>nb(i)) then 390
460    rem
470    rem "Bildschirm einschalten und loeschen:"
480    rem --------------------------------------
490    sys ein
500    sys clear
510    rem
520    rem "y-Achse / x-(Zeit-)Achse zeichnen:"
530    rem ------------------------------------
540    sys linie, 0, ho-1, br-1, ho-1
580    sys linie, 0, 0, 0, ho-1
590    rem
600    rem "Streckung in x/y-Richtung errechnen:"
610    rem --------------------------------------
620    sx= br/i: sy= ho/( na(1)+nb(1)+1)
630    rem
640    rem "errechnete Werte zeichnen:"
650    rem ----------------------------
660    for n=1 to i-1
670    sys linie, x, na(n)*sy, x+sx, na(n+1)*sy
680    sys linie, x, nb(n)*sy, x+sx, nb(n+1)*sy
690    x= x+sx
700    next
710    rem
720    rem "Auf Taste warten, Bildschirm ausschalten:"
730    rem -------------------------------------------
740    poke 198, 0: wait 198, 1 : get a$
750    sys aus
```

Hinweis: Die Struktur des Programms wird hier nicht mehr ausführlich kommentiert, weil die Aufgabe nur für Schülerinnen und Schüler gedacht ist, die auch mit dem Programmausdruck zurechtkommen.

Grafik-Ausdrucke für drei simulierte Modellversuche:

Beispiel 1: $N_A(0) = 1000$, $N_B(0) = 0$; ea (Hinrate) = 5%, eb (Rückrate) = 2%

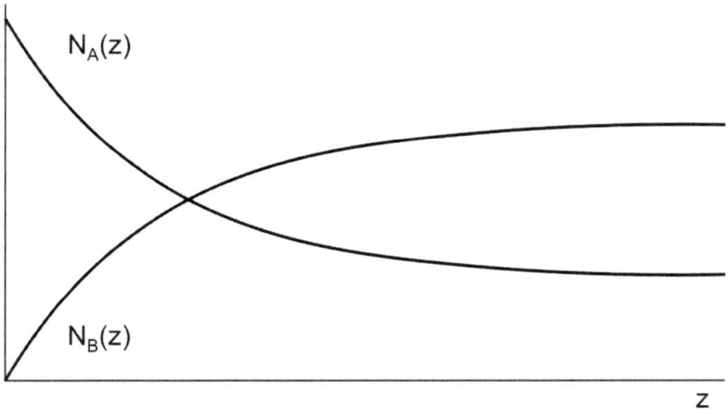

Beispiel 2: $N_A(0) = 5000$, $N_B(0) = 0$; ea (Hinrate) = 2%, eb (Rückrate) = 2%

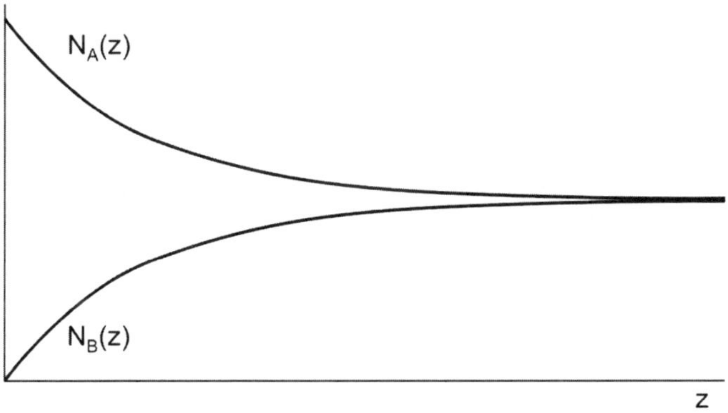

Beispiel 3: $N_A(0) = 5000$, $N_B(0) = 0$; ea (Hinrate) = 2%, eb (Rückrate) = 6%

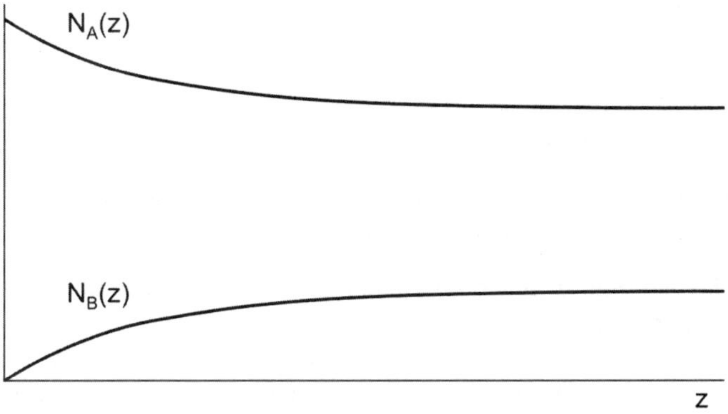

Seite 40 (TRAINING)

A1:

Das Ameisensäure-Molekül 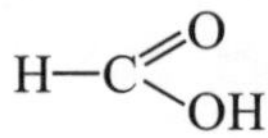 besitzt im Gegensatz zu den homologen Alkanen auch eine Aldehyd-Gruppe 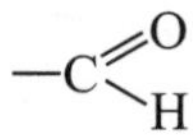 .

Dies erklärt die positive FEHLING-Probe.

Oxidation: $2\,\overset{II}{Cu}{}^{2+} + 2\,OH^- + 2\,e^- \longrightarrow \overset{I}{Cu_2}O + H_2O$

Reduktion: $H\overset{II}{C}OOH + 4\,OH^- \longrightarrow \overset{IV}{C}O_3^{2-} + 2\,e^- + 3\,H_2O$

$$HCOOH + 2\,Cu^{2+} + 6\,OH^- \longrightarrow CO_3^{2-} + Cu_2O + 4\,H_2O$$

A2:

Alkansäuren besitzen höhere Siedetemperaturen als die entsprechenden Alkohole. Dies lässt sich mit der Bildung von Dimeren, bei denen 2 Säure-Moleküle über Wasserstoffbrückenbindungen miteinander verknüpft sind, erklären.
Alkohole wiederum besitzen höhere Siedetemperaturen als Alkanale. Denn zwischen den Alkohol-Molekülen bestehen relative starke Wasserstoffbrücken, die beim Verdampfen aufgebrochen werden müssen, während zwischen den Alkanal-Molekülen nur die schwächeren Dipol-Dipol-Kräfte herrschen.

A3:

Esterhydrolyse

$$RCOOR' + H_2O \rightleftharpoons RCOOH + R'OH$$

$$K = \frac{c(RCOOR') \cdot c(H_2O)}{c(RCOOH) \cdot c(R'OH)}$$

Bei der Esterhydrolyse im Alkalischen wird die Säure neutralisiert:

$$RCOOH + OH^- \longrightarrow RCOO^- + H_2O$$

Dadurch wird die Säure aus dem Gleichgewichtsgemisch entfernt. Die Konzentration der Säure c(RCOOH) bleibt sehr klein und damit der Massenwirkungsquotient des Estergleichgewichtes stets größer als die Massenwirkungskonstante. Die Hydrolyse (Rückreaktion) läuft daher ab, bis der Ester vollständig umgesetzt worden ist.

A4:

Acetylsalicylsäure ist ein Ester und wird im Alkalischen besser in die Komponenten gespalten als im Sauren (Begründung A3). Daher verläuft die Spaltung der Acetylsalicylsäure nicht im sauren Milieu des Magens, sondern im alkalischen Milieu des Dünndarms.

A5:

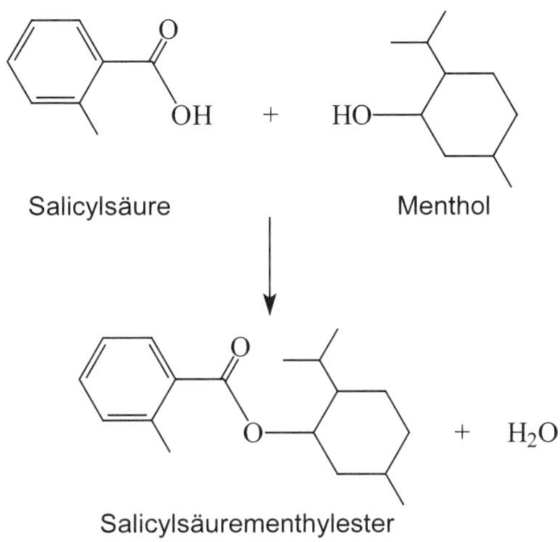

A6:

a) $HCOOH + HOCH_3 \rightleftharpoons HCOOCH_3 + H_2O$

b) Bei der Hinreaktion, der Veresterung, fällt die Konzentration der Methansäure streng monoton ab und erreicht nach etwa 40 Minuten einen Wert, der dann konstant bleibt. Bei der Rückreaktion, der Esterhydrolyse, steigt die Methansäurekonzentration streng monoton und erreicht ebenfalls nach 40 Minuten den konstanten Wert, der auch bei der Veresterung erreicht wurde. Die Steilheit der beiden Kurven und entsprechend die Reaktionsgeschwindigkeit der Veresterung bzw. der Esterhydrolyse ist anfangs am größten. Sie nimmt immer mehr ab, bis nach etwa 40 Minuten die Tangente an jede der beiden Kurven die Steigung null hat. Das bedeutet, dass zu diesem Zeitpunkt die Reaktionsgeschwindigkeit gleich null ist. In diesem Fall, d.h. bei $t > 40$ min, herrscht der Zustand des chemischen Gleichgewichtes.

c) Wie bereits unter b) erwähnt ist die Reaktionsgeschwindigkeit v_r beim Gleichgewicht gleich null. Dies bedeutet nicht, dass keine Reaktion mehr abläuft, dass die Rate der Hinreaktion $r_\rightarrow$ und die Rate der Rückreaktion $r_\leftarrow$ gleich null sind, sondern, dass sie gleich sind ($r_\rightarrow = r_\leftarrow$). Pro Zeiteinheit reagieren genauso viel Edukte zu Produkten wie Produkte zu Edukten zurückreagieren. Dieser Zustand ist nach 40 Minuten erreicht, da sich von diesem Zeitpunkt an die Konzentration der Methansäure und damit auch die Konzentrationen der anderen Reaktionsteilnehmer nicht mehr ändern.

d) Gleichgewichtskonzentrationen:

$$c(HCOOH) = 0{,}012\ mol \cdot L^{-1}$$

$$c(CH_3OH) = 0{,}012\ mol \cdot L^{-1}$$

$$c(HCOOCH_3) = c_0 - c(HCOOH)$$

$$c(HCOOCH_3) = 0{,}03\ mol \cdot L^{-1} - 0{,}012\ mol \cdot L^{-1} = 0{,}018\ mol \cdot L^{-1}$$

$$c(H_2O) = 0{,}018\ mol \cdot L^{-1}$$

e)

$$K = \frac{0{,}018 \cdot 0{,}018}{0{,}012 \cdot 0{,}012} = 2{,}25$$

A7:

a) Bei Zugabe von Bromwasser zu der roten Lösung aus Acetessigsäure-ethylester und Eisen(III)-Ionen wird die Lösung zunächst entfärbt. Nach einigen Sekunden erscheint die rote Färbung wieder. Dieses „Löschen der roten Farbe" lässt sich einige Male wiederholen, erst nach mehrfacher Wiederholung bleibt die Lösung entfärbt.

b) Bei der Zugabe von Bromwasser wird das Brom sehr schnell an die Doppelbindung der Enol-Form des Acetessigesters addiert. Für kurze Zeit verschwindet die Enol-Form und damit auch die rote Färbung der Lösung vollständig. Aus dem Gleichgewicht

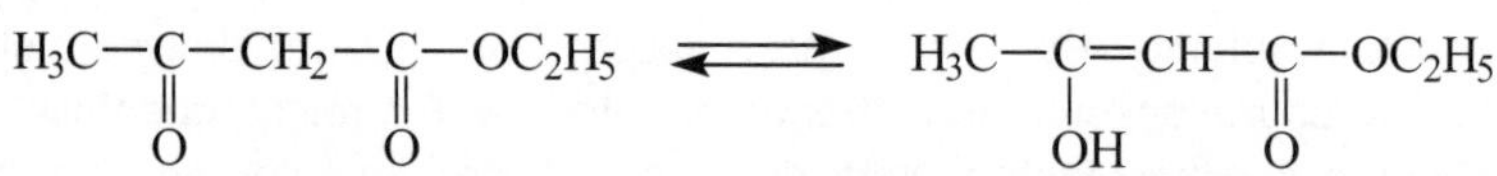

Keto-Form Enol-Form

wird die Enol-Form fast vollständig entfernt und damit der Zähler des Massenwirkungsquotienten sehr klein. Über die Hinreaktion, die langsamer verläuft als die Bromaddition an die Enol-Form, wird dann die Enol-Form so lange nachgebildet, bis sich das Gleichgewicht wieder eingestellt hat. Die Bildung der Enol-Form wird durch das Wiederauftreten und Verstärken der roten Farbe angezeigt.

A8:

a) Gegeben:

$m(C_4H_6O_6) = 0{,}75\ g$

$c(NaOH) = 1\ mol \cdot L^{-1}$

$V(NaOH) = 10\ mL$

Daraus folgt:

$n(NaOH) = 0{,}01\ mol$

Die molare Masse der Säure ist:

$M(C_4H_6O_6) = 150\ g \cdot mol^{-1}$

$$n(C_4H_6O_6) = \frac{m(C_4H_6O_6)}{M(C_4H_6O_6)} = \frac{0{,}75\ g}{150\ g \cdot mol^{-1}} = 0{,}005\ mol$$

$$\frac{n(C_4H_6O_6)}{n(NaOH)} = \frac{0{,}005\ mol}{0{,}01\ mol} = \frac{1}{2}$$

Zur Neutralisation von 1 mol Säure werden 2 mol Natronlauge verbraucht. Dies bedeutet, dass die Säure zwei zweiprotonig sein muss, also beispielsweise zwei Carboxyl-Gruppen besitzt.

b) Mögliche Strukturformeln:

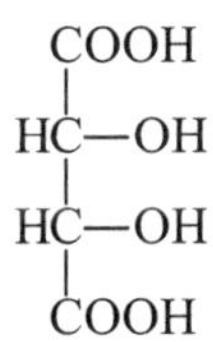

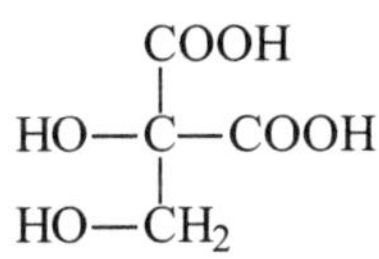

Seite 41

B1:
Diese Aufgabe hat den Sinn, mit den Schülern einige Teilaspekte aus den Facetten zu diskutieren, die für jedermann von Bedeutung sind. Dazu gehören:

a) Erdöl ist ein wertvoller Rohstoff, der auf dem Erdball sehr ungleichmäßig verteilt ist, der gefördert, transportiert und verarbeitet werden muss.
b) Aus Erdöl werden heute die meisten Treibstoffe gewonnen, aber auch die meisten Produkte der chemischen Industrie, die unseren Alltag bestimmen.
c) Die Erdölreserven sind begrenzt und die Verbrennung der Erdölprodukte belastet die Umwelt.
d) Durch „chemische Veredlung“ steigert man nicht nur den wirtschaftlichen Wert des Erdöls, sondern schont auch die Umwelt.
e) Um von dieser „chemischen Veredlung“ etwas zu verstehen, muss man sich einige chemische Grundkenntnisse aneignen.

Seite 42 und 43

B2:
Im Bild ist zu erkennen, dass sich der Rohölpreis im Jahr 2000 gegenüber dem Jahr 1999 nahezu verdoppelt hat (227 Euro/Tonne gegenüber 122 Euro/Tonne). Daher musste im Jahr 2000 fast doppelt so viel für die Rohöleinfuhr gezahlt werden.

B3:
Die Antwort ist offen. Die Schüler sollten wissen, welche Sorten von Treibstoff verkauft werden (Benzin, Super, Super-Plus und Diesel), welche Autos was tanken müssen und wie die aktuellen Preise sind.

B4:
Während vor 100 Jahren Kohle, Holz und Sonstiges den weitaus größten Anteil am Primärenergieverbrauch ausmachten, ist heute der Anteil von Erdöl und Erdgas am größten. Er beträgt nach der Grafik in B4 ca. 2/3 des Gesamt-Primärenergieverbrauchs.

B5:
Die Preise der Lebensmittel (Brot, Kartoffeln, Milcherzeugnisse, Fleisch etc.) hängen auch vom Rohölpreis ab, weil bei ihrer Herstellung Produkte aus Erdöl eingesetzt werden: Treibstoffe für Traktoren, mineralische Düngemittel, Verpackungsmaterialien, Energie für die Kühlung, Treibstoffe für den Transport etc.

Seite 44 und 45

Auswertung a):
Die Destillation bei vermindertem Druck ist für das Destillat schonender, weil die Verdampfung bei niedrigerer Temperatur stattfindet. Dadurch bleiben Stoffe, die sich bei höheren Temperaturen zersetzen, erhalten.

Auswertung b):
Die Entzündungstemperaturen von Benzin, Heptan und Diesel unterscheiden sich nicht erheblich. Die Flammtemperatur ist bei Diesel jedoch beträchtlich höher als bei Benzin und Heptan (vgl. B4). Daraus lässt sich folgern, dass im Gasraum über flüssigem Diesel bei Raumtemperatur wesentlich weniger brennbare Dämpfe enthalten sind als über flüssigem Benzin.

Auswertung c):
Der Docht oder das Watteknäuel bewirkt, dass der Brennstoff auf einer großen Oberfläche fein verteilt wird und schneller in die Gasphase gelangt. Beides fördert die Verbrennung von Diesel.

B3:
Bei Explosionsgemischen liegt ein optimales Mischungsverhältnis dann vor, wenn die Stoffmengen n des brennbaren Stoffes und des in der Luft enthaltenen Sauerstoffs genau im stöchiometrischen Verhältnis stehen.

B4:
Folgende Stoffe sind im Erdöl enthalten: Benzin, Dieselöl, Heizöl, Erdgas (kommt immer auch in Erdöllagerstätten vor).
Von den angegebenen Stoffen ist nur Alkohol gut wasserlöslich.

B5:
Das Öl sprudelt von alleine aus der Erde, wenn das Förderrohr bis in die Schicht mit dem flüssigen Öl reicht und sich darüber eine Gasschicht befindet, die unter Druck steht.

B6:
Es ist darauf zu achten, dass die Schüler Orte nennen, an denen z. B. von der Autobahn aus Destillationstürme (nicht Schornsteine) zu sehen sind. Beispiele: Marl, Oberhausen, Leverkusen, Hamburg, Ingolstadt etc.

B7:
Da Heptan bei 98 °C siedet, ist es in der zweiten Fraktion mit dem Siedebereich 30 °C bis 200 °C enthalten.

Seite 46 und 47

Auswertung a):
Da die Proben aus V2 (Bromwasserprobe) und aus V3 (BAYER'SCHE Probe) mit dem eingesetzten Paraffin negativ ausfallen (keine Bromwasser-Entfärbung bzw. keine Verfärbung der Kaliumpermanganat-Lösung), mit dem Gas und mit dem Kondensat aus V1 dagegen positiv, müssen darin Stoffe enthalten sein, die im Paraffin nicht enthalten waren.

Auswertung b):
Aus den Ergebnissen der beiden Proben kann man schließen, dass im Gas und im Kondensat aus V1 ungesättigte Kohlenwasserstoffe enthalten sind, im Paraffin dagegen nicht. (*Anmerkung*: Diese Antwort setzt voraus, dass bereits elementare Kenntnisse über gesättigte und ungesättigte Kohlenwasserstoffe vorhanden sind. Falls das nicht der Fall ist, kann man diese Frage nutzen, um die Unterschiede herauszuarbeiten.)

Auswertung c):
Reaktionsgleichung:

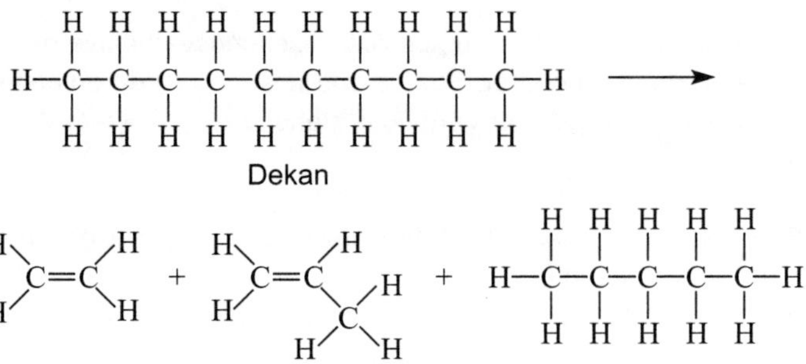

Dekan

Ethen Propen Pentan

(vgl. auch Anmerkung von Auswertung b)

B1:
Die Schlauchverbindungen müssen möglichst kurz sein, um den Weg der Stoffe durch die Vorrichtung möglichst kurz zu halten. Damit soll vermieden werden, dass in den Schlauchteilen Kohlenwasserstoffe kondensieren. Das ist besonders dann wichtig, wenn die Schlauchverbindungen aus Gummi sind, weil sich Gummi in Kohlenwasserstoffen allmählich löst.

B2:
Dieses Gerät hat keinen Ofen (Thermostat), keine Gasflasche, keinen Probensammler und keinen Schreiber. Die Säule hängt frei an einem Stativ und der Detektor ist an einen Computer angeschlossen. (*Anmerkung:* Hier ist nur

angegeben, was man auf den Bildern sieht. Die Frage sollte je nach eingesetztem Gerät vertiefend beantwortet werden. Einzelheiten über den Lowcost-Chromatographen nach Franz Kappenberg können aus dem Internet unter der angegebenen Adresse www.kappenberg.com eingeholt werden.)

B3:
Anmerkung: Die für die Auswertung von Gaschromatogrammen nötige Software und die Anweisungen für ihre Bedienung sind im Paket des Lowcost-Gaschromatographen enthalten (vgl. Internet-Adresse unter B2). Das im Schülerband abgebildete Gaschromatogramm ist die Kopie einer Bildschirm-Anzeige, die diese Software liefert.

B4:
Der Bedarf an Benzin und Diesel ist wesentlich höher als die Anteile von Benzin und Diesel nach der Raffination.

B5:
Beim klopfenden Motor ist der Wirkungsgrad geringer, weil es wegen der vorzeitigen Zündung nicht zu der bestmöglichen Kompression des Verbrennungsgemisches kommt und weil der Kolben sich bei der Zündung noch nach oben bewegt. Es wird also nicht so viel Volumenarbeit verrichtet wie bei optimaler Kompression und ein Teil davon wird wegen der „falschen" Bewegungsrichtung des Kolbens auch noch vergeudet.

A1:
Rohstoffe sind in der Regel Stoffgemische, wie sie in der Natur vorkommen und aus denen mithilfe von technischen Verfahren (in der Regel in mehreren Schritten) Nutzstoffe isoliert oder hergestellt werden.
Grundchemikalien in der chemischen Industrie sind Stoffe, die in sehr großen Mengen aus Rohstoffen hergestellt werden und dann weiter zu Produkten unseres Alltags umgesetzt werden. (*Anmerkung*: An dieser Stelle wird eine Differenzierung Rohstoffe – Grundchemikalien eingeführt, die im Verlauf dieser Unterrichtsreihe vertieft und auf Seite 70 - 71 im Schülerband voll ausgebaut wird. Damit wird dem Themenfeld „Technische Prozesse" Rechnung getragen.)

A2:
Bei der Raffination von Erdölen handelt es sich um die Trennung von Stoffgemischen, die Stoffe wandeln sich nicht chemisch um. Beim Cracken von Erdölfraktionen laufen chemische Reaktionen ab, es entstehen neue Stoffe. In beiden Fällen arbeitet man mit Kohlenwasserstoffen und in beiden Fällen wird auch erhitzt.

Seite 48 und 49

Auswertung a):

Tabelle mit den Ergebnissen zu V1, V2 und V3:

Name	**beobachtete Flamme** (V1)	**löslich in Heptan?** (V2)	**elektrisch leitfähig?** (V3)
Pentan	gelbliche Flamme	ja	s. u.
Heptan	gelbliche Flamme	/	/
Isooctan	/	ja	In allen Fällen tritt keine Stromleitung auf.
Hexen	gelbe, rußende Flamme	ja	
Benzin	/	ja	
Cyclohexen	gelbe, rußende Flamme	ja	
Paraffinöl	/	ja	
Ethanol	/	ja	
dest. Wasser	/	nein	

Tabelle mit den Ergebnissen zu V4 und V5:

	+ Brom mit Licht (V4)	**+ Brom im Dunkeln** (V4)	**+ Bromwasser** (V5)
Heptan	Die Lösung entfärbt sich im Rggl., das mit Licht bestrahlt wird. Das feuchte Indikatorpapier zeigt über der Lösung eine saure Reaktion an.	keine Entfärbung, keine saure Reaktion	Die wässrige Phase entfärbt sich, aber die organische Phase färbt sich tief braun. Das Indikatorpapier zeigt keine (oder nur schwache) saure Reaktion an.
Hexen			Das Bromwasser entfärbt sich. Das Indikatorpapier zeigt eine relativ starke saure Reaktion an.

Auswertung b):

Zunächst sollte man die untersuchten Stoffe in Kohlenwasserstoffe und andere Stoffe (Wasser, Ethanol) einteilen. Die untersuchten Kohlenwasserstoffe lassen sich wie folgt weiter einteilen:

Klasse 1: Heptan, Pentan, Benzin, Paraffinöl (*Hinweis*: Es wird vorher den Schülern mitgeteilt, dass die letzten drei Stoffe bzw. Stoffgemische sich in V4 und V5 wie Heptan verhalten).

Klasse 2: Hexen, Cyclohexen (*Hinweis*: Es wird vorher den Schülern mitgeteilt, dass sich Cyclohexen in V5 wie Hexen verhält).
Die Stoffe aus den beiden Klassen unterscheiden sich in ihren physikalischen Eigenschaften praktisch nicht (vgl. Tabelle zu V2). Bei chemischen Reaktionen der Stoffe aus den beiden Klassen werden die Unterschiede deutlich (vgl. Tabelle zu V1 und zu V5).

B1:
Dass die Flamme im linken Bildteil rußt, könnte damit zusammenhängen, dass der dort verbrennende Stoff einen höheren Gehalt an Kohlenstoff hat.

B2:
Die räumlichen Kugelstäbchen-Molekül-Modelle von Ethen und Ethan werden gebaut. Damit wird erläutert, dass beim Ethen-Molekül alle Atome in einer Ebene sind und die Bindungswinkel jeweils 120° betragen, während beim Ethan-Molekül jedes Kohlenstoff-Atom vier, im Raum tetraedrisch angeordnete Bindungen eingeht.

B3:
Nach B1, Seite 50 sind heute zwischen 15 Mio und 20 Mio, also $15 \cdot 10^6$ bis $20 \cdot 10^6$, organische Verbindungen bekannt. In B3 wird angegeben, dass alleine für die Isomere mit der Summenformel $C_{40}H_{82}$ über $62 \cdot 10^{12}$ Verbindungen möglich sind. Daraus wird deutlich, dass die Zahl der möglichen organischen Verbindungen die Zahl der bekannten um viele Größenordnungen überschreitet. (*Anmerkung*: Man könnte darauf hinweisen, dass bei Verbindungen mit Heteroatomen O, N usw. noch eine Vielzahl von möglichen Isomeren hinzukommt.)

B4:
Erklärung: Die Stärke der Wechselwirkungen zwischen den Alkan-Molekülen (VAN-DER-WAALS-Kräfte) nimmt mit der Größe und Masse der Moleküle zu. Bei kleinen Alkan-Molekülen (weniger als 4 Kohlenstoff-Atome) sind sie bei Raumtemperatur so gering, dass diese Alkane sich im Gaszustand befinden. Bei flüssigen Alkanen sind die Wechselwirkungen zwischen den Molekülen größer, sodass Wärme zugeführt werden muss, um sie zu überwinden und das flüssige Alkan in Dampfform zu überführen. Bei festen Alkanen sind die Wechselwirkungen noch größer und zwar ab $C_{20}H_{42}$ so groß, dass bei starkem Erhitzen statt der Entfernung eines Moleküls aus dem Molekülverband die Auftrennung von Kohlenstoff-Kohlenstoff-Bindungen aus dem Molekül erfolgen kann. Das bedeutet, dass sich der Stoff zersetzt (siehe Cracken) und nicht unzersetzt verdampft.

B5:
Mit den angegebenen Modellen lässt sich gut erklären, dass das Molekül unpolar ist (wegen der symmetrischen Verteilung der Partialladungen). Diese Moleküleigenschaft bestimmt einige Stoffeigenschaften, beispielsweise die schlechte

Löslichkeit in Wasser und die relativ niedrigen Schmelz- und Siedetemperaturen von Pentan und anderen Alkanen.
Elektronegativität ist die Eigenschaft von Atomen, Elektronenpaare aus Bindungen, an denen sie beteiligt sind, an sich heranzuziehen.

B6:
Zu V4: Substitution von Brom an Heptan

$$H_3CCH_2CH_2CH_2CH_2CH_2CH_3\,(l) + Br_2\,(l) \xrightarrow{\text{Licht}} H_3CCH_2CH_2CH_2CH_2CH_2\underset{\substack{|\\ Br}}{C}H_2\,(l) + HBr\,(g)$$

Zu V5: Addition von Brom an Hexen

$$H_2C{=}CHCH_2CH_2CH_2CH_3\,(l) + Br_2\,(aq) \longrightarrow H_2\underset{\substack{|\\ Br}}{C}{-}\underset{\substack{|\\ Br}}{C}HCH_2CH_2CH_2CH_3\,(l)$$

Anmerkung: Die Schüler sollen in Anlehnung an B6 die Bromaddition so formulieren. Die saure Reaktion der wässrigen Phase muss ggf. durch den Lehrer erklärt werden. Es bilden sich als Produkte auch Bromhexanol und Bromwasserstoffsäure.

B7:
Isomere C_6H_{14}:

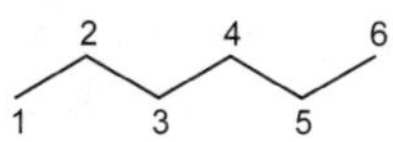

n-Hexan

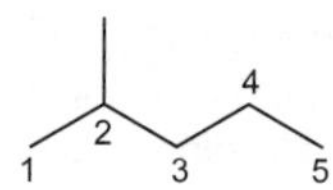

2-Methylpentan

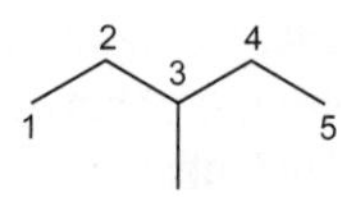

3-Methylpentan

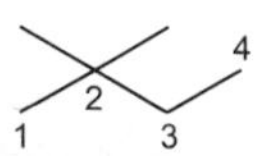

2,2-Dimethylbutan

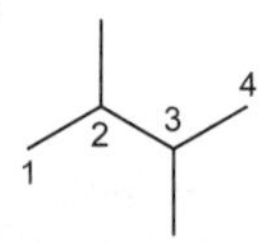

2,3-Dimethylbutan

Die Computer-Modelle von C_5H_{12}:

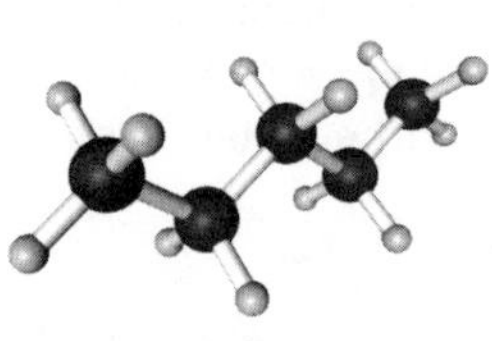
n-Pentan

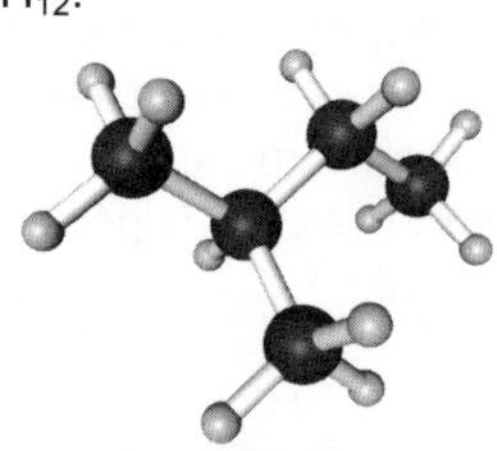
2-Methylbutan

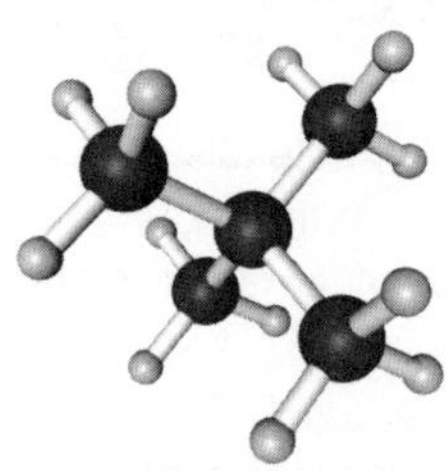
2,2-Dimethylpropan

Die Computer-Modelle von C_4H_8:
(*Anmerkung*: Die Doppelbindung erkennt man an der kürzeren Bindungslänge.)

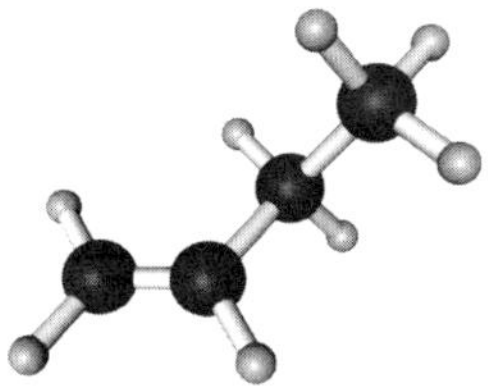

1-Buten

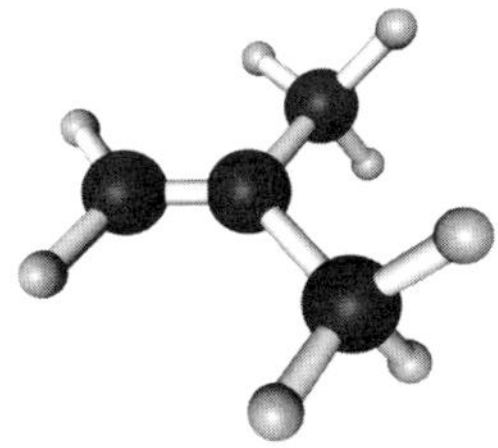

2-Methylpropen

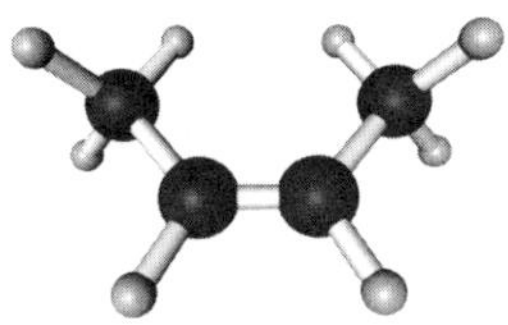

cis-2-Buten

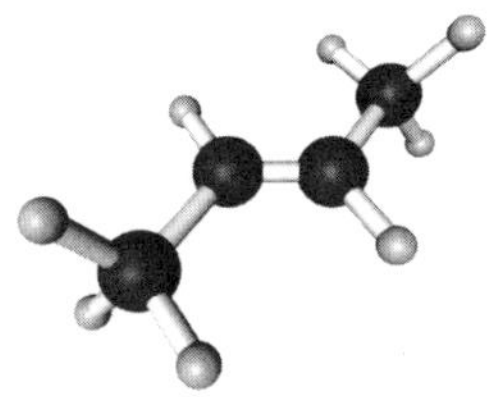

trans-2-Buten

Seite 50 und 51

Auswertung a):
Alkanole, Alkane und Alkene sind brennbar. Die Flamme rußt bei Alkenen, bei Alkanen und Alkanolen rußt sie nicht.

Reaktionsgleichungen:

$$H_3CCH_2CH_2CH_2OH + 6\,O_2 \longrightarrow 4\,CO_2 + 5\,H_2O$$

$$H_3CCH_2CH_2CH_3 + 6{,}5\,O_2 \longrightarrow 4\,CO_2 + 5\,H_2O$$

$$H_3CCH_2CH{=}CH_2 + 6\,O_2 \longrightarrow 4\,CO_2 + 4\,H_2O$$

Auswertung b):
In den Versuchen wird festgestellt, dass Methanol, Ethanol und die Propanole sich unbegrenzt in Wasser lösen, Butanol und Pentanol schlecht und Hexanol und Cetylalkohol ganz schlecht.
Erklärung (vgl. dazu auch B7, Seite 11 im Schülerband): In den Molekülen der ersten drei Alkanole hat die hydrophile Hydroxy-Gruppe einen vergleichbaren Anteil wie der hydrophobe Alkyl-Rest. Es können sowohl Wasserstoffbrückenbindungen zu Wasser-Molekülen als auch van-der-Waals-Kräfte zu unpolaren Heptan-Molekülen ausgebildet werden. Diese drei Alkohole lösen sich daher sowohl in Wasser als auch in Heptan. Je größer der Anteil des hydrophoben Molekül-Rests im Alkanol-Molekül wird, desto geringer wird die Fähigkeit der Moleküle, Wasser-

stoffbrückenbindungen zu Wasser-Molekülen auszubilden. Die Wasserlöslichkeit nimmt daher in der Reihe 1-Butanol, 1-Pentanol, 1-Hexanol, 1-Hexadecanol (Cetylalkohol) stark ab. Die Löslichkeit in unpolaren Lösemitteln bleibt aber erhalten.

Auswertung c):
Die Viskosität nimmt in der Reihenfolge Ethanol, 1-Butanol, 1-Pentanol zu und ist bei 2-Methyl-2-propanol (*tert.*-Butanol) größer als bei 1-Butanol. Das zeigt, dass die Viskosität der Alkanole mit der Länge des Alkyl-Rests und mit dem Verzweigungsgrad zunimmt. Gleiches gilt auch bei den Alkanen: Die Viskosität nimmt in der Reihenfolge Pentan, Heptan, 2,2,4-Trimethylpentan (Isooctan) zu, jedoch sind die Unterschiede hier nicht so groß wie bei den Alkanolen.
Erklärung: Je länger und je verzweigter die Moleküle sind, desto größer ist die Wechselwirkung zwischen ihnen und desto sperriger verhalten sie sich beim Fließen. Die aneinander vorbeigleitenden Flüssigkeitsschichten bremsen sich zunehmend ab, die Flüssigkeit erscheint viskoser (zähflüssiger).

B1:
Die Einführung der NMR-Spektroskopie um 1950 bewirkte, dass die Zahl der bekannten organischen Verbindungen bis heute sprunghaft zunahm. (*Anmerkung:* Selbstverständlich haben auch andere Methoden der instrumentellen Analytik wie Gaschromatographie, IR-, UV-, und VIS- Spektroskopie, Massenspektrometrie, Röntgendiffraktometrie u.a. dazu beigetragen; die NMR-Spektroskopie nimmt aber einen Spitzenplatz ein.)

B2:
In einem primären Alkohol ist die Hydroxy-Gruppe an ein primäres Kohlenstoff-Atom gebunden, im sekundären Alkohol an ein sekundäres und im tertiären Alkohol an ein tertiäres. (Die Definitionen des primären, sekundären und tertiären Kohlenstoff-Atoms sind in B2 angegeben.)

B3:
Alkohole sieden bei viel höheren Temperaturen als die entsprechenden Alkane und auch viel höher als Alkane mit ähnlich hoher molarer Masse.
Beispiel: Ethanol (M = 46 g/mol) siedet bei 78 °C, Ethan (M = 30 g/mol) bei – 89 °C und Propan (M = 44 g/mol) bei – 42 °C.
Erklärung: Um eine Flüssigkeit zum Sieden zu bringen, müssen die anziehenden Kräfte zwischen ihren Molekülen überwunden werden. Bei Alkan-Molekülen sind dies schwache VAN-DER-WAALS-Kräfte, bei den Alkohol-Molekülen dagegen stärkere Dipol-Dipol-Wechselwirkungen und noch stärkere Wasserstoffbrückenbindungen. Formeln dazu sind im Schülerband auf Seite 11 angegeben.

Pentan:	$H_3CCH_2CH_2CH_2CH_3$
Penten:	$H_2C{=}CHCH_2CH_2CH_3$
1-Pentanol:	$H_3CCH_2CH_2CH_2CH_2\mathbf{OH}$
Pentanal:	$H_3CCH_2CH_2CH_2\mathbf{CHO}$
Pentanon:	$H_3C\mathbf{CO}CH_2CH_2CH_3$
Pentansäure:	$H_3CCH_2CH_2CH_2\mathbf{COOH}$

A1:
CH_4, C_2H_6, C_3H_8, C_4H_{10}, C_5H_{12} ... es fällt auf: $C_zH_{(2z+2)}$
C_2H_4, C_3H_6, C_4H_8, C_5H_{10} ... es fällt auf: C_zH_{2z}

A2:
Einige typische Eigenschaften der ersten Glieder aus den homologen Reihen:
Alkane: bei Raumtemperatur gasförmig (Pentan flüssig), wasserunlöslich, löslich in Benzin und Ethanol, brennbar, entfärben Bromwasser nicht, reagieren nicht mit Natrium
Alkene: bei Raumtemperatur gasförmig (Penten flüssig), wasserunlöslich, löslich in Benzin und Ethanol, brennbar (rußende Flamme), entfärben Bromwasser, reagieren nicht mit Natrium
Alkanole: bei Raumtemperatur flüssig, wasserlöslich (Butanole und Pentanole schlecht löslich), löslich in Benzin, brennbar, reagieren mit Natrium (vgl. LV1, Seite 14) unter Bildung von Wasserstoff
Alkanale: bei Raumtemperatur flüssig (Methanal ist gasförmig), schlecht wasserlöslich (Methanal löst sich gut, Ethanal mäßig), löslich in Benzin, brennbar, nachweisbar mit SCHIFF-Reagenz, FEHLING-Probe und TOLLENS-Reagenz (Silberspiegel-Probe) – vgl. dazu Seite 22 - 24 im Schülerband
Alkanone: bei Raumtemperatur flüssig, schlecht wasserlöslich (Propanon löst sich gut), löslich in Benzin, brennbar, reagieren nicht mit SCHIFF-Reagenz, FEHLING-Probe und TOLLENS-Reagenz (*Anmerkung*: Auf Reaktionen der Ketone wird in diesem Band nicht eingegangen.)
Alkansäuren: bei Raumtemperatur flüssig, gut wasserlöslich, schlecht löslich in Benzin (Butan- und Pentansäure lösen sich in Benzin), brennbar (jedoch schlecht), wässrige Lösung reagiert sauer, können mit Alkanolen zu Estern umgesetzt werden (vgl. Seite 34 - 35 im Schülerband)

A3:

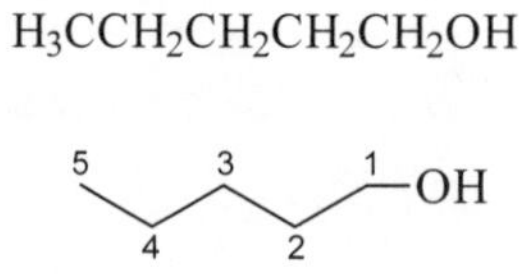

1-Pentanol

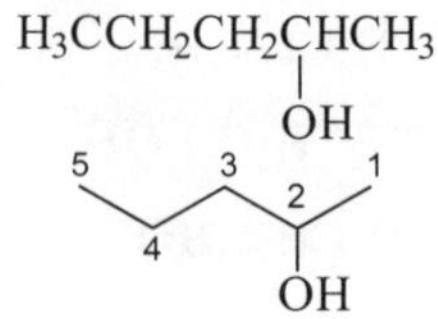

2-Pentanol

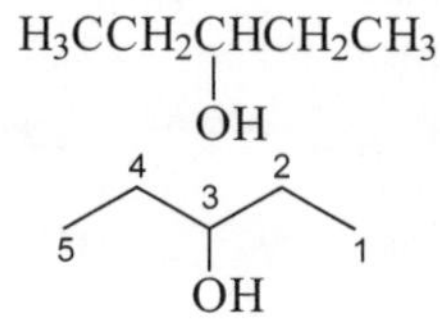

3-Pentanol

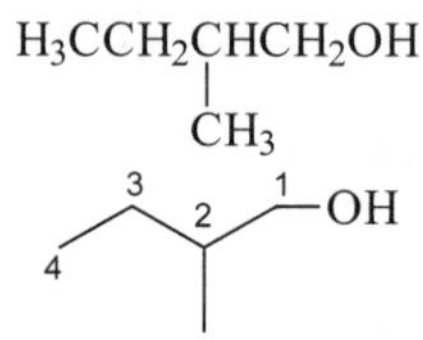

2-Methyl-1-butanol

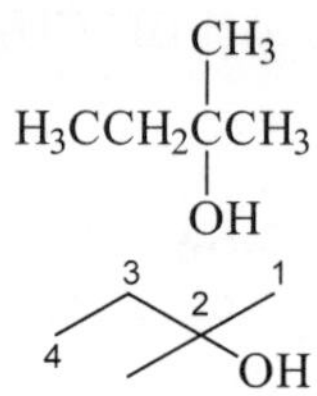

2-Methyl-2-butanol

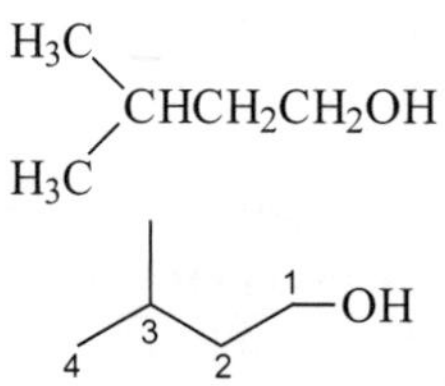

3-Methyl-1-butanol

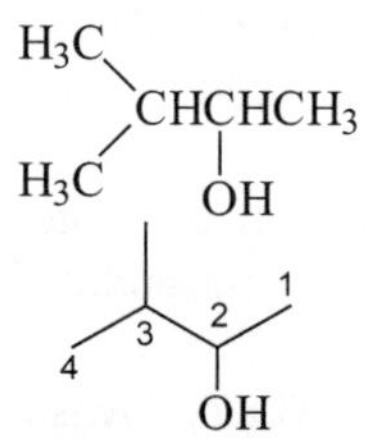

3-Methyl-2-butanol

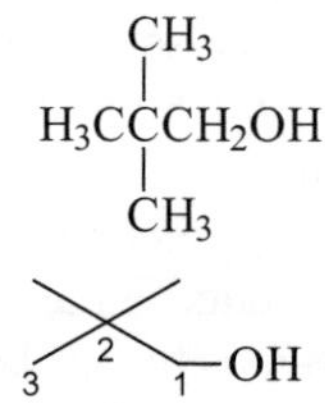

2,2-Dimethyl-1-propanol

A4:
Die Eigenschaften der Isomere unterscheiden sich am deutlichsten bei den funktionellen Isomeren. Während die in B5 angegebenen Gerüstisomere (Butan und Isobutan) und Stellungsisomere (1-Butanol und 2-Butanol) sich nur geringfügig in einigen physikalischen Eigenschaften unterscheiden (Schmelz- und Siedetemperaturen, Viskositäten), unterscheiden sich die funktionellen Isomere (Butanal und Butanon) auch chemisch voneinander: Der Aldehyd Butanal reagiert mit SCHIFF-Reagenz, FEHLING-Probe und TOLLENS-Reagenz, das Keton Butanon dagegen nicht.

Seite 52 und 53 (EVA)

B1 und B2:
Derzeit (Jahr 2002) erreicht man über die Suchmaschinen im Internet sehr viele Adressen zu den Stichwörtern „Molecular Modelling" und „Formeleditor". Unter der im Schülerband angegebenen Adresse www.chemiedidaktik.uni-wuppertal.de findet man unter „Materialien für den Unterricht" Links zu folgenden Freeware-Programmen:

- ACD/ChemSketch (www.acdlabs.com/download/chemsk.html)
- ISIS/Draw (www.mdli.com/download/isisdraw.html)
- MOLDA (molda.chem.sci.hiroshima-u.ac.jp/molda-e/welcome.htm)

Damit können u.a. die in diesem Lehrerband enthaltenen Molekül-Modelle am Bildschirm erzeugt werden.

Anmerkung: Diese Aufgaben sollen dazu anregen, Formeleditoren und Programme für Molecular Modelling im Internet aufzufinden und anzuwenden, d.h. den Umgang mit den Tools zu üben.

A („Gute" und „schlechte" Fettsäuren):
Computer-Modelle von *cis*- und *trans*-9-Octadecensäure:
(*Anmerkung*: Die C=C bzw. C=O Doppelbindung erkennt man an der kürzeren Bindungslänge.)

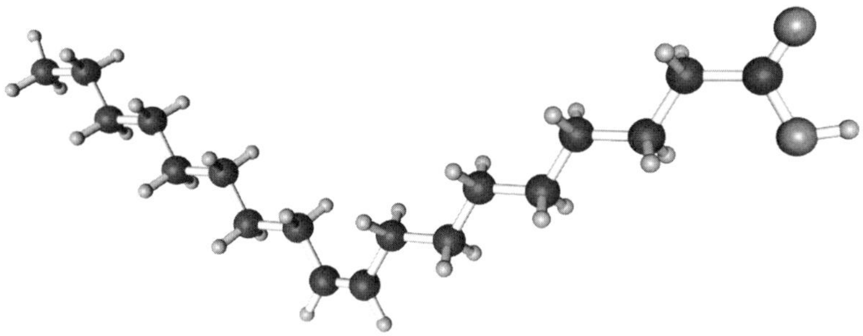

cis-9-Octadecensäure

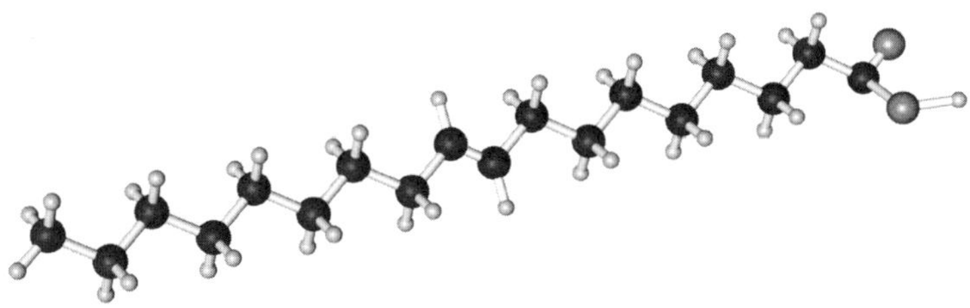

trans-9-Octadecensäure

Das Modell des *trans*-9-Octadecen-Moleküls ist annähernd linear, das des *cis*-Isomers hat in der Mitte einen Knick.

A (*Cis-trans* – ein Fall von Stereoisomerie):
Beim Erhitzen von Maleinsäure wird Wasser abgespalten; es bildet sich Maleinsäureanhydrid. Die räumliche Lage der beiden Carboxy-Gruppen im Maleinsäure-Molekül begünstigt diesen Vorgang. Fumarsäure spaltet beim Erhitzen kein Wasser ab; die Bildung eines Anhydrids ist aufgrund der räumlichen Entfernung der beiden Carboxy-Gruppen nicht möglich.

A (*Cis-trans* – ein Fall von Stereoisomerie):
Da beide Kohlenstoff-Atome der C=C Doppelbindung im Isobuten-Molekül $H_2C{=}C(CH_3)_2$ zwei gleiche Substituenten haben, ist *cis-trans*-Isomerie nicht möglich. *Anmerkung: Cis-trans*-Isomerie ist auch dann nicht möglich, wenn nur ein Kohlenstoff-Atom der C=C Doppelbindung zwei gleiche Substituenten hat.

Seite 54 und 55

Auswertung a):
Die Entfärbung des Bromwassers deutet darauf hin, dass in den Molekülen des gebildeten Gases Kohlenstoff-Kohlenstoff-Doppelbindungen enthalten sind.

Reaktionsgleichung:

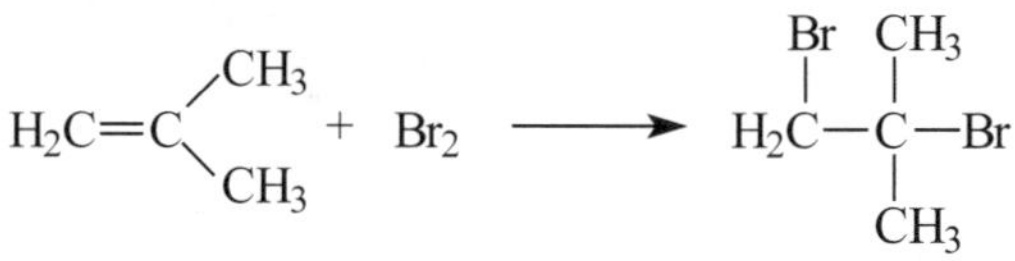

Auswertung b):
Die rußende Flamme bei V2 spricht eher für die Formel C_4H_8 als für die Formel C_4H_{10}, da bei der ersten der Kohlenstoff-Gehalt größer ist.

Auswertung c):
Das in V1 gebildete Gas löst sich offensichtlich in Heptan, weil das Heptan nach dem Einleiten dieses Gases Bromwasser entfärbt (reines Heptan entfärbt Bromwasser nicht). Heptan C_7H_{16} besteht aus Molekülen ohne Kohlenstoff-Kohlenstoff-Doppelbindungen (vgl. B4, S. 48), das Isobuten-Molekül (B2, S. 54) enthält eine Kohlenstoff-Kohlenstoff-Doppelbindung.

Auswertung d):
In der Apparatur aus B1, Seite 54 ist es möglich, den eingesetzten Alkohol vollständig umzusetzen, weil ein Produkt fortdauernd aus dem Reaktionsgemisch entfernt wird und sich das chemische Gleichgewicht daher nicht einstellen kann.

Auswertung e):
Die Schwefelsäure ist bei dieser Reaktion (bei der Abspaltung von Wasser aus 2-Methyl-2-propanol = Dehydratisierung von 2-Methyl-2-propanol) Katalysator. Er beschleunigt die Reaktion und wird dabei nicht verbraucht. Daher taucht die Schwefelsäure weder unter den Edukten noch unter den Produkten auf. Man schreibt sie (in Klammern) auf den Reaktionspfeil.
Anmerkung: Auf den Mechanismus der Dehydratisierung wird im Schülerband an dieser Stelle nicht eingegangen, weil Reaktionsmechanismen hier noch nicht

thematisiert werden. Bei Bedarf muss der Mechanismus von der Lehrkraft an der Tafel entwickelt und erklärt werden.

Auswertung f):
Es muss darauf geachtet werden, dass die Kondensationsfront der Dämpfe im Steigrohr bleibt, damit kein Alkohol (2-Methyl-2-propanol) und/oder Wasser mit dem Isobuten entweicht und dieses verunreinigt.

Auswertung g):
So lange im Reaktionskolben aus B1 noch Edukt (2-Methyl-2-propanol) vorhanden ist, kann immer wieder Isobuten erzeugt werden. Die neuen Siedesteinchen sind notwendig, um Siedeverzüge und damit das Hochspritzen des Flüssigkeitsgemisches zu verhindern.

Auswertung h):
Abkürzung: A = 2-Methyl-2-propanol (*tert.*-Butanol)

Zunächst berechnet man die Masse *m*, dann die Stoffmenge *n* des umgesetzten A:

$$m(A) = V(A) \cdot \rho(A) = 20\ mL \cdot 0{,}77\ g \cdot mL^{-1} = 14{,}5\ g$$

$$n(A) = m(A) : M(A) = 14{,}5\ g : 74\ g \cdot mol^{-1} = 0{,}1959\ mol$$

In der Reaktionsgleichung (1) im Schülerband ist zu erkennen, dass $n(Isobuten) = n(A)$ ist.

Das Volumen des gebildeten Isobutens beträgt bei Normbedingungen demnach:

$$V(Isobuten) = n(Isobuten) \cdot V_{mn} = 0{,}1959\ mol \cdot 22{,}4\ L \cdot mol^{-1} = 4{,}39\ L = 4390\ mL.$$

Der Kolbenprober (*V* = 100 mL) könnte also theoretisch fast 44-mal gefüllt werden.

B1:
Die Siedesteine verhindern einen Siedeverzug und damit ein Hochspritzen der Flüssigkeit im Kolben.
Die Formel von 2-Methyl-2-propanol lautet: Vgl. letzte Formel in B2, Seite 54 im Schülerband.

B2:
Man kann die isomeren Alkohole leichter trennen, weil ihre Siedetemperaturen ϑ_b weiter auseinander liegen als die der isomeren Alkene (vgl. die angegebenen Siedetemperaturen im Schülerband).

B4:
Bei der technischen Anlage aus B4 wird im rechten Teil ebenso wie in der Laborapparatur aus V1 (B1) Isobuten durch Abspaltung von Wasser aus 2-Methyl-2-propanol hergestellt. In beiden Fällen wird mit Säure als Katalysator gearbeitet und in beiden Fällen muss erhitzt werden.
Die technische Anlage enthält aber noch einen zusätzlichen Teil, einen Reaktor, in dem Wasser an Isobuten (Bestandteil des eingeleiteten Isomerengemisches) addiert wird. Im Gegensatz zur Laborapparatur aus B1 arbeitet die technische Anlage kontinuierlich: Das Gemisch der 4 isomeren Butene wird in die Anlage eingespeist; aus der Anlage entweichen ein Gemisch aus 3 isomeren Butenen (1-Buten, *cis*-2-Buten und *trans*-2-Buten) und gesondert davon Isobuten (2-Methylpropen). Das Wasser, in dem auch der Katalysator (die Säure) enthalten ist, läuft innerhalb der Anlage im Kreis.

Seite 56 (EVA)

Isobuten C_xH_y: Ermittlung von x

Auswertung – weitere Fragen

a):
Das Endvolumen darf bei V1 erst dann abgelesen werden, wenn die Apparatur auf die Ausgangstemperatur abgekühlt ist, weil nur dann die Hypothese von AVOGADRO (vgl. Seite 57, Schülerband), die hier als Grundlage der Berechnungen dient, gültig ist.

b):
Das Kupferoxid muss im Überschuss eingesetzt werden, um die vollständige Oxidation des eingesetzten Isobutens zu gewährleisten.

c):
Dieses Verfahren ist auf Kohlenwasserstoffe beschränkt, die bei Raumtemperatur gasförmig vorliegen, weil nur dann der direkte Vergleich der Volumina möglich ist.
Anmerkung: Die Methode könnte auch auf flüssige Verbindungen ausgedehnt werden, wenn es gelänge, eine bestimmte Masse der zu untersuchenden flüssigen Verbindung genau einzuwiegen, in die Apparatur zu bringen und dort zu verdampfen. Das ist aber sehr schwer zu realisieren.

d):
Wenn die Summenformel der untersuchten Verbindung $C_xH_yO_z$ wäre, könnte man die Auswertung für x genauso durchführen wie bei dem Beispiel aus dem Buch, weil auch in diesem Fall aus 1 mol der zu untersuchenden Verbindung genau x mol Kohlenstoffdioxid gebildet werden.

Isobuten C_xH_y: Ermittlung von y

Auswertung – weitere Fragen

a):

Wenn das gasförmige Produkt, das bei der Verbrennung der geschwärzten Eisenwolle aus V2 entsteht, Kalkwasser trübt, dann war die schwarze Ablagerung Kohlenstoff.

b):

Wenn man gemäß V2 Butan oder Isobutan C_4H_{10} untersuchen würde, müssten aus 20 mL Kohlenwasserstoff 100 mL Wasserstoff gebildet werden.

c):

Flüssige Kohlenwasserstoffe sind nach dieser Methode (mit der einfachen Apparatur aus V2) nicht untersuchbar.

Anmerkung: Wenn es gelänge, eine bestimmte Masse der zu untersuchenden flüssigen Verbindung genau einzuwiegen, in die Apparatur zu bringen und dort zu verdampfen, wäre die Methode prinzipiell anwendbar. Das ist aber sehr schwer zu realisieren.

d):

Die Struktursymbole (Gerüste der Valenzstrichformeln), die sich für die Summenformel C_4H_8 aufstellen lassen, sind im Schülerband, in B1, Seite 58, angegeben. (Vgl. auch Lösung zu B1, S. 58).

Seite 58 und 59 (EVA)

B1:

Die vollständigen Valenzstrichformeln lauten:

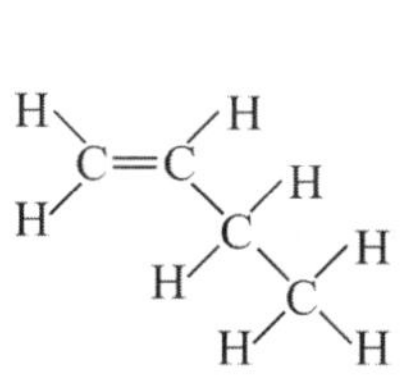

1-Buten

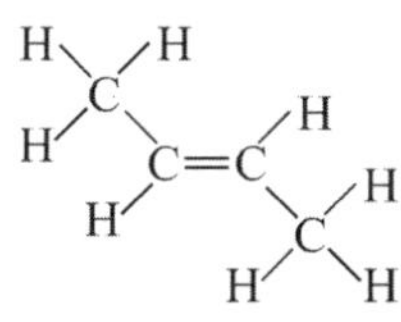

trans-2-Buten

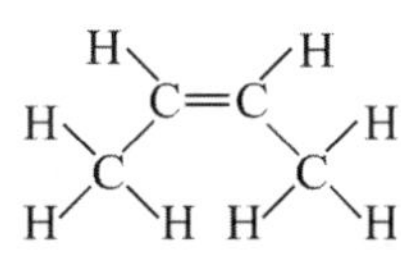

cis-2-Buten

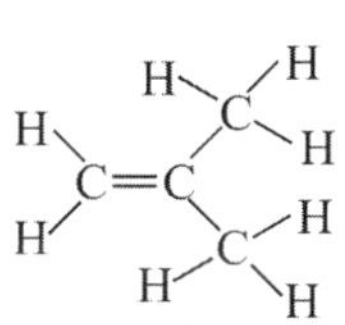

Isobuten

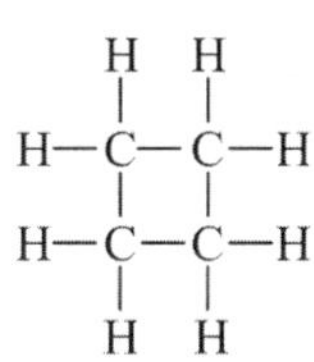

Cyclobutan

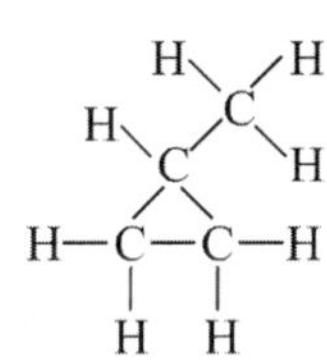

Methylcyclopropan

B2:
Aus 2-Butanol können durch Wasser-Eliminierung theoretisch drei Alkene gebildet werden: 1-Buten und *cis*-2-Buten und *trans*-2-Buten (vgl. Formeln weiter oben).

Was wird aus Isobuten? (V1)
Auswertung a):
Sobald das Gemisch aus Isobuten und Wasserstoff über den kalten Katalysator geschoben wird, erwärmt sich dieser. Es findet also eine exotherme Reaktion statt. Das Gesamtvolumen des Gases nimmt ab und beträgt am Ende 40 mL, also genau die Hälfte des gesamten Gasvolumens vor der Reaktion. Daraus folgt, dass Wasserstoff und Isobuten sich im Stoffmengenverhältnis

$$n(Isobuten) : n(Wasserstoff) = 1 : 1$$

verbunden haben. Dafür spricht auch die negative Bromwasserprobe, denn das gebildete Isobutan entfärbt Bromwasser nicht.

Auswertung b):
Reaktionsgleichung:

$$H_2C{=}C(CH_3)_2\,(g) + H_2\,(g) \longrightarrow H_3C{-}CH(CH_3)_2\,(g)$$

Auswertung c):
Aufgrund dieser Versuchsergebnisse scheiden die beiden Isomeren aus, in deren Molekülen keine Kohlenstoff-Kohlenstoff Doppelbindungen vorkommen, also das Cyclobutan und das Methylcyclopropan.
Anmerkung: Methylcyclopropan hat aufgrund der hohen Ringspannung einen ungesättigten Charakter und kann unter Ringöffnung sowohl mit Wasserstoff als auch mit Brom reagieren. Das sollte an dieser Stelle jedoch nicht problematisiert werden. Die Frage „gesättigt oder ungesättigt" sollte zunächst auf das strukturelle Merkmal „Kohlenstoff-Kohlenstoff-Doppelbindung" beschränkt werden.

B3:
Hier ist kein Gasbrenner erforderlich, weil die Reaktion (die katalytische Hydrierung von Isobuten) exotherm und bereits bei Raumtemperatur mit hoher Geschwindigkeit verläuft.

B4:
Für KEKULÉ ist der wichtigste Forschungsgegenstand der Chemie das Reaktionsverhalten der Stoffe („stoffliche Metamorphosen der Materie", „die Vergangenheit und die Zukunft einer Substanz").

B7:
Das in B7 angegebene Spektrum besteht nur aus 2 Singletts. Bei allen anderen C_4H_8-Isomeren (vgl. B1, S. 58, Schülerband) müssten die Signale in den ^{1}H-NMR-Spektren Multipletts (Dubletts, Tripletts etc.) enthalten. Beispiel: Das ^{1}H-NMR-

Spektrum des 2-Butens (*cis* und *trans*) müsste aus einem Dublett der Intensität 6 etwa bei δ = 1,7 ppm (für die Protonen der beiden Methyl-Gruppen) und einem Quartett der Intensität 2 bei etwa δ = 4,6 ppm (für die beiden restlichen Protonen) bestehen. (Mithilfe der im Schülerband angegebenen Faustregel kann die Multiplizität für jeden Typ von Protonen in den zur Diskussion stehenden Formeln ermittelt werden.)

Seite 60 und 61

Auswertung a):
Die Versuchsvorrichtung aus B1, Seite 54 ist für die Herstellung des in V3 benötigten Isobutens untauglich, weil damit weder eine gute Reinigung noch die Verflüssigung des Isobutens möglich ist. Zur Erläuterung der Apparatur aus B1, Seite 60 vgl. Versuchstext im Schülerband.

Auswertung b):
Bei der Zugabe des Katalysators (wasserfreies Aluminiumchlorid gelöst in Dichlormethan) zum flüssigen Isobuten in V3 ist ein Temperaturanstieg zu beobachten. Die Reaktion verläuft also exotherm.

Auswertung c):
Das Produkt aus V3 ist bei Raumtemperatur nicht gasförmig wie Isobuten, sondern flüssig und klebrig. Da es sich aber ebenso wie Isobuten gut in Pentan löst und Bromwasser entfärbt, besteht es vermutlich ebenso wie Isobuten aus unpolaren Molekülen mit Kohlenstoff-Kohlenstoff-Doppelbindungen. Die Moleküle des Produkts müssten aber größer als die des Isobutens sein.

Auswertung d):
Der im Produkt enthaltene Katalysator (Aluminiumchlorid) könnte durch Auswaschen mit Wasser entfernt werden.

B1:
Die Apparatur aus B1, Seite 60 ist im ersten Teil (Erlenmeyerkolben und Heizplatte) identisch mit der aus B1, Seite 54. Sie hat aber im Gegensatz zu dieser ein wassergekühltes Steigrohr, eine Gaswaschflasche und eine Kühlfalle.
Die Kühlfalle könnte verbessert werden, indem stärker gekühlt wird (z.B. mit flüssigem Stickstoff) oder indem die Verweildauer des durchströmenden Gases in der Kühlfalle verlängert wird (z.B. durch ein spiralenförmiges Einleitungsrohr).

B2:
Das hier erhaltene Produkt ist mit Edukt (Isobuten), Lösungsmittel (Dichlormethan) und Katalysator (Aluminiumchlorid) verunreinigt.
Vom Uhrglas verdunsten Isobuten und Dichlormethan weitestgehend (jedoch nicht vollständig).

B3:
Wenn man den Klebstoff am Pflaster entsprechend untersucht, kann man feststellen, dass seine Lösung in Pentan Bromwasser entfärbt. Damit ist er dem in V3 erhaltenen Produkt ähnlich.

B5:
Polyisobutene nach steigenden Polymerisationsgraden in:
Kleber des Pflasters < Kaugummi < Teichfolie.
Begründung: Je höher der Polymerisationsgrad ist, desto fester ist das Material.

A1:
Polymerisation von Ethen:

$$n\ H_2C{=}CH_2 \longrightarrow H_3C{-}CH_2{-}\left[CH_2{-}CH_2\right]_{n-2}{-}CH{=}CH_2$$

Polymerisation von Propen:

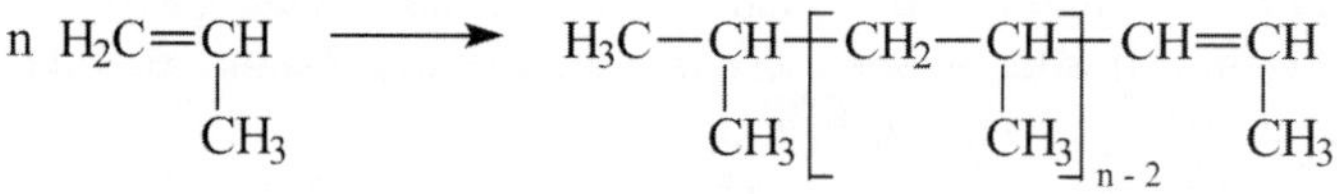

A2:
Die Oligomere von Ethen und Propen sind (wie auch die Oligomere von Isobuten) Flüssigkeiten aus unpolaren Molekülen und lösen sich daher nicht in Wasser aber in Benzin, das ebenfalls aus unpolaren Molekülen besteht. Die längerkettigen Polymere mit n > 10000 sind ebenfalls unpolare Moleküle, die jedoch makroskopisch feste Materialien bilden. Bei längerer Einwirkung von Benzin lösen sich auch Polyethen und Polypropen allmählich darin auf.

A3:
Polyalkene haben die gleiche elementare Zusammensetzung wie (reines) Benzin und Heizöl: In ihnen sind ausschließlich Kohlenstoff und Wasserstoff gebunden. Das bedeutet, dass bei ihrer Verbrennung nur Wasser und Kohlenstoffdioxid gebildet werden.

A4:
Offene Aufgabe – die Schüler erstellen Listen mit Gegenständen aus PE und PP.

Seite 62 und 63

Vergleich: Laborversuch – Industrieanlage

a):

Ähnlichkeiten zwischen dem Laborversuch und der Industrieanlage:

- Das Edukt ist in beiden Fällen das gleiche (Isobuten).
- Es wird in beiden Fällen ein Katalysator eingesetzt. Dabei handelt es sich in beiden Fällen um eine Verbindung aus einem Element der 3. Hauptgruppe und einem Halogen.

Unterschiede zwischen dem Laborversuch und der Industrieanlage:

- Die Industrieanlage arbeitet kontinuierlich, die Apparatur im Laborversuch nicht.
- In der Industrieanlage wird Hexan als Lösemittel (für das Monomer) verwendet, im Laborversuch Dichlormethan (für den Katalysator).
- In der Industrieanlage werden das Lösemittel und der Katalysator im geschlossenen Kreislauf geführt, in der Apparatur des Laborversuchs wird kein Stoff im Kreis geführt.
- Die Polymerisation verläuft in der Industrieanlage bei tieferer Temperatur (bis zu – 100 °C) als im Laborversuch (ca. – 6 °C).
- Die Reaktionsbedingungen (Temperatur, Durchflussgeschwindigkeit, Konzentrationen der Stoffe u.a.) können in der Industrieanlage besser gesteuert werden als in der Laborapparatur.

b):

Mit der kontinuierlich arbeitenden Industrieanlage mit Recycling von Materialien kann wirtschaftlich effizienter produziert werden, weil es keine zeitlichen Ausfälle gibt und die Hilfsstoffe (Lösemittel, Katalysator) nicht verbraucht werden. Dadurch, dass alle Stoffe bis auf das erwünschte Produkt innerhalb der Anlage bleiben und nicht in die Umwelt gelangen, ist die Umweltbelastung durch eine solche Anlage gering.

B1:

Arbeitsschritte:

1. Im Erlenmeyerkolben wird Isobuten aus 2-Methyl-2-propanol und Schwefelsäure (Katalysator) hergestellt.
2. Im Rückflusskühler kondensieren die mit aufsteigenden Dämpfe aus Wasser und 2-Methyl-2-propanol.
3. In der Waschflasche mit Ethylenglykol werden Reste von Wasser und 2-Methyl-2-propanol absorbiert und zurückgehalten.
4. Im gekühlten Rggl. mit Seitenansatz kondensiert Isobuten.
5. Durch Zugabe von Aluminiumchlorid-Lösung in Dichlormethan wird die Polymerisation ausgelöst.

6. Auf einem Uhrglas lässt man das Lösemittel Dichlormethan verdampfen und prüft das erhaltene Polyisobuten mit einem Glasstab (B2, Seite 60 im Schülerband).

B2:
Bortrifluorid ist für Schülerversuche ungeeignet, weil es giftig und sehr reaktiv ist (vgl. die in B2 genannten Eigenschaften).
Die vier Elemente stehen in zwei Gruppen des PSE: Fluor und Chlor stehen in der 7. Hauptgruppe (Halogene), Bor und Aluminium stehen in der 3. Hauptgruppe.
Bei Raumtemperatur besteht das gasförmige Bortrifluorid aus Molekülen, das feste Aluminiumchlorid hat einen salzartigen Charakter.

B3:
Wie die Anlage für die Herstellung von Isobuten hat auch die Industrieanlage zur Herstellung von Polyisobuten geschlossene Stoffkreisläufe (vgl. auch Auswertung a und b).

B4:
Die vielen Rohrleitungen deuten darauf hin, dass in einer solchen Anlage viele verschiedene Stoffe zwischen den Teilen der Anlage (den Reaktoren, Destillationstürmen, Tanks etc.) hin- und hergeführt werden.

B5:
Aufbau und Funktionsweise der Pyrolyseanlage:
1. Durch Verbrennung von Pyrolysegas (Gemisch aus kurzkettigen Kohlenwasserstoffen, die sich bei der Pyrolyse bilden) wird der wirbelnde Quarzsand auf 600 °C bis 900 °C aufgeheizt.
2. Die oben eingeführten Kunststoffabfälle werden unter Luftabschluss bei den o.g. Temperaturen thermisch gespalten (Pyrolyse). Dabei bilden sich brennbare Gase (Pyrolysegase), flüssige Pyrolyseöle und fester Ruß.
3. Die Pyrolyseöle werden durch Destillation aufgetrennt. Das Pyrolysegas dient zum Aufheizen des Reaktors in Schritt 1.

Die Pyrolyse von Polyolefinen und das Cracken von Paraffinen beruhen chemisch auf der gleichen Grundreaktion, dem Auftrennen von Kohlenstoff-Kohlenstoff-Einfachbindungen in langkettige Kohlenwasserstoff-Moleküle durch Wärmezufuhr.

S. 64 und 65 (EVA)

B1:
Kautschuk ist erst nach dem Vulkanisieren elastisch, weil erst dann die *cis*-Polyisopren-Moleküle über Schwefel-Atome und chemische Bindungen (Elektronenpaarbindungen) untereinander verknüpft sind. Wird auf das vulkanisierte Material eine Zugkraft ausgeübt, so verschieben sich Teile der

sprossenartig verknüpften Moleküle gegeneinander. Setzt die Zugkraft aus, so kehren die Moleküle wieder in die ursprüngliche Lage zurück. Bei nicht vulkanisiertem Kautschuk gleiten die Makromoleküle aneinander vorbei und bleiben anschließend in der verschobenen Lage.

B2:
Molekülausschnitt aus Butylkautschuk:

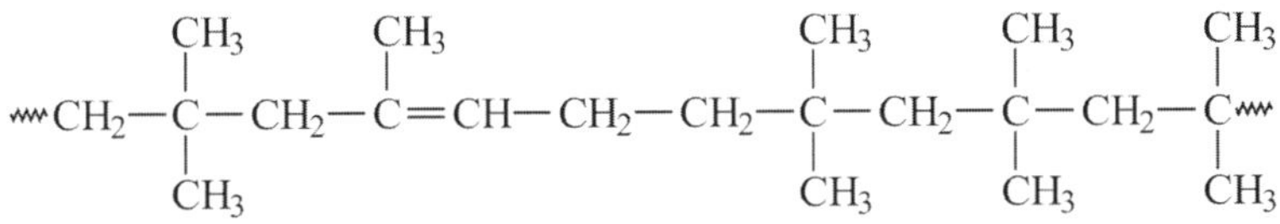

Im Gegensatz zu Naturkautschuk (*cis*-Polyisopren) enthalten die Moleküle des Butylkautschuks (Polyisobuten mit ca. 2% Isopren-Einheiten) nur sehr wenige Kohlenstoff-Kohlenstoff-Doppelbindungen in der Hauptkette.

B3:
Molekülausschnitt aus PVC (Polyvinylchlorid):

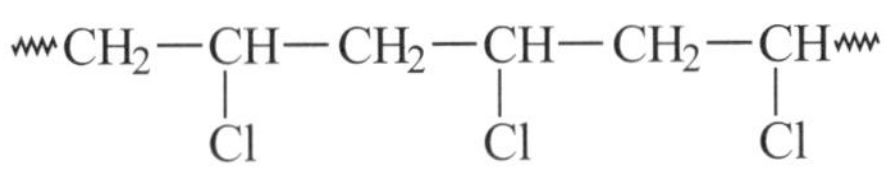

Molekülausschnitt aus PS (Polystyrol):

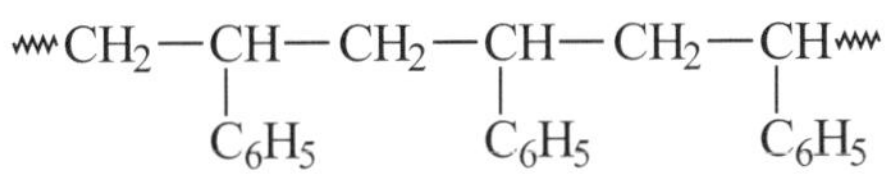

Molekülausschnitt aus PMMA (Polymethylmethacrylat):

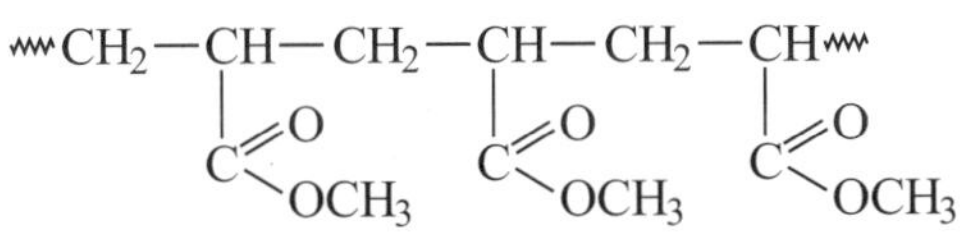

B4:
Thermoplaste (bei Wärme verformbar) bestehen aus Makromolekülen mit linearen Gerüsten. Bei Wärme gleiten die Riesenmoleküle oder Teile davon aneinander vorbei und bleiben nach dem Erkalten auf Raumtemperatur in der neuen Lage. Bei Duroplasten (bei Wärme nicht verformbar) sind die Makromoleküle räumlich über chemische Bindungen miteinander vernetzt. Weder einzelne Makromoleküle noch Teile davon können sich zueinander verschieben, ohne dass dabei chemische Bindungen getrennt werden.

B5:
Reaktionsschema zur Polykondensation von Ethylenglykol und Dimethylterephthalat:

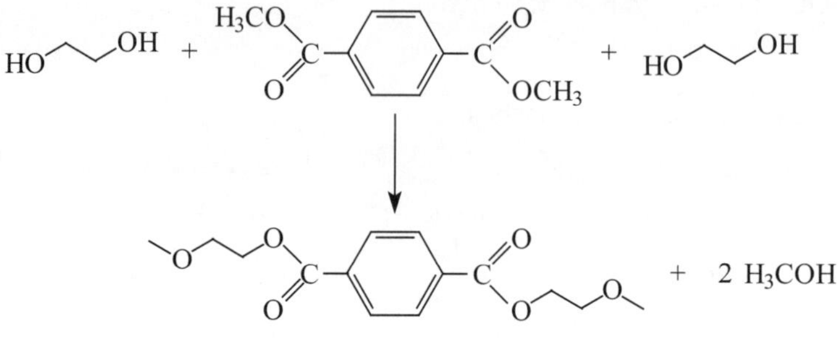

B6:
Bei V1 läuft folgende Polykondensation ab:

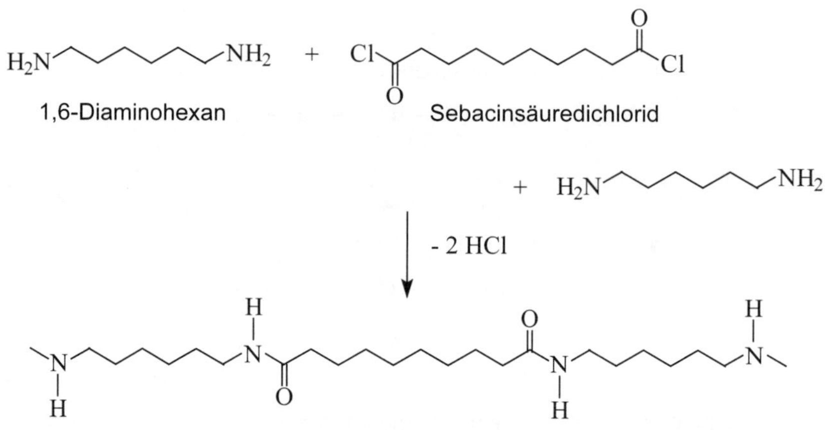

B7:
Molekülausschnitt aus einem Polycarbonat (Valenzstrichformel):

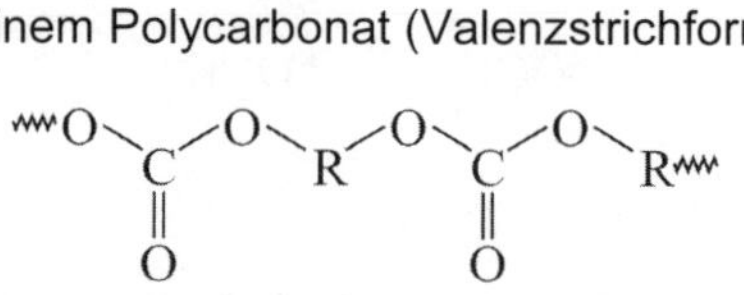

Im einem Polyester ist die Repetierfolge: ...O(CO)R(CO)ORO(CO)R(CO)O...

und im Polycarbonat: ...O(CO)ORO(CO)ORO(CO)OR...

Diese Folgen sind verschieden. (*Hinweis*: Anhand der oben formulierten Valenzstrichformel und der Formel aus B5, Seite 65 im Schülerband wird der Unterschied ebenfalls deutlich.)

B8:
Molekülausschnitt aus dem gequollenen Superabsorber mit hydratisierten Ionen:

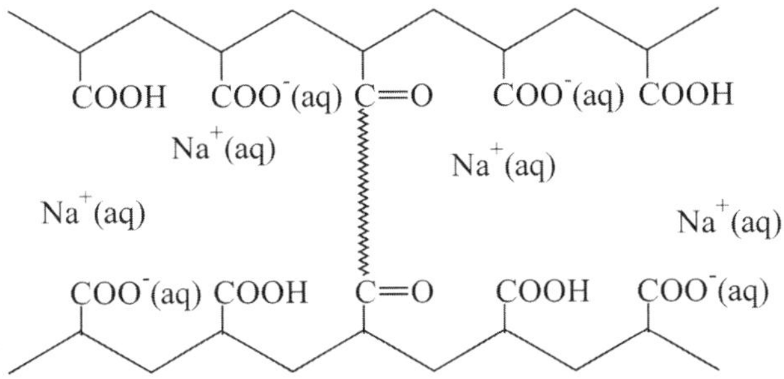

Erläuterungen:

1. Die Schlängellinie markiert die Vernetzung zwischen zwei Polyacrylat-Molekülen.
2. Die Carboxylat-Gruppen und die Natrium-Ionen sind im gequollenen Zustand hydratisiert, binden also relativ viele Wasser-Moleküle. Das ist in der Zeichnung durch „(aq)" dargestellt. Im nicht gequollenen Zustand bilden die Carboxylat-Ionen und die Natrium-Ionen Paare $–COO^{-}Na^{+}$.

Einstiegsadressen für die Suche von Kunststoffen im Internet:

- www.wacker.com (Silicone)
- www.chemiedidaktik.uni-wuppertal.de (Silicone)
- www.pu.bayer.com (Polyurethane)
- www.teflon.com (Teflon)

Eine weiterer Einstieg ist über eine Suchmaschine im Internet möglich, in die das entsprechende Stichwort eingegeben wird.

Seite 66 und 67

Auswertung a):
Methanol löst sich sowohl in Wasser als auch in Heptan gut; MTBE löst sich in Heptan gut und in Wasser schlecht. Die gute Löslichkeit beider in Heptan kann dadurch erklärt werden, dass sowohl im Methanol-Molekül als auch (noch mehr) im MTBE-Molekül die unpolaren Kohlenwasserstoff-Reste überwiegen. Diese wechselwirken mit Heptan-Molekülen über van-der-Waals Anziehungskräfte. Die gute Wasserlöslichkeit von Methanol ist auf die Wasserstoffbrückenbindungen zwischen den Methanol-Molekülen und den Wasser-Molekülen zurückzuführen. MTBE-Moleküle können keine Wasserstoffbrückenbindungen ausbilden, weil sie kein Wasserstoff-Atom in einer –OH Gruppe enthalten. (Vgl. zur Wasserstoffbrückenbindung auch Seite 11 im Schülerband.)

Auswertung b):
Reaktionsgleichung:

$$H_3C\text{–}OH\ (l) + Na\ (s) \longrightarrow H_3C\text{–}O^-Na^+\ (me) + \tfrac{1}{2}\ H_2\ (g)$$

MTBE kann in dieser Weise nicht reagieren, weil im MTBE-Molekül keine Hydroxy-Gruppe -OH enthalten ist.

Auswertung c):
Das Rohprodukt aus V2 löst sich in Heptan gut und in Wasser schlecht. Es riecht eher nach MTBE als nach Methanol. Es reagiert aber mit Natrium unter heftiger Gasentwicklung und entfärbt Bromwasser.
Aus diesem Verhalten kann man schließen, dass das Rohprodukt vorwiegend aus MTBE bestehen kann, dass es aber noch mit Methanol und Isobuten (oder anderen Alkenen), also mit nicht umgesetzten Edukten (bzw. Konkurrenzprodukten aus der Reaktion), verunreinigt ist.

Auswertung d):
Durch Waschen mit Wasser wird aus dem Rohprodukt das Methanol entfernt (Methanol löst sich in Wasser wesentlich besser als MTBE). Durch Erwärmen treibt man aus dem flüssigen Produktgemisch das Isobuten aus.

Auswertung e):
Für das MTBE-Gleichgewicht von Seite 67 im Schülerband lautet das MWG:

$$K = \frac{c(MTBE)}{c(Methanol) \cdot c(Isobuten)}$$

Geht man von den Edukten Isobuten und Methanol aus und arbeitet bei 60 °C wie in B2, Seite 66, so überwiegt die Hinreaktion bis zur Einstellung des Gleichgewichts, d.h. bis der Massenwirkungsquotient aus dem MWG den Wert von *K* erreicht hat. Das kondensierte Rohprodukt ist nicht frei von Edukten, weil *K* einen endlichen Wert hat und entsprechend der Nenner im Massenwirkungsquotient nicht Null sein kann.
Geht man dagegen von MTBE aus und erhitzt zum Sieden, so überwiegt die Rückreaktion, d.h. die Spaltung von MTBE in Methanol und Isobuten. Da das gebildete Isobuten abgeführt wird, kann sich in diesem Fall das Gleichgewicht gar nicht einstellen und die Reaktion läuft weiter, bis das gesamte MTBE verbraucht ist. (*Hinweis:* Auch der größte Teil des gebildeten Methanols gelangt unter diesen Bedingungen in das Rggl. mit dem Bromwasser.)

B1:
Das gebildete Gas ist Isobuten und kann durch Entfärbung von Bromwasser nachgewiesen werden.

B3:
Ein Benzin ist klopffest, wenn das Benzindampf-Luft-Gemisch im Zylinder des Motors bei der Kompression nicht zündet, bevor die Zündkerze den Funken zur Zündung gibt. Ein Benzin mit der Octanzahl 98 zeigt im Testmotor die gleiche Klopffestigkeit wie ein Gemisch aus 98% Isooctan (2,2,4-Trimethylpentan) und 2% n-Heptan.

B4:
Die Oxidationszahlen der Kohlenstoff-Atome in MTBE und in 2,2-Dimethylbutan sind in den folgenden Formeln durch römische Ziffern angegeben:

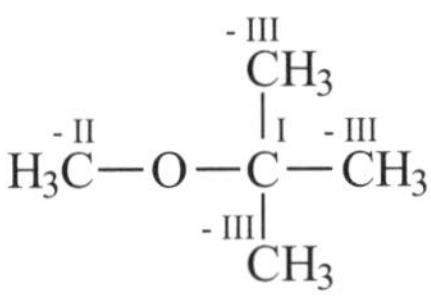

MTBE

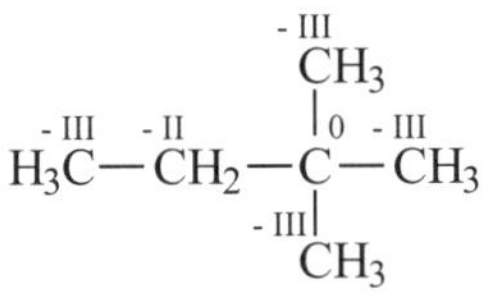

2,2-Dimethylbutan

Aus den folgenden Reaktionsgleichungen wird deutlich, dass für die Verbrennung von 1 mol MTBE 7,5 mol Sauerstoff und für die Verbrennung von 1 mol 2,2-Dimethylbutan 9,5 mol Sauerstoff benötigt werden:

$$H_3COC(CH_3)_3 + 7{,}5\ O_2 \longrightarrow 5\ CO_2 + 6\ H_2O$$

$$H_3CC(CH_3)_2CH_2CH_3 + 9{,}5\ O_2 \longrightarrow 6\ CO_2 + 7\ H_2O$$

A1:
Die Zusammensetzungen des Rohprodukts aus V1 und des gereinigten Produkts können durch Gaschromatographie ermittelt werden. Um die Komponenten der Gemische zu identifizieren, nimmt man mehrere Gaschromatogramme auf:

1. Nur Rohprodukt (man erhält 3 Peaks)
2. Rohprodukt + Zusatz von MTBE
3. Rohprodukt + Zusatz von Isobuten
4. Rohprodukt + Zusatz von Methanol

Aus den Verhältnissen der Flächen im 1. GC berechnet man die Anteile der Komponenten im Rohgemisch.
Beim gereinigten Produkt erhält man ein GC, in dem die Peaks für Methanol und Isobuten im Vergleich zum 1. GC stark abgenommen haben. Auch hier werden die Anteile der Komponenten berechnet (vgl. dazu auch Seite 6 im Schülerband).

A2:
Reaktionsgleichungen für die Bildung von a) Dimethylether, b) Diethylether und c) Methylethylether:

a) $H_3C{-}OH + HO{-}CH_3 \longrightarrow H_3C{-}O{-}CH_3 + H_2O$

b) $H_3CCH_2{-}OH + OH{-}CH_2CH_3 \longrightarrow H_3CCH_2{-}O{-}CH_2CH_3 + H_2O$

c) $H_3C{-}OH + HO{-}CH_2CH_3 \longrightarrow H_3C{-}O{-}CH_2CH_3 + H_2O$

A3:
Die Erklärung für die im Vergleich zu Ethanol sehr niedrige Siedetemperatur von Diethylether (vgl. Formel in A2, oben) liegt in der Art der zwischenmolekularen Kräfte bei den beiden Flüssigkeiten: Während die Moleküle im flüssigen Ethanol durch Wasserstoffbrückenbindungen relativ stark zusammengehalten werden (vgl. B8, Seite 11 im Schülerband), wirken zwischen den Molekülen des Diethylethers nur schwache Dipol-Dipol-Kräfte und VAN-DER-WAALS-Kräfte.

A4:
Die Herstellung von MTBE durch Kondensation von Methanol mit *tert.*-Butanol verläuft nach folgender Reaktionsgleichung:

$$H_3COH + HO{-}C(CH_3)_3 \longrightarrow H_3COC(CH_3)_3 + H_2O$$

Die Herstellung von MTBE gemäß Gleichung (1) aus dem Schülerband hat den Vorteil, dass als einziges Reaktionsprodukt MTBE gebildet wird und ein Arbeitsschritt (die Auftrennung der Reaktionsprodukte) eingespart werden kann.

Seite 68 (EVA)

B1:
Das in B1 skizzierte Prinzip ist auch bei der MTBE-Synthese in V1, Seite 66 im Schülerband gültig, weil auch dort alle Reaktionsteilnehmer in der Gasphase vorliegen und weil auch beim MTBE-Gleichgewicht die Hinreaktion mit einer Schrumpfung des Gesamtvolumens einhergeht.

B2:
Reaktionsgleichung:

$$\underset{\text{pink}}{[Co(H_2O)_6]^{2+}} + 4\,Cl^- \rightleftharpoons \underset{\text{blau}}{[CoCl_4]^{2-}} + 6\,H_2O \qquad \Delta H_R > 0$$

Bei der MTBE-Synthese nach V1, Seite 66 im Schülerband würde sich der MTBE-Gehalt im Gleichgewicht verringern, wenn die Temperatur im Reaktionsrohr erhöht würde. Grund dafür ist, dass die MTBE-Synthese exotherm verläuft ($\Delta H_R < 0$; vgl. Reaktionsgleichung von Seite 67 im Schülerband).

Seite 69 (EVA)

B1:

Offenes System: Pfanne ohne Deckel, in der gebraten wird.
Geschlossenes System: Zugeschraubte Flasche mit Mineralwasser.
Isoliertes System: Thermoskanne mit heißem Kaffee.
(*Hinweis:* Ein ideales isoliertes System gibt es nicht. Streng genommen kann auch kein System perfekt geschlossen sein.)

A1:

Wenn täglich ca. 75 kg ATP umgesetzt werden, im Körper zu jedem Zeitpunkt aber nur ca. 35 g ATP vorhanden sind, so ist das nur möglich, wenn ATP mit relativ großer Geschwindigkeit ständig auf- und abgebaut wird. Ein ganz einfaches Modell dazu, wie das geschehen könnte, ist in der Abbildung angegeben. ATP wird zu Abbauprodukten abgebaut, wobei irgendwelche Edukte, die in die Zelle eingedrungen sind (sie könnten aber auch schon vorher in der Zelle sein), zu Produkten umgesetzt werden, die die Zelle verlassen (oder aber in der Zelle bleiben).

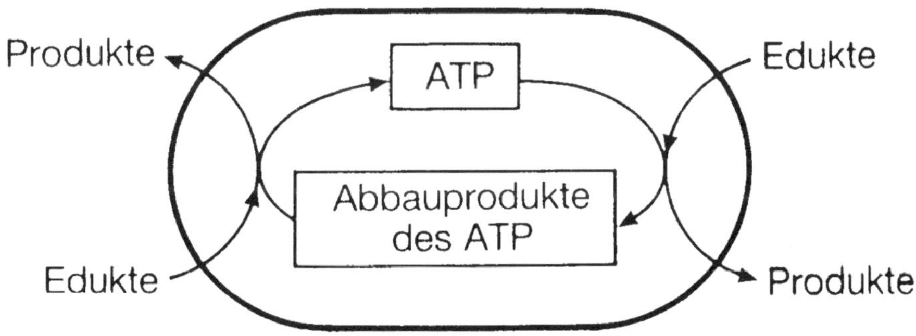

A2:

Wenn die Länge des Reaktionsrohres halbiert wird, stellt sich ein Fließgleichgewicht ein, weil ständig Edukte zugeführt und Produkte abgeführt werden. Die Verweildauer der Edukte im Rohr ist aber zu kurz, als dass sich das chemische Gleichgewicht einstellen könnte. Folglich enthält das Gemisch, das aus dem Rohr austritt, weniger MTBE als dem chemischen Gleichgewicht entspräche.

B2:

Diese Kurve entspricht wie die „Sinus-Kurve" einer periodischen Veränderung, d.h. eine Größe (hier die Konzentration von Methanal HCHO) verändert sich zeitlich so, dass sich die Werte, die sie annimmt, in regelmäßigen Zeitabständen wiederholen.

A3:
Den Gleichungen in B2 ist zu entnehmen, dass in (1) nur 0,5 mol Sauerstoff pro mol partiell oxidierten Methanols benötigt werden, während in (2) 1,5 mol Sauerstoff pro mol vollständig oxidierten Methanols nötig sind. Das hat einen entscheidenden Einfluss auf die Oszillationen im offenen System aus B2: Wenn Methanol brennt, wird der Sauerstoff im Kolben schnell verbraucht, sodass die Flamme nach wenigen Sekunden erlischt. Da aber noch ausreichend Sauerstoff und Methanoldampf für die Reaktion (1) im Gasraum des Kolbens vorhanden sind, läuft (1) am Platindraht ab, der sich dabei erhitzt und aufglüht. In dieser Zeit diffundiert Luft (und damit auch Sauerstoff) oben in den Kolben hinein. Wenn der Draht sehr heiß ist und wieder ausreichend Edukte für die Verbrennung vorhanden sind, zündet die Flamme erneut. Die Zyklen wiederholen sich sehr oft, bis das Methanol im Kolben verbraucht ist.

A4:
Das ökologische Gleichgewicht entspricht den Oszillationen im offenen System aus B2 und weniger dem chemischen Gleichgewicht in einem geschlossenen System. Ein System im ökologischen Gleichgewicht ist immer wie das System aus B2 ein offenes System, in dem mehrere gekoppelte Prozesse ablaufen. Wie im System aus B2 oszillieren auch die Parameter in einem ökologischen System (z.B. die Population einer biologischen Spezies) zwischen bestimmten Grenzen, sie sind nicht konstant wie die Konzentrationen beim chemischen Gleichgewicht. Ein System im ökologischen Gleichgewicht ist wie das System in B2 weitab vom chemischen (thermodynamischen) Gleichgewicht. Es strebt unumkehrbar zum Gleichgewicht hin und im System oszillieren einige Parameter innerhalb gewisser Grenzen, d.h. sie sind periodisch stationär.

Seite 70 und 71

A1:
Beide Netzwerke vermitteln den Eindruck von vielen Objekten, die vielfach miteinander verbunden sind. Während die ESCHER-Grafik eine regelmäßige dreidimensionale Geometrie hat und keinen Anfang und kein Ende erkennen lässt, zeigt das Netzwerk aus B2 Zusammenhänge zwischen Stoffen. Es beginnt bei den Rohstoffen der chemischen Industrie (unten) und endet bei den Anwendungsprodukten (oben). Das Netzwerk aus B2 hat im mittleren Bereich („Grundchemikalien" und „Zwischenprodukte") eine einprägsame Gemeinsamkeit mit der ESCHER-Grafik aus B1: Hier ist jeder Knoten (= Stoff) mit mehreren anderen Knoten verbunden. Da aber genau dies der Bereich ist, in dem die chemische Industrie agiert, kann die ESCHER-Grafik als eine einprägsame Darstellung für das Konzept eines Verbundsystems angesehen werden.
(*Hinweis:* Die Problemstellung in A1 ist auch für andere Argumentationen offen. Die oben dargestellte Sichtweise soll als Unterstützung dienen.)

A2:

Die Herstellung von Polyolefinen beinhaltet nur 2 wichtige Schritte, bei denen chemische Reaktionen ablaufen:

1. Herstellung der Olefine durch Cracken von Paraffinen und
2. Polymerisation der Alkene.

Bei allen anderen Kunststoffen (beispielsweise Bakelit, Polyacrylate und Polycarbonate) ist es erforderlich, die entsprechenden Monomere in Prozessen, die mehrere chemische Schritte beinhalten, herzustellen. In B2 sind diese Schritte am Beispiel Polycarbonate aufgezeigt (vgl. weiß unterlegte Kästchen).

A3:

Die „blaue“ Folge zu Polyisobuten:

1. Durch Cracken eins langkettigen Alkans entsteht (u.a.) Isobuten (vgl. dazu die Reaktionsgleichungen von Seite 47 im Schülerband).
2. Durch Polymerisation von Isobuten entsteht Polyisobuten (vgl. dazu die Reaktionsgleichung von Seite 61 im Schülerband).

Die „grüne“ Folge zu MTBE:

Das Isobuten wird wie oben unter 1. hergestellt. Das zweite Edukt, das Methanol, wird durch folgende Reaktionsschritte hergestellt:

1. Herstellung von Synthesegas (Gemisch aus Kohlenstoffmonooxid und Wasserstoff) aus Erdgas und Wasserdampf (vgl. auch Schülerband, S. 123):

   $$CH_4 + H_2O \longrightarrow CO + 3\,H_2$$

2. Synthese von Methanol (vorher wird die Zusammensetzung des Synthesegases für die Methanol-Synthese optimiert):

   $$CO + 2\,H_2 \longrightarrow H_3COH$$

Aus Isobuten und Methanol wird nach der Reaktionsgleichung von Seite 67 im Schülerband MTBE synthetisiert.

A4:
Der letzte Reaktionsschritt bei der Herstellung von Polycarbonaten ist:

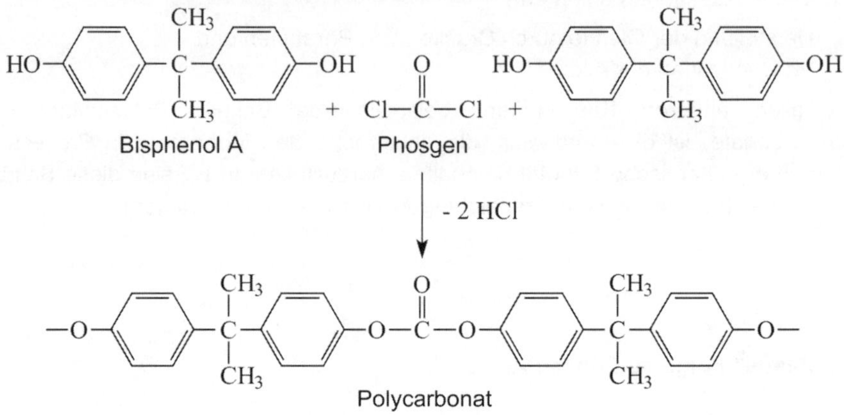

Hierbei wird die Chlorverbindung Phosgen (starkes Gift) als Edukt eingesetzt, das Produkt (Polycarbonat) ist chlorfrei. Chlorwasserstoff HCl wird im Produktionsprozess recycelt.
(*Hinweis:* Die Reaktionsgleichung sollte von der Lehrkraft ggf. bereitgestellt werden.)

B3:
Herstellung von Vinylchlorid:

$$H_2C{=}CH_2 + Cl_2 \longrightarrow H_2C{=}CHCl + HCl$$

Herstellung von Ethansäure:

$$H_2C{=}CH_2 + H_2O \longrightarrow H_3C{-}CH_2OH$$

$$H_3C{-}CH_2OH + O_2 \longrightarrow H_3C{-}COOH + H_2O$$

A5:
Offene Aufgabe.

Seite 72 und 73

A1 (Seite 72):
Die Zusammensetzung der Atmosphären des Mars und der Venus und die Temperaturbedingungen auf unseren Nachbarplaneten machen ein Leben wie das irdische Leben dort nicht möglich, weil der für Tiere essentielle Sauerstoff fehlt und weil Photosynthese wie auf der Erde wegen der extremen Temperaturen und des fehlenden Wassers nicht möglich ist.

B1:
Man erkennt im Bild, dass die Lufthülle der Erde sehr dünn sein muss daran, dass nur ein hauchdünnes blaues Band das Schwarz des Weltalls von den anderen Farben des Planeten Erde trennt.

B2:
Der Luftaustausch zwischen der Troposphäre und der Stratosphäre ist sehr gering, weil die zwischengelagerte und bis zu 60 °C kältere Tropopause nur sehr schwer von den Gasen durchquert wird.

B6:
Die in die Atmosphäre abgegebenen Emissionen kommen je nach Art der Emissionen und Witterungsverhältnisse in verschiedenen Entfernungen von den Emissionsquellen und in verschiedenen Formen als Immissionen wieder auf den Boden zurück. Je größere Dichten die Komponenten der Emissionen haben und je windstiller das Wetter ist, desto kürzer sind die Entfernungen zwischen den Emissionsquellen und den Immisionsgebieten.

A1 (Seite 72):
Reaktionsgleichung:

$$\overset{-III}{H_3C}\overset{0}{C}(\overset{-III}{CH_3})_2\overset{-II}{CH_2}\overset{-I}{CH}(\overset{-III}{CH_3})\overset{-III}{CH_3} + 12{,}5\,O_2 \longrightarrow 8\,\overset{IV}{C}O_2 + 9\,H_2O$$

A2:
Gegeben: φ_{Ozon} = 185 ppb
Gesucht: φ_{Ozon} in µg/m^3

Berechnung:

$$185\,ppb = \frac{185 \cdot 10^{-9}\,m^3}{1\,m^3} = \frac{185 \cdot 10^{-6}\,L}{1\,m^3}$$

$$M(O_3) = 48{,}0\ g \cdot mol^{-1}$$

$$V_{mn} = 22{,}4\ L \cdot mol^{-1}$$

$$n = \frac{m}{M} = \frac{V_n}{V_{mn}}$$

$$m = \frac{V_n \cdot M}{Vmn} = \frac{185 \cdot 10^{-6}\,L \cdot 48{,}0\ g \cdot mol^{-1}}{22{,}4\ L \cdot mol^{-1}} = 396 \cdot 10^{-6}\,g$$

In einem Kubikmeter Luft sind 396 µg Ozon enthalten.

A3:
Wird ein Rohstoff zu einem Produkt verarbeitet, so steigt sein Wert. Der Wert, der aus einer bestimmten Menge Rohstoff geschöpft wird (die Wertschöpfung), ist umso höher, je weiter der Grad seiner technischen Verarbeitung ist, weil der

Marktwert des Produkts dadurch zunimmt. Da die Verarbeitung von Erdöl bis zu Benzin im Vergleich zur Verarbeitung bis zu Kunststoffen einen geringeren technischen Aufwand erfordert (weniger Arbeitsschritte, weniger Kosten), ist die Wertschöpfung kleiner. Konkret: Das aus 1 Tonne Erdöl gewonnene Benzin ist auf dem Markt nicht so viel wert, wie die aus 1 Tonne Erdöl gewonnenen Kunststoffe.

A4:
Mögliche Adressen für den Einstieg ins Internet:
- ARAL: www.aral.com
- Shell: www.shell.de
- DEA: www.dea.de
- BP: www.bp.com

Seite 74 und 75

Auswertung a):
Hinweise zu den Versuchsergebnissen:
Bei V1 geben die Verbrennungsprodukte aller untersuchten Proben einen weißen Niederschlag mit Bariumhydroxid-Lösung.
Bei V2 entfärbt sich die Fuchsin-Lösung schnell und deutlich, wenn man Schwefeldioxid einleitet. Bei der Probe mit den Verbrennungsprodukten aus Braunkohle dauert es je nach Schwefelgehalt der Kohle manchmal sehr lange, bis die Fuchsin-Lösung sich entfärbt.
Der Nachweis von Stickstoffoxiden (die Rosa-Pink-Färbung der SALTZMANN-Lösung) fällt bei der Verbrennung von Erdgas und Kartuschenbrennergas positiv aus, weil hohe Temperaturen in der Flamme erreicht werden; die übrigen Proben können (je nach Verbrennungsbedingungen) auch negativ ausfallen.
Auch der Nachweis von Kohlenstoffmonooxid kann positiv oder negativ ausfallen, je nachdem, wie die Luftzufuhr bei der Verbrennung der Proben ist.

Auswertung b):
In V1 werden ausschließlich Gemische aus Kohlenwasserstoffen verbrannt, also bildet sich in jedem Fall Kohlenstoffdioxid.
Vgl. zu V2, V3 und V4 Erklärung unter a).

Auswertung c):
Reaktionsgleichung:

$$C_xH_y + (x + y/2)\,O_2 \longrightarrow x\,CO_2 + y/2\,H_2O$$

Die Gleichung kann auch an einem konkreten Beispiel formuliert werden.

Die Bariumhydroxid-Probe bei V1 würde mit den Verbrennungsgasen von Wasserstoff negativ ausfallen, weil sie kein Kohlenstoffdioxid enthalten.

B1:
Die kalte Luft in B1 steigt nicht auf, weil ihre Dichte größer ist als die der warmen Luft. Die in B1 dargestellte Situation ist „unnormal“, weil in der Regel die Lufttemperatur am Boden am höchsten ist und nach oben hin abnimmt. Die warme Luft vom Boden steigt also im Normalfall nach oben.

B2:
In der Vorrichtung kann man das Verbrennungsprodukt Wasser, das sich bei der Verbrennung von Kohlenwasserstoffen immer bildet, nicht nachweisen.

B3:
Bei Kohlenstoffdioxid ist das Verhältnis zwischen natürlichen und anthropogenen Quellen laut Tabelle 33 : 1; bei Stickstoffoxiden beträgt dieses Verhältnis 1 : 2,1. Während der weitaus größte Anteil der Emissionen an Kohlenstoffdioxid aus natürlichen Vorgängen stammt, kommen die meisten Emissionen an Stickstoffoxiden aus menschlichen Aktivitäten. Der Grund für diesen großen Unterschied liegt darin, dass Kohlenstoffdioxid bei vielen chemischen Reaktionen, die in der Natur ablaufen (vgl. Tabelle), als Produkt auftritt; bei Stickstoffoxiden ist das nicht der Fall.

B4:
Die starke Abnahme der Emissionen an CO, SO_2 und NO_x ist auf die Einführung des Abgaskatalysators bei Autos und auf die Entschwefelung und Entstickung der Rauchgase von Kraftwerken zurückzuführen.

B5:
Im Ammoniak NH_3 hat Stickstoff die Oxidationszahl –III, im Stickstoffdioxid NO_2 die Oxidationszahl IV und im elementaren Stickstoff die Oxidationszahl 0. Bei der in B5 angegebenen Reaktion wird in den Edukten gebundener Stickstoff sowohl oxidiert (das ist bei dem im NH_3 gebundenen Stickstoff der Fall) als auch reduziert (Stickstoff aus NO_2). Es handelt sich also um eine Komproportionierung.

B6:
Die Regelung der Luftzufuhr ist notwendig, um jeweils genau den stöchiometrisch notwendigen Sauerstoff zu gewährleisten. Da weder die Zusammensetzung der Kraftstoffe noch die Menge des zur Verbrennung anstehenden Kraftstoffs konstant ist, muss die Luftzufuhr ständig über die λ-Sonde geregelt werden.

Seite 76 und 77

Auswertung a):
Wenn mit Aluminiumfolie abgedeckt wird, ist die gemessene Temperaturerhöhung minimal. Bei der Abdeckung mit dem Flachbeutel aus Polyethen misst man einen

starken Temperaturanstieg. Ist der PE-Beutel jedoch innen mit Wasser befeuchtet, so ist der Temperaturanstieg sehr gering. Daraus folgt, dass Polyethen die Wärme gut durchlässt, Wasser dagegen nicht. Aluminium lässt die Wärme ebenfalls nur sehr schlecht durch.

Auswertung b):
Wenn die Dosen in V1 (vgl. B1 und B4 a) mit Kohlenstoffdioxid gefüllt sind, ist der Temperaturanstieg nicht so groß wie dann, wenn sie mit Luft gefüllt sind. (*Achtung*: Man darf sich nicht von B3 im Buch täuschen lassen – dort sind die Messergebnisse aus V2 dargestellt.) Daraus muss gefolgert werden, dass Kohlenstoffdioxid die Wärmestrahlung besser absorbiert als Luft.

Auswertung c):
Die obere Wanne mit Wasser ist bei V2 (vgl. B2 und B4 b) notwendig, um die von der Lampe ausgestrahlte Wärme zu absorbieren. Auf den schwarzen Boden in der unteren, mit Gas gefüllten Wanne, soll kaltes Licht eintreffen. (*Anmerkung*: Diese Frage muss wahrscheinlich von der Lehrkraft beantwortet und erläutert werden.)

Auswertung d):
Die schwarze Pappe soll das kalte Licht absorbieren und in Wärme umwandeln.

Auswertung e):
Wenn die schwarze Pappe in V2 durch Aluminiumfolie ersetzt wird, findet die Umwandlung von Licht in Wärme nicht bzw. kaum statt. Entsprechend ist praktisch keine Erwärmung des Gasraums in der unteren Wanne feststellbar.

B1:
Es muss nach jeder Messung gekühlt werden, um bei jeder Messreihe gleiche Ausgangsbedingungen zu gewährleisten.

B2:
Die Lampe entspricht der Sonne, die obere Wanne mit Wasser den Wolken und die schwarze Pappe der planetarischen Grenzschicht.

B3:
In V1 wird bewiesen, dass Kohlenstoffdioxid gut (besser als Luft) Wärmestrahlung absorbiert. In V2 a) wird der Treibhauseffekt simuliert, d.h. die Umwandlung von Licht in Wärme. Schließlich wird in V2 b) deutlich, dass die Erwärmung der bodennahen Gasschicht stärker ausfällt, wenn in dieser Gasschicht die Luft gegen Kohlenstoffdioxid ausgetauscht wurde (vgl. grafische Darstellung in B3).

B7:
Die Lufteinschlüsse im arktischen Eis geben Auskunft über die Zusammensetzung der bodennahen Atmosphäre zu der Zeit, in der sich die betreffende Eisschicht

gebildet hat. Man kann also mithilfe von Bohrkernen aus verschiedenen Tiefen die Veränderung des Kohlenstoffdioxidgehalts in der Luft rekonstruieren.

A1:
Ohne Treibhauseffekt wäre es auf der Erde viel kälter; die Durchschnittstemperatur läge bei – 18 °C. Ob unter diesen Bedingungen eine biologische Evolution bis zum Menschen überhaupt hätte stattfinden können, ist sehr zweifelhaft. Aber selbst wenn das der Fall wäre, ist es kaum vorstellbar, dass der Mensch bei diesen Temperaturen überlebt hätte, weil der Schlüsselprozess bei der Produktion von Nahrung für die Menschen, die pflanzliche Photosynthese, unter diesen Bedingungen nicht (oder nur sehr stark eingeschränkt) stattfinden könnte.

A2:
Der Anstieg des Treibhauseffekts, kommt u.a. durch den Anstieg des Gehalts an Treibhausgasen in der Atmosphäre zustande. Die Folge ist die globale Erwärmung unseres Planeten. (*Anmerkung*: Inwiefern das zum Anstieg des Meeresspiegels durch Abschmelzen der Polkappen und zur Verschiebung von Klimazonen führt, ist z.T. noch strittig.)

A3:
Um den Anstieg des Kohlenstoffdioxidgehalts in der Atmosphäre zu bremsen, müsste man

- weniger fossile Brennstoffe verfeuern bzw. verbrennen;
- weniger Wälder roden und stattdessen Flächen aufforsten;
- Technologien entwickeln und nutzen, die ohne (oder mit weniger) Emission von Kohlenstoffdioxid den Bedarf an Energie und Rohstoffen für den menschlichen Wohlstand erfüllen.

Einzelpersonen können durch Einsparung von Energie und Materialien im täglichen Leben dazu beitragen, die Emissionen an Kohlenstoffdioxid zu reduzieren. Beispiele: unnötigen Stromverbrauch vermeiden, für kurze Strecken Fahrrad statt Auto benutzen, sparsam mit Verpackungsmaterial umgehen, Materialien dem Recycling zuführen etc.

Seite 78 und 79

Auswertung a):
Man erkennt an den Schatten, die sich über den fluoreszierenden Schirm bewegen, wenn Gas aus der Apparatur in Pulsen herausgedrückt wird, dass mindestens eine Komponente des Gasgemischs (Sauerstoff + Ozon) UV-Licht absorbiert. Da reiner Sauerstoff keine Schatten auf dem Schirm erzeugt, ist Ozon die absorbierende Komponente. (*Anmerkung:* Der fluoreszierende Schirm sollte einen Fluoreszenzindikator F_{254} enthalten, der bei λ = 254 nm angeregt wird, weil

Ozon in diesem Bereich gut absorbiert. Entsprechend muss die Hand UV-Lampe Licht dieser Wellenlänge ausstrahlen.)

Auswertung b):
Ozon ist gegenüber Gummi reaktiver als Sauerstoff, weil Ozon die Gummihaut eines aufgeblasenen Luftballons zerstört, Sauerstoff dagegen nicht (V1 d).

Auswertung c):
Beim Fotokopierer bildet sich Ozon, weil die starke Lampe des Kopierers auch kurzwelliges UV-Licht ausstrahlt, unter dessen Einwirkung geringe Mengen von Sauerstoff aus der Luft in Ozon umgewandelt werden.

Auswertung d):
Der in LV3 erzeugte Photosmog zerstört das β-Carotin (gelbe Bande, die im DC an der oberen Front mitläuft), sowie die beiden Chlorophylle a und b, die als grüne Banden etwa in der Mitte des DC mitlaufen. Das wird deutlich, wenn man die beiden Chromatogramme von Extrakten aus unbestrahlten und bestrahlten Blättern vergleicht.

Auswerung e):
Anmerkung: Von der im Buch angegebenen www-Adresse gelangt man auf verschiedene andere web-Seiten, u.a. auf solche, auf denen die jeweils aktuellen Ozon-Werte angegeben sind.

B1:
In der Regel werden zunächst Asthmakranke vor physischen Anstrengungen gewarnt. Auch Gesunde sollten sportliche Aktivitäten, die hohe körperliche Anstrengungen erfordern, einschränken (vgl. auch B7 im Schülerband).

B2:
Die in LV3 der Luft zugesetzten Stoffe sind die gleichen, die in B3 als Vorläufer von Ozon bei der Bildung von Photosmog an Sommertagen angegeben sind.

B3:
Die Peaks in den Morgenstunden kommen durch den Berufsverkehr zustande.
Man erkennt, dass Kohlenwasserstoffe und Stickstoffoxide die Vorläufer von bodennahem Ozon sind daran, dass der Anstieg des Ozongehalts zu der Tageszeit beginnt, wo diese Vorläufer Maxima durchlaufen, d.h. in der Früh um ca. 8 Uhr. In dem Maße, wie der Ozongehalt dann ansteigt, geht die Konzentration der Vorläufer zurück.

B7:
Der Ozongehalt in der Luft steigt stark an, wenn an heißen Sommertagen hohe Gehalte an Kohlenwasserstoffen und Stickstoffoxiden in der Luft enthalten sind.

(*Anmerkung:* Die Kohlenwasserstoffe können Alkane, Alkene und Aromaten aus Autoabgasen sein, aber auch Terpene aus Koniferen.)

Seite 80 und 81 (EVA)

B1:
Die in die Stratosphäre einfallende Strahlung kommt ungefiltert aus dem Weltall. Sie enthält UV-Licht und sichtbares Licht, auch sehr kurzwelliges, energiereiches UV-Licht mit Wellenlängen $\lambda > 150$ nm. Das UV-Licht mit 150 nm $< \lambda <$ 240 nm wird in der Stratosphäre weitestgehend durch Sauerstoff O_2 absorbiert, wobei Ozon O_3 gebildet wird. Seinerseits absorbiert auch das stratosphärische Ozon UV-Licht mit Wellenlängen $\lambda < 300$ nm. Das Ergebnis dieser Absorption von UV-Licht ist das photostationäre Gleichgewicht zwischen Sauerstoff und Ozon und die Aufwärmung der Stratosphäre bis um 0 °C (vgl. B2 auf Seite 72 im Schülerband). Die Stratosphäre ist also ein Filter für die kurzwellige UV-Strahlung.
Das durch die Stratosphäre und Tropopause in die Troposphäre eindringende Licht enthält schließlich fast nur noch Licht mit $\lambda > 320$ nm, wobei der Anteil an kurzwelligem Licht stark höhenabhängig ist. Im Hochgebirge ist er wesentlich höher als am Meer. (*Anmerkung:* Vgl. Einteilung der UV-Strahlung in UV-A, UV-B und UV-C auf Seite 81 im Schülerband.)

B2:
In der Stratosphäre wird die Bildung von Ozon ständig durch die kurzwellige UV-Strahlung angetrieben. Da diese in der Troposphäre nicht vorhanden ist, bildet sich auch weitaus weniger Ozon. (*Anmerkung:* Über die Bildung des troposphärischen Ozons im Photosmog siehe die Aufgaben von Seite 78 und 79.)

B3:
Die Reaktion (1) läuft in der Gasphase ab, die Reaktion (2) an der Phasengrenze zwischen Gas und Flüssigkeit. Um die Oberfläche der Phasengrenze möglichst groß zu halten und damit die Edukte aus (2) möglichst gut miteinander in Kontakt zu bringen, muss stark gerührt werden.

Auswertung zu V1, Seite 80:
Die Gasphase im Reaktor aus V1 ist reiner Sauerstoff bzw. mit etwas Dichlordifluormethan dotierter Sauerstoff. Ihre Zusammensetzung ist also ganz anders als die der Erdatmosphäre, ganz gleich ob man die Troposphäre oder die Stratosphäre in Betracht zieht. In der Gasphase des Reaktors sind aber zwei Gase vertreten, die am Ozon-Gleichgewicht in der Stratosphäre (vgl. B1, S. 80) und am Chlor-Katalyse-Zyklus (vgl. B4, S. 81) beteiligt sind. Insofern werden (in grober Näherung) stratosphärische Bedingungen simuliert.
Im Reaktor herrschen aber höhere Temperatur und höherer Druck als in der Stratosphäre. Das Licht der UV-Lampe im Reaktor simuliert zwar das Sonnenlicht

in der Stratosphäre, unterscheidet sich aber sowohl in der Intensität als auch in der spektralen Zusammensetzung von diesem. Das System im Reaktor ist geschlossen, die Stratosphäre ist ein offenes System.
Die Säulendiagramme aus B3 zeigen die Versuchsergebnisse aus V1. Der Befund, dass in Gegenwart von Dichlordifluormethan weniger Ozon gebildet und umgesetzt wird (vgl. blaue Säulen, die dem Titrationsergebnis T2 entsprechen), ist eine Bestätigung für die Beeinflussung des Ozon-Gleichgewichts durch den Chlor-Katalyse-Zyklus.
Dennoch müssen die Ergebnisse aus diesem Modellexperiment sehr vorsichtig und mit Vorbehalten bewertet werden, weil die experimentellen Bedingungen sich von den natürlichen Bedingungen unterscheiden. Das gilt auch für andere Modellexprimente, in denen natürliche Vorgänge simuliert werden. Man muss sich immer darüber Klarheit verschaffen, inwiefern das Experiment den natürlichen Prozess tatsächlich reproduziert und inwiefern nicht.

B4:
Die Reaktionen des Chlor-Katalyse-Zyklus beeinflussen den Chapman-Zyklus, weil die beiden Zyklen einige gemeinsame chemische Spezies beinhalten. Das sind Ozon O_3, elementarer Sauerstoff O_2 und atomarer Sauerstoff O.

Skizze zum Chlor-Katalyse-Zyklus:

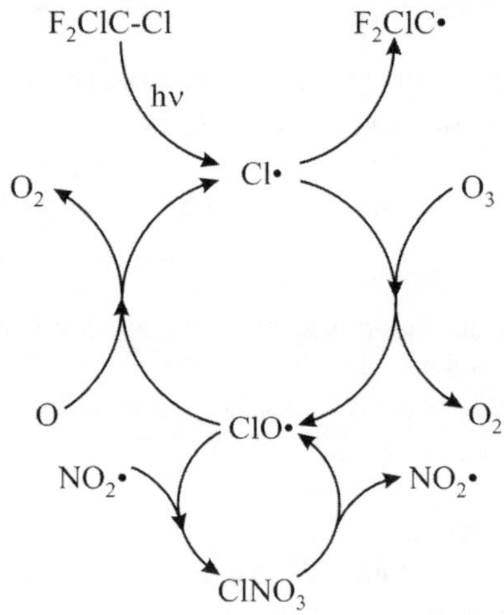

B5:
Am 5. Oktober 1987 betrug der Ozon-Gehalt über dem Südpol weniger als 150 DU und lag damit bei weniger als 50% des Normalwerts 300 DU.

B6:
Auch die Ersatzstoffe sind „Kinder der Petrochemie“, weil es sich dabei um partiell fluorierte Kohlenwasserstoffe handelt. Die Kohlenwasserstoffe, aus denen man sie herstellt, stammen aus dem Erdöl.

Seite 82 (TRAINING)

A1:
Im Erdöl sind sehr viele Stoffe enthalten, auch solche mit sehr nahe beieinander liegenden Siedetemperaturen. (*Anmerkung:* Benzol C_6H_6 siedet bei 80 °C, die heteroaromatische Schwefelverbindung Thiophen C_4H_4S, die zwar in viel kleineren Mengen aber dennoch wie Benzol im Erdöl enthalten ist, siedet bei 84 °C. Durch Destillation lassen sich Benzol und Thiophen nur sehr schwer trennen. Ein weiterer Grund, weshalb ein reiner Stoff allein durch Destillation nur sehr schwer oder gar nicht gewonnen werden kann, ist die Bildung von azeotropen Gemischen. Das sind Gemische bestimmter Zusammensetzung aus mehreren Komponenten, die niedriger sieden als jede der reinen Komponenten.)

A2:

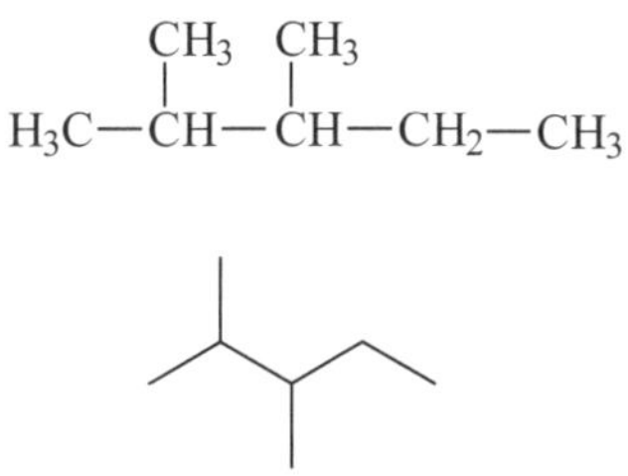
2,3-Dimethylpentan

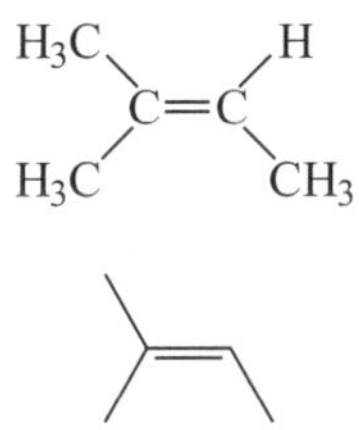
2-Methyl-2-buten

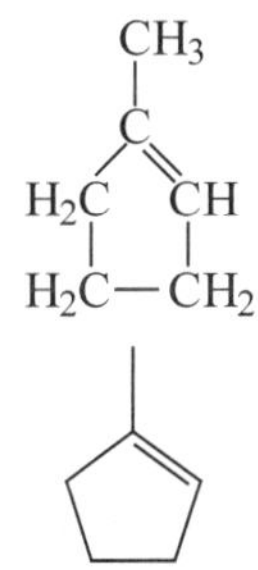
1-Methylcyclopenten

A3:

n-Pentan

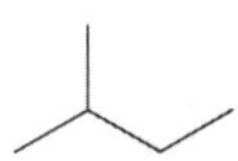
2-Methylbutan

2,2-Dimethylpropan

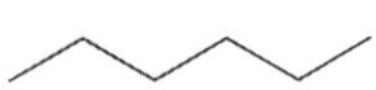
n-Hexan

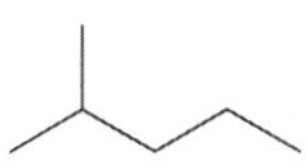
2-Methylpentan

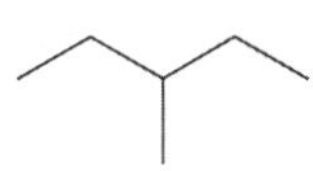
3-Methylpentan

2,2-Dimethylbutan

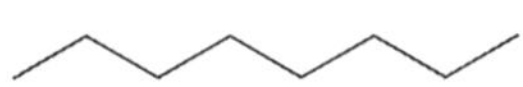
n-Octan

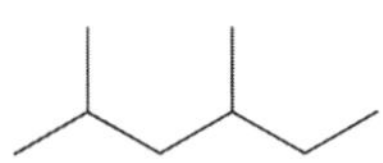
2,4-Dimethylhexan

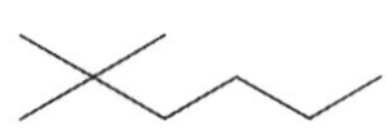
2,2-Dimethylhexan

A4:

Von den in B4, Seite 48 angegebenen Alkanen entsprechen Pentan, Hexan, Heptan, Octan und Nonan den DIN-Vorschriften für Super-Benzin (Siedetemperatur unter 215 °C). (*Anmerkung:* Die vielen Isomere dieser Alkane, die Cycloalkane und Aromaten , die ebenfalls im Super-Benzin enthalten sein können, sind hier nicht genannt.)

A5:

a) Drei zu Diethylether $C_4H_{10}O$ isomere Alkohole sind:
   1-Butanol, 2-Butanol und 2-Methyl-1-propanol (vgl. Formeln in B2 auf S. 50 im Schülerband).

b) Wenn man Diethylether und einen dieser Alkohole in Betracht zieht, handelt es sich um funktionelle Isomerie. Die Butanole unter sich sind z.T. Positionsisomere und z.T. Gerüstisomere.

c) Diethylether siedet sehr viel niedriger als jeder der isomeren Alkohole, weil die zwischenmolekularen Kräfte bei den Ether-Molekülen sehr viel schwächer sind als bei den isomeren Alkoholen. Bei Ether-Molekülen sind nur VAN-DER-WAALS-Kräfte und schwache Dipol-Dipol-Kräfte möglich, bei Alkohol-Molekülen dagegen relativ starke Wasserstoffbrückenbindungen.

A6:

Arbeitsschritte (vgl. Reaktionsgleichungen auf Seite 47 und 67 im Buch):

- Raffination von Erdöl; dabei gewinnt man u.a. Paraffine
- Cracken von Paraffinen; dabei bilden sich u.a. Alkene
- Abtrennung des sogenannten C_4-Schnitts (Isobuten und seine Isomere) von den restlichen Crackgasen (Ethen und Propen) durch Destillation
- Säurekatalysierte Addition von Methanol an Isobuten (aus dem C_4-Schnitt)
- Abtrennung des MTBE von den nicht reagierten Komponenten des C4-Schnitts.

A7:

MTBE erhöht die Octanzahl des Benzins (siehe Definition der Octanzahl auf S. 47 im Schülerband).

Rechenbeispiel für 2 Autos, je eine Tankfüllung (50 L) pro Woche, Super-Benzin mit 5 Vol.-% MTBE: In diesem Fall hat die Familie 5 L MTBE pro Woche getankt. (Diese Prozentrechnung ist so einfach, dass sie als Kopfrechnung akzeptiert werden sollte.)

A8:
Reaktionsgleichungen:

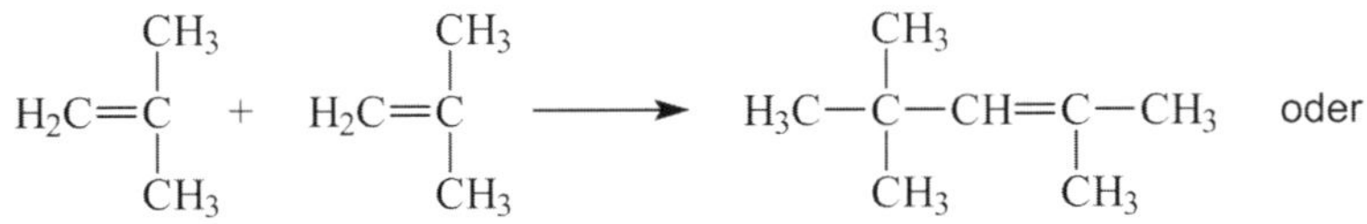

A

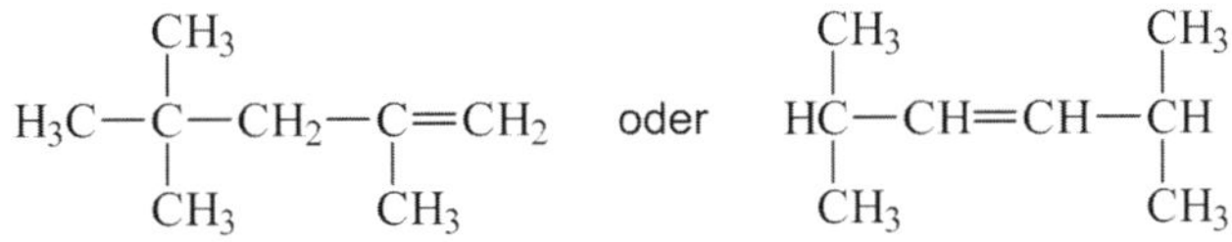

B

C
(theoretisch auch möglich)

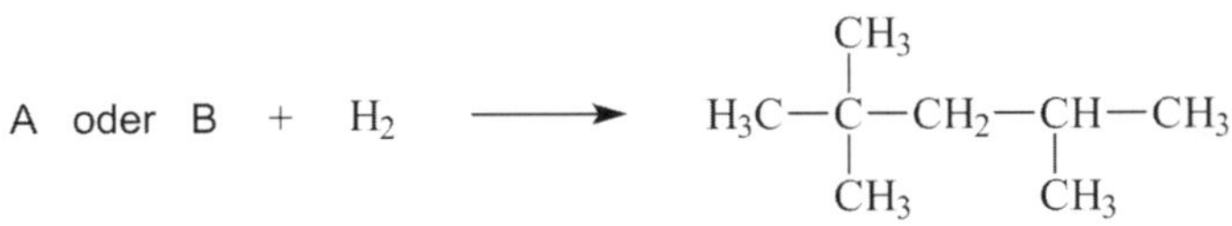

2,2,4-Trimethylpentan

A9:
Bei der Pyrolyse von Polyethylen (Polyethen) PE können prinzipiell die gleichen Produkte entstehen wie beim Cracken von Paraffinen. Im flüssigen Gemisch aus der Pyrolyse könnten beispielsweise Hexen und Hepten enthalten sein, im gasförmigen Gemisch Ethen und Propen. (*Anmerkung:* Dass die Reaktionsbedingungen beim Cracken von Paraffinen andere sind als bei der Pyrolyse von Polyethen, ist die Produktverteilung verschieden.)

A10:
Das Ergebnis aus V1 (Aufgabenstellung) wird analog zu dem Beispiel von S. 56 ausgewertet und führt zu dem Ergebnis C_3H_y.
Das Ergebnis aus V2 (Aufgabenstellung) ist sogar identisch zu dem Beispiel von Seite 56. Also lautet die Summenformel C_3H_8. Es handelt sich also um Propan, zu dem es keine Isomere gibt.

A11:
Sortenreiner Abfall lässt sich besser recyclen als gemischter Abfall, weil er durch Umschmelzen zu neuen Produkten verarbeitet oder durch chemische Reaktionen (Hydrolyse, Pyrolyse) in die Ausgangsstoffe (Monomere) zurückgeführt werden kann. In beiden Fällen werden schließlich Materialien zurückgewonnen, die

chemisch identisch mit den Materialien sind, die als Abfall dem Recycling zugeführt wurden.
Beim gemischten Abfall entstehen beim Umschmelzen Gemische, deren Qualität geringer ist als die der ursprünglichen Kunststoffe. Bei der Pyrolyse bilden sich ebenfalls komplexe Gemische, aus denen nur Teile isolierbar sind, der Rest wird verbrannt. Bei der energetischen Nutzung werden die Kunststoffe verbrannt. Dabei findet kein Material-Recycling statt.

A12:
Offene Aufgabe, Möglichkeit für projektorientierten Unterricht.

A13:
Wintersmog entsteht bei Inversionswetterlagen (vgl. B1, Seite 74) vorwiegend in der kalten Jahreszeit. Er enthält neben Kohlenstoffdioxid auch Schwefeldioxid, Kohlenstoffmonooxid und Stickstoffoxide. Mit der Bezeichnung saurer Smog wird der Tatsache Rechnung getragen, dass die genannten Oxide mit der Luftfeuchtigkeit Säuren bilden.
Sommersmog (Photosmog) bildet sich an sonnenreichen Sommertagen. Er enthält Ozon und andere Photooxidantien (Peroxide, Hydroperoxide, Carbonylverbindungen u.a.). Die Autoabgase (unverbrannte Kohlenwasserstoffe, Stickstoffoxide) und die Ausdünstungen von Nadelwäldern (die u.a. eine besondere Art von Kohlenwasserstoffen, die Terpene, enthalten) begünstigen die Bildung von Sommersmog.

A14:
Der Spruch „Ozon: oben gut, unten schlecht“ ist aus Sicht des Menschen richtig, weil das Ozon in der Stratosphäre notwendig ist („oben gut“), um das lebensschädliche UV-Licht zu absorbieren, während das bodennahe Ozon in zu hoher Konzentration ein Atemgift sein kann (vgl. B7, Seite 79).

A15:
Folgende Hauptspurenstoffe und Spurenstoffe der Atmosphäre werden in ihrem Gehalt durch die technische Nutzung von Erdöl beeinflusst:

- Kohlenstoffdioxid – nimmt global zu, weil es ein direktes Verbrennungsprodukt ist und nicht in dem Maße abgebaut wird (durch Photosynthese und andere Prozesse) wie es bei der Verbrennung von Erdöl, Erdgas und Kohle gebildet wird
- Stickstoffoxide – nehmen lokal zu, weil sie in Nebenreaktionen bei Verbrennungen in Luft gebildet werden; ihre Bildung und ihr Abbau in der Atmosphäre (als saurer Regen auf den Boden und als Nitrate in den Boden) halten sich aber in etwa die Waage
- Kohlenstoffmonooxid – nimmt lokal zu, weil es ein Produkt der unvollständigen Verbrennung ist; wird aber in der Atmosphäre weiter umgewandelt (in der Regel zu Kohlenstoffdioxid)

- Ozon – nimmt in der Stratosphäre lokal und temporär ab (Ozonloch), weil u.a. Produkte der petrochemischen Industrie (FCKW) das Ozon-Gleichgewicht beeinflussen; nimmt in der bodennahen Troposphäre lokal und temporär zu (Photosmog), weil u.a. petrochemische Erzeugnisse (Benzin) dazu beitragen, dass sich mehr Ozon bildet
- Kohlenwasserstoffe – nehmen lokal und temporär zu, weil sie u.a. in Autoabgasen enthalten sind, werden aber in der Atmosphäre wieder abgebaut, sodass es nicht zu einer globale Zunahme kommt
- Schwefeldioxid – nimmt lokal und temporär zu, weil es bei der Verbrennung von Schwefelverbindungen aus dem Erdöl entsteht; kommt als saurer Regen auf die Erde
- Dichlordifluormethan und Fluortrichlormethan – haben in den Jahren von 1950 bis 1990 zugenommen, weil sie (als Podukte der petrochemischen Industrie) vielfach eingesetzt wurden; zurzeit geht ihr Anteil wieder zurück.

A16:
Offene Aufgabe, Möglichkeit für projektorientierten Unterricht.

Seite 84 und 85

B2:

Kohlenstoff-Kreislauf: Als pflanzlicher Organismus betreibt die Buche Photosynthese und entzieht dadurch der Atmosphäre Kohlenstoffdioxid. Dieses wird durch Atmungsvorgänge und Zersetzung abgestorbenen Pflanzenmaterials wieder freigesetzt.

Mineralstoff-Kreislauf: Über das Wurzelwerk nimmt der Baum Mineralstoffe aus dem Boden auf. Hierzu zählen vor allem die Anionen Nitrat und Phosphat sowie die Kationen Kalium, Calcium und Magnesium. Durch den Zersetzungsprozess, an dem zahlreiche Kleinstlebewesen und Mikroorganismen beteiligt sind, werden diese dem Boden auf natürlichem Weg wieder zugeführt.

Zusatzinformationen:

Die Bavaria-Buche bei Pondorf (im Naturpark Altmühltal) ist ca. 23 m hoch und hat einen Stammumfang von knapp 10 Metern. Die Krone hat einen Umfang von 100 m. Alle Blätter zusammen bilden eine Fläche von ca. 8500 m^2. Für den jährlichen Sauerstoffbedarf eines Menschen sind ca. 150 m^2 Blattfläche notwendig. Somit deckt die Buche den Sauerstoffbedarf von ca. 57 Menschen.

Leider ist die Bavaria-Buche durch Pilzbefall erkrankt und wird absterben.

B4:

CO_2-freisetzende Vorgänge	**CO_2-bindende Vorgänge**
1. Atmung bei Pflanzen und Tieren 2. Zersetzung durch Mikroorganismen 3. Verbrennung von organischen Material und fossilen Brennstoffen 4. Vulkanismus 5. Freisetzung des in Gewässern gelösten Kohlenstoffdioxids	1. Photosynthese durch Pflanzen 2. Lösen von Kohlenstoffdioxid in Wasser

Der Mensch nimmt in erster Linie Einfluss auf CO_2-freisetzende Vorgänge, insbesondere durch Verbrennungen zur Energienutzung und durch Brandrodung. Die Fläche an tropischem Regenwald nimmt jährlich etwa um knapp 200.000 km^2 ab. Zwar binden die auf der so erzeugten Nutzfläche angebauten Pflanzen auch CO_2, jedoch ist meist mit einer Degenerierung der Vegetation zu rechnen, sodass erheblich weniger CO_2 gebunden wird als durch den ursprünglichen Bewuchs. Durch Wiederaufforstungen könnten langfristig die CO_2-Bindungskapazitäten wieder erhöht werden. Auch nimmt man an, dass die Pflanzen einen Teil (ca. 2%) des erhöhten CO_2-Angebots durch vermehrte Photosynthese binden.

Stellt man die in den Pfeilen angegebenen Stoffportionen an CO_2-Gas gegenüber, so wird deutlich, dass die natürlichen Vorgänge (Photosynthese, Atmung, Zersetzung und Diffusionsprozesse), die am Stoffkreislauf des Kohlenstoffdioxids beteiligt sind, nahezu im Gleichgewicht stehen. Lediglich durch Vulkanismus könnte der Anteil an CO_2-Gas in der Atmosphäre geringfügig erhöht werden. Dem steht eine geschätzte CO_2-Bindung durch Sedimentation in den Weltmeeren gegenüber.

Seite 86 und 87

Auswertung a):
Deutungen:
V1: Da die Masse des Marmors beim Erhitzen abgenommen hat, kann man schließen, dass er sich zersetzt hat und etwas entwichen ist. Der Test mit Phenolphthalein-Lösung deutet darauf hin, dass aus dem Marmor ein in wässriger Lösung alkalisch reagierendes Produkt entstanden ist.
V2: Die exotherme Reaktion von Calciumoxid mit Wasser führt ebenso wie der gebrannte Marmor aus V1 zu einer alkalischen Lösung. Das legt die Vermutung nahe, dass sich in V1 aus Marmor (Calciumcarbonat) Caliumoxid gebildet hat.
V3: Der abgebundene Kalk und der Marmor reagieren mit Salzsäure sehr ähnlich (Gasentwicklung). Unter Berücksichtigung der obigen Deutungen zu V1 und V2 kann man annehmen, dass gebundener Kalk die gleiche chemische Zusammensetzung hat wie Marmor.

Reaktionsgleichungen:

V1: $CaCO_3\,(s) \xrightarrow{\text{Erhitzen}} CaO\,(s) + CO_2\,(g)$

V2: $CaO\,(s) + H_2O\,(l) \longrightarrow Ca(OH)_2\,(aq)$

V3: $Ca(OH)_2\,(aq) + CO_2\,(g) \longrightarrow CaCO_3\,(s) + H_2O\,(l)$

Auswerung b):
Bei der Reaktion von Calciumcarbonat mit Salzsäure in V3 entweicht Kohlenstoffdioxid.

Reaktionsgleichung:

$CaCO_3\,(s) + HCl\,(aq) \longrightarrow CaCl_2\,(aq) + H_2O\,(l) + CO_2\,(g)$

Auswertung c):
Bei dem weißen Niederschlag handelt es sich um Calciumcarbonat.

Reaktionsgleichung:

$Ca(OH)_2\,(aq) + CO_2\,(g) \longrightarrow CaCO_3\,(s) + H_2O\,(l)$

Auswertung d):
Wenn eine feste Ionenverbindung (ein Salz) sich in Wasser löst, muss die Gitterenergie aufgewendet werden und die Hydratationsenergie wird frei. Wenn die Gitterenergie wesentlich höher ist als die Hydratationsenergie, ist das entsprechende Salz nur schwerlöslich. Das ist der Fall bei Calciumcarbonat.

Auswertung e):
Kalkmörtel bindet nur an Luft, Zementmörtel benötigt keine Luft zum Abbinden. Abgebundener Kalkmörtel wird von Salzsäure zersetzt, weil es sich um Calciumcarbonat handelt, Zementmörtel ist resistent gegen Salzsäure. Natronlauge greift beide Mörteltypen nicht an.

Auswertung f), Auswertung g):
Offene Aufgaben, Möglichkeiten für projektorientierten Unterricht.

B1:
Die Tatsache, dass es Gebirge aus Kalkstein gibt, ist ein Beweis dafür, dass Kalkstein nicht bzw. nur sehr schwer wasserlöslich ist.

B2:
Das Abbinden des Kalkmörtels wird in Räumen mit offenen Koksöfen beschleunigt, weil durch die Koksöfen das zum Abbinden notwendige Kohlenstoffdioxid erzeugt und bereitgestellt wird.

B3:
Calciumoxid, Siliciumdioxid, Aluminiumoxid, Eisenoxid usw.
Eine exakte Formel wie beim Kalkstein ist nicht möglich, da Zement nach den Prozent-Angaben aus B3 variable Zusammensetzungen haben kann.

B4:
Im Drehrohrofen aus B4 wird laut Text von Seite 87 Kalk bei ca. 1000 °C gebrannt. Dabei entweicht Kohlenstoffdioxid in die Umwelt.

B5:
Weitere Bauwerke aus Stahlbeton: Brücken, tragende Säulen und Wände von Hochhäusern, Zwischendecken bei Wohnhäusern, Industriegebäude u.v.a.m.

B6:
Exotherme Prozesse: Löschen (– 64 kJ) und Abbinden (– 115 kJ)
Endothermer Prozess: Brennen (+ 179 kJ).
Die Energiebilanz ist ausgeglichen, d.h. die Summe der Energien aus den exothermen und endothermen Prozessen ist gleich null.

A1:
Die Stoffbilanz beim technischen Kalk-Kreislauf ergibt, dass der Kreislauf bei Calciumcarbonat beginnt und auch endet. Alle anderen beteiligten Stoffe, Wasser und Kohlenstoffdioxid, gehen in den gleichen Mengen in diesen Kreislauf ein und aus (vgl. B6 und Reaktionsgleichungen unter Auswertung a).

A2:
Um Kalk zu brennen, muss er stark erhitzt werden. Dafür wird entweder direkt die Wärme aus der Verbrennung von fossilen Brennstoffen verwendet oder elektrische Energie. In beiden Fällen handelt es sich um „wertvolle“ Energie. Beim Abbinden wird Wärme bei relativ niedriger Temperatur verfügbar, die nicht nutzbar ist. Hierbei handelt es sich um „wertlose“ Energie.

A3:
Gemeinsamkeiten: Der technische und der natürliche Kalk-Kreislauf haben beide die Verbindung Calciumcarbonat als zentrale Start- und Zielsubstanz. An beiden Kreisläufen sind Wasser und Kohlenstoffdioxid beteiligt.
Unterschiede: Beim technischen Kreislauf ist Calciumhydroxid ein wichtiges Zwischenglied, beim natürlichen Kreislauf fehlt Calciumhydroxid. Dafür kommt im natürlichen Kreislauf Calciumhydrogencarbonat als Zwischenglied vor, das wiederum beim technischen Kreislauf fehlt. Während der technische Kreislauf nur unter „unnatürlichen“ Bedingungen zustande kommt (Kalkbrennen bei 1000 °C) und daher nur mit hohem Energieaufwand möglich ist, läuft der natürliche Kreislauf unter natürlichen Bedingungen bei moderaten Temperaturen ab. Beim natürlichen Kalk-Kreislauf dauert der Zyklus vom Kalkstein zum Kalkstein aber viel länger als beim technischen Kreislauf.

Seite 88 und 89

Auswertung a):
In V1 weist man mit der gelben Flammenfärbung Natrium-Ionen nach. V3 zeigt die Gasentwicklung beider Stoffe mit Salzsäure. Das Gas wird in V4 als Kohlenstoffdioxid nachgewiesen, welches mit Kalkwasser schwerlösliches Calciumcarbonat bildet.

Auswertung b):
Die Messergebnisse sollten zeigen, dass bei V5 mit Natriumhydrogencarbonat etwa die doppelte Masse an CO_2 entwickelt wird (siehe auch Rechnung bei Auswertung c).

Auswertung c):

V5: Aus den Reaktionsgleichungen auf Seite 89 erkennt man folgende Stoffmengenverhältnisse von HCl und CO_2 (Soda bzw. Natron im Überschuss):

- Bei der Reaktion mit Na_2CO_3

  $$\frac{n(HCl)}{n(CO_2)} = \frac{2}{1};$$

  mit n(HCl) = 0,01 mol erhält man

  $$n(CO_2) = \frac{n(HCl)}{2} = 0{,}005\ mol$$

  und nach $m = M \cdot n$

  $$m(CO_2) = 44\ g \cdot mol^{-1} \cdot 0{,}005\ mol = 0{,}22\ g$$

- Bei der Reaktion mit $NaHCO_3$

  $$\frac{n(HCl)}{n(CO_2)} = \frac{1}{1};$$

  mit n(HCl) = 0,01 mol erhält man

  $$n(CO_2) = n(HCl) = 0{,}01\ mol$$

  und nach $m = M \cdot n$

  $$m(CO_2) = 44\ g \cdot mol^{-1} \cdot 0{,}01\ mol = 0{,}44\ g$$

V6: Aus den Reaktionsgleichungen auf Seite 89 erkennt man folgende Stoffmengenverhältnisse von Na_2CO_3 bzw. $NaHCO_3$ und CO_2 (HCl im Überschuss):

- Bei der Reaktion mit Na_2CO_3

  $$\frac{n(Na_2CO_3)}{n(CO_2)} = \frac{1}{1}$$

  $$n(Na_2CO_3) = \frac{1\ g}{106\ g \cdot mol^{-1}} \approx 0{,}0094\ mol$$

  $$n(CO_2) \approx 0{,}0094\ mol$$

  $$m(CO_2) \approx 44\ g \cdot mol^{-1} \cdot 0{,}0094\ mol \approx 0{,}414\ g$$

- Bei der Reaktion mit $NaHCO_3$

  $$\frac{n(NaHCO_3)}{n(CO_2)} = \frac{1}{1}$$

  $$n(NaHCO_3) = \frac{1\ g}{84\ g \cdot mol^{-1}} \approx 0{,}012\ mol$$

  $$n(CO_2) \approx 0{,}012\ mol$$

  $$m(CO_2) \approx 44\ g \cdot mol^{-1} \cdot 0{,}012\ mol \approx 0{,}528\ g$$

Auswertung d):
Die bessere Übereinstimmung mit den Werten erklärt sich durch die Tatsache, dass zunächst (leichtere) Luft verdrängt wird, am Ende aber (schwereres) CO_2 im Erlenmeyerkolben bleibt und die Massenabnahme so geringer ausfällt. Füllt man den Kolben vor dem Versuch mit CO_2, kommt man dem theoretischen Wert deutlich näher.
Hinweis: Es empfiehlt sich, zusätzlich den Erlenmeyerkolben mit Glaswolle lose zu verschließen, damit während der Reaktion keine Flüssigkeitströpfchen entweichen.

Auswertung e):
Hier besteht die Möglichkeit, das Gas in eine Gasmessglocke einzuleiten oder in einem großen mit Wasser gefüllten Becherglas in einer pneumatischen Wanne aufzufangen. Zwar löst sich ein Teil des CO_2 in Wasser, hält man den Weg durch das Wasser aber kurz, lässt sich dieser Effekt vernachlässigbar klein halten.
Analog zur Rechnung bei Versuch 6 ergeben 2 g $NaHCO_3$ dann etwa 1,06 g, also etwa 1 g, also 22,7 mmol CO_2. Bei Raumtemperatur entspricht dies bei 24 mL/mmol einem Volumen von etwa 0,55 L.

B3:
Die Glasschmelze muss langsam und gleichmäßig abgekühlt werden, damit möglichst keine Spannungen im erstarrten Material entstehen. Diese würden dazu führen, dass das Glas bei mechanischer oder thermischer Beanspruchung leicht platzt.

A1:
Dies ist eine offene Aufgabe. Sie hat den Sinn, den Schülerinnen und Schülern vor Augen zu führen, dass die meisten Hersteller den Gehalt an bestimmten Stoffen (hier Natriumcarbonat und Natriumhydrogencarbonat) zwar anzeigen, aber keine exakten Mengenangaben machen. So erscheint Natriumhydrogencarbonat bei verschiedenen Backpulversorten lediglich als „Zutat“ ohne Mengenangabe.

A2:
Die in B4 erkennbare schichtweise Ablagerung von Natron und Soda am Sodasee deutet darauf hin, dass es einen Wechsel von Perioden mit viel Wasser und wenig Wasser im See gibt (Dürreperioden und Regenperioden). Die Salze kristallisieren an den Stellen aus, wo ihre Konzentration im Wasser (in der Lösung) wegen des verdunsteten Wassers bestimmte Grenzwerte (gegeben durch das jeweilige Löslichkeitsprodukt) überschreitet.

Seite 90 und 91

Auswertung a):

Nach Gleichung (2) bilden sich bei Einleiten des Kohlenstoffdioxids Hydrogencarbonat-Ionen. Diese Zugabe von Hydrogencarbonat-Ionen führt zu einer Verschiebung der Gleichgewichtslage auf die Seite der Produkte, wobei schwerlösliches Natriumhydrogencarbonat ausfällt, d.h. die HCO_3^--Ionen werden aus dem Gleichgewicht entfernt.

Hinweis: Eleganter lässt sich dies mit dem Begriff des Löslichkeitsproduktes zeigen, da dieser in der Regel zu diesem Zeitpunkt nicht einfach zugänglich ist, soll hier diese Plausibilitätsbetrachtung reichen.

Möchte man quantitative Aussagen machen, kann man die Definition vorgeben und unter Angabe der Löslichkeitsprodukte Aufgabe a) quantitativ formulieren:

> Bei Salzen vom Typ AB wird das Produkt der beiden Ionenkonzentrationen als Löslichkeitsprodukt K_L bezeichnet.
>
> $$K_L = c(A^+{}_{(aq)}) \cdot c(B^-{}_{(aq)})$$
>
> Sobald das Löslichkeitsprodukt erreicht wird, beginnt die Bildung eines festen Salzes, die dazu benötigten Konzentrationen lassen sich nun berechnen.
>
> a) Erklären Sie mithilfe des Löslichkeitsprodukts, warum Natriumhydrogencarbonat aus der Lösung ausfällt und berechnen Sie die Konzentration an HCO_3^--Ionen, bei der dies geschieht. Die Anfangskonzentrationen betragen bei V1 etwa $c_0(Na^+) \approx 4{,}5$ mol/L und $c_0(NH_4^+) \approx 3{,}9$ mol/L.

Auswertung b):

Beim Erwärmen im Trockenschrank reagiert Natriumhydrogencarbonat zu Soda nach folgender Reaktionsgleichung:

$$2\,NaHCO_3 \xrightarrow{70\,°C} Na_2CO_3 + CO_2 + H_2O \qquad \text{(Calcinieren)}$$

Der Nachweis erfolgt über die stark basische Reaktion der wässrigen Sodalösung im Gegensatz zur schwach basischen Lösung des Natriumhydrogencarbonates.

Auswertung c):

Nach einiger Zeit bildet sich ein schwerlöslicher Niederschlag von Natriumhydrogencarbonat. Die Reaktion stellt die „Umkehrung“ der Reaktion bei Auswertung b) dar, wobei hier in wässriger Lösung folgende Reaktion abläuft:

$$Na_2CO_3\,(aq) + CO_2\,(g) + H_2O\,(l) \longrightarrow 2\,NaHCO_3\,(s)\downarrow$$

A1:

Chlornatrium	–	Natriumchlorid, Kochsalz
kohlensaures Natrium	–	Natriumcarbonat, Soda
schwefelsaures Natron	–	Natriumsulfat
Ammoniaksoda	–	Soda, die nach diesem Verfahren hergestellt wurde

A2:

Gesamtreaktionsgleichung für das LEBLANC-Verfahren:

$$2\,NaCl + H_2SO_4 + 2\,C + CaCO_3 \longrightarrow Na_2CO_3 + 2\,HCl + 2\,CO_2 + CaS$$

Gesamtreaktionsgleichung für das SOLVAY-Verfahren:

$$2\,NaCl + CaCO_3 \longrightarrow Na_2CO_3 + CaCl_2$$

Man erkennt, dass beim SOLVAY-Verfahren als Nebenprodukt nur Calciumchlorid entsteht.

A3:

Die Zwischenprodukte beim LEBLANC-Verfahren konnten zwar noch weiter verarbeitet werden

$(CaS + CO_2 + H_2O \longrightarrow CaCO_3 + H_2S$ bzw. $H_2S + 2\,O_2 \longrightarrow H_2SO_4)$,

doch hat das Verfahren erhebliche Nachteile. Neben dem Zwischenprodukt Salzsäure und umweltschädlichen Calciumsulfid-Rückständen ist besonders die Tatsache, dass die Umsetzungen in fester Phase einen erheblichen Energieaufwand benötigen, von Bedeutung gewesen.

A4:

Bei (1) und (4) ist „Erhitzen" schon angegeben. Auch die Calcinierung ist ein endothermer Prozess, zusätzlich muss das entstehende Wasser verdampft werden. Technisch arbeitet man bei Temperaturen um 170 °C, obwohl die Zersetzung bereits bei 60 °C beginnt.

Bei (2) wird durch die ständige Einleitung von CO_2 und NH_3 in Wasser die Bildung von Ammonium- und Hydrogencarbonat-Ionen gefördert („Verschiebung der Gleichgewichtslage nach rechts"). Die Bildung des gelösten Ammoniumhydrogencarbonats ist stark exotherm, die Lösung muss deshalb gekühlt werden.

Bei (3) führt diese ständige Bildung der HCO_3^--Ionen zur Beeinflussung des Gleichgewichts in Richtung des ausfallenden Produktes Natriumhydrogencarbonat. Die Rückgewinnung von Ammoniak gelingt dann bei etwa 90 °C aus der Ammonium-Ionen haltigen Lösung.

A5:

Energetische Aspekte oder gar Betrachtungen zur freien Enthalpie können an dieser Stelle nicht berücksichtigt werden. Es lässt sich allerdings verdeutlichen, dass beim Erhitzen das CO_2 aus $CaCO_3$ als Gas entweicht und für eine Reaktion mit dem festen NaCl nicht zur Verfügung steht.

A6:

Zur Gewinnung von 1 t Soda benötigt man etwa 500 kg NH_3 im Umlauf. Die unvermeidlichen Verluste liegen immerhin in der Größenordnung von 4 – 6 kg NH_3 pro Umlauf. Dies verdeutlicht, wie wichtig die kostengünstige Herstellung von Ammoniak für die Sodaherstellung nach SOLVAY war.

B6:

Reaktionsschritt (1)	–	lilafarbene Reaktionswege
Reaktionsschritt (2)	–	grüne Reaktionswege
Reaktionsschritt (3)	–	blaue Reaktionswege
Reaktionsschritt (4)	–	gelbe Reaktionswege
Reaktionsschritt (5)	–	pinkfarbene Reaktionswege

Seite 92 und 93 (EVA)

B1:

Offene Aufgabe, Möglichkeit für projektorientierten Unterricht.

A1:

Bei 5 °C bleibt „die Säure länger drin" als bei 30 °C, weil bei niedrigerer Temperatur in beiden Gleichgewichten die exotherme Hinreaktion begünstigt wird und daher beide Gleichgewichte mehr auf der rechten Seite liegen.
Wenn eine nicht dicht verschlossene Mineralwasserflasche im Kühlschrank steht, entweicht das gelöste Kohlenstoffdioxid aus dem Mineralwasser nicht so schnell wie dann, wenn dieselbe Flasche in einem warmen Raum steht.

A2:

Der *p*H-Wert von „stillem Wasser" ist höher als der von Mineralwasser, das in der Regel „mit Kohlensäure versetzt" wurde, also mehr gelöstes Kohlenstoffdioxid enthält als das „stille Wasser".

B2:

Kalkstein setzt sich bevorzugt an den Geräteteilen ab, in denen bzw. an denen hartes Wasser erhitzt wird.

B3:

Offene Aufgabe, Möglichkeit für projektorientierten Unterricht.

B4:

In der Säule oben, links werden Wasserstoff-Ionen H^+ gegen Kationen (grüne Dreiecke) aus dem salzhaltigen Wasser ausgetauscht. Dabei wird der Kationenaustauscher mit Kationen (Ca^{2+}, Mg^{2+}, Na^+ u.a.) beladen.

Anschließend fließt das Wasser, das jetzt nur noch H^+ als Kationen enthält, aber noch alle Anionen aus den Salzen, in die Säule unten, links, wo die Anionen gegen Hydroxid-Ionen OH^- ausgetauscht werden. Unten, links kommt vollentsalztes Wasser heraus; der Anionenaustauscher ist jetzt mit Anionen (Cl^-, HCO_3^-, SO_4^{2-} u.a.) beladen.
Der beladene Kationenaustauscher (oben, rechts) wird regeneriert, indem mit einer sauren Lösung alle Kationen wieder gegen H^+-Ionen ausgetauscht werden. Entsprechend regeneriert man den Anionenaustauscher mit einer alkalischen Lösung, wobei alle Anionen gegen Hydroxid-Ionen OH^- ausgetauscht werden.

B5:
Im Zeolith werden Na^+-Ionen gegen Ca^{2+}-Ionen und Mg^{2+}-Ionen ausgetauscht.

B6:
Stalaktiten und Stalagmiten sind ebenso wie der Kesselstein und der Feststoff am Heizstab Kalkablagerungen aus gelöstem Calciumhydrogencarbonat. Da in der kalten Tropfsteinhöhle das Wasser viel langsamer verdunstet als im Wasserkessel oder am Heizstab, dauert die Bildung von Tropfsteinen viel länger.

B7:
Kalkwasser $Ca(OH)_2$ enthält gelöste Ca^{2+}-Ionen und OH^--Ionen und leitet relativ gut.
Beim Einleiten von Kohlenstoffdioxid bildet sich zunächst schwerlösliches Calciumcarbonat (Trübung der Lösung):

$$Ca^{2+}\,(aq) + CO_2\,(g) + 2OH^-\,(aq) \longrightarrow CaCO_3\,(s) + H_2O\,(l)\;OH^-$$

Dabei werden Ionen aus der Lösung entfernt, die Leitfähigkeit (also auch die Stromstärke bei konstanter Spannung) nimmt ab.
Beim weiteren Einleiten von Kohlenstoffdioxid bilden sich nach der folgenden Gleichung wieder Ionen und die Trübung verschwindet:

$$CaCO_3\,(s) + H_2O\,(l) + CO_2\,(g) \longrightarrow Ca^{2+}\,(aq) + 2\,HCO_3^-\,(aq)$$

Seite 94 und 95

Anmerkungen zu V1 – V3:
Der Sauerstoff-Nachweis mit Indigocarmin durch Blaufärbung der Lösung (V2) gelingt schneller als der in V1. Die zuvor durch Reduktion hergestellte Leucoform des Indigocarmins wird durch Sauerstoff leicht oxidiert. Um in V1 eine für die Glimmspanprobe ausreichende Stoffportion an Sauerstoff zu erhalten, ist eine Einzelstunde zu kurz.
In V3 sollte man die Natriumhydrogencarbonat-Lösungen aus frisch abgekochtem, demineralisierten Wasser herstellen, um Fehler durch gelöstes CO_2-Gas zu vermeiden. Zu hohe Natriumhydrogencarbonat-Konzentrationen sind nicht

empfehlenswert, da die Pflanzen wegen des *p*H-Werts der Lösung leiden. Mit steigender Konzentration an Hydrogencarbonat-Ionen steigt die Geschwindigkeit der Blaufärbung zunächst an, bei den höheren Hydrogencarbonat-Konzentrationen ist kein deutlicher Unterschied in der Zeit bis zur Blaufärbung zu beobachten. Man sollte an dieser Stelle nochmals auf das Gleichgewicht zwischen gelöstem CO_2 und Hydrogencarbonat-Ionen hinweisen (siehe Seite 92 und 93).

Auswertung a):
In V1 – V3 wird die Abhängigkeit der Photosynthese von Lichtintensität und CO_2-Gehalt der Lösung (Umgebung) deutlich. Im Experiment wird die Abhängigkeit von der Lichtqualität, Wellenlänge des Lichts, nicht untersucht. Diese Aspekte werden in den Angaben zu B2 und auf Seite 94 (A4) aufgegriffen. Der Temperatureinfluss auf die Photosynthese (bei Starklicht) bleibt außer Acht.

Auswertung b):
CO_2-haltiges Wasser ist schwach sauer (siehe Reaktionsgleichung Seite 92). Betreibt eine Pflanze in diesem Milieu Photosynthese, steigt der *p*H-Wert der Lösung leicht an.

Auswertung c):
In V3 wird die Zeit bis zur Blaufärbung der Lösung durch Indigocarmin als Folge der Oxidationswirkung des durch Photosynthese gebildeten Sauerstoffs gemessen. Bei niedrigen CO_2-Konzentrationen steigt die Photosyntheserate und damit die O_2-Bildung mit der CO_2-Konzentration an. Bei höheren CO_2-Konzentrationen ist eine Steigerung der Photosyntheserate nicht mehr zu erkennen, die Zeit bis zur Blaufärbung bleibt in etwa konstant. In B5 wird diese Gesetzmäßigkeit deutlich. Für jede Lichtintensität gibt es eine Sättigungskonzentration an CO_2, ab der keine Steigerung der Photosynthese mehr erfolgt. Mit der Lichtintensität wächst die CO_2-Sättigungskonzentration und damit die Gesamtphotosyntheseleistung.

B2:
Die Spektralbereiche des weißen Lichts werden durch das Chlorophyll der Blätter nicht gleichmäßig absorbiert. Chlorophyll absorbiert Licht im blauen und im roten Bereich besonders stark, während es im gelb-grünen Bereich kaum Absorption zeigt.

A1:
Siehe Auswertung c) von Seite 94.

A2:

$$\frac{6 \cdot M(C)}{M(C_6H_{12}O_6)} = \frac{72\,u}{180\,u} = 0{,}4$$

Der Massenanteil an Kohlenstoff in einem Traubenzuckermolekül beträgt 40%.

A3:
Bei der Atmung wird CO_2 frei. Da die Anzahl der Menschen wächst (bis 2050 sollen etwa 10 Milliarden Menschen die Erde bevölkern), wird auch immer mehr CO_2 ausgeatmet. Der CO_2-Gehalt der Atmosphäre wird davon aber nicht beeinflusst, da dieses über die Atmung freigesetzte CO_2 kurze Zeit zuvor von Pflanzen am Anfang der Nahrungskette der Atmosphäre entzogen wurde.

A4:
Da das Chlorophyll der Blätter blaues Licht gut absorbiert, würde die Photosynthese mit Blaulicht gut ablaufen, d.h. die Blaufärbung des Indigocarmins würde rasch erfolgen.
Grünes bzw. gelbes Licht werden nur schlecht absorbiert, deren Lichtenergien können nur schlecht für die Photosynthese genutzt werden. Ein Blaufärbung der Lösung wäre daher nur langsam bzw. gar nicht möglich.

Seite 96 und 97

Sicherheitshinweis zu V1:
Bei V1 muss darauf geachtet werden, dass die Waschflaschen so angeordnet werden, dass ein Inhalieren des ätzenden Kalkwassers beim Einatmen vermieden wird. Der Einbau einer Sicherheitswaschflasche (siehe B1, mittlere Gaswaschflasche) ist daher anzuraten.

Auswertung a):
In V1 und V2 wird die CO_2-Freisetzung bei Atmung nachgewiesen. Der Mensch veratmet die durch Nahrung aufgenommenen Nährstoffe.
V2 zeigt, dass auch Pflanzen atmen. Die Erbsenkeimlinge können noch keine Photosynthese betreiben und müssen sich daher von den Nähr- bzw. Reservestoffen der Keimblätter des Samens ernähren.

Auswertung b):
Der Parallelversuch ist notwendig, um zu zeigen, dass die Trübung des Kalkwassers durch den Atmungsprozess der Erbsenkeimlinge verursacht wurde und nicht durch den CO_2-Gehalt der Luft. Im Parallelversuch sollte die Trübung deutlich später erfolgen.

Auswertung c):
Die Sperrflüssigkeit wird langsam aus dem Kapillarrohr herausgedrückt. Dies lässt sich mit der Volumenzunahme bei der Erwärmung der Luft im Rggl. infolge des Atmungsprozesses der Keimlinge erklären.
Hinweis: Es muss erwartet werden, dass Schüler an dieser Stelle annehmen, dass die Volumenausdehnung in der Apparatur durch Bildung von CO_2-Gas hervorgerufen wird. Dies kann man aber entweder durch Hinweis auf die

Reaktionsgleichung der Atmung (Seite 97: Vergleich des Stoffmengenverhältnisses von O_2-Verbrauch und CO_2-Bildung) oder aber im Experiment durch Abkühlung des Rggl. widerlegen.

Auswertung d):
Der Zucker wird beim Erhitzen zunächst gelb (Karamellisierung), dann braunschwarz, die anschließend austretenden Dämpfe des zersetzten Zuckers sind brennbar. V4 zeigt, dass Zucker als Brennstoff fungieren kann. Allerdings muss man fortwährend Energie zuführen, um den Verbrennungsvorgang aufrecht zu erhalten.
B3 zeigt die Verbrennung des Zuckers mit Asche als Katalysator. Nachdem das Zucker-Asche-Gemisch einmal entzündet wurde (Aktivierungsenergie), läuft die Zuckerverbrennung selbstständig ab.

B3:
Aus der Reaktionsgleichung ergibt sich das Stoffmengenverhältnis von verbrannter Glucose und entstandenem Kohlenstoffdioxid:

$$n(CO_2) = 6\ n(C_6H_{12}O_6)$$

$$\frac{m(CO_2)}{M(CO_2)} = 6 \cdot \frac{m(C_6H_{12}O_6)}{M(C_6H_{12}O_6)}$$

$$m(CO_2) = \frac{6 \cdot 5\ g \cdot 44\ g \cdot mol^{-1}}{180\ g \cdot mol^{-1}} = 7{,}3\ g$$

Bei der Verbrennung von 5 g Glucose werden ca. 7,3 g Kohlenstoffdioxid-Gas freigesetzt.

B5:
Traubenzucker und Ethanol sind Reinstoffe, deren Brennwerte exakt bestimmt werden können. Die anderen Brennstoffe sind Stoffgemische mit nicht eindeutig festgelegter Zusammensetzung und Summenformel. Somit können nur gemittelte Brennwerte angegeben werden.

B6:
Berechnung der Reaktionswärme Q:

$$Q = 650\ g \cdot 4{,}187\ J \cdot K^{-1} \cdot g^{-1} \cdot 2{,}1\ K = 5715\ J = 5{,}715\ kJ$$

Der Brennwert von Kartoffelstärke ergibt sich durch Division durch die verbrannte Stoffportion von 0,4 g.
Der Brennwert von Kartoffelstärke beträgt:

$$\frac{5{,}715\ kJ}{0{,}4\ g} = 14{,}3\ kJ \cdot g^{-1}.$$

B7:

	kJ · g^{-1}
Schokoriegel	22,8
Erfrischungsstäbchen	17,45
Fanfare Haselnuss	22,0
Fondant	17 – 12,7
Frucht-Müsli-Riegel	15,7
Fruchtgummi	15,5
Fruchtschnitte, Fruchtwürfel	18,5
Geleefrüchte	14,3
Geleewürfel	--*
Gummibärchen	15
Haselnussschnitte	22,9

*: es liegt keine exakte Massenangabe vor

Man erkennt, dass Leckereien, die hauptsächlich aus Zucker hergestellt werden wie z.B. Fruchtgummi oder Fondant, einen niedrigeren Brennwert haben, als solche, in denen zusätzlich Schokolade enthalten ist: Haselnussschnitte oder Schokoriegel. Der hohe Anteil an Fett in Schokolade führt hier zu diesem höheren Brennwert.

Seite 98 (EVA)

A1: Bei der Luminolreaktion wird die Reaktionsenergie in Form von Lichtenergie abgegeben. Den Vorgang bezeichnet man als „Chemolumineszenz".

A2:

a) Elektrische Energie:

Hier könnten alle chemischen Reaktionen bei galvanischen Zellen z.B. DANIELL-Element, Batterien, Akkumulatoren etc. genannt werden.

b) Wärme:

Den Schülern dürften aus dem Unterrichtsstoff zahlreiche exotherme Reaktionen bekannt sein: z.B. Verbrennungsreaktionen, (Chlor-)Knallgasreaktion, Wasserzugabe zu weißem Kupfersulfat, Lösungsvorgänge (z.B. Schwefelsäure in Wasser) etc.

B2:

$$17\ kJ \cdot g^{-1} \cdot M(C_6H_{12}O_6) = 17\ kJ \cdot g^{-1} \cdot 180\ g \cdot mol^{-1} = 3060\ kJ \cdot mol^{-1}$$

Seite 100 und 101

Anmerkungen zu den Versuchen:

V1: Wenn man seitlich durch das Becherglas sieht, beobachtet man Schlierenbildung verursacht durch Zuckerlösung, die aus dem Darmstück austritt. In dem umgebenden Wasser lässt sich nach kurzer Zeit Glucose mit den Teststreifen nachweisen.
Zucker kann in das umgebende Wasser austreten, da sich in der Darmwand Poren befinden, deren Durchmesser so groß sind, dass Zucker-Moleküle durch sie in die Umgebung hindurch diffundieren können.
Die Zuckeraufnahme im lebenden Körper aus dem Darm ins Blut ist ein aktiver Transport, d.h. er verläuft nur unter Energieaufwand. Dennoch zeigt dieser Versuch die Durchlässigkeit der Darmwand für das relativ kleine Glucose-Molekül.
Bei einer Wiederholung des Versuchs mit Stärke-Lösung statt mit Glucose-Lösung würde Stärke nicht durch die Darmwand hindurchtreten, da die Stärke-Moleküle zu groß sind (siehe hierzu die Aufgabe A2 auf dieser Seite).

V2: Für den quantitativen Glucose-Nachweis ohne Blutzuckermessgerät eignen sich nicht alle im Handel käuflichen Teststäbchen gleichermaßen gut.

V3: Die Farbe der ursprünglich blauen Lösung ändert sich über Grün, Gelb und Orange nach Rot durch ausfallendes festes Kupfer(I)oxid Cu_2O.

V4: Die grüne Färbung des Universal-Indikators in Wasser wird durch Einleiten von CO_2-Gas gelb, wodurch eine schwach saure Lösung angezeigt wird. Nach Zugabe der durch den Indikator rot gefärbten Salzsäure-Lösung ist eine Gasbildung (CO_2) zu beobachten. Die Färbung des Indikators der kohlensauren Lösung ändert sich bei Zugabe von Salzsäure-Lösung nicht erkennbar, solange Kohlenstoffdioxid freigesetzt wird.
Hinweis: Die CO_2-Freisetzung nach Zugabe von Salzsäure lässt sich durch die Gleichgewichtsverschiebungen der Reaktionsgleichungen (2) und (3) auf Seite 101 erklären.

V5: Die Brausetabletten liefern unterschiedliche Gasvolumina (CO_2). Die erste Tablette liefert deutlich weniger Gas (etwa 90 mL) als die zweite Tablette (über 200 mL), sodass die Füllkapazität des Messzylinders durch die zweite Tablette zumeist überschritten wird.

Auswertung a):
Beide Brausetabletten sind identisch und würden unter gleichen Bedingungen gleiche Gasportionen an CO_2-Gas entwickeln. Dass hier für die einzelnen Tabletten unterschiedliche Gasvolumina gemessen werden, lässt sich durch die Löslichkeit des durch die Tabletten freigesetzten Gases erklären. Das Kohlenstoffdioxid der ersten Tablette löst sich zu einem großen Teil in dem Wasser, sodass nur ein Teil als gasförmiges CO_2 im Messzylinder sichtbar wird. Das von der zweiten Tablette freigesetzte CO_2-Gas kann sich in der mit Gas

bereits gesättigten Lösung nicht mehr (kaum noch) lösen, sodass ein größerer Teil im Messzylinder aufgefangen wird.

Auswertung b):
CO_2-Gas löst sich in Wasser bis eine gesättigte Lösung entsteht (V5). Beim Lösen von Kohlenstoffdioxid in Wasser sinkt der *p*H-Wert, was durch den Universalindikator in V4 angezeigt wird: Es bildet sich „kohlensaure" Lösung (siehe Seite 92). Das Löslichkeitsgleichgewicht des CO_2 ist somit *p*H-Wert abhängig, ein Zusatz von Säure bzw. Protonen setzt gelöstes CO_2 wieder frei (vgl. Reaktionsgleichungen (2) und (3) auf Seite 101).

Auswertung c):
Arterielles Blut: geringer CO_2-Gehalt, venöses Blut: hoher CO_2-Gehalt.
An dieser Stelle kann man auf B2 verweisen: Die linke Gaswaschflasche wird mit Sauerstoff-Gas gespült, das Blut färbt sich hellrot; die rechte Gaswaschflasche wird mit Kohlenstoffdioxid-Gas gespült, das Blut färbt sich blau-rot.

Hinweis zu B2: Schweineblut kann vom Schlachthof besorgt werden. Um ein Gerinnen zu verhindern, gibt man zu einem Volumen von 100 mL frischen Bluts etwa 20 mL einer ca. 4%-igen Natriumcitrat-Lösung. Die unterschiedlichen Färbungen des Bluts werden deutlich sichtbar, wenn man in eine Portion Sauerstoff, in die andere Kohlenstoffdioxid einleitet (B2).

Auswertung d):
Das durch die Oxidation der Nährstoffe gebildete CO_2 senkt den *p*H-Wert des Bluts. Dadurch sinkt seine Löslichkeit im Blut, sodass aus dem venösen Blut in der Lunge CO_2 gasförmig abgegeben werden kann.
Hinweis: Eine vertiefendere Betrachtung der Gleichgewichte von Kohlenstoffdioxid und Sauerstoff im Blut erfolgt unter B6 auf Seite 101.

A1 (Seite 100):

$$m(C_6H_{12}O_6) = \frac{100\ mg \cdot 7000\ mL}{100\ mL} = 7000\ mg = 7\ g$$

Im gesamten Blutvolumen des Menschen sind 7 g Glucose gelöst. Diese Portion entspricht etwa einem kleinen „Dextro-Energen"-Täfelchen (= 6 g).

A2 (Seite 100):
Siehe Anmerkungen zu V1.

B5:
Körperliche Anstrengung senkt, Nahrungsaufnahme erhöht den Blutzuckerspiegel, der bei einem gesunden Menschen zwischen 80 und 100 mg Glucose/100 mL Blut liegt. Damit der Blutzuckerspiegel in etwa konstant bleibt, wird er durch die beiden Hormone Glucagon und Insulin reguliert, die in der Bauchspeicheldrüse produziert

werden. Glucagon bewirkt eine Freisetzung von Glucose aus dem Speicherstoff Glycogen in der Leber; die Leber kann dann bei zu niedrigem Blutzuckerspiegel Glucose ins Blut abgeben. Insulin hingegen senkt den Blutzuckerspiegel, indem es die Glucose-Aufnahme aus dem Blut in die Leber fördert. Unter dem Einfluss des Insulins wird dort der Speicherstoff Glycogen aus Glucose aufgebaut.

B6:
Durch Einatmen gelangt Sauerstoff in die Lunge. Der in den Lungenbläschen enthaltene Sauerstoff wird durch das Hämoglobin der roten Blutkörperchen im Blut unter Freisetzung von Protonen gebunden (siehe Gleichgewicht (1)). Die im Blut gelösten Hydrogencarbonat-Ionen (gelöstes Kohlenstoffdioxid) nehmen diese Protonen unter Freisetzung von gasförmigen Kohlenstoffdioxid auf (V4, Seite 100), das über die Lungenbläschen ausgeatmet wird. Das mit Sauerstoff beladene Hämoglobin gelangt durch die Arterien zum Körpergewebe. Im Körpergewebe wird durch Oxidation der Glucose Kohlenstoffdioxid erzeugt, das im Blut gelöst wird. Die so freigesetzten Protonen (siehe Gleichgewichte (2) und (3)) erhöhen die Protonenkonzentration im Bereich der Gewebe. Hämoglobin gibt den gebundenen Sauerstoff unter Aufnahme von Protonen an das Gewebe ab. Sauerstofffreies Hämoglobin wird zusammen mit den Hydrogencarbonat-Ionen durch die Venen über das Herz wieder zur Lunge befördert.

Ein starker Abfall des *p*H-Wertes könnte zur Folge haben, dass das als Hydrogencarbonat gelöste Kohlenstoffdioxid bereits in den Blutgefäßen gasförmig austritt (Embolie-Gefahr). Zudem ist durch eine erhöhte Protonenkonzentration die Sauerstoffbindung an das Hämoglobin erschwert (siehe Gleichgewicht (1)).

Zusatzinformationen:
1. Ein Hämoglobin-Molekül kann maximal 4 Sauerstoff-Moleküle jeweils unter Abgabe eines Protons binden.
2. Der physiologisch normale *p*H-Wert des Menschen liegt bei ca. 7,4. Pathologische *p*H-Wert-Änderungen können z.B. durch Lungenfunktionsstörungen oder Nierenerkrankungen entstehen. Bei *p*H-Werten unter 7,35 spricht man von sog. Acidosen, bei *p*H-Werten von über 7,45 von sog. Alkalosen.

A1 (Seite 101):
Bei niedrigen *p*H-Werten ist die Protonenkonzentration hoch. Dadurch verschiebt sich das Gleichgewicht (1) auf die linke Seite, sodass Sauerstoff vom Hämoglobin-Molekül verdrängt und durch Protonen ersetzt wird.

A2 (Seite 101):
Bei Erhöhung der Protonenkonzentration verschiebt sich das Gleichgewicht (3) und nachfolgend aufgrund der Erhöhung der Kohlensäure-Konzentration das Gleichgewicht (2) jeweils nach links. Eine Hydrogencarbonat-Lösung wird daher

beim Ansäuern CO_2-Gas freisetzen. Steigt der *p*H-Wert, so wird die Löslichkeit des CO_2 durch vermehrte Bildung von Hydrogencarbonat-Ionen erhöht.

Seite 102 und 103 (EVA)

B2:
Glucose wird durch Methylenblau zu Gluconsäure oxidiert. Dabei verschwindet die Blaufärbung des Methylenblaus, es entsteht die reduzierte, farblose Form von Methylenblau (Leucoform). Durch kräftiges Schütteln des Kolbens wird Sauerstoff in die Lösung eingebracht, der das Leucomethylenblau oxidert. Die Lösung wird wieder blau. Jetzt steht Methylenblau wieder als Oxidationsmittel für die Glucose zur Verfügung. Der Vorgang läuft solange ab, bis die Glucosekonzentration zu niedrig geworden ist.

B3:
Anhand der Oxidationszahlen von Glucose und Gluconsäure erkennt man, dass 2 Elektronen abgegeben werden. Um ein Sauerstoff-Molekül zu reduzieren, benötigt man demnach 2 Glucose-Moleküle.

Die von einem Glucose-Molekül abgegebenen zwei Elektronen werden nicht direkt auf ein Sauerstoff-Molekül (als Redoxpartner) übertragen, sondern zunächst auf ein Methylenblau-Molekül. Dieses wird zu Leucomethylenblau reduziert. Nach Einbringung von Sauerstoff gibt die reduzierte Form des Methylenblau 2 Elektronen an ein Sauerstoff-Atom eines Sauerstoff-Moleküls ab. Dadurch wird Methylenblau wieder oxidiert und steht erneut für eine Elektronenaufnahme von einem Glucose-Molekül zur Verfügung.

Bei der Verbrennung der Glucose wie in B1 wird Glucose vollständig zu Kohlenstoffdioxid und Wasser oxidiert. Die Elektronen des Glucose-Moleküls werden direkt auf je ein Sauerstoff-Atom eines Sauerstoff-Moleküls übertragen. Anders als beim Blue-Bottle-Versuch werden die Elektronen nicht über einen Elektronenvermittler vom Glucose-Molekül zum Sauerstoff-Atom übertragen.
Anmerkung: Man könnte darauf hinweisen, dass bei diesem Versuch das Glucose-Molekül durch das Erhitzen in kleinere Bruchstücke zerlegt wird, die dann mit Sauerstoff reagieren.

A1:
Beim mehrschrittigen Abbau von Glucose (B5) werden 24 Elektronen freigesetzt.
Hinweis: Man kann die Zahl von 24 Elektronen auch durch die Reaktionsgleichung der Verbrennung von Glucose und den angegebenen Oxidationszahlen bestätigen:

$$\overset{0}{C}_6\overset{I}{H}_{12}\overset{-II}{O}_6 + 6\ \overset{0}{O}_2 \longrightarrow 6\ \overset{IV}{C}\overset{-II}{O}_2 + 6\ \overset{I}{H}_2\overset{-II}{O}$$

Die insgesamt 12 Sauerstoff-Atome der 6 Sauerstoff-Moleküle (Oxidationszahl 0) nehmen jeweils 2 Elektronen auf (Oxidationszahl im CO_2 bzw. H_2O jeweils – II). Zum gleichen Ergebnis kommt man auch, wenn man die Oxidationszahlen des Kohlenstoffs in der Gleichung betrachtet: Die durchschnittliche Oxidationszahl der Kohlenstoff-Atome in der Glucose ist 0 (die Oxidationszahlen der einzelnen Kohlenstoff-Atome erkennt man in B3). Nach vollständiger Verbrennung der Glucose entstehen 6 CO_2-Moleküle mit einer Oxidationszahl von +IV im CO_2-Molekül.
Beim Blue-Bottle-Versuch wird Glucose zu Gluconsäure oxidiert. Bei dieser Oxidation werden nur 2 Elektronen abgegeben (vgl. die Oxidationszahlen des Glucose- bzw. Gluconsäure-Moleküls in B3).

A2:
Reihenfolge im Citronensäurezyclus:

C_6: Citronensäure

C_5: Ketoglutarsäure

1. C_4-Körper:
Bernsteinsäure

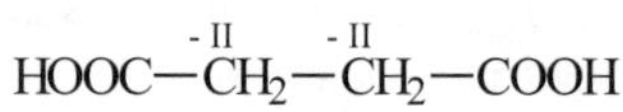

2. C_4-Körper:
Fumarsäure

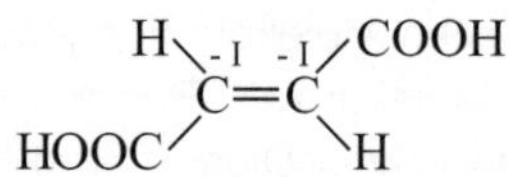

3. C_4-Körper:
Äpfelsäure

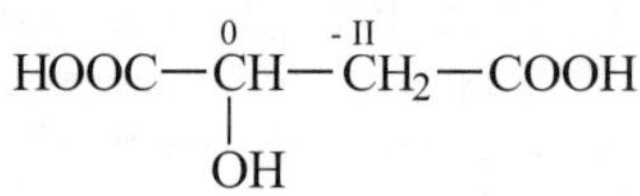

4. C_4-Körper:
Oxalessigsäure

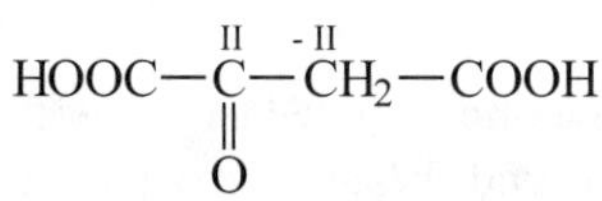

Seite 104 und 105

A1 (Seite 104):
Eine Stoffportion von 5,7 g Saccharose gelöst in 100 mL Wasser entspricht einer Stoffportion der Masse m = 57 g Saccharose in 1 kg Wasser.

$$M(Sacharose) = \frac{1{,}86\ °C \cdot mol^{-1} \cdot 57\ g}{0{,}31\ °C} = 342\ g \cdot mol^{-1}$$

Saccharose hat eine molare Masse von 342 g · mol^{-1}.

A2:
Eine Stoffportion von 45 g Glucose gelöst in 500 mL Wasser entspricht einer Masse von 90 g Glucose in 1 kg Wasser.

$$\Delta\vartheta = \frac{1{,}86\ °C \cdot mol^{-1} \cdot 90\ g}{180\ g \cdot mol^{-1}} = 0{,}93\ °C$$

Die Lösung besitzt eine Gefriertemperatur von – 0,93 °C.
Hier wird zugrunde gelegt, dass das reine Lösemittel Wasser einen Gefrierpunkt von 0 °C hat.

A3:
Bei V5 sollte man eine Erniedrigung der Gefriertemperatur von ca. 1,0 °C messen. Hier wäre es evtl. empfehlenswert, in einem analog durchgeführten Vorversuch zunächst die Gefriertemperatur des Lösemittels Wasser zu bestimmen.
Danach berechnet sich die molare Masse von Glucose:

$$M(C_6H_{12}O_6) = \frac{1{,}86\ °C \cdot mol^{-1} \cdot 100\ g}{1{,}0\ °C} = 186\ g \cdot mol^{-1}$$

Dies entspricht etwa dem theoretischen Wert von 180 g · mol^{-1}.

A4:
Bei V4 kann man eine Blaufärbung des Glucose-Teststreifens und eine Rotfärbung der Resorcin-Salzsäure-Lösung erkennen. Damit werden in der mit Säure erhitzten Lösung die Monosaccharide Glucose und Fructose nachgewiesen. Die Hydrolyse von Saccharose liefert Glucose und Fructose.
Die Berechnung von A1 ergibt für Saccharose eine molare Masse von 342 g·mol^{-1}. Dies entspricht der molaren Masse eines Disaccharids aus zwei Monosaccharid-Molekülen abzüglich der molaren Masse eines Wasser-Moleküls:

$$2 \cdot 180\ g \cdot mol^{-1} - 18\ g \cdot mol^{-1}.$$

Saccharose ist ein Disaccharid aus den beiden Monosacchariden Glucose und Fructose.

B6:
Man benötigt zur vollständigen Hydrolyse eines Stärke-Moleküls aus 1000 Glucose-Bausteinen insgesamt 999 Wasser-Moleküle.

B7:
Da die Bindungsstruktur am Kohlenstoff-Atom 1 planar ist (vgl. B4), kann der Ringschluss des Glucose-Moleküls von zwei Seiten erfolgen: von oben bzw. unten. Als Folge dieser beiden Möglichkeiten ergeben sich die beiden Ringstrukturformeln der α- bzw. β-Glucose, mit einer Stellung der Hydroxy-Gruppe unterhalb bzw. oberhalb der Ringebene.
Methodischer Hinweis: Wenn die Schüler gruppenteilig den Ringschluss nachvollziehen, dann werden vermutlich beide Anomere der Glucose gebastelt.

Man kann die Schüler dann das eigene Modell mit denen der Nachbargruppen vergleichen lassen.

A1 (Seite 105):

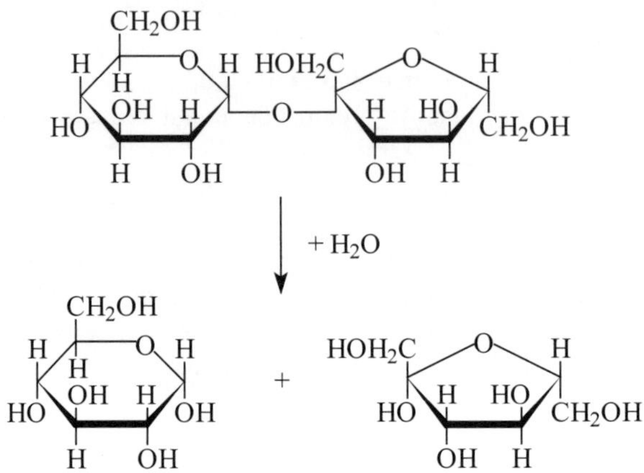

Seite 106 und 107

Auswertung a):
In Kartoffeln sind Enzyme, die für die Synthese von Stärke benötigt werden. Sie lassen sich aus Kartoffelknollen extrahieren.
Teilversuch 1 zeigt nach einigen Minuten eine Blaufärbung mit LUGOL'SCHER Lösung, die Teilversuche 2 und 3 nicht. Da mit LUGOL'SCHER Lösung Stärke nachgewiesen wird, zeigt die Färbung, dass das in der Kartoffelknolle enthaltene Enzym aus Glucose-1-Phosphat Stärke synthetisiert. Glucose-1-Phosphat und nicht Glucose ist das Substrat für die Stärkesynthese (Teilversuch 3). Durch Phosphorylierung ist das Glucose-Molekül für den Einbau in das Stärke-Molekül für das Enzym „kenntlich“ gemacht. Das Abkochen des Kartoffelextrakts führt zur Denaturierung und damit zur Unwirksamkeit des Enzyms (Teilversuch 2).

Auswertung b):
Man erkennt eine Blaufärbung auf der Agarplatte, nicht aber an den Stellen, auf die der Getreidebrei aufgetragen wurde. Die Blaufärbung resultiert durch die Reaktion des Iods der Lugol'schen Lösung mit der in dem Agar enthaltenen Stärke. An den Stellen, auf denen der Getreidebrei einwirken konnte, ist keine (oder zumindest weniger) Stärke mehr vorhanden als in dem übrigen Agar. Dies zeigt, dass in dem Extrakt der keimenden Getreidekörner ein Enzym (Amylase) vorhanden ist, das Stärke abbauen kann.
In B3 sieht man Stärkekörner in gekeimten Getreidekörnern. Man erkennt deutlich Löcher in den Stärkekörnern: Hier wurde die Stärke durch die Wirkung der

Amylase bereits abgebaut. Der Keimling baut Stärke ab, um die dadurch frei werdende Glucose als Nährstoff verwenden zu können.

B4:
Ein Enzym hat keinen Einfluss auf ΔG_R einer Reaktion. Ein Enzym wirkt als Biokatalysator: Die Aktivierungsenergie, die zum Ablauf der Reaktion aufgebracht werden muss, wird gesenkt und die Reaktionsgeschwindigkeit dadurch erhöht.

B5:
Ein Enzym-Molekül bindet an seinem aktiven Zentrum das dazu passende Substrat-Molekül („Schlüssel-Schloss-Prinzip"). Hier erfolgt die Bildung des Produkts, wobei die Struktur des aktiven Zentrums verändert wird. Nachdem das Produkt gebildet wurde, verlässt es das aktive Zentrum des Enzyms, es wird freigesetzt. Gleichzeitig nimmt die Struktur des aktiven Zentrums wieder seine ursprüngliche Form an und ist damit zur Aufnahme eines neuen Substrat-Moleküls bereit. Der Kreislauf kann erneut beginnen.

A1:
Biokatalysatoren sind i.d.R. Eiweiß-Moleküle, die nach genetischer Anleitung der Erbinformation aus Aminosäuren synthetisiert werden. Ihre Wirkungsweise wird durch ein aktives Zentrum bestimmt, das eine genau festgelegte, Substrat spezifische räumliche Struktur aufweisen muss. Während der Enzymreaktion ändert sich die Form des aktiven Zentrums vorübergehend.

A2:
Das Enzym besitzt in seinem aktiven Zentrum eine räumliche Struktur („Schloss"), in die das dazugehörige Substrat („Schlüssel") genau passt und gebunden werden kann. Auch dem Substrat ähnliche Strukturen können oft vom Enzym gebunden werden.

A3:
Der *p*H-Wert des Magens ist mit *p*H = 2 sehr sauer. Dieser *p*H-Wert ist für das Enzym Trypsin zu niedrig, er liegt weit unter dem *p*H-Optimum des Trypsins. Trypsin ist ein Eiweiß spaltendes Enzym, dessen optimale Reaktionsbedingungen einen *p*H-Wert von 8 erfordern. Es ist daher vor allem im Darm aktiv, der dieses Milieu bietet.

Seite 108 und 109

Auswertung a):
Im Strahlengang des Diaprojektors (oder bei starkem Sonnenlicht) färbt sich die Lösung im Rggl. blau und bleibt auch im Dunkeln blau. Beim kräftigen Schütteln

wird die Lösung wieder gelb. Diese Zyklen (Blaufärbung bei Licht, Gelbfärbung beim Schütteln) können mindestens fünfmal wiederholt werden.

B1:
An den oben beschriebenen wiederholbaren Farbzyklen (gelb – blau – gelb – blau usw.) kann man erkennen, dass mindestens ein Stoff aus der Mischung im Rggl. „im Kreis läuft".
Dieser Stoffkreislauf wird durch Licht angetrieben.

Auswertung b):
Wenn man farbige Glasscheiben als Lichtfilter in den Diaprojektor einbaut, kann man feststellen, dass Blaulicht wirksam ist, Rotlicht dagegen nicht.

Auswertung c):
Die Reaktion von Methylviologen aus der Form MV^{2+} in die Form $MV^{+\bullet}$ ist eine Reduktion (Elektronenaufnahme), die Rückreaktion ist eine Oxidation (Elektronenabgabe).
Wenn Proflavin aus der Form PF^{+*} (was elektronisch angeregtes PF^{+} bedeutet) zu PF^{++} reagiert, wird es oxidiert, wenn PF^{++} zu PF^{+} reagiert, wird es reduziert.
Bei der Reduktion von MV^{2+} ist PF^{+*} das Reduktionsmittel, bei der Oxidation von $MV^{+\bullet}$ ist Sauerstoff das Oxidationsmittel.
Bei der Oxidation von PF^{+*} ist MV^{2+} das Oxidationsmittel, bei der Reduktion von PF^{++} ist EDTA das Reduktionsmittel.

Auswertung d):
Bei V3 und V4 ist über der Lösung im Reaktionsgefäß noch relativ viel Luft. Beim Schütteln wird der Sauerstoff aus der Luft der Lösung zugeführt und kann als Oxidationsmittel für die blaue Form des Methylviologens $MV^{+\bullet}$ wirksam werden.
Bei V5 ist viel Lösung und nur ganz wenig Luft über der Lösung im bestrahlten Teil der Apparatur (im Erlenmeyerkolben). Der in diesem kleinen Luftvolumen enthaltene Sauerstoff reicht nicht mehr aus, um das beim Bestrahlen gebildete $MV^{+\bullet}$ zu reduzieren. Beim Einleiten von Luft durch die blaue Lösung wird diese jedoch wieder blau.

Auswertung e):
EDTA wird geopfert, um den Photokatalysator aus der oxidierten Form PF^{++} wieder in die ursprüngliche Form PF^{+} zurück zu reduzieren, der Licht absorbiert. Das ist notwendig, damit ein neuer elementarer Reaktionszyklus durch das Licht angetrieben werden kann.

Auswertung f):
In V5 steigt die Spannung U beim Bestrahlen und Blaufärben der Lösung von null auf ca. 300 mV an. Beim Belüften und Gelbfärben fällt sie wieder fast bis auf null zurück. Diese Zyklen können mehrfach wiederholt werden.

Insofern verhält sich das System aus V5 wie ein Akkumulator beim Laden und Entladen, nur mit dem Unterschied, dass hier nicht durch Zufuhr von elektrischer Energie geladen wird, sondern durch Bestrahlung mit Licht.
Ähnlich wie die Photosynthese treibende Pflanze wandelt das System aus V5 Licht in eine andere Energieform um und speichert sie für eine gewisse Zeit (die blaue Farbe und die aufgebaute Spannung bleiben zunächst erhalten). Ähnlich wie bei atmenden Tieren oder Menschen (oder auch Pflanzen) wird im System aus V5 die gespeicherte Energie wieder verfügbar, wenn dem System Sauerstoff zugeführt wird. Die an der Photosynthese und an der Atmung beteiligten Stoffe sind ganz andere als die aus dem PBB-Experiment (vgl. weitere Unterschiede bei der Lösung zu B5).

B4:
Das in B4 angegebene biochemische 1x1 ist die Grundlage allen Lebens auf der Erde, weil dies der einzige Weg ist, auf dem die Energie des Sonnenlichts, die das Leben auf der Erde antreibt, für die höheren Lebewesen (Tiere und Mensch) nutzbar gemacht wird.

A1:
Das Blue-Bottle Experiment (Seite 102 im Schülerband) und das Photo-Blue-Bottle Experiment (Seite 108 im Schülerband) haben folgenden Gemeinsamkeiten:

- In beiden Fällen laufen farbige Reaktionszyklen ab (und in beiden Fällen ist die Farbe Blau beteiligt).
- In beiden Fällen laufen Redoxreaktionen ab.
- Beides sind Modellexperimente für biochemische Vorgänge.

Das Blue-Bottle Experiment (Seite 102 im Schülerband) und das Photo-Blue-Bottle Experiment (Seite108 im Schülerband) haben folgenden Unterschiede:

- Beim BB-Experiment muss keine Energie zugeführt werden (das Schütteln dient nur der Durchmischung!) beim PBB-Experiment muss Energie in Form von Licht zugeführt werden.
- Beim BB-Experiment wird das Blau „herbeigeschüttelt", beim PBB-Experiment wird das Blau „weggeschüttelt".
- Beim BB-Experiment beschränken sich die Beobachtungen auf den Farbwechsel, beim PBB-Experiment können auch die energetischen Änderungen gemessen werden.

A2:
Erstes Beispiel: Die MTBE-Synthese von Seite 66 im Schülerband ist ein Modellexperiment für die technische Synthese von MTBE. In der Industrie wird wie in V1 von Seite 66 in einem Durchflussreaktor mit den gleichen Edukten, dem gleichen Katalysator und bei ähnlicher Temperatur, allerdings bei höherem Druck gearbeitet.
Zweites Beispiel: Die Ammoniak-Synthese von Seite 120 im Schülerband ist ebenfalls ein Modellexperiment für einen industriellen Prozess. In LV2 von Seite 120

sind die Edukte die gleichen wie in der Industrie, der Katalysator ist ähnlich. Die Temperatur und der Druck im Modellexperiment unterscheiden sich stark von den industriellen Reaktionsbedingungen.

A3:
Modellexperimente dienen der Veranschaulichung von Vorgängen aus der Natur oder aus der Technik; Atommodelle dienen der Veranschaulichung von Teilchenstrukturen.
(*Didaktische Anmerkungen:* Modellexperimente sind ebenso wie Atommodelle für die Lehre wertvoll, weil sie für die Lernenden Primärerfahrungen über Vorgänge und Strukturen ermöglichen, zu denen sie sonst keinen direkten Zugang haben. Am Modellexperiment und am Atommodell kann mit den Schülern sogar „geforscht" werden, die neuen Erkenntnisse können gegebenenfalls auf das Original übertragen werden. Dabei ist aber große Vorsicht geboten. Der Modellcharakter von Modellexperimenten und Atommodellen muss bei der Deutung unbedingt hervorgehoben und ausführlich erläutert werden. Wenn man zusammen mit den Schülern die Gemeinsamkeiten und Unterschiede zwischen Modell und Original formuliert und präzisiert, dann erhalten Modelle einen allgemeinen Bildungswert, weil sie die Kritikfähigkeit schärfen und Kompetenz in naturwissenschaftlichen Denk- und Arbeitsweisen steigern.)

B5:
(Vgl. auch Auswertung f) weiter oben.)
Unterschiede zwischen dem Modellexperiment Photo-Blue-Bottle und dem natürlichen Kreislauf Photosynthese-Atmung:

- Der Kohlenstoff-Kreislauf in der Natur ist an den Sauerstoff-Kreislauf gekoppelt (vgl. B4, Seite 109); beim PBB-Experiment gibt es für das Substrat Methylviologen eine solche Kopplung nicht.
- Für die Regeneration des Photokatalysators muss im PBB-Experiment ein EDTA-Molekül als Opfer-Donor verwendet werden; in der Natur ist der im Wasser gebundene Sauerstoff mit der Oxidationszahl – II der Donor (er wird dabei zu elementarem Sauerstoff mit der Oxidationszahl 0).
- Der Photosyntheseapparat in der Natur beinhaltet viele Stoffe (Chlorophylle, Carotinoide, Chinone u.a.); der Photokatalysator beim PBB-Experiment ist ein Stoff (Proflavin).
- Die energiereichen Produkte der Photosynthese (Kohlenhydrate u.a.) können auch bei Luft und über sehr lange Zeit gelagert werden; das energiereiche Produkt beim PBB-Experiment ($MV^{+\bullet}$) kann nur in Abwesenheit von Luft, in Lösung und kürzere Zeit gelagert werden.
- Beim PBB-Experiment findet die Modell-Photosynthese und die Modell-Atmung im gleichen Reaktionsgefäß statt, in der Natur laufen die Photosynthese und die Atmung an ganz verschiedenen Orten in ganz verschiedenen Organen ab (Photosynthese in der Thylakoid-Membran in grünen Pflanzenteilen; Atmung in den Mythochondrien tierischer Zellen).

- Beim PBB-Experiment erfolgt die Elektronenübertragung nach der Lichtabsorption unmittelbar auf das zu reduzierende Substrat; bei der Photosynthese sind viele andere Prozesse zwischengeschaltet.
- Die natürlichen Prozesse Photosynthese und Atmung laufen in offenen Systemen ab, die Vorgänge im PBB-Experiment laufen größtenteils in einem geschlossenen System ab.

(*Anmerkung:* Diese Unterschiede sind sicherlich nur teilweise von den Schülern zu erwarten. Auf einige kommen die Lernenden – je nach Zusammensetzung des Kurses – durch gezielte Fragen der Lehrperson.)

Seite 110 und 111 (EVA)

B3:
In der linken Spalte gibt die Hochzahl jeweils die Anzahl der Nukleonen (Protonen + Neutronen) an, der Index die Zahl der Protonen.

Isotope des Wasserstoffs:			
Symbol	Anzahl: p^+	n	abgekürzt
[$^{1}_{1}H$]	1	0	[^{1}H]
[$^{2}_{1}H$]	1	1	[^{2}H]
[$^{3}_{1}H$]	1	2	[^{3}H]

A1 (Seite 110):
Da die Anzahl der Protonen und der Neutronen in einem Atomkern nicht gleich sein muss, kann es ungerade Massenzahlen für die Elemente geben.
Anmerkung: Die Massenzahlen im Periodensystem sind aber nicht nur gerade oder ungerade Zahlen; in der Regel ist die im PSE angegebene Atommasse eine nicht ganze Zahl, also Dezimalzahl. Das ist durch die unterschiedlichen Häufigkeiten zu erklären, mit denen die Isotope eines Elements in der Natur vertreten sind.

A2 (Seite 110):
Um zu ermitteln, von welchem Isotop man nach vier α-Zerfällen und zwei β-Zerfällen zum Isotop Radon [$^{222}_{86}Rn$] gelangt, muss man bei der Massenzahl 4 x 4 = 16 Einheiten dazu zählen und bei der Ordnungszahl (Protonenzahl) 4 x 2 = 8 Einheiten dazu zählen und 2 x 1 = 2 Einheiten abziehen. Das gesuchte Isotop hat also die Massenzahl 222 + 16 = 238 und steht im PSE 6 Plätze hinter dem Edelgas Radon. Es handelt sich also um Uran [$^{238}_{92}U$].

B4:
Phänomenologische Deutung der Kurve:
Die Kurve zeigt die Zahl der Zerfälle pro Gramm Kohlenstoff und pro Minute an, gemessen von dem Zeitpunkt an, in dem der Organismus abgestorben ist, aus dem dieser Kohlenstoff stammt. Die Zahl dieser Zerfälle halbiert sich alle 5730 Jahre.
Mathematische Kurvenbeschreibung:
Die Kurve ist streng monoton fallend. Die „Geschwindigkeit" mit der sie fällt (mathematisch genauer: der Betrag der Tangentensteigung oder der Betrag des Werts der ersten Ableitung) nimmt stetig ab. Die Zeitachse ist eine horizontale Asymptote für die Kurve.

A1 (Seite 111):
In der Atmosphäre und in den Lebewesen besteht ein konstantes Verhältnis [^{12}C] : [^{14}C]. Seit mehr Kohlenstoff aus fossilem Material durch Verfeuerung in die Atmosphäre gelangt als umgekehrt, aus abgestorbenen Organismen in den Boden, nimmt der [^{14}C]-Kohlenstoff-Gehalt in der Atmosphäre leicht zu.

A2 (Seite 111):

$$^{14}_{7}N + ^{1}_{0}n \longrightarrow ^{14}_{6}C + ^{1}_{1}H$$

Bei [$^{1}_{1}$H] handelt es sich um ein Proton, d.h. einen Wasserstoff-Kern.

A3:
Die Umgebungsstrahlung besteht aus:
- kosmischer Strahlung, die (in sehr geringem Umfang) an die Erdoberfläche gelangt;
- Strahlung, die aus dem Inneren der Erde und aus natürlichem Gestein kommt (radioaktive Isotope);
- natürlich radioaktiven Isotopen, beispielsweise das am Knochenbau beteiligte Isotop Kalium [^{40}K];
- radioaktivem „Fallout" aus Atomwaffentests und Unfällen bei Kernreaktoren, Strahlung aus Röntgengeräten und anderen medizinischen Geräten.

Anmerkung: Die Anteile der Strahlenbelastung für die Bevölkerung Deutschlands verteilen sich in etwa folgendermaßen: medizinische (42%), Steine aus denen die Häuser gebaut sind (29%), körpereigene Strahlung + kosmische Strahlung + terrestrische Strahlung (29%).

A4:
Wenn die [^{14}C]-Kohlenstoff-Konzentration im Bärenknochen auf 6,25% abgesunken ist, dann hat sie sich seit dem Absterben des Bären 4-mal halbiert (100% → 50% → 25% → 12,5% → 6,25%). Dieser Fund ist also etwa 4 x 5730 = 22920 Jahre alt.

A5:

Wenn das Alter eines Fundes nicht einem genauen Vielfachen der Halbwertszeit entspricht, kann man das Alter entweder schätzen oder mit der Formel der entsprechenden Exponentialfunktion rechnen.

Die allgemeine Funktionsgleichung lautet:

$N(t) = N_0 \cdot e^{-\lambda \cdot t}$ mit $\lambda = \ln 2 / t_{1/2}$.

Hier ist: $N(t)$ die Anzahl der zum Zeitpunkt t noch nicht zerfallenen Kerne; N_0 die Anzahl der radioaktiven Kerne zu Beginn; e die Basis des natürlichen Logarithmus $e \cong 2{,}718..$; λ die Zerfallskonstante des gegebenen Radionuklids; $t_{1/2}$ die Halbwertszeit des Radionuklids.

A6:

Bei der Halbwertszeit von ca. 5730 Jahren für [^{14}C]-Kohlenstoff entspricht die Abweichung um 40 Jahre nach oben der nach unten einer Ungenauigkeit von etwa 0,7%. Da die Messung der schwachen Aktivität von [^{14}C]-Kohlenstoff mit nur 16 Zerfällen pro Minute äußerst schwierig ist (die Strahlung anderer radioaktiver Stoffe und die kosmische Strahlung müssen völlig ausgeschaltet werden), ist eine genauere Angabe nicht möglich und wäre auch nicht sinnvoll.

A7:

Dies ist eine offene Aufgabe.

Hier wird auf einige Möglichkeiten hingewiesen:

- Bei versteinerten Fossilien kann die Altersbestimmung über die Gesteinsschichten, in denen sie gefunden wurden, erfolgen. Dazu muss man die erdgeschichtliche Periode kennen, in der sich diese Schichten gebildet haben.
- Bei Objekten, die jünger als die Menschheitsgeschichte sind, können die Funde aufgrund ihrer Merkmale in der Regel der entsprechenden geschichtlichen Periode zugeordnet werden.
- Eine Methode, die der Radiocarbonmethode ähnlich ist, besteht in der stimulierten Lumineszenz von archäologischen Funden. Einige sehr alte Keramiken können durch Energiezufuhr zum Leuchten gebracht werden und aus der Intensität des Leuchtens lässt sich auf das Alter des Materials schließen.
- Nach der sogenannten Kalium-Argon Methode kann man sehr alte Proben anhand des Anteils an Argon, das durch β-Zerfall von [^{40}K] gebildet wird, datieren.

Seite 113 (EVA)

A1:

Der Anteil der nachwachsenden Rohstoffen am Rohstoff-Einsatz in der chemischen Industrie in Deutschland liegt bei etwa 8%. Unter den kohlenstoffhaltigen Rohstoffen ist Erdöl immer noch der wichtigste Rohstoff. Unter

den nachwachsenden Rohstoffen nimmt die Erzeugung und Verwendung von Fetten/Ölen mit 52% den bedeutensten Anteil vor Stärke ein. Dies liegt in erster Linie an der Anwendung der Fette und Öle als Ausgangsstoffe für Brenn- (Biodiesel) und Schmierstoffe und auch als Rohstoff für die Waschmittelindustrie.
B3 zeigt den Stoffkreislauf bei Verwendung nachwachsender Rohstoffe: Pflanzen binden Kohlenstoffdioxid und erzeugen pflanzentypische Reservestoffe wie z.B. Öl, Zucker oder Holz. Diese werden isoliert, gereinigt und im Fertigungsprozess zu entsprechenden Produkten verarbeitet. Hierdurch können fossile Rohstoffe – vor allem Erdöl – eingespart werden. Nach endgültigem Gebrauch der Produkte aus nachwachsenden Rohstoffen lassen sich diese entweder verbrennen oder ganz einfach kompostieren. In beiden Fällen wird genau diejenige Menge an Kohlenstoffdioxid freigesetzt, die zuvor von den Pflanzen fixiert wurde. Der Stoffkreislauf ist geschlossen. Aus ökologischer Sicht ist eine Steigerung des Einsatzes nachwachsender Rohstoffe nach diesem Kreislaufgedanken sicherlich wünschenswert. Eine deutliche Steigerung ist wegen der in Deutschland begrenzten Anbauflächen problematisch (siehe A3).

A2:

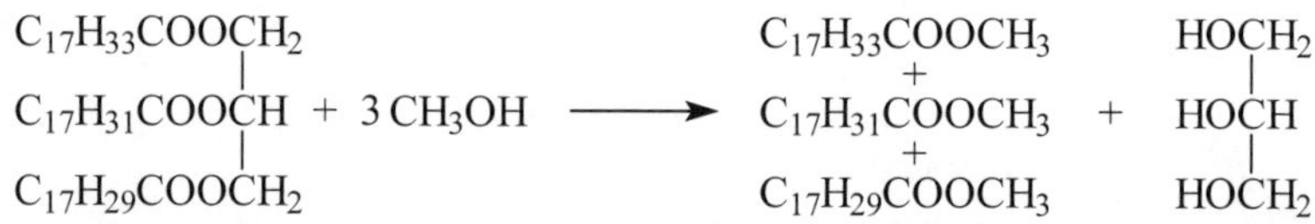

Fett-Molekül Methanol Fettsäuremethylester Glycerin

A3:
Um 23 Millionen Tonnen Dieselkraftstoff durch Rapsöl/Biodiesel zu ersetzen, müsste man

$$\frac{23.000.000\,t}{1{,}3\,t/\text{ha}} = 17.700.000\ \text{ha}$$

landwirtschaftlicher Nutzfläche zur Verfügung haben. Dies entspricht nahezu der gesamten Nutzfläche der BRD.
Die Nachteile sind deutlich: Es würde außer Raps nichts anderes in Deutschland angebaut werden können, alle anderen Agrarprodukte müssten importiert werden. Ausschließlicher Rapsanbau würde eine gewaltige Monokultur bedeuten, die Probleme mit Düngung und Pflanzenschutz mit sich brächte.

A4:
Ausschnitt aus dem PHB-Molekül:

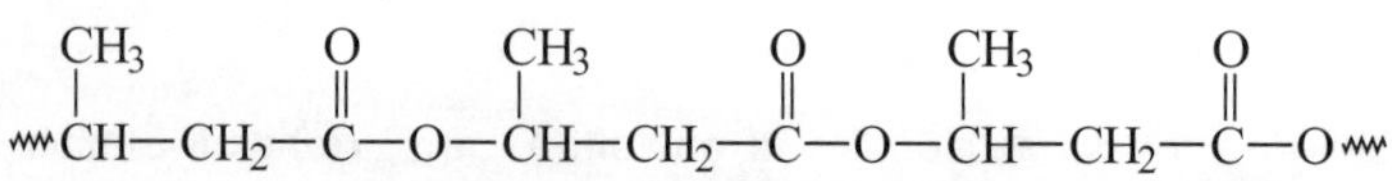

Vorteil: Schadstofffreie Kompostierbarkeit
Nachteil: Kurzlebigkeit

Seite 114 und 115

B1:
Zusammensetzung der Erdatmosphäre vgl. B3, Seite 72 im Schülerband.

B2:
Sowohl durch die hohen Temperaturen im Verbrennungsmotor als auch durch die Energie der Blitzentladung reagiert Luftstickstoff mit Sauerstoff zu Stickstoffmonooxid, welches (in Gegenwart von Sauerstoff) sofort zu Stickstoffdioxid weiterreagiert.

Reaktionsgleichungen:

$$N_2 + O_2 \longrightarrow 2\,NO$$

$$2\,NO + O_2 \longrightarrow 2\,NO_2$$

Anmerkung zu den Versuchen:
In diesem Buch Chemie 2000+ konnten nur einige wenige ausgewählte Experimente zu Stickstoff-Verbindungen exemplarisch aufgeführt werden. An dieser Stelle bietet sich ein kleines Praktikum zum Reaktionsverhalten von Stickstoff und Stickstoff-Verbindungen an.

Auswertung a):
Oxidationszahlen des Stickstoff-Atoms in den ausgewählten Molekülen und Ionen:

– III	**– II**	**– I**	**0**	**+ I**	**+ II**	**+ III**	**+ IV**	**+ V**
NH_3 NH_4^+ $CO(NH_2)_2$			N_2		NO	NO_2^-	NO_2 N_2O_4	NO_3^-

N_2O: 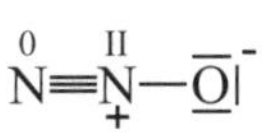

N_2O_3: 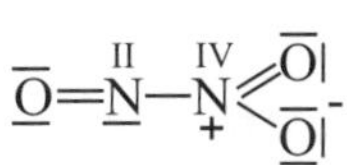

Die formalen Oxidationsstufen der Stickstoff-Verbindungen werden analog den Regeln zur Ermittlung der Oxidationszahlen bei organischen Verbindungen ermittelt.

Auswertung b):
Reaktionsgleichungen zu LV1:

$$\overset{0}{N}_2 + O_2 \longrightarrow 2\,\overset{II}{N}O$$

$$2\,\overset{II}{N}O + O_2 \longrightarrow 2\,\overset{IV}{N}O_2$$

$$2\,\overset{IV}{N}O_2 + H_2O \longrightarrow H\overset{III}{N}O_2 + H\overset{V}{N}O_3$$

Reaktionstyp: Disproportionierung von NO_2 zu HNO_2 und HNO_3.

Auswertung c):

Reaktionsgleichung zu V2:

$NH_4^+ + OH^- \longrightarrow NH_3\uparrow + H_2O$

(Nachweis mit Universalindikatorpapier: $NH_3 + H_2O \longrightarrow NH_4^+ + OH^-$)

Reaktionsgleichungen zu V3:

$NH_4^+ + NO_2^- \longrightarrow N_2 + 2\,H_2O$

Analog: $NH_4^+ + NO_3^- \longrightarrow N_2O + 2\,H_2O$

Reaktionsgleichungen zu V4:

$NO_2^- + H^+ \longrightarrow HNO_2$

$3\,HNO_2 \longrightarrow NO_2 + HNO_3 + H_2O$

$2\,NO_2 \rightleftharpoons N_2O_4$ (Nebenprodukt N_2O_3 aus NO und NO_2)

NO_2: 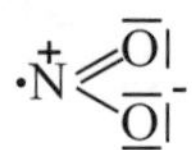

N_2O_4: 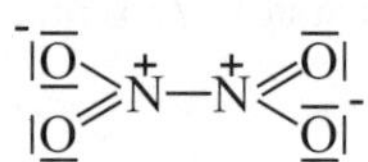

Auswertung d):

Redoxgleichung zu V5:

Reduktion: $\overset{VII}{Mn}O_4^- + 8\,H^+ + 5\,e^- \longrightarrow 2\,\overset{II}{Mn}^{2+} + 4\,H_2O$ / · 2

Oxidation: $\overset{III}{N}O_2^- + H_2O \longrightarrow \overset{V}{N}O_3^- + 2\,H^+ + 2\,e^-$ / · 5

$$MnO_4^- + 6\,H^+ + 5\,NO_2^- \longrightarrow 2\,Mn^{2+} + 5\,NO_3^- + 3\,H_2O$$

Auswertung e):

V6 veranschaulicht in einfacher Weise die „Mineralisation“ von organischen Substanzen oder eines Harnstoff-Düngers (vgl. Seite 116) im Boden. In der Bodenlösung wird Harnstoff mikrobiell gemäß der folgenden Reaktionsgleichung abgebaut. Dabei entstehen Ammonium-Ionen und Ammoniak (*p*H-Abhängigkeit der Bodenlösung!).

$$CO(NH_2)_2 + 2\,H_2O \longrightarrow HCO_3^- + NH_3 + NH_4^+$$

Anmerkung zu B4 und B5:
Der Stickstoff-Kreislauf spielt unter den Stoff-Kreisläufen eine bedeutende Rolle. Für ein grundlegendes Verständnis von Chemie in diversen Disziplinen (z.B. Bodenkunde, Agrarchemie, Limnologie, Geochemie, Ökologie, Umweltchemie) sind an dieser Stelle weitere Darstellungen des Stickstoff-Kreislaufs aufgeführt. Anhand dieser Darstellungen können Schüler an komplexe Systeme in der Natur herangeführt werden, Zusammenhänge und Gemeinsamkeiten erkennen und in ihrer Fähigkeit gefördert werden, vernetzt zu denken.

Literaturhinweise zu den folgenden Abbildungen zum Stickstoff-Kreislauf:
Abb. 1:
Behörde für Schule, Jugend und Berufsbildung: Netzwerke und Kreisprozesse. Handreichung für den Chemieunterricht, Hamburg 1996.

Abb. 2:
CAPREZ, Walter (Hrsg.): Stickstoffkreislauf; ein Leitprogramm in Chemie.
ETH Zürich, Institut für Verhaltenswissenschaft, Polyskript.

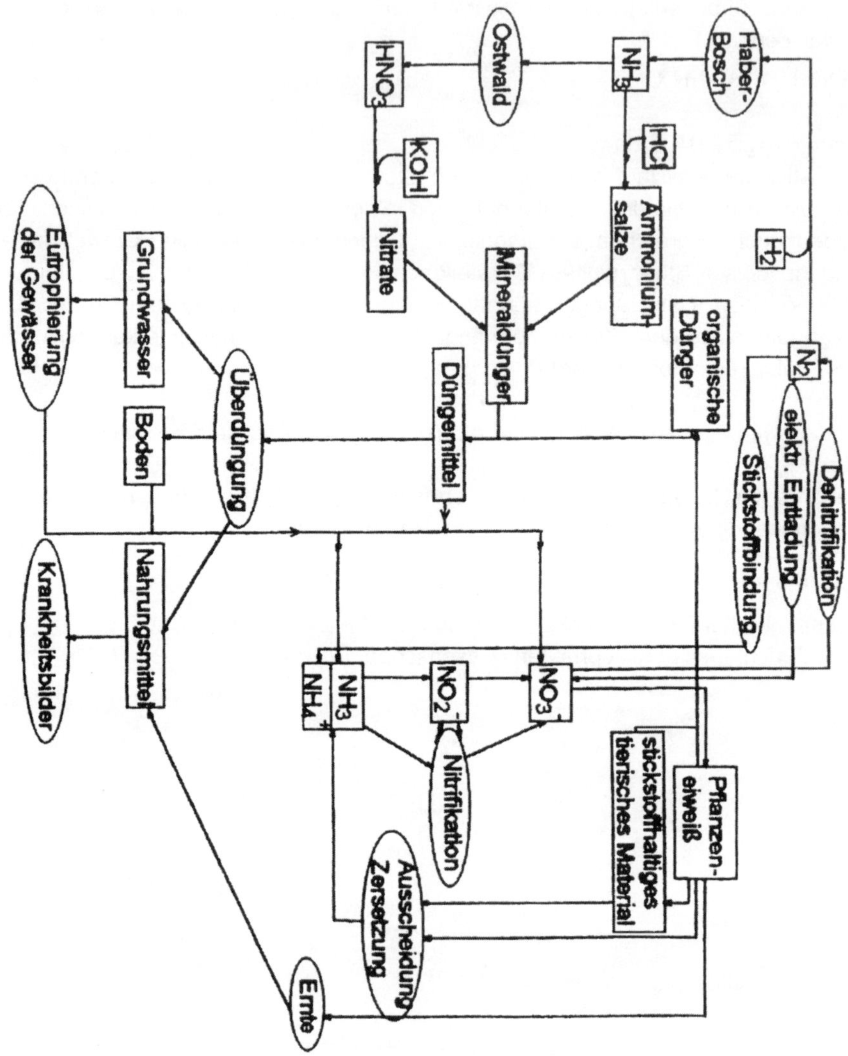

Haber-Bosch
NH_3
Ostwald
HNO_3
HCl
KOH
Ammoniumsalze
Nitrate
H_2
N_2
organische Dünger
Mineraldünger
Düngemittel
Denitrifikation
elektr. Entladung
Stickstoffbindung
Überdüngung
Grundwasser
Boden
Eutrophierung der Gewässer
Nahrungsmittel
Krankheitsbilder
NH_3
NH_4^+
NO_2^-
NO_3^-
Nitrifikation
Pflanzeneiweiß
stickstoffhaltiges tierisches Material
Ausscheidung Zersetzung
Ernte

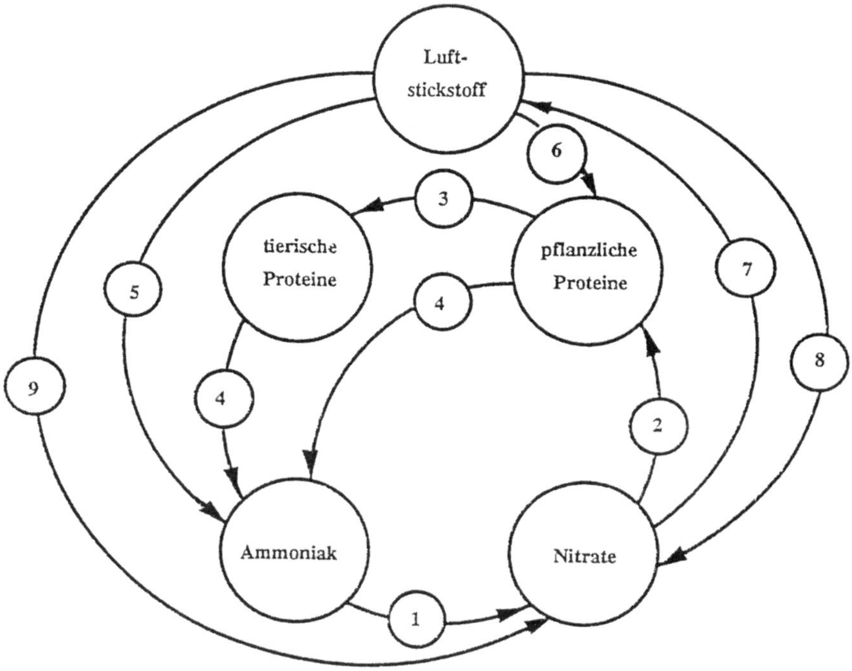

Erläuterungen zu Abb.2:

Prozess-Nummer	Prozess
1	Nitrifikation (durch Bakterien)
2	Aufbau (Pflanzenstoffwechsel)
3	Umwandlung (tierischer Stoffwechsel)
4	Abbau/Mineralisation (durch Bakterien)
5	Stickstoff-Fixierung (freilebende Bodenbakterien)
6	Stickstoff-Fixierung (Knöllchenbakterien)
7	Denitrifikation (durch Bakterien)
8	Elektrische Entladungen in der Atmosphäre (Gewitter-Blitze)
9	Ammoniak-Synthese (Haber-Bosch-Verfahren)

Seite 116 und 117

Auswertung a) bis d):

Die folgenden Experimente sollen wichtige Prozesse des Stickstoff-Kreislaufs simulieren.

- LV1:
  Zunächst werden die Nitrat-Ionen mit dest. Wasser aus der Erde ausgewaschen. Dies ist relativ einfach, da die Nitrat-Ionen nicht wie die

Ammonium-Ionen an die elektrisch negativ aufgeladenen Bodenkolloide gebunden werden. Ammonium-Ionen lassen sich also schwieriger auswaschen. Ist die Bodenprobe nitratfrei, werden Ammonium-Ionen zugesetzt. Nach drei Tagen ist wieder Nitrat nachweisbar, da die Ammonium-Ionen in der Bodenprobe der bakteriellen Nitrifikation unterliegen und zu Nitrat-Ionen oxidiert werden.

- V2:
  Dieser Versuch soll den Prozess der Denitrifikation veranschaulichen. Nitrat-Ionen unterliegen in der Bodenprobe der bakteriellen Denitrifikation und werden zu elementarem Stickstoff oder zu N_2O reduziert. Diese Gase entweichen aus dem Reaktionssystem. Dieses Experiment simuliert somit die Stickstoff-Verluste des Bodens an die Atmosphäre, die mitunter beträchtlich sein können . Die Schüler sollen sich anhand dieses Experiments intensiv mit der Problematik der sachgerechten Düngung in der Agrarwirtschaft auseinandersetzen.
- V3:
  Anhand dieses Experiments wird das „LIEBIG'SCHE Minimumfass" simuliert. Das Wuchsverhalten der Kresse wird durch die unterschiedlichen Stickstoff-Konzentrationen beeinflusst. (Nitratgehalt des Leitungswassers beachten!)

B3:
Die Pflanzen brauchen Stickstoff (N) in verhältnismäßig großen Mengen zum Aufbau einer Reihe von wichtigen Verbindungen, die direkt oder indirekt das Wachstum und den Ertrag beeinflussen. Hierzu gehören z.B. Aminosäuren, Proteine, Enzyme, Nucleinsäuren, Chlorophyll und Phytohormone. Eine fehlerhafte Stickstoff-Düngung, die zu Mangel oder Überschuss führt, vermindert, wie die Grafik schematisch zeigt, auf Kulturböden die Erträge stärker als dies bei anderen Nährstoffen der Fall ist. Da der Optimalbereich der Stickstoff-Versorgung besonders eng ist, führen schon geringe Fehler bei der Stickstoff-Düngung zu Ertragseinbußen.

B4:
Die „anspruchsvollste" Pflanze ist die Zuckerrübe, weil sie pro Hektar bei durchschnittlicher Ernte die größte Nährstoffaufnahme hat (besonders K_2O und N). Raps benötigt besonders viel CaO. Die „bescheidensten" Pflanzen sind Getreide, weil sie im Vergleich mit anderen Pflanzen mit wenig Nährstoffen auskommen.

B5:
Ammonsalpeter bezeichnet man als Einzeldünger, weil er der Pflanze nur einen benötigten Nährstoff liefert (N). Nitrophoska ist ein Volldünger, weil er die für Pflanzen wichtigsten Nährstoffe enthält.

Wichtige Stickstoff-Dünger:

Art	Name	Form	*w*(N) in %	Wichtige Neben-bestandteile	Bemerkungen
Ammonium-dünger (enthalten N in Form von NH_4^+)	**Ammoniak**	NH_3 (gasförmig)	82	---	Wird als verflüssigtes Gas gelagert und ausgebracht, wird etwa 15 bis 20 cm tief in den Boden eingebracht; hoher technischer Aufwand; in Deutschland ohne Bedeutung
	Schwefelsaures Ammoniak	$(NH_4)_2SO_4$ Ammonium-sulfat	21	Schwefel	Weißes, nadelförmiges Salz; gut wasserlöslich; mäßig schnelle Wirkung, da Anlagerung an Bodenteilchen; physiologisch sauer (Kalkverlust 3,0 kg CaO/kg N)
Nitratdünger Salpeter-dünger (enthalten N in Form von NO_3^-)	**Kalksalpeter**	$Ca(NO_3)_2$ Calcium-nitrat	16	Calcium	Weißes, gekörntes Salz; gut wasserlöslich; schnelle Wirkung; stark wasseranziehend; physiologisch alkalisch (Kalkgewinn 0,8 kg CaO/kg N)
Ammonium-nitratdünger	**Kalkammon-salpeter**	NH_4NO_3 Ammonium-nitrat und $CaCO_3$ Calcium-carbonat	27,5	Calcium	Häufig gefärbte Körner; gut wasserlöslich; schnelle (NO_3^-) und nachhaltige (NH_4^+) Wirkung; keine nennenswerte *p*H-Veränderung

Art	Name	Form	*w*(N) in %	Wichtige Nebenbestandteile	Bemerkungen
Ammoniumnitratdünger (Fortsetzung)	**Ammonsulfatsalpeter**	NH_4NO_3 und $(NH_4)_2SO_4$	26	Schwefel	Gefärbte Körner; gut wasserlöslich; schnelle (NO_3^-) und nachhaltige (NH_4^+) Wirkung; physiologisch sauer (Kalkverlust 2,0 kg CaO /kg N)
Amiddünger (enthalten oder ergeben nach Umsetzung N in Amidform)	**Harnstoff**	$CO(NH_2)_2$	46	---	Weiße organische Verbindung; mikrobielle Umsetzung im Boden; langsame Wirkung, als Blattdünger schnelle Wirkung (!); physiologisch sauer (Kalkverlust 1,0 kg CaO /kg N)
	Kalkstickstoff	CaNCN und CaO	22	Kalkwirkung entspricht 60% CaO	Schwarzes Pulver oder gekörnt (z.B. Korn- und Perlkalkstickstoff); mikrobielle Umsetzung; langsame Wirkung; ätzend; physiologisch alkalisch (Kalkgewinn 1,7 kg CaO /kg N); herbizide und fungizide Wirkung
N-Depotdünger	**Crotodur**	CD-Harnstoff	28	---	Depotdünger sind besonders langsame und langzeitig wirkende Dünger (organische N-Bindung oder Kunststoffumhüllung)
	Isodur	ID-Harnstoff	28		
	Floranid	90% CD-Harnstoff + 10% Nitrat	32		

Art	Name	Form	w(N) in %	Wichtige Neben-bestandteile	Bemerkungen
Organische N-Dünger	**Hornmehl, Horngrieß, Hornspäne, Blutmehl**	Organische Substanz	5 bis 14		Aus anfallenden Abfällen auf Schlachthöfen; mikrobielle Umsetzung im Boden; langsame und nachhaltige Wirkung

A1:

$$M[(NH_4)_2SO_4] = 132\ g \cdot mol^{-1}$$

$$w(N_{Ammoniumsulfat}) = \frac{2 \cdot 14\ g \cdot mol^{-1}}{132\ g \cdot mol^{-1}} \cdot 100\% = 21{,}2\%$$

Ammoniumsulfatdünger wird bezeichnet: **21 – 0 – 0**.

A2:

w(N) in Ammoniumsulfat = 21,2% (vgl. A1)

M(Calciumdihydrogenphosphat) = 234 g · mol^{-1}

Darin enthalten sind 2 mol Phosphor. Da dieser aber als P_4O_{10} berechnet wird, entspricht dies 0,5 mol P_4O_{10} mit $M(P_4O_{10})$ = 284 g · mol^{-1}, d.h.

$$0{,}5\ \text{mol} \cdot 284\ \text{g} \cdot \text{mol}^{-1} = 142\ \text{g}\ P_4O_{10}.$$

Theoretisch ergibt dies einen Massenanteil bezogen auf Calciumdihydrogenphosphat von:

$$w(P_4O_{10}) = \frac{142\ g}{234\ g} \cdot 100\% = 60{,}68\%$$

M(Kaliumchlorid) = 74,6 g · mol^{-1}

Darin enthalten sind 1 mol Kalium. Da dieses aber als K_2O berechnet wird, entspricht dies 0,5 mol K_2O mit $M(K_2O)$ = 94,2 g · mol^{-1}, d.h.

$$0{,}5\ \text{mol} \cdot 94{,}2\ \text{g} \cdot \text{mol}^{-1} = 47{,}1\ \text{g}\ K_2O.$$

Theoretisch ergibt dies einen Massenanteil bezogen auf Kaliumchlorid von:

$$w(K_2O) = \frac{47{,}1\ g}{74{,}6\ g} \cdot 100\% = 63{,}1\%$$

Berücksichtigt man nun die Zusammensetzung des Düngemittels mit den Füllstoffen (20 g Ammoniumsulfat + 10 g Calciumdihydrogenphosphat + 10 g Kaliumchlorid + 100 g Füllstoffe, ergibt zusammen 140 g) so folgt:

$$\frac{20\,g}{140\,g} \cdot 21{,}2\% = 3{,}03\%\ (N)$$

$$\frac{10\,g}{140\,g} \cdot 60{,}68\% = 4{,}33\%\ (P_4O_{10})$$

$$\frac{10\,g}{140\,g} \cdot 63{,}1\% = 4{,}51\%\ (K_2O)$$

Eine solche Düngemischung würde also die Aufschrift **3 – 4 – 5** erhalten.

A3:

Kalkdünger enthalten Calciumcarbonat (z.B. Kalkammonsalpeter) bzw. Calciumoxid (z.B. Kalkstickstoff). Ammonium-Ionen reagieren in Gegenwart von Calciumcarbonat und insbesondere von Calciumoxid in einer Säure-Base-Reaktion zu gasförmigem Ammoniak. Das Auftreten des reizenden Ammoniaks würde noch in der Handelskette zu einer unnötigen Belastung durch Ammoniak führen (neben Stickstoffverlust). Im Boden käme es zu Stickstoffverlusten durch die Ammoniak-Entwicklung.

A4:

Die positiv geladenen Ammonium-Ionen können im Boden an die elektrisch negativ aufgeladenen Bodenkolloide angelagert werden. Dadurch unterliegen sie nicht in dem Maße der Chemodynamik im Boden (Lösung, Mobilisation) wie die Nitrat-Ionen, die zwar über die Bodenlösung leicht ausgewaschen werden können, aber der Pflanze sofort zur Verfügung stehen. Die Ammonium-Ionen unterliegen im Boden der Nitrifikation: Sie müssen erst mikrobiell innerhalb einiger Tage zu direkt pflanzenverfügbaren Nitrat-Ionen oxidiert werden. Daher wirken Nitrat-Dünger schnell und Ammonium-Dünger langsam.

Anmerkung: Kalkstickstoff (Calciumcyanamid) wird im Boden (Bodenlösung) über die Stufen Cyanamid (H_2NCN), Harnstoff, Ammonium-Ionen (mikrobiell) und anschließender mikrobieller Nitrifikation zu Nitrat-Ionen abgebaut. Diese Dünger sind langsam wirkend. Es lässt sich eine Wirkungsverzögerung von 15 bis 30 Tagen erzielen.

A5:

Siehe Tabelle „Stickstoff-Dünger“ zu B5 weiter vorne.

Seite 118 und 119 (EVA)

Hinweise zur Auswertung von V1:
Die Messergebnisse können tabellarisch erfasst werden.

	Bodenprobe 1				Bodenprobe 2			
Bodentiefe	c_{Nitrat}	c_{Nitrit}	c_{Ammo}	$c_{N\text{-}ges.}$	c_{Nitrat}	c_{Nitrit}	c_{Ammo}	$c_{N\text{-}ges.}$
20 cm								
60 cm								
100 cm								

Bei der Probennahme (ggf. mithilfe eines Bohrstocks) ist die Bodenart (Sand-, Schluff-, Lehm-, Tonboden) zu bestimmen. Daneben ist die Probennahmestelle z.B. gemäß der auf Seite 118 genannten „Entscheidungshilfen für eine Düngung" zu charakterisieren. Die Bestimmung der diversen Parameter erfolgt nach den Anleitungen der entsprechenden Testsatz-Hersteller.

Die ermittelten Werte werden diskutiert. Eine Zunahme der Nitrat-Ionenkonzentration mit der Bodentiefe weist auf Nitrat-Verlagerungen hin (Einflussfaktoren z.B.: Niederschläge, Bodenart, Bewässerung). Die Reaktionen des N-Kreislaufs im Boden (B5, Seite 115 im Schülerbuch) können ggf. anhand der anderen Messparameter in Abhängigkeit der verschiedenen Geofaktoren diskutiert werden.

A1:
Organische Düngemittel gelangen über Mineralisation als Ammonium-Ionen bzw. nach Nitrifikation als Nitrat-Ionen in den Boden. In den Anbauphasen ist die Vegetationsdecke noch gering, die Pflanzen können dann nur einen Bruchteil der verfügbaren Ammonium- bzw. Nitrat-Ionen aufnehmen. Daher führen Niederschläge oder Bewässerung zu Auswaschung und somit auch zu Nitratsickerungen in das Grundwasser.

A2:
Die organischen Substanzen der Gülle werden im Winter über die Reaktionen der Mineralisation bzw. der Nitrifikation mikrobiell letztendlich zu Nitrat-Ionen oxidiert. Dieser Prozess ist temperaturabhängig und läuft umso schneller, je milder der Winter ist. Bei geringer Vegetationsdecke und damit geringem Pflanzenwuchs, verbunden mit einem geringen Nährstoffbedarf, nimmt folglich die Nitrat-Ionenkonzentration im Boden zu. In milden regenreichen Wintern (oder auch nach der Schneeschmelze) besteht ebenfalls die Gefahr, dass durch Auswaschung Nitrat ins Grundwasser gelangt.

A3:
Die Schüler sollen bei der Lösung dieser Aufgabe zeigen, dass sie in der Lage sind, vernetzt zu denken. Dabei sollen die Interdependenzen der Geofaktoren Klima (Temperatur, Niederschlag, Sonneneinstrahlung), Boden (Bodenart, Bodentyp), chemischer Stoffhaushalt des Bodens, Relief, Höhenlage, anthropogene Faktoren (Düngung, Bewässerung, intensive/extensive Landwirtschaft), Vegetation (Nährstoffbedarf) aufgezeigt und durchdacht werden. Hilfreich ist hier auch B5, Seite 115 im Schülerband.
Zur Erläuterung sind zu berücksichtigen:
1. der temperaturabhängige Prozess der Mineralisation,
2. der vom Niederschlag bzw. von der künstlichen Bewässerung abhängige Vorgang der Nitratauswaschung (auch von Bodenart und Bodentyp abhängig),
3. pflanzlicher Entzug von Nährstoffen (Nitrat) in Abhängigkeit von Humidität, Temperatur und Sonneneinstrahlung.

Anmerkung zu B1:
CARIX-Verfahren: **Car**bonate – **I**on – **Ex**change

Seite 120 und 121

Hinweis:
Zur Ammoniaksynthese existiert ein Videofilm des FWU:
FWU Inst. Für Film und Bild in Wissenschaft und Unterricht gem.GmbH
Best.-Nr.: VHS 42 02140 – Chemische Schulversuche Anorganische Chemie, darin Nr. 5 „Synthese von Ammoniak“.

Auswertung a):
LV2:
Die Indikator-Lösung (Phenolphthalein) färbt sich rot. Als Reaktionsprodukt wird Ammoniak nachgewiesen.
Hinweis: Die Stellung des Dreiwegehahns ist zu beachten! Das Reaktionsrohr darf erst nach vollständigem Erkalten belüftet werden.

LV3:
Das Reaktionsgemisch reagiert mit heller Flamme. Der Außenkegel des Reaktionsproduktes besteht aus einem farblosen Feststoff. Nach dem Aufbrechen ist ein gelb-grünlicher Feststoff zu beobachten. Zugabe von Wasser führt zu einer Gasentwicklung (farblos, stechend riechend). Die wässrige Lösung des Gases färbt Phenolphthalein rot.

Auswertung b):
LV2:

$$N_2 + 3\,H_2 \longrightarrow 2\,NH_3$$

LV3:

$N_2 + 3\,Mg \longrightarrow Mg_3N_2$ (salzartiges Nitrid aus Mg^{2+} und N^{3-}-Ionen)

$N^{3-} + 3\,H_2O \longrightarrow NH_3 + 3\,OH^-$

(An der Oberfläche reagiert Magnesium mit dem Luftsauerstoff zu Magnesiumoxid, unter Sauerstoffabschluss im Innenkegel reagiert Magnesium mit Luftstickstoff zu Magnesiumnitrid; die Reaktionsenergie der Magnesiumoxid-Bildung liefert die nötige Aktivierungsenergie.)

Auswertung c):
Der Katalysator setzt die Aktivierungsenergie der Reaktion (im Vergleich zur nicht katalysierten Reaktion) herab (vgl. B5, Seite 123 im Schülerbuch).

Auswertung d):

$3\,Mg + N_2 \longrightarrow Mg_3N_2$

$6\,Li + N_2 \longrightarrow 2\,Li_3N$

A1:
Wegen steigender Bevölkerungszahl im 19. Jahrhundert wurde zunehmend mehr Nahrung und Kleidung benötigt. Diese Herausforderungen konnte die Landwirtschaft nicht durch Vergrößerung der Anbaufläche, sondern nur durch Ertragssteigerung pro Flächeneinheit lösen. Dazu benötigt man Düngemittel, wozu u.a. Stickstoff-Verbindungen wie Ammonium-Salze und Nitrate gehören. Gerade Stickstoff ist ein Nährstoff, der oft limitierend für das Pflanzenwachstum ist. Grundstoffe für Stickstoff-Dünger waren im 19. Jahrhundert Jauche oder Chilesalpeter $NaNO_3$, der importiert werden musste. Zur Nutzbarmachung des Luftstickstoffs hatte man keinen nennenswerten Reaktionspartner für die reaktionsträgen Stickstoff-Moleküle zur Verfügung.

1909 fand CARL BOSCH einen Osmium-Katalysator, mit dem man Ammoniak aus Stickstoff und Wasserstoff herstellen konnte. 1913 vollendete FRITZ HABER eine Anlage, um die Synthese großtechnisch durchzuführen.

Im 1. Weltkrieg benötigte man große Mengen an synthetischem Ammoniak zur Herstellung von Schießpulver und Sprengstoffen, z.B. TNT (Trinitrotoluol), und auch für Reiz- und Kampfstoffe. Es gibt kritische Stimmen, die das HABER-BOSCH-Verfahren für die Verlängerung des 1. Weltkrieges verantwortlich machen. Ohne synthetisches Ammoniak und den daraus gewonnenen Stoffen hätte der Krieg wahrscheinlich nur ein Jahr gedauert und Deutschland wäre schon 1915 zur Kapitulation gezwungen gewesen.

Betrachtet man die Entwicklung in der Landwirtschaft seit 100 Jahren, dann erkennt man einerseits Fortschritte in der Nahrungsmittelerzeugung, die auch Düngemitteln zu verdanken sind: Hatte 1 Landwirt 1900 nur 4 Menschen ernähren können, so waren es 1970 schon 33 und 1996 bereits 91 Menschen. Andererseits argumentiert dagegen ein „Bio-Bauer“ für seine Landwirtschaft: Gründüngung ist wirtschaftlicher, weil er sie praktisch umsonst bekommt. Düngung als Recyclen von Mist, Kompost und Jauche ist natürliche Abfallbeseitigung. Wird dagegen Dünger ausgestreut, dann können die Pflanzen ihn meist nicht vollständig aufnehmen. Mikroorganismen reduzieren ihn. Diese Stoffe werden beim nächsten Regen weggespült und gelangen ins Grundwasser. Unter Umständen tauchen sie als Nitrate und giftige Nitrite im Trinkwasser auf. Schließlich ist das HABER-BOSCH-Verfahren sehr energieaufwendig. Durch Rhizobiosynthese hingegen fixieren Mikroorganismen den Stickstoff gratis mithilfe von Sonnenenergie.

Ein weiteres Beispiel für den Zwiespalt im Fortschritt sind auch die Sprengstoffe: Sie dienen einerseits unterstützend im Straßenbau, Steinbruch, Erz- und Kohleabbau, werden aber auch in Schusswaffen, Bomben und Mienen zum Töten von Menschen eingesetzt.

Seiten 122 und 123

B2:

$2\,NH_3 + H_2SO_4 \longrightarrow (NH_4)_2SO_4$

$NH_3 + HNO_3 \longrightarrow NH_4NO_3$

$2\,NH_3 + H_3PO_4 \longrightarrow (NH_4)_2HPO_4$

B3:
Ammoniak wird Grundchemikalie genannt, weil er zur Synthese lebenswichtiger Stoffklassen erforderlich ist: z.B. Düngemittel, Farbstoffe, Kunststoffe. Mit der Synthese des Ammoniaks ist es gelungen, das große Stickstoff-Reservoir der Luft verfügbar zu machen.

A1 (Seite 122):
Der feste Katalysator hat wegen des hohen Zerteilungsgrads eine sehr große Oberfläche. Darauf trennen sich die Wasserstoff-Moleküle an den katalytisch wirksamen Stellen durch Reaktion mit dem Eisenoxid. Bei den Stickstoff-Molekülen sind solche Reaktionen aufgrund ihrer sehr viel höheren Dissoziationsenergie nicht sofort möglich. Die Moleküle werden zuerst adsorbiert, wobei die Dreifachbindung im Molekül geschwächt wird. Aus diesem Zustand heraus werden die weiteren Reaktionen möglich.

A2:
In der grafischen Darstellung wird der Ammoniak-Anteil im Gasgemisch für verschiedene Temperaturen mit zunehmendem Druck dargestellt. Bei 200 °C wächst dieser Anteil sehr schnell auf ca. 80%. Dies gilt für höhere Temperaturen nicht mehr. Die 80%-Marke wird bei 300 °C erst bei 500 bar, bei 400 °C sogar erst bei 1000 bar erreicht, bei höheren Temperaturen überhaupt nicht mehr. Bei 700 °C wird selbst bei 1000 bar gerade noch ein Ammoniak-Anteil von gut 10% erreicht.

Theoretisch günstige Bedingungen für eine Reaktion heißt in der Regel hohe Ausbeute-Werte. Nach der grafischen Darstellung erhält man die höchste Ausbeute am ehesten bei 200 °C. Wegen der hohen Aktivierungsenergie des Stickstoffs ist bei diesen Temperaturen die Reaktionsgeschwindigkeit allerdings sehr gering und damit die Zeit bis zur Gleichgewichtseinstellung sehr groß. Zur Senkung der Aktivierungsenergie und damit Erhöhung der Reaktionsgeschwindigkeit werden deshalb Katalysatoren eingesetzt. In der Praxis arbeitet man bei 200 bar bis 300 bar und 450 °C bis 500 °C, weil der Katalysator erst in diesem Temperaturbereich aktiv ist. Die Ausbeute liegt dann bei ca. 20%. Einen Ausgleich erreicht man, indem man die Reaktion kontinuierlich fährt: Das Produkt Ammoniak wird aus dem Reaktionsgemisch abgetrennt und die verbleibenden Edukte in den Prozess zurückgeführt.

Im Verfahren von CASALE liegen die Reaktionsbedingungen bei 750 bar und 500 °C; danach liegt der Ammoniak-Anteil im Gemisch erheblich höher bei ca. 50%. Allerdings stellt das Verfahren erhöhte Materialanforderungen, um dem hohen Druck bei Dauerbetrieb standzuhalten.

B5:
Die große Reaktionsträgheit von Stickstoff beruht teilweise auf thermodynamischen, teils auf kinetischen Gründen. Wegen der hohen Dissoziationsenergie des N_2-Moleküls bilden sich viele N-Verbindungen (vor allem die N-Oxide) endergonisch (diese sind bezüglich N_2 und O_2 instabil). Die bekannte Reaktionsträgheit von N_2 gegenüber H_2 ist jedoch ein kinetischer Effekt: $\Delta G^0_f = -16{,}45$ kJ/mol! Die einzigen mit elementarem Stickstoff bei Raumtemperatur möglichen Reaktionen sind im Schülerbuch auf Seite 121 erläutert.

Thermodynamische Daten:

$N_2 + 3\,H_2 \longrightarrow 2\,NH_3$ $\quad \Delta H^0_f = -45{,}61$ kJ/mol

$\Delta G^0_f = -16{,}45$ kJ/mol

$N_2 + O_2 \longrightarrow 2\,NO$ $\quad \Delta H^0_f = +90{,}38$ kJ/mol

$\Delta G^0_f = +86{,}70$ kJ/mol

A1 (Seite 123):
Der Preis für Agrarprodukte ist u.a. vom Ertrag abhängig, der wiederum vom Düngemitteleinsatz mitbestimmt wird. Wichtiger Bestandteil der Düngemittel sind Stickstoff-Verbindungen, die aus Ammoniak hergestellt werden. Rohstoffe zur Ammoniak-Synthese sind Wasser, Luft, Erdgas und Energie, alternativ auch Erdöl oder Kohle. Folglich treten die teuren fossilen Rohstoffe im Herstellungsprozess auf und beeinflussen letztendlich den Preis von Agrarprodukten.

Seite 124 und 125

A1:

Auf der linken Seite der schematisierten Anlage sind Wassergas- (1) und Generator-Prozess (2) dargestellt. In (1) reagiert Methan mit Wasserdampf in beheizten Rohren zu Kohlenstoffmonooxid und Wasserstoff. In (2) reagiert Methan mit einem definiertem Luftvolumen, sodass sich Kohlenstoffmonooxid und Wasserstoff bilden, dazu kommt der nicht reagierende Stickstoff der Luft. Das in diesen beiden Prozessen entstandene Kohlenstoffmonooxid wird im Konverter mit Wasserdampf zur Reaktion gebracht, um es in Kohlenstoffdioxid umzuwandeln.

Alle gasförmigen Zwischenprodukte (H_2, CO_2, N_2) werden im Kompressor zusammengedrückt und bei der Druckwäsche im Gegenstromprinzip mit Wasser zur Reaktion gebracht: Kohlenstoffdioxid reagiert teils zu Kohlensäure, wird teils im Wasser gelöst und kann als Nebenprodukt abgeleitet werden. Im Gasgemisch liegen jetzt nur noch Wasserstoff und Stickstoff vor, durch Steuerung der Anlage im erforderlichen Volumenverhältnis 3:1. Dieses Gemisch strömt im Synthesereaktor durch viele parallel ausgerichtete Rohre mit Katalysatoren, wobei die Ammoniak-Synthese abläuft. Die Rohre werden von außen mit Gas umspült, um die Reaktionswärme abzuleiten und so Überhitzung zu vermeiden.

Dem heißen Gasgemisch, das den Synthesereaktor verlässt, wird in mehreren Stufen die Wärme entzogen; dabei wird Wasserdampf und warmes Wasser erzeugt. Die Kühlung des aus dem Synthesereaktor kommenden Gasgemisches wird solange fortgesetzt, bis sich das Ammoniak verflüssigt hat und abgetrennt werden kann. Das Restgas an Wasserstoff und Stickstoff wird komprimiert und zusammen mit frischem Synthesegasgemisch erneut in den Synthesereaktor geleitet.

A2:

Für die Ammoniak-Synthese sind Methan bzw. Erdgas, Wasser, Luft und Energie erforderlich. Dabei kann Erdgas auch durch Kohle, Benzin oder Erdöl ersetzt werden. Unter Umweltaspekten ist maßgeblich, dass hier fossile Brennstoffe benötigt und verarbeitet werden. Die Endprodukte der Synthese sind entweder gewünscht, nämlich Kohlensäure und Ammoniak, oder werden, wie Wasserstoff und Stickstoff, wieder in den Reaktor zurückgeführt. Der energetische Prozess besteht aus Energie liefernden Anteilen (Generatorprozess, Konvertierung von Kohlenstoffmonooxid und Ammoniak-Syntheseprozess) und Energie verbrauchenden Anteilen (Wassergasprozess, Antrieb der Kompressoren, Pumpen, Gebläse, Gebäudeheizung und -beleuchtung). Die bei den exothermen Prozessen freiwerdende Energie übersteigt eigentlich die für die Energie benötigenden Prozesse aufzuwendende Energie. Theoretisch könnte eine Ammoniak-Anlage ohne Energiezufuhr von außen arbeiten und auch noch Energie abgeben. In der Praxis aber gelingt dies aus zwei Gründen nicht:

1. Die Energieverluste sind relativ groß.

2. Bei den exothermen Reaktionen wird die „minderwertige“ Energieform Wärme erzeugt, während für den Antrieb der Kompressoren „hochwertige“ elektrische Energie benötigt wird.

In der Summe bleibt ein Energiebedarf von ca. 600 kWh/t Ammoniak, der durch Zufuhr von außen gedeckt werden muss.

Anmerkung: Elektrische Energie wird als hochwertig bezeichnet, weil sie mit sehr hoher Ausbeute in andere Energieformen umgewandelt werden kann; bei Wärme ist dies nicht der Fall, hier sind die Ausbeuten relativ niedrig.

Auswertung zu V1:

	Ermittlung der Konzentration mit Teststäbchen					
	unmittelbar nach Ansetzen des Extrakts		nach 24 h Stehenlassen bei Raumtemperatur			
Gemüse	c_{Nitrat}	m_{Nitrat}	c_{Nitrat}	m_{Nitrat}	c_{Nitrit}	m_{Nitrit}
Spinat						
Salat						
……..						

Nitrat-Ionen werden mikrobiell zu Nitrit-Ionen in signifikanter Weise reduziert.
Berechnung:

10 g Gemüse enthalten $0{,}1\ \text{L} \cdot c_{\#}(\text{mol} \cdot \text{L}^{-1}) = x\,(\text{mol})\ \#$

$$x\,(\text{mol}) \cdot M_{\#}(\text{g} \cdot \text{mol}^{-1}) = m_{\#}(\text{g})$$

= Nitrat bzw. Nitrit, M_{Nitrat} = 62 g/mol, M_{Nitrit} = 46 g/mol

Anmerkungen zum Thema „Ammoniak, Harnstoff & Co. – Stickstoff im Stoffwechsel“:

Der Amino-Stickstoff wird von den meisten terrestrisch lebenden Tieren als Harnstoff ausgeschieden. Die meisten Wassertiere scheiden den Amino-Stickstoff in Form von Ammoniak aus (eine für den Stoffwechsel giftige Verbindung). Vögel und landbewohnende Reptilien, deren Wasseraufnahme beschränkt ist, scheiden den Amino-Stickstoff in halbfester Form als Suspension fester Harnsäure aus. Die Amphibien schließlich nehmen eine Zwischenposition ein. Beispielsweise scheidet die im Wasser lebende Kaulquappe Ammoniak, der erwachsene Frosch dagegen Harnstoff aus, nachdem seine Leber im Verlauf der Metamorphose von der Kaulquappe zum Frosch die Fähigkeit zur Synthese der erforderlichen Enzyme erlangt hat.

B2:

Es liegt folgende Reaktionsgleichung zugrunde:

$$NH_4^+ + H_2O \rightleftharpoons NH_3 + H_3O^+$$

Nach dem MWG gilt:

$$K_S = \frac{c(NH_3) \cdot c(H_3O^+)}{c(NH_4^+)}$$

Durch Auflösung nach $c(H_3O^+)$ und negativem Logarithmieren ergibt sich dann:

$$c(H_3O^+) = K_S \cdot \frac{c(NH_4^+)}{c(NH_3)}$$

$$pH = pK_S - \lg \frac{c(NH_4^+)}{c(NH_3)}$$ mit $pK_S = 9{,}25$

Diese Gleichung ist auch als HENDERSON-HASSELBACH'sche Gleichung bekannt. Danach lassen sich einfach die Ammoniak-Anteile bei bestimmten pH-Werten berechnen.

Seite 126 (TRAINING)

A1:

Aus B3 bzw. B4 auf Seite 85 lässt sich entnehmen, dass die Masse an Kohlenstoff in der Atmosphäre – gebunden als Kohlenstoffdioxid – auf etwa 750 Gt geschätzt wird. Durch Photosynthese entziehen die Pflanzen der Atmosphäre jährlich ca. 100 Gt Kohlenstoff als Kohlenstoffdioxid (B4). Dies bedeutet, dass die Pflanzen den atmosphärisch gebundenen Kohlenstoff in ca. 7,5 Jahren einmal umgesetzt haben. Dieser relativ kurze Zeitraum verdeutlicht die enge Beziehung zwischen Vegetation und Atmosphäre.

A2:

a) Oxidationszahlen:

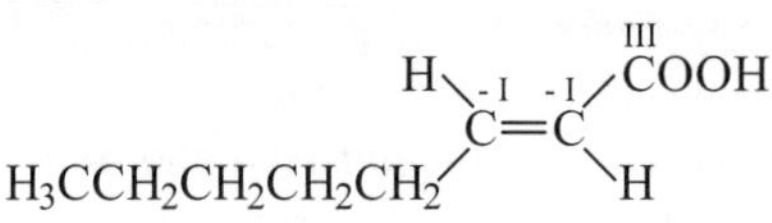

A

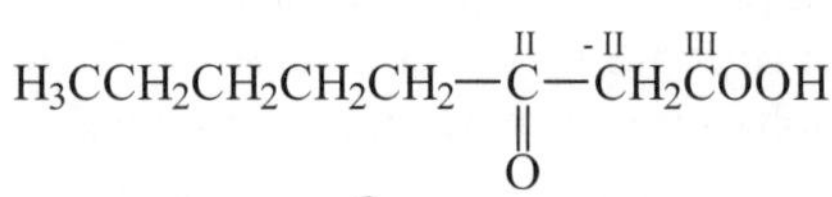

C

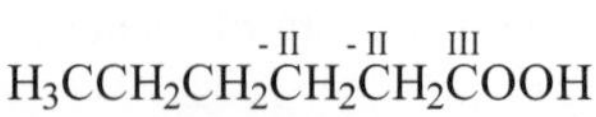

B

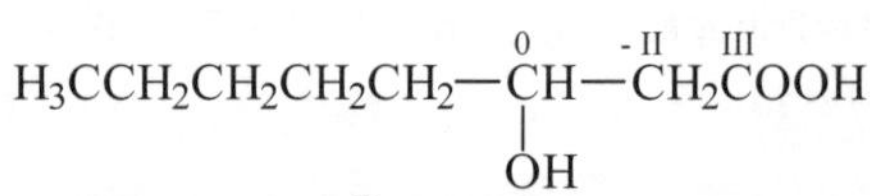

D

b) Reihenfolge:
A – D – C – B

c) Die Verbindung B ist wie die Octansäure eine Fettsäure (Hexansäure) lediglich mit 2 C-Atomen weniger. Sie kann analog der Octansäure unter Freisetzung der Essigsäure (C_2-Körper) abgebaut werden. Als Abbauprodukt würde dann Butansäure entstehen. Der Abbau-Kreislauf („Spirale“ der sog. β-Oxidation) kann erneut ablaufen.

Abbauschritte:

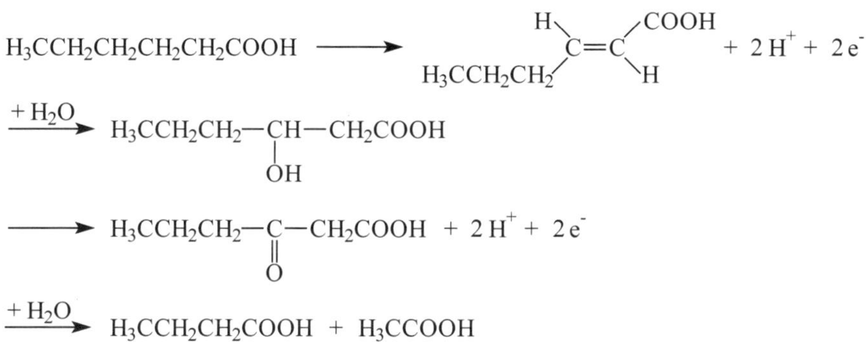

Butansäure kann den Abbaukreislauf nochmals durchlaufen, 2 Essigsäure-Moleküle entstehen.
Die gebildete Essigsäure tritt in den Citronensäurezyklus ein (siehe Seite 103), in dem sie weiter zu Kohlenstoffdioxid und Wasser abgebaut wird.

A3:

a) Zunächst muss die Stoffportion der in 200 mL Wasser gelösten Maltose auf 1 kg Lösemittel umgerechnet werden:

$$5 \cdot 36{,}7\ \text{g} = 183{,}5\ \text{g}$$

$$M(Maltose) = \frac{1{,}86\ °\text{C} \cdot \text{mol}^{-1} \cdot 183{,}5\ \text{g}}{1{,}0\ °\text{C}} = 341\ \text{g} \cdot \text{mol}^{-1}$$

Die molare Masse von Maltose wurde mit $341\ \text{g} \cdot \text{mol}^{-1}$ berechnet. Die ermittelte molare Masse von Maltose entspricht der eines Disaccharids ($342\ \text{g} \cdot \text{mol}^{-1}$). Die Summenformel lautet: $C_{12}H_{22}O_{11}$.
Da Stärke ein Polysaccharid bestehend aus Glucose-Bausteinen ist, muss Maltose ein Disaccharid aus zwei Glucose-Bausteinen sein.

b)

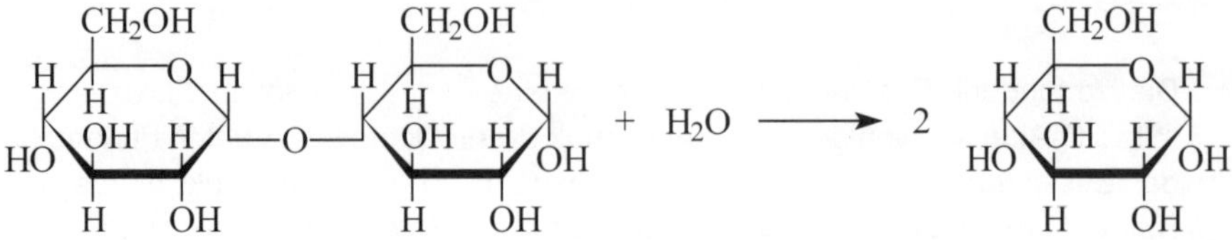

A4:

Glucose ist ein Monosaccharid, das schnell vom Körper resorbiert werden kann, d.h. die Glucose-Moleküle können schnell durch die Darmwand in das Blut übertreten. Der Blutzuckerspiegel steigt daher nach Glucose-Aufnahme schnell an. Stärke ist ein Polysaccharid bestehend aus vielen tausend Glucose-Bausteinen. Stärke muss erst durch die Enzyme und die Säure des Magens in Glucose-Bausteine hydrolysiert/gespalten werden, die resorbiert werden können. Daher steigt der Blutzuckerspiegel nach Stärke-Aufnahme deutlich langsamer an. Da Diabetiker durch ihre Bauchspeicheldrüsen kein Insulin mehr produzieren können, müssen sie dieses durch Spritzen von außen dem Körper zuführen. Sie können daher den Blutzuckerspiegel nicht so schnell regulieren, wie dies ein gesunder Mensch kann. Glucose-Aufnahme kann daher bei einem Diabetiker rasch zu einem Anstieg des Blutzuckerspiegels über dem normalen Wert von ca. 100 mg Zucker/100 mL Blut führen.

A5:

a) Die Frage läßt sich mithilfe der Reaktionsgleichung des Gleichgewichts (1) auf Seite 101 beantworten. Ist der Sauerstoffgehalt der Luft in Höhenlagen gering, kann das zur Verfügung stehende Hämoglobin des Bluts nicht mehr genügend Sauerstoff binden. Es kann zu Atemnot kommen. Nach einiger Zeit passt sich der Körper an, indem er mehr Hämoglobin produziert. Durch Erhöhung des „Ausgangsstoffes“ Hämoglobin wird die ursprüngliche Gleichgewichtslage des Gleichgewichts (1) gestört. Es wird vermehrt Sauerstoff an das nunmehr in höherer Konzentration vorliegende Hämoglobin gebunden, bis die ursprüngliche Gleichgewichtslage wieder eingestellt ist (Prinzip von LE CHATELIER). Der Körper wird nun wieder mit mehr Sauerstoff versorgt.

b) Beim Höhentraining macht man sich die zusätzliche Hämoglobin-Bildung zunutze. Trainiert ein Sportler einige Tage in größeren Höhen, hat sein Körper einen erhöhten Hämoglobinspiegel. Kehrt er in niedrigere Lagen zurück, so kann er durch das höhere Angebot an Hämoglobin mehr Sauerstoff binden und somit seine Leistungsfähigkeit kurzfristig steigern. Nach einiger Zeit wird der erhöhte Hämoglobinspiegel wieder abgebaut.

A6:

An allen in diesem Kapitel diskutierten Kohlenstoff-Kreisläufen ist Kohlenstoffdioxid beteiligt. Es kommt im technischen und im natürlichen Kalk-Kreislauf (vgl. Schülerband Seite 86 und 87) und im Kreislauf Photosynthese – Atmung (vgl. Schülerband, Seite 108 und 109) vor.

A7:

Das SOLVAY-Verfahren zur technischen Herstellung von Soda ist mit dem technischen Kreislauf gekoppelt, weil das notwendige Kohlenstoffdioxid durch Brennen von Kalkstein gewonnen wird und das Calciumoxid, das dabei als Kopplungsprodukt auftritt, ebenfalls genutzt wird, um Ammoniak im geschlossenen Kreislauf zu halten (vgl. Schülerband, Seite 90 und 91).

A8:

Diese Aufgabe dient der Wiederholung von Inhalten vor allem der Seite 123 zur technischen Ammoniak-Synthese. Ein Schüler sollte in dieser Phase etwa folgende Überlegungen darstellen können:

Die Synthese wird durch die Reaktionsgleichung

$$N_2\,(g) + 3\,H_2\,(g) \longrightarrow 2\,NH_3\,(g)$$

beschrieben. Es handelt sich um eine Gleichgewichtsreaktion, in der alle Reaktionspartner gasförmig vorliegen. Der Syntheseweg verläuft exotherm, wobei eine hohe Aktivierungsenergie erforderlich ist.

Für die Gleichgewichtsreaktion zwischen Gasen ist die Volumenänderung, hier eine Volumenabnahme bei der Synthese auf die Hälfte, entscheidend. Nach dem Prinzip von LE CHATELIER (Prinzip vom kleinsten Zwang) wirkt sich Druckerhöhung produktsteigernd aus. Wegen der leichten Diffundierbarkeit von Wasserstoff werden hohe Materialanforderungen gestellt.

Da die Synthese exotherm verläuft, begünstigen tiefe Temperaturen die Lage des Gleichgewichts nach rechts und somit eine Produkt-Steigerung. Dem steht aber die hohe Aktivierungsenergie entgegen. So ist z.B. bei Raumtemperatur die Reaktionsgeschwindigkeit gering und die Gleichgewichtseinstellung sehr verzögert. Mit Katalysatoren kann die hohe Aktivierungsenergie herabgesetzt werden. HABER und BOSCH haben spezielle Eisen-Gemische als Katalysatoren entwickelt, an deren Oberfläche Wasserstoff- und Stickstoff-Moleküle adsorbiert werden, die dann bei viel geringerem Energieaufwand dissoziieren und reagieren.

Industriell verläuft die Synthese bei Temperaturen von 400 °C bis 500 °C und bei Drücken von 200 bar bis 300 bar. Durchströmt das Eduktgemisch unter diesen Bedingungen den Reaktor, enthält es beim Austritt einen Anteil von ca. einem Fünftel Ammoniak. Dieser geringen Ausbeute wird durch eine kontinuierliche Reaktionsführung gegengesteuert. Man entfernt das jeweils vorliegende Produkt Ammoniak aus dem Gemisch und führt die restlichen Edukte wieder in die Reaktion zurück.

A9:

Wassergasprozess

$$2\,CH_4 + 2\,H_2O \longrightarrow 2\,CO + 6\,H_2$$

Generatorgasprozess

$$2\,CH_4 + O_2 + 4\,N_2 \longrightarrow 2\,CO + 4\,H_2 + 4\,N_2$$

Konvertierung

$$2\,CO + 2\,H_2O \longrightarrow 2\,CO_2 + 2\,H_2$$

Im Produktgemisch liegen Wasserstoff und Stickstoff mit $12\,H_2 + 4\,N_2$ im Volumenverhältnis wie 3:1 vor.

A10:

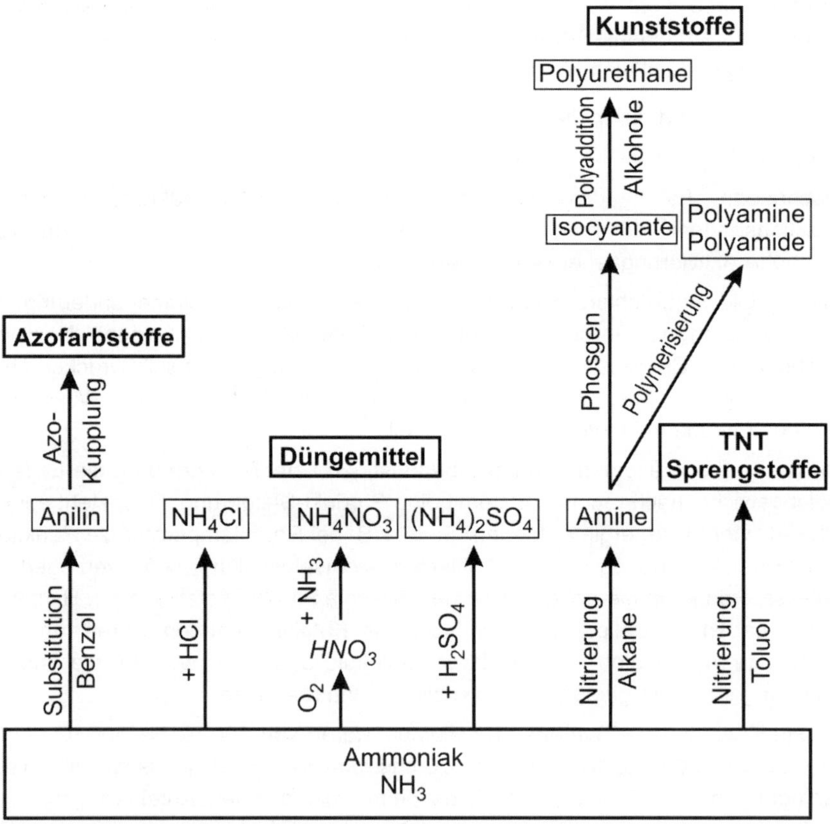

A11:

$NH_3 + HNO_3 \longrightarrow NH_4NO_3$

$2\,NH_3 + H_2SO_4 \longrightarrow (NH_4)_2SO_4$

$2\,NH_3 + H_3PO_4 \longrightarrow (NH_4)_2HPO_4$

$NH_3 + HCl \longrightarrow NH_4Cl$

A12:

Beide Kreisläufe sind natürliche Kreisläufe mit grundlegender Bedeutung für das Klima und das Leben auf unserem Planeten. Beide Kreisläufe werden durch die Energie der Sonne angetrieben.

Beim Wasserkreislauf in der Natur ändert sich nur der Aggregatzustand des Wassers. Es laufen physikalische Vorgänge ab, die beteiligte Energieform ist Wärme.

Beim Zyklus Photosynthese – Atmung handelt es sich um chemische Reaktionen. Die Photosynthese wird durch Licht angetrieben, bei der Atmung wird Energie in anderen Formen verfügbar.

Seite 128 und 129

B2:
Der Bleiakku ist robust, zumeist wartungsfrei, langlebig und gut wieder aufladbar.

Anmerkung zu B4:
Die blaue Färbung um den Eisennagel wird durch die Bildung von „Berliner Blau" verursacht, die als Nachweis für Eisen(II)-Ionen dient. Die Rotfärbung durch Phenolphthalein zeigt Hydroxid-Ionen an (vgl. auch die Versuchsvorschriften zu V2 und V3 auf S. 188).

A:
Weitere Beispiele für Vorgänge, bei denen Redoxreaktionen eine Rolle spielen, sind:
- Verbrennungen: z.B. von Benzin, Holz, Papier ...
- Stoffwechselvorgänge: z.B. Atmung, Photosynthese ...
- Reaktionen von Metallen mit Nichtmetallen
- Hochofenprozess

Hinweis: Mit der Aufgabe kann unter anderem auf Redoxreaktionen und -vorgänge Bezug genommen werden, die in vorhergehenden Kapiteln bereits besprochen wurden.

Seite 130 und 131

Anmerkungen zu den Versuchen:
- V1: Man sollte darauf achten, dass die Eisenwolle-Büschel nicht zu sehr mit den Flüssigkeiten getränkt werden, da diese sonst am Rggl. herunterlaufen könnten und die Beobachtungen verfälschen. Das Wasser steigt im Rggl. mit der mit Salzwasser getränkten Eisenwolle am höchsten; hier sieht man den Rost auch am besten. Die trockene Eisenwolle und die mit Paraffin getränkte bleiben zumeist ohne Rostansatz, Wasser steigt nicht hoch.
- V2: Wasser tritt aus dem Rost aus.
- V3: Im Abzug erhitzen, da das feine Eisenoxalat- bzw. Eisenpulver schnell verfliegt und die Stäube sich auf der Haut absetzen: Dies führt zu einem eher ungewollten „Schminkeffekt" (Rothaut). Interessanter Nebeneffekt: Das feine Pulver verhält sich beim Erhitzen fast wie eine Flüssigkeit. Man könnte hiermit auch das Prinzip eines Wirbelschichtofens demonstrieren. Achtung auch vor einer Art „Siedeverzug".
- V4: Der Versuch gelingt wirklich nur gut mit neuen, gleichartigen Eisenblechen. Man muss lange begasen (ca. 10 – 15 min).

Auswertung a):
Rosten wird durch das gleichzeitige Vorhandensein von Wasser und (Luft-) Sauerstoff verursacht. Bei Abwesenheit von Sauerstoff oder Wasser oder beiden Komponenten kann der Rostvorgang unterbunden werden. Paraffin schützt z.B. vor dem Zutritt von Wasser und Sauerstoff. Die trockene Eisenwolle rostet nicht, da das Wasser fehlt. Salzlösungen fördern den Rostvorgang.

Auswertung b):
Phenolphthalein weist entstehende Hydroxid-Ionen, Kaliumhexacyanoferrat(III) Eisen(II)-Ionen nach.

Auswertung c):
Man beobachtet um das Eisenblech im Sauerstoff eine Rotfärbung durch Hydroxid-Ionen, um das Eisenblech im Stickstoffstrom eine Blaufärbung durch Eisen-Ionen. Die „Stickstoff-Seite" stellt den Minuspol, die „Sauerstoff-Seite" den Pluspol. Am Minuspol gehen Eisen-Ionen in Lösung, am Pluspol wird Sauerstoff reduziert.

Auswertung d):

V1: *Beobachtung:* Das Wasser steigt in den Rggl. unterschiedlich hoch an. Im Rggl. mit Salzwasser ist der Anstieg am höchsten, in dem mit der Eisenwolle, die mit Paraffin getränkt ist, ist kaum/kein Anstieg feststellbar. Die Rostbildung ist beim Salzwasser am stärksten, beim Paraffin ist keine Rostbildung erkennbar.
Deutung: Der Wasseranstieg entsteht durch das Verbrauchen von Luftsauerstoff beim Rostvorgang. Der Rostvorgang läuft in Gegenwart von Wasser und Luftsauerstoff ab, wobei gelöste Salze das Rosten beschleunigen. Paraffin-Öl verhindert den Zutritt von Wasser und/oder Sauerstoff zum Eisen, daher sieht man keine Rostbildung.

V2: *Beobachtung:* Erhitzt man Rost, so wird Wasser frei gesetzt. Es bleibt ein rostroter Feststoff zurück.
Tipp: Man kann das Wasser mit Watesmo-Papier oder weißem Kupfersulfat nachweisen.
Deutung: Rost ist eine Verbindung aus Eisen, Sauerstoff und Wasserstoff. Rost lässt sich als FeO(OH) beschreiben. Beim Erhitzen bildet sich Wasserdampf und Fe_2O_3 bleibt zurück:

$$2\,FeO(OH) \longrightarrow Fe_2O_3 + H_2O$$

V3: *Beobachtung:* Das gelbe Eisenoxalat verändert beim Erhitzen seine Farbe bis ein schwarzes Pulver zurückbleibt. Beim Gießen in die Auffangschale leuchtet es auf, wobei sich ein rostrotes Pulver bildet.
Deutung: Eisenoxalat zersetzt sich unter Freisetzung von CO_2-Gas und Bildung von feinst verteiltem Eisenpulver:

$$Fe(COO)_2 \longrightarrow 2\,CO_2 + Fe$$

Die Eisen(II)-Ionen werden dabei zu feinst verteiltem, elementarem Eisen reduziert. In dieser Form reagiert Eisen spontan und unter Aufglühen mit dem Luftsauerstoff. Es entsteht rotes Eisenoxid.

V4: *Beobachtung:* Siehe B3.

Deutung: An dem mit Stickstoff umspülten Eisenblech gehen Eisen(II)-Ionen in Lösung. Sie werden durch das rote Blutlaugensalz nachgewiesen (siehe Vorversuch).

$$Fe \longrightarrow Fe^{2+} + 2e^-$$

An dem mit Sauerstoff umspülten Eisenblech weist Phenolphthalein Hydroxid-Ionen nach. Diese entstehen durch die Reduktion von Sauerstoff:

$$O_2 + 2\,H_2O + 4e^- \longrightarrow 4\,OH^-$$

Der Elektronenfluss wird am Amperemeter messbar.

B3:

Die Trennwand verhindert ein Durchmischen der Lösungen und der Gase während des Versuchs. Sie sollte daher möglichst eng am Gefäß anliegen.

B5:

Oxidationszahlen der Eisen- und Sauerstoff-Atome in den Redoxgleichungen von B4 und B5:

$$\overset{0}{Fe} \qquad \overset{II}{Fe}(\overset{-II}{O}H)_2 \qquad \overset{III}{Fe}(\overset{-II}{O}H)_3 \qquad \overset{0}{O_2} \qquad H_2\overset{-II}{O}$$

A1:

Zum Rosten müssen Sauerstoff und Wasser mit Eisen in Kontakt treten. Ist der Zutritt einer dieser Reaktionspartner behindert, verläuft der Rostvorgang langsamer oder gar nicht. Liegen im Wasser Ionen vor, so wird der Rostvorgang beschleunigt.

A2:

Mit dem Nachweis von Eisen(II)-Ionen lässt sich zeigen, dass Eisen-Atome beim Rosten oxidiert werden. V4 zeigt, dass die dabei frei werdenden Elektronen (Minuspol) auf einen Reaktionspartner (Elektronenakzeptor) übertragen werden, es ist ein Stromfluss festzustellen. Fehlt der Reaktionspartner, so geben die Eisen-Atome keine Elektronen ab. Eine Oxidation kann also nur mit einer Reduktion einhergehen.

Seite 132 und 133

Anmerkungen zu den Versuchen:

- V1: Magnesiumband leuchtet hell auf. Weißes Pulver aus Magnesiumoxid entsteht. Kupferblech läuft schwarz an. Platindraht glüht auf, verändert sich aber nicht.
- V2: Alle Metallpulver zeigen beim Versuch Aufleuchten. Das Leuchten bei Magnesiumpulver ist am hellsten, gefolgt vom Eisenpulver und Kupferpulver (grünliches Leuchten). Es ist darauf zu achten, dass die Pulver etwa gleiche Körnung besitzen.
- LV4: *Tipps:* Das Natriumstück muss gut vom anhaftenden Petroleum befreit werden, am besten durch Reinigung in Ethanol, sonst wird das gebildete Salz schnell schwarz. Um den Schülern zu beweisen, dass Kochsalz entstanden ist, kann man den weißen Belag im Rggl. vorsichtig (Achtung vor restlichen Natriumstückchen) mit wenig(!) Wasser lösen, die Lösung auf einen Objektträger geben und anschließend unter dem Mikroskop eintrocknen lassen. Es zeigen sich schöne Kochsalz-Kristalle (vgl. B4, S. 134).
- V5: Die Eisenwolle mit Chlorwasser sollte den größten, die mit Wasser den geringsten Rostansatz zeigen.

Auswertung a):
In V1 reagiert Magnesium heftig mit Sauerstoff, Kupfer nur mäßig und Platin trotz starken Erhitzens nicht. Man erkennt, dass die drei Metalle ein unterschiedliches Reaktionsverhalten gegenüber Sauerstoff zeigen.
V2 zeigt den exergonischen Verlauf der Oxidation verschiedener Metallpulver. Die frei werdende (Licht-)Energie ist ein Maß für die unterschiedliche Oxidierbarkeit verschiedener Metalle.
LV3 und LV4 zeigen, dass die Metalle Natrium und Magnesium auch heftig mit Chlor reagieren. Im Vergleich zur Reaktion mit Sauerstoff ist die entsprechende Reaktion mit Chlor sogar noch heftiger. Für die Reaktionsfreudigkeit der Metalle mit Nichtmetallen lässt sich also eine Reihenfolge aufstellen:
Platin < Kupfer < Eisen < Magnesium < Natrium.
Eine analoge Reihe ergibt sich für Nichtmetalle: Sauerstoff < Chlor.

Auswertung b):
Siehe Auswertung a).
Die Rostbildung (genauer: Korrosion = Oxidation) des Eisens erfolgt in Gegenwart von Chlor oder Brom schneller. Die oxidierende Wirkung des Chlors bzw. Broms ist noch stärker als die des Sauerstoffs.

Auswertung c):

V1: $2\,Mg + O_2 \longrightarrow 2\,MgO$

$2\,Cu + O_2 \longrightarrow 2\,CuO$

V2: $2\,Mg + O_2 \longrightarrow 2\,MgO$

$4\,Fe + 3\,O_2 \longrightarrow 2\,Fe_2O_3$

$2\,Cu + O_2 \longrightarrow 2\,CuO$

LV3: $Mg + Cl_2 \longrightarrow MgCl_2$

$2\,Fe + 3\,Cl_2 \longrightarrow 2\,FeCl_3$

LV4: $2\,Na + Cl_2 \longrightarrow 2\,NaCl$

V5: $2\,Fe + O_2 + 2\,H_2O \longrightarrow 2\,Fe(OH)_2$

$4\,Fe(OH)_2 + O_2 + 2\,H_2O \longrightarrow 4\,Fe(OH)_3$

$Fe(OH)_3 \longrightarrow FeO(OH) + H_2O$

$2\,Fe + 3\,Cl_2 \longrightarrow 2\,FeCl_3$

$2\,Fe + 3\,Br_2 \longrightarrow 2\,FeBr_3$

Auswertung d):
Da Chlor und Brom sehr reaktionsfreudig sind, reagieren sie sehr schnell mit anderen Elementen (Stoffen) zu Chloriden und Bromiden.

Auswertung e):
Eigentlich dürfte auch Sauerstoff aufgrund seiner starken Oxidationswirkung nicht als O_2 in der Natur vorkommen. Da aber grüne Pflanzen durch Photosynthese Sauerstoff immer wieder neu produzieren, hat sich der Sauerstoffgehalt der Erdatmosphäre auf ca. 20% eingependelt. *Hinweis:* Bevor die Evolution die Photosynthese „erfunden“ hat, war molekularer Sauerstoff in der Atmosphäre nicht vorhanden.

B2:
Offene Aufgabe.

B3:
Aufgrund der geringen Oxidierbarkeit der Metalle Kupfer, Platin und Gold zeigen sich Werkstoffe aus diesen Metallen gegenüber Umwelteinflüssen stärker inert.

A1:

V1: $Mg \longrightarrow Mg^{2+} + 2\,e^-$

$Cu \longrightarrow Cu^{2+} + 2\,e^-$

$O_2 + 4\,e^- \longrightarrow 2\,O^{2-}$

V2: $Mg \longrightarrow Mg^{2+} + 2\,e^-$

$Fe \longrightarrow Fe^{3+} + 3\,e^-$

$Cu \longrightarrow Cu^{2+} + 2\,e^-$

$O_2 + 4\,e^- \longrightarrow 2\,O^{2-}$

LV3: $Mg \longrightarrow Mg^{2+} + 2\,e^-$

$Fe \longrightarrow Fe^{3+} + 3\,e^-$

$Cl_2 + 2\,e^- \longrightarrow 2\,Cl^-$

LV4: $Na \longrightarrow Na^+ + e^-$

$Cl_2 + 2\,e^- \longrightarrow 2\,Cl^-$

V5: $Fe \longrightarrow Fe^{2+} + 2\,e^-$

$Fe \longrightarrow Fe^{3+} + 3\,e^-$

$Cl_2 + 2\,e^- \longrightarrow 2\,Cl^-$

$Br_2 + 2\,e^- \longrightarrow 2\,Br^-$

A2:
Hier sind nur einige Beispiele genannt:

- Magnesium (Anteil an der Erdrinde ca. 1,3%): am häufigsten in natürlichen Magnesiumcarbonaten, z.B. Dolomit
- Calcium (dritthäufigstes Metall der Erdrinde (2,8%) nach Aluminium und Eisen): hauptsächlich Kalkstein, Gips, Meerwasser, Knochen etc.
- Eisen (Anteil an der Erdkruste ca. 3,4%): oxidische und sulfidische Eisenerze, Hämoglobin etc.
- Chlor: Chloride z.B. im Meersalz, Magensäure (Salzsäure)

Seite 134 und 135 (EVA)

B3:

- Die Natrium-Atome des Metallgitters werden durch Energiezufuhr (Sublimationsenergie) in den gasförmigen Zustand überführt.
- Die frei beweglichen Natrium-Atome werden dann unter Aufwendung von Ionisierungsenergie in Natrium-Kationen umgewandelt.
- Die Chlor-Moleküle werden unter Aufwendung von Dissoziationsenergie in Chlor-Atome gespalten.
- Unter Aufnahme je eines Elektrons werden die Chlor-Atome in Chlor-Anionen überführt.
- Unter Freisetzung der Gitterenergie wird das Ionengitter aus Natrium- und Chlorid-Ionen aufgebaut.

Sublimationsenergie ist die Energie, die aufgewandt werden muss, um einen Feststoff in den gasförmigen Zustand zu überführen.
Dissoziationsenergie ist die Energie, die aufgewandt werden muss, um ein Molekül in Atome oder Atomgruppen zu spalten.

A1:

Schema Kaliumbromid

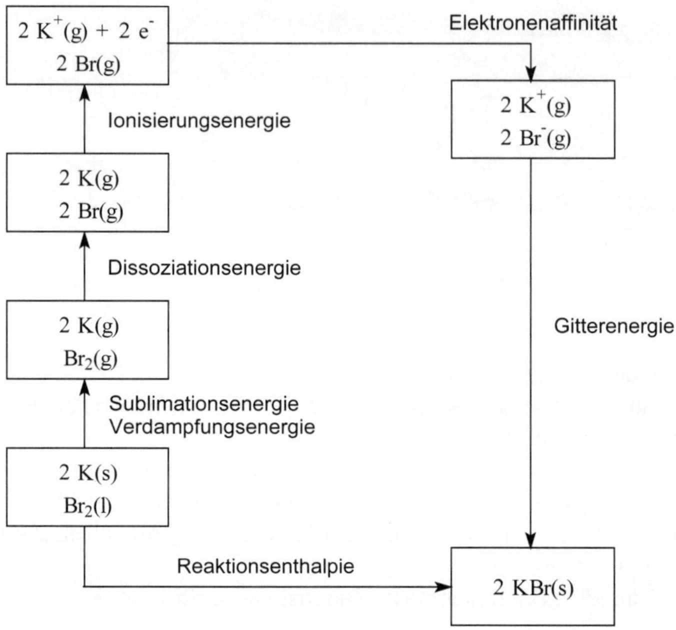

Schema Magnesiumoxid

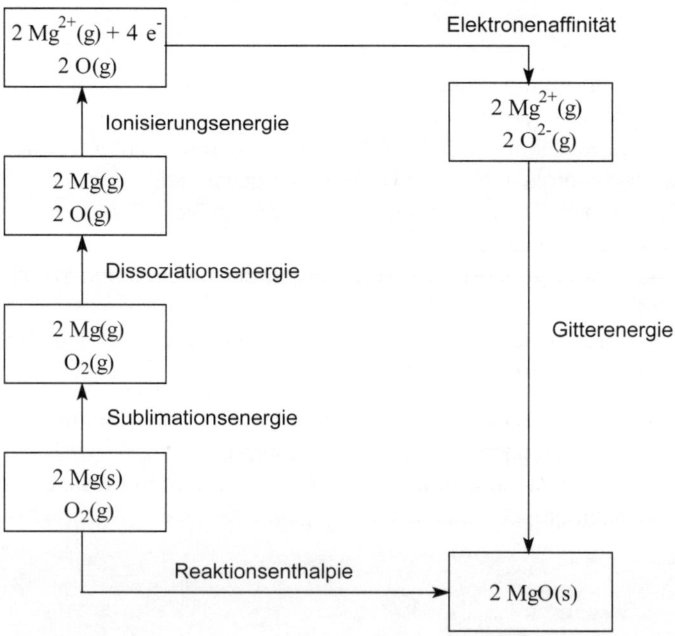

A2:

a) Es ist eine Zunahme der Ionisierungsenergie in der Reihenfolge Li, Na, K, also in der Reihenfolge steigender Ordnungszahl, festzustellen. Die Erklärung ist darin zu sehen, dass die Anziehung zwischen dem positiven Kern und einem Elektron in der Elektronenhülle umso schwächer ausfällt, je weiter das Elektron vom Kern entfernt ist, also je größer der Atomradius ist.

b) Die Elektronenaffinität beim Chlor besitzt ein negatives Vorzeichen, d.h. die Aufnahme eines Elektrons in die äußere Elektronenschale erfolgt exergonisch. Dies erklärt sich dadurch, dass die Chlor-Atome nach Aufnahme je eines Elektrons acht Außenelektronen besitzen, also Edelgaskonfiguration.
Die Elektronenaffinität des Schwefels ist positiv, da ein Schwefel-Atom zwei Elektronen aufnehmen muss, um die Edelgaskonfiguration zu erhalten. Das zweite Elektron muss von einem bereits einfach negativ geladenen Schwefel-Ion aufgenommen werden. Dieser Vorgang ist stark endergonisch.

A3:

Die Synthese von Calciumchlorid aus den Elementen verläuft nach folgender Reaktionsgleichung:

$$Ca\,(s) + Cl_2\,(g) \longrightarrow CaCl_2\,(s)$$

Der entsprechende BORN-HABER-Kreisprozess stellt sich folgendermaßen dar:

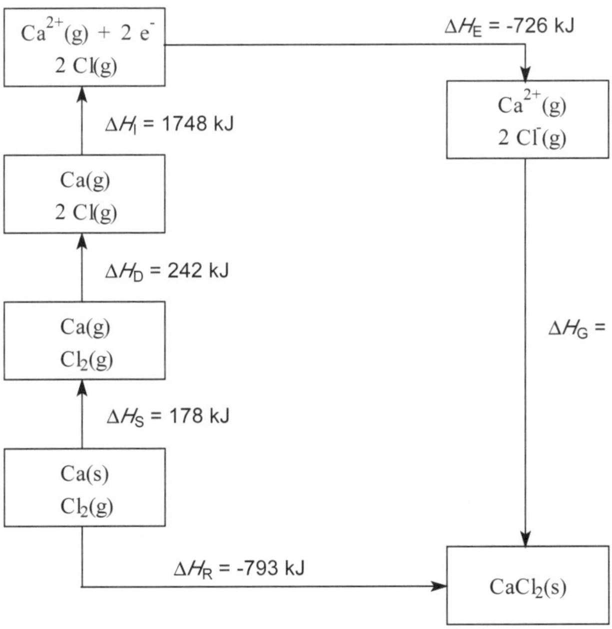

Nach dem BORN-HABER-Kreisprozess gilt:

$$\Delta H_R = \Delta H_S + \Delta H_D + \Delta H_I + \Delta H_E + \Delta H_G$$

Durch Umformung nach ΔH_G und Einsetzen der Energiewerte ergibt sich:

ΔH_G = – 793 kJ – 178 kJ – 242 kJ – 1748 kJ + 726 kJ = – 2235 kJ

Seite 136 und 137

Anmerkung zu V2:
Die OETHEL'sche Lösung ermöglicht ein sehr schnelles Verkupfern des Eisennagels. Ein kurzes Eintauchen in die Lösung genügt.

Auswertung a):

V1: $Cu(s) + 2\,Ag^{+}(aq) \longrightarrow Cu^{2+}(aq) + 2\,Ag(s)$

V2: $Fe(s) + Cu^{2+}(aq) \longrightarrow Fe^{2+}(aq) + Cu(s)$

V3: $Zn(s) + Fe^{2+}(aq) \longrightarrow Zn^{2+}(aq) + Fe(s)$

$Zn(s) + Cu^{2+}(aq) \longrightarrow Zn^{2+}(aq) + Cu(s)$

$Zn(s) + 2\,Ag^{+}(aq) \longrightarrow Zn^{2+}(aq) + 2\,Ag(s)$

$Cu(s) + 2\,Ag^{+}(aq) \longrightarrow Cu^{2+}(aq) + 2\,Ag(s)$

$Fe(s) + Cu^{2+}(aq) \longrightarrow Fe^{2+}(aq) + Cu(s)$

$Fe(s) + 2\,Ag^{+}(aq) \longrightarrow Fe^{2+}(aq) + 2\,Ag(s)$

V4: $Cu^{2+}(aq) + Zn(s) \longrightarrow Cu(s) + Zn^{2+}(aq)$

Auswertung b):
Ordnen nach steigender Oxidierbarkeit:
Ag < Cu < Fe < Zn

Auswertung c):
- bestes Oxidationsmittel: Silber-Ionen (Ag^{+})
- schlechtestes Oxidationsmittel: Zink-Ionen (Zn^{2+})
- bestes Reduktionsmittel: Zink-Atome (Zn)
- schlechtestes Reduktionsmittel: Silber-Atome (Ag)

Auswertung d):
Das Entsilbern der Lösung läuft nach folgender Reaktionsgleichung ab:

$2\,Ag^{+} + Fe \longrightarrow 2\,Ag + Fe^{2+}$

Die Silber-Ionen oxidieren Eisen-Atome und elementares Silber scheidet sich auf dem Eisen ab.
Da 1 mol Eisen (= 56 g) 2 mol Silber (= 216 g) abscheidet, ergibt sich ein Massenverhältnis von etwa m(Fe) : m(Ag) = 1 : 4.

B3:
Blei scheidet sich auf einem Zinkstab ab. Blei-Ionen sind in der Lage Zink-Atome zu oxidieren, wobei sie selbst reduziert werden.

A1:
Man verwendet einen Silberlöffel, da Kupfer-Ionen mit Silber keine Reaktion eingehen (vgl. V3). Nickel fungiert nach B5 gegenüber Kupfer-Ionen als Reduktionsmittel, sodass Nickel-Ionen in Lösung gehen und die Kupfer-Lösung verunreinigen würden.

A2:
a) Sn mit Ni^{2+}: keine Reaktion
b) Pb mit Sn^{2+}: keine Reaktion
c) $Ni(s) + Pb^{2+}(aq) \longrightarrow Ni^{2+}(aq) + Pb(s)$
d) $Cu(s) + Hg^{2+}(aq) \longrightarrow Cu^{2+}(aq) + Hg(l)$

A3:
Man könnte entweder:
a) ...ein Bleiblech in die Metallsalz-Lösungen aus B5 eintauchen. Dann müssten sich die Metalle Kupfer, Silber, Quecksilber und Gold auf dem Bleiblech abscheiden.
oder:
b) ...die Metalle aus B5 in eine Blei(II)-Salzlösung eintauchen. Dann müsste sich auf den Metallen Magnesium, Zink, Eisen, Nickel und Zinn elementares Blei abscheiden.

Seite 138 und 139

Anmerkung zu V2:
Ein Film zur Herstellung der Versuchsapparatur mit Petrischalen ist unter *Chemie 2000+ Online* anzusehen.

Auswertung a):
Zinkblech fungiert als Minuspol, Kupferblech fungiert als Pluspol.
Nach einigen Minuten sind im ausgepressten Zitronensaft Zink-Ionen nachweisbar. Das bedeutet, dass Zink-Atome unter Abgabe von 2 Elektronen oxidiert wurden:

$$Zn \longrightarrow Zn^{2+} + 2\,e^-$$

Kupfer-Ionen sind im Saft nicht nachzuweisen. Als Elektronen-Akzeptor fungieren Ionen im Saft (Protonen).

Auswertung b):
Erst wenn der Bierdeckelfilz mit Elektrolyt-Flüssigkeit vollgesogen ist, kann der Ladungskreislauf hergestellt werden. Während die negativ geladenen Elektronen über die Leitung vom Minuspol (Zinkblech) zum Pluspol (Kupferblech) wandern, müssen zum Ladungsausgleich Ionen aus den beteiligten Lösungen über den Filz wandern. Hierbei werden verstärkt Zink-Ionen von der Zink-Halbzelle in die Kupfer-Halbzelle und Sulfat-Ionen von der Kupfer-Halbzelle in die Zink-Halbzelle wandern.

Auswertung c):
Bei allen Versuchsaufbauten tauchen jeweils ein Kupferblech in eine Kupfersulfat- und ein Zinkblech in eine Zinksulfat-Lösung. Polung, Elektronenfluss und Spannung sind bei allen drei Aufbauten gleich.
Die Versuchaufbauten unterscheiden sich aber in der Art der Trennung der Halbzellen. Im linken Versuchsaufbau werden die Halbzellen durch einen sog. Stromschlüssel, eine Elektrolytbrücke, miteinander verbunden. Die Elektrolytbrücke enthält eine Kaliumnitrat-Lösung. Die Kalium- und die Nitrat-Ionen bewirken den Ladungsausgleich bei der Stromentnahme. In der mittleren und in der rechten Apparatur werden die Reaktionsräume (Halbzellen) durch poröse Wände (Diaphragma oder Tonzylinder) getrennt. Durch diese können die Ionen der Lösungen zum Ladungsausgleich hindurchdiffundieren.

B6:
In der Halbzelle am Minuspol gehen Zink-Ionen in Lösung, wodurch sich die Konzentration der gelösten Zink-Ionen erhöht. In der als Pluspol fungierenden Halbzelle werden Kupfer-Ionen reduziert, sie lagern sich als Kupfer-Atome am Kupferblech ab.

Seite 140 und 141

Tipps zu V1 und V2:
Um für die Eisen-Halbzelle gute Messwerte zu erhalten, sollte man die Eisen(II)-sulfat-Lösung immer frisch ansetzen, da sonst schnell eine Oxidation zu Eisen(III)-Ionen erfolgen kann, wodurch die Messwerte verfälscht werden.
Um die Eisen(II)-Lösung etwas „haltbarer“ zu machen, kann man ihr eine Spatelspitze Eisenpulver zufügen; evtl. sich bildende Eisen(III)-Ionen komproportionieren dann mit Eisen zu Eisen(II)-Ionen.

Auswertung a):

	Donator-Halbzelle	Akzeptor-Halbzelle	Spannung in Volt
(1)	Zn/Zn^{2+}	Fe/Fe^{2+}	0,35
(2)	Zn/Zn^{2+}	Cu/Cu^{2+}	1,11
(3)	Zn/Zn^{2+}	Ag/Ag^{+}	1,56
(4)	Fe/Fe^{2+}	Cu/Cu^{2+}	0,76
(5)	Fe/Fe^{2+}	Ag/Ag^{+}	1,21
(6)	Cu/Cu^{2+}	Ag/Ag^{+}	0,45

Auswertung b):

	oxidiert werden	reduziert werden
(1)	Zn-Atome	Fe(II)-Ionen
(2)	Zn-Atome	Cu(II)-Ionen
(3)	Zn-Atome	Ag(I)-Ionen
(4)	Fe-Atome	Cu(II)-Ionen
(5)	Fe-Atome	Ag(I)-Ionen
(6)	Cu-Atome	Ag(I)-Ionen

Reaktionsgleichungen:

(1) $Zn\,(s) + Fe^{2+}\,(aq) \longrightarrow Zn^{2+}\,(aq) + Fe\,(s)$

(2) $Zn\,(s) + Cu^{2+}\,(aq) \longrightarrow Zn^{2+}\,(aq) + Cu\,(s)$

(3) $Zn\,(s) + 2\,Ag^{+}\,(aq) \longrightarrow Zn^{2+}\,(aq) + 2\,Ag\,(s)$

(4) $Fe\,(s) + Cu^{2+}\,(aq) \longrightarrow Fe^{2+}\,(aq) + Cu\,(s)$

(5) $Fe\,(s) + 2\,Ag^{+}\,(aq) \longrightarrow Fe^{2+}\,(aq) + 2\,Ag\,(s)$

(6) $Cu\,(s) + 2\,Ag^{+}\,(aq) \longrightarrow Cu^{2+}\,(aq) + 2\,Ag\,(s)$

Auswertung c):

In der Redoxreihe von B5, S. 137, fungiert Zink gegenüber den anderen Metall-Ionen immer als Reduktionsmittel und Silber-Ionen fungieren gegenüber allen anderen Metallen als Oxidationsmittel. In V1 und V2 bestätigt sich die Reihenfolge der Redoxreihe. Zusätzlich erhält man aber über die gemessenen Spannungen zwischen den Halbzellen ein Maß für die oxidierende bzw. reduzierende Wirkung der verschiedenen Redoxpaare.

Auswertung d):

Donator-Halbzelle	**Akzeptor-Halbzelle**	**Spannung**
Zn/Zn^{2+}	Pb/Pb^{2+}	0,63 V
Pb/Pb^{2+}	Ag/Ag^{+}	0,93 V

Auswertung e):
Offene Aufgabe.

B5:

	Zellendiagramme:
(1)	$Zn/Zn^{2+}//Fe^{2+}/Fe$
(2)	$Zn/Zn^{2+}//Cu^{2+}/Cu$
(3)	$Zn/Zn^{2+}//Ag^{+}/Ag$
(4)	$Fe/Fe^{2+}//Cu^{2+}/Cu$
(5)	$Fe/Fe^{2+}//Ag^{+}/Ag$
(6)	$Cu/Cu^{2+}//Ag^{+}/Ag$

A1:
Versuchsaufbau:

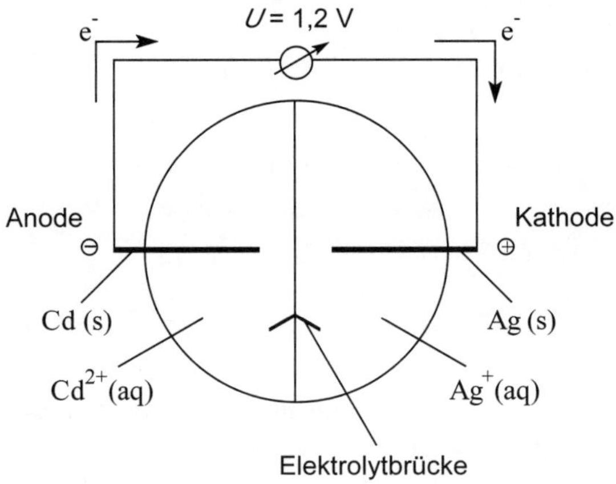

Das Redoxpaar Cd/Cd^{2+} liegt zwischen Fe/Fe^{2+} und Pb/Pb^{2+}.

A2:

	Donator-Halbzelle (Oxidation)	Akzeptor-Halbzelle (Reduktion)
(1)	$Zn\,(s) \longrightarrow Zn^{2+}\,(aq) + 2\,e^-$	$Fe^{2+}\,(aq) + 2\,e^- \longrightarrow Fe\,(s)$
(2)	$Zn\,(s) \longrightarrow Zn^{2+}\,(aq) + 2\,e^-$	$Cu^{2+}\,(aq) + 2\,e^- \longrightarrow Cu\,(s)$
(3)	$Zn\,(s) \longrightarrow Zn^{2+}\,(aq) + 2\,e^-$	$2\,Ag^+\,(aq) + 2\,e^- \longrightarrow 2\,Ag\,(s)$
(4)	$Fe\,(s) \longrightarrow Fe^{2+}\,(aq) + 2\,e^-$	$Cu^{2+}\,(aq) + 2\,e^- \longrightarrow Cu\,(s)$
(5)	$Fe\,(s) \longrightarrow Fe^{2+}\,(aq) + 2\,e^-$	$2\,Ag^+\,(aq) + 2\,e^- \longrightarrow 2\,Ag\,(s)$
(6)	$Cu\,(s) \longrightarrow Cu^{2+}\,(aq) + 2\,e^-$	$2\,Ag^+\,(aq) + 2\,e^- \longrightarrow 2\,Ag\,(s)$

A3:
Wäre das Redoxpaar Pb/Pb^{2+} als „Nullpunkt" gewählt worden, ergäbe sich folgende Spannungsreihe:

$Zn\,/\,Zn^{2+}$	- 0,63 V
$Fe\,/\,Fe^{2+}$	- 0,28 V
$Pb\,/\,Pb^{2+}$	0,0 V
$Cu\,/\,Cu^{2+}$	+ 0,47 V
$Ag\,/\,Ag^{+}$	+ 0,93 V

Hinweis: An dieser Stelle kann über die Bedeutung des Vorzeichens der einzelnen Redoxpotenziale diskutiert werden.

Seite 142 und 143 (EVA)

B2:
Der Eisenzylinder könnte als Minuspol, der umgebende Kupferzylinder könnte als Pluspol fungiert haben. Die Isolierung aus Bitumenmasse verhindert einen direkten Kontakt zwischen Eisen und Kupfer. Der im Tonzylinder enthaltene Essig diente möglicherweise als Elektrolyt.
Hinweis: Es ist nicht gesichert, dass mit der Apparatur auch tatsächlich elektrischer Strom genutzt wurde. Dafür sprechen allerdings Funde von vergoldeten Gegenständen aus der Zeit der „Batterie", die eine galvanische Beschichtung nahelegen. Bei Rekonstruktionen konnte man bei einer nachgebauten „Batterie" eine Spannung von etwa 0,5 V messen.

B4:
Vergleiche Schulbücher der Biologie (Referatsthema).

B8:

Die Schüler könnten Vergleiche hinsichtlich unterschiedlicher Nennspannungen, Einsatzmöglichkeiten und über den Aufbau bei den diversen Batterien anstellen, die sie im Haushalt finden.

Seite 144 und 145

Auswertung a):

In V1 werden am Minuspol Wasserstoff (Knallgasprobe) und am Pluspol Sauerstoff (Glimmspanprobe) hergestellt.

In V2 wird Knallgas produziert, also Wasserstoff und Sauerstoff im Volumenverhältnis $V(H_2) : V(O_2) = 2 : 1$.

Auswertung b):

Es ergeben sich für eine Stromstärke von z.B. ca. 200 mA bei Raumtemperatur folgende Ursprungsgeraden:

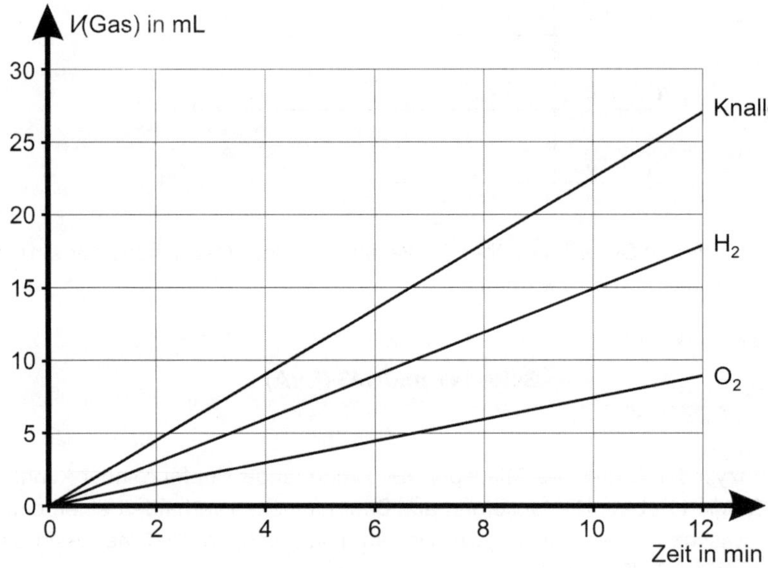

Nach ca. 10 min würden bei den genannten Bedingungen bei V1 etwa 15 mL Wasserstoff und 7,5 mL Sauerstoff und bei V2 würde unter denselben Bedingungen 22,5 mL Knallgas ($V(H_2) + V(O_2)$) entstehen.

Das Volumen der einzelnen Gase am Knallgasgemisch errechnet sich bei V2 nach:

$V(H_2) = {}^2/_3\ V(\text{Knallgas})$

$V(O_2) = {}^1/_3\ V(\text{Knallgas})$

Auswertung c):
Die abgeschiedenen Gasportionen verhalten sich direkt proportional zur Stromstärke und zurzeit bzw. zur Ladungsmenge ($I \cdot t$). Durch dieselbe Ladungsmenge erhält man immer doppelt so viel Wasserstoff- wie Sauerstoffgas.

Auswertung d):
Die Stoffmenge an Gas berechnet sich nach:

$$(1) \quad n\,(Gas) = \frac{V(Gas)}{V_m}$$

V(Gas) ist hierbei das Gasvolumen zu einem bestimmten Zeitpunkt und V_m ist das molare Volumen bei den gegebenen Bedingungen.

Als Rechenbeispiel sei angenommen, dass der Versuch bei 1010 hPa und 20 °C (= 293 K) durchgeführt wurde und ein Gasvolumen von 10 mL vorliegt.
Dann wird zuerst V_m für diese Bedingungen berechnet:

$$(2) \quad V_m = \frac{p \cdot V_{mn} \cdot T}{T_n \cdot p_n}$$

$$V_m = \frac{1010\ \text{hPa} \cdot 22{,}4\ \text{L} \cdot \text{mol}^{-1} \cdot 293\ \text{K}}{273\ K \cdot 1013\ \text{hPa}} = 24{,}0\ \text{L} \cdot \text{mol}^{-1}$$

Nun ergibt sich die Stoffmenge einer Gasportion aus Gleichung (1):

$$n\,(Gas) = \frac{0{,}01\ \text{L}}{24{,}0\ \text{L} \cdot \text{mol}^{-1}} = 0{,}00042\ \text{mol}$$

B3:
Die Steigungen der Wasserstoffgeraden sind immer doppelt so groß wie die der entsprechenden Sauerstoffgeraden. Die Steigungen bestätigen das Volumenverhältnis der gebildeten Gase. Die Geraden von Wasserstoff und Sauerstoff liegen dann identisch übereinander, wenn die Sauerstoffwerte im Vergleich zu den Wasserstoffwerten bei doppelter Ladung aufgenommen wurden.

A1:
Die Ladung Q berechnet sich nach $Q = I \cdot t$, Einheit für I ist [A], Einheit der Zeit [s].

A2:
Gegeben: $t = 300$ s
$I = 0{,}1$ A
$V(Cl_2) = 3{,}8$ mL
$T = 295$ K
$p = 1000$ hPa

a) Am Pluspol: $2\,Cl^- (aq) \longrightarrow Cl_2 (g) + 2\,e^-$

Am Minuspol: $Cu^{2+} (aq) + 2\,e^- \longrightarrow Cu (s)$

b) $Q = 0{,}1\,A \cdot 300\,s = 30\,As = 30\,C$

c) Das Chlorvolumen unter Normbedingungen errechnet sich aus:

$$\frac{p \cdot V(\mathrm{Cl_2})}{T} = \frac{p_n \cdot V_n(\mathrm{Cl_2})}{T_n}$$

$$V_n(\mathrm{Cl_2}) = \frac{p \cdot V(Cl_2) \cdot T_n}{p_n \cdot T} = \frac{1000\,\mathrm{hPa} \cdot 3{,}8\,\mathrm{mL} \cdot 273\,\mathrm{K}}{1013\,\mathrm{hPa} \cdot 295\,\mathrm{K}} = 3{,}5\,\mathrm{mL}$$

d) Somit errechnet sich die Stoffmenge an Chlor zu:

$$n(\mathrm{Cl_2}) = \frac{V_n(\mathrm{Cl_2})}{V_{mn}} = \frac{3{,}5 \cdot 10^{-3}\,\mathrm{L}}{22{,}4\,\mathrm{L} \cdot \mathrm{mol}^{-1}} = 0{,}00016\,\mathrm{mol}$$

Aus a) ergibt sich, dass pro Mol Chlor-Moleküle ein Mol Kupfer-Atome abgeschiedenen wird. Die elektrolytisch abgeschiedene Stoffmenge an Kupfer beträgt daher ebenfalls

$n(Cu) = 0{,}00016\,mol.$

Seite 146 und 147

Auswertung a):

Der Gegenstand (z.B. Schlüssel) am Minuspol wird verkupfert. Das Kupferblech am Pluspol erhält eine glatte, sauber aussehende Oberfläche.

Am Minuspol werden die Kupfer-Ionen der Galvanisierflüssigkeit reduziert:

$Cu^{2+} (aq) + 2\,e^- \longrightarrow Cu (s)$

Die glatte Oberfläche des anodischen Kupferblechs erklärt sich dadurch, dass Kupfer-Ionen in Lösung gehen (Umkehrung der obigen Reaktionsgleichung).

Auswertung b):

$$Ag^+(aq) + e^- \underset{\text{Anode}}{\overset{\text{Kathode}}{\rightleftharpoons}} Ag(s)$$

$$Cu^{2+}(aq) + 2\,e^- \underset{\text{Anode}}{\overset{\text{Kathode}}{\rightleftharpoons}} Cu(s)$$

Auswertung c):

Gegeben: $t = 20$ min = 1200 s

$I = 0{,}2$ A

$$Q = I \cdot t = 0{,}2\ A \cdot 1200\ s = 240\ C$$

Berechnung der Stoffmengen:

- *Lösungsmöglichkeit 1:* Berechnung über FARADAY-Gesetz (nach Literatur S. 147)

$$n(Ag) = \frac{240\ \text{C}}{1 \cdot 96487\ \text{C/mol}} \approx 0{,}0025\ \text{mol}$$

$$n(Cu) = \frac{240\ \text{C}}{2 \cdot 96487\ \text{C/mol}} \approx 0{,}00125\ \text{mol}$$

- *Lösungsmöglichkeit 2:* Berechnung aus experimentellen Vorgaben
  Das kathodische Silberblech müsste theoretisch eine Massenzunahme von etwa 0,268 g, das entsprechende Kupferblech eine von 0,079 g zeigen. Hiernach berechnet sich die Stoffmenge an abgeschiedenem Silber bzw. Kupfer nach:

$$n(Ag) = \frac{m(Ag)}{M(Ag)} = \frac{0{,}268\ \text{g}}{107{,}9\ \text{g/mol}} \approx 0{,}0025\ \text{mol}$$

$$n(Cu) = \frac{m(Cu)}{M(Cu)} = \frac{0{,}079\ \text{g}}{63{,}5\ \text{g/mol}} \approx 0{,}00125\ \text{mol}$$

Von einwertigem Silber wird eine doppelt so große Stoffmenge abgeschieden wie von zweiwertigem Kupfer (vgl. Ladungszahl z).

Hinweis: Man muss darauf achten, dass das an der Kathode anhaftende Metall während des Versuchs nicht abfällt, da sonst ein zu großer Fehler entsteht. Alternativ kann man auch die Massenabnahmen der beiden Anodenbleche ermitteln. Sie entspricht zahlenmäßig der berechneten Massenzunahme.

Auswertung d):

Die Metallbleche an der Anode werden um die unter c) berechnete Masse leichter, da eine äquivalente Stoffmenge an Metall in Lösung geht.

Auswertung e):

Da zur Abscheidung von 1 H_2-Molekül 2 Elektronen benötigt werden, erhält man durch die bei V2 geflossene Ladung dieselbe Stoffmenge Wasserstoff wie Kupfer:

$$n(H_2) = n(Cu) = \frac{1}{2} n(Ag) \approx 0{,}00125\ \text{mol}$$

Die Stoffmenge an elektrolytisch abgeschiedenem Sauerstoff ergibt sich aus den Ergebnissen von V1 auf S. 144 bzw. B3 auf S. 145:

$$n(O_2) = \frac{1}{2} n(H_2) \approx 0{,}000625 \text{ mol}$$

Auswertung f):

Bei V2 wurde eine Stoffmenge an Silber von n (Ag) = 0,0025 mol kathodisch abgeschieden. Hierzu war eine Ladung von Q = 240 C nötig. Zur Abscheidung von 1 mol Silber benötigt man daher:

$$Q = \frac{240 \text{ C}}{0{,}0025 \text{ mol}} = 96000 \text{ C/mol}$$

Entsprechende Berechnungen für Kupfer und Wasserstoff:

$$Q = \frac{240 \text{ C}}{0{,}00125 \text{ mol}} = 19200 \text{ C/mol}$$

Die Ladungsmenge für 1 mol Sauerstoff beträgt 384000 C/mol.

B2:

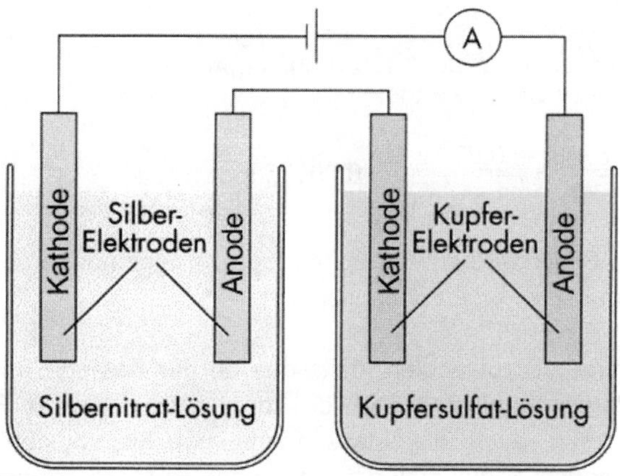

B3:

Beim Elektropolieren wird das Stahlblech an der Anode oxidiert, d.h. die Eisen-Atome gehen als Eisen-Ionen in Lösung (vgl. anodisches Kupferblech bei V1). Die raue Oberfläche des Stahls, die ihn matt erscheinen lässt, wird dadurch geglättet. An der Kathode werden Kupfer-Ionen aus der Lösung reduziert.

Das Elektropolieren lässt die Stahloberfläche nicht nur schöner aussehen. Es hat auch technische Bedeutung, da eine glatte Stahloberfläche leichter zu reinigen ist als eine raue. So eignen sich elektropolierte Stahlbleche zur Lagerung von Lebensmitteln (z.B. Weintanks).

A1:

Am Minuspol: $$n(Zn) = \frac{0{,}2\ \text{A} \cdot 600\ \text{s}}{2 \cdot 96487\ \text{C/mol}} = 0{,}00062\ \text{mol}$$

Am Pluspol: $$n(Br_2) = \frac{0{,}2\ \text{A} \cdot 600\ \text{s}}{2 \cdot 96487\ \text{C/mol}} = 0{,}00062\ \text{mol}$$

A2:

Gegeben: m(Ag) = 1,118 mg

I = 1 A

t = 1 s

$$Q = I \cdot t = 1\ A \cdot 1\ s = 1\ C$$

Berechnung der Stoffmenge an Silber, die man mit 1 Coulomb abscheidet:

$$n(Ag) = \frac{1\ \text{C}}{1 \cdot 96487\ \text{C/mol}} = 1{,}036 \cdot 10^{-5}\ \text{mol}$$

Dies entspricht einer Silberportion von:

$$m(Ag) = 1{,}036 \cdot 10^{-5}\ \text{mol} \cdot 107{,}9\ \text{g/mol} = 1{,}118 \cdot 10^{-3}\ \text{g} = 1{,}118\ \text{mg}$$

Dies entspricht dem Definitionswert.

A3:

Gegeben: m(Au) = 3 g

M(Au) = 197 g/mol

z = 3

t = 6 min = 360 s

$$I = \frac{m(Au) \cdot z \cdot F}{M(Au) \cdot t} = \frac{3\ \text{g} \cdot 3 \cdot 96487\ \text{A} \cdot \text{s} \cdot \text{mol}^{-1}}{197\ \text{g} \cdot \text{mol}^{-1} \cdot 360\ \text{s}} = 12{,}2\ \text{A}$$

A4:

Gegeben: m(Ag) = 90 g bzw. 150 g

(jeweils auf A = 24 dm^2 Besteckoberfläche)

Stromdichte: I / A = 1 A/dm^2

daraus folgt: I = 1 A/dm^2 · A

Gesucht: Elektrolysierdauer t

Berechnung für das Silberbesteck mit dem Aufdruck „90“:

$$t = \frac{m(Ag) \cdot z \cdot F}{M(Ag) \cdot I} = \frac{90\ \text{g} \cdot 1 \cdot 96487\ \text{A} \cdot \text{s}}{107{,}9\ \text{g/mol} \cdot 1\ \text{A/dm}^2 \cdot 24\ \text{dm}^2} = 3353{,}3\ \text{s} = 55{,}9\ \text{min}$$

Berechnung für das Silberbesteck mit dem Aufdruck „150“:

$$t = \frac{150\,\text{g} \cdot 1 \cdot 96487\,\text{A} \cdot \text{s}}{107{,}9\,\text{g/mol} \cdot 1\,\text{A/dm}^2 \cdot 24\,\text{dm}^2} = 5588{,}9\,\text{s} = 93{,}1\,\text{min}$$

Seite 148 und 149

Auswertung a):

$$Zn\,(s) + 2\,H^+\,(aq) \longrightarrow Zn^{2+}\,(aq) + H_2\,(g)$$

$$Fe\,(s) + 2\,H^+\,(aq) \longrightarrow Fe^{2+}\,(aq) + H_2\,(g)$$

Mit Kupfer und Silber ist keine Reaktion zu beobachten.

Auswertung b):
Das Redoxpaar muss zwischen den Redoxpaaren Fe/Fe^{2+} und Cu/Cu^{2+} eingeordnet werden. Um eine genauere Position zu ermitteln, müssten zusätzliche Metalle eingesetzt werden.

Auswertung c):

Kombination mit Zn/Zn^{2+}:

Am Minuspol: $Zn\,(s) \longrightarrow Zn^{2+}\,(aq) + 2\,e^-$

Am Pluspol: $2\,H^+\,(aq) + 2\,e^- \longrightarrow H_2\,(g)$

Kombination mit Cu/Cu^{2+}:

Am Minuspol: $H_2\,(g) \longrightarrow 2\,H^+\,(aq) + 2\,e^-$

Am Pluspol: $Cu^{2+}\,(aq) + 2\,e^- \longrightarrow Cu\,(s)$

Auswertung d):
Bei V3 und V4 muss Wasserstoffgas erst erzeugt werden, um das Redoxpaar $H_2/2H^+$ zu gewinnen. Hierzu wird das Platinblech als Kathode geschaltet, sodass die in der Salzsäure enthaltenen H^+-Ionen reduziert werden. Auf diese Weise wird eine vereinfachte Standard-Wasserstoff-Halbzelle hergestellt.

B3:
Die Spannung zwischen der Zink-Halbzelle und der Wasserstoff-Halbzelle beträgt:

$U = \Delta E = E(H_2/2H^+) - E(Zn/Zn^{2+}) = 0{,}76\ V$

Die Spannung des Daniell-Elements beträgt:

$U = \Delta E = E(Cu/Cu^{2+}) - E(Zn/Zn^{2+}) = 1{,}1\ V$

Da die Wasserstoff-Halbzelle gegenüber der Kupfer-Halbzelle Elektronen-Donator ist und die Spannungen sich additiv verhalten, errechnet sich die Spannung gegenüber der Kupfer-Halbzelle nach:

$U = \Delta E = 1{,}1\ \text{V} - 0{,}76\ \text{V} = 0{,}34\ \text{V}$

A1:

- $Cd/Cd^{2+}//2H^{+}/H_2$
- $Ni/Ni^{2+}//2H^{+}/H_2$
- $H_2/2H^{+}//Au^{3+}/Au$
- $Cr/Cr^{3+}//2H^{+}/H_2$

A2:

$Cd\ (s) + 2\ H^{+}\ (aq) \longrightarrow Cd^{2+}\ (aq) + H_2\ (g)$

$Ni\ (s) + 2\ H^{+}\ (aq) \longrightarrow Ni^{2+}\ (aq) + H_2\ (g)$

$2\ Au^{3+}\ (aq) + 3\ H_2\ (g) \longrightarrow 2\ Au\ (s) + 6\ H^{+}\ (aq)$

$2\ Cr\ (s) + 6\ H^{+}\ (aq) \longrightarrow 2\ Cr^{3+}\ (aq) + 3\ H_2\ (g)$

A3:

Das Redoxpaar Pd/Pd^{2+} liegt zwischen Hg/Hg^{2+} und Pt/Pt^{2+}.
Das Zellendiagramm lautet: $H_2/2H^{+}//Pd^{2+}/Pd$.

A4:

- stärkstes Oxidationsmittel: Au-Atome
- stärkstes Reduktionsmittel: K-Atome
- schwächstes Oxidationsmittel: Li^{+}-Ionen
- schwächstes Reduktionsmittel: Fe^{2+}-Ionen

Seite 150 und 151

Auswertung a):

V1: a) Chlorid mit Bromwasser: keine Reaktion

b) Bromid mit Chlorwasser:

$2\ Br^{-}\ (aq) + Cl_2\ (aq) \longrightarrow Br_2\ (aq) + 2\ Cl^{-}\ (aq)$

c) Iodid mit Chlorwasser:

$2\ I^{-}\ (aq) + Cl_2\ (aq) \longrightarrow I_2\ (aq) + 2\ Cl^{-}\ (aq)$

d) Iodid mit Bromwasser:

$2\ I^{-}\ (aq) + Br_2\ (aq) \longrightarrow I_2\ (aq) + 2\ Br^{-}\ (aq)$

V2: $$2\,H^+(aq) + 2\,Cl^-(aq) \xrightleftharpoons[\text{galvanische Messung}]{\text{Elektrolyse}} H_2(g) + Cl_2(g)$$

Anmerkung: Minuspol bei der galvanischen Messung ist die Wasserstoff-Halbzelle.

V3: Die Gleichungen lassen sich für die anderen Halogene analog zu V2 formulieren:

$$2\,H^+(aq) + 2\,Br^-(aq) \xrightleftharpoons[\text{galvanische Messung}]{\text{Elektrolyse}} H_2(g) + Br_2(aq)$$

$$2\,H^+(aq) + 2\,I^-(aq) \xrightleftharpoons[\text{galvanische Messung}]{\text{Elektrolyse}} H_2(g) + I_2(aq)$$

Auswertung b):
Siehe B4 auf Seite 151.

Auswertung c):

- Die Chlor-Halbzelle liegt zwischen der Platin- und der Gold-Halbzelle.
- Die Brom-Halbzelle liegt zwischen der Quecksilber- und der Platin-Halbzelle.
- Die Iod-Halbzelle liegt zwischen der Kupfer- und der Silber-Halbzelle.

Auswertung d):

- $H_2/2H^+//Cl_2/2Cl^-$
- $H_2/2H^+//Br_2/2Br^-$
- $H_2/2H^+//I_2/2I^-$

B3:
Siehe Auswertung a).

A1:

- Oxidationsvermögen der Halogene: $I_2 < Br_2 < Cl_2 < F_2$
- Reduktionsvermögen der Halogenide: $F^- < Cl^- < Br^- < I^-$

A2:
Aufgrund der Stellung in der Spannungsreihe würde Chlorgas Cl_2 Platin oxidieren. Es würde folgende Reaktion ablaufen:

$$Cl_2(g) + Pt(s) \longrightarrow 2\,Cl^-(aq) + Pt^{2+}(aq)$$

Graphit wird durch Chlor nicht angegriffen und kann Chlorgas als Inert-Elektrode an der feinen Oberfläche anlagern.

A3:

a) Gibt man zu einer mit Chlorgas Cl_2 beladenen Graphit-Elektrode Bromid-Ionen, so werden die Bromid-Ionen durch die Chlor-Moleküle oxidiert:

$$2\,Br^-\,(aq) + Cl_2\,(g) \longrightarrow 2\,Cl^-\,(aq) + Br_2\,(aq)$$

Chlor fungiert gegenüber Bromid-Ionen als Oxidationsmittel. Es entsteht also an der Graphit-Elektrode eine der vorgelegten Chlormenge äquivalente Stoffmenge an Brom. Die Elektrode ist daher sofort als Brom-Halbzelle in V4 einzusetzen. Eine entsprechende Aussage gilt für den Einsatz einer Iodid-Lösung.

b) Durch diese Reihenfolge kann man nur das Standardpotenzial der Iod-Halbzelle ermitteln. Die an der Graphit-Elektrode anhaftenden Iod-Moleküle würden aber Bromid-Ionen nicht oxidieren können (vgl. Spannungsreihe) und das Standardpotenzial der Brom-Halbzelle wäre nicht messbar.

Seite 152 und 153

Anmerkung zu V1:

Für die Photoelektrode muss Titandioxid in der photochemisch aktiveren Anatas-Modifikation verwendet werden.

Leitfähiges Glas und eine Probe Titandioxid kann über die Didaktik der Chemie an der Universität Wuppertal bezogen werden.

Auswertung a):

- Nachweis von Wasserstoff:
  Nach 10 – 15 Minuten kontinuierlicher Bestrahlung (bei Strommessung) entstehen an der Oberfläche der Platin-Elektrode kleine Wasserstoff-Gasblasen. Die Halbzelle kann als Standard-Wasserstoff-Halbzelle angesehen werden. Beim Verbinden dieser Halbzelle mit einer Cu/Cu^{2+}-Halbzelle sollte daher annähernd ein Potenzial von + 0,35 V (Standardpotenzial Cu/Cu^{2+}) gemessen werden, da ein galvanisches Element $H_2/2H^+//Cu^{2+}/Cu$ vorliegt.
  Abweichungen von diesem Messwert können über eine Abweichung von den Standardbedingungen (Druck, Temperatur) und über eine andere Konzentration des Wasserstoff-Gases erklärt werden.
- Nachweis von Brom:
  Versetzt mit Kaliumiodid/Stärke-Lösung färbt sich die Elektrolyt-Lösung dunkelblau. Die gebildeten Brom-Moleküle reduzieren die Iodid-Ionen der Lösung. Die blaue Färbung ist auf die Bildung einer Einschlussverbindung zwischen der kolloidalen Stärke und dem gebildeten Iod zurückzuführen. Es handelt sich um einen indirekten Nachweis von Brom.

Auswertung b):

Photoelektrode:
$$2\,TiO_2 + 2\,h\nu \longrightarrow 2\,TiO_2/h^+ + 2\,e^-$$
$$2\,Br^- + 2\,TiO_2/h^+ \longrightarrow Br_2 + 2\,TiO_2$$
$$\overline{2\,Br^- + 2\,h\nu \longrightarrow Br_2 + 2\,e^-}$$

Gegenelektrode: $2\,H^+ + 2e^- \longrightarrow H_2$

Gesamtgleichung: $2\,Br^- + 2\,H^+ \longrightarrow Br_2 + H_2$

Auswertung c):
Die 1-Topf-Zelle liefert höhere Werte für die Photospannung und den Photostrom als die 2-Topf-Zelle.

Erklärung:

- Die 1-Topf-Zelle ist bezüglich der Zellgeometrie viel kompakter (nur ein Reaktionsgefäß, keine Salzbrücke), die Ladungsträger müssen kürzere Wege zurücklegen.
- EDTA-Moleküle sind effizientere Opferdonoren als Bromid-Ionen.
- Die Gegenelektrode (Rasierscherfolie) hat eine größere Oberfläche, wodurch größerer Stoffumsatz bedingt wird.

Auswertung d):
In V1 und V3 entstehen im Titandioxid bei Bestrahlung die Elektron-Loch-Paare. Die Elektronen gelangen über die leitfähige ITO-Schicht in den äußeren Stromkreis, die ITO-Schicht hat somit ableitende Funktion.
Das Titandioxid muss gesintert werden, damit ein kontinuierlicher Weg für die Wanderung der Elektronen geschaffen wird. In V2 misst man keine Leitfähigkeit, da hier die einzelnen Titandioxid-Teilchen nicht miteinander verbunden sind, weshalb keine Elektronen durch die Probe wandern können.
Bei gesinterten Photoelektroden fließen Elektronen nicht nur durch die TiO_2-Schicht, sondern auch direkt von TiO_2-Agglomeraten in die ITO-Schicht.

B1:
Gemeinsamkeiten:

- Beide Elemente verfügen über zwei getrennte Halbzellen mit je einer festen Elektrode in einer Elektrolyt-Lösung.
- Die Halbzellen sind über eine Salzbrücke o.ä. miteinander verbunden.
- Die mit dem Pluspol verbundene Elektrode ist ein Metall.
- Die messbare Stromstärke ist gering.

Unterschiede:

- Im DANIELL-Element ist der Minuspol ein Metall, bei der photogalvanischen Zelle ist er ein Halbleiter (auf leitfähigem Glas).
- Das DANIELL-Element liefert eine elektrische Spannung, sobald beide Halbzellen miteinander über eine Salzbrücke verbunden sind, bei der photogalvanischen Zelle ist dazu Bestrahlung mit Licht nötig.

B2:
Die für die am Pluspol erfolgende Bildung von Wasserstoff nötigen Wasserstoff-Ionen sind bereits in der EDTA-Lösung vorhanden bzw. werden bei der Oxidation von EDTA freigesetzt. Die Zugabe einer weiteren Elektrolyt-Lösung ist somit nicht nötig.

B3:
Die leitende Schicht ist notwendig, damit die Elektronen aus der Halbleiterschicht über die Krokodilklemme (die nicht in Kontakt mit der Elektrolyt-Lösung kommen soll) und das Kabel in den äußeren Stromkreis gelangen können.

B4:
Über das Portal *Chemie 2000+ Online* gelangt man zu einer Flash-Animation zu photoelektrochemischen Zellen, von deren Startseite aus man auf eine Informationsseite gelangt. Dort sind die Begriffe Valenzband, Leitungsband und Bandlücke erläutert.

A1:
Das in V3 eingesetzte EDTA (aq) ist ein effizienterer Opferdonor als das in V1 eingesetzte KBr (aq). Experimentell könnte man unter konstanter Bestrahlung der 2-Topf-Zelle aus V1 die erhaltene Photospannung messen und nach einiger Zeit etwas EDTA zur Elektrolyt-Lösung zugeben. Die Spannung steigt dann sofort an und kann einen Wert um 1,0 V erreichen.
Es bleibt dem Lehrer überlassen, auf die annähernd gleichen Redoxpotenziale beider Opferdonoren einzugehen:

$E°(EDTA/EDTA_{ox}) = 1{,}0\ V$

$E°(2Br^-/Br_2) = 1{,}07\ V$

Es handelt sich insofern um einen besonders interessanten Fall, weil deutlich wird, dass auch die Kinetik eine entscheidende Rolle spielt.

A2:
Für einen großtechnischen Einsatz der 1-Topf-Zelle:

- „saubere" Gewinnung von elektrischer Energie
- interessantes Nebenprodukt Wasserstoff (allerdings in geringen Mengen) als möglicher Treibstoff
- verbrauchte Chemikalien sind ungiftig

Gegen einen großtechnischen Einsatz der 1-Topf-Zelle:

- Verbrauch eines Opferdonors (kein Kreislaufprozess)
- Eine flüssige Elektrolyt-Lösung ist unpraktisch. Die Zelle müsste entweder versiegelt (wobei Opferdonor nachfüllbar sein müsste) oder es müsste Elektrolyt-Lösung nachgefüllt werden.
- Im Vergleich zu anderen Stromquellen ist die Leistung der Zelle zu gering.

Seite 154 und 155 (EVA)

Auswertung:

	Metalle	Halbleiter	Lösungen
Veränderung der Stromstärke bei Zufuhr von Energie	sinkt	steigt	steigt
Ladungsträger, die für die Stromleitung verantwortlich sind	Elektronen	Elektronen und Löcher	Ionen
Ladungen der beteiligten Ladungsträger	–	– / +	– / +
Finden stoffliche Veränderungen statt?	nein	nein	ja

A1:
Ungesintertes Titandioxidpulver besteht aus winzigsten Teilchen in der Größenordnung weniger Nanometer. Die einzelnen TiO_2-Teilchen sind vor dem Sintern chemisch nicht miteinander verbunden. Im lockeren TiO_2-Pulver kann der Elektronentransport von einem TiO_2-Teilchen zum nächsten nicht erfolgen.

A2:

a) DANIELL-Element:
In beiden Halbzellen:
- Elektrode: feste Phase, Metall, Elektronen als Ladungsträger
- Elektrolyt-Lösung: Ionen als Ladungsträger

b) photogalvanisches Element (2-Topf-Zelle):
Photohalbzelle:
- TiO_2: feste Phase, Halbleiter
  Ladungsträger: Elektronen und Löcher (Elektronendefizite)
- Elektrolyt-Lösung: flüssige Phase
  Ladungsträger: Ionen
  (Der Ausgleich des Elektronendefizits durch die Oxidation der Bromid-Ionen ist Voraussetzung für den Austritt der Elektronen aus dem Leitungsband der TiO_2-Teilchen in den äußeren Stromkreis.)
- Ggf. kann hier auch die leitfähige ITO-Schicht angesprochen werden. Dabei handelt es sich auch um einen Halbleiter. Durch diese feste Phase wandern Elektronen und Löcher in einem hopping-Prozess, die Elektronen gelangen schließlich über die Krokodilklemme in den äußeren Stromkreis.

Halbzelle mit Pt-Elektrode und HCl(aq):
- Elektrode: feste Phase, Metall, Elektronen als Ladungsträger
- Elektrolyt-Lösung: Ionen als Ladungsträger

A3:
Bei Halbleitern existiert zwischen Valenzband und Leitungsband eine Bandlücke E_g. Diese kann durch die Beimischung von Atomen anderer Elemente verringert werden. Silicium, einem typischen Halbleiter, werden Atome von Elementen der III. oder V. Gruppe in sehr geringen Mengen (ca. 3 Fremdatome pro 100 Millionen Silicium-Atome) beigemischt.

n-dotierte Halbleiter:
Werden Phosphor-Atome in ein Si-Kristallgitter eingebaut, so liegen Überschuss-Elektronen vor. Diesen entspricht im Energiebändermodell eine Energie E_n, die etwas unter der Bandkante des Leitungsbands liegt. Die Überschuss-Elektronen können durch Zufuhr von sehr wenig Energie aus E_n in das Leitungsband gehoben werden. Die Leitfähigkeit des n-dotierten Kristalls ist erhöht.
Die Leitung ist durch elektrisch negative Ladung gewährleistet.

p-dotierte Halbleiter:
Werden Bor-Atome in ein Si-Kristallgitter eingebaut, so kommt es zum Auftreten von Elektronenfehlstellen / Löchern. Ein Loch wird von einem Valenzelektron eines benachbarten Si-Atoms aufgefüllt, wo nun seinerseits ein Loch entsteht. Dieses wird wiederum von einem Valenzelektron eines benachbarten Si-Atoms aufgefüllt usw. (hopping-Prozess). Im Energiebändermodell entspricht das einem Herabrutschen der unteren Kante des Leitungsbands bis wenig oberhalb des Valenzbands. Die Leitfähigkeit des p-dotierten Kristalls ist erhöht.
Die elektrische Ladung wird in Form von positiven Löchern durch den Kristall transportiert.

Ggf. kann auf halbleitende Verbindungen wie TiO_2 oder CuCl eingegangen werden:
Das für die Photoelektrode verwendete Titandioxid hat n-halbleitende Eigenschaften. Diese sind auf einen geringen Unterschuss an Sauerstoff im Kristallgitter zurückzuführen, der bewirkt, dass einige Ti-Atome im Gitter die Oxidationszahl + III tragen. Damit liegt gegenüber den übrigen Ti-Atomen mit der Oxidationszahl + IV ein gewisser Elektronenüberschuss vor.

A4:
Die Vorgänge bei der Stromleitung in Halbleitern ähneln sowohl den Vorgängen in Metallen als auch denen in Lösungen.

Ähnlichkeit mit Metallen:
Es findet kein Stoffumsatz statt.

Ähnlichkeit mit Lösungen:
Die Leitfähigkeit erhöht sich bei Energiezufuhr: Bei Lösungen wandern die Ionen schneller, bei Halbleitern entstehen Elektron-Loch-Paare, deren Auseinanderdriften erst die Leitfähigkeit ausmacht.
Positive und negative Ladungsträger bewegen sich in entgegengesetzter Richtung voneinander.

Seite 156 und 157 (EVA)

B3:
Das Standardpotenzial der Salpetersäure beträgt $E° = 0{,}96$ V. Es liegt damit zwischen den Standardpotenzialen der Redoxpaare Ag/Ag^{+} ($E° = 0{,}8$ V) und Au/Au^{3+} ($E° = 1{,}41$ V).
Gegenüber Silber fungiert die Salpetersäure also als Oxidationsmittel. Gold wird durch Salpetersäure nicht oxidiert. Somit kann man aus einem Metallgemisch aus Gold und Silber das Silber herauslösen, sodass elementares Gold zurückbleibt.

A1:
Der *p*H-Wert kann grafisch anhand von B5 ermittelt werden. Das Standardpotenzial der Kupfer-Halbzelle beträgt $E°(Cu/Cu^{2+}) = +\,0{,}35$ V. Damit Hydrochinon gegenüber Cu^{2+}-Ionen als Reduktionsmittel fungieren kann, muss das Redoxpotenzial einer Hydrochinon/Chinon-Lösung einen kleineren Wert als $E = +\,0{,}35$ V annehmen. Dies ist ab einem *p*H-Wert von ca. *p*H 5,9 der Fall. Cu^{2+}-Ionen werden also bei einem *p*H-Wert oberhalb von *p*H 5,9 von Hydrochinon reduziert.

Hinweis: Nachdem man die NERNST-Gleichung behandelt hat, kann man den *p*H-Wert, ab dem Kupfer-Ionen reduziert werden, auch berechnen lassen.
E(Hydrochinon/Chinon) muss kleiner als $E°(Cu/Cu^{2+})$ sein. Somit gilt nach B3 auf S. 161:

$$0{,}35\text{ V} = 0{,}70\text{ V} + \frac{0{,}059\text{ V}}{2} \cdot \lg \frac{\{c(Chinon)\} \cdot \{c^2(H^+)\}}{\{c(Hydrochinon)\}}$$

Da die Konzentrationen an Hydrochinon und Chinon jeweils gleich sind, gilt:

$$-0{,}35 = 0{,}059 \cdot \lg\{c(H^+)\} \quad \text{bzw.} \quad \lg\{c(H^+)\} = -5{,}9$$

Oberhalb von *p*H 5,9 wirkt die Hydrochinon/Chinon-Lösung reduzierend gegenüber Cu^{2+}-Ionen.

A2:
Die Essigsäure senkt den *p*H-Wert der Entwickler-Lösung, sodass das Redoxpotenzial der Hydrochinon/Chinon-Lösung einen positiveren Wert annimmt als das Standardpotenzial von AgBr/Ag^{+} + Br^{-} (0,07 V).

A3:
Alle Potenziale der in B3 angegebenen Redoxpaare, bei denen H^{+}-Ionen oder Hydroxid-Ionen aufgeführt sind, sind *p*H-abhängig.
Dies sind folgende Redoxpaare:

(a) $4\,OH^- \rightleftharpoons O_2 + 2\,H_2O + 4\,e^-$

(b) $NO + 2\,H_2O \rightleftharpoons NO_3^- + 4\,H^+ + 3\,e^-$

(c) $2\,H_2O \rightleftharpoons O_2 + 4\,H^+ + 4\,e^-$

(d) $Mn^{2+} + 2\,H_2O \rightleftharpoons MnO_2 + 4\,H^+ + 2\,e^-$

(e) $2\,Cr^{3+} + 7\,H_2O \rightleftharpoons Cr_2O_7^{2-} + 14\,H^+ + 6\,e^-$

(f) $Mn^{2+} + 4\,H_2O \rightleftharpoons MnO_4^- + 8\,H^+ + 5\,e^-$

Erklärung über das chemische Gleichgewicht:
Wird bei den Redox-Gleichgewichten (b) bis (f) der *p*H-Wert gesenkt, so erhöht sich jeweils die Konzentration der Protonen auf der rechten Seite des Gleichgewichts. Dadurch erniedrigt sich die Fähigkeit der auf der linken Seite des Gleichgewichts aufgeführten Teilchen, als Reduktionsmittel zu fungieren. Bei steigendem *p*H-Wert werden die Protonen auf der rechten Seite dem Gleichgewicht entnommen, sodass nach dem Prinzip von LE CHATELIER das jeweilige Reduktionsmittel unter Abgabe von Elektronen oxidiert wird. Das Redoxpotenzial verändert sich mit steigendem *p*H-Wert daher in Richtung positiverer Elektrodenpotenziale.
Bei Gleichgewicht (a) werden durch Zugabe von Protonen, d.h. durch *p*H-Absenkung, Hydroxid-Ionen verbraucht, was zu einer Gleichgewichtsverschiebung nach links führt. Die Oxidationswirkung des Sauerstoffs wird damit erhöht.
Allgemein kann man sagen, dass bei *p*H-abhängigen Redoxpaaren die Oxidationsmittel in saurer Lösung, die Reduktionsmittel in alkalischer Lösung stärker wirksam sind.

Hinweis: Die Aufgabe lässt sich auch nach Behandlung der NERNST-Gleichung bearbeiten und mit dieser erläutern (vgl. auch A4, S. 161).

Seite 158 und 159

Auswertung a):
Minuspol ist die Halbzelle mit der verdünnten Lösung, Pluspol die Halbzelle mit der konzentrierteren Lösung.
In beiden Halbzellen liegt folgendes Gleichgewicht vor:

$$Zn \rightleftharpoons Zn^{2+} + 2\,e^-$$

In der verdünnten Lösung gehen im Vergleich zur konzentrierten Lösung Zink-Ionen eher in Lösung, da der Lösevorgang hier gegen eine niedrigere Metall-

Ionenkonzentration erfolgt. Dadurch entsteht in der linken Halbzelle von B1 ein Elektronenüberschuss; die Halbzelle stellt somit die Donator-Halbzelle dar.

Auswertung b):
In V2 ist die Halbzelle mit der verdünnteren Lösung der Pluspol, während der Minuspol durch die konzentriertere Lösung gekennzeichnet ist.
In einer Chlor-Halbzelle liegt das folgende Gleichgewicht vor:

$$Cl_2 + 2\,e^- \rightleftharpoons 2\,Cl^-$$

In der verdünnteren Lösung gehen Chlor-Moleküle unter Aufnahme von 2 Elektronen eher in Lösung als in der konzentrierteren Lösung.

Auswertung c):
Wenn man die Messergebnisse grafisch darstellt, ergibt sich folgende Ursprungsgerade:

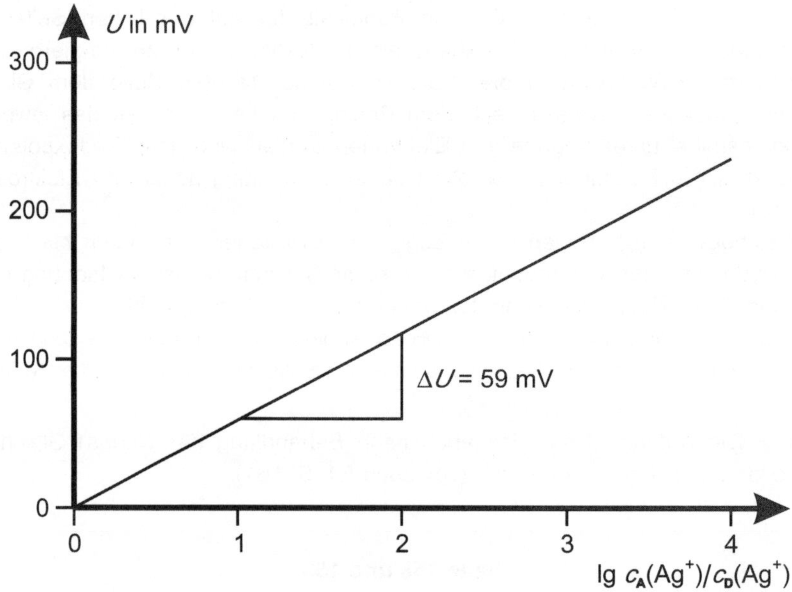

Die Geradengleichung (Gesetzmäßigkeit) lautet:

$$U = 0{,}059\ \mathrm{V} \cdot \lg \frac{c_A(Ag^+)}{c_D(Ag^+)}$$

Die Steigung der Ursprungsgeraden beträgt 59 mV.

Auswertung d):
Eine Erhöhung der Salzsäure-Konzentration würde die Chlorid-Konzentration erhöhen. Zwischen den beiden Halbzellen würde als Folge eine Spannung

messbar werden. Die Halbzelle mit der größeren Chlorid-Konzentration fungiert als Minuspol.
Erklärung: Siehe Auswertung b).

A1:

a) $U = E_A - E_D = 0{,}059\ \text{V} \cdot \lg \frac{c_A(Ag^+)}{c_D(Ag^+)}$

$= 0{,}059\ \text{V} \cdot \lg \frac{0{,}3\ \text{mol/L}}{0{,}1\ \text{mol/L}} = 0{,}059\ \text{V} \cdot 0{,}477 = 0{,}028\ \text{V}$

b) $U = E_A - E_D = 0{,}059\ \text{V} \cdot \lg \frac{c_A(Ag^+)}{c_D(Ag^+)}$

$= 0{,}059\ \text{V} \cdot \lg \frac{0{,}2\ \text{mol/L}}{0{,}05\ \text{mol/L}} = 0{,}059\ \text{V} \cdot 0{,}602 = 0{,}036\ \text{V}$

A2/B5:
Im Reagenzglas bildet sich ein Konzentrationsgefälle aus: Gleich oberhalb des Zinksulfats liegt eine konzentrierte, weiter oben eine verdünnte Zink-Ionen-Lösung vor. Da sich am unteren Ende des Zinkstabs Zink-Kristalle bilden, müssen Zink-Ionen aus der Lösung zu Zink-Atomen reduziert worden sein. Die Elektronen stammen aus dem oberen Bereich des Zinkstabs, wo Zink-Atome zu Zink-Ionen oxidiert wurden:

$$Zn(s) \underset{\text{konzentrierte Lösung}}{\overset{\text{verdünnte Lösung}}{\rightleftharpoons}} Zn^{2+}(aq) + 2\ e^-$$

Seite 160 und 161

Auswertung a):
Messwert-Tabelle:

$c(Ag^+)$ in mol/L	1	0,1	0,01	0,001	0,0001
$E(Ag/Ag^+)$ in mV	800	741	682	623	564

Auswertung b):
Die Ergebnisse von V3 auf S. 158 zeigen, dass bei Verdünnung einer Silbersalz-Lösung um den Faktor 10 das Potenzial jeweils um 0,059 V abnimmt.
Verwendet man nun als Bezugselektrode eine Standard-Wasserstoff-Elektrode, so muss sich – ausgehend vom Standardpotenzial einer Silber-Halbzelle von $E°(Ag/Ag^+) = 0{,}8$ V) – das Potenzial einer um eine 10er-Potenz verdünnten Lösung wiederum um 0,059 V erniedrigen.

Auswertung c):

Allgemeine Geradengleichung:

$$f(x) = mx + b$$

m: Steigung; *b:* Schnittpunkt mit der Ordinate

Für die Funktion von B2 ergibt sich folgende Gleichung:

$$E(Ag/Ag^+) = (-59\ \text{mV}) \cdot (-\lg\{c(Ag^+)\}) + 800\ \text{mV}$$

oder

$$E(Ag/Ag^+) = 800\ \text{mV} + 59\ \text{mV} \cdot \lg\{c(Ag^+)\}$$

Die Steigung der Geraden beträgt – 59 mV.

A1:

$$E(Cu/Cu^{2+}, c = 0{,}2\ \text{mol/L}) = 0{,}35\ \text{V} + \frac{0{,}059\ \text{V}}{2} \cdot \lg 0{,}2 = 0{,}33\ \text{V}$$

$$E(Cu/Cu^{2+}, c = 0{,}005\ \text{mol/L}) = 0{,}35\ \text{V} + \frac{0{,}059\ \text{V}}{2} \cdot \lg 0{,}005 = 0{,}28\ \text{V}$$

$$E(Au/Au^{3+}, c = 0{,}2\ \text{mol/L}) = 1{,}41\ \text{V} + \frac{0{,}059\ \text{V}}{3} \cdot \lg 0{,}2 = 1{,}40\ \text{V}$$

$$E(Au/Au^{3+}, c = 0{,}005\ \text{mol/L}) = 1{,}41\ \text{V} + \frac{0{,}059\ \text{V}}{3} \cdot \lg 0{,}005 = 1{,}36\ \text{V}$$

$$E(Cl_2/2\ Cl^-, c = 0{,}2\ \text{mol/L}) = 1{,}36\ \text{V} - \frac{0{,}059\ \text{V}}{2} \cdot \lg(0{,}2)^2 = 1{,}40\ \text{V}$$

$$E(Cl_2/2\ Cl^-, c = 0{,}005\ \text{mol/L}) = 1{,}36\ \text{V} - \frac{0{,}059\ \text{V}}{2} \cdot \lg(0{,}005)^2 = 1{,}50\ \text{V}$$

A2:

Zunächst werden die Potenziale der beiden Halbzellen berechnet:

$$E(Zn/Zn^{2+}, c = 0{,}1\ \text{mol/L}) = -\,0{,}76\ \text{V} + \frac{0{,}059\ \text{V}}{2} \cdot \lg 0{,}1 = -\,0{,}79\ \text{V}$$

$$E(Fe^{2+}/Fe^{3+}) = 0{,}77\ \text{V} + 0{,}059\ \text{V} \cdot \lg\frac{1}{2} = 0{,}75\ \text{V}$$

Nach Kombination der beiden Halbzellen ergibt sich folgende Zellspannung:

$$U = E(Fe^{2+}/Fe^{3+}) - E(Zn/Zn^{2+}) = 0{,}75\ \text{V} - (-\,0{,}79\ \text{V}) = 1{,}54\ \text{V}$$

A3:
Die vereinfachte NERNST-Gleichung lautet:

$$E = E° + \frac{0{,}059\ \text{V}}{z} \cdot \lg\{c(Ox)\}$$

Die Ableitung erfolgt am Beispiel des Redoxpaares Ag/Ag^+.
Bei einer Konzentrationszelle ergibt sich:

$$E_A = E° + 0{,}059\ \text{V} \cdot \lg\{c_A(Ag^+)$$

bzw.

$$E_D = E° + 0{,}059\ \text{V} \cdot \lg\{c_D(Ag^+)$$

Dabei ist $c_A > c_D$. Die Halbzelle mit der niedrigeren Silber-Konzentration stellt die Donator-Halbzelle dar.

Die Spannung zwischen zwei Silber-Halbzellen unterschiedlicher Konzentration errechnet sich nach:

$$U = E_A - E_D = E(Ag/Ag^+, c_A(Ag^+)) - E(Ag/Ag^+, c_D(Ag^+))$$

Nach Anwendung der Nernst-Gleichung zur Berechnung der Potenziale ergibt sich:

$$U = [E°(Ag/Ag^+) + 0{,}059\ \text{V} \cdot \lg c_A(Ag^+)] - [E°(Ag/Ag^+) + 0{,}059\ \text{V} \cdot \lg c_D(Ag^+)]$$

Durch Ausklammern erhält man:

$$U = 0{,}059\ \text{V} \cdot [\lg c_A(Ag^+) - \lg c_D(Ag^+)]$$

bzw.

$$U = 0{,}059\ \text{V} \cdot \lg \frac{c_A(Ag^+)}{c_D(Ag^+)}$$

A4:
Die NERNST-Gleichung für die Berechnung des Potenzials ist in B3 angegeben. Da die Protonen-Konzentration im Zähler (in achter Potenz) steht, führt eine Erniedrigung der Protonen-Konzentration zu einer Verkleinerung des Bruches. Das Elektrodenpotenzial wird somit kleiner, was einer geringeren Oxidationswirkung entspricht.

Beispielrechnung:
Annahme: $c(MnO_4^-) : c(Mn^{2+}) = 1000 : 1$

- Bei *p*H = 0 ergäbe sich folgendes Elektrodenpotenzial:

$$E = E° + \frac{0{,}059\ \text{V}}{5} \cdot \lg \frac{\{c(MnO_4^-) \cdot c^8(H^+)\}}{\{c(Mn^{2+})\}}$$

$$= 1{,}51\ \text{V} + 0{,}012\ \text{V} \cdot \lg \frac{1000 \cdot 1}{1} = 1{,}55\ \text{V}$$

- Bei *p*H = 3 ergäbe sich folgendes Elektrodenpotenzial:

$$E = 1{,}51\ \text{V} + 0{,}012\ \text{V} \cdot \lg \frac{1000 \cdot (10^{-3})^8}{1} = 1{,}26\ \text{V}$$

Seite 162 und 163 (EVA)

Auswertung a):
Bei Teilversuch a) ist die Halbzelle Ag/Ag^+ die Akzeptor-Halbzelle, bei b) ist sie die Donator-Halbzelle.

Auswertung b):
Bei Teilversuch a) läuft die Reaktionsgleichung (1) von links nach rechts, bei b) von rechts nach links.

Auswertung c):

- Oxidationsmittel 1: Ag^+
- Reduktionsmittel 1: Fe^{2+}
- Oxidationsmittel 2: Fe^{3+}
- Reduktionsmittel 2: Ag

Auswertung d):
Beispielrechnung:
Annahme für eine mögliche Messung: Eine Halbzelle mit Fe^{3+}-Ionen-Lösung (mit Fe^{2+}-Ionen „verunreinigt") wird entsprechend V1 mit einer Silber-Halbzelle, $c(Ag^+) = 0{,}1$ mol/L, kombiniert. Man misst eine Spannung von $U = 0{,}147$ V, wobei die Eisen-Halbzelle den Pluspol darstellt.

Die Spannung ergibt sich aus der Differenz der Potenziale beider Halbzellen:

$$U = E_A - E_D = E(Fe^{2+}/Fe^{3+}) - E(Ag/Ag^+)$$

$$E(Ag/Ag^+, c = 0{,}1\ \text{mol/L}) = 0{,}741\ \text{V}$$

Daraus errechnet sich das Potenzial der Eisen-Halbzelle zu:

$$E(Fe^{2+}/Fe^{3+}) = 0{,}147\ \text{V} + 0{,}741\ \text{V} = 0{,}888\ \text{V}$$

Das gesuchte Ionenverhältnis ergibt sich aus der NERNST-Gleichung für Ionenumladungsreaktionen:

$$E(Fe^{2+}/Fe^{3+}) = E°(Fe^{2+}/Fe^{3+}) + 0{,}059\ \text{V} \cdot \lg \frac{c(Fe^{3+})}{c(Fe^{2+})}$$

$$0{,}888\ \text{V} = 0{,}770\ \text{V} + 0{,}059\ \text{V} \cdot \lg \frac{c(Fe^{3+})}{c(Fe^{2+})}$$

$$\lg \frac{c(Fe^{3+})}{c(Fe^{2+})} = 2$$

Hieraus folgt, dass die Fe^{3+}-Ionenkonzentration um den Faktor 100 größer sein muss als die Konzentration der Fe^{2+}-Ionen.

B1:
Berechnung der Gleichgewichtskonstanten *K* der Reaktion:

$$Cu(s) + 2\ Ag^{+}(aq) \rightleftharpoons 2\ Ag(s) + Cu^{2+}(aq)$$

$$K = \frac{\{c(Cu^{2+})\}}{\{c^2(Ag^+)\}}$$

Nach Gleichung (2) gilt:

$$\lg K = \frac{z \cdot \Delta E°}{0{,}059\ V}$$

Die Anzahl der übertragenen Elektronen beträgt $z = 2$

$$\Delta E° = E°(Ag/Ag^+) - E°(Cu/Cu^{2+})$$

$$\Delta E° = 0{,}80\ V - 0{,}35\ V = 0{,}45\ V$$

$$\lg K = \frac{2 \cdot 0{,}45\ V}{0{,}059\ V} = 15{,}25$$

$$K = 1{,}8 \cdot 10^{15}\ mol^{-1} \cdot L$$

Die Reaktion läuft praktisch vollständig von links nach rechts.

Seite 164 und 165

Auswertung a):

V1: a) Die Ausfällung von Silberchlorid bewirkt eine Spannung, die je nach Genauigkeit der Versuchsdurchführung um den Wert $U = 0{,}46$ V schwankt.

b) Es kommt zu einer Spannung, wenn Silber auf der Eisenwolle abgeschieden wird.

V2: Man erhält eine umso höhere Spannung, je größer der Konzentrationsunterschied der Säure in den beiden Halbzellen ist.

V3: Durch die Elektrolyse werden Wasserstoff-Elektroden erzeugt. Wenn diese kombiniert werden, kommt es analog zu V2 zu einer Spannung.

Auswertung b):
Siehe Beispielrechnungen bei A1 und A2.

A1:
Beispielrechnung für einen möglichen Messwert:
Für V1b) könnte man eine Spannung von U = 0,46 V erwarten. Daraus ergebe sich folgende Silber-Ionenkonzentration der Lösung:

$$U = 0{,}059\ \text{V} \cdot \lg \frac{c_A(Ag^+)}{c_D(Ag^+)}$$

$$\lg\{c_D(Ag^+)\} = -\frac{U}{0{,}059\ \text{V}} + \lg\{c_A(Ag^+)\}$$

$$\lg\{c_D(Ag^+)\} = \frac{0{,}46\ \text{V}}{0{,}059\ \text{V}} + \lg 10^{-2} = -7{,}8 - 2 = -9{,}8$$

$$c_D(Ag^+) = 1{,}6 \cdot 10^{-10}\ \text{mol/L}$$

Dies entspricht einem Silber-Ionen-Gehalt von:

$$1{,}6 \cdot 10^{-10}\ \text{mol/L} \cdot 107{,}9\ \text{g/mol} = 1{,}7 \cdot 10^{-5}\ \text{mg/L}$$

Dieser Wert liegt deutlich unter dem geforderten Wert. Die Silbersalz-Lösung darf in den Spülstein gegeben werden.

A2:
Beispielrechnung für eine mögliche Versuchsdurchführung:
Annahme: Zwischen den beiden Wasserstoff-Halbzellen wird eine Spannung von U = 0,15 V gemessen. Nach Gleichung (1) im Infokasten ergibt sich damit folgende Rechnung:

$$\lg\{c_D(H^+)\} = -\frac{0{,}15\ \text{V}}{0{,}059\ \text{V}} = -2{,}54$$

$$c_D(H^+) = 0{,}0029\ \text{mol/L}$$

A (Info-Kasten):
Der *p*H-Wert wäre 2,54.

A3:
Gegeben: Die Kupfer-Halbzelle mit $c(Cu^{2+})$ = 0,1 mol/L stellt die Akzeptor-Halbzelle dar.
z = 2
U = 0,15 V

Nach der Gleichung für Konzentrationszellen gilt:

$$U = \frac{0{,}059\ \text{V}}{z} \cdot \lg \frac{\{c_A(Cu^{2+})\}}{\{c_D(Cu^{2+})\}}$$

$$\lg\{c_D(Cu^{2+})\} = -\frac{2 \cdot 0{,}15\ \text{V}}{0{,}059\ \text{V}} + \lg 0{,}1 = -6{,}08$$

$$c_D(Cu^{2+}) = 8{,}2 \cdot 10^{-7}\ \text{mol/L}$$

Seite 166 und 167

Auswertung a):

V1: Es bildet sich schwerlösliches Calciumcarbonat. Calciumcarbonat ist schlechter löslich als Calciumhydroxid.

V2: Es bildet sich schwerlösliches Silberiodid. Silberiodid ist schlechter löslich als Silbersulfat.

LV3: Es fällt in allen drei Fällen Kaliumchlorat aus. Beim Abkühlen nimmt die Löslichkeit des Salzes ab. Ein gleichioniger Zusatz führt bei einer gesättigten Lösung zum Ausfällen des Salzes.

LV4: Gelbes Bleiiodid fällt aus. Bei gleichionigem Zusatz erfolgt wieder Ausfällung von Bleiiodid.

Auswertung b):
Man könnte zum Beispiel Lösungen von Kaliumchlorid und Natriumnitrat zusammengeben. Es erfolgt keine Ausfällung.

Auswertung c):
Der Bodensatz würde sich langsam auflösen.

Auswertung d):
Siehe Auswertung a).

Auswertung e):
Zugabe von Kaliumsalzen (z.B. Kaliumnitrat) oder Chloraten (z.B. Natriumchlorat) führt ebenfalls zum Ausfällen bei LV3. Bei LV4 würden Kaliumsalze und andere Iodide zur Ausfällung führen.

Auswertung f):
Mögliche Definition: Eine gesättigte Lösung liegt dann vor, wenn sich oberhalb eines Bodenkörpers (z.B. Salz) die Konzentration der gelösten Teilchen (z.B. Ionen) nicht mehr ändert, da sich zwischen Auflösen und Ausfällen ein chemisches Gleichgewicht eingestellt hat.

B3:
An der Phasengrenze zwischen Bodenkörper, einem festem Salz, und der Lösung gehen Ionen in Lösung. Sie liegen dort als hydratisierte Ionen vor. In einer Rückreaktion können die Ionen wieder aus einer gesättigten Lösung als Feststoff

ausfallen. An der Phasengrenze zwischen einer gesättigten Lösung und einem Feststoff stellt sich ein chemisches Gleichgewicht ein.

B4:
Die Einheit des Löslichkeitsproduktes hängt ab von der Anzahl an Teilchen, in die ein Salz dissoziiert/zerfällt.

A1:
Das Lösungsgleichgewicht lautet:

$$AgCl(s) \rightleftharpoons Ag^{+}(aq) + Cl^{-}(aq)$$

$$K_L = c(Ag^+) \cdot c(Cl^-) = 1{,}7 \cdot 10^{-10}\,\text{mol}^2/\text{L}^2$$

Es gilt:

$$c(Ag^+) = c(Cl^-)$$

Die Konzentration an freien Silber-Ionen errechnet sich nach:

$$c(Ag^+) = \sqrt{K_L(AgCl)} = 1{,}3 \cdot 10^{-5}\,\text{mol/L}$$

Wenn man die Chlorid-Konzentration auf 0,1 mol/L erhöht, dann muss sich die Silber-Ionenkonzentration entsprechend erniedrigen:

$$1{,}7 \cdot 10^{-10}\,\text{mol}^2/\text{L}^2 = c(Ag^+) \cdot 0{,}1\,\text{mol/L}$$

$$c(Ag^+) = 1{,}7 \cdot 10^{-9}\,\text{mol/L}$$

A2:

- KBr: Keine Beobachtung, da Silberiodid ein deutlich niedrigeres Löslichkeitsprodukt hat als Silberbromid. Die Ag^+-Ionenkonzentration ist für die Ausfällung von AgBr zu niedrig.
- K_2S: Ausfällung von schwarzem Silbersulfid. Die Löslichkeit von Silbersulfid ist sehr viel schlechter als die von Silberiodid (vgl. B4), sodass genügend Ag^+-Ionen vorhanden sind, um das Löslichkeitsprodukt von Silbersulfid zu überschreiten.

Seite 168 und 169 (EVA)

Auswertung a) und b):

Deutung der Polung bei V1:
In V1 kombiniert man jeweils zwei Halbzellen mit Silberchlorid-Elektroden miteinander, wobei die Halbzelle mit der hohen Kaliumchlorid- bzw. Natriumchlorid-Konzentration den Minuspol, die mit der niedrigen den Pluspol darstellt. An einer Silberchlorid-Elektrode stellt sich folgendes Gleichgewicht ein:

$$AgCl(s) + e^- \rightleftharpoons Ag(s) + Cl^-(aq)$$

Ist die Chlorid-Konzentration hoch, so verschiebt sich das Gleichgewicht auf die linke, elektronenliefernde Seite; bei niedrigerer Chlorid-Konzentration auf die elektronenverbrauchende Seite.

Vergleich mit dem Axon:

1. Ruhepotenzial:
   In B4 sieht man, dass die K^+-Konzentration im Inneren des Axons viel höher ist als in der Gewebeflüssigkeit. Dagegen ist die Na^+-Konzentration außerhalb der Axonmebran größer als im Zellinneren. Der erste Teilversuch symbolisiert das Ruhepotenzial. Verbindet man die beiden mit Kaliumchlorid gefüllten Gefäße, deren K^+-Konzentrationen unterschiedlich sind, leitend über ein Voltmeter miteinander und taucht eine Elektrolytbrücke ein, so misst man eine Spannung mit der höher konzentrierten Halbzelle als Minuspol (s.o.). Die Elektrolytbrücke symbolisiert die Durchlässigkeit der Axonmembran für Kalium-Ionen.
   (*Hinweis:* Es empfiehlt sich, die Polung am Messgerät so vorzunehmen, dass ein negativer Wert angezeigt wird, da auch das Ruhepotenzial ein negatives Vorzeichen hat. Bei dem Versuch werden allerdings nicht – 90 mV angezeigt.)
2. Aktionspotenzial:
   Bei Nervenreizung misst man eine plötzliche Potenzialänderung von – 90 mV auf + 30 mV. Der Grund liegt in der plötzlich zunehmenden Durchlässigkeit der Axonmembran für Natrium-Ionen. Dies symbolisiert der 2. Versuchsteil. Nimmt man die Elektrolytbrücke aus den Kaliumchlorid-Lösungen heraus und taucht sie in die Natriumchlorid-Lösungen, so springt der Messwert am Voltmeter auf einen positiven Wert. Da die Natriumchlorid-Konzentration in der Gewebeflüssigkeit größer ist (vgl. B4), diffundieren sie nun durch die für sie durchlässig gewordene Axonmembran.
   Durch wiederholtes Wechseln der Elektrolytbrücke kann man zwischen „Ruhepotenzial" und „Aktionspotenzial" hin und her wechseln.
   (*Hinweis:* Zur besseren Anschaulichkeit bei V1 kann man die Axonmembran z.B. als Strich auf den Labortisch malen und die Gefäße gemäß B5 links und rechts der „Axonmembran" aufstellen.)

B4:

Es besteht an der Axonmembran ein Ladungsgefälle zwischen Zellinnenraum (Überschuss an Kationen) und Zellaußenraum in der Gewebeflüssigkeit (Überschuss an Anionen). Da nun die Kalium-Ionen, die aufgrund ihrer kleineren Hydrathülle kleiner sind als die Natrium-Ionen, als einzige durch die Membran wandern können, diffundieren nur die K^+-Ionen aus dem Zellinneren nach außen. Dadurch wird der Außenraum gegenüber dem Innenraum positiver.

Seite 170 und 171

Auswertung a):

- Minuspol: Zinkbecher
- Pluspol: Braunstein-Paste

Auswertung b):
Das fein verteilte Graphitpulver dient der Weiterleitung der aus dem Graphitstab kommenden Elektronen an die Braunsteinpartikel.

Auswertung c):
Der Becher hat gegenüber dem Zinkstab folgende Vorteile:

- Größere Oberfläche
- Er dient zugleich als Gefäß für die Kathode (Elektrolyt-Masse).

Auswertung d):
Da die Zink-Atome nach Abgabe von jeweils 2 Elektronen als Zink-Ionen in Lösung gehen, wird die Wandung des Zinkbechers bei laufendem Betrieb dünner. Dies kann dazu führen, dass der Zinkbecher undicht wird und Elektrolytflüssigkeit austritt. Ein Stahlgehäuse soll die Elektrogeräte vor der auslaufenden Masse schützen. Alte Batterien sollte man auch immer aus den Elektrogeräten herausnehmen.

B1:
Der Zinkbecher hat sich bereits teilweise aufgelöst. Weißes Zinkoxid (vgl. S. 171) ist zu sehen.

B2:
Bei Belastung einer LECLANCHÉ-Zelle sinkt die Spannung rasch von der ursprünglichen Nennspannung auf 0,4 bis 0,2 V ab (Klemmspannung). Anschließend sinkt die Spannung nur noch geringfügig. Die Belastung der Batterie kann durch den Schiebewiderstand eingestellt werden. Einen solchen Widerstand erfährt die Batterie auch, wenn sie z.B. ein Glühbirnchen zum Leuchten bringt. Nach Abschalten des Widerstands, also nach Ausschalten der Glühbirne, steigt die Spannung der Batterie wieder rasch an und nähert sich dann erneut langsam der ursprünglichen Nennspannung (vgl. auch A1 auf S. 171).

A1:
In der LECLANCHÉ-Zelle bildet sich am Pluspol gasförmiges Ammoniak, das die positive Elektrode isoliert. Ammoniak diffundiert in die Zelle, sodass sich diese in einer Betriebspause wieder erholt (vgl. B2). Bei höheren Temperaturen verläuft die Diffusion schneller, der isolierende Effekt des Gases verschwindet eher.

A2:
Bei Betrieb einer LECLANCHÉ-Zelle entstehen am Pluspol Hydroxid-Ionen, der *p*H-Wert steigt:

$$MnO_2\ (s) + H_2O\ (l) + e^- \longrightarrow MnOOH\ (s) + OH^-\ (aq)$$

Nach der NERNST-Gleichung sinkt somit das Redoxpotenzial *E*(MnOOH/MnO_2):

$$E(MnOOH/MnO_2) = E^\circ + 0{,}059\ V \cdot lg \frac{1}{\{c(OH^-)\}}$$

(Die Konzentrationen von MnO_2 und MnOOH können als konstant angesehen werden.)

Entsprechend sinkt auch die Spannung der LECLANCHÉ-Zelle, für die gilt:

$$U = E(MnOOH/MnO_2) - E(Zn/Zn^{2+})$$

A3:
In der Zelle könnte sich aus der alkalischen Lösung an den Polen Wasserstoff und Sauerstoff entwickeln (vgl. V2, S. 144). Es entstände Knallgas, das entweder die Batterie zum Bersten bringen oder sogar explodieren könnte.

Seite 172 und 173 (EVA)

B1:
Sowohl in der Alkali-Mangan- als auch in der LECLANCHÉ-Zelle fungiert Zink als Elektronen-Donator und Braunstein als Elektronen-Akzeptor, sodass beim Entladen der Batterien die gleichen Primärreaktionen ablaufen.
Im Gegensatz zum LECLANCHÉ-Element ist Zink im Alkali-Mangan-Element nicht als außen umgebender Zinkbecher eingesetzt, sondern als Pulver in einer alkalischen Paste im Innern der Zelle. Dadurch wird eine Ableitelektrode in Form eines Kupferstabes notwendig, der die Elektronen an die Bodenplatte, den Minuspol, ableitet. Demgegenüber ist die Alkali-Mangan-Zelle dadurch aber auslaufsicher. Das Braunstein/Graphit-Gemisch ist bei der Alkali-Mangan-Zelle außen angeordnet und wird von einem isolierten Stahlmantel umschlossen. Die Elektronen werden direkt ohne eine Graphit-Ableitelektrode über die positive Polkappe zum Braunstein geleitet.
Die beiden Zellen unterscheiden sich auch in den ablaufenden Sekundärreaktionen. Während in der LECLANCHÉ-Zelle Ammoniumchlorid enthalten ist und sich als Sekundärreaktion Amminkomplexe des Zinks bilden, entstehen in der alkalischen Zinkpaste Zinkate. Somit fällt in der Alkali-Mangan-Zelle eine Ammoniak-Bildung wie im LECLANCHÉ-Element weg.

B2:

Die jeweils zwei Kurven zeigen den Entladeverlauf eines einfachen LECLANCHÉ-Elements (2) und einer Hochleistungszelle (1) im Vergleich:

A: bei langer Betriebsdauer und hoher Belastung (z.B. beim Einsatz in einem Diktiergerät im Büro)

B: bei kurzer Betriebsdauer und niedriger Belastung (z.B. beim Einsatz in einer Taschenlampe)

Es zeigt sich, dass die Hochleistungzelle bei einem langen Gebrauch unter starker Belastung dem einfachen LECLANCHÉ-Element überlegen ist. Dagegen unterscheiden sich die Entladekurven bei einer niedrigen, kurzzeitigen Belastung kaum. Man kann also z.B. für das Betreiben einer Taschenlampe, die nur kurzzeitig eingesetzt werden soll, auf die billigeren, einfachen Batterien zurückgreifen. Aus B2 auf S. 170 wird deutlich, dass sich die LECLANCHÉ-Zelle nach kurzen Einsätzen schnell wieder erholt. Dieser Effekt fällt bei länger andauernden Belastungen weg, sodass hier die einfache Zelle deutlich früher entladen ist.

B3:

Tipp: Gute Homepages finden sich z.B. unter:

- www.varta.com
- www.energizer.com
- www.duracell.com

Hier werden alle kommerziell genutzten Batterietypen vorgestellt und ihre Funktionen z.T. mit schönen Animationen erläutert.

B5:

Die gemessene Spannung und die Redoxreaktionen des Modellversuches entsprechen im Wesentlichen den Gegebenheiten der Lithium-Knopfzelle. Als Elektrolytträger fungiert im Modellexperiment ein Bierdeckelfilz, der mit wässriger Lösung getränkt ist. Um die sich daraus ergebende Nebenreaktion von Lithium mit Wasser zu vermeiden, wird in der Lithium-Knopfzelle ein wasserfreier Elektrolyt eingesetzt.

Die Apparatur in dem Modellversuch ist offen, d.h. es fehlt ein Luft abschließendes Gehäuse. Dadurch wird das Lithium hier durch Luftsauerstoff schnell oxidiert.

A (Lithium-Mangan-Zelle):

Anode: $\mathrm{Li \longrightarrow Li^+ + e^-}$

Kathode: $\mathrm{MnO_2 + e^- \longrightarrow MnO_2^-}$

A (Zink-Luft-Zelle):

Anode: $\mathrm{2\,Zn \longrightarrow 2\,Zn^{2+} + 4\,e^-}$

Kathode: $\mathrm{O_2 + 2\,H_2O + 4\,e^- \longrightarrow 4\,OH^-}$

Seite 174 und 175

Auswertung a) und b):
Blei kommt im Bleiakku in den Oxidationsstufen „0“ (Pb^0, Bleiplatten), „+ II“ ($PbSO_4$, Bleisulfat) und „+ IV“ (PbO_2, Bleidioxid) vor. Im geladenen Akku-Zustand fungiert Blei als Minuspol und Bleidioxid als Pluspol. Beim Entladevorgang werden die Pb-Atome zu Pb^{2+}-Ionen oxidiert bzw. das Bleidioxid zu Pb^{2+}-Ionen reduziert (Komproportionierung). Die Blei-Ionen bilden mit der Schwefelsäure schwerlösliches Bleisulfat, das sich auf den Elektroden absetzt. Beim Laden werden die Vorgänge wieder rückgängig gemacht.

A1:
Die Frage lässt sich mit der Reaktionsgleichung für die Entladung am Pluspol erklären: Die Reduktion des PbO_2 verläuft unter Verbrauch von Protonen, die aus der Schwefelsäure stammen. Die gebildeten Pb^{2+}-Ionen reagieren mit den Sulfat-Ionen der Schwefelsäure zu schwerlöslichem Bleisulfat. Die Schwefelsäure ist also im Bleiakku ein Reaktionspartner. Den Zustand eines Bleiakkus kann man daher auch durch Konzentrationsbestimmung der Batteriesäure ermitteln. Hierzu wird meist eine Tauchspindel in die Kammern eingesenkt. Die Eintauchtiefe erlaubt Rückschlüsse über die Dichte und damit die Konzentration der Batteriesäure.

A2:
Beim Bleiakku liegt Schwefelsäure als Elektrolyt vor. Da Bleisulfat schwerlöslich ist, sind Pb^{2+}-Ionen nur in sehr geringer Konzentration in Lösung vorhanden. Es liegen keine Standardbedingungen vor: $c(Pb^{2+}) \ll 1$ mol/L. Das Redoxpotenzial der Pb/Pb^{2+}-Elektrode ist kleiner als $E°(Pb/Pb^{2+})$, das Redoxpotenzial der Pb^{2+}/PbO_2-Elektrode ist größer als $E°(Pb^{2+}/PbO_2)$. Dies ergibt sich aus den NERNST-Gleichungen:

$$E(Pb/Pb^{2+}) = E° + \frac{0{,}059\ \text{V}}{2} \cdot \lg\{c(Pb^{2+})\}; \qquad \text{mit } c(Pb^{2+}) < 1 \text{ mol/L}$$

bzw.

$$E(Pb^{2+}/PbO_2) = E° + \frac{0{,}059\ \text{V}}{2} \cdot \lg\frac{\{c^4(H^+)\}}{\{c(Pb^{2+})\}}; \qquad \text{mit } c(Pb^{2+}) < 1 \text{ mol/L}$$

Seite 176 und 177 (EVA)

B2:
Ni/Cd-Akku:

$$Cd\ (s) + 2\ NiO(OH)\ (s) + 2\ H_2O\ (l) \rightleftharpoons Cd(OH)_2\ (s) + 2\ Ni(OH)_2\ (aq)$$

Ni/MH-Akku:

$$\text{Metall-H}_2\,(s) + 2\,\text{NiO(OH)}\,(s) \rightleftharpoons \text{Metall}\,(s) + 2\,\text{Ni(OH)}_2\,(aq)$$

A (Ni/Cd-Akku):
Wie beim Bleiakku werden zwei reversible Reaktionen beim Laden und Entladen benutzt. Die beim Laden und Entladen entstehenden Verbindungen $Cd/Cd(OH)_2$ und $NiO(OH)/Ni(OH)_2$ sind schwerlöslich und bleiben an den Elektroden haften. Während beim Bleiakku für den Einsatz als Autobatterie 6 Zellen hintereinander geschaltet sind, liegt im Ni/Cd-Akku nur eine Einzelzelle vor.

A (Lithium-Ion-Akku):
Im Lithium-Ion-Akku kommt Lithium im Gegensatz zur Lithium-Mangan-Zelle nicht elementar vor, sondern nur in Form von Li^+-Ionen. Es findet somit beim Entladen nicht die Oxidation des Lithiums statt, bei der Lithium nach folgender Reaktionsgleichung als Elektronen-Donator fungiert:

$$\text{Li}\,(s) \longrightarrow \text{Li}^+\,(aq) + e^-$$

Die Potenzialdifferenz des Li^+-Ion-Akkus entsteht durch die reversible Wanderung der Lithium-Ionen zwischen den Elektroden. Dieser Vorgang ist umkehrbar. Eine Lithium-Mangan-Zelle kann man dagegen nicht wieder aufladen, da die Reduktion des Lithiums nicht möglich ist (Wasserstoff-Bildung).

Seite 178 und 179

Auswertung a):
In V1 und V2 wird Wasser in stark alkalischer Lösung elektrolytisch gespalten. Es entsteht am Minuspol eine Wasserstoff-Halbzelle und am Pluspol eine Sauerstoff-Halbzelle. Aufgrund der Potenzialdifferenz ist bei der Schaltung als galvanisches Element eine Spannung von ca. 1,23 V messbar:

$$2\,\text{H}_2\text{O}\,(l) \underset{\text{galvanische Zelle}}{\overset{\text{Elektrolyse}}{\rightleftharpoons}} 2\,\text{H}_2\,(g) + \text{O}_2\,(g)$$

Auswertung b):
Die freigesetzten Gase im Reaktionsgefäß bilden ein Knallgasgemisch, das bei unbeabsichtigter Zündung explodieren kann.

Auswertung c):
In der Methanol-Brennstoffzelle ist Wasserstoff durch den Brennstoff Methanol ersetzt.
Da Methanol in mehreren Stufen bis zum CO_2 oxidiert werden kann, können verschiedene Reaktionsgleichungen für den Oxidationsschritt formuliert werden.
Bei der Nutzung als Brennstoffzelle sind folgende Reaktionen zu formulieren:

1. Bei Oxidation bis zum Aldehyd:

Ox.: $2\ CH_3OH\ (aq) + 4\ OH^-\ (aq) \longrightarrow 2\ HCHO\ (aq) + 4\ H_2O\ (l) + 4\ e^-$

Red.: $O_2\ (g) + 2\ H_2O\ (l) + 4\ e^- \longrightarrow 4\ OH^-\ (aq)$

$$2\ CH_3OH\ (aq) + O_2\ (g) \longrightarrow 2\ HCHO\ (aq) + 2\ H_2O\ (l)$$

2. Bei Oxidation bis zum Kohlendioxid:

Ox.: $2\ CH_3OH\ (aq) + 12\ OH^-\ (aq) \longrightarrow 2\ CO_2\ (g) + 10\ H_2O\ (l) + 12\ e^-$

Red.: $3\ O_2\ (g) + 6\ H_2O\ (l) + 12\ e^- \longrightarrow 12\ OH^-\ (aq)$

$$2\ CH_3OH\ (aq) + 3\ O_2\ (g) \longrightarrow 2\ CO_2\ (g) + 4\ H_2O\ (l)$$

B4:
Weitere Einsatzmöglichkeiten von Brennstoffzellen sind z.B. in der Raumfahrt und in der Anwendung als Heizungen zu finden.

B5:
Offene Aufgabe.

A1:
Die NERNST-Gleichung für eine Wasserstoffzelle lautet:

$E = 0{,}059\ V \cdot \lg\{c(H^+)\}$ bzw. $E = -\,0{,}059\ V \cdot pH$ (vgl. S. 161).

Bei *p*H 14 errechnet sich das Potenzial einer Wasserstoff-Halbzelle nach:
$E = -\,0{,}059\ V \cdot 14 = -\,0{,}826\ V$

A2:
Hydrazin fungiert in der Donator-Halbzelle als Brennstoff:

Oxidation: $\overset{-II}{N_2}H_4\ (aq) + 4\ OH^-\ (aq) \longrightarrow \overset{0}{N_2}\ (g) + 4\ H_2O\ (l) + 4\ e^-$

Reduktion: $O_2\ (g) + 2\ H_2O\ (l) + 4\ e^- \longrightarrow 4\ OH^-\ (aq)$

$$N_2H_4\ (aq) + O_2\ (g) \longrightarrow N_2\ (g) + 2\ H_2O\ (l)$$

Die in dieser Brennstoffzelle gebildeten Reaktionsprodukte sind umweltfreundlich. Hydrazin hingegen ist giftig.

Seite 180 und 181

Auswertung a):
Bei der Elektrolyse von Natriumchlorid entstehen Wasserstoff und Chlor. Der kathodisch gebildete Wasserstoff lässt sich durch die Knallgasprobe nachweisen. Chlor kann man durch Einleiten in Jodid-Lösung nachweisen (Braunfärbung durch Iod).

Auswertung b):

Am Minuspol entstehen OH^--Ionen gemäß folgender Gleichung:

$$2\ H_2O\ (l)\ +\ 2\ e^-\ \longrightarrow\ 2\ OH^-\ (aq)\ +\ H_2\ (g)$$

Bei der Elektrolyse steigt also der *p*H-Wert der Salzlösung, was die Indikatorverfärbung zeigt.

Auswertung c):

Pluspol: $2\ Cl^-\ (aq)\ \longrightarrow\ Cl_2\ (g)\ +\ 2\ e^-$

Minuspol: $2\ H_2O\ (l)\ +\ 2\ e^-\ \longrightarrow\ 2\ OH^-\ (aq)\ +\ H_2\ (g)$

A1:

Bei allen Verfahren entsteht am Pluspol aus Chlorid Chlorgas. Beim Diaphragma- und beim Membranverfahren wird am Minuspol Wasserstoffgas gebildet (s.o.).
Beim Amalgam-Verfahren bildet sich Natrium gemäß:

$$Na^+\ +\ e^-\ \longrightarrow\ Na$$

Dieses Natrium bildet mit dem Quecksilber eine Legierung.

A2:

Gegeben: I = 390000 A

t = 24 h = 86400 s

$M(Cl_2)$ = 71 g/mol

Berechnung der elektrolytisch gewonnenen Chlor-Stoffmenge mithilfe des FARADAY-Gesetzes:

$$n(Cl_2) = \frac{390000\ \text{A} \cdot 86400\ \text{s}}{2 \cdot 96487\ \text{A} \cdot \text{s/mol}} = 174614\ \text{mol}$$

Das entspricht einer Tonnage von:

$$m(Cl_2) = n(Cl_2) \cdot M(Cl_2) = 174614\ \text{mol} \cdot 71\ \text{g/mol} = 12{,}4 \cdot 10^6\ \text{g} = 12{,}4\ \text{t}$$

Seite 182 und 183 (EVA)

B2:

Es würde nicht Natrium, sondern Wasserstoff entstehen.

B3:

Man würde ebenfalls Wasserstoff und Chlor erwarten, aber die Zersetzungsspannung wäre nur noch:

$$U_Z = [1{,}36\ \text{V} + 0{,}03\ \text{V}] + [0{,}84\ \text{V} + 0{,}05\ \text{V}] = 2{,}28\ \text{V}$$

B6:
Bei der Elektrolyse von Salzsäure mit Platin-Elektroden ist die Überspannung sehr gering (vgl. B3), da Wasserstoff (Überspannung: – 0,05 V) und Chlor (+ 0,03 V) gebildet werden.
Bei der Elektrolyse von Schwefelsäure entstehen Wasserstoff und Sauerstoff, dessen Überspannung an Platin-Elektroden größer ist (ca. + 0,65 V).

Seite 184 und 185 (EVA)

B3:

$C_2H_4 + Cl_2 \longrightarrow C_2H_4Cl_2$

$C_2H_4Cl_2 \longrightarrow C_2H_3Cl + HCl$

$4\,HCl + O_2 + 2\,C_2H_4 \longrightarrow 2\,C_2H_4Cl_2 + 2\,H_2O$

$n\,C_2H_3Cl \longrightarrow [C_2H_3Cl]_n$

B4:
Offene Aufgabe.

B5:

- „Chlor-Kreislauf“:

  HCl-Elektrolyse ⟶ Chlor ⟶ Phosgen
  ↑ ↓
  Salzsäure ⟵ Phosgenierung

- „Wasserstoff-Kreislauf“:

  HCl-Elektrolyse/Reformer ⟶ Hydrierung
  ↑ ↓
  Salzsäure ⟵ Phosgenierung

  Wasserstoff entsteht aus der Elektrolyse von Salzsäure und durch die Reformierung von Erdgas, die auch Kohlenstoffmonooxid für die Phosgenherstellung bereitstellt.

- „Schwefelsäure-Kreislauf“: Nitrierung ⟶ Aufkonzentrierung ⟶ Nitrierung

B6:
Die Polyaddition erfolgt über die beiden funktionellen Gruppen des Diols und des 2,4-TDI.

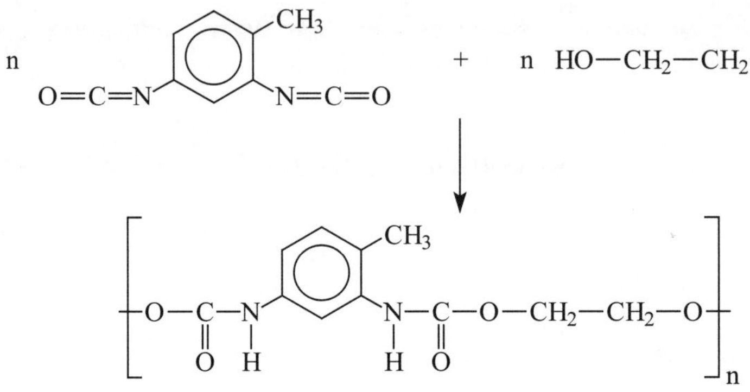

Seite 186 und 187 (EVA)

B1:
Jahresweltproduktion von Aluminium im Jahr 2001: ca. 24,5 Millionen Tonnen. (*Quelle:* World Bureau of Metal Statistics)

Seite 188 und 189

Auswertung a):
Man erkennt rote und blaue Bereiche an den Nägeln bzw. auf der Eisenplatte. Die blauen Bereiche weisen Eisen(II)-Ionen nach, die roten Bereiche weisen OH^--Ionen nach.
An den blauen Bereichen wird Eisen oxidiert:

$$Fe \longrightarrow Fe^{2+} + 2\,e^-$$

An den roten Bereichen wird Sauerstoff reduziert:

$$O_2 + 2\,H_2O \longrightarrow 4\,OH^-$$

(Vgl. auch S. 130/131 im Buch.)

Auswertung b):
Man könnte die Eisennägel z.B. einfetten oder lackieren.

A1:
Billige Zinkperlen enthalten Verunreinigungen mit anderen Metallen (z.B. Arsen). Hierdurch bilden sich kleine Lokalelemente, bei denen sich das Zink schneller auflöst und die Elektronen an die Protonen der Salzsäure abgibt.

A2:
In B6 ist ein Tank an den Minuspol einer Gleichspannungsquelle geklemmt. In V3 erkennt man, dass um den Eisennagel, der mit dem Minuspol einer Gleichspannungsquelle verbunden ist, keine Blaufärbung zu sehen ist, also keine Korrosion stattfindet. Vielmehr findet an der Kathode die Reduktion von Sauerstoff statt: Der Eisennagel ist somit vor Korrosion geschützt. V3 simuliert somit die Verhältnisse am Tank.
Der am Pluspol geschaltete Eisennagel korridiert schnell. Er entspricht dem Eisenschrott, der als Opferanode an den Pluspol geklemmt ist.

A3:
Verzinken ist ein aktiver Schutz, da bei Verletzung der Oberfläche Zink als lokale Opferanode fungiert und das darunter befindliche Eisen vor Korrosion schützt. Verkupfern stellt einen passiven Korrosionsschutz dar, da der Kupferüberzug nur das Eisen vor dem Zugriff von Luftsauerstoff und Wasser schützt. Bei Verletzung der Kupferschicht würde das Eisen die Rolle als Opferanode für Kupfer übernehmen und in Lösung gehen.

A4:
Beide Verfahren schützen einen Werkstoff durch einen Wasser und Sauerstoff abweisenden Überzug.
Beim Galvanisieren wird ein Überzug über das zu schützende Material erzeugt, der – wie z.B. beim Verkupfern – einen passiven Korrosionsschutz bewirkt. Bei Verletzung der Oberfläche kann es zur Korrosion des darunterliegenden Materials kommen.
Beim Eloxieren wird hingegen das Material Aluminium an der Oberfläche oxidiert. Die erzeugte Oxidschicht schützt das Metall vor weiterer Korrosion. Bei Verletzung der Oberfläche bildet sich aufgrund des stark negativen Standardpotenzials des Aluminiums sofort wieder eine schützende Oxidschicht.

Seite 190 (TRAINING)

A1:
Reaktionsrichtungen der folgenden Redoxreaktionen:

$$Sn\,(s) + Ni^{2+}\,(aq) \longleftarrow Sn^{2+}\,(aq) + Ni\,(s)$$

$$Pb\,(s) + Sn^{2+}\,(aq) \longleftarrow Pb^{2+}\,(aq) + Sn\,(s)$$

$$Ni\,(s) + Pb^{2+}\,(aq) \longrightarrow Ni^{2+}\,(aq) + Pb\,(s)$$

$$Cu\,(s) + Hg^{2+}\,(aq) \longrightarrow Cu^{2+}\,(aq) + Hg\,(l)$$

A2:

Berechnung der Potenziale der drei Halbzellen:

A: $E°(Ni/Ni^{2+}, c = 1\ \text{mol/L}) = -0{,}23\ \text{V}$

B: $E(Ni/Ni^{2+}, c = 0{,}00004\ \text{mol/L}) = -0{,}23\ \text{V} + 0{,}0295\ \text{V} \cdot \lg 0{,}00004 = -0{,}36\ \text{V}$

C: $E(Co/Co^{2+}, c = 0{,}1\text{mol/L}) = -0{,}28\ \text{V} + 0{,}0295\ \text{V} \cdot \lg 0{,}1 = -0{,}31\ \text{V}$

a) Kombination aller drei Halbzellen miteinander.
Die jeweilige Spannung errechnet sich nach:

$U = E_A - E_D$

	Zelldiagramm	Spannung
A mit C:	$Co/Co^{2+}//Ni^{2+}/Ni$	$U = -0{,}23\ \text{V} - (-0{,}31\ \text{V}) = 0{,}08\ \text{V}$
A mit B:	$Ni/Ni^{2+}//Ni^{2+}/Ni$	$U = -0{,}23\ \text{V} - (-0{,}36\ \text{V}) = 0{,}13\ \text{V}$
B mit C:	$Ni/Ni^{2+}//Co^{2+}/Co$	$U = -0{,}31\ \text{V} - (-0{,}36\ \text{V}) = 0{,}05\ \text{V}$

Bei Kombination B mit C hat sich im Vergleich zu A mit C die Polung der beiden Halbzellen umgekehrt.

b) Die Ni^{2+}-Konzentration müsste so gewählt werden, dass das Potenzial der Nickel-Halbzelle $E = -0{,}31$ V beträgt:

$$-0{,}31\ \text{V} = -0{,}23\ \text{V} + 0{,}0295\ \text{V} \cdot \lg\{c(Ni^{2+})\}$$

$$-0{,}08\ \text{V} = 0{,}0295\ \text{V} \cdot \lg\{c(Ni^{2+})\}$$

$$\lg\{c(Ni^{2+}) = -\frac{0{,}08\ \text{V}}{0{,}0295\ \text{V}} = -2{,}71$$

$$c(Ni^{2+}) = 10^{-2{,}71}\ \text{mol/L} = 1{,}94 \cdot 10^{-3}\ \text{mol/L}$$

A3:

a) Die Stoffmenge an abgeschiedenem Silber errechnet sich nach:

$$n(Ag) = \frac{m(Ag)}{M(Ag)} = \frac{1{,}079\ \text{g}}{107{,}9\ \text{g/mol}} = 0{,}01\ \text{mol}$$

Berechnung der geflossenen Ladung:

$$Q = n(Ag) \cdot z \cdot F$$

$$F = 96487\ \text{C/mol}$$

$$Q = 0{,}01\ \text{mol} \cdot 1 \cdot 96487\ \text{C/mol} = 964{,}87\ \text{C}$$

b) Berechnung der Ladungszahl von Nickel:

$$z = \frac{Q}{n(Ni) \cdot F} = \frac{M(Ni) \cdot Q}{m(Ni) \cdot F} = \frac{58{,}7\ \text{g/mol} \cdot 964{,}87\ \text{C}}{0{,}2985\ \text{g} \cdot 96487\ \text{C/mol}} = 2$$

Berechnung der Ladungszahl von Bismut:

$$z=\frac{Q}{n(Bi)\cdot F}=\frac{M(Bi)\cdot Q}{m(Bi)\cdot F}=\frac{209\ \text{g/mol}\cdot 964{,}87\ \text{C}}{0{,}6966\ \text{g}\cdot 96487\ \text{C/mol}}=3$$

Es liegen also Ni^{2+}- und Bi^{3+}-Ionen in den jeweiligen Lösungen vor.

A4:
In der Salzsäure befinden sich Chlorid-Ionen Cl^-. Chlorid-Ionen würden durch Permanganat-Ionen zu Chlor oxidiert werden, wie aus dem Vergleich der Standardpotenziale hervorgeht:

$E°(2\,Cl^-/Cl_2) = 1{,}36\ \text{V}$

$E°(Mn^{2+}/MnO_4^-) = 1{,}51\ \text{V}$

Gegenüber Schwefelsäure können Permanganat-Ionen nicht oxidierend wirken.
Hinweis: Um im Labor Chlor herzustellen, wird ja gerade Salzsäure auf Kaliumpermanganat gegeben.

A5:
Die Oberfläche von Silberbesteck überzieht sich durch Oxidation und Verwendung von (schwefelhaltigen) Lebensmitteln mit Silbersulfid Ag_2S. Legt man das Besteck auf Aluminiumfolie entsteht ein elektrochemisches Lokalelement.
Das Aluminiumblech wird im Kontakt mit dem Silbergegenstand oxidiert:

$$Al \longrightarrow Al^{3+} + 3\,e^-$$

Die Reduktion erfolgt am Silbergegenstand selbst:

$$Ag_2S + 2\,e^- \longrightarrow 2\,Ag + S^{2-}$$

Die Sulfid-Ionen verursachen den beim Reinigen wahrnehmbaren üblen Geruch nach „faulen“ Eiern (Schwefelwasserstoff).

A6:
Beim Galvanisieren wird eine Anode aus dem Metall eingesetzt, mit dem der kathodisch geschaltete Gegenstand überzogen werden soll. An der Anode werden Metall-Atome oxidiert, an der Kathode die entsprechenden Ionen reduziert:

Anode: $Me\,(s) \longrightarrow Me^{z+}(aq) + z\,e^-$

Kathode $Me^{z+}(aq) + z\,e^- \longrightarrow Me\,(s)$

Die Kathodenreaktion ist die Umkehrung der Anodenreaktion. Daher ist die Zersetzungsspannung $U_Z = 0$. Die notwendige Elektrolysespannung ist klein. Die Metall-Ionenkonzentration bleibt während des Galvanisierens konstant.
Bei der Verwendung von Graphit-Anoden würden anodisch Wasser-Moleküle zu Sauerstoff oxidiert (falls nicht andere, leichter oxidierbare Ionen vorliegen). Die Zersetzungsspannung wäre größer als null. Entsprechend müsste eine größere Elektrolysespannung angelegt werden. Außerdem würde die Metall-Ionenkonzentration während der Elektrolyse sinken.

A7:

Bei Kontakt mit Gold und Amalgam (quecksilberhaltige Legierung) bildet sich in Gegenwart eines Elektrolyten (z.B. Speichel) ein Lokalelement aus. Quecksilber ist gegenüber Gold das unedlere Metall und wird zu löslichen Hg^{2+}-Ionen oxidiert. Die Quecksilber-Ionen sind giftig. Weiterhin bilden sich Risse in der Amalgamfüllung, die zum Fortschreiten von Karies führen können.

A8:

Natrium, Magnesium und Fluor lassen sich nicht aus den wässrigen Lösungen ihrer Salze gewinnen. Dies gelingt nur bei Kupfer.
Bei einer Elektrolyse wässriger Natrium- bzw. Magnesiumsalze würde sich an der Kathode wegen der negativen Standardpotenziale dieser Metalle Wasserstoff bilden: $E°(Na/Na^+) = -2{,}71$ V und $E°(Mg/Mg^{2+}) = -2{,}36$ V.
Das Redoxpaar $F_2/2F^-$ besitzt das positivste Standardpotenzial ($E° = +2{,}87$ V). Bei einer wässrigen Elektrolyse würde sich trotz der Überspannung von Sauerstoff an Graphit-Elektroden an der Anode Sauerstoff bilden.
Um Natrium, Magnesium und Fluor elektrolytisch zu gewinnen, muss man Schmelzen ihrer Salze elektrolysieren.

A9:

Aus der gemessenen Spannung und dem Standardpotenzial der Silber-Halbzelle lässt sich das Potenzial der Wasserstoff-Halbzelle berechnen:

$$U = E°(Ag/Ag^+) - E(H_2/2H^+)$$

$$E(H_2/2H^+) = -918\text{ mV} + 800\text{ mV} = -118\text{ mV}$$

Die Konzentration der H^+-Ionen berechnet sich nach der NERNST-Gleichung:

$$E(H_2/2H^+) = 0{,}059\text{ V} \cdot \lg\{c(H^+)\}$$

$$\lg\{c(H^+)\} = -\frac{118\text{ mV}}{59\text{ mV}} = -2$$

$$c(H^+) = 0{,}01\text{ mol/L};\quad p\text{H} = 2$$

A10:

Die Färbung des Phenolphthaleins wird durch den Minuspol verursacht. Am Minuspol läuft gemäß der Zersetzung von Wasser folgende Reaktion ab:

$$2\ H_2O\ (l) + 2\ e^- \longrightarrow H_2\ (g) + 2\ OH^-\ (aq)$$

Die sich bildenden Hydroxid-Ionen werden durch den Indikator angezeigt.

A11:

Bei der Korrosion gehen Eisen-Atome nach Oxidation unter Elektronenabgabe als Eisen-Ionen in Lösung. Die Elektronen werden in Anwesenheit von Wasser auf Sauerstoff-Moleküle übertragen:

$$2\,Fe\,(s) \longrightarrow 2\,Fe^{2+}\,(aq) + 4\,e^-$$

$$O_2\,(g) + 2\,H_2O\,(l) + 4\,e^- \longrightarrow 4\,OH^-\,(aq)$$

Beim Rostvorgang bilden sich auf dem Eisenblech zahlreiche mikroskopische Lokalelemente aus (vgl. B4, S. 189). Je höher nun die Salzkonzentration im umgebenden Wasser ist, desto besser ist die Leitfähigkeit innerhalb der Lokalelemente; der Rostvorgang verläuft unter Salzwasser daher schneller als z.B. unter destilliertem Wasser. So rosten Eisengegenstände im Meerwasser besonders schnell. Durch die Werbung wird daher ein verbesserter Korrosionsschutz der Autokarosserie verdeutlicht.

A12:

Glucose könnte – ähnlich wie in unserem Körper – als Brennstoff für eine Brennstoffzelle dienen. Dabei wird Glucose in mehreren Schritten oxidiert. Vereinfacht kann man folgende Reaktionsgleichungen annehmen:

Ox.:

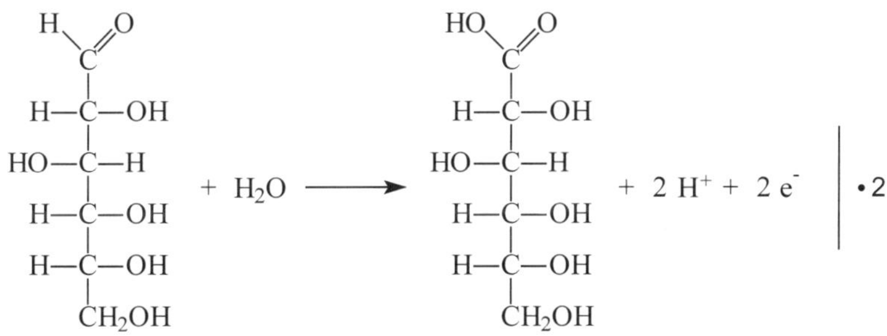

Red.: $O_2\,(g) + 2\,H_2O\,(l) + 4\,e^- \longrightarrow 4\,OH^-\,(aq)$

Beim gezeigten Oxidationsschritt entsteht aus der Glucose die Gluconsäure. Außer dieser können weitere Oxidationsprodukte der Glucose entstehen.

A13:

Die Redoxpotenziale von Kupfer und Arsen liegen nahe beieinander, sodass es bei einem starken Anstieg des Arsengehalts zu einer Abscheidung von Arsen an der Kathode kommen kann. Eine Abscheidung von Arsen und Kupfer ist gleichberechtigt, wenn $E(As/As^{3+}) = E(Cu/Cu^{2+})$.

Bei einer angenommenen Cu^{2+}-Konzentration von $c = 0{,}01$ mol/L errechnet sich die Arsenkonzentration nach:

$$E°(As/As^{3+}) + \frac{0{,}059\ V}{3} \cdot \lg\{c(As^{3+})\} = E°(Cu/Cu^{2+}) + \frac{0{,}059\ V}{2} \cdot \lg\{c(Cu^{2+})\}$$

$$\lg\{c(As^{3+})\} = \frac{0{,}35\ \text{V} - 0{,}30\ \text{V} + 0{,}0295\ \text{V} \cdot \lg 0{,}01}{0{,}0197\ \text{V}}$$

$$\lg\{c(As^{3+}) = -\,0{,}46$$

$$c(As^{3+}) = 10^{-0{,}46}\ \text{mol/L} = 0{,}35\ \text{mol/L}$$

A14:

Zur Silbergewinnung aus dem Anodenschlamm kann man analog der Kupfer-Raffination verfahren. Der Anodenschlamm, der neben Silber auch weitere Edelmetalle wie Gold und Platin sowie mitgerissenes Kupfer enthält, wird zu Platten verarbeitet, die dann als Anode in eine Elektrolysezelle mit Silbernitrat-Lösung gebracht werden. Als Kathode dienen Reinsilberbleche. Es wird eine geringe Gleichspannung angelegt. Silber- und Kupfer-Atome in der Anode werden oxidiert und gehen als Ionen in Lösung. Die edleren Metalle wie Platin und Gold fallen wieder als Anodenschlamm herunter. An der Kathode wird nun Silber abgeschieden, Kupfer-Ionen bleiben in Lösung.

Seite 191 bis 193

B1:

1. Mithilfe von Messpipetten, Vollpipetten und Büretten lassen sich durch das analytische Verfahren der Titration Konzentrationen von Stoffen (nicht nur von Säuren und Laugen) bestimmen.
2. Säuren sind im Sinne von BRØNSTED Protonen-Donatoren.
3. Wie der Name schon sagt, lassen sich mit den abgebildeten Schnelltestpapieren schnell und einfach *p*H-Werte bestimmen.
4. Dargestellt ist eine spezielle Titration, die Leitfähigkeitstitration oder konduktometrische Titration. Gemessen wird hier allerdings die elektrische Stromstärke *I* in der Einheit Ampere bzw. Milliampere. Diese ist proportional zur Leitfähigkeit.
5. Der *p*H-Wert ist definiert als der negative dekadische Logarithmus der Oxonium-Ionenkonzentration: $pH = -\lg c(H_3O^+)$
6. Ja, denn biologische Prozesse laufen oft nur in ganz bestimmten *p*H-Bereichen ab.
7. Bei der Titration einer starken Säure mit Natronlauge wird die Säure schrittweise neutralisiert. Zu Beginn liegt ein Überschuss an Oxonium-Ionen vor, der niedrige, zunächst annähernd gleichbleibende *p*H-Werte erzeugt. Nach der Neutralisation liegt ein Überschuss an Hydroxid-Ionen vor, der hohe, ebenfalls annähernd gleichbleibende *p*H-Werte erzeugt. Der *p*H-Sprung mit und nach Neutralisation der Säure ist hoch und gibt der Titrationskurve so ihr charakteristisches Aussehen.
8. Labormessschiffe (z.B. MS MAX PRÜSS in NRW, MS BURGUND in Rheinland-Pfalz, MS MAX HONSELL in Baden-Württemberg, MS ARGUS in Hessen) dienen in Deutschland der Gewässerüberwachung. Neben der Untersuchung von Wasserproben mit modernsten analytischen Methoden können auch Flusssedimente mit einem Baggergreifarm an Bord geholt und direkt biologisch und chemisch untersucht werden.
9. An Bord der Messschiffe lassen sich durch kontinuierliche Messungen mit Elektroden gleichzeitig mehrere Parameter messen, beispielsweise Temperatur, *p*H-Wert, Leitfähigkeit, Sauerstoff-Konzentration und Redoxpotenzial. Daneben werden aber auch zahlreiche andere Untersuchungen und Bestimmungen durchgeführt (z.B. Trübungsmessung, CSB, BSB, Daphnien-Toxizitätstest, AOX).
10. Diese Frage ist eindeutig mit Ja zu beantworten. Interdisziplinäre Forschungen haben gezeigt, dass saure Oberflächengewässer nachhaltige Schädigungen von Ökosystemen hervorrufen; so können sich beispielsweise Amphibienlarven bei niedrigen *p*H-Werten nicht mehr entwickeln oder werden stark geschädigt. Daneben werden Nährstoff-Ionen im Boden ausgespült und andere Ionen (Aluminium- und Eisen-Ionen, aber auch toxische Schwermetall-Ionen) in der Bodenlösung mobilisiert. Die sauren Seen in Skandinavien oder im Gebiet des kanadischen Schildes sind allesamt artenarm.

B2:
Vgl. A3, Seite 225.

B3:
Der Sauerstoffgehalt eines Gewässers hängt von zahlreichen Faktoren ab. Die wichtigsten sind im Folgenden stichwortartig angegeben:

- Temperatur: Je wärmer das Gewässer wird, umso schlechter löst sich der Sauerstoff.
  Anmerkung: Daten sind z.B. den Beilagen von Untersuchungskoffern zu entnehmen.
- Fließgeschwindigkeit: Bei turbulenter Strömung, Strudelbildung, Katarakten oder Stromschnellen ist ein besserer Eintrag von Sauerstoff aus der Atmosphäre gegeben.
- Photosynthese: Wasserpflanzen oder Algen produzieren bei Sonneneinstrahlung Sauerstoff, auch über die Sättigungsgrenze hinaus. Wegen Sauerstoffzehrung bei Nacht unterliegt der Sauerstoffgehalt Tag/Nacht-Schwankungen.
- Sauerstoffzehrung durch Fäulnis, Bakterien, Nährstoffe, Überbesetzung mit Fischen u.a.

Seite 194 und 195

Auswertung a):

	V1	**V2**	**V3**
Volumen pipettierte Lösung	10 mL	10 mL	5 mL
Volumen verbrauchte Maßlösung			
Konzentration der Maßlösung	1 mol/L	1 mol/L	1 mol/L
Konzentration der pipettierten Lösung			

Auswertung b):
Die Verdünnung mit destilliertem Wasser soll den Kolbeninhalt „handlicher" machen, d.h. ihn so weit vergrößern, dass ausreichend Volumen zum Schütteln bzw. Rühren vorliegt. Mit der Verdünnung wird zwar die Konzentration verringert, aber nicht die Stoffmenge.

Auswertung c) bis e):
Analog dem Rechenbeispiel von S. 195 im Schülerband erhält man:

$$c(CH_3COOH) = \frac{c(NaOH) \cdot V(NaOH)}{V(CH_3COOH)} = \frac{1\,\text{mol/L} \cdot V(NaOH)}{10\,\text{mL}} = ...\,\text{mol/L}$$

$$c(Citronens\ddot{a}ure) = \frac{c(NaOH) \cdot V(NaOH)}{V(Saft)} = \frac{1\,\text{mol/L} \cdot V(NaOH)}{10\,\text{mL}} = ...\,\text{mol/L}$$

$$c(H_2SO_4) = \frac{c(NaOH) \cdot V(NaOH)}{2 \cdot V(Batteries\ddot{a}ure)} = \frac{1\,\text{mol/L} \cdot V(NaOH)}{2 \cdot 5\,\text{mL}} = ...\,\text{mol/L}$$

B1:
Auf der Speiseessigflasche ist der Essigsäuregehalt mit 5% angegeben, auf der Essigessenzflasche mit 25%.

B2:
- Gurkenglas: Branntweinessig
- Fruchtsaft: Vitamin C (Ascorbinsäure)
- Geräteentkalker-Tabs: z.B. Amidosulfonsäure, Maleinsäure, Citronensäure

B4:
Essigsäure, $c(CH_3COOH)$ = 0,1 mol/L, enthält 0,1 mol CH_3COOH (6,0 g) in 1 L Lösung.
Kalkwasser, $c(Ca(OH)_2)$ = 0,005 mol/L, enthält 0,005 mol $Ca(OH)_2$ (0,37 g) in 1 L Lösung.

B5:
100 mL Natronlauge (c = 0,6 mol/L) werden mit 60 mL Schwefelsäure (c = 0,5 mol/L) vereinigt. Die Reaktionsgleichung lautet:

$$H_2SO_4\,(aq) + 2\,NaOH\,(aq) \longrightarrow Na_2SO_4\,(aq) + 2\,H_2O\,(l)$$

Also gilt für das Stoffmengenverhältnis:

$n(H_2SO_4) : n(NaOH) = 1 : 2$; d.h. $n(H_2SO_4) = \frac{1}{2}\,n(NaOH)$

Aus den Angaben zu den Kolben I und II folgt:

$n(NaOH) = c(NaOH) \cdot V(NaOH) = 0{,}6\,\text{mol/L} \cdot 0{,}1\,\text{L} = 0{,}06\,\text{mol}$

$n(H_2SO_4) = c(H_2SO_4) \cdot V(H_2SO_4) = 0{,}5\,\text{mol/L} \cdot 0{,}06\,\text{L} = 0{,}03\,\text{mol}$

Die vereinigten Stoffmengen entsprechen daher genau dem Stoffmengenverhältnis in der Neutralisationsreaktion. Also reagiert die Lösung im Kolben III neutral.

A1:

Beispiele für Konservierungsstoffe in Lebensmitteln:

Säure	Formel	Anmerkung
Sorbinsäure	$H_3C{-}CH{=}CH{-}CH{=}CH{-}COOH$	z.B. Brot, Backwaren
Benzoesäure	C_6H_5COOH	z.B. Mayonnaise, Fleischsalat
PHB-Ester	$HO{-}C_6H_4{-}COOR$	gegen Schimmelpilze
Ameisensäure	$HCOOH$	Verdacht auf Leber- und Nierenschädigungen
Schweflige Säure	H_2SO_3	z.B. Wein

A2:

a) Beispiele für Säuren im Reinigungssektor:

Säure	Formel	Anmerkung
Natriumhydrogensulfat	$NaHSO_4$	Sanitärreiniger; Beseitigung von Kalk- und Urinsteinablagerungen
Maleinsäure	$HOOC{-}CH{=}CH{-}COOH$	
Phosphorsäure	H_3PO_4	
Citronensäure	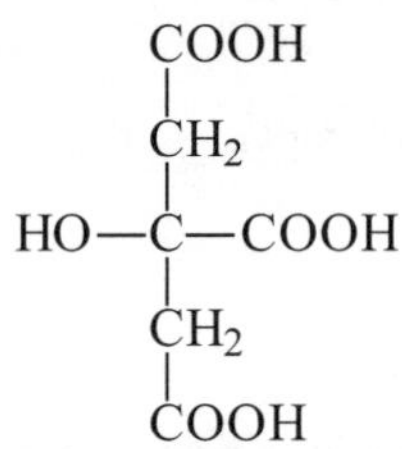	Geschirrspülmittel; Geruchsbeseitigung (z.B. Fisch) durch Salzbildung

b) Beispiele für Säuren in der Natur:

Säure	Formel	Anmerkung
Ameisensäure	$HCOOH$	in Brennnesseln, auch von roten Waldameisen produziert
Propionsäure	$H_3C{-}CH_2{-}COOH$	von Bakterien im Emmentaler Käse und in natürlichen Milchprodukten produziert
Buttersäure	C_3H_7COOH	in ranziger Butter

Säure	Formel	Anmerkung
Citronensäure	s.o.	in den jeweiligen Früchten
Äpfelsäure	$HOOC–CH(OH)–CH_2–COOH$	
Weinsäure	$HOOC–CH(OH)–CH(OH)–COOH$	

A3:

a) Berechnung der Konzentration der Kalilauge:

(1) $HCl\,(aq) + KOH\,(aq) \longrightarrow KCl\,(aq) + H_2O\,(l)$

(2) $n(HCl) = n(KOH)$

(3) $c(HCl) \cdot V(HCl) = c(KOH) \cdot V(KOH)$

(4) $c(KOH) = \frac{c(HCl) \cdot V(HCl)}{V(KOH)} = \frac{0{,}2\ \text{mol/L} \cdot 25\ \text{mL}}{50\ \text{mL}} = 0{,}1\ \text{mol/L}$

b) Berechnung der Masse des Kaliumhydroxids:

(1) und (2) wie oben

(3) $m(KOH) : M(KOH) = c(HCl) \cdot V(HCl)$

(4) $m(KOH) = c(HCl) \cdot V(HCl) \cdot M(KOH)$

$= 0{,}2\ \text{mol/L} \cdot 0{,}025\ \text{L} \cdot 56\ \text{g/mol} = 0{,}28\ \text{g}$

A4:

Berechnung des Volumens an Natronlauge zur Titration von 100 mL Cola:

(1) $H_3PO_4\,(aq) + 3\ NaOH\,(aq) \longrightarrow Na_3PO_4\,(aq) + 3\ H_2O\,(l)$

(2) $n(H_3PO_4) : n(NaOH) = 1 : 3$; also $n(NaOH) = 3\ n(H_3PO_4)$

(3) $c(NaOH) \cdot V(NaOH) = 3 \cdot c(H_3PO_4) \cdot V(H_3PO_4)$

(4) $V(NaOH) = \frac{3 \cdot 0{,}002\ \text{mol/L} \cdot 0{,}1\ \text{L}}{0{,}05\ \text{mol/L}} = 0{,}012\ \text{L} = 12\ \text{mL}$

Seite 196 und 197

Auswertung a):

V1a: Nach der Vereinigung der beiden Lösungen ist eine Gasentwicklung zu beobachten.

V1b: Nach Zugabe von Wasser ist eine Gasentwicklung zu beobachten (Gefrierbeutel bläht sich auf). Die Lösung kühlt merklich ab.

V2: Die wässrige Citronensäure-Lösung zeigt eine Leitfähigkeit, die acetonhaltige keine.

V3: Eisessig zeigt keine elektrische Leitfähigkeit. Mit zunehmender Verdünnung nimmt die Leitfähigkeit zu.

LV4a:
- in Xylol: keine Leitfähigkeit
- in Methanol: geringe Leitfähigkeit
- in Wasser: gute Leitfähigkeit

LV4b: Die obere Xylol-Schicht leitet nicht, die wässrige Schicht leitet den Strom.

Auswertung b):

V3:

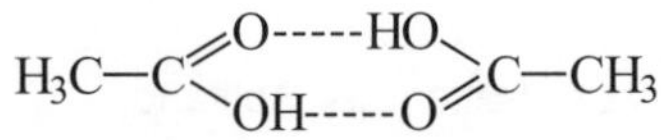

Im Eisessig liegt die Ethansäure aufgrund von Wasserstoffbrückenbindungen dimer vor. Keine Leitfähigkeit.
Bei Wasserzugabe erfolgt Protolyse und somit die Bildung von Ionen (Oxonium-Ionen mit hoher Ionenbeweglichkeit), wodurch die Leitfähigkeit zunimmt.

$$CH_3COOH\ (l) + H_2O\ (l) \longrightarrow H_3O^+\ (aq) + CH_3COO^-\ (aq)$$

LV4:
- Chlorwasserstoff geht mit Xylol keine Protolysereaktion ein, daher keine Leitfähigkeit.
- Die Leitfähigkeit von Chlorwasserstoff in Methanol ist auf folgende Protolysereaktion zurückzuführen:

  $$HCl\ (g) + CH_3OH\ (l) \longrightarrow CH_3{-}OH_2^+\ (l) + Cl^-\ (aq)$$

  Allerdings protolysieren in Methanol weniger HCl-Moleküle als in Wasser.
- In Wasser findet eine Protolyse statt, es bilden sich Ionen, die eine hohe elektrische Leitfähigkeit zeigen:

  $$HCl\ (g) + H_2O\ (l) \longrightarrow H_3O^+\ (aq) + Cl^-\ (aq)$$

Auswertung c):

Auswerung d):

V1: Erst in Gegenwart von Wasser läuft die Protolysereaktion zwischen Citronensäure und Natriumhydrogencarbonat (den Grundstoffen für Brausepulver) ab.

$$C_5H_7O_5COOH\ (aq) + NaHCO_3\ (aq) \longrightarrow C_5H_7O_5COONa\ (aq) + CO_2\ (g) + H_2O\ (l)$$

V2: Während Citronensäure in Aceton nicht protolysiert, protolysiert sie in Wasser und zeigt elektrische Leitfähigkeit (Oxonium-Ionen).

$$C_5H_7O_5COOH + H_2O \longrightarrow C_5H_7O_5COO^- + H_3O^+$$

B1:

Zu BOYLE:

- Rotkohl ergibt eine rote Farbe, wenn er mit Äpfeln oder Essig gekocht wird.
- Farbaufhellung bei der Zugabe von Zitronensaft zu schwarzem Tee
- Zersetzung von Kalkstein z.B. beim Entkalken von Geräten

$$HX + R^- \longrightarrow RH + X^-$$

(HX = Säure, allgemein; R^- = Farbstoff (Anthocyan bzw. Polyphenol)

$$CaCO_3 + 2\,H^+ \longrightarrow Ca^{2+} + CO_2 + H_2O$$

Zu LAVOISIER:

Saurer Regen durch Schwefeldioxid: $SO_2 + H_2O \longrightarrow H_2SO_3$

Saurer Regen durch Stickstoffoxide: $2\,NO_2 + H_2O \longrightarrow HNO_2 + HNO_3$

Saurer Sprudel: $CO_2 + H_2O \longrightarrow$ Kohlensäure „H_2CO_3"

Zu LIEBIG:

Korrosion von beschädigten Weißblechdosen/Konservendosen:

$$Fe + 2\,H^+ \longrightarrow Fe^{2+} + H_2$$

Zu ARRHENIUS:

- Brausepulver, nur in Anwesenheit von Wasser (vgl. V1):

  Citronensäure + Natron $\longrightarrow$ Natriumcitrat + Kohlenstoffdioxid + Wasser
- Leitfähigkeit: „Apfeluhr", „Zitronenbatterie" (vgl. V1, S. 138)

Zu BRØNSTED:

Kalkverwitterung (Protonenübertragung von der Kohlensäure auf Carbonat-Ionen):

$$CaCO_3 + CO_2 + H_2O \longrightarrow Ca(HCO_3)_2$$

B2:

Die elektrische Leitfähigkeit ist an das Vorhandensein von beweglichen geladenen Teilchen gebunden. In Lösungen oder in Salzschmelzen sind dies Ionen. Beim Lösen von Säuren und Basen tritt eine mehr oder weniger große Leitfähigkeit auf. Jede Ionenart wandert mit einer für sie charakteristischen Ionengeschwindigkeit. Da diese von der angelegten Spannung (Trafo) und dem Abstand der Elektroden (Leitfähigkeitsprüfer) abhängt, spricht man von Ionenbeweglichkeit. Je größer die Ionenbeweglichkeit ist, desto größer ist auch die elektrische Leitfähigkeit. Oxonium-Ionen haben eine große Ionenbeweglichkeit (vgl. B2, S. 202).

A1:

Hauptinhaltsstoffe von säurehaltigen Reinigungsmitteln:

- Reiniger für Sanitär-Keramik:

  < 5% nichtionische Tenside, Phosphorsäure, Farbstoffe, Duftstoffe

  $$H_3PO_4 + H_2O \longrightarrow H_3O^+ + H_2PO_4^-$$

- Kalkreiniger:
  < 5% nichtionische Tenside, Maleinsäure, Farb- und Duftstoffe
- WC-Reiniger/Pulver:
  < 5% anionische Tenside, Aktivsäure = Citronensäure, anorganische Salze, Cellulose, Parfümöl, Farbstoff

  $$HX + H_2O \longrightarrow H_3O^+ + X^-$$

  HX = allg. für Citronensäure und Maleinsäure
- WC-Reiniger:
  < 5% anionische Tenside, Natriumhydrogensulfat, Salze und Parfümöl

  $$HSO_4^- + H_2O \longrightarrow H_3O^+ + SO_4^{2-}$$
- Scheuerpulver:
  < 5% anionische Tenside, nichtionische Tenside, Zeolithe, natürliches Reinigungsmaterial (*Anmerkung*: enthält offensichtlich Soda), Farbstoffe, Duftstoffe

A2:
Kalkverwitterung:

$$CaCO_3 + CO_2 + H_2O \longrightarrow Ca(HCO_3)_2$$

Bei stärkeren Säuren (z.B. Wurzeln):

$$Ca(HCO_3)_2 + 2\,H_3O^+ \longrightarrow Ca^{2+} + 2\,CO_2 + 4\,H_2O$$

(Vgl. *Chemie 2000+*, S. 92/93 und *Chemie 2000+ Online*)

Seite 198 und 199

Auswertung a):

Substanz	Bromthymolblau	Universalindikator	Reaktion
Essigsäure	gelb	---	sauer
Ammoniumchlorid	gelb	---	sauer
Natriumhydrogensulfat	gelb	---	sauer
Natriumdihydrogen-phosphat	gelb	gelb	schwach sauer
Natriumchlorid	gelbgrün	grün	neutral
Ammoniak	blau	---	alkalisch
Natriumacetat	blau	---	alkalisch
Kaliumcarbonat	blau	---	alkalisch
Natriumphosphat	blau	blau	alkalisch
Dinatriumhydrogen-phosphat	blaugrün	grünblau	schwach alkalisch

Für Schüler ist oft die Tatsache überraschend, dass wässrige Salzlösungen nicht immer neutral reagieren.

Auswertung b):

$$H_3CCOOH + H_2O \longrightarrow H_3CCOO^- + H_3O^+$$

Auswertung c):

$$H_3CCOO^- + H_2O \longrightarrow H_3CCOOH + OH^-$$

Bei dieser Protolyse werden Hydroxid-Ionen gebildet, d.h. das Salz Natriumacetat reagiert alkalisch.

Auswertung d):

$NH_3 + H_2O \longrightarrow NH_4^+ + OH^-$	(alkalische Reaktion)
$NH_4^+ + H_2O \longrightarrow NH_3 + H_3O^+$	(saure Reaktion)
$CO_3^{2-} + H_2O \longrightarrow HCO_3^- + OH^-$	(alkalische Reaktion)
$HSO_4^- + H_2O \longrightarrow SO_4^{2-} + H_3O^+$	(saure Reaktion)
$PO_4^{3-} + H_2O \longrightarrow HPO_4^{2-} + OH^-$	(alkalische Reaktion)
$HPO_4^{2-} + H_2O \longrightarrow H_2PO_4^- + OH^-$	(alkalische Reaktion)
$H_2PO_4^- + H_2O \longrightarrow HPO_4^{2-} + H_3O^+$	(saure Reaktion)
NaCl (aq): keine Protolyse	(neutrale Reaktion)

Auswertung e):

$RH + HCO_3^- \longrightarrow R^- + CO_2 + H_2O$ (RH = Fruchtsäure)

$$R^- + H_2O \longrightarrow RH + OH^-$$

Gasentwicklung und „*p*H-abstumpfende" Wirkung bei der Neutralisation der Fruchtsäuren (Citronensäure, Vitamin C u.v.a.m.) lassen sich mithilfe der obigen Gleichung erklären.

B1:

Anwendungsmöglichkeiten von Speisenatron im Haushalt:

- Unter dem Namen „Baking Soda" wird Natron in England und vor allem in Nordamerika oft anstelle von Backpulver verwendet (z.B. für Muffins).
- Natron wird zur Geruchsbeseitigung eingesetzt, wobei flüchtige organische Säuren neutralisiert werden (Natron in Kühlschrank oder Spülmaschine geben).
- Speisenatron fungiert als Wasserenthärter und sorgt, wenn eine Messerspitze davon dem Kaffeewasser zugesetzt wird, für ein besonderes Kaffeearoma.
- Als Zusatz beim Kochen von Kohl und Hülsenfrüchten werden letztere schnell weich und bekömmlich, bei Kohl wird der strenge Geruch gemildert. (Aber: Rotkohl wird blau! Vgl. S. 200).

- Herstellung von sprudelnden Brausegetränken mit Natron
- Verwendung zur Zahn- und Mundpflege, Reinigung künstlicher Gebisse
- Abstumpfen der Säure bei saurem Obst (oder Fruchtsaftgetränken)

B2:
Hauptinhaltsstoff von derartigen Produkten ist Natron, teilweise auch Soda.

Die säureabstumpfende Wirkung zeigt die folgende Protolysegleichung:

$$HCO_3^- + H_3O^+ \longrightarrow CO_2 + 2\,H_2O$$

A1:
Hauptbestandteile der heute üblichen Antacida sind z.B. Aluminiumhydroxid oder Aluminiumoxid, Calciumcarbonat, Magnesiumhydroxid, seltener Natriumhydrogencarbonat.
Bei den folgenden Protolysen bildet sich aus der starken Magensäure (H_3O^+ aus der Protolyse von HCl) jeweils eine schwache Säure und Wasser.

$$3\,H_3O^+ + Al(OH)_3 \rightleftharpoons Al^{3+} + 6\,H_2O$$

Säure I Base II Säure II Base I

$$Al^{3+} \downarrow [Al(H_2O)_6]^{3+}$$

Kation-Säure

$$H_3O^+ + CO_3^{2-} \rightleftharpoons HCO_3^- + H_2O$$

Säure I Base II Säure II Base I

$$H_3O^+ + HCO_3^- \rightleftharpoons [H_2CO_3] + H_2O$$

Säure I Base II Säure II Base I

A2:

Anion-Säuren:	HSO_4^- (konj. Base SO_4^{2-})
	$H_2PO_4^-$ (konj. Base HPO_4^{2-})
Anion-Basen:	CO_3^{2-} (konj. Säure HCO_3^-)
	PO_4^{3-} (konj. Säure HPO_4^{2-})
Kation-Säuren:	NH_4^+ (konj. Base NH_3)
	$[Al(H_2O)_6]^{3+}$ (konj. Kation-Base $[Al(H_2O)_5OH]^{2+}$)

A3:

$$[Al(H_2O)_6]^{3+} + H_2O \rightleftharpoons [Al(H_2O)_5OH]^{2+} + H_3O^+$$

Säure I Base II konj. Base I konj. Säure II

$$[Fe(H_2O)_6]^{3+} + H_2O \rightleftharpoons [Fe(H_2O)_5OH]^{2+} + H_3O^+$$

Säure I Base II konj. Base I konj. Säure II

Seite 200 und 201

Auswertung a):

Extrakt von	Farbe	Farbe in wässriger Citronensäure	Farbe in wässriger Natron-Lösung	Farbe in wässriger Soda-Lösung
Rotkohl	violett	rot	blau	dunkelgrün
Rosen	dunkelrot	orange/rot	violett	olivgrün
Radieschen-schalen	dunkelrot	orange/rot	violett	blaugrau
Heidelbeeren	lila	rot	blau	grün
Kirschen	dunkelrot	hellrot	violett	grün
Malventee	violett	rosa	blau	blaugrün
Hagebuttentee	rot	hellrot	grün	hellgrün
Früchtetee	rot	hellrot	grün	gelb/grün

Stoff	Farbe	Zusatz von Fleckensalz (ohne Soda)	Zusatz von Fleckensalz (mit Soda)	Zusatz von Backpulver	Zusatz von Entkalker
Rotkohl-saft	violett	blau bis blaugrün	nach einiger Zeit gelb/grün, dann gelb	violett	rot
Rotkohl + Citronen-säure	rot	rosa	aufsprudeln, rosa	aufsprudeln, rosa	rot
Rotkohl + Natron	blau	grünblau, später gelb	grünblau, später gelb	blau	über violett zur Rotfärbung
Rotkohl + Soda	grün	hellgrün, später gelb	hellgrün, später gelb	blau	hellgrün, später violett

Auswertung b):
Wird Rotkohl mit säurehaltigen Zutaten wie Äpfeln oder Essig zubereitet, erhält er eine rotviolette bis rote Farbe in Abhängigkeit vom *p*H-Wert.
Wird Rotkohl mit mehr oder weniger hartem Wasser (*p*H 7 bis 8) zubereitet, erhält er eine blaue Farbe und die in Süddeutschland übliche Bezeichnung Blaukraut.

Auswertung c):
Seifenlösungen sind schwach alkalisch, deshalb verfärbt sich die mit Rotkohl in Kontakt gekommene Haut der Hände nach Benutzung von Seife blau.
Das Reduktionsmittel Dithionit $S_2O_4^{2-}$ bewirkt die Entfärbung.

Auswertung d):
Offene Aufgabe (vgl. B3, B4 und B7 auf S. 200 und 201).

Indikator	***p*H 1**	***p*H 2**	***p*H 3**	***p*H 4**	***p*H 5**	***p*H 6**	***p*H 7**
Rotkohlsaft	rot	rot	rot	rosa	rosa	violett	blau-violett
Lackmus	rot	rot	rot	rot	rot	rot	violett
Phenolphthalein	farblos	farblos	farblos	farblos	farblos	farblos	farblos
Bromthymolblau	gelb-orange	gelb	gelb	gelb	gelb	gelb	grün
Universalindikator	rot	rot-orange	orange	gelb-orange	gelb	gelb-grün	oliv-grün

Indikator	***p*H 8**	***p*H 9**	***p*H 10**	***p*H 11**	***p*H 12**	***p*H 13**	***p*H 14**
Rotkohlsaft	blau	grün	grün	grün	gelb	gelb	gelb
Lackmus	blau	blau	blau	blau	blau	blau	blau
Phenolphthalein	rosa	rot	rot	rot	rot	rot	rot
Bromthymolblau	blau	blau	blau	blau	blau	blau	blau
Universalindikator	grün	dunkel-grün	blaugrün		blau		dunkel-blau

Auswertung e):
Besonders geeignet sind solche Indikatoren, die einen kontrastreichen und kleinen Umschlagsbereich haben, wie z.B. Phenolphthalein, Bromthymolblau, Neutralrot, Thymolphthalein. Daneben hängt die Eignung als Indikator für Titrationen auch von der Lage des Umschlagsbereichs ab, um z.B. Halbäquivalenzpunkte oder Protolysestufen der zu bestimmenden Säure ermitteln zu können (Methylorange bzw. Phenolphthalein bei Phosphorsäure).

Auswertung f):
Offene Aufgabe (vgl. d)).
Jeder Indikator zeigt in Abhängigkeit vom *p*H-Wert charakteristische Farben. Für jeden Indikator ist eine Skala zu erstellen. Die Umschlagsbereiche erfolgen jedoch relativ scharf über eine *p*H-Einheit.

Auswertung g):
Saugfähiges, farbloses Papier (z.B. Filterpapier, unbedrucktes Zeitungspapier) wird vollständig z.B. in Rotkohlsaft (Kirschsaft, Rosenblütensaftextrakt oder andere) getaucht. Dann nimmt man das Papier heraus und lässt es an der Luft (oder schneller mit dem Fön) trocknen. Sollte die Farbintensität nicht stark genug sein, wird der Färbevorgang mehrmals wiederholt. Nach dem Trocknen wird das so gefärbte Papier in schmale Streifen geschnitten und in einem geschlossenen Gefäß aufbewahrt.

B2:

- Citronensäure:

  $HOOC{-}CH_2{-}C(OH)(COOH){-}CH_2{-}COOH$,
  3-Carboxy-3-hydroxy-pentandisäure

  Citronensäure kann z.B. aus Zitronensaft über schwerlösliches Calciumcitrat gewonnen werden. Im Alltag findet man Citronensäure z.B. in Bio-Entkalkern und Schnellentkalkern. Neben der sauren Wirkung kommt vor allem der komplexierende Effekt und die Möglichkeit der Geruchsbeseitigung über Salzbildung zum Tragen.

- Natron:

  $NaHCO_3$, Natriumhydrogencarbonat

  Natron wird als Backtriebmittel in Backpulver eingesetzt. Zusammen mit einer Säure bzw. sauren Salzen entsteht Kohlenstoffdioxid; man fügt Stärke als Trennmittel zu, um eine vorzeitige Reaktion zu verhindern. Durch die Gasentwicklung bildet sich die porige Struktur der Backwaren. Natron kommt auch in Tabletten gegen Sodbrennen und als Bestandteil in Brausepulver und -tabletten vor.

- Soda:

  Na_2CO_3, Natriumcarbonat

  Soda spielt eine wichtige Rolle als Bestandteil von Geschirrspülmitteln für Spülmaschinen und von Waschmitteln. Soda reagiert alkalisch und wird hier vor allem wegen der wasserenthärtenden Eigenschaft eingesetzt. Natriumcarbonat ist eine Grundchemikalie, die in großen Mengen zur Glasherstellung benötigt wird: Quarzsand wird mit Soda und Kalkstein vermischt und geschmolzen. Die industrielle Herstellung ist auf S. 89 im Schülerband ausführlich dargestellt.

B7:

- Bromthymolblau ist über weite *p*H-Bereiche eindeutig gefärbt: gelb von *p*H = 1 bis 7, blau von *p*H = 8 bis 14. Beim Neutralpunkt *p*H = 7 erscheint die Lösung grün und ist damit gut erkennbar. Der stark saure Bereich *p*H = 0 hebt sich durch rote Färbung ab.
- Methylorange ist rot gefärbt von *p*H = 0 bis ca. 9, damit entfällt das Anzeigen des Neutralpunkts. Auch hellt sich der rote Bereich nur allmählich auf und wird erst gelb ab *p*H = 13.
- Phenolphthalein reagiert farblos bis *p*H = 8 und ist dann fast schlagartig rot gefärbt.
- Lackmus ist im sauren Bereich bis *p*H = 7 rot gefärbt, dann violett im gesamten alkalischen Bereich.

Seite 202 und 203

V1 bis V3, Auswertung a) bis d) und f):
Vgl. Text bzw. B4, B5 und B6 auf Seite 203 im Schülerband.

Auswertung e):
Orientierungswerte:

V2: Die Konzentration einer gesättigten Bariumhydroxid-Lösung beträgt etwa: $c = 1{,}7 \cdot 10^{-1}$ mol/L.
Für die Titration von 25 mL der Lösung benötigt man also ca. 42,5 mL Schwefelsäure mit $c = 0{,}1$ mol/L.

V3b: Die Konzentration von handelsüblichen Aceto balsamico beträgt ca. 6%, dies entspricht etwa $c = 1$ mol/L.
Für die Titration von 10 mL Essig benötigt man also ca. 10 mL Natronlauge mit $c = 1$ mol/L.

V4, Auswertung a):
Bei Gruppe a) ist die Leitfähigkeit der Salzsäure-Lösung deutlich höher als die von Kalium-, Natrium- und Lithiumchlorid-Lösung.
Sie nimmt in der Reihenfolge HCl > KCl > NaCl > LiCl ab.
In Gruppe b) ist die Leitfähigkeit der Natriumhydroxid-Lösung am größten.
Sie nimmt in der Reihenfolge NaOH > NaCl > $NaCH_3COO$ ab.

V4, Auswertung b):
Bei Gruppe a) liegt in allen Lösungen das gleiche Anion (Cl^-) vor. Die unterschiedliche Leitfähigkeit ist also auf die unterschiedliche Ionenleitfähigkeit der Kationen zurückzuführen. Die Ionenleitfähigkeit des Oxoniums-Ions ist demnach deutlich größer als die der Alkalimetall-Ionen.
$H_3O^+ > K^+ > Na^+ > Li^+$

Diese Reihenfolge stimmt mit den Ionenleitfähigkeiten der Literatur (Tabelle B2) überein.
In Gruppe b) liegt in allen Lösungen das gleiche Kation (Na^+) vor. Die unterschiedliche Leitfähigkeit ist auf die unterschiedliche Ionenleitfähigkeit der Anionen zurückzuführen:
$OH^- > Cl^- > CH_3COO^-$

B6:
Essigsäure protolysiert in Wasser nur unvollständig. Daher sind in der Essigsäure-Lösung weniger Ionen enthalten als in einer Salzsäure-Lösung gleicher Konzentration.

A1:
Verlauf der Titrationskurve einer Leitfähigkeitstitration von Bariumhydroxid-Lösung mit Salzsäure:

Die Leitfähigkeit nimmt bei der Titration von Bariumhydroxid-Lösung mit Salzsäure bis zum Äquivalenzpunkt ab, jedoch nicht bis auf null, da Barium- und Chlorid-Ionen in Lösung bleiben.

$$Ba^{2+}(aq) + 2\,OH^-(aq) + 2\,H_3O^+(aq) + 2\,Cl^-(aq) \longrightarrow 4\,H_2O(l) + Ba^{2+}(aq) + 2\,Cl^-(aq)$$

A2:
Bei der konduktometrischen Titration von Natriumacetat-Lösung mit Salzsäure nach

$$Na^+(aq) + CH_3COO^-(aq) + H_3O^+(aq) + Cl^-(aq) \longrightarrow Na^+(aq) + Cl^-(aq) + CH_3COOH(aq) + H_2O(l)$$

erhält man die folgende Titrationskurve:

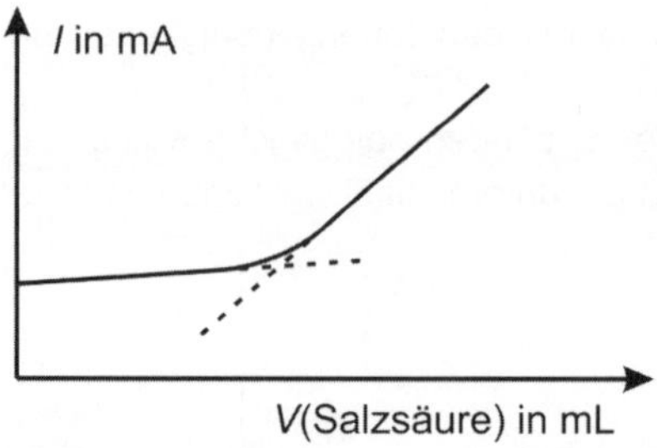

Den Äquivalenzpunkt ermittelt man grafisch. Da die Ionenleitfähigkeit der Chlorid-Ionen größer ist als die der Acetat-Ionen, steigt die Leitfähigkeit der Lösung bis zum Äquivalenzpunkt leicht an.
Im Experiment wird deutlich, dass eine Indikatortitration zur Bestimmung der Konzentration einer Natriumacetat-Lösung kaum geeignet ist, da die Wahl des richtigen Indikators schwierig ist.
Hinweis: Interessant ist der Vergleich mit einer *p*H-metrischen Titration (vgl. S. 220ff.). Der *p*H-Sprung am Äquivalenzpunkt ist nur sehr schwach ausgeprägt, da Acetat-Ionen sehr schwache Basen sind. Daher ist der Äquivalenzpunkt (*p*H = 3) schlecht zu erkennen. Dies ist auch der Grund, weshalb eine Indikatortitration kaum infrage kommt.

A3:
Es ist vorteilhaft bei Leitfähigkeitstitrationen mit konzentrierten Lösungen zu titrieren, da dann die Volumenänderung möglichst klein gehalten werden kann und auf diese Weise Verdünnungseffekte die Leitfähigkeit der Lösung nur wenig beeinflussen.

Seite 204 und 205 (EVA)

Auswertung a):
V1: Bei der Titration einer Natriumchlorid-Lösung mit Silbernitrat-Lösung tritt eine Trübung auf, die im Laufe der Titration zunimmt. Es fällt Silberchlorid aus.
V2: Bei der Titration von Leitungswasser mit Oxalsäure-Lösung tritt eine Trübung auf, die im Laufe der Titration zunimmt. Es fällt Calciumoxalat aus.

Auswertung b):

V1:

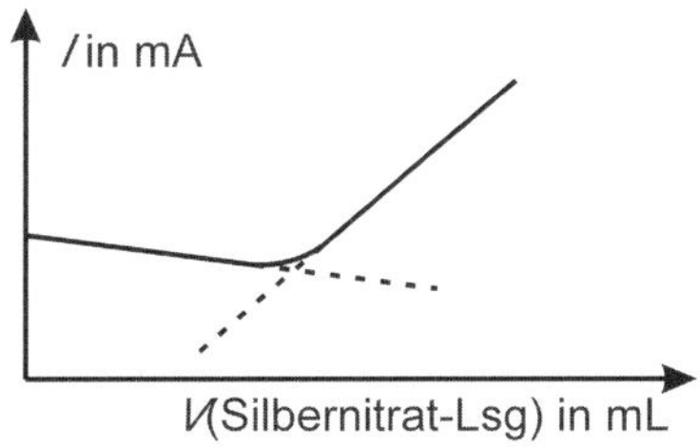

V2: Vgl. B1 im Schülerband.

Auswertung c):

$Ca^{2+}(aq) + 2\,H_3O^+(aq) + C_2O_4^{2-}(aq) \longrightarrow CaC_2O_4(s) + 2\,H_3O^+(aq)$

Auswertung d):

Die Hydrogencarbonat-Ionen aus dem Leitungswasser reagieren mit den Oxonium-Ionen der Oxalsäure zu Kohlenstoffdioxid und Wasser:

$2\,HCO_3^-(aq) + 2\,H_3O^+(aq) \longrightarrow 2\,[H_2CO_3] \longrightarrow 2\,CO_2(g) + 4\,H_2O(l)$

Die Konzentration der Ionen in der Lösung nimmt dabei ab. Dadurch sinkt die Leitfähigkeit bis zum Äquivalenzpunkt, steigt dann aufgrund der Zunahme der Ionenkonzentrationen durch die Ionen aus der zugesetzten Oxalsäure-Lösung wieder an.

Auswertung e):

Beispiel aus B1:

$$n(Ca^{2+}) = n(H_2C_2O_4)$$

$$c(Ca^{2+}) = \frac{c(H_2C_2O_4) \cdot V(H_2C_2O_4)}{V(Leitungswasser)}$$

$$c(Ca^{2+}) = \frac{0{,}1\ \text{mol/L} \cdot 6{,}2\ \text{mL}}{200\ \text{mL}}$$

$$c(Ca^{2+}) = 3{,}1 \cdot 10^{-3}\ \text{mol/L} = 3{,}1\ \text{mmol/L}$$

Auswertung f):

$$1\,°d = 0{,}1783\ \text{mmol/L}\ Ca^{2+}$$

$$\frac{3{,}1\ \text{mmol/L}}{0{,}1783\ \text{mmol/L}} = 17{,}4$$

Die auf Calcium-Ionen beruhende Wasserhärte beträgt in dem untersuchten Leitungswasser 17,4 °d.

Auswertung g):

Die mit Teststäbchen ermittelte Wasserhärte ist in der Regel höher, da mit den Teststäbchen die Gesamthärte bestimmt wird, die sowohl durch Calcium- als auch durch andere Ionen wie Magnesium-Ionen verursacht wird.

Auswertung a):

V3:

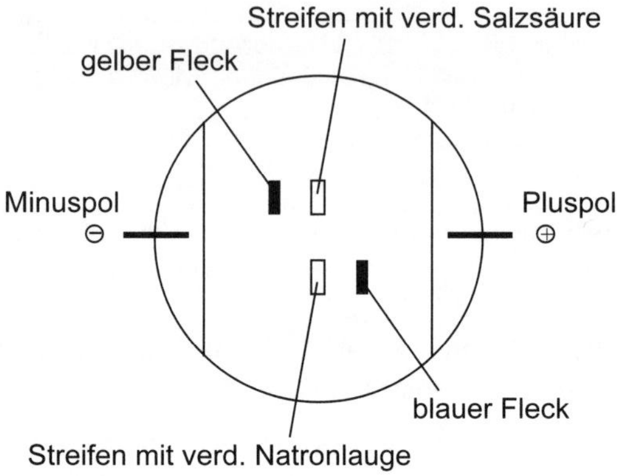

V4:

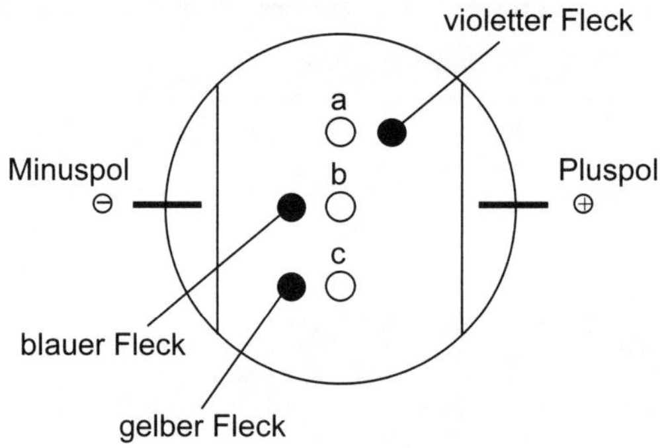

a: $KMnO_4$-Lösung
b: $[Cu(NH_3)_4]SO_4$-Lösung
c: $FeCl_3$-Lösung

Auswertung b):

Ion	Wanderungsrichtung
MnO_4^-	zum Pluspol
$[Cu(NH_3)_4]^{2+}$	zum Minuspol
Fe^{3+}	zum Minuspol

Auswertung c):

Ion	Wanderungsrichtung
Cl^-	zum Pluspol
SO_4^{2-}	zum Pluspol
K^+	zum Minuspol

Die Ionenwanderungsgeschwindigkeit hängt von der Ionenbeweglichkeit ab. Die Ionenbeweglichkeit der Eisen(III)-Ionen ist etwa 3-mal so groß wie die der Chlorid-Ionen. Die Chlorid-Ionen wandern in der gleichen Zeit etwa ein Drittel der Strecke, die die Eisen(III)-Ionen wandern.

B1:
Vgl. Auswertung e) und f).

B3:
An beiden Elektroden ist eine Gasentwicklung zu sehen. Am Minuspol färbt sich die angrenzende Agar-Platte blau, am Pluspol gelb.
Am Minuspol werden Wasser-Moleküle reduziert. Es entstehen Wasserstoff und Hydroxid-Ionen:

$$2\,H_2O + 2\,e^- \longrightarrow H_2 + 2\,OH^-$$

Am Pluspol werden Wasser-Moleküle oxidiert. Es entstehen Sauerstoff und Oxonium-Ionen:

$$6\,H_2O \longrightarrow O_2 + 4\,H_3O^+ + 4\,e^-$$

B4:

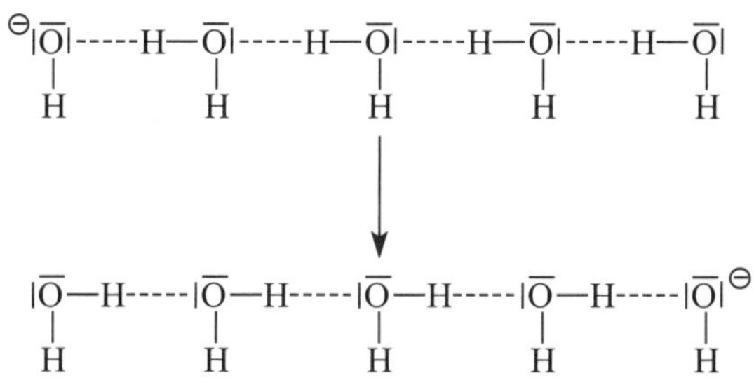

A1:
Eine genau abgewogene Portion (ca. 20 g) Rhabarber (Spinat) wird klein geschnitten und in einem Becherglas mit ca. 50 mL dest. Wasser versetzt. Die Mischung wird aufgekocht, um die Oxalsäure bzw. Oxalate aus den Zellen zu lösen. Nach dem Abkühlen wird die Mischung in einen Erlenmeyerkolben filtriert und der Filterrückstand mit dest. Wasser gewaschen. Das Filtrat wird mit einer Calciumchlorid-Lösung, $c = 0{,}1$ mol/L, konduktometrisch titriert.

Bei einer Oxalsäure-Konzentration von 0,45% werden 10 mL Calciumchlorid-Lösung bei der Titration verbraucht.
Oxalat-Ionen aus Spinat oder Rhabarber bilden mit Calcium-Ionen schwerlösliches Calciumoxalat. Auf dieser Weise werden dem Körper Calcium-Ionen entzogen.

A2:

a) Reaktionsgleichung für die Titration von Natriumhydrogencarbonat-Lösung mit Salzsäure:

$$Na^+ (aq) + HCO_3^- (aq) + H_3O^+ (aq) + Cl^- (aq) \longrightarrow CO_2 (g) + 2\,H_2O (l) + Na^+ (aq) + Cl^- (aq)$$

b) Bis zum Äquivalenzpunkt ändert sich die Ionenkonzentration nicht, wenn man vereinfachend die Volumenänderung vernachlässigt. Die Hydrogencarbonat-Ionen reagieren mit den zugesetzten Oxonium-Ionen der Salzsäure und werden durch die ähnlich leitenden Chlorid-Ionen ersetzt. Dadurch ändert sich die Leitfähigkeit nur gering. Nach dem Äquivalenzpunkt steigt die Leitfähigkeit wegen der Zunahme der Ionenkonzentrationen durch die zugesetzte überschüssige Salzsäure an.

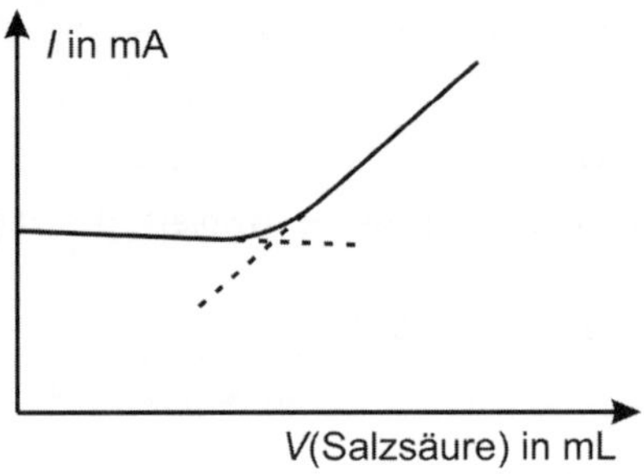

c) Die folgende Versuchsvorschrift eignet sich nur für Backpulvermischungen, die keine Säuerungsmittel enthalten.
Etwa 1 g (genau abgewogenes) Backpulver werden in ein Becherglas mit 100 mL Wasser gegeben und mit Salzsäure, $c = 1$ mol/L, konduktometrisch titriert.
Zur Neutralisation von 0,84 g (10^{-2} mol) Natriumhydrogencarbonat benötigt man 10 mL Salzsäure.

A3:

Die Ionenleitfähigkeit von Acetat-Ionen ist deutlich geringer als die von Chlorid-Ionen, während die Ionenleitfähigkeit von Nitrat-Ionen ungefähr gleich der der Chlorid-Ionen ist. Bei einer Titration einer chloridionenhaltigen Lösung sinkt bei Verwendung von Silberacetat-Lösung die Leitfähigkeit bis zum Äquivalenzpunkt ab, da die Chlorid-Ionen von den weniger gut leitenden Acetat-Ionen ersetzt werden, und steigt danach an. Der Äquivalenzpunkt ist dadurch deutlicher zu erkennen als bei einer Titration mit Silbernitrat-Lösung, bei der die Leitfähigkeit bis zum Äquivalenzpunkt etwa gleich bleibt.

Seite 206 und 207 (EVA)

V1, Auswertung a) und b):

Salz	Temperaturänderung	
Natriumchlorid	Temperaturkonstanz	$\lvert\Delta H_H\rvert = \lvert\Delta H_G\rvert$
Lithiumchlorid	Temperaturerhöhung	$\lvert\Delta H_H\rvert > \lvert\Delta H_G\rvert$
Kaliumchlorid	Temperaturerniedrigung	$\lvert\Delta H_H\rvert < \lvert\Delta H_G\rvert$
Calciumchlorid	Temperaturerhöhung	$\lvert\Delta H_H\rvert > \lvert\Delta H_G\rvert$
Calciumchlorid-Hexahydrat	Temperaturerniedrigung	$\lvert\Delta H_H\rvert < \lvert\Delta H_G\rvert$
Kupfersulfat	Temperaturerhöhung	$\lvert\Delta H_H\rvert > \lvert\Delta H_G\rvert$
Kupfersulfat-Pentahydrat	Temperaturerniedrigung	$\lvert\Delta H_H\rvert < \lvert\Delta H_G\rvert$
Ammoniumnitrat	Temperaturerniedrigung	$\lvert\Delta H_H\rvert < \lvert\Delta H_G\rvert$

V2, Auswertung a):

(1) Erwärmen von Natriumacetat-Trihydrat

1. Schritt: $NaCH_3COO \cdot 3\ H_2O\ (s) \longrightarrow NaCH_3COO\ (s) + 3\ H_2O\ (l)$

Hydratationsenergie wird aufgewendet.

2. Schritt: $NaCH_3COO\ (s) \longrightarrow Na^+\ (aq) + CH_3COO^-\ (aq)$

Gitterenergie wird aufgewendet.

(2) Kristallisation

1. Schritt: $Na^+\ (aq) + CH_3COO^-\ (aq) \longrightarrow NaCH_3COO\ (s)$

Gitterenergie wird frei.

2. Schritt: $NaCH_3COO\ (s) + 3\ H_2O\ (l) \longrightarrow NaCH_3COO \cdot 3\ H_2O\ (s)$

Hydratationsenergie wird frei.

B5:

Die Dose „Heißer Kaffee“ enthält Calciumchlorid und Wasser in zwei getrennten Kammern, deren Trennwand beim Schütteln zerstört wird. Calciumchlorid löst sich stark exotherm in Wasser und der Kaffee wird erwärmt.

A1:

Für die Herstellung von Kältekompressen können Salze verwendet werden, die sich stark endotherm in Wasser lösen, also beispielsweise Ammoniumnitrat, für Einmalwärmebeutel Salze, die sich exotherm in Wasser lösen, z.B. Calciumchlorid.

A2:

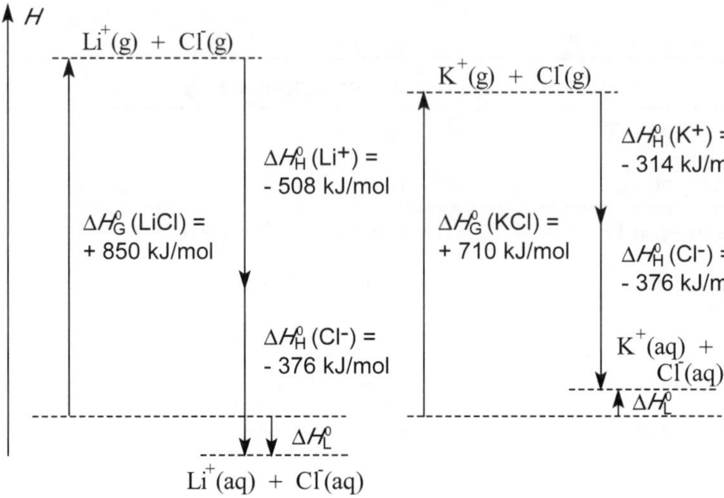

Beim Lösen von Lithiumchlorid ist der Betrag der aufzuwendenden Gitterenergie kleiner als der Betrag der frei werdenden Hydratationsenergie, d.h. es wird Lösungswärme frei.
Beim Lösen von Kaliumchlorid ist der Betrag der aufzuwendenden Gitterenergie größer als der Betrag der frei werdenden Hydratationsenergie, d.h. die Lösung kühlt sich ab.

A3:

$$KCl\ (s) \longrightarrow K^+\ (aq) + Cl^-\ (aq)$$

$$MgCl_2\ (s) \longrightarrow Mg^{2+}\ (aq) + 2\ Cl^-\ (aq)$$

$$NH_4NO_3\ (s) \longrightarrow NH_4^+\ (aq) + NO_3^-\ (aq)$$

KCl: gut löslich unter Abkühlung, da die freie Lösungsenthalpie negativ und die Lösungsenthalpie positiv ist

$MgCl_2$: gut löslich unter Erwärmung, da die freie Lösungsenthalpie und die Lösungsenthalpie negativ sind

$CaSO_4$: schlecht löslich, da die freie Lösungsenthalpie positiv ist

NH_4NO_3: gut löslich unter Abkühlung, da die freie Lösungsenthalpie negativ und die Lösungsenthalpie positiv ist

Alle löslichen Salze lösen sich mit Entropiezunahme, da die Anzahl der Teilchen größer wird bzw. aus dem geordneten Kristall die weniger geordnete Lösung entsteht.

Seite 208 und 209

Auswertung a):
Offene Aufgabe.
Je nach geografischer und geologischer Lage der jeweiligen Quellen ergeben sich insbesondere Unterschiede in den Calcium- und Magnesium-Ionenkonzentrationen sowie in den Konzentrationen von Kieselsäure, Sulfat- und Fluorid-Ionen. Auffällig können erhöhte Nitratwerte sein.

Beispiel: Cachat-Quelle, F-74503 Evian
*p*H = 7,2
Abdampfrückstand bei 180 °C: 309 mg/L
Kationen: Ca^{2+} 78 mg/L, Mg^{2+} 24 mg/L, Na^{+} 5 mg/L, K^{+} 1 mg/L
Anionen: HCO_3^- 357 mg/L, SO_4^{2-} 10 mg/L, Cl^- 4,5 mg/L, NO_3^- 3,8 mg/L

Auswertung b):
Offene Aufgabe.

Probe	*p*H	$c(H_3O^+)$	$c(OH^-)$	$N(H_3O^+)$	Leitfähigkeit	Gesamthärte	Carbonathärte	Nitratgehalt
Evian	7,2	$6{,}3 \cdot 10^{-8}$ mol/L	$1{,}58 \cdot 10^{-7}$ mol/L	$3{,}8 \cdot 10^{16}$ in 1 L	0,251 mS	14 °d *	17 °d *	3,8 mg/L, 0,0613 mmol/L
Leitungswasser	7	10^{-7} mol/L	10^{-7} mol/L	$6{,}022 \cdot 10^{16}$ in 1 L				
Regenwasser	4	10^{-4} mol/L	10^{-10} mol/L	$6{,}022 \cdot 10^{19}$ in 1 L				
....								

* gemessen mit Teststäbchen der Firma Dennerle (3-fach Tauchtest)

- Die elektrische Leitfähigkeit wird von den einzelnen Ionenarten bestimmt (vgl. B2, S. 202).
- Die Gesamthärte (*GH*) ist definiert als die Summe der Konzentrationen der Calcium-, Magnesium-, Strontium-, Barium- und Eisen(II)-Ionen.
  Anmerkung: Aufgrund der Häufigkeit des Vorkommens wird die Gesamthärte im Wesentlichen durch Calcium- und Magnesium-Ionen bestimmt.
  $GH = c(Ca^{2+}) + c(Mg^{2+}) + c(Sr^{2+}) + c(Ba^{2+}) + c(Fe^{2+})$
- Die Carbonathärte (*KH*) (besser: Säurebindungsvermögen oder Alkalinität) wird durch die Carbonat- und Hydrogencarbonat-Ionen verursacht. Sie lässt sich folgendermaßen berechnen:
  $KH = c(HCO_3^-) + 2c(CO_3^{2-}) + c(OH^-) - c(H_3O^+)$
- Der Nitratgehalt wird durch die Konzentration der im Wasser gelösten Nitrat-Ionen bestimmt.

Auswertung c):
In der Tabelle aus Auswertung b) werden $c(H_3O^+)$, $c(OH^-)$ und $N(H_3O^+)$ folgendermaßen berechnet:

$$c(H_3O^+) = 10^{-pH}$$

$$c(OH^-) = \frac{K_w}{c(H_3O^+)} = \frac{10^{-14}}{10^{-pH}}$$

$$N(H_3O^+) = c(H_3O^+) \cdot N_A = c(H_3O^+) \cdot 6{,}022 \cdot 10^{23}\,\mathrm{mol}^{-1}$$

Auswertung d):

$$\frac{c(H_3O^+{}_{Regenwasser})}{c(H_3O^+{}_{Leitungswasser})} = \frac{10^{-4}\,\mathrm{mol/L}}{10^{-7}\,\mathrm{mol/L}} = 1000$$

A1:

Reinheitsstufe	Gehalt an Aceton	Masse der Fremdstoffe in 1 kg Aceton
„zur Synthese"	99,0 %	10 g
„zur Analyse"	99,5 %	5 g
„UVASOL"	99,7 %	3 g

A2:
Analog A1.

A3:
Die Verdünnung D_{23} bedeutet, dass die Substanz im Verhältnis $1 : 10^{23}$ verdünnt wird.
Bei einer Verdünnung von D_{23} enthält die Lösung 1 Molekül des betreffenden Mittels auf 10^{23} Wasser-Moleküle. In einem Liter (1000 g : 18 g/mol = 55,5 mol) Wasser sind also rund 334 Wirkstoffmoleküle auf $55{,}5 \cdot 6{,}022 \cdot 10^{23}$ Wasser-Moleküle enthalten.
Hinweis: Vergleicht man mit A1 oder A2, ist anzumerken, dass die zur Verdünnung verwendeten Lösemittel (z.B. „absoluter Alkohol") als harmlose „Verunreinigung" oft schon die gleichen Stoffe in der gleichen Konzentration enthalten, wie sie etwa durch die homöopathische Verdünnung D_6 arzneimittelmäßig eigens erst hergestellt werden soll. Verdünnungen bis D_6 werden auch in der „Schulmedizin" angewendet.

Seite 210 und 211

Auswertung a):

	Salzsäure			Essigsäure		
c_0 [mol/L]	0,1	0,01	0,001	0,1	0,01	0,001
pH	1	2	3	2,9	3,4	3,9
$c(H_3O^+)$ [mol/L]	0,1	0,01	0,001	0,00126	0,0004	0,000126

Bei gleicher Ausgangskonzentration misst man bei Salzsäure und Essigsäure unterschiedliche pH-Werte. In allen Fällen hat Essigsäure den höheren pH-Wert, d.h. sie protolysiert geringer und ist somit eine schwächere Säure als Salzsäure.

Auswertung b):

	HCl	HSO_4^-	H_3CCOOH
c_0 [mol/L]	0,2	0,2	0,2
pH	0,7	1,3	2,7
Reaktionszeit (z.B. Bildung von 2 mL H_2)	80 s	115 s	192 s
$c(H_3O^+)$ [mol/L]	0,2	0,05	0,002

Auswertung c):
Siehe Auswertung a) und b).

Auswertung d):
Je niedriger der pH-Wert, umso größer ist $c(H_3O^+)$ und jeweils die Reaktionsgeschwindigkeit. Die Reaktionsgeschwindigkeit ist proportional $c(H_3O^+)$.

Auswertung e):
Kriterien sind Ausgangskonzentration c_0 und $c(H_3O^+)$ nach erfolgter Protolyse. Damit ergibt sich nach abnehmender Säurestärke sortiert:
Salzsäure > Hydrogensulfat-Lösung > Essigsäure

B1:
In einer Salzsäure-Lösung der Konzentration $c = 0{,}1$ mol/L misst man $p\text{H} = 1$. Somit gilt für die Oxonium-Ionenkonzentration:

$$c(H_3O^+) = 10^{-1}\ \text{mol/L} = 0{,}1\ \text{mol/L}$$

In einer Essigsäure-Lösung derselben Konzentration $c = 0{,}1$ mol/L misst man $p\text{H} = 2{,}9$. Also gilt hier:

$$c(H_3O^+) = 10^{-2{,}9}\ \text{mol/L} \approx 0{,}001\ \text{mol/L}$$

B2:

Das Gefahrensymbol C ätzend tritt zusammen mit den folgenden R- und S-Nummern auf:

R 34	Verursacht Verätzungen.
R 35	Verursacht schwere Verätzungen.
S 23	Dämpfe nicht einatmen.
S 24/25	Berührung mit den Augen und der Haut vermeiden.
S 26	Bei Berührung mit den Augen gründlich mit Wasser spülen und Arzt konsultieren.
S 37/39	Bei der Arbeit geeignete Schutzhandschuhe und Schutzbrille / Gesichtsschutz tragen.

Gegebenenfalls ist unter dem Abzug zu arbeiten.

Das Gefahrensymbol X_i reizend tritt zusammen mit den folgenden R- und S-Nummern auf:

R 36/37/38	Reizt die Augen, Atmungsorgane und die Haut.
R 41	Gefahr ernster Augenschäden.
S 23	Dämpfe nicht einatmen.
S 24	Berührung mit der Haut vermeiden.
S 37	Geeignete Schutzhandschuhe tragen.
S 39	Schutzbrille / Gesichtsschutz tragen.

Im Alltag erhältliche Stoffe mit den Gefahrensymbolen C ätzend und/oder X_i reizend findet man unter den üblichen Abfluss- und WC-Reinigern.

Unterschiedliche Einstufungen aufgrund von Verdünnung findet man bei Salzsäure und Natronlauge wie folgt:

- Salzsäure ist bei einer Konzentration von $w = 25\%$ und höher als ätzend eingestuft mit R 35.
- Bei einer Konzentration von $w = 10\%$ bis 25% ist die Lösung reizend mit R 36/37/38.
- Im Konzentrationsbereich unter $w = 10\%$ ist die Lösung nicht mehr als Gefahrstoff eingestuft.

- Natronlauge (Natriumhydroxid-Lösung) ist bei einer Konzentration von $w = 5\%$ und höher als ätzend mit R 35 eingestuft.
- Bei einer Konzentration von $w = 2\%$ bis unter 5% ist die Lösung ebenfalls als ätzend mit R 34 eingestuft.
- Im Konzentrationsbereich von $w = 0{,}5\%$ bis unter 2% ist die Lösung mit R 36/37 als reizend eingestuft.
- Unter $w = 0{,}5\%$ hat die Lösung kein Gefahrensymbol.

B5:
Die zeilenweise Addition von pK_s- und pK_b-Werten (bei $\vartheta = 22$ °C) konjugierter Säure-Base-Paare ergibt stets den Zahlenwert 14. Damit kann bei Kenntnis des einen Wertes stets auf den anderen umgerechnet werden.

Seite 212 und 213 (EVA)

Auswertung a):

V1: Man beobachtet die Entwicklung von Gasblasen, nach einiger Zeit bildet sich auch Schaum. Die Eierschale hat sich spätestens nach einem Tag aufgelöst.
In Abhängigkeit von der Säurekonzentration fällt die Reaktionsgeschwindigkeit unterschiedlich aus. Die Auflösung der Schale erfolgt am schnellsten in Salzsäure, langsamer in Essigessenz, dann in Essig und am langsamsten in Essigsäure. Calciumcarbonat wird aufgelöst:

$$CaCO_3\,(s) + 2\,H^+\,(aq) \longrightarrow Ca^{2+}\,(aq) + CO_2\,(g) + H_2O\,(l)$$

Nach Sättigung mit Soda tritt in der Lösung eine weiße Trübung bzw. ein Niederschlag auf.
Die Calcium-Ionen werden durch Soda-Lösung nachgewiesen:

$$Ca^{2+}\,(aq) + CO_3^{2-}\,(aq) \longrightarrow CaCO_3\,(s)$$

V2: Es ist jeweils eine Gasentwicklung zu beobachten, die in allen Fällen bei der halbkonzentrierten Salzsäure am stärksten ist. Calciumcarbonat wird von der Säure aufgelöst (Reaktionsgleichung wie oben).

V3: Das Auflösen des Kalks erfolgt in Abhängigkeit von der Säurestärke.
Die Auflösung mit Schnellentkalker ist schneller als mit Bio-Entkalker (vgl. A1).
Reihenfolge in der anderen Gruppe:
Salzsäure ($pH = 1$) > Essigessenz ($pH = 2$) > Essig($pH = 2\text{-}3$).

V4: Beim Erwärmen der Porzellanschale auf der Heizplatte bläht sich das Feststoffgemisch auf. Der Papierstreifen über der Porzellanschale färbt sich gelb.
Die beiden Feststoffe reagieren miteinander, wobei Wasser und Kohlenstoffdioxid entweichen, welches den Indikator verfärbt (Reaktionsgleichung siehe Auswertung c)).

Auswertung b):
Die Wirkung der Entkalker hängt von der Säurestärke und ggf. von komplexierenden Eigenschaften (Auflösung von Kalk durch Komplexbildung) ab.

Auswertung c):

$$H_2N\text{–}SO_2\text{–}OH\,(s) + NaHCO_3\,(s) \longrightarrow H_2O\,(g) + CO_2\,(g) + H_2N\text{–}SO_2\text{–}ONa\,(s)$$

Auswertung d):
Vgl. A1.

A1:
Maleinsäure und Phosphorsäure sind vor allem in flüssigen Sanitärreinigern enthalten. Die Säuren dienen vor allem der Beseitigung von Kalk- und Urinsteinablagerungen.
In Geschirrspülmitteln findet man öfters Citronensäure zur Geruchsbeseitigung (z.B. Fisch) durch Salzbildung.
Eingesetzt als Entkalker hat die Citronensäure neben den sauren Eigenschaften auch einen komplexierenden Effekt. Dabei werden Calcium-Ionen von der Citronensäure in Form einer löslichen Komplexverbindung gebunden. In Kombination mit Amidosulfonsäure in Schnellentkalkern wird somit die Wirkung der Amidosulfonsäure als relativ starke Säure (in fester Form) mit der des Komplexbildners Citronensäure kombiniert. Im Unterschied zur Schwefelsäure (bzw. zum Sulfat-Ion) bildet Amidoschwefelsäure mit Calcium-Ionen kein schwerlösliches Salz.

A2:
Eierschalen, Muschelschalen und Schneckenhäuser bestehen hauptsächlich aus Calciumcarbonat. Legt man ein Schneckenhaus (oder Muschelschalen) in verdünnte Salzsäure, so wird es bis auf ein zartes Häutchen aufgelöst – ein Zeichen, dass seine Hauptmasse aus Calciumcarbonat besteht. Die Haut dagegen besteht aus einem dem Chitin ähnlichen Stoff, dem Konchiolin. Da sich dieses Konchiolin besonders in der äußeren Schalenschicht findet, ist die Schale vor der Zerstörung durch kohlensäurehaltiges Wasser geschützt. Der zum Aufbau des Hauses notwendige Kalk wird mit der Nahrung aufgenommen und durch den Mantel abgeschieden.

Seite 214 und 215

Auswertung a):
Vgl. Text auf Seite 215 im Schülerband.

Auswertung b):

- Phosphat-Puffer:

$$\underset{\text{Säure}}{H_2PO_4^-} + H_2O \rightleftharpoons \underset{\text{konj. Base}}{HPO_4^{2-}} + H_3O^+$$

- Acetat-Puffer:

$$\underset{\text{Säure}}{H_3CCOOH} + H_2O \rightleftharpoons \underset{\text{konj. Base}}{H_3CCOO^-} + H_3O^+$$

- Carbonat-Puffer:

$$HCO_3^- + H_2O \rightleftharpoons CO_3^{2-} + H_3O^+$$

Säure (konj. Base)

Auswertung c):
Vgl. A1.

Auswertung d):
In 30 mL Pufferlösung aus V2 ist jeweils enthalten:

$n(Substanz) = V(Lösung) \cdot c(Substanz)$,

d.h. in allen Pufferlösungen aus V2 sind in 30 mL jeweils

$0{,}03 \text{ L} \cdot 0{,}1 \text{ mol/L} = 0{,}003 \text{ mol}$

konjugierte Base bzw. Säure enthalten.

Gibt man 1 mL Salzsäure (bzw. 1 mL Natronlauge) mit $c = 0{,}2$ mol/L zu einer Pufferlösung hinzu, sind das jeweils:

$0{,}001 \text{ L} \cdot 0{,}2 \text{ mol/L} = 0{,}0002 \text{ mol}$

Die Stoffmengen und Konzentrationen der konjugierten Base und Säure nach der Zugabe der Salzsäure bzw. Natronlauge kann man für alle Pufferlösungen aus V2 wie folgt berechnen:

	nach Zugabe der Salzsäure	**nach Zugabe der Natronlauge**
n(konj. Base):	$n = 0{,}003 \text{ mol} - 0{,}0002 \text{ mol} = 0{,}0028 \text{ mol}$	$n = 0{,}003 \text{ mol} + 0{,}0002 \text{ mol} = 0{,}0032 \text{ mol}$
c(konj. Base):	$c = \frac{0{,}0028 \text{ mol}}{0{,}031 \text{ L}} = 0{,}090 \text{ mol/L}$	$c = \frac{0{,}0032 \text{ mol}}{0{,}031 \text{ L}} = 0{,}103 \text{ mol/L}$
n(Säure):	$n = 0{,}003 \text{ mol} + 0{,}0002 \text{ mol} = 0{,}0032 \text{ mol}$	$n = 0{,}003 \text{ mol} - 0{,}0002 \text{ mol} = 0{,}0028 \text{ mol}$
c(Säure):	$c = \frac{0{,}0032 \text{ mol}}{0{,}031 \text{ L}} = 0{,}103 \text{ mol/L}$	$c = \frac{0{,}0028 \text{ mol}}{0{,}031 \text{ L}} = 0{,}090 \text{ mol/L}$

Hinweis: Durch Einsetzen der Werte in die Puffergleichung lassen sich die *p*H-Werte nach Zugabe der Salzsäure bzw. Natronlauge wie folgt berechnen (vgl. A1):

Pufferlösung	nach Zugabe der Säure	nach Zugabe der Lauge
	$pH = pK_s + \lg \frac{0{,}090}{0{,}103}$	$pH = pK_s + \lg \frac{0{,}103}{0{,}090}$
Phosphat-Puffer	$pH = 7{,}12 + (-0{,}06) = 7{,}06$	$pH = 7{,}12 + 0{,}06 = 7{,}18$
Acetat-Puffer	$pH = 4{,}76 + (-0{,}06) = 4{,}70$	$pH = 4{,}76 + 0{,}06 = 4{,}82$
Carbonat-Puffer	$pH = 10{,}4 + (-0{,}06) = 10{,}34$	$pH = 10{,}4 + 0{,}06 = 10{,}46$

Auswertung e):
Vgl. A1.

A1:
Zur Herstellung der Pufferlösungen für V1 wurden für alle Lösungen jeweils 0,05 mol der einzelnen Pufferbestandteile abgewogen und in 500 mL gelöst. Die Konzentration der einzelnen Bestandteile beträgt für alle Lösungen:

$$c(Stoff) = \frac{n(Stoff)}{V(Pufferlösung)} = \frac{0{,}05 \text{ mol/L}}{0{,}5 \text{ L}} = 0{,}1 \text{ mol/L}$$

Entsprechend der HENDERSON-HASSELBALCH-Gleichung erhält man für die Pufferlösungen aus V1 die folgenden *p*H-Werte:

$$pH = pK_s + \lg \frac{c(konjugierte\ Base)}{c(Säure)}$$

Phosphat-Puffer: $$pH = pK_s(H_2PO_4^-) + \lg \frac{c(HPO_4^{2-})}{c(H_2PO_4^-)} = 7{,}12 + \lg \frac{0{,}1 \text{ mol/L}}{0{,}1 \text{ mol/L}}$$

$$pH = 7{,}12$$

Acetat-Puffer: $$pH = pK_s(CH_3COOH) + \lg \frac{c(CH_3COO^-)}{c(CH_3COOH)} = 4{,}76$$

Carbonat-Puffer: $$pH = pK_s(HCO_3^-) + \lg \frac{c(CO_3^{2-})}{c(HCO_3^-)} = 10{,}4$$

Gemäß V3 werden zu je 100 mL der obigen Phosphat-Pufferlösung 6,2 g Natriumdihydrogenphosphat-Dihydrat bzw. 14,3 g Dinatriumhydrogenphosphat-Dodecahydrat gegeben, dies entspricht den Stoffmengen:

$$n(NaH_2PO_4 \cdot 2\ H_2O) = \frac{m(NaH_2PO_4 \cdot 2\ H_2O)}{M(NaH_2PO_4 \cdot 2\ H_2O)} = \frac{6{,}2 \text{ g}}{156 \text{ g/mol}} \approx 0{,}04 \text{ mol}$$

$$n(Na_2HPO_4 \cdot 12\ H_2O) = \frac{m(Na_2HPO_4 \cdot 12\ H_2O)}{M(Na_2HPO_4 \cdot 12\ H_2O)} = \frac{14{,}3 \text{ g}}{358 \text{ g/mol}} \approx 0{,}04 \text{ mol}$$

Da beide Salze in 100 mL Lösung aufgelöst werden, beträgt die Konzentration jeweils:

$$c(Salz) = \frac{n(Salz)}{V(Lösung)} = \frac{0{,}04\text{ mol}}{0{,}1\text{ L}} = 0{,}4\text{ mol/L}$$

Die Konzentration von Hydrogenphosphat bzw. Dihydrogenphosphat in der Phosphat-Pufferlösung beträgt jeweils 0,1 mol/L.
Werden zu 100 mL der Phosphat-Pufferlösung 6,2 g $NaH_2PO_4 \cdot 2\,H_2O$ zugefügt, erhöht sich die Konzentration von Dihydrogenphosphat auf 0,5 mol/L, die Konzentration von Hydrogenphosphat beträgt nach wie vor 0,1 mol/L.
Entsprechend erhöht sich für die andere Lösung die Konzentration von Hydrogenphosphat auf 0,5 mol/L, während die Konzentration von Dihydrogenphosphat nach wie vor 0,1 mol/L beträgt.

Die *p*H-Werte der beiden Lösungen berechnen sich nach Zugabe der Salze mithilfe der Puffergleichung wie folgt:

$$p\text{H} = pK_s(H_2PO_4^-) + \lg\frac{c(HPO_4^{2-})}{c(H_2PO_4^-)}$$

Lösung I (nach Zugabe von Dihydrogenphosphat):

$$p\text{H} = 7{,}12 + \lg\frac{0{,}1\text{ mol/L}}{0{,}5\text{ mol/L}} = 7{,}12 + \lg 0{,}2 = 7{,}12 + (-\,0{,}7) = 6{,}42$$

Lösung II (nach Zugabe von Hydrogenphosphat):

$$p\text{H} = 7{,}12 + \lg\frac{0{,}5\text{ mol/L}}{0{,}1\text{ mol/L}} = 7{,}12 + \lg 5 = 7{,}12 + 0{,}7 = 7{,}72$$

Die Ergebnisse korrelieren gut mit den Messwerten.

A2:
Schemata zur Wirkungsweise des Acetat-Puffers:

nach B3:

$$HAc + H_2O \rightleftharpoons Ac^- + H_3O^+ \quad (1)$$

$$Ac^- + H_2O \rightleftharpoons HAc + OH^- \quad (2)$$

a) Bei V1 gilt:
   $c(HAc) = c(Ac^-)$;
   [$HAc = CH_3COOH$, $Ac^- = CH_3COO^-$]
b) Aus Tabelle B5, S. 211 folgt:
   $pK_s(HAc) = 4{,}76 \approx 5$
   $pK_b(Ac^-) = 9{,}24 \approx 9$

Das MWG für (1) lautet:

$$K_s(HAc) = \frac{c(H_3O^+) \cdot c(Ac^-)}{c(HAc)} = c(H_3O^+) \approx 10^{-5}\,\text{mol/L}$$

Das MWG für (2) lautet:

$$K_b(Ac^-) = \frac{c(OH^-) \cdot c(HAc)}{c(Ac^-)} = c(OH^-) \approx 10^{-9}\,\text{mol/L}$$

Also gilt:

$$p\text{H} = -\lg\{c(H_3O^+)\} \approx 5$$

nach B4:

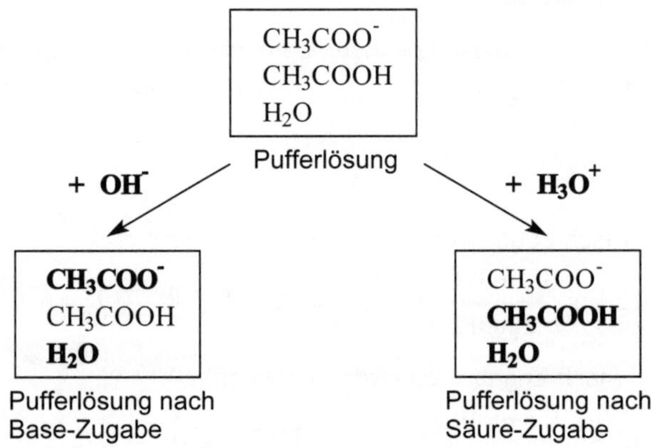

Schemata zur Wirkungsweise des Carbonat-Puffers:

nach B3: $$HCO_3^- + H_2O \rightleftharpoons CO_3^{2-} + H_3O^+ \quad (1)$$

$$CO_3^{2-} + H_2O \rightleftharpoons HCO_3^- + OH^- \quad (2)$$

a) Bei V1 gilt:

$c(HCO_3^-) = c(CO_3^{2-})$

b) Aus Tabelle B5, S. 211 folgt:

$pK_s(HCO_3^-) = 10{,}4 \approx 10$

$pK_b(CO_3^{2-}) = 3{,}6 \approx 4$

Das MWG für (1) lautet:

$$K_s(HCO_3^-) = \frac{c(H_3O^+) \cdot c(CO_3^{2-})}{c(HCO_3^-)} = c(H_3O^+) \approx 10^{-10}\,\text{mol/L}$$

Das MWG für (2) lautet:

$$K_b(CO_3^{2-}) = \frac{c(OH^-) \cdot c(HCO_3^-)}{c(CO_3^{2-})} = c(OH^-) \approx 10^{-4}\,\text{mol/L}$$

Also gilt:

$$p\text{H} = -\lg\{c(H_3O^+)\} \approx 10$$

nach B4:

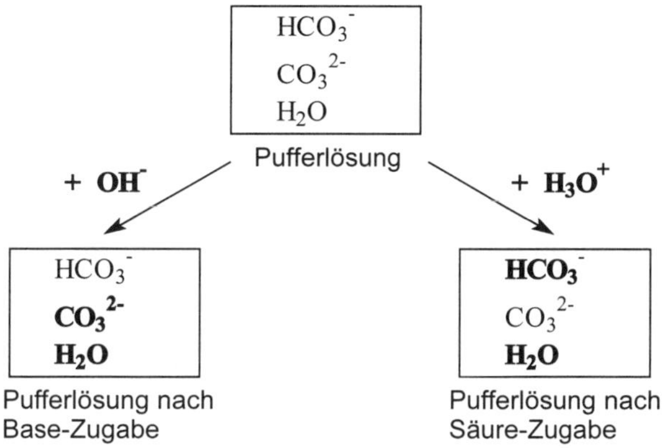

A3:

(1) Aus der Pufferschar (vgl. B2, S. 219) wird diejenige Kurve ausgesucht, die die Ordinate möglichst nahe beim Wert pH = 9 schneidet. Diese Kurve entspricht dem System NH_4^+/NH_3.

(2) In B5, S. 211 findet man den exakten pK_s-Wert der Säure NH_4^+:

$$pK_s(NH_4^+) = 9{,}24$$

(3) Das Verhältnis $c(NH_3)/c(NH_4^+)$ bezeichnet man mit x und setzt in die Puffergleichung ein:

$$9 = 9{,}24 + \lg x$$

$$-0{,}24 = \lg x$$

$$x = 10^{-0{,}24} = 0{,}575$$

(4) Mögliche Konzentrationen für einen Ammonium-Puffer, der bei pH = 9 puffert:
$c(NH_4Cl)$ = 0,1 mol/L, $c(NH_3)$ = 0,0575 mol/L
oder
$c(NH_4Cl)$ = 1,0 mol/L, $c(NH_3)$ = 0,575 mol/L
usw.

A4:

(1) Der pK_s-Wert der Kohlensäure wird B5, S. 211 entnommen:

$$pK_s(H_2CO_3) = 6{,}52$$

(2) Das Verhältnis $c(HCO_3^-)/c(H_2CO_3)$ wird mit x bezeichnet und in die Puffergleichung eingesetzt:

$$7{,}36 = 6{,}52 + \lg x$$

$$0{,}84 = \lg x$$

$$x = 10^{0{,}84} = 6{,}92$$

$$x^{-1} = \frac{c(H_2CO_3)}{c(HCO_3^-)} = 0{,}1445$$

A5:

Die Säure- bzw. Basenmenge, die ein Puffersystem abzupuffern vermag, hängt von den tatsächlichen Konzentrationen der Säure und der konjugierten Base im System ab. Der pH-Wert, bei dem ein System puffert, wird durch das Verhältnis c(konjugierte Base)/c(Säure) bestimmt, d.h. die beiden folgenden Systeme **A** und **B** puffern beim gleichen pH-Wert. Das System **A** kann aber eine 10-mal größere Menge Säure bzw. Base als das System **B** abpuffern.

System **A**: c(konjugierte Base) = 1,5 mol/L, c(Säure) = 1,0 mol/L
System **B**: c(konjugierte Base) = 0,15 mol/L, c(Säure) = 0,1 mol/L

Seite 216 und 217 (EVA)

B3:

Acidose wird durch Gabe von „Natriumbicarbonat"-Infusionen ($NaHCO_3$) behandelt.

Das Verhältnis $c(H_2CO_3)/c(HCO_3^-)$ wird analog A4, S. 215 berechnet:

(1) $pK_s(H_2CO_3) = 6{,}52$

(2) Das Verhältnis $c(HCO_3^-)/c(H_2CO_3)$ wird mit x bezeichnet und in die Puffergleichung eingesetzt:

$$6{,}9 = 6{,}52 + \lg x$$

$$0{,}38 = \lg x$$

$$x = 10^{0{,}38} = 2{,}40$$

$$x^{-1} = \frac{c(H_2CO_3)}{c(HCO_3^-)} = 0{,}4167$$

B4:

Informationen zu den Aufgaben:

Das Problem der Versauerung aquatischer Ökosysteme ist in der Öffentlichkeit noch weitgehend unbekannt. Betroffen sind weite Teile Nordeuropas, der USA und Kanadas. Der Säuregehalt von Oberflächengewässern ist das Ergebnis von komplexen Wechselwirkungen zwischen dem Niederschlag bzw. dem Schmelzwasser des Schnees und dem Bodensystem im Wassereinzugsbereich. Das Vorhandensein von natürlichen Puffersystemen spielt eine große Rolle, ob ein Gewässer versauert oder nicht. Das Carbonat-System bestimmt die Pufferеigenschaften von Gewässern im *p*H-Bereich > 6. Wie bei den Puffersystemen im Boden werden die Puffereigenschaften bei niedrigen *p*H-Werten zunehmend durch Aluminium- und organische Verbindungen bestimmt. Man differenziert beispielsweise in „Bicarbonat-Seen", „Übergangsseen" und „Saure Seen". Die hydrochemischen und geochemischen Reaktionen sind Gegenstand aktueller limnologischer Forschung.

Die Versauerung von stehenden und fließenden Gewässern zieht tiefgreifende Veränderungen in den Lebensgemeinschaften der aquatischen Organismen nach sich. Am auffallendsten und auch wirtschaftlich folgenreichsten ist der Verlust von Fischpopulationen, weit weniger sichtbar, aber dennoch sehr bedeutend und ebenfalls folgenreich sind die Veränderungen bei den Bakterien, Pilzen, Algen, Makrophyten sowie verschiedenen tierischen Organismen. Die biologischen Auswirkungen der Gewässerversauerung werden ebenfalls intensiv untersucht. Sie sind einerseits auf direkte Effekte, wie Veränderungen des *p*H-Wertes, den erhöhten Eintrag (aufgrund von niedrigen *p*H-Werten) von Sulfat-Ionen, Schwermetallen etc., andererseits auf indirekte Effekte, wie veränderte Räuber-Beute-Beziehungen, zurückzuführen. Für ausführliche Darstellungen kann an dieser Stelle nur auf Lehrbücher der Limnologie hingewiesen werden.

A1:

Um festzustellen, dass eine Lösung etwa den *p*H-Wert 9 hat, könnte man folgendermaßen vorgehen:

- Man versetzt eine kleine Probe dieser Lösung (2 mL) in einem Reagenzglas mit 2 Tropfen Bromthymolblau-Lösung; die Farbe müsste blau sein.
- Eine weitere Probe (2 mL) dieser zu untersuchenden Lösung wird in einem anderen Reagenzglas mit zwei Tropfen Thymolphthalein versetzt; die Lösung müsste farblos bleiben.

Damit wäre sichergestellt, dass die Lösung einen *p*H-Wert zwischen 7,5 und 9,8 hat.

Alternativ könnte man überprüfen, ob die Lösung mit Thymolblau, dessen Umschlagbereich zwischen *p*H 8 und 10 liegt, eine Übergangsfarbe zwischen Gelb und Blau (Grün) annimmt.

Mit den angegebenen Indikatoren lässt sich eine genauere *p*H-Wert-Bestimmung nicht durchführen.

A2:
Säure-Base-Indikatoren sind Farbstoffe, die in Abhängigkeit vom *p*H-Wert verschiedene Farben annehmen können. Im Allgemeinen besteht ein Säure-Base-Indikator, der die Farben A und B annehmen kann, aus einem konjugierten Säure-Base-Paar: Indikator-Säure bzw. Indikator-Base. Da es sich bei diesen um schwache Säuren bzw. Basen handelt, können sie ebenfalls mit der Maßlösung reagieren. Wird zuviel Indikator-Lösung zugesetzt, kann der Verbrauch an Maßlösung bei einer Titration um wenige Zehntel oder ganze Milliliter höher ausfallen und somit zu ungenauen quantitativen Ergebnissen führen. Je kleiner die Konzentration der Maßlösung und je geringer die molare Masse des Indikators ist, umso ungenauer fallen die Ergebnisse aus.

A3:
Das Verhältnis $c(\text{Ind}^-)/c(\text{HInd})$ wird mit x bezeichnet und in die Puffergleichung eingesetzt:

$$7{,}5 = 6{,}9 + \lg x$$

$$0{,}6 = \lg x$$

$$x = 10^{0{,}6} = 3{,}981$$

$$x^{-1} = \frac{c(HInd)}{c(Ind^-)} = 0{,}25$$

Seite 218 und 219 (EVA)

B1:

Trivialname	systematischer Name
Ameisensäure	Methansäure
Essigsäure	Ethansäure
Propionsäure	Propansäure
Monochloressigsäure	Monochlorethansäure
Trichloressigsäure	Trichlorethansäure
Oxalsäure	Ethandisäure
Malonsäure	Propandisäure
Bernsteinsäure	Butandisäure
Milchsäure	2-Hydroxypropansäure
Weinsäure	2,3-Dihydroxybutandisäure
Citronensäure	3-Carboxy-3-hydroxypentandisäure

A1:

Hinweis: Vergleiche auch die Musterbeispiele zur Berechnung von *p*H-Werten auf S. 213.

a) Ameisensäure als starke Säure:

(1) Protolysegleichung vgl. S. 218

(2) *Annahme:*
HCOOH ist eine starke Säure; damit gilt:

$$c(H_3O^+) = c_0(HCOOH)$$

(3) $p\mathrm{H} = -\lg\{c(H_3O^+)\} = -\lg 0{,}25 = 0{,}6$

b) Ameisensäure als schwache Säure:

(1) Protolysegleichung vgl. S. 218

(2) *Annahme:*
HCOOH ist eine schwache Säure, pK_S = 3,77; damit gilt:

$$c(HCOOH) = c_0(HCOOH)$$

(3) Rechnung analog Beispiel S. 213 (für Essigsäure)

(4) $p\mathrm{H} = -\lg\{c(H_3O^+)\} = -\lg\sqrt{K_s \cdot c_0(HCOOH)}$

$$p\mathrm{H} = -\lg\sqrt{10^{-3,77} \cdot 0{,}25} = 2{,}19$$

A2:

Die errechneten *p*H-Werte für die Ameisensäure unter der Annahme, dass sie eine schwache oder eine mittelstarke Säure darstellt, führen zu fast identischen Ergebnissen (*p*H 2,19 bzw. 2,16; vgl. S. 218). Die Rechnung unter der Annahme, dass Ameisensäure eine starke Säure darstellt, führt zu einem berechneten *p*H-Wert von 0,6 (s.o.). Die Ergebnisse einer experimentellen Überprüfung korrelieren mit den berechneten Werten für die Behandlung der Ameisensäure als schwache oder mittelstarke Säure.

Seite 220 und 221

Auswertung a):

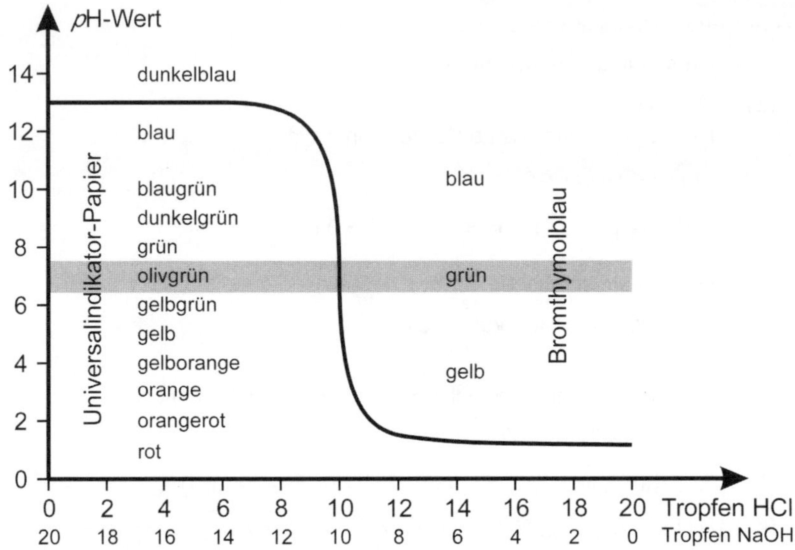

Auswertung b):

Vorlage: 50 mL HCl, c(HCl) = 0,1 mol/L

Verbrauch: 25 mL NaOH, c(NaOH) = 0,2 mol/L

$$c(HCl) : c(NaOH) = 0{,}1\ \text{mol/L} : 0{,}2\ \text{mol/L} = 1:2$$

$$V_{Ls}(HCl) : V_{Ls}(NaOH) = 50\ \text{mL} : 25\ \text{mL} = 2:1$$

Das Verhältnis der Konzentrationen ist 1:2, während das Verhältnis der Volumina 2:1 beträgt. Dies ist nicht verwunderlich, da zur Neutralisation von Salzsäure die äquivalente Stoffmenge Base zugegeben werden muss. Daraus folgt:

$$c(HCl) \cdot V_{Ls}(HCl) = c(NaOH) \cdot V_{Ls}(NaOH)$$

$$0{,}1\ \text{mol/L} \cdot 50\ \text{mL} = 0{,}2\ \text{mol/L} \cdot 25\ \text{mL} = 5\ \text{mmol}$$

Auswertung c):

Messwerte:

mL NaOH	0	1	2	3	4	5	6	7	8	9
***p*H**	1,00	1,05	1,10	1,17	1,24	1,32	1,42	1,55	1,73	2,03

mL NaOH	10	11	12	13	14	15	16	17	18
***p*H**	7,00	11,95	12,25	12,42	12,54	12,64	12,71	12,77	12,83

Die Titrationskurve ist abgebildet in B2, S. 221.

Auswertung d):
Der Farbumschlag des Indikators bei pH =7 entspricht dem Äquivalenzpunkt und dem Neutralpunkt auf der Titrationskurve.

Auswertung e):
In Analogie zu V2 wird zur Neutralisation der vorliegenden Salzsäure aus V3 1/10 des Volumens an NaOH benötigt, da die Konzentration der Natronlauge in diesem Fall 10-mal größer ist als die der Salzsäure. Somit reagieren auch in diesem Fall wie erwartet gleiche Stoffmengen an NaOH und HCl miteinander.

B3:
Während bei dieser Titration der pH-Wert nach der Zugabe von 9 mL nur von 1 auf 2 steigt, erfolgt nach weiteren 2 mL (also insgesamt 11 mL) ein Sprung von pH = 2 auf pH = 12. Danach bleibt der pH-Wert wieder annähernd konstant.

- Berechnung des pH-Wertes an Punkt 8:
  (1) V_{Ls}(NaOH) = 10,01 mL, d.h. Überschuss an NaOH: V = 0,01 mL
  $n(OH^-) = 0{,}00001\ \text{L} \cdot 1\ \text{mol/L} = 10^{-5}\,\text{mol}$
  (2) Diese 10^{-5} mol Hydroxid-Ionen sind in den 100 mL Lösung enthalten (die Volumenzunahme durch die Zugabe von Natronlauge wird vernachlässigt), die Konzentration der Hydroxid-Ionen ist:
  $c(OH^-) = 10^{-5}\,\text{mol} : 0{,}1\ \text{L} = 10^{-4}\,\text{mol/L}$
  (3) $c(H_3O^+) = \dfrac{K_w}{c(OH^-)} = \dfrac{10^{-14}\,\text{mol}^2/\text{L}^2}{10^{-4}\,\text{mol/L}} = 10^{-10}\,\text{mol/L}$
  (4) $p\text{H} = -\lg 10^{-10} = 10$

- Berechnung des pH-Wertes an Punkt 10:
  (1) V_{Ls}(NaOH) = 11 mL, d.h. Überschuss an NaOH: V = 1 mL
  $n(OH^-) = 0{,}001\ \text{L} \cdot 1\ \text{mol/L} = 10^{-3}\,\text{mol}$
  (2) $c(OH^-) = 10^{-3}\,\text{mol} : 0{,}1\ \text{L} = 10^{-2}\,\text{mol/L}$
  (3) $c(H_3O^+) = \dfrac{K_w}{c(OH^-)} = \dfrac{10^{-14}\,\text{mol}^2/\text{L}^2}{10^{-2}\,\text{mol/L}} = 10^{-12}\,\text{mol/L}$
  (4) $p\text{H} = -\lg 10^{-12} = 12$

A1:

a) Berechnung der Konzentration der Salzsäure:

(1) $HCl\ (aq) + NaOH\ (aq) \longrightarrow NaCl\ (aq) + H_2O\ (l)$

(2) $n(HCl) = n(NaOH)$

(3) $c(HCl) \cdot V_{Ls}(HCl) = c(NaOH) \cdot V_{Ls}(NaOH)$

(4) $c(HCl) = \frac{c(NaOH) \cdot V_{Ls}(NaOH)}{V_{Ls}(HCl)} = \frac{0{,}25\ \text{mol/L} \cdot 20\ \text{mL}}{50\ \text{mL}} = 0{,}1\ \text{mol/L}$

b) Berechnung der Masse des Hydrogenchlorids:

(1) und (2) wie oben

(3) $m(HCl) : M(HCl) = c(NaOH) \cdot V_{Ls}(NaOH)$

(4) $m(HCl) = c(NaOH) \cdot V_{Ls}(NaOH) \cdot M(HCl)$

$= 0{,}25\ \text{mol/L} \cdot 0{,}02\ \text{L} \cdot 36{,}5\ \text{g/mol} = 0{,}1825\ \text{g}$

c) und d)

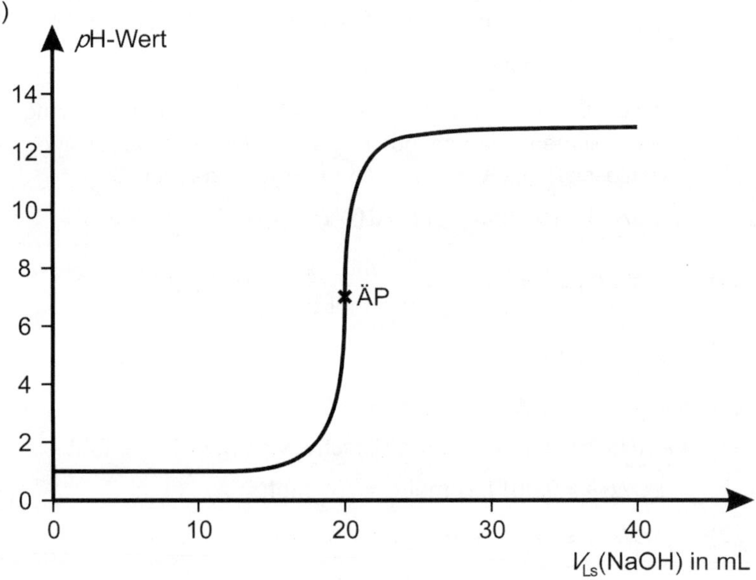

Bis zum Äquivalenzpunkt:

$n(OH^-) = V_{Ls}(NaOH) \cdot c(NaOH)$

$n(H_3O^+) = 0{,}05\ \text{L} \cdot 0{,}1\ \text{mol/L} - n(OH^-)$

$c(H_3O^+) = \frac{n(H_3O^+)}{0{,}05\ \text{L}}$

$pH = -\lg\{c(H_3O^+)\}$

V_{Ls}(NaOH) [mL]	$n(OH^-)$ [mol]	$n(H_3O^+)$ [mol]	$c(H_3O^+)$ [mol/L]	pH
0	0	0,005	0,1	1
5	0,00125	0,00375	0,075	1,125
10	0,0025	0,0025	0,05	1,30
15	0,00375	0,00125	0,025	1,60
20	0,005	0 (ohne Wasser !)	10^{-7} (K_w !)	7

Nach dem Äquivalenzpunkt:

$$n(OH^-) = V_{Ls}(NaOH) \cdot c(NaOH)$$

$$n(OH^-)_{Überschuss} = n(OH^-) - 0{,}005 \text{ mol}$$

$$c(OH^-) = \frac{n(OH^-)_{Überschuss}}{0{,}05 \text{ L}}$$

$$p\text{H} = -\lg \frac{\{K_w\}}{\{c(OH^-)\}} = \frac{10^{-14}}{\{c(OH^-)\}}$$

V_{Ls}(NaOH) [mL]	$n(OH^-)$ [mol]	$n(OH^-)$ [mol] Überschuss	$c(OH^-)$ [mol/L]	pH
25	0,00625	0,00125	0,025	12,4
30	0,0075	0,0025	0,05	12,7
35	0,00875	0,00375	0,075	12,88
40	0,01	0,005	0,1	13

Seite 222 und 223

Auswertung a):

a)

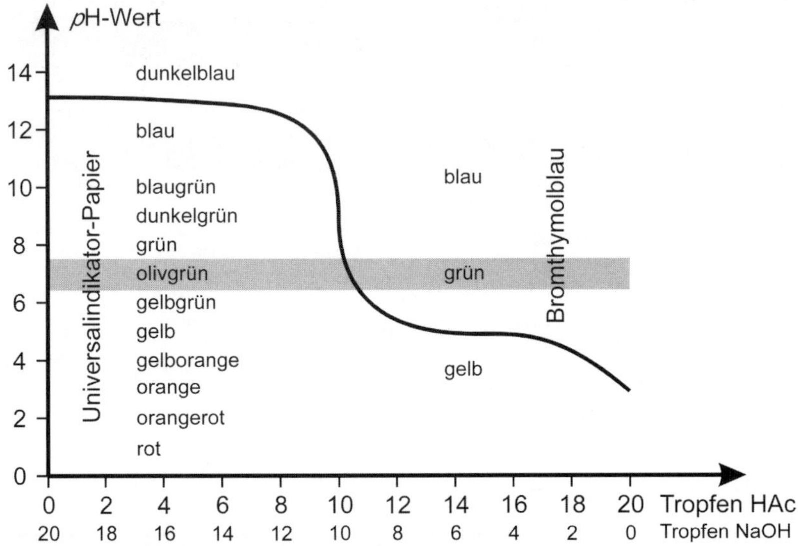

b) Vorlage: 50 mL HAc, c(HAc) = 0,1 mol/L
Verbrauch: 25 mL NaOH, c(NaOH) = 0,2 mol/L

$$c(HAc) : c(NaOH) = 0{,}1\ \text{mol/L} : 0{,}2\ \text{mol/L} = 1 : 2$$

$$V_{Ls}(HAc) : V_{Ls}(NaOH) = 50\ \text{mL} : 25\ \text{mL} = 2 : 1$$

Das Verhältnis der Konzentrationen ist 1:2, während das Verhältnis der Volumina 2:1 beträgt. Dies ist nicht verwunderlich, da zur Neutralisation von Essigsäure die äquivalente Stoffmenge Base zugegeben werden muss. Daraus folgt:

$$c(HAc) \cdot V_{Ls}(HAc) = c(NaOH) \cdot V_{Ls}(NaOH)$$

$$0{,}1\ \text{mol/L} \cdot 50\ \text{mL} = 0{,}2\ \text{mol/L} \cdot 25\ \text{mL} = 5\ \text{mmol}$$

c) Messwerte:

mL NaOH	0	1	2	3	4	5	6	7	8	9
***p*H**	2,90	3,80	4,15	4,38	4,57	4,75	4,92	5,12	5,35	5,70

mL NaOH	10	11	12	13	14	15	16	17	18
***p*H**	8,88	11,95	12,25	12,42	12,54	12,64	12,71	12,77	12,83

Die Titrationskurve ist abgebildet in B4, S. 223.

d) Der Farbumschlag des Indikators bei $pH = 7$ entspricht dem Neutralpunkt auf der Titrationskurve. Dieser Punkt ist nicht identisch mit dem Äquivalenzpunkt, der bei $pH = 8{,}9$ liegt. Bei den gewählten Abständen von jeweils 1 mL zugegebener Natronlauge und den im Versuch gewählten Konzentrationen erfasst Bromthymolblau den *p*H-Sprung. Für eine genaue acidimetrische Titration, beim Vorliegen verdünnterer Lösungen oder der Verwendung von Mikrobüretten sollte ein Indikator gewählt werden, der den Äquivalenzpunkt erfasst. In diesem Fall ist es Phenolphthalein.

Auswertung b):
Die Titrationskurve der Essigsäure (B4, S. 223) unterscheidet sich in wichtigen Punkten von der Titrationskurve der Salzsäure (B2, S. 221). Die Kurve beginnt bei einem höheren *p*H-Wert, da Essigsäure als schwache Säure nur in geringem Maße in protolysierter Form vorliegt. Im Intervall vor dem *p*H-Sprung hat die Kurve einen ausgeprägteren Anstieg. Bei der Hälfte des Abszissenwertes des Äquivalenzpunktes besitzt die Kurve einen weiteren Wendepunkt, er wird als Halbäquivalenzpunkt bezeichnet und entspricht nach der Puffergleichung dem pK_s-Wert. Es folgt vergleichend mit der Titrationskurve der Salzsäure ein nicht so ausgeprägter *p*H-Sprung. Der Ordinatenwert des Äquivalenzpunktes auf der Titrationskurve der Essigsäure liegt nicht im neutralen Bereich, sondern deutlich verschoben im alkalischen Bereich. Der *p*H-Wert wird bestimmt durch die Protolyse der Acetat-Ionen. Der weitere Verlauf der Kurve wird von den Hydroxid-Ionen bestimmt und entspricht der Kurve aus B2, S. 221.
Der Äquivalenzpunkt ist nicht identisch mit dem Neutralpunkt!

Auswertung c):
Bei der Titration der Phosphorsäure mit Natronlauge der angegebenen Konzentration und Methylorange als Indikator, schlägt der Indikator bei einem Verbrauch von $V_{Ls}(NaOH) = 5$ mL um, während bei der Titration mit Phenolphthalein als Indikator $V_{Ls}(NaOH) = 10$ mL benötigt werden.
Phosphorsäure als dreiprotonige Säure hat drei Protolysestufen:

(1) $H_3PO_4 + H_2O \rightleftharpoons H_2PO_4^- + H_3O^+$ $\quad pK_{s1} = 1{,}96$

(2) $H_2PO_4^- + H_2O \rightleftharpoons HPO_4^{2-} + H_3O^+$ $\quad pK_{s2} = 7{,}12$

(3) $HPO_4^{2-} + H_2O \rightleftharpoons PO_4^{3-} + H_3O^+$ $\quad pK_{s3} = 12{,}32$

Mit den vorliegenden Indikatoren werden die erste und zweite Protolysestufe erfasst.
Der Umschlagsbereich von Methylorange erfasst die erste Protolysestufe (vgl. Titrationskurve). Nach dem Verbrauch von 5 mL Natronlauge sind 5 mmol Phosphorsäure zu Natriumdihydrogenphosphat umgesetzt worden. An diesem

Punkt liegt eine Natriumdihydrogenphosphat-Lösung vor, deren *p*H-Wert sich wie folgt berechnen lässt:

$$pH = \frac{1}{2}(pK_{s1} + pK_{s2}) = \frac{1{,}96 + 7{,}12}{2} = 4{,}54$$

Der Umschlagsbereich von Phenolphthalein erfasst die zweite Protolysestufe (vgl. Titrationskurve). Nach dem Verbrauch von 10 mL Natronlauge sind 5 mmol Phosphorsäure zu Dinatriumhydrogenphosphat umgesetzt worden. Der *p*H-Wert dieser Lösung lässt sich wie folgt berechnen:

$$pH = \frac{1}{2}(pK_{s2} + pK_{s3}) = \frac{7{,}12 + 12{,}32}{2} = 9{,}72$$

Damit wird dieser Punkt gut angezeigt, da ein *p*H-Sprung erfolgt.
Die Titration bestätigt diese Werte.
Die dritte Protolysestufe lässt sich mangels geeigneter Indikatoren und zu geringem *p*H-Sprung (vgl. $c(OH^-)$) nicht mittels Titration erfassen.

Anmerkung:
Den *p*H-Wert von Ampholyten berechnet man nach folgender Näherungsrechnung:

$$pH = \frac{1}{2}(pK_{s1} + pK_{s2})$$

Zur Herleitung dieser Gleichung vgl. A14c, S. 228.

Titrationskurve:

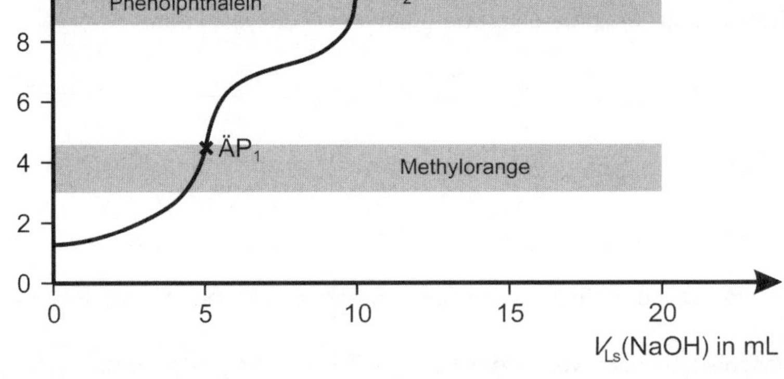

Auswertung d):
Titrationskurve für Ameisensäure:

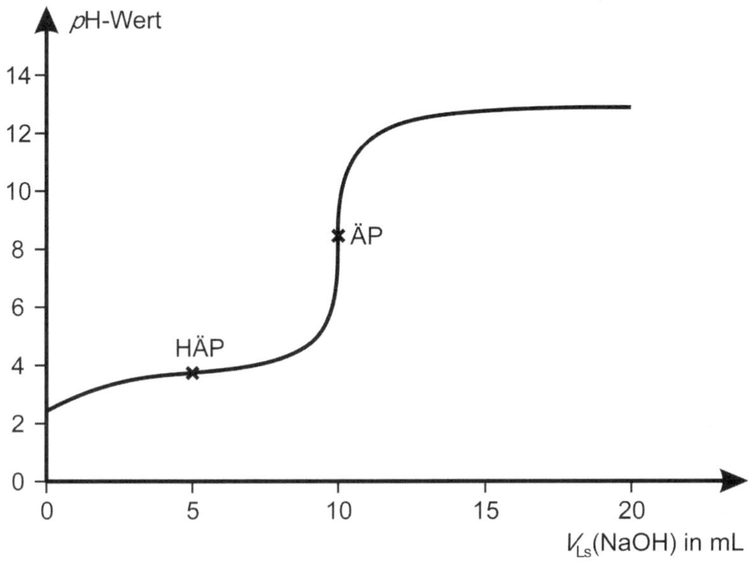

Auswertung e):
Offene Aufgabe.

Die Berechnung der Propansäure erfolgt nach folgendem Schema:

$V_{Ls}(NaOH) \cdot 0{,}1\ \text{mol/L} = x\ \text{mol}$

In 50 mL Probenlösung sind x mol Propansäure enthalten.
In 15 g Brot (150 mL-Extrakt) sind also 3 • x mol Propansäure enthalten, das sind

$3 \cdot x\ \text{mol} \cdot 74\ \text{g/mol} = y\ \text{g}$ Propansäure.

Der Brotlaib enthält somit

$\frac{y\ \text{g} \cdot m_{Brotlaib}}{15\ \text{g}} = z\ \text{g}$ Propansäure.

Die unterschiedlichen Befunde sind auf Adsorptions- und Adhäsionseffekte von Propansäure an Teigbestandteile zurückzuführen. Je nach Elutionsmittel ergeben sich so unterschiedliche Analysenergebnisse. Die Werte liegen bei der Elution mit KCl höher.

Auswertung f):
Die Titrationskurve ist auf S. 223 in B6 dargestellt. Es handelt sich um eine Kurve mit zwei pH-Sprüngen. Dieser Sachverhalt ist auf die zweistufige Protolyse der Oxalsäure zurückzuführen. Für die erste Protolysestufe (vgl. B2, S. 222) tritt auf der Titrationskurve der $ÄP_1$ und für die zweite Protolysestufe der $ÄP_2$ auf. Deutlich erkennbar verläuft die Titrationskurve bis zum $ÄP_1$ wie eine Titrationskurve einer

starken Säure und von da ab wie die Titrationskurve einer schwachen Säure. Sozusagen auf „halber Strecke“ zwischen $ÄP_1$ und $ÄP_2$ liegt der Halbäquivalenzpunkt der zweiten Protolysestufe. Sein Ordinatenwert gibt den pK_s-Wert der Anion-Säure $HOOC{-}COO^-$ an.

B4:

- Die Berechnung des pH-Wertes erfogt analog dem Beispiel auf S. 213.

  $$pH = -\lg\sqrt{10^{-4,76}\cdot 0{,}1} = 2{,}88$$

- Stoffmenge Ethansäure in 100mL:

  $$n(CH_3COOH) = V_{Ls}\cdot c = 0{,}1\text{ L}\cdot 0{,}1\text{ mol/L} = 0{,}01\text{ mol}$$

  Stoffmenge NaOH in 15 mL Lösung:

  $$n(NaOH) = 0{,}015\text{ L}\cdot 1\text{ mol/L} = 0{,}015\text{ mol}$$

  Überschuss an OH^--Ionen:

  $$n(OH^-) = 0{,}015\text{ mol} - 0{,}01\text{ mol} = 0{,}05\text{ mol}$$

  Konzentration der überschüssigen Hydroxid-Ionen in 100 mL:

  $$c(OH^-) = \frac{0{,}005\text{ mol}}{0{,}1\text{ L}} = 0{,}05\text{ mol/L}$$

  Daraus folgt:

  $pOH = 1{,}3$ bzw. $pH = 12{,}7$

B5:

Der pH-Wert beim Start der Titration wird durch das 1. Gleichgewicht (oberes Protolyse-Gleichgewicht) bestimmt. Zu Beginn gilt:

$$pH = -\lg\sqrt{K_s\cdot c_0}$$

Die Zugabe von Natronlauge führt zu einem Abfangen der Oxonium-Ionen und damit zu einer Verschiebung der 1. Gleichgewichtsreaktion nach rechts. Analog kann die Zugabe von Natronlauge nach der unteren Reaktion mit einer Gleichgewichtsverschiebung nach links erklärt werden.
Zu Beginn der Titration wirkt das System CH_3COOH/CH_3COO^- als Puffer. Vor dem Äquivalenzpunkt gilt die Puffergleichung. Am Halbäquivalenzpunkt gilt:
$c(CH_3COOH) = c(CH_3COO^-)$ und somit $pH = pK_s = 4{,}76$.
Am Äquivalenzpunkt ist die Ethansäure neutralisiert. Es handelt sich hier also um eine Natriumacetat-Lösung. Der pH-Wert wird durch die Protolyse der Acetat-Ionen bestimmt (unteres Protolyse-Gleichgewicht). Somit liegt der Äquivalenzpunkt im alkalischen Bereich. Der pH-Wert ergibt sich aus dem MWG vereinfacht wie folgt:

$$pOH = -\lg\sqrt{K_b\cdot c}\,;\quad pH = 14 - pOH$$

B6:

Die Titration von Oxalsäure mit Natronlauge liefert eine Titrationskurve mit zwei *p*H-Sprüngen. Dieser Sachverhalt ist auf die zweistufige Protolyse der Oxalsäure zurückzuführen (vgl. B2, S. 222). Die Oxalsäure-Moleküle stellen eine starke, die Hydrogenoxalat-Ionen eine mittelstarke bis schwache Säure dar.

Beim ersten Äquivalenzpunkt $ÄP_1$ auf der Titrationskurve ist die Neutralisation der Oxalsäure-Moleküle abgeschlossen und es liegt eine Natriumhydrogenoxalat-Lösung vor. Da in dieser Lösung die BRØNSTED-Säure Hydrogenoxalat enthalten ist, liegt der Äquivalenzpunkt im sauren Bereich.

Beim zweiten Äquivalenzpunkt $ÄP_2$ ist auch die Neutralisation der Hydrogenoxalat-Ionen abgeschlossen. Jetzt liegt eine Natriumoxalat-Lösung vor. Da die Oxalat-Ionen eine schwache BRØNSTED-Base sind, liegt der zweite Äquivalenzpunkt im alkalischen Bereich.

Berechnung der *p*H-Werte:

Vorlage: 100 mL Oxalsäure, $c(H_2Ox)$ = 0,1 mol/L

Titration mit: Natronlauge, $c(NaOH)$ = 1 mol/L

	$V_{Ls}(NaOH)$	$n(OH^-)$	$n(H_2Ox)$ $c(H_2Ox)$	$n(HOx^-)$ $c(HOx^-)$	$n(Ox^{2-})$ $c(Ox^{2-})$	$n(OH^-)_{Überschuss}$ $c(OH^-)_{Überschuss}$
a)	0 mL	0 mol	0,1 mol/L			
b)	5 mL	0,005 mol	0,005 mol 0,05 mol/L	0,005 mol 0,05 mol/L		
c)	10 mL	0,010 mol		0,010 mol 0,1 mol/L		
d)	15 mL	0,015 mol		0,005 mol 0,05 mol/L	0,005 mol 0,05 mol/L	
e)	20 mL	0,020 mol			0,010 mol 0,1 mol/L	
f)	25 mL	0,025 mol			0,010 mol 0,1 mol/L	0,005 mol 0,05 mol/L

a) $$pH = -\lg\sqrt{K_{s1}\cdot c_0} = -\lg\sqrt{10^{-1,42}\cdot 0,1} = 1,21$$

b) $$pH = pK_{s1} + \lg\frac{\{c(HOx^-)\}}{\{c(H_2Ox)\}} = 1,42 + \lg\frac{0,05}{0,05} = 1,42$$

c) $$pH = -\lg\sqrt{K_{s2}\cdot c_0} = -\lg\sqrt{10^{-4,29}\cdot 0,1} = 2,65$$

d) $$pH = pK_{s2} + \lg\frac{\{c(Ox^{2-})\}}{\{c(HOx^-)\}} = 4,29 + \lg\frac{0,05}{0,05} = 4,29$$

e) $pOH = -\lg\sqrt{K_{b2} \cdot c_0} = -\lg\sqrt{10^{-9,71} \cdot 0,1} = 5,36; \quad pH = 8,64$

f) $pOH = -\lg c(OH^-) = -0,05 = 1,3; \quad pH = 12,7$

A1:

a) Als Indikator für die Titration von Maleinsäure bzw. Fumarsäure mit Natronlauge eignet sich Phenolphthalein, weil sein Umschlagsbereich (pH = 8 bis pH = 10) mit dem Bereich des pH-Sprungs beim Äquivalenzpunkt übereinstimmt.

b) Maleinsäure und Fumarsäure sind zweiprotonige Säuren. Ihre Neutralisation erfolgt in zwei Stufen:

(1) $RH_2\,(aq) + NaOH\,(aq) \longrightarrow H_2O\,(l) + RHNa\,(aq)$

(2) $RHNa\,(aq) + NaOH\,(aq) \longrightarrow H_2O\,(l) + Na_2R\,(aq)$

Die Titrationskurve X, die der Maleinsäure entspricht, weist zwei pH-Sprünge auf und ist somit in Übereinstimmung mit der oben formulierten zweistufigen Neutralisation. Das lässt sich noch besser verdeutlichen, wenn man die Neutralisationsstufen (1) und (2) nur für die betreffenden Moleküle bzw. Ionen formuliert:

(I) $RH_2\,(aq) + OH^-\,(aq) \longrightarrow H_2O\,(l) + RH^-\,(aq)$

(II) $RH^-\,(aq) + OH^-\,(aq) \longrightarrow H_2O\,(l) + R^{2-}\,(aq)$

Bei der Maleinsäure gibt das Monoanion RH^- wesentlich schwerer ein Proton ab als das Molekül RH_2. Dies ist aus dem Wert des Verhältnisses K_{s1}/K_{s2} zu schließen. Entsprechend findet die Neutralisationsstufe (II) bei einer größeren Hydroxid-Ionenkonzentration statt, d.h. also bei einem höheren pH-Wert.
Bei der Fumarsäure ist der Unterschied zwischen den Säurestärken von RH_2 und RH^- wesentlich kleiner als bei der Maleinsäure. Das zeigt sich in der Titrationskurve dadurch, dass der pH-Sprung zwischen der ersten Neutralisationsstufe und der zweiten wesentlich kleiner ist als bei der Maleinsäure; er ist kaum bemerkbar.
Die Tatsache, dass der große pH-Sprung, der auch den Endpunkt der Titration markiert, beide Male bei V_{Ls}(NaOH) = 20 mL liegt, ist darauf zurückzuführen, dass beide Male das gleiche Volumen gleich konzentrierter, zweiprotoniger Säuren mit Natronlauge gleicher Konzentration titriert wurden. (Die Natronlauge muss selbstverständlich nicht die gleiche Konzentration wie die Säure-Lösung haben.)

c) Berechnung der Konzentrationen der beiden Säure-Lösungen:

(1) $RH_2\,(aq) + 2\,NaOH\,(aq) \longrightarrow Na_2R\,(aq) + 2\,H_2O\,(l)$

(2) $\dfrac{n(RH_2)}{n(NaOH)} = \dfrac{1}{2}$

$n(RH_2) = \frac{1}{2}\,n(NaOH)$

(3) $c(RH_2) \cdot V_{Ls}(RH_2) = \frac{1}{2}\,c(NaOH) \cdot V_{Ls}(NaOH)$

(4) $c(RH_2) = \frac{c(NaOH) \cdot V_{Ls}(NaOH)}{2 \cdot V_{Ls}(RH_2)} = \frac{0{,}1 \text{ mol/L} \cdot 20 \text{ mL}}{2 \cdot 20 \text{ mL}} = 0{,}05 \text{ mol/L}$

Seite 224 und 225 (EVA)

B3:
Physikalische und chemische Parameter für die Qualität eines Gewässers sind u.a.:

- *p*H-Wert
- Sauerstoffkonzentration
- Leitfähigkeit
- Temperatur
- DOC (dissolved organic Carbon)
- Carbonathärte/Gesamthärte
- Ammonium-/Nitrit-/Nitrat-Ionenkonzentration
- Phosphat-Ionenkonzentration

A1:
Vergleicht man die in B5, S. 225 angegebenen Reaktionsgleichungen (1), (2) und (3), so stellt man fest, dass in (2) so viel Mn^{3+} eingeht, wie in (1) entsteht und in (3) so viel I_2 eingeht, wie in (2) entsteht. Somit gilt:

$$\frac{n(O_2)}{n(S_2O_3^{2-})} = \frac{1}{4},$$

weil 1 bzw. 4 die stöchiometrischen Zahlen von Sauerstoff bzw. Thiosulfat-Ionen in der Reaktionskette sind.
Oder anders ausgedrückt: Sauerstoff wird durch indirekte Titration iodometrisch bestimmt. Pro Mol Sauerstoff O_2 entstehen 2 mol Iod I_2. Jedes Mol Iod-Moleküle benötigt bei der iodometrischen Titration 2 mol Thiosulfat-Ionen; d.h. 1 mol Sauerstoff verbrauchen bei der indirekten iodometrischen Titration 4 mol Thiosulfat-Ionen.

A2:
Stoffmengenverhältnis (vgl. A1):

$$\frac{n(O_2)}{n(S_2O_3^{2-})} = \frac{1}{4}$$

oder umgeformt:

$$n(O_2) = 0{,}25 \cdot n(S_2O_3^{2-})$$

Nach Ersetzen der Stoffmenge von Thiosulfat-Ionen:

$$n(O_2) = 0{,}25 \cdot c(S_2O_3^{2-}) \cdot V_{Ls}(S_2O_3^{2-})$$

$$= 0{,}25 \cdot 0{,}005\ \text{mol/L} \cdot 1 \cdot 10^{-3}\ \text{L} = 1{,}25 \cdot 10^{-6}\ \text{mol}$$

Da der Titrierbecher des Minilabors nur 5 mL fasst, beträgt die Sauerstoffmenge in 1 L Wasser:

$$n(O_2) = 1{,}25 \cdot 10^{-6}\ \text{mol} \cdot 200 = 2{,}5 \cdot 10^{-4}\ \text{mol}$$

In einem Liter Wasser ist also die folgende Stoffportion Sauerstoff gelöst:

$$m(O_2) = n(O_2) \cdot M(O_2) = 2{,}5 \cdot 10^{-4}\ \text{mol} \cdot 32\ \text{g/mol} = 80 \cdot 10^{-4}\ \text{g} = 8\ \text{mg}$$

Der Vergleich mit B6, S. 225 ergibt, dass die untersuchte Wasserprobe gerade noch der Güteklasse „unbelastet" zuzuordnen ist.

A3:
Unter den angegebenen Internet-Adressen (insbesondere www.iksr.org) lassen sich aktuelle und auch archivierte Messdaten des Rheins abrufen, Tagesgänge oder Jahresgänge von bestimmten Parametern verfolgen u.v.a.m. Aktuelle Informationen zu Fließgewässern erhalten Sie direkt über www.rivernet.org.
Ausführliche Informationen über chemische Gewässeruntersuchungen können Sie auch den Begleitmaterialien zu den Gewässeruntersuchungskoffern entnehmen.

Seite 226 und 227 (EVA)

B1:
In den angegebenen Beispielen fungieren die folgenden Moleküle bzw. Ionen als Elektronenpaar-Donatoren:

A1:

	Beispiel (vgl. Definition in A3)	**Deutung im Sinne der LEWIS-Definition**
BOYLE	$CaCO_3 + 2H^+ \longrightarrow Ca^{2+} + CO_2 + H_2O$ $Ind^- + H^+ \longrightarrow HInd$ (Ind^- = Lackmus)	EPA: H^+ EPD: O (Carbonat-Ion) bzw. freies Elektronenpaar am Lackmus-Molekül
LAVOISIER	$N_2O_5 + H_2O \longrightarrow 2\ HNO_3$ $P_4O_{10} + 6\ H_2O \longrightarrow 4\ H_3PO_4$	EPA: H^+ (Wasser) EPD: O (Säure-Anhydrid = Nichtmetalloxid)

	Beispiel (vgl. Definition in A3)	Deutung im Sinne der LEWIS-Definition
LIEBIG	$HCl + NaOH \longrightarrow NaCl + H_2O$	EPA: H^+ (HCl) EPD: OH^- (NaOH)
	aber: $2\ HCl + Na \longrightarrow 2\ NaCl + H_2$	Definition nicht anwendbar
ARRHENIUS	im Sinne von ARRHENIUS Dissoziation: $HCl \longrightarrow H^+ + Cl^-$	eigentliche Reaktion: $HCl + H_2O \longrightarrow H_3O^+ + Cl^-$ EPA: H^+ (HCl) EPD: O (Wasser)
BRØNSTED & LOWRY	$HCl + NH_3 \longrightarrow NH_4Cl$	EPA: H^+ (HCl) EPD: N (Ammoniak)
LUX & FLOOD	$SiO_2 + O^{2-} \longrightarrow SiO_3^{2-}$	EPA: SiO_2 EPD: O^{2-}

Hinweis: In der Tabelle bedeuten die Abkürzungen EPA Elektronenpaar-Akzeptor (LEWIS-Säure) bzw. EPD Elektronenpaar-Donator (LEWIS-Base).

Anmerkung: Diese Aufgabe bezieht sich im engeren Sinne auf die Definitionen von ARRHENIUS, BRØNSTED/LOWRY, LUX/FLOOD und LEWIS. Aber auch die ursprünglich phänomenologischen Beschreibungen von Säuren durch BOYLE und LAVOISIER werden durch die LEWIS-Definition mit eingeschlossen. Die LIEBIG-Definition wird im Falle der Redoxreaktion nicht von der LEWIS-Definition erfasst. Letztere ist aber im Konzept von USANOVICH eingeschlossen (vgl. A/Info).

A2:

NERNST-Gleichung für die Wasserstoff-Elektrode:

$$E = E^0 + 0{,}059\ V \cdot \lg\{c(H_3O^+)\} \quad \text{mit} \quad E^0 = 0{,}00\ V$$

Umformung:

$$\Rightarrow \lg c(H_3O^+) = \frac{E}{0{,}059}$$

$$\Leftrightarrow -\lg c(H_3O^+) = -\frac{E}{0{,}059}$$

$$\Leftrightarrow pH = -\frac{E}{0{,}059}$$

A3:

	Definition	Bemerkungen
BOYLE	Säuren färben Lackmus rot und zersetzen Kalkstein.	
LAVOISIER	Nichtmetalloxide verbinden sich mit Wasser zu Säuren.	Diese Definition führte zu der falschen Annahme, dass in allen Säuren Sauerstoff gebunden ist.
LIEBIG	Säuren sind Wasserstoff-Verbindungen, in denen Wasserstoff durch ein Metall ersetzt werden kann.	
ARRHENIUS	Säuren sind Stoffe, die in wässriger Lösung Wasserstoff-Ionen bilden.	
BRØNSTED & LOWRY	Säuren sind Protonen-Donatoren, Basen Protonen-Akzeptoren.	Diese Definition ist anwendbar auf jedes protonenhaltige Lösemittelsystem unabhängig von Wasser. Eine BRØNSTED-Säure enthält ein Proton, eine BRØNSTED-Base ein freies Elektronenpaar.
LUX & FLOOD	Säuren sind Oxid-Ionen-Akzeptoren, Basen Oxid-Ionen-Donatoren.	Diese Definition beschreibt ein protonenfreies System und ist im Allgemeinen auf Systeme wie geschmolzene Oxide beschränkt.
LEWIS	Säuren sind Elektronenpaar-Akzeptoren, Basen Elektronenpaar-Donatoren.	Diese Definition ist allgemein anwendbar (auch auf organische Reaktionen). Sie schließt alle anderen Definitionen, wie die Übertragung von H^+- oder O^{2-}-Ionen, die Bildung von Koodinationsverbindungen oder Säure-Base-Addukten oder Wechselwirkungen/Reaktionen mit dem Lösemittel (Solvolysen) ein.
USANOVICH	Eine Säure ist jede chemische Verbindung, die mit Basen reagiert, Kationen abgibt oder Anionen bzw. Elektronen aufnimmt. Analoges gilt für Basen.	Diese Definition ist eine Erweiterung der LEWIS-Definition und umfasst zusätzlich alle Redoxreaktionen, die in dem vollständigen Übergang von einem oder mehreren Elektronen bestehen können.

A4:

$$NH_3 + NH_3 \rightleftarrows NH_4^+ + NH_2^-$$

Analog zum Ionenprodukt der Autoprotolyse von Wasser (Herleitung vgl. Schülerband S. 209) gilt:

$$K_{Ammoniak} = c(NH_4^+) \cdot c(NH_2^-) = 10^{-29}\,\text{mol}^2 \cdot \text{L}^{-2} \ (\vartheta = 22\,°C)$$

In Analogie zum Wasser wird in diesem Beispiel ein *p*H-Bereich {– lg $c(NH_4^+)$} von 0 bis 29 erfasst. Der Neutralpunkt in flüssigem Ammoniak (als Lösemittel) liegt bei *p*H = 14,5.

A (INFO):
Die Definition von USANOVICH schließt auch Redoxreaktionen mit ein (vgl. A3). Analog A1 würde die Definition von USANOVICH die Definition von LEWIS mit einschließen. Beispiel:

$$BF_3 + F^- \longrightarrow BF_4^-$$

Bortrifluorid ist sowohl im Sinne von LEWIS eine Säure (Elektronenpaar-Akzeptor) als auch im Sinne von USANOVICH, da es ein Anion aufnimmt.
Dadurch, dass die Definition von USANOVICH sehr viele Reaktionen einschließt, wirkt sie unscharf. Insofern wäre der Vorwurf gerechtfertigt.

Seite 228 (TRAINING)

A1:
Die Definition des Säure-Begriffs nach BRØNSTED und LOWRY unterscheidet sich von den vorherigen Definitionen dadurch, dass bei dieser Definition die Funktion der Teilchen (Protonen-Donator), aus denen die Säure besteht, im Mittelpunkt steht.

A2:
Während sich die ARRHENIUS-Definition des Säure-Begriffs auf das Lösemittel Wasser bezieht, ist es bei der BRØNSTED-Definition unerheblich, in welchem Lösemittel sich die Säure als solche entfaltet. Dies kann Wasser sein, aber auch ein anderes Lösemittel, dessen Teilchen als Protonen-Akzeptoren (Base) wirken können.

A3:

$$\text{pH} = -\lg\{c(H_3O^+)\} = -\lg\,(3{,}2 \cdot 10^{-10}) = 9{,}495$$

$$c(OH^-) = \frac{K_W}{c(H_3O^+)} = \frac{10^{-14}\,\text{mol}^2 \cdot \text{L}^{-2}}{3{,}2 \cdot 10^{-10}\,\text{mol} \cdot \text{L}^{-1}} = 3{,}125 \cdot 10^{-5}\,\text{mol} \cdot \text{L}^{-1}$$

A4:

a) $pH = -\lg\{c(H_3O^+)\} = -\lg(2{,}5 \cdot 10^{-4}) = 3{,}602$

b) $c(OH^-) = \dfrac{K_w}{c(H_3O^+)} = \dfrac{10^{-14}\,\text{mol}^2 \cdot \text{L}^{-2}}{2{,}5 \cdot 10^{-4}\,\text{mol} \cdot \text{L}^{-1}} = 4 \cdot 10^{-11}\,\text{mol} \cdot \text{L}^{-1}$

A5:

$$c(H_3O^+) = 10^{-pH}\,\text{mol} \cdot \text{L}^{-1} = 10^{-2{,}5}\,\text{mol} \cdot \text{L}^{-1} = 3{,}162 \cdot 10^{-3}\,\text{mol} \cdot \text{L}^{-1}$$

$$c(OH^-) = \frac{K_w}{c(H_3O^+)} = \frac{10^{-14}\,\text{mol}^2 \cdot \text{L}^{-2}}{3{,}162 \cdot 10^{-3}\,\text{mol} \cdot \text{L}^{-1}} = 3{,}162 \cdot 10^{-12}\,\text{mol} \cdot \text{L}^{-1}$$

A6:

a) Wenn sich der *p*H-Wert von *p*H = 4 auf *p*H = 8 verdoppelt, so entspricht das einer Verringerung der Konzentration der Oxonium-Ionen von $c(H_3O^+) = 10^{-4}$ mol/L auf $c(H_3O^+) = 10^{-8}$ mol/L. Das entspricht dem Faktor 10^{-4}, d.h. einer 10.000-fachen Verringerung.

b) Wenn sich der *p*H-Wert von *p*H = 4 auf *p*H = 2 halbiert, so entspricht das einer Vergrößerung der Oxonium-Ionenkonzentration um den Faktor 100.

A7:

Laut B2, S. 212 ist der *p*H-Wert des Zitronensafts *p*H = 2,5, der *p*H-Wert der Seifenlösung *p*H = 10,5. Die Konzentration der Oxonium-Ionen im Zitronensaft ist also um den Faktor 10^8, d.h. um den Faktor 100.000.000, größer als in der Seifenlösung.

A8:

In verdünnten wässrigen Lösungen ist die Konzentrationsänderung des Wassers bei der Einstellung der Protolysegleichgewichte immer noch so gering, dass die Konzentration des Wassers als konstant angesehen und in die Gleichgewichtskonstante einbezogen werden kann. Das Ionenprodukt des Wassers behält damit seinen Wert $K_w = 10^{-14}$ mol² · L⁻² (bei $\vartheta = 22$ °C). Es besteht hier Ähnlichkeit zum Ionenprodukt K_L eines Salzes.

A9:

Um die angegebene Gleichung zu beweisen, geht man vom Ionenprodukt des Wassers aus:

$$K_w = c(H_3O^+) \cdot c(OH^-) = 10^{-14}\,\text{mol}^2 \cdot \text{L}^2$$

Man übernimmt aus dieser Gleichung die Zahlenwerte und wendet den negativen decadischen Logarithmus an:

$$-\lg\{c(H_3O^+) \cdot c(OH^-)\} = -\lg 10^{-14}$$

$$-\lg\{c(H_3O^+) - \lg\{c(OH^-)\} = 14$$

$$pH + pOH = 14$$

A10:

a) (1) Natriumhydroxid NaOH ist eine Ionenverbindung. Das Kristallgitter besteht aus Na^+-Ionen und OH^--Ionen. Beim Lösen in Wasser gehen die Ionen in hydratisierter Form in Lösung. Die Konzentration der Hydroxid-Ionen $c(OH^-)$ ist also gleich der Konzentration des gelösten Natriumhydroxids $c_0(NaOH)$:

$$c(OH^-) = c_0(NaOH) = 1\,\text{mol} \cdot \text{L}^{-1}$$

(2) Die Konzentration der Oxonium-Ionen $c(H_3O^+)$ wird mithilfe des Ionenprodukts des Wassers K_w berechnet:

$$K_w = c(H_3O^+) \cdot c(OH^-)$$

$$c(H_3O^+) = \frac{K_w}{c(OH^-)} = \frac{10^{-14}\,\text{mol}^2 \cdot \text{L}^{-2}}{1\,\text{mol} \cdot \text{L}^{-1}} = 10^{-14}\,\text{mol} \cdot \text{L}^{-1}$$

(3) $pH = -\lg 10^{-14} = 14$

b) (1) Protolysegleichung:

$$NH_3 + H_2O \rightleftharpoons NH_4^+ + OH^-$$

(2) Fallbestimmung (vgl. B5, S. 211 und B3, S. 213):
$pK_b = 4{,}76$; schwache Base, damit gilt:

$$c_0(NH_3) = c(NH_3)$$

(3) MWG anwenden (Gleichung für K_b):

$$K_b = \frac{c^2(OH^-)}{c_0(NH_3)}$$

$$c(OH^-) = \sqrt{K_b \cdot c_0(NH_3)}$$

$$= \sqrt{10^{-4,76} \cdot 0{,}2\,\text{mol}^2 \cdot \text{L}^{-2}} = 1{,}86 \cdot 10^{-3}\,\text{mol} \cdot \text{L}^{-1}$$

(4) $$c(H_3O^+) = \frac{10^{-14}\,\text{mol}^2 \cdot \text{L}^{-2}}{1{,}86 \cdot 10^{-3}\,\text{mol} \cdot \text{L}^{-1}} = 5{,}36 \cdot 10^{-12}\,\text{mol} \cdot \text{L}^{-1}$$

(5) $pH = -\lg(5{,}36 \cdot 10^{-12}) = 11{,}27$

c) (1) Protolysegleichung:

$$H_3CCOO^- + H_2O \rightleftharpoons H_3CCOOH + OH^-$$

(2) Fallbestimmung (vgl. B5, S. 211 und B3, S. 213):
pK_b = 9,24; schwache Base, damit gilt:

$$c_0(H_3CCOO^-) = c(H_3CCOO^-)$$

(3) MWG anwenden (Gleichung für K_b):

$$K_b = \frac{c^2(OH^-)}{c_0(H_3CCOO^-)}$$

$$c(OH^-) = \sqrt{10^{-9,24} \cdot 1,2 \text{ mol}^2 \cdot \text{L}^{-2}} = 2,63 \cdot 10^{-5} \text{mol} \cdot \text{L}^{-1}$$

(4) $$c(H_3O^+) = \frac{10^{-14} \text{mol}^2 \cdot \text{L}^{-2}}{2,63 \cdot 10^{-5} \text{mol} \cdot \text{L}^{-1}} = 3,81 \cdot 10^{-10} \text{mol} \cdot \text{L}^{-1}$$

(5) $$pH = -\lg(3,81 \cdot 10^{-10}) = 9,42$$

d) (1) Protolysegleichung:

$$HCN + H_2O \rightleftharpoons H_3O^+ + CN^-$$

(2) Fallbestimmung (vgl. B5, S. 211 und B3, S. 213):
pK_s = 9,4; schwache Säure, damit gilt:

$$c_0(HCN) = c(HCN)$$

(3) MWG anwenden (Gleichung für K_s):

$$K_s = \frac{c^2(H_3O^+)}{c_0(HCN)}$$

$$c(H_3O^+) = \sqrt{K_s \cdot c_0(HCN)}$$

$$= \sqrt{10^{-9,4} \cdot 0,5 \text{ mol}^2 \cdot \text{L}^{-2}} = 1,41 \cdot 10^{-5} \text{mol} \cdot \text{L}^{-1}$$

(4) $$pH = -\lg(1,41 \cdot 10^{-5}) = 4,85$$

e) (1) Protolysegleichung:

$$NH_4^+ + H_2O \rightleftharpoons H_3O^+ + NH_3$$

(2) Fallbestimmung (vgl. B5, S. 211 und B3, S. 213):
pK_s = 9,24; schwache Säure, damit gilt:

$$c_0(NH_4^+) = c(NH_4^+)$$

(3) MWG anwenden (Gleichung für K_s):

$$K_s = \frac{c^2(H_3O^+)}{c_0(NH_4^+)}$$

$$c(H_3O^+) = \sqrt{K_s \cdot c_0(NH_4^{\ +})}$$

$$= \sqrt{10^{-9,24} \cdot 0,3\ \mathrm{mol^2 \cdot L^{-2}}} = 1,31 \cdot 10^{-5}\ \mathrm{mol \cdot L^{-1}}$$

(4) $p\mathrm{H} = -\lg\,(1,31 \cdot 10^{-5}) = 4,88$

f) (1) Protolysegleichung:

$$HNO_3 + H_2O \rightleftharpoons H_3O^+ + NO_3^-$$

(2) Fallbestimmung (vgl. B5, S. 211 und B3, S. 213):
pK_s = – 1,32; starke Säure, damit gilt:

$$c_0(HNO_3) = c(H_3O^+)$$

(3) $p\mathrm{H} = -\lg\{c(H_3O^+)\} = -\lg 0,1 = 1$

A11:

a) (1) Beim Lösen von Kaliumhydroxid in Wasser gehen alle Ionen aus dem Kristallgitter in hydratisierter Form in Lösung. Es gilt:

$$c(OH^-) = c_0(KOH)$$

(2) Um die Konzentration der Hydroxid-Ionen in einer Lösung mit pH = 13,5 zu berechnen, wird zunächst die Konzentration der Oxonium-Ionen $c(H_3O^+)$ ermittelt:

$$c(H_3O^+) = 10^{-pH}\ \mathrm{mol \cdot L^{-1}} = 10^{-13,5}\ \mathrm{mol \cdot L^{-1}}$$

(3) Mithilfe des Ionenprodukts des Wassers K_w wird nun $c(OH^-)$ berechnet:

$$c(OH^-) = \frac{10^{-14}\ \mathrm{mol^2 \cdot L^{-2}}}{10^{-13,5}\ \mathrm{mol \cdot L^{-1}}} = 10^{-0,5}\ \mathrm{mol \cdot L^{-1}} = 0,316\ \mathrm{mol \cdot L^{-1}}$$

b) (1) Protolysegleichung:

$$HCO_3^- + H_2O \rightleftharpoons H_2CO_3 + OH^-$$

(2) Fallbestimmung (vgl. B5, S. 211 und B3, S. 213):
pK_b = 7,48; schwache Base, damit gilt:

$$c_0(HCO_3^{\ -}) = c(HCO_3^{\ -})$$

(3) $c(H_3O^+) = 10^{-pH}\ \mathrm{mol \cdot L^{-1}} = 10^{-10}\ \mathrm{mol \cdot L^{-1}}$

(4) $c(OH^-) = \frac{10^{-14}\,\text{mol}^2 \cdot \text{L}^{-2}}{10^{-10}\,\text{mol} \cdot \text{L}^{-1}} = 10^{-4}\,\text{mol} \cdot \text{L}^{-1}$

(5) MWG anwenden (Gleichung für K_b):

$$K_b = \frac{c^2(OH^-)}{c_0(HCO_3^-)}$$

$$c_0(HCO_3^-) = \frac{c^2(OH^-)}{K_b} = \frac{(10^{-4})^2\,\text{mol}^2 \cdot \text{L}^{-2}}{10^{-7{,}48}\,\text{mol} \cdot \text{L}^{-1}} = 0{,}302\,\text{mol} \cdot \text{L}^{-1}$$

A12:

a) (1) Protolysegleichung:

$$Cl_3CCOOH + H_2O \rightleftharpoons Cl_3CCOO^- + H_3O^+$$

(2) Aus pH = 1 folgt:

$c(H_3O^+) = 10^{-1}\,\text{mol} \cdot \text{L}^{-1}$

Wenn $c_0(Cl_3CCOOH) = 0{,}1\ \text{mol} \cdot \text{L}^{-1}$ und $c(H_3O^+) = 0{,}1\ \text{mol} \cdot \text{L}^{-1}$, muss die gesamte Säure protolysiert sein.

Trichloressigsäure ist somit eine starke Säure.
Der in B1, S. 218 angegebene pK_s-Wert (pK_s = 0,64) bestätigt dies.

b) (1) Protolysegleichung:

$$H_3CCH_2COOH + H_2O \rightleftharpoons H_3CCH_2COO^- + H_3O^+$$

(2) Aus pH = 2,94 folgt:

$c(H_3O^+) = 10^{-2{,}94}\,\text{mol} \cdot \text{L}^{-1}$

Wenn $c_0(H_3CCH_2COOH) = 0{,}1\ \text{mol} \cdot \text{L}^{-1}$ und $c(H_3O^+) = 10^{-2{,}94}\ \text{mol} \cdot \text{L}^{-1}$, ist nur ein geringer Teil der gelösten Säure protolysiert.

Wir nehmen an, dass es sich um eine schwache Säure handelt, und überprüfen, ob sich unter dieser Voraussetzung und den Angaben aus der Aufgabenstellung der in B1, S. 218 angegebene pK_s-Wert berechnen lässt:

$$K_s = \frac{c^2(H_3O^+)}{c_0(H_3CCH_2COOH)} = \frac{(10^{-2{,}94})^2\,\text{mol}^2 \cdot \text{L}^{-2}}{0{,}1\,\text{mol} \cdot \text{L}^{-1}} = 10^{-4{,}88}\,\text{mol} \cdot \text{L}^{-1}$$

$$pK_s = -\lg 10^{-4{,}88} = 4{,}88$$

Dieser Wert stimmt mit dem aus B1, S. 218 überein.

c) (1) Protolysegleichung:

$$ClH_2CCOOH + H_2O \rightleftharpoons ClH_2CCOO^- + H_3O^+$$

(2) Aus $pH = 1{,}7$ folgt:

$$c(H_3O^+) = 10^{-1{,}7}\,\text{mol} \cdot \text{L}^{-1}$$

Wenn $c_0(ClH_2CCOOH) = 0{,}1\,\text{mol} \cdot \text{L}^{-1}$ und $c(H_3O^+) = 10^{-1{,}7}\,\text{mol} \cdot \text{L}^{-1}$, ist nur ein bestimmter Anteil der gelösten Säure protolysiert.

Auch hier nehmen wir an, dass es sich um eine schwache Säure handelt, und überprüfen, ob sich unter dieser Voraussetzung der in B1, S. 218 angegebene pK_s-Wert berechnen lässt:

$$K_s = \frac{c^2(H_3O^+)}{c_0(ClH_2CCOOH)} = \frac{(10^{-1{,}7})^2\,\text{mol}^2 \cdot \text{L}^{-2}}{0{,}1\,\text{mol} \cdot \text{L}^{-1}} = 10^{-2{,}4}\,\text{mol} \cdot \text{L}^{-1}$$

$$pK_s = -\lg 10^{-2{,}4} = 2{,}4$$

Der erhaltene pK_s-Wert ist kleiner als der in B1, S. 218 angegebene, tatsächliche pK_s-Wert der Chloressigsäure ($pK_s = 2{,}81$).

Unsere Annahme, Chloressigsäure sei eine schwache Säure, ist also nicht zutreffend. Da es sich weder um eine starke Säure handelt (nur ein Teil der Säure ist protolysiert) noch um eine schwache, kann es sich nur um eine mittelstarke Säure handeln.

A13:

(1) Der pK_s-Wert der Benzoesäure ist in B1, S. 218 angegeben:

$$pK_s = 4{,}2$$

(2) Das gesuchte Verhältnis $c(C_6H_5COO^-)/c(C_6H_5COOH)$ wird mit x bezeichnet und in die Puffergleichung eingesetzt:

$$1{,}4 = 4{,}2 + \lg x$$

$$-2{,}8 = \lg x$$

$$x = 10^{-2{,}8} = 1{,}58 \cdot 10^{-3}$$

$$x^{-1} = 631$$

Die Konzentration der Benzoesäure ist 631-mal größer als die der Benzoat-Ionen.

A14:

a) Bei der Zugabe von Natronlauge entspricht der Äquivalenzpunkt bei $V_{Ls}(NaOH) = 5$ mL dem Abschluss der Titration der Ammonium-Ionen NH_4^+ aus der Lösung:

$$NH_4^+\,(aq) + OH^-\,(aq) \longrightarrow NH_3\,(aq) + H_2O\,(l)$$

Bei der Zugabe von Salzsäure entspricht der Äquivalenzpunkt bei

$V_{Ls}(HCl)$ = 5 mL dem Abschluss der Titration der anderen Ionen aus der Ammoniumacetat-Lösung, der Acetat-Ionen:

$$H_3CCOO^- (aq) + H_3O^+ (aq) \longrightarrow H_3CCOOH (aq) + H_2O (l)$$

Zur Berechnung der Konzentration der Ammoniumacetat-Lösung wird eine dieser beiden Neutralisationsreaktionen und die Angaben aus der Aufgabenstellung verwendet:

Stoffmengenverhältnis: $\frac{n(NH_4^+)}{n(NaOH)} = \frac{1}{1}$;

daraus folgt: $n(NH_4^+) = n(NaOH)$

Stoffmengen ersetzen:

$$c(NH_4^+) \cdot V_{Ls}(NH_4CH_3COO) = c(NaOH) \cdot V_{Ls}(NaOH)$$

Umformen und Zahlenwerte einsetzen:

$$c(NH_4^+) = \frac{c(NaOH) \cdot V_{Ls}(NaOH)}{V_{Ls}(NH_4CH_3COO)} = \frac{0{,}1 \text{ mol} \cdot \text{L}^{-1} \cdot 5 \text{ mL}}{10 \text{ mL}} = 0{,}05 \text{ mol} \cdot \text{L}^{-1}$$

Die Konzentration der Ammoniumacetat-Lösung beträgt

$c(NH_4CH_3COO) = 0{,}05 \text{ mol} \cdot \text{L}^{-1}$.

b) Im sauren Bereich, etwa zwischen pH = 3 und pH = 5, wirkt der Acetat-Puffer H_3CCOOH / H_3CCOO^-. Seine Komponenten bilden sich gleich beim Lösen des Ammoniumacetats in Wasser, weil die Acetat-Ionen wie folgt protolysieren:

$$H_3CCOO^- (aq) + H_2O (l) \rightleftharpoons H_3CCOOH (aq) + OH^- (aq)$$

Wird diesem System Säure zugesetzt, so „fangen" die Acetat-Ionen die zugesetzten Oxonium-Ionen ab:

$$H_3CCOO^- (aq) + H_3O^+ (aq) \rightleftharpoons H_3CCOOH (aq) + H_2O (l)$$

Wird Lauge zugesetzt, so „fangen" die Essigsäure-Moleküle die zugesetzten Hydroxid-Ionen ab:

$$H_3CCOOH (aq) + OH^- (aq) \rightleftharpoons H_3CCOO^- (aq) + H_2O (l)$$

Im alkalischen Bereich, etwa zwischen pH = 8 und pH = 10, wirkt der Ammonium-Puffer NH_4^+ / NH_3. Auch seine Komponenten bilden sich beim Lösen des Ammoniumacetats in Wasser, weil die Ammonium-Ionen wie folgt protolysieren:

$$NH_4^+ (aq) + H_2O (l) \rightleftharpoons NH_3 (aq) + H_3O^+ (aq)$$

Wird diesem System Säure zugesetzt, werden die Oxonium-Ionen durch die Ammoniak-Moleküle „abgefangen“:

$$NH_3\,(aq) + H_3O^+\,(aq) \rightleftharpoons NH_4^+\,(aq) + H_2O\,(l)$$

Wird Lauge zugegeben, werden die Hydroxid-Ionen durch die Ammonium-Ionen „abgefangen“:

$$NH_4^+\,(aq) + OH^-\,(aq) \rightleftharpoons NH_3\,(aq) + H_2O\,(l)$$

Um die pK_S-Werte von NH_4^+ und H_3CCOOH aus B1, S. 228 grafisch zu ermitteln, werden die Wendepunkte auf den Kurvenabschnitten, die fast waagerecht verlaufen, ermittelt und Parallelen zur Abszisse gezogen, bis diese die Ordinate schneiden. Auf diese Weise lassen sich etwa folgende pH-Werte ermitteln: pH = 4,5 und pH = 9,2.
Diese werden nun mit den pK_S-Werten von NH_4^+ und H_3CCOOH aus B5, S. 211 verglichen. Dabei ist eine gute Übereinstimmung festzustellen.

c) Da in der zu beweisenden Gleichung die pK_S-Werte von NH_4^+ und H_3CCOOH vorkommen, werden zunächst die Gleichungen für die Säurekonstanten formuliert:

$$K_s(NH_4^+) = \frac{c(H_3O^+) \cdot c(NH_3)}{c(NH_4^+)}$$

$$K_s(CH_3COOH) = \frac{c(H_3O^+) \cdot c(H_3CCOO^-)}{c(H_3CCOOH)}$$

Beide Gleichungen werden nach $c(H_3O^+)$ umgeformt:

$$c(H_3O^+) = \frac{c(NH_4^+) \cdot K_s(NH_4^+)}{c(NH_3)}$$

$$c(H_3O^+) = \frac{c(H_3CCOOH) \cdot K_s(H_3CCOOH)}{c(H_3CCOO^-)}$$

Diese beiden Gleichungen werden miteinander multipliziert (linke Terme unter sich und rechte Terme unter sich):

$$c^2(H_3O^+) = \frac{c(NH_4^+) \cdot K_s(NH_4^+) \cdot c(H_3CCOOH) \cdot K_s(H_3CCOOH)}{c(NH_3) \cdot c(H_3CCOO^-)}$$

Unter der Voraussetzung (siehe Aufgabenstellung), dass

$c(NH_4^+) = c(H_3CCOO^-)$ und $c(NH_3) = c(H_3CCOOH)$,

kann man kürzen und erhält:

$$c^2(H_3O^+) = K_s(NH_4^+) \cdot K_s(H_3CCOOH)$$

Auf diese Gleichung wird der negative decadische Logarithmus angewendet (auf die Zahlenwerte der Größen aus dieser Gleichung!) und man erhält:

$$-2\cdot \lg\{c(H_3O^+)\} = -\lg\{K_s(NH_4^+)\} - \lg\{K_s(H_3CCOOH)\}$$

Durch Anwendung der Definitionen von pH und pK_s und Division durch 2 erhält man schließlich:

$$p\text{H} = \frac{pK_s(NH_4^+) + pK_s(H_3CCOOH)}{2}$$

Der pH-Wert einer Ammoniumacetat-Lösung berechnet sich mit dieser Gleichung wie folgt:

$$p\text{H} = \frac{9{,}24 + 4{,}76}{2} = 7$$

Dieser Wert stimmt mit der Kurve von B1, S. 228 genau überein, deren Schnittpunkt mit der Ordinate bei pH = 7 liegt.

A15:

a)

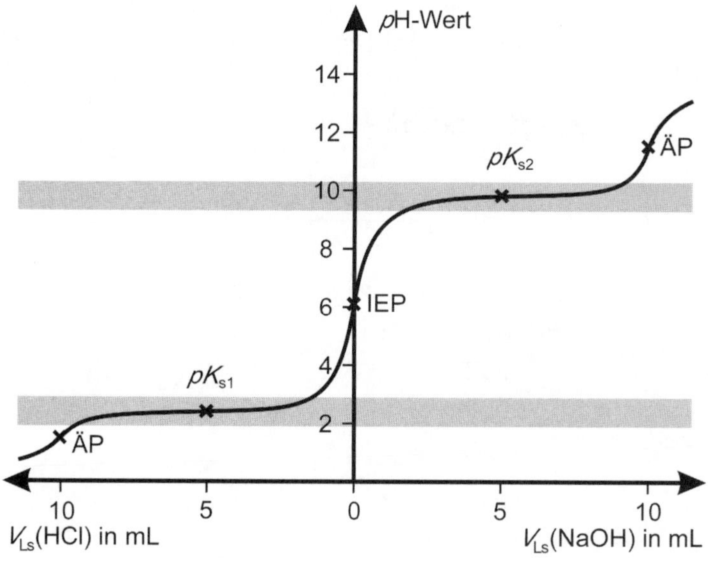

b) Bei der ph-metrischen Titration einer Aminosäure-Lösung zeigt sich, dass es zwei Bereiche gibt, in denen die Titrationskurve flach verläuft. Beim Glycin sind dies die Bereiche von pH = 1,9 bis pH = 2,9 und von pH = 9,3 bis pH = 10,3. Hier wirkt die Glycin-Lösung als Säure-Base-Puffer.

c) Beim Glycin stellt sich das folgende gekoppelte Gleichgewicht ein:

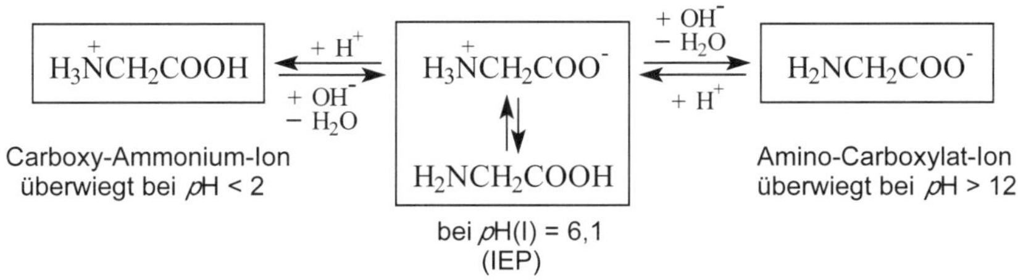

Für die Protolysen des Kations (1) und des Zwitter-Ions (2) mit Wasser gelten folgende Zusammenhänge:

(1) $H_3\overset{+}{N}CH_2COOH + H_2O \rightleftharpoons H_3\overset{+}{N}CH_2COO^- + H_3O^+$

$$K_{s1} = \frac{c(H_3\overset{+}{N}CH_2COO^-)\cdot c(H_3O^+)}{c(H_3\overset{+}{N}CH_2COOH)} = 10^{-2,4}\,\mathrm{mol\cdot L^{-1}}$$

$$c(H_3\overset{+}{N}CH_2COO^-) = \frac{K_{s1}\cdot c(H_3\overset{+}{N}CH_2COOH)}{c(H_3O^+)}$$

(2) $H_3\overset{+}{N}CH_2COO^- + H_2O \rightleftharpoons H_2NCH_2COO^- + H_3O^+$

$$K_{s2} = \frac{c(H_2NCH_2COO^-)\cdot c(H_3O^+)}{c(H_3\overset{+}{N}CH_2COO^-)} = 10^{-9,8}\,\mathrm{mol\cdot L^{-1}}$$

$$c(H_3\overset{+}{N}CH_2COO^-) = \frac{c(H_2NCH_2COO^-)\cdot c(H_3O^+)}{K_{s2}}$$

(3) $$\frac{K_{s1}\cdot c(H_3\overset{+}{N}CH_2COOH)}{c(H_3O^+)} = \frac{c(H_2NCH_2COO^-)\cdot c(H_3O^+)}{K_{s2}}$$

Der Wendepunkt mit der größten Steigung in der Titrationskurve des Glycins entspricht einer Lösung, in der gilt:

$$c(H_3\overset{+}{N}CH_2COOH) = c(H_2NCH_2COO^-),$$

d.h. bei der die Konzentration des Kations und die des Anions gleich sind. Praktisch liegt dann die gesamte gelöste Aminosäure Glycin in Form der Zwitter-Ionen vor.
Durch Herauskürzen von *c*(„Kation“) und *c*(„Anion“) aus Gleichung (3) und Umformen erhält man:

$$c^2(H_3O^+) = K_{s1}\cdot K_{s2}$$

oder

$$pH = \frac{(pK_{s1} + pK_{s2})}{2} = \frac{2{,}4 + 9{,}8}{2} = 6{,}1$$

Diesen *p*H-Wert bezeichnet man auch als den isoelektrischen Punkt (IEP) oder *p*H(I).

Am Halbäquivalenzpunkt der Titration von Glycin mit Salzsäure gilt gemäß der Puffergleichung:

$$pH = pK_{s1} = 2{,}4$$

Hier gilt *c*(„Kation") = *c*(„Zwitter-Ion").

Am Halbäquivalenzpunkt der Titration von Glycin mit Natronlauge gilt:

c(„Zwitter-Ion") = *c*(„Anion") und

$$pH = pK_{s2} = 9{,}8$$

d) Während sich Glycin sowohl in saurer als auch in alkalischer Lösung gut löst, ist die Löslichkeit insbesondere am isoelektrischen Punkt durch das Auftreten des Zwitter-Ions herabgesetzt, sodass Glycin mitunter als Niederschlag ausfällt.

Seite 229 bis 231

B1:
Es handelt sich um eine Synthese, weil aus den kleinen Propan-Molekülen (Facette 1) schrittweise große Polymethacrylsäuremethylester-Moleküle (Facette 9) gebildet werden.

B4:
Im Schema aus B4 gibt es folgende drei Reaktionswege, die zum Aceton führen:

1. Propan (aus Erdgas) – 2-Chlorpropan – 2-Propanol – Aceton
2. Propen (aus dem Gas, das beim Cracken von Erdölfraktionen erhalten wird) – 2-Chlorpropan – 2-Propanol – Aceton
3. Propen (siehe oben) – Cumol – Cumolhydroperoxid – Aceton

Seite 232 und 233

Auswertung a):

	Beobachtung	**Indikator-Test**	**Ammoniak-Test**	**$AgNO_3$-Test**	**BEILSTEIN-Probe**
V1:	Entfärbung	Rotfärbung	weißer Rauch	weißer Niederschlag	Grünfärbung
LV2:	Entfärbung	Rotfärbung	weißer Rauch	weißer Niederschlag	Grünfärbung

Auswertung b):
In V1 und LV2 wird mit feuchtem Indikatorpapier als gasförmiges Produkt Bromwasserstoff HBr nachgewiesen. Bromwasserstoff reagiert mit dem Wasser aus dem feuchten Indikatorpapier (Protolyse):

$$HBr\ (g) + H_2O\ (l) \longrightarrow H_3O^+\ (aq) + Br^-\ (aq)$$

Die gebildeten Hydronium-Ionen $H_3O^+(aq)$ bewirken die Färbung des Indikatorpapiers.

Auswertung c):
Wenn der Erlenmeyerkolben innen nass ist, findet die unter b) formulierte Protolyse bereits im Kolben statt. Es entweicht kein oder nur wenig gasförmiger Bromwasserstoff.

Auswertung d):
In den organischen Phasen aus V1 und LV2, d.h. in den Heptan-Lösungen, befinden sich die gebildeten Bromalkane. Sie sind dafür verantwortlich, dass die BEILSTEIN-Probe in beiden Fällen positiv ausfällt (vgl. Legende unter B3).

Auswertung e):
1-Brombutan und 2-Brombutan

Auswertung f):

V1:

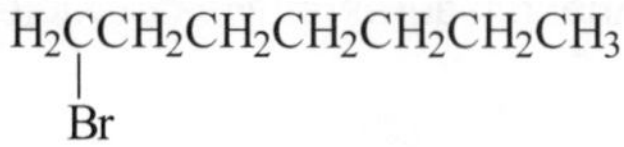

1-Bromheptan

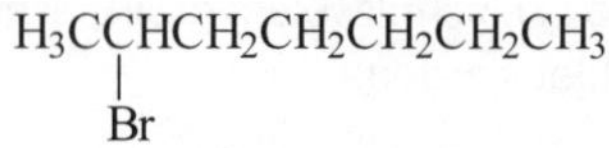

2-Bromheptan

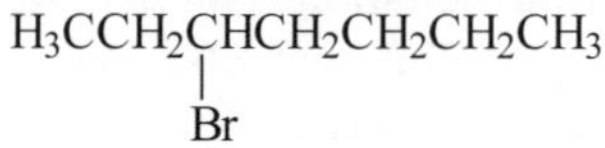

3-Bromheptan

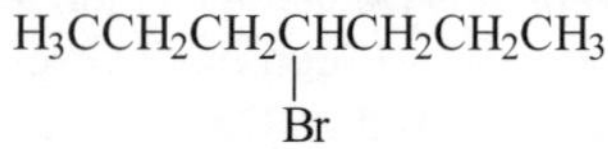

4-Bromheptan

LV2:

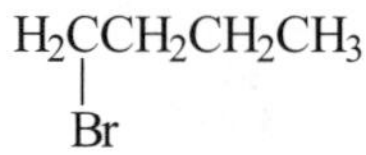

1-Brombutan

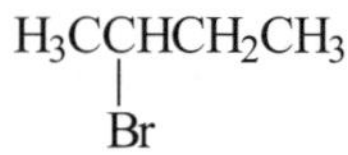

2-Brombutan

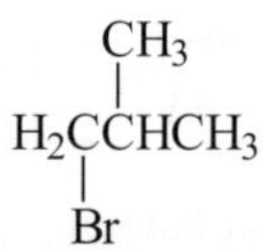

1-Brom-2-methyl-
propan

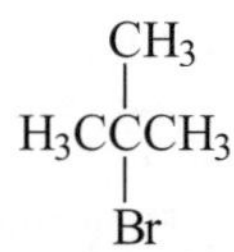

2-Brom-2-methyl-
propan

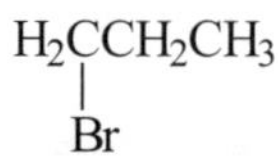

1-Brompropan

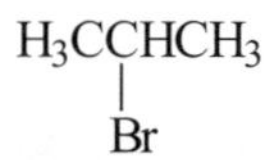

2-Brompropan

B1:
Die Dichte von Feuerzeuggas ist größer als die Dichte von Luft, weil alle Gase aus dem Feuerzeuggas (Butan, Isobutan und Propan) größere molare Massen haben als die Hauptkomponenten der Luft. Da gleiche Volumina verschiedener Gase nach AVOGADRO die gleiche Anzahl von Molekülen und damit auch die gleichen Stoffmengen enthalten, ist die Dichte eines Gases proportional zu seiner molaren Masse.

B4:

(1) $CH_4 + Cl_2 \longrightarrow H_3CCl + HCl$

(2) $CH_4 + 2\ Cl_2 \longrightarrow H_2CCl_2 + 2\ HCl$

(3) $CH_4 + 3\ Cl_2 \longrightarrow HCCl_3 + 3\ HCl$

(4) $CH_4 + 4\,Cl_2 \longrightarrow CCl_4 + 4\,HCl$

Jede der Reaktionen (1) bis (4) findet bei Bestrahlung mit UV-Licht statt.

B5:
Das Gaschromatogramm zeigt, dass das Produktgemisch drei Komponenten enthält. Wenn man annimmt, dass sich in diesem Gemisch ausschließlich Monobromalkane befinden (also kein unreagiertes Edukt und keine Dibromalkane), dann trifft das Chromatogramm für den Ansatz I zu. Im Molekül des 3-Ethylpentans (I) gibt es drei Arten von substituierbaren Wasserstoff-Atomen. Bei dem Molekül des 3-Methylpentans (II) sind es vier verschiedene Wasserstoff-Atome.

A1:
Bei der Chlorierung von Propan bildet sich ein Gemisch aus den Isomeren 2-Chlorpropan und 1-Chlorpropan. Um 2-Chlorpropan herzustellen, müsste die Substitution eines Wasserstoff-Atoms durch ein Chlor-Atom beim Propan-Molekül genau am mittleren Kohlenstoff-Atom erfolgen.
Bei der photochemischen Chlorierung von Methan bzw. Ethan bildet sich jeweils nur ein Isomer, weil es ganz gleich ist, welches Wasserstoff-Atom im Methan-Molekül bzw. im Ethan-Molekül substituiert wird.

A2:
Chlor hat als Industriechemikalie eine größere Bedeutung als Brom, weil der Rohstoff für die Herstellung von Chlor, das Kochsalz NaCl, in der Natur weitaus häufiger vorkommt und billiger ist als entsprechende Bromide. Es gibt ausgereifte großtechnische Herstellungsverfahren für Chlor aus Natriumchlorid (die Chlor-Alkali-Elektrolyse – vgl. Schülerband, S. 181).

Seite 234 und 235

Auswertung a):
Bei der Bestrahlung in V1 mit dem blauem Lichtfilter erfolgt die Entfärbung des Reaktionsgemisches schneller als bei Bestrahlung mit dem roten Lichtfilter. In der Gasphase ist ein Gas enthalten, das beim Test mit konzentrierter Ammoniak-Lösung einen weißen Rauch bildet.
Bei V2 verläuft die Entfärbung der Probe, der ein Iodkristall zugefügt wurde, viel langsamer als bei der Probe ohne Iod.

Auswertung b):
Die Beobachtung aus V1 (vgl. oben) deutet darauf hin, dass für die Bromierung blaues Licht notwendig ist und dass rotes Licht nicht ausreicht. (*Hinweis:* Dass die Entfärbung auch bei der Probe mit der roten Lichtscheibe nach längerer Zeit erfolgt, liegt daran, dass auch die rote Scheibe – je nach Beschaffenheit – mehr oder weniger Licht anderer Wellenlängen durchlässt.)

Ob grünes Licht für eine Bromierung ausreicht, kann aus diesen Versuchen alleine nicht gefolgert werden, weil nach der Tabelle in B3 die Energie von Quanten grünen Lichts zwischen den Energien von Quanten des blauen und des roten Lichts liegen.

Auswertung c):
Aus den angegebenen Bindungsenergien und den Angaben aus B3 ist ersichtlich, dass die meisten Lichtquanten aus dem Bereich des roten Lichts mit einer Energie E = 170 bis 197 kJ/mol nicht ausreichen, um die Bindung im Brom-Molekül, dessen Bindungsenergie E(Br–Br) = 193 kJ/mol beträgt, zu trennen.

Auswertung d):
Nach den Angaben aus der Aufgabenstellung E(Cl–Cl) = 243 kJ/mol und aus B2 sowie B3 reichen Lichtquanten aus dem violetten Bereich und sogar aus einem Teil des blauen Bereichs des sichtbaren Lichts aus, um Chlor-Moleküle in Atome zu trennen. (*Hinweis:* Dennoch gelingen Chlorierungen nur mit sehr intensivem weißen Licht, weil das Licht dann auch ausreichend wirksame Quanten enthält. Noch besser gelingen Chlorierungen mit Licht, das auch beträchtliche UV-Anteile enthält.)

B1:
Die Leuchtfläche muss abgedeckt werden, damit möglichst kein weißes, ungefiltertes Licht an die Proben gelangt.

B3:
Die Energie eines Lichtquants aus blauem Licht mit E = 250 kJ/mol beträgt:

$$E(1\,Quant) = \frac{250 \cdot 10^{3}\,\mathrm{J \cdot mol^{-1}}}{6{,}022 \cdot 10^{23}\,\mathrm{mol^{-1}}} = 41{,}51 \cdot 10^{-20}\,\mathrm{J}$$

B4:
Man muss die Energie eines Lichtquants mit N_A multiplizieren, weil in B2 und B3 jeweils die Energien von 1 mol Lichtquanten angegeben sind.

B5:
Es muss analog zur unteren Kurve in B5 eine Kurve mit zwei energetischen Zwischenminima („Zwischentälern") gezeichnet werden.

B6:
R· steht für ein Alkyl-Radikal.

B7:
Offene Aufgabe.

A1:
Der vorgeschlagene Mechanismus wird durch die genannten Befunde bestätigt. Da Feuerzeuggas aus Propan und Butan-Isomeren besteht, bilden sich die genannten Kohlenwasserstoffe mit 6, 7 und 8 Kohlenstoff-Atomen im Molekül durch Abbruchreaktionen des Typs

$$R\cdot + \cdot R \longrightarrow R_2$$

wie in B6 angegeben.

Seite 236 und 237

Auswertung a):
Es ist möglich, große Mengen Chlor und Methan auch dann vollständig umzusetzen, wenn nur wenige Chlor-Moleküle gemäß (1) gespalten werden, weil die beiden Reaktionsschritte (2) und (3), die Kettenreaktionen, sich sehr oft wiederholen.

Auswertung b):
Die Summe der Reaktionsenthalpien von (2) und (3) entspricht genau der angegebenen Reaktionsenthalpie der Gesamtreaktion ΔH_R = – 104 kJ/mol. Das kommt daher, dass die Reaktionen (2) und (3) gegenüber den anderen Teilreaktionen sehr stark ins Gewicht fallen. (*Hinweis:* Die Quantenausbeute der Chlorierung von Methan kann bis zu 100 000 betragen, d.h., dass die Schritte (2) und (3) gegenüber den anderen mit dem Faktor 100 000 zur Reaktionsenthalpie beitragen.)

B2:
Gemeinsamkeiten: Es handelt sich in beiden Fällen um radikalische Kettenreaktionen, an denen Chlor-Radikale beteiligt sind.
Unterschiede: Die Ausgangsstoffe und die Produkte sind verschieden und beim CKZ ist die Abbruchreaktion reversibel (bei der Reaktion aus dem Info-Kasten nicht).

Offene Aufgabe. (*Hinweis:* Unter der angegebenen Adresse sind radikalische Reaktionszyklen zur Bildung von Photosmog zu finden.)

B3:
Die Energie eines Quants aus rotem Licht mit E = 180 kJ/mol beträgt:

$$E = \frac{180 \cdot 10^3\,\mathrm{J \cdot mol^{-1}}}{6{,}022 \cdot 10^{23}\,\mathrm{mol^{-1}}}$$

Mithilfe der Formeln und Konstanten aus B4, S. 234 erhält man:

$$E = h \cdot \nu = h \cdot \frac{c}{\lambda}$$

$$\lambda = \frac{h \cdot c}{E} = \frac{6{,}6 \cdot 10^{-34}\,\mathrm{J \cdot s} \cdot 3 \cdot 10^{8}\,\mathrm{m \cdot s^{-1}}}{\dfrac{180 \cdot 10^{3}\,\mathrm{J \cdot mol^{-1}}}{6{,}022 \cdot 10^{23}\,\mathrm{mol^{-1}}}} = 662 \cdot 10^{-9}\,\mathrm{m} = 662\,\mathrm{nm}$$

B5:

Eine Spezies ist allgemein dann stabil, wenn sie wenig reaktiv ist. Das tertiäre Radikal ist also am stabilsten. (*Hinweis:* Eine weitere Begründung ist an dieser Stelle aus Schülersicht noch nicht möglich.)

A1:

a) Bei der Chlorierung von Propan treten das Chlor-Radikal Cl• sowie das primäre und sekundäre Propyl-Radikal auf.

b) Diese beiden Alkyl-Radikale sind auch bei der Bromierung von Propan Interdukte; statt des Chlor-Radikals tritt in diesem Fall das Brom-Radikal Br• auf.

$H_3CCH_2\underset{\bullet}{C}H_2$	$H_3C\underset{\bullet}{C}HCH_3$
primäres Propyl-Radikal	sekundäres Propyl-Radikal

A2:

a) Da im folgenden Reaktionsschritt (B1, S. 229) das Halogen-Atom durch eine Hydroxy-Gruppe substituiert wird, müsste 2-Brompropan ebenso gut geeignet sein wie 2-Chlorpropan.

b) Vgl. Lösung zu A2 von S. 233.

A3:

Die Formeln der beiden Monobromderivate des 2-Methylpropans (Isobutans) sind:

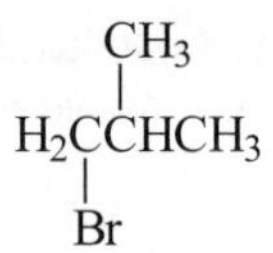

1-Brom-2-methylpropan (9)

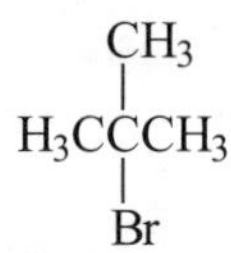

2-Brom-2-methylpropan (1)

Die Zahlen in den Klammern geben an, wie viele gleichartige Wasserstoff-Atome substituiert werden können, damit dieses Isomer entsteht. Bei der Bromierung von 2-Methylpropan bilden sich 1-Brom-2-methylpropan und 2-Brom-2-methylpropan nicht im Verhältnis 9:1, weil die Substitution am tertiärem Kohlenstoff-Atom laut B6 von S. 237 ca. 6300 mal schneller verläuft als am primären Kohlenstoff-Atom. Man könnte also grob schätzen, dass sich die beiden Isomere etwa im Verhältnis 9:6300 = 1:700 bilden, d.h. es wird wesentlich mehr 2-Brom-2-methylpropan gebildet.

Seite 238 und 239 (EVA)

B3:
Im Humanfett reichern sich PCB bezogen auf Makroalgen um den Faktor $10220 : 5 = 2044$ an.

B4:
Beim photokatalytischen Abbau von Schadstoffen in Wasser handelt es sich um eine Oxidation dieser Schadstoffe mit Sauerstoff aus der Luft, die unten in den Reaktor eingeleitet wird. Der Photokatalysator sorgt dafür, dass Licht (beim Reaktor aus B4 sichtbares Licht) diese Redoxreaktion möglich macht. (*Hinweis:* Vgl. Details unter A3.)

A1:
Jede Gruppe erstellt eine mindmap, d.h. ein Schema aus Kästchen, in die Begriffe, Formeln etc. eingetragen werden. Die Kästchen werden sinnvoll miteinander verbunden. Die mindmap wird von den Mitgliedern der Gruppe für den Rest des Kurses erläutert. (*Hinweis:* Da es sich um eine offene Aufgabe handelt, wird hier keine Lösung angegeben.)

A2:
Gewöhnlich enthalten Abfälle aus Polyethen und Polypropen, in denen Lebensmittel verpackt waren, Reste von Kochsalz. Es ist dafür verantwortlich, dass bei der Verbrennung von Verpackungsmüll Chlorwasserstoff und andere Chlorverbindungen gebildet werden. Chlorwasserstoff kann aus dem Rauchgas durch alkalische Wäsche mit Natronlauge oder mit Kalkwasser entfernt werden.

A3:

$$(\overset{-I}{Cl})_2\overset{II}{C}=\overset{II}{C}(\overset{-I}{Cl})_2 + \overset{0}{O_2} + 2\,\overset{I}{H_2}\overset{-II}{O} \longrightarrow 2\,\overset{IV}{C}\overset{-II}{O_2} + 4\,\overset{I}{H}\overset{-I}{Cl}$$

Man kann hier von einer vollständigen Mineralisierung des Perchlorethens PER durch Oxidation sprechen, weil sich hierbei die OZ der Kohlenstoff-Atome erhöhen und weil die Produkte der Reaktion, Kohlenstoffdioxid und Chlorid-Ionen (aus der Salzsäure), in der Natur vorkommende Spezies sind.

Seite 240 und 241

Auswertung a):
Die Untersuchungen mit Bromwasser aus LV1 bis V3 weisen folgende Gemeinsamkeiten auf:

- Entfärbung des Bromwassers durch Alkene
- Positive BEILSTEIN-Probe (Grünfärbung der Flamme)

Auswertung b):
Die Dauer bis zur vollständigen Entfärbung des Bromwassers ist unterschiedlich.

Auswertung c):
Durch die BEILSTEIN-Probe wurde in organischen Molekülen gebundenes Halogen nachgewiesen. Aufgrund ihrer Vorkenntnisse über die Addition von Halogenen an Kohlenstoff-Kohlenstoff-Doppelbindungen sollten die Schüler jeweils das betreffende 1,2-Dibromalkan, das aus dem untersuchten Alken gebildet werden kann, formulieren.

Auswertung d):
Statt mit Heptan hätte auch mit Pentan und mit Cyclohexan, nicht aber mit Dichlormethan extrahiert werden können. Da mit dem Extrakt die BEILSTEIN-Probe durchgeführt werden soll, hätte eine Extraktion mit Dichlormethan das Ergebnis verfälscht.

Auswertung e):
Hier wird stellvertretend nur eine Additionsreaktion angegeben:

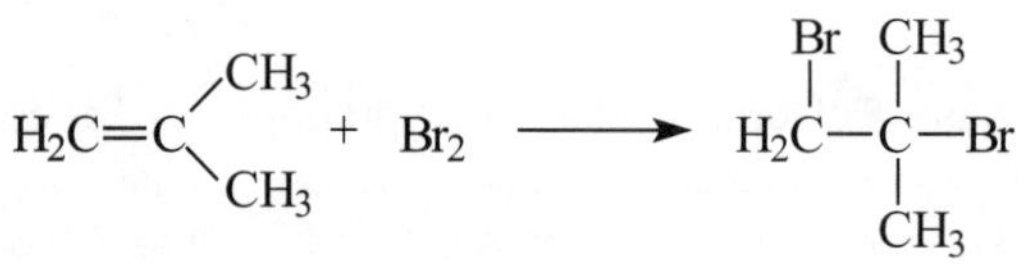

Auswertung f):
Gemäß der Reaktionsgleichungen von e) müssten die wässrigen Phasen nur aus Wasser bestehen, da das im Bromwasser gelöste Brom an die Alkene addiert wurde.

Auswertung g):

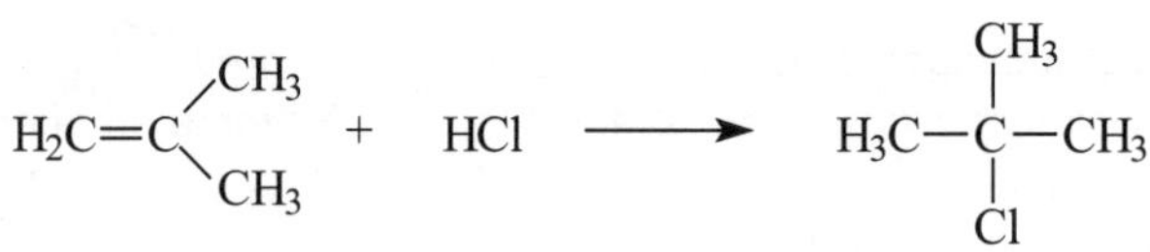

Auswertung h):
Die Reaktionsgleichungen von e) und g) haben gemeinsam, dass jeweils ein kleines Molekül, ein Brom-Molekül bzw. ein Chlorwasserstoff-Molekül, an ein Alken-Molekül addiert wird.

Auswertung i):
Alkene sind gegenüber Halogenen und Halogenwasserstoffen reaktiver als Alkane. Alkene reagieren mit Halogenen, Halogenwasserstoffen und Halogenwasserstoffsäuren bei Raumtemperatur und Dunkelheit; Alkane reagieren mit Halogenen nur bei Licht und mit Halogenwasserstoffen und Halogenwasserstoffsäuren gar nicht.

B1:
Die Dichte von Gasen ist direkt proportional zur molaren Masse *M*. Isobuten hat die molare Masse $M(C_4H_8)$ = 56 g/mol, die molaren Massen von Sauerstoff und von Stickstoff, den Hauptbestandteilen der Luft, sind dagegen nur $M(O_2)$ = 36 g/mol und $M(N_2)$ = 28 g/mol.

B3:
Um festzustellen, welches die wässrige und welches die organische Phase ist, gießt man etwas Wasser zum Gemisch. Man erkennt dann sofort, welche Phase an Volumen zunimmt.

B4:
Bei der Hydrierung von 50 mL Propen mit 50 mL Wasserstoff bilden sich 50 mL Propan.
Begründung: Aus 2 mol gasförmigen Edukten bildet sich 1 mol eines gasförmigen Produkts.

B5:
Die Reaktionsenthalpie ΔH_R berechnet sich aus den angegebenen Zahlen wie folgt:

$$\Delta H_R = +272\,\text{kJ} + 193\,\text{kJ} - 2 \cdot 285\,\text{kJ} = -105\,\text{kJ}$$

B6:
Die Moleküle der Stearinsäure können sich dichter packen als die der Ölsäure. Daher ist Stearinsäure fest und Ölsäure flüssig.

A1:

(1)

Propen — Chlorwasserstoff — 2-Chlorpropan

(2)

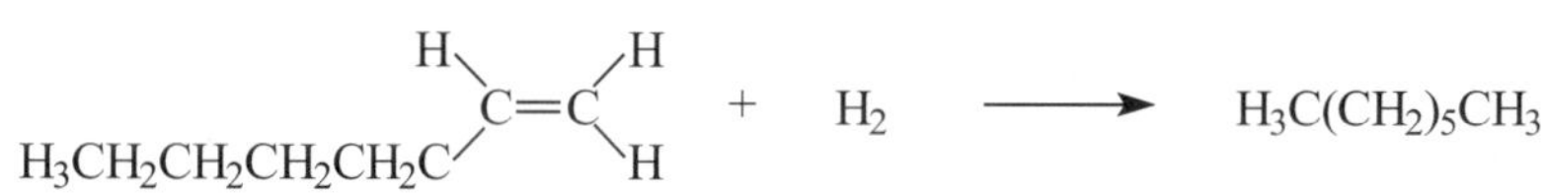

1-Hepten — Wasserstoff — Heptan

(3) 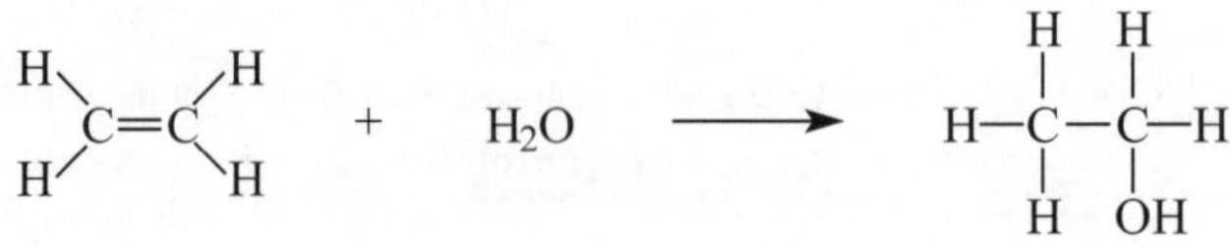

Ethen Wasser Ethanol

A2:

a) Halogenierung:

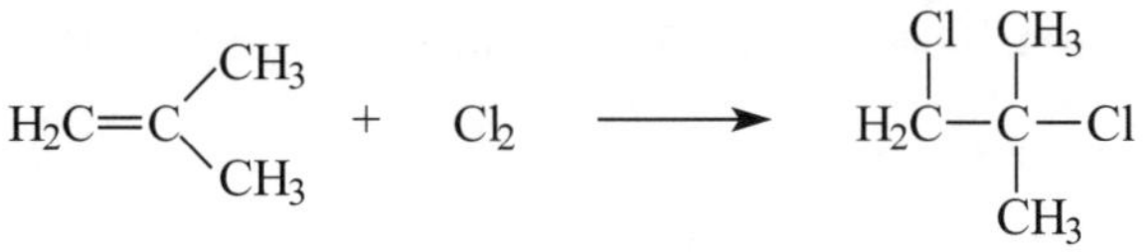

b) Hydrohalogenierung:

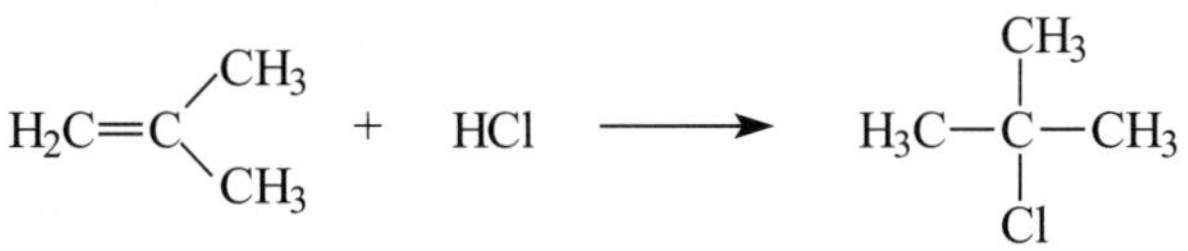

c) Hydrierung:

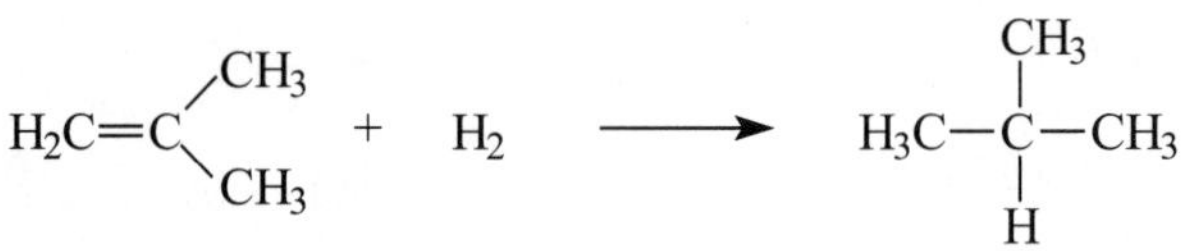

d) Hydratisierung:

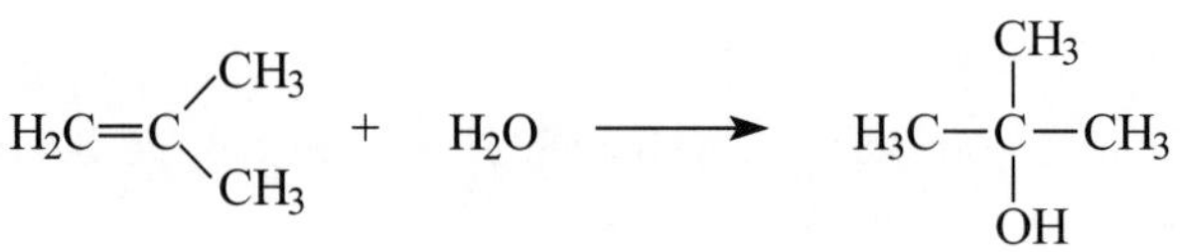

Seite 242 und 243

Auswertung a):

In LV1 wird festgestellt, dass die Entfärbung der Brom-Lösung beim Durchleiten von Ethen (oder Isobuten) schneller verläuft, wenn als Lösemittel Wasser eingesetzt wurde. Bei der Lösung von Brom in PER (Perchlorethylen, Tetrachlorethen) dauert es wesentlich länger bis zur Entfärbung.

Die Bromierung von Ethen (bzw. Isobuten) verläuft also schneller in einem polaren Lösemittel.

Auswertung b):
Bei LV2 färbt sich beim Schütteln die untere PER-Phase braun, die obere wässrige Phase entfärbt sich. Das im Bromwasser gelöste Brom ist beim Schütteln in das Lösemittel PER gewechselt.

Auswertung c):
Da im PER-Molekül (vgl. Formel im Schülerband) eine Kohlenstoff-Kohlenstoff-Doppelbindung enthalten ist, müsste Bromwasser durch PER entfärbt werden. Diese Vermutung beruht auf der Annahme, dass Brom mit allen Verbindungen, deren Moleküle eine Kohlenstoff-Kohlenstoff-Doppelbindung enthalten, Additionsreaktionen eingeht.

Auswertung d):
Die wässrigen Lösungen aus V3 zeigen

a) eine saure Reaktion, also einen im Vergleich zu Wasser erhöhten Gehalt an Hydronium-Ionen $H_3O^+(aq)$ und
b) einen Gehalt an Halogenid-Ionen, die in diesem Fall nur Bromid-Ionen $Br^-(aq)$ sein können.

B1:
Der formulierte Mechanismus erklärt die Ergebnisse aus V3 (vgl. oben). Die nachgewiesenen Bromid-Ionen werden im 1. Schritt und die Hydronium-Ionen im 2. Schritt, Variante b) gebildet.
Das Wasser-Molekül kann als nucleophiler Angreifer wirken, weil das Sauerstoff-Atom eine negative Teilladung trägt und über zwei freie Elektronenpaare verfügt.

B3:
Der + I-Effekt der Methyl-Gruppe wird durch die unterschiedlichen Elektronegativitäten verursacht: EN(C) = 2,5; EN(H) = 2,1.
Jede der drei H–C Bindungen ist polarisiert, wobei das Kohlenstoff-Atom die Partialladung $\delta-$ trägt. Wenn die Methyl-Gruppe an ein anderes Kohlenstoff-Atom gebunden ist, wird die Bindungspolarisation aus den drei H–C Bindungen auf die benachbarte C–C Bindung übertragen, d.h. die Methyl-Gruppe als Ganzes wirkt elektronenschiebend (+ I-Effekt).

B4:
Tertiäre Carbenium-Ionen sind am stabilsten, weil die positive Ladung am Kohlenstoff-Atom durch die + I-Effekte von drei Alkyl-Gruppen abgeschwächt (nicht „ausgeglichen") wird.

A1:

Addition von Chlorwasserstoff an Propen nach der MARKOWNIKOW Regel:

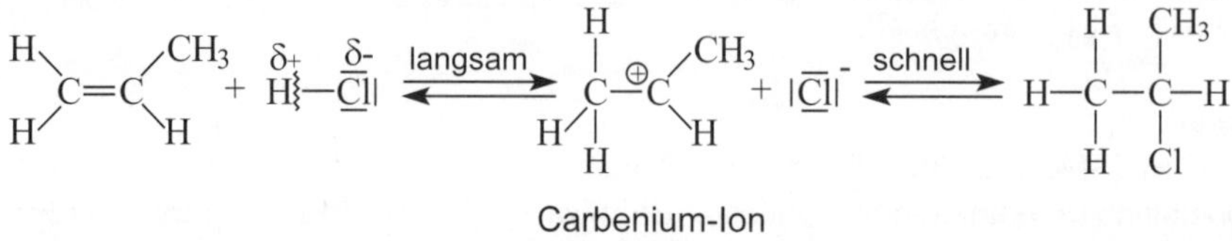

Der hier formulierte Mechanismus zeigt, dass im ersten Schritt das Proton aus dem Chlorwasserstoff-Molekül an das Alken angelagert wird. Das Interdukt ist ein Carbenium-Ion, in diesem Fall ein sekundäres. Es führt im zweiten Schritt durch Anlagerung des Chlorid-Ions zum 2-Chlorpropan, also dem Produkt, das sich nach der MARKOWNIKOW Regel bilden muss.

Würde sich im 1. Schritt das Proton an das andere Kohlenstoff-Atom der Doppelbindung anlagern, so entstünde als Interdukt ein primäres Carbenium-Ion, das weniger stabil wäre als das sekundäre aus dem obigen Reaktionsschema.

(*Hinweis-Faustregel:* Wenn bei einer Reaktion mehrere Interdukte (Zwischenprodukte) möglich sind, dann verläuft die Reaktion bevorzugt über das stabilste von ihnen.)

(*Anmerkung:* Was mit „stabil" gemeint ist, sollte problematisiert und erklärt werden. Bei organischen Molekül-Ionen spricht man allgemein von einer Stabilisierung, wenn die elektrische Ladung durch I- und/oder M-Effekte auf möglichst viele Atome verteilt wird.)

Seite 244 und 245 (EVA)

A1:

Aufgrund der geometrischen Anordnung der Chlor- und Wasserstoff-Atome mit den negativen bzw. positiven Partialladungen ist das *cis*-1,2-Dichlorethen-Molekül ein elektrischer Dipol, das *trans*-1,2-Dichlorethen-Molekül ist unpolar. Die zwischenmolekularen Anziehungskräfte sind bei Dipolen größer als bei unpolaren Molekülen. Folglich sollte eine Flüssigkeit, die aus Dipol-Molekülen besteht, höher sieden, weil mehr Energie (Wärme) notwendig ist, um die Dipol-Dipol Anziehungskräfte zu überwinden. Die in B1 angegebenen Siedetemperaturen sind in Übereinstimmung mit diesen Überlegungen.

Auswertung a):

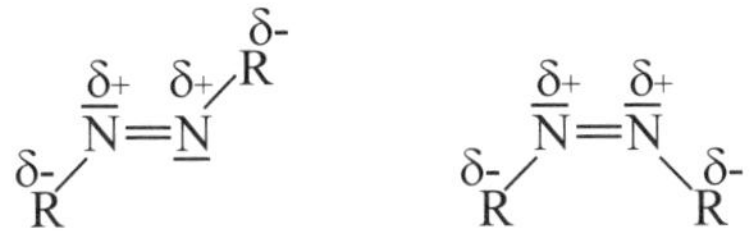

Auch hier ergibt sich die Dipol-Eigenschaft bzw. die Eigenschaft „unpolar“ aus dem geometrischen Bau der Moleküle (vgl. A1 oben).

Auswertung b):
Der obere Fleck entspricht jeweils dem *trans*-Azobenzol. Es läuft mit dem unpolaren Fließmittel besser mit, weil seine Moleküle ebenfalls unpolar sind. Das aus polaren Molekülen bestehende *cis*-Azobenzol bleibt jeweils unten, nicht weit von der Startlinie, weil es mit dem polaren Trägermaterial Kieselgel stärkere Wechselwirkungen eingeht als mit dem unpolaren Fließmittel Toluol.

Die beiden Chromatogramme aus V2 stellen sich (idealisiert) wie folgt dar:

bestrahlte und entwickelte DC-Folie

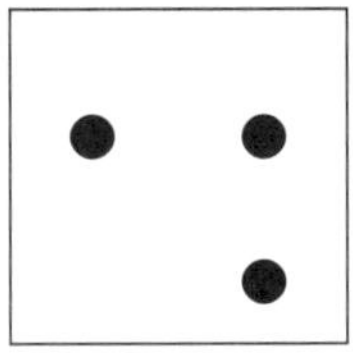

erwärmte und entwickelte DC-Folie

Beim Bestrahlen finden also beide Isomerisierungen, *trans* → *cis* und *cis* → *trans* statt; beim Erwärmen nur die Isomerisierung *cis* → *trans*.

A2:
Hinweis: Neben den Materialien aus *Chemie 2000+ Online* kann auch der folgende Artikel konsultiert werden:
M. W. Tausch, A. Schmidt: „*β*-Carotin – ein Multitalent“ in ***CHEM****KON*, **6**, 135, 3/1999.

Seite 246 und 247

Auswertung a):

Tabelle für V1 und V2:

	Ablagerung an der Rggl.-Wand	Beobachtung beim Kühlen	Beobachtung bei Zugabe von dest. H_2O	Beobachtung bei Zugabe von $AgNO_3$ (aq)
V1:	wenig weißer Feststoff	mehr weißer Feststoff	Feststoff löst sich	weißer Niederschlag
V2:	viel weißer Feststoff	mehr weißer Feststoff	Feststoff löst sich	weißer Niederschlag

Tabelle für V3 und V4:

	Beobachtung beim Schütteln	Indikatorpapier	Silbernitrat-Probe
V3:	Emulsion, die nur langsam verschwindet	saure Reaktion	weißer Niederschlag
V4:	Emulsion, die schnell verschwindet	saure Reaktion	weißer Niederschlag

Auswertung b):
Es wurden Bromid-Ionen Br^-(aq) nachgewiesen. Sie geben mit Silbernitrat-Lösung einen weißen Niederschlag aus Silberbromid AgBr.

Auswertung c):
In wässriger Lösung können die Kalium- und Bromid-Ionen sehr gut zu K^+(aq) und Br^-(aq) hydratisiert werden. Kaliumbromid löst sich in Ethanol schlechter als in Wasser, weil Ethanol-Moleküle nicht so ausgeprägte Dipole sind wie Wasser-Moleküle und daher die Ionen nicht so gut zu K^+(et) und Br^-(et) solvatisieren können. In ethanolischer Kalilauge kommt hinzu, dass die Lösung bereits besser lösliches Kaliumhydroxid KOH in Form von solvatisierten Ionen K^+(et) und OH^-(et) enthält.

Auswertung d):

V1:

2-Propanol
(Isopropanol)

V2: 

2-Methyl-2-propanol
(*tert.*-Butanol)

Auswertung e):
Die Konzentration der Salzsäure müsste möglichst hoch gewählt werden, um möglichst viel des eingesetzten Methanols in Chlormethan zu überführen. Nach dem Prinzip von LE CHATELIER kann das Gleichgewicht zu den Produkten hin verschoben werden, wenn eines der Edukte (in diesem Fall die Salzsäure) im Überschuss eingesetzt wird.

Auswertung f):
Die Behauptung wird durch die bei V3 und V4 nachgewiesenen H^+(aq)-Ionen (oder H_3O^+(aq)-Ionen) unterstützt.

Auswertung g):

V3: 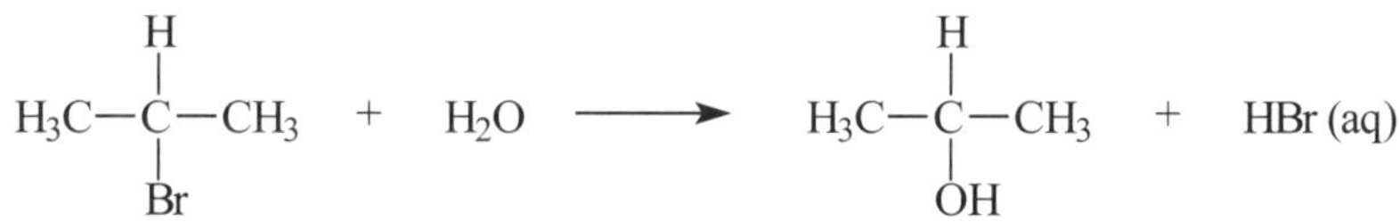

V4: 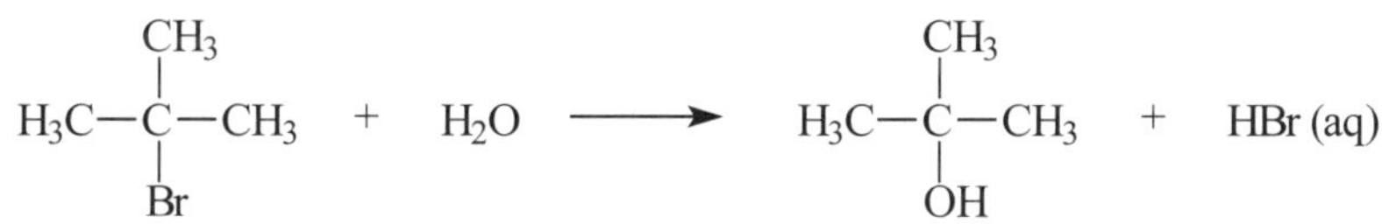

B1:
Es handelt sich um eine sehr vereinfachte Rückflussapparatur, weil ein Teil der Ethanol-Dämpfe im oberen Teil des Rggl. und in der Glaswolle kondensieren und als flüssiges Ethanol zurückfließen.

B2:
Es wird ausgerechnet das Kohlenstoff-Atom nucleophil angegriffen, an dem das Brom-Atom gebunden ist, weil es unter allen Kohlenstoff-Atomen im Molekül die stärkste positive Partialladung hat (vgl. B2).

B3:
Die Polarisation der C–Br Bindung ist im untersten Molekül, im $(CH_3)_3CBr$, am stärksten ausgeprägt, weil hier das Kohlenstoff-Atom die Bindungselektronen zum Brom-Atom am wenigsten „stark festhält“. Es wird durch drei Methyl-Gruppen mit Elektronen „versorgt“ (+ I-Effekt der Methyl-Gruppen).

B4:
Synthese von Methyl-ethyl-ether:

$$H_3COH + Na \longrightarrow H_3CO^- + Na^+ + 0{,}5\ H_2$$

$$H_3CO^- + ClCH_2CH_3 \longrightarrow H_3C\text{–}O\text{–}CH_2CH_3 + Cl^-$$

Synthese von Tetrahydrofuran:

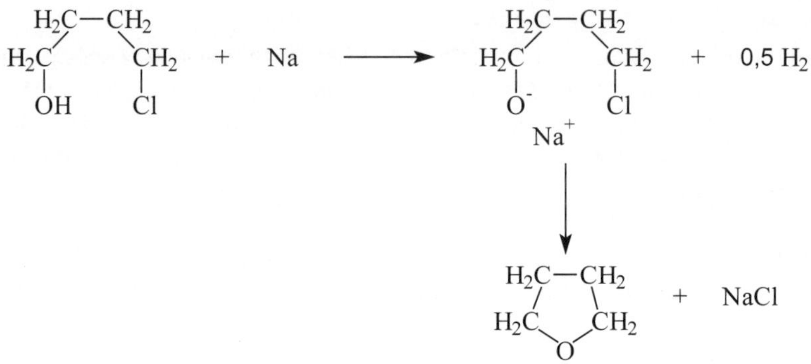

B5:
Hier wird insofern aus „organischem Chlor“ „anorganisches Chlor“ als das im Chlormethan H_3CCl gebundene Chlor am Ende in Form von Chlorid-Ionen Cl^- vorliegt.

Seite 248 und 249

Auswertung a) und b):
Die genauen Messwerte hängen u.a. von der angelegten Spannung und von dem verwendeten Leitfähigkeitsprüfer ab und werden daher hier nicht angegeben.
Zur Orientierung: 2-Brom-2-methylpropan reagiert am schnellsten, 2-Brompropan am langsamsten. Die beiden Kurven zu V1 und V2 haben den gleichen Verlauf wie die Kurve aus B3 im Buch, die Kurve zu V3 hat eine wesentlich kleinere Steigung.

Auswertung c):
Die $t - I$ Kurven von Auswertung b) stellen insofern „Fahrpläne“ der untersuchten Reaktionen dar, als sie jeweils zeigen, „wo sich die untersuchte Reaktion zu einem gegebenen Zeitpunkt befindet“. Man kann zu einem gegebenen Zeitpunkt nach dem Start der Reaktion den Wert der Stromstärke ablesen und daraus auf die Menge an Ionen schließen, die sich nach (1) gebildet haben.

Auswertung d) und f):
Ergebnis des Kontrollversuchs: Alle Punkte liegen annähernd auf einer Ursprungsgeraden. Das bedeutet, dass die Stromstärke I proportional zur Konzentration c ist

und die Beziehung $I = m \cdot c$ lautet, wobei der Proportionalitätsfaktor m die Steigung der Geraden ist.

Auswertung e) fehlt in der Erstauflage des Schülerbands.

Auswertung g):
Hinweis zum Verfahren: Die Abszisse der zu erstellenden Graphen ist eine t-Achse, genau wie in Auswertung a) und b). Auf der Ordinate werden die Konzentrationen c eingetragen, die entweder mithilfe des Diagramms aus Auswertung d) grafisch ermittelt oder berechnet werden. Jede der erhaltenen $t - c$ Kurven hat den gleichen Verlauf wie die entsprechende $t - I$ Kurve aus dem jeweiligen Versuch.

Auswertung h):
Hinweis zum Verfahren: Man wählt sich einen der Graphen aus, am besten den zu V1. Man zeichnet zwei Ursprungsgeraden ein, die den Graphen bei t_1 = 40 s bzw. bei t_2 = 150 s schneiden. Dann liest man die Ordinatenwerte c_1 und c_2 dieser beiden Schnittpunkte ab und berechnet v_1 und v_2 wie folgt:

$$v_1 = \frac{c_1}{t_1} \qquad\qquad v_2 = \frac{c_2}{t_2}$$

B1:
Es muss immer mit gleicher Geschwindigkeit gerührt werden, weil das Reaktionsgemisch zunächst heterogen ist (das Halogenalkan ist nicht wasserlöslich). Durch das gleich schnelle Rühren wird gewährleistet, dass die Verteilung des Halogenalkans im Wasser jeweils (in etwa) gleich ist.

B2:
Es ist sinnvoll, einerseits I mit II und andererseits II mit III zu vergleichen, weil im ersten Fall Brom-Atome an verschiedenen (einem sekundären bzw. einem tertiären) Kohlenstoff-Atomen gebunden sind und im zweiten verschiedene Halogen-Atome an gleichartigen Kohlenstoff-Atomen in gleichen Alkan-Resten gebunden sind.

B4:
Das Ammoniak-Molekül kann als Nucleophil wirken, weil es ein freies Elektronenpaar am Stickstoff-Atom besitzt, das nucleophil angreifen kann.

B5:
Wenn Chlorid-Ionen als Nucleophile fungieren, ist zu erwarten, dass die Unterschiede der relativen Geschwindigkeiten geringer sind oder dass sogar die Substitution am sekundären und tertiären Kohlenstoff-Atom schneller verläuft als beim primären. Grund dafür ist das viel kleinere Volumen des Chlorid-Ions im Vergleich zum Iodid-Ion. Die räumliche Hinderung wirkt sich daher nicht so stark aus.

A1:

a) 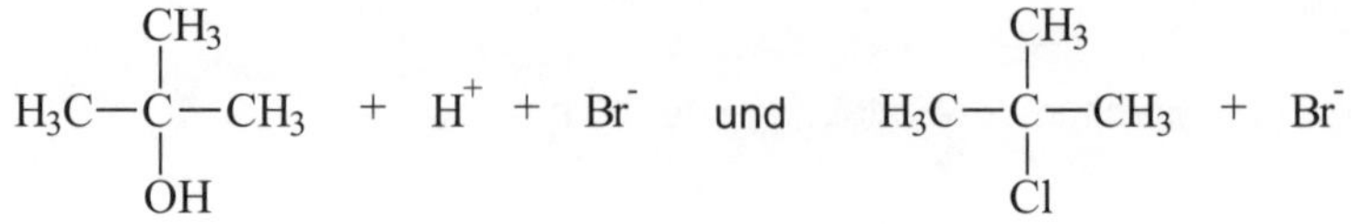

2-Methyl-2-propanol — 2-Chlor-2-methylpropan

b) 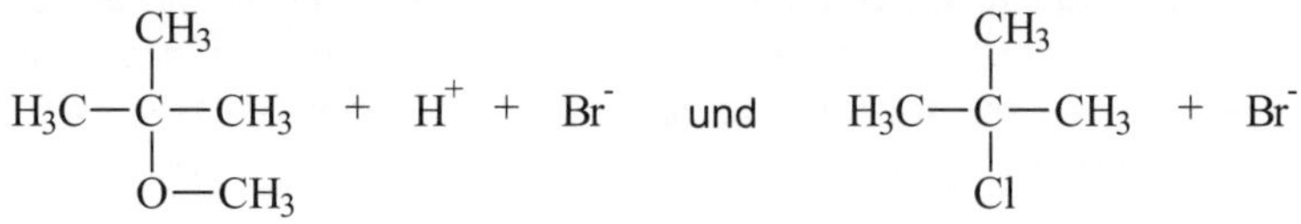

Methyl-*tert.*-butylether MTBE — 2-Chlor-2-methylpropan

c) nur 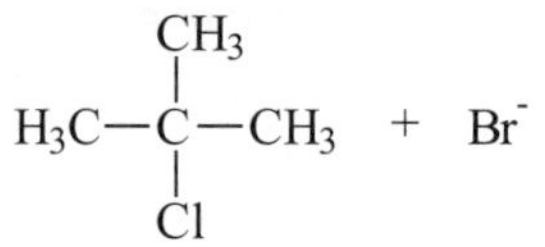

2-Chlor-2-methylpropan

Begründung: Wasser und Methanol sind protische Lösemittel und beteiligen sich an der Reaktion. Dabei greift das Wasser-Molekül bzw. das Methanol-Molekül nucleophil an und wird deprotoniert. Das Hauptprodukt ist ein Alkohol bzw. ein Ether. Das Dimethylformamid-Molekül kann kein Proton abspalten und daher nicht zu analogen Produkten führen. Da es aber polar ist, kann es sowohl mit Ionen als auch mit anderen polaren Molekülen elektrostatische Wechselwirkungen ausbilden und sie dadurch stabilisieren.

Seite 250 und 251

Auswertung a):

	Chlortrimethyl-silan (V1)	**Dichlordimethyl-silan (V2)**	**Trichlormethyl-silan (V3)**
Heftigkeit der Reaktion	schwach	mittel	stark
Beschaffenheit des Reaktionsgemisches	erst trüb, dann 2 Phasen (flüssig)	2 Phasen (flüssig)	weißer Feststoff + Flüssigkeit
Indikatortest	rot (sauer)	rot (sauer)	rot (sauer)
Test mit $AgNO_3$ (aq)	weißer Niederschlag	weißer Niederschlag	weißer Niederschlag

Auswertung b):

Es wurden in allen drei Fällen H^+(aq)-Ionen und Cl^-(aq)-Ionen nachgewiesen:

V1: 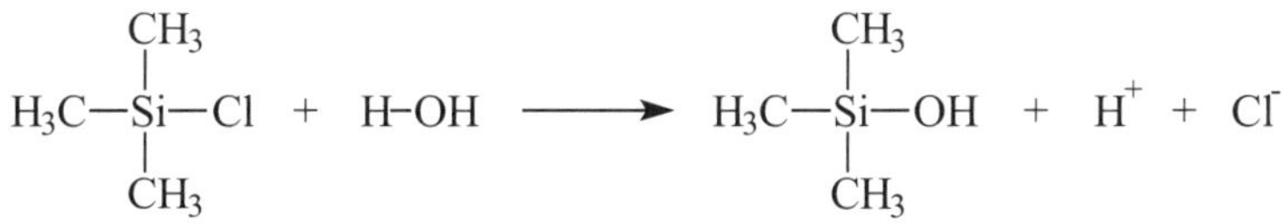

V2: 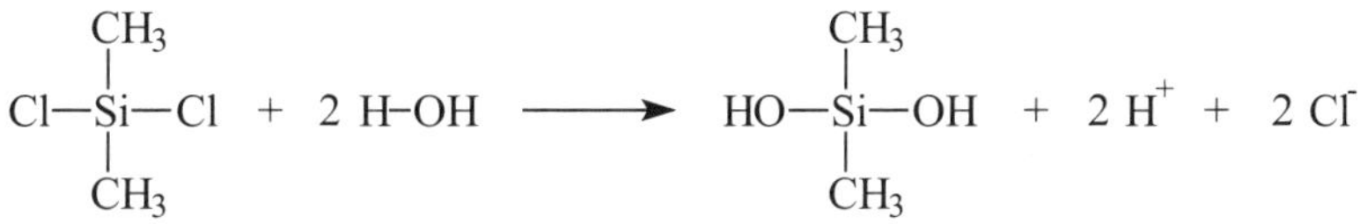

V3: 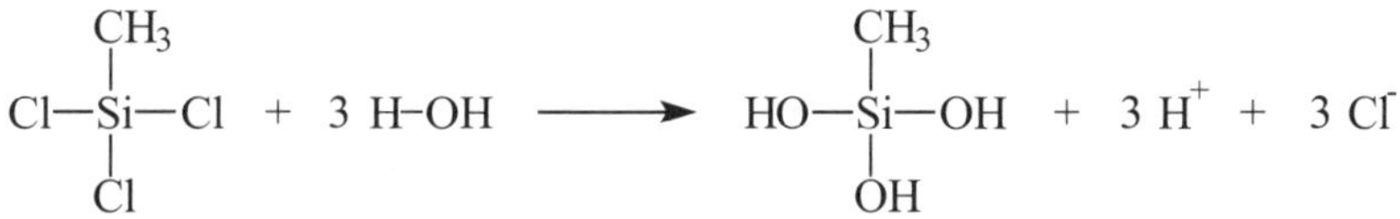

Auswertung c):

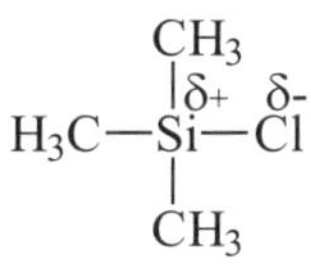

I

ΔEN(Si–Cl) = 1,2

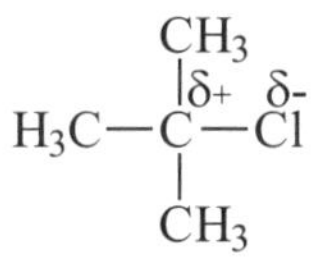

II

ΔEN(C–Cl) = 0,5

Da die Si–Cl Bindung stärker polarisiert ist, d.h. die positive Partialladung am Silicium-Atom stärker ausgeprägt ist als am Kohlenstoff-Atom, ist die Verbindung I reaktiver gegenüber dem Nucleophil Wasser als die Verbindung II.

Auswertung d):

Die experimentellen Beobachtungen bestätigen die Reaktionsgleichungen von b) in Bezug auf die Produkte H^+(aq) und Cl^-(aq). Allerdings sollten die gebildeten Silanole wegen der –OH Gruppen in den Molekülen wasserlöslich sein. Das ist mit der Ausbildung von zwei Phasen (flüssig – flüssig bzw. fest – flüssig) nicht vereinbar.

Auswertung e):

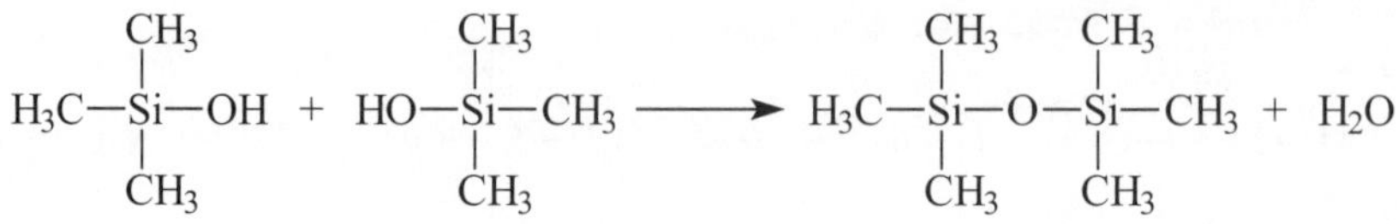

Hier kann es nicht zu Makromolekülen kommen, weil die Silanol-Moleküle jeweils nur eine funktionelle –OH Gruppe haben.

B2:
Offene Aufgabe.

Experimente, Informationen, Tipps (A1, S. 250):
Die **Didaktische Silicon-Dokumentation *DiSiDO*** enthält ein umfangreiches Netzwerk mit Sachinformationen, Experimenten, Medien (Videos, Flash-Bausteine, Folien), Aufgaben und didaktischen Hinweisen zum Thema Silicone.
Nach Anklicken des *DiSiDO*-Feldes auf der Web-Seite **www.chemiedidaktik.uni-wuppertal.de** kann gesurft werden. Die Schülerinnen und Schüler können zu den im Buch angegebenen Fragestellungen a) bis i) und zu anderen Fragestellungen aus der *DiSiDO* Informationen zusammentragen und verarbeiten.
Zusätzlich zur elektronischen Informationsquelle *DiSiDO* wird auch das Themenheft **Silicone** der Zeitschrift *Praxis der Naturwissenschaften – Chemie in der Schule* (Heft 7, 2002) empfohlen.

A1 (S. 251):

(1) 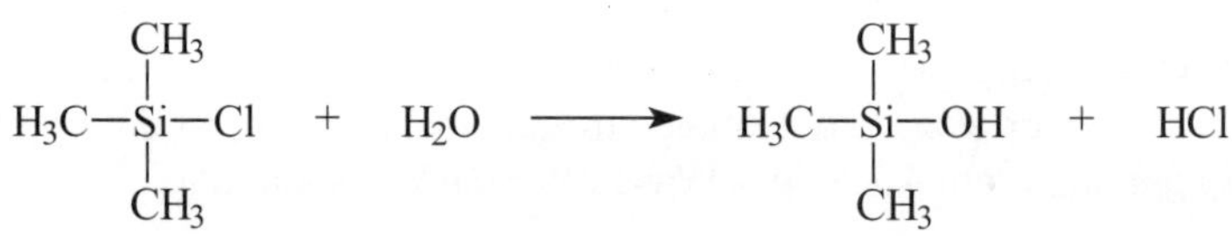

(2) 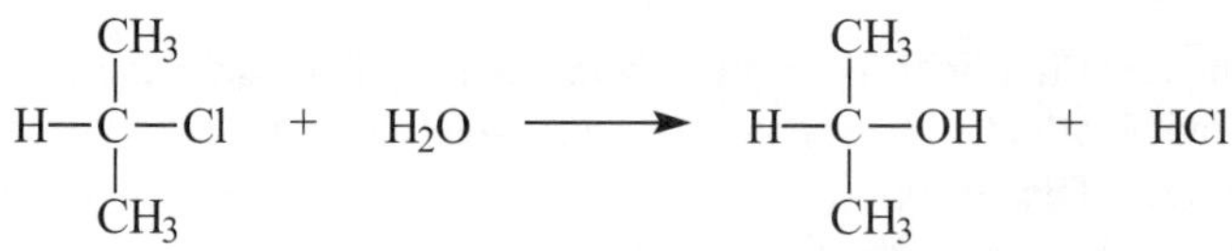

Es muss jeweils eine Si–Cl Bindung bzw. eine C–Cl Bindung getrennt werden, dafür wird eine Si–O Bindung bzw. eine C–O Bindung neu gebildet. Mithilfe der in der Aufgabenstellung angegebenen Bindungsenergien ergibt sich:

für (1): ΔH_B(Si–Cl) – ΔH_B(Si–O) = 406 kJ/mol – 466 kJ/mol = – 60 kJ/mol

für (2): ΔH_B(C–Cl) – ΔH_B(C–O) = 352 kJ/mol – 360 kJ/mol = – 8 kJ/mol

Die Reaktion (1) verläuft also exothermer als die Reaktion (2). (*Hinweis:* Hinzu kommt, dass die Bindungspolarisation bei der Si–Cl Bindung stärker ist als bei der C–Cl Bindung. Das Wasser-Molekül kann also am Silicium-Atom im Chlortrimethylsilan-Molekül besser nucleophil angreifen als am Kohlenstoff-Atom im 2-Chlorpropan-Molekül. Die Reaktionsentropien von (1) und (2) unterscheiden sich nicht wesentlich.)

Seite 252 und 253 (EVA)

B1:
Die Differenzialgleichung für eine Reaktion 1. Ordnung lautet allgemein:

$$(1) \quad \frac{dc}{dt} = -k \cdot c$$

Diese Gleichung wird umgeformt und anschließend zwischen den Grenzen c_0 und c bzw. zwischen 0 und t integriert:

$$(1.1) \quad \int_{c_0}^{c} \frac{dc}{c} = \int_{0}^{t} -k \cdot dt$$

$$(1.2) \quad \ln c - \ln c_0 = -k \cdot t$$

$$(1.3) \quad \ln c = \ln c_0 - k \cdot t$$

Dies ist die logarithmische Form der Integralgleichung, wobei c und c_0 hier nur für die Zahlenwerte der Konzentrationen stehen.
Durch Umformung der logarithmischen Form (1.2) in die Exponentialform erhält man schrittweise:

$$(1.4) \quad \ln \frac{c}{c_0} = -k \cdot t$$

$$(1.5) \quad c = c_0 \cdot e^{-k \cdot t}$$

(1.5) ist die Exponentialform der Integralgleichung einer Reaktion 1. Ordnung.

B2:
Die Differenzialgleichung für eine Reaktion 2. Ordnung lautet allgemein:

$$(2) \quad \frac{dc}{dt} = -k \cdot c^2$$

Diese Gleichung wird umgeformt und anschließend zwischen den Grenzen c_0 und c bzw. zwischen 0 und t integriert:

$$(2.1)\quad \int_{c_0}^{c} \frac{dc}{c^2} = \int_0^t -k \cdot dt$$

$$(2.2)\quad -\frac{1}{c} - \left(-\frac{1}{c_0}\right) = -k \cdot t$$

$$(2.3)\quad -\frac{1}{c} + \frac{1}{c_0} = -k \cdot t$$

$$(2.4)\quad \frac{1}{c} = \frac{1}{c_0} + k \cdot t$$

(2.4) ist die Integralgleichung einer Reaktion 2. Ordnung.

Seite 254 und 255 (EVA)

B3:
Chirale Körperteile: Füße, Ohren, Augenbrauen, Nasenflügel, Pobacken, Gesichtshälften.

A1:
Der geometrische Würfel, bei dem alle Flächen gleich sind, ist kein chirales Objekt, weil der Würfel selbst mehrere Spiegelebenen besitzt. Dagegen ist der Spielwürfel, dessen Flächen unterschiedlich gekennzeichnet sind, ein chirales Objekt.

A2:
Das Milchsäure-Molekül hat ein asymmetrisches Kohlenstoff-Atom* (vgl. Formeln):

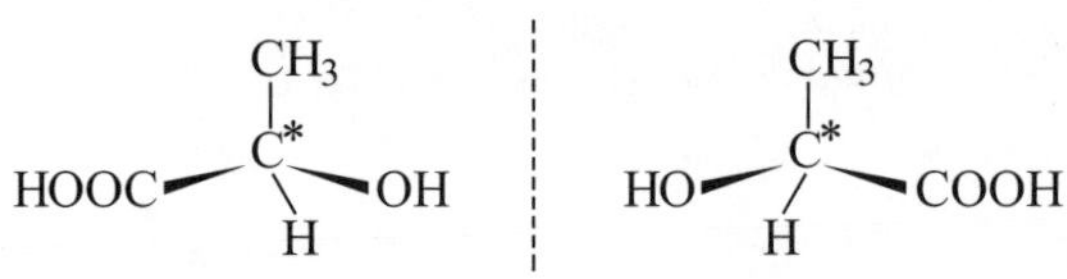

Die beiden Strukturformeln verhalten sich wie Objekt und Spiegelbild zueinander. Es gibt also zwei Enantiomere der Milchsäure (rechtsdrehende und linksdrehende Milchsäure).

A3:

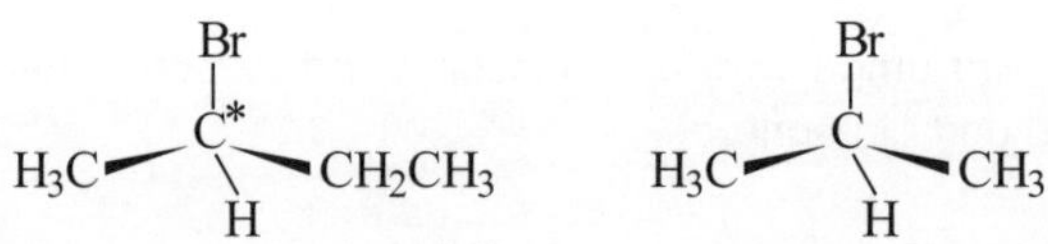

Im 2-Brombutan-Molekül gibt es ein asymmetrisches Kohlenstoff-Atom*, daher ist das Molekül chiral. Im 2-Brompropan-Molekül ist kein asymmetrisches Kohlenstoff-Atom vorhanden, daher ist das Molekül nicht chiral.

A4:
Die Lösung zu dieser Aufgabe wird offengelassen. Die möglichen Beispiele reichen von den Enantiomeren der Glucose über die der Milchsäure bis zu denen des Contergans.

A5:
Über das Portal *Chemie 2000+ Online* gelangt man unter Bezug auf diese Buchseite zu den Grundlagen der Polarimetrie und zu polarimetrischen Versuchen (u.a. ein Selbstbaupolarimeter und Mutarotation von Glucose).

A6:
Da aus einem linksdrehenden Edukt ein rechtsdrehendes Produkt erhalten wurde, muss eine Inversion der Konfiguration am asymmetrischen Kohlenstoff-Atom stattgefunden haben. Das erfolgt nur dann, wenn die Reaktion nach dem SN2-Mechanismus verläuft.

A7:
Das *kinetische Kriterium* bedeutet, dass man aus der experimentell ermittelten Ordnung der Reaktion auf ihren Mechanismus schließt. Eine Grenze, der man dabei unterworfen ist, besteht darin, dass Molekularität und Ordnung einer Reaktion nicht immer gleich sind (vgl. S. 253).

(*Hinweise:* 1) Es gibt pseudo-unimolekulare Reaktionen, beispielsweise Hydrolysen und andere Solvolysen, die nach einer Kinetik 1. Ordnung verlaufen.
2) Die Ordnung einer Reaktion kann sich im Verlauf der Reaktion ändern.
3) Bei Reaktionen höherer Ordnung und Reaktionen mit nicht ganzzahliger Ordnung ist es schwierig oder gar unmöglich, auf den Mechanismus zu schließen.)

Das *stereochemische Kriterium* bedeutet, dass man aus der optischen Aktivität der Edukte und Produkte auf ihren Mechanismus schließt. Man ist also von vornherein auf optisch aktive Substanzen beschränkt.

A8:
a) Enantiomere sind möglich bei:
1-Chlor-1-methoxyethan, 2-Chlorbutan, 3-Brom-3-ethylhexan und 1-Brom-2-methylcyclohexan.
b) Bei den Edukten mit dem Halogen-Atom an einem tertiären Kohlenstoff-Atom verläuft die Reaktion nach dem SN1-Mechanismus, es kommt also zu einer

Racemisierung. Das Produkt aus der Reaktion ist nicht optisch aktiv. Das ist der Fall bei 3-Brom-3-ethylhexan.

Bei den Edukten mit dem Halogen-Atom an einem primären Kohlenstoff-Atom verläuft die Reaktion nach dem SN2-Mechanismus, es kommt also zu einer Inversion der Konfiguration am asymmetrischen Kohlenstoff-Atom. Das Produkt aus der Reaktion ist optisch aktiv, jedoch anders als das Edukt. Das ist der Fall bei 1-Chlor-1-methoxyethan.

In allen anderen Fällen aus B6 mit dem Halogen-Atom an einem sekundären Kohlenstoff-Atom verläuft die Reaktion sowohl nach dem SN1-Mechanismus als auch nach dem SN2-Mechanismus (vgl. S. 253). Das Produkt aus der Reaktion enthält also beide Enantiomere, das eine jedoch im Überschuss.

A9:

Die Lösung wird offengelassen. Über das Portal *Chemie 2000+ Online* können einige Anbieter erreicht werden. Es wird aber empfohlen, auch nach anderen zu suchen.

Seite 256 und 257

Auswertung a):

a) $H_3CCH_2OH + 3\ O_2 \longrightarrow 2\ CO_2 + 3\ H_2O$

b) $H_3CCH_2CH_2OH + 4{,}5\ O_2 \longrightarrow 3\ CO_2 + 4\ H_2O$

c) $H_3CCHOHCH_3 + 4{,}5\ O_2 \longrightarrow 3\ CO_2 + 4\ H_2O$

Auswertung b):

Beim Eintauchen des heißen, oxidierten Kupferblechs in jeden der drei Alkohole verschwindet bei V2 die schwarze Schicht und es ist wieder blankes, rotbraunes Kupfer zu sehen. Kupferoxid wird zu Kupfer reduziert, der Alkohol wird zu einer Carbonylverbindung oxidiert. Aus Ethanol und 1-Propanol entstehen dabei die Aldehyde Ethanal und Propanal (vgl. Reaktionsgleichungen a) und b)), die mit SCHIFF-Reagenz in V3 eine rotviolette Färbung zeigen.

Aus 2-Propanol bildet sich Propanon (Aceton), das mit SCHIFF-Reagenz in V3 keine Farbreaktion gibt (vgl. Reaktionsgleichung c)).

Bei V4 verursachen die aus dem Rggl. entweichenden Propanon-Dämpfe Schatten auf dem Fluoreszenzschirm, weil Propanon UV-Licht der Wellenlänge λ = 254 nm absorbiert. Da die Dämpfe des Edukts 2-Propanol keine Schatten erzeugen, ist dies ein Nachweis für die Bildung von Propanon in der Reaktion mit heißem Kupferoxid.

a) 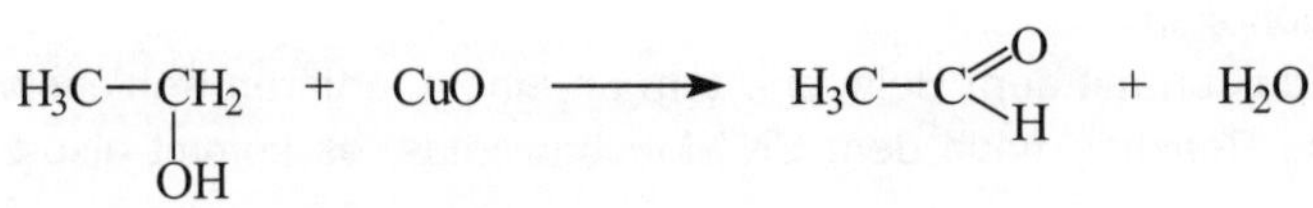

b) 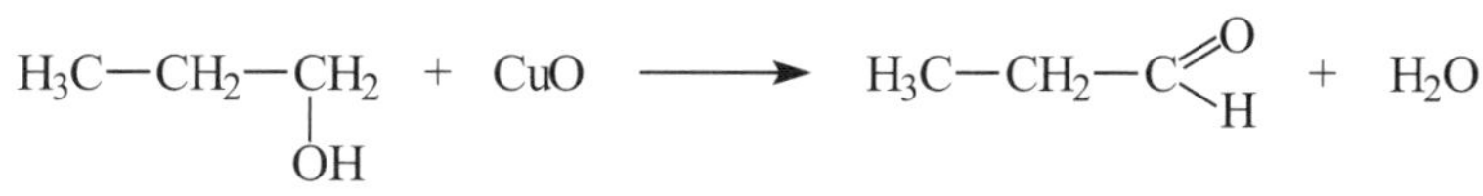

c) 

Auswertung c):
2-Methyl-2-propanol (*tert.*-Butanol) kann nicht analog zu den Alkoholen aus V2 zu einer Carbonylverbindung oxidiert werden, weil an dem tertiären Kohlenstoff-Atom mit der Hydroxy-Gruppe keine Doppelbindung zu einem Sauerstoff-Atom ausgebildet werden kann. Daher sollte dieser Alkohol unter den Bedingungen aus V2 nicht reagieren. Experimentell wird das bestätigt.

Auswertung d):
Bei LV5 bildet sich das Keton Propanon (Aceton). Da Ketone nicht mit SCHIFF-Reagenz reagieren, wohl aber UV-Licht bei λ = 254 nm absorbieren, kann Propanon wie in B1 bzw. V4 nachgewiesen werden.

B1:
Die UV-Lampe bringt den Fluoreszenzschirm zum Leuchten.

B2:

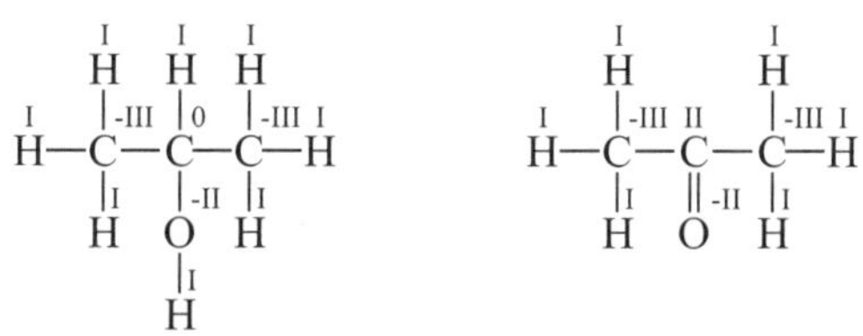

B3:
Zu Beginn muss die Luft aus der Apparatur ausgetrieben werden.

B4:
Ein tertiärer Alkohol lässt sich nicht analog zu den Alkoholen aus B4 zu einer Carbonylverbindung oxidieren, weil an dem tertiären Kohlenstoff-Atom nicht noch eine Doppelbindung zu einem Sauerstoff-Atom möglich ist.

B5:

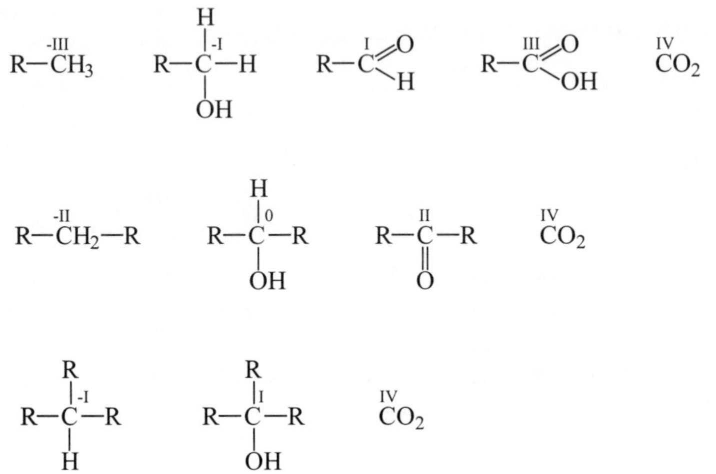

B6:
Der obere Teil des Kühlers muss offen sein, damit sich in der Apparatur kein Überdruck aufbauen kann, der ggf. zu ihrem Auseinanderfliegen führen könnte.

A1:

a) Da es sich um eine heterogene Katalyse handelt, die an der Oberfläche des Kupfers abläuft, ist die Reaktionsgeschwindigkeit umso höher, je größer die Oberfläche des Kupfers ist.
b) Die Reaktion läuft bei höheren Temperaturen allgemein nach der RGT-Regel schneller ab. In diesem Fall wird bei höheren Temperaturen auch die Ausbeute an Produkten erhöht, weil die Reaktion endotherm verläuft.

A2:
FEHLING-Probe:

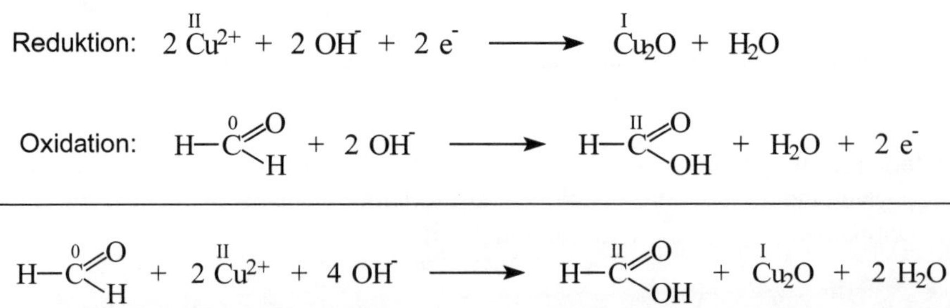

Silberspiegel-Probe:

Reduktion: $$2\,\overset{\mathrm{I}}{Ag^+} + 2\,e^- \longrightarrow 2\,\overset{0}{Ag}$$

Oxidation: $$H{-}\overset{0}{C}(=O){-}H + 2\,OH^- \longrightarrow H{-}\overset{\mathrm{II}}{C}(=O){-}OH + H_2O + 2\,e^-$$

$$H{-}\overset{0}{C}(=O){-}H + 2\,\overset{\mathrm{I}}{Ag^+} + 2\,OH^- \longrightarrow H{-}\overset{\mathrm{II}}{C}(=O){-}OH + 2\,\overset{0}{Ag} + H_2O$$

Diese Nachweise funktionieren bei Ketonen nicht, weil Ketone nicht wie die Aldehyde zu Carbonsäuren oxidiert werden können.

A3:
Reaktion mit $KMnO_4$:

Reduktion: $$\overset{\mathrm{VII}}{Mn}O_4^- + 8\,H^+ + 5\,e^- \longrightarrow \overset{\mathrm{II}}{Mn}{}^{2+} + 4\,H_2O \qquad / \cdot 4$$

Oxidation: $$H_3C\overset{\mathrm{-I}}{C}H_2OH + H_2O \longrightarrow H_3C\overset{\mathrm{III}}{C}OOH + 4\,H^+ + 4\,e^- \qquad / \cdot 5$$

$$5\,H_3C\overset{\mathrm{-I}}{C}H_2OH + 4\,\overset{\mathrm{VII}}{Mn}O_4^- + 12\,H^+ \longrightarrow 5\,H_3C\overset{\mathrm{III}}{C}OOH + 4\,\overset{\mathrm{II}}{Mn}{}^{2+} + 11\,H_2O$$

Reaktion mit K_2CrO_7:

Reduktion: $$\overset{\mathrm{VI}}{Cr_2}O_7^{2-} + 14\,H^+ + 6\,e^- \longrightarrow 2\,\overset{\mathrm{III}}{Cr}{}^{3+} + 7\,H_2O \qquad / \cdot 2$$

Oxidation: $$H_3C\overset{\mathrm{-I}}{C}H_2OH + H_2O \longrightarrow H_3C\overset{\mathrm{III}}{C}OOH + 4\,H^+ + 4\,e^- \qquad / \cdot 3$$

$$3\,H_3C\overset{\mathrm{-I}}{C}H_2OH + 2\,\overset{\mathrm{VI}}{Cr_2}O_7^{2-} + 16\,H^+ \longrightarrow 3\,H_3C\overset{\mathrm{III}}{C}OOH + 4\,\overset{\mathrm{III}}{Cr}{}^{3+} + 11\,H_2O$$

Seite 258 und 259

Auswertung a):
Die molaren Massen der beiden Verbindungen sind wegen der drei Chlor-Atome im Molekül vergleichsweise hoch und in etwa gleich groß. Das Chloralhydrat-Molekül enthält zwei Hydroxy-Gruppen (B2), über deren Wasserstoff-Atome es zu zwischenmolekularen Wasserstoffbrückenbindungen kommen kann. Daher ordnen

sich die Chloralhydrat-Moleküle in einem Kristallgitter aus Molekülen an, der Stoff ist fest und kristallin.
Chloral-Moleküle enthalten keine Wasserstoff-Atome, die zur Bildung von Wasserstoffbrückenbindungen fähig sind. Die zwischenmolekularen Anziehungskräfte sind viel geringer als bei Chloralhydrat, daher ist Chloral flüssig.

Auswertung b):

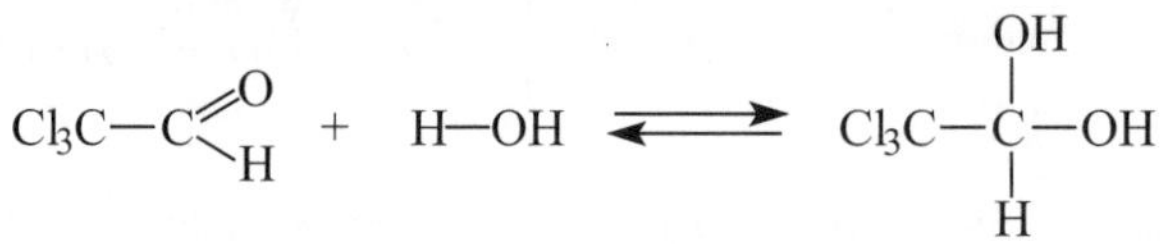

Die Hinreaktion läuft bei LV1 ab, die Rückreaktion bei LV2.

Auswertung c):

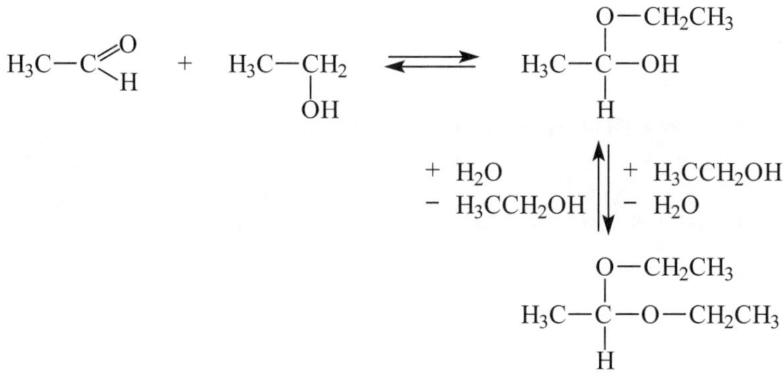

Auswertung d):

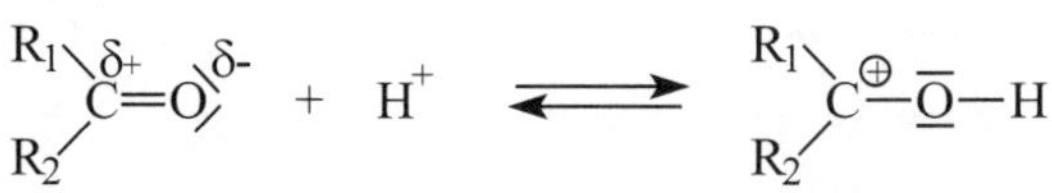

Das Proton bindet sich an das Sauerstoff-Atom der Carbonyl-Gruppe, weil dieses eine negative Partialladung trägt und eines seiner beiden freien Elektronenpaare für die Bindung zur Verfügung stellt.

Auswertung e):
Das Alkohol-Molekül greift nucleophil an. Dieser nucleophile Angriff erfolgt auf das bereits protonierte Aldehyd-Molekül besser, weil dieses bereits als Carbokation vorliegt, d.h. als positiv geladenes Ion mit der Ladung am Kohlenstoff-Atom. Im unprotonierten Aldehyd-Molekül trägt das Kohlenstoff-Atom der Carbonyl-Gruppe lediglich eine positive Partialladung.

Auswertung f):

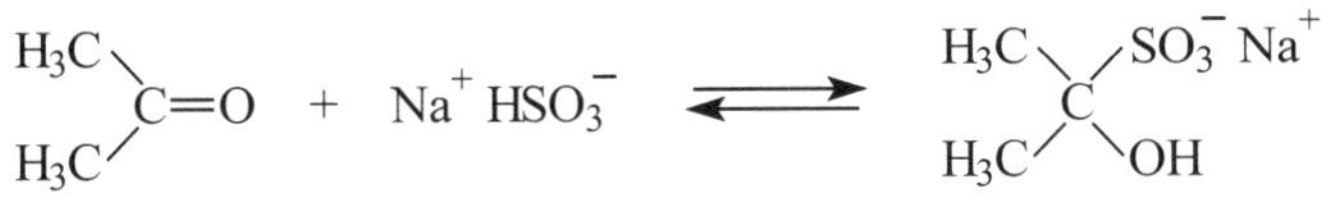

Hinweis: Die genauere Valenzstrichformel des organischen Anions lautet:

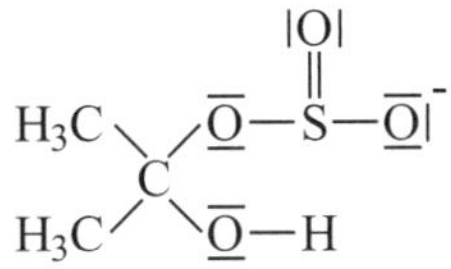

Auswertung g):

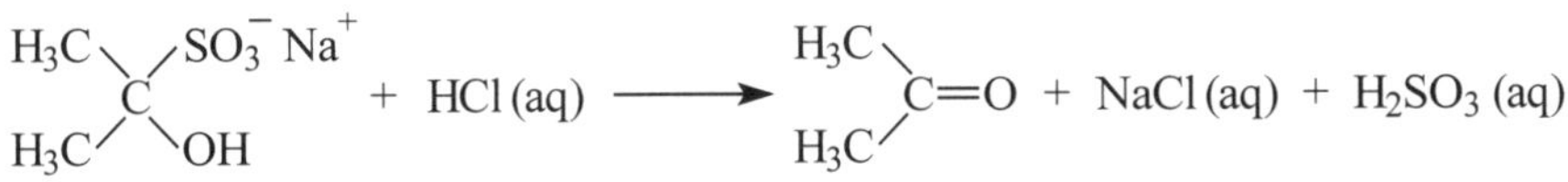

Auswertung h):

Wenn nach einiger Zeit im Aceton das Isotop [^{18}O] Sauerstoff gefunden wird, dann ist das ein Beweis dafür, dass in der wässrigen Aceton-Lösung ein Gleichgewicht des Typs (1) vorliegt. Es bildet sich ein Hydrat (II), bei dem eine der Hydroxy-Gruppen das Isotop [^{18}O] Sauerstoff enthält. Beim Zerfall des Hydrats nach der Rückreaktion aus (1) bleibt mit etwa gleicher Wahrscheinlichkeit entweder das Isotop [^{18}O] Sauerstoff oder das normale Isotop [^{16}O] Sauerstoff im Aceton-Molekül.

B1:

Die Trocknung findet in der Waschflasche mit konz. Schwefelsäure statt.

B3:

Bei Propanal dürfte der Wert von *K* ähnlich wie bei Ethanal sein, d.h. $K \approx 1$, weil das Propanal-Molekül dem Ethanal-Molekül am ähnlichsten ist. Es hat eine Ethyl-Gruppe am Kohlenstoff-Atom der Carbonyl-Gruppe, während das Ethanal-Molekül an der gleichen Stelle eine Methyl-Gruppe hat.

B4:

Die Elektronegativitätsdifferenz zwischen Sauerstoff und Kohlenstoff beträgt 1.

B5:

Die Chlor-Atome haben einen – I-Effekt, die Methyl-Gruppen einen + I-Effekt.

B6:
Die Ecken der Molekülgerüste werden von CH-Gruppen gebildet, weil von jeder Ecke genau drei Kanten ausgehen. Jede Ecke entspricht also einem Kohlenstoff-Atom, das durch drei Bindungen an andere C-Atome und durch eine Bindung an ein H-Atom gebunden ist.

Die angegebenen Namen sind keine systematischen Namen. Diese Moleküle sind nach dem geometrischen Körper benannt, die das Gerüst der Kohlenstoff-Atome jeweils bildet.

A1:
Reaktionstypen, bei denen Kohlenstoff-Kohlenstoff-Bindungen geknüpft werden (vgl. Lehrbücher der organischen Chemie):

- Polymerisationsreaktion (vgl. S. 61 und S. 271)
- Aldol-Kondensation bei Carbonylverbindungen
- Kondensation von Phenolen mit Methanal zu Bakelit
- WURTZ-Synthese (Halogenalkane mit Natrium)
- GRIGNARD-Synthese (z.B. Organomagnesium-Verbindungen mit Ketonen)

(*Hinweis:* Die Bedeutung der Carbonylverbindungen für die organische Synthese sollten anhand dieser und / oder anderer Beispiele noch einmal hervorgehoben werden.)

Seite 260 und 261 (EVA)

A:
Hinweis: Zweck dieser Aufgabe ist in erster Linie das Einüben des Umgangs mit den Texten und Bildern aus dem Buch. Indem die Schülerinnen und Schüler die Texte lesen, verstehen und mit ihren eigenen Formulierungen wiedergeben, werden die sprachlichen und fachlichen Kompetenzen gefördert. Die Zusatzinformationen über *Chemie 2000+ Online* sind in diesem Fall nicht unbedingt erforderlich.

Seite 262 und 263

Auswertung a):
Unter den Bedingungen aus V1 gelingt es, die gesamte Menge des eingesetzten Esters zu hydrolysieren, weil die gebildeten Säure-Moleküle durch die Hydroxid-Ionen aus der Lauge sofort und vollständig deprotoniert werden. Das Gleichgewicht (1) wird also ständig gestört, indem ein Produkt entfernt wird. Nach dem Prinzip von LE CHATELIER stellt es sich erneut ein, was schließlich zur vollständigen Hydrolyse des Esters führt. (*Hinweis:* Bedingung ist allerdings, dass Wasser im Überschuss und Lauge mindestens in stöchiometrischem Verhältnis eingesetzt wurden.)

Auswertung b):
Es ist notwendig, Natronlauge einzusetzen, um die gebildete Säure aus dem Gleichgewicht (1) zu entfernen (vgl. auch Auswertung a).

Auswertung c):
Die Bildung von Essigsäure wird durch die zunehmende elektrische Leitfähigkeit der Lösung und durch die saure Reaktion gegenüber Indikatoren bestätigt. (*Hinweis*: Auch eine Geruchsprobe bestätigt die Bildung von Essigsäure.)

Auswertung d):

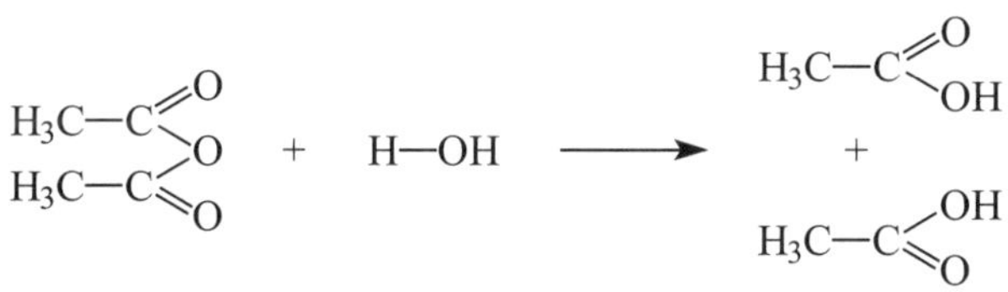

Auswertung e):
Bei V2 fällt der Stärke-Nachweis mit Iod-Kaliumiodid-Lösung nach einiger Zeit negativ aus (keine Blaufärbung). Sowohl mit dem Teststreifen als auch mit der FEHLING-Probe kann jedoch Glucose nachgewiesen werden. Beim Kochen von Stärke mit Salzsäure wird Stärke also zu Glucose abgebaut.

Auswertung f):

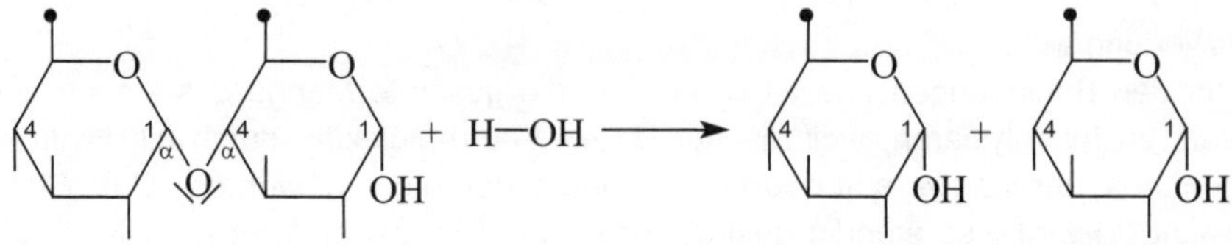

α-Glucose α-Glucose

Hinweis: Die Bedeutung der Striche und der Striche mit Punkt wird im Buch auf S. 260 beschrieben.

Auswertung g):
Der zu planende Versuch ist analog zu V2, nur mit dem Unterschied, dass statt Salzsäure Speichel eingesetzt wird. Statt zu kochen hält man das Reaktionsgemisch auf etwa 37 °C.

B1:
Bei weiterem Schütteln nimmt die obere organische Phase immer mehr ab, bis sie schließlich vollständig verschwindet. Die untere wässrige Phase nimmt zu.

B3:

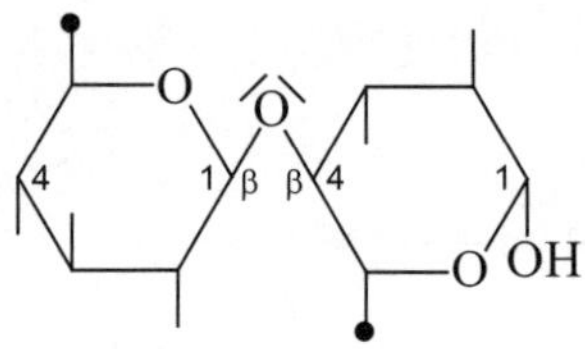

Cellobiose

B4:
Hydrolyse des Acetamids:

$$H_3C{-}C{\overset{\displaystyle O}{\underset{NH_2}{\lessgtr}}} + H{-}OH \longrightarrow H_3C{-}C{\overset{\displaystyle O}{\underset{OH}{\lessgtr}}} + NH_3$$

B5:
Verseifungsreaktion:

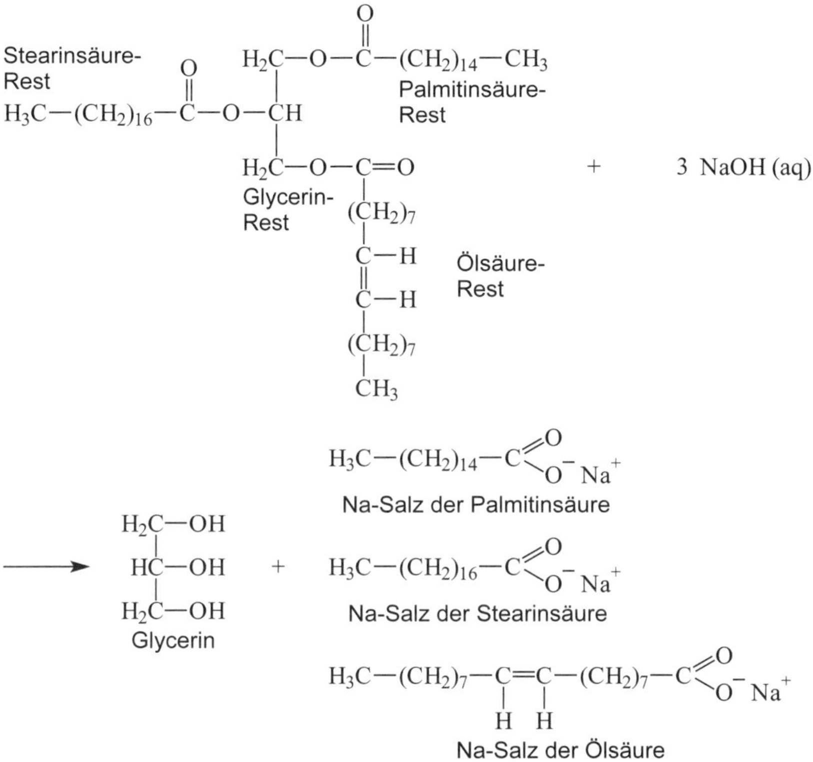

A1:

a) $H_3C-C(=O)-OCH_3 + H-OH \longrightarrow H_3C-C(=O)-OH + H_3C-OH$

Ethansäure Methanol

b) $H_3CH_2C-C(=O)-NH_2 + H-OH \longrightarrow H_3CH_2C-C(=O)-OH + NH_3$

Propansäure Ammoniak *

c) $H_3C-O-CH_2CH_3 + H-OH \longrightarrow H_3C-OH + HO-CH_2CH_3$

Methanol Ethanol

d) $H_3C-C(=O)-Cl + H-OH \longrightarrow H_3C-C(=O)-OH + HCl$

Ethansäure Chlorwasserstoff *

e) 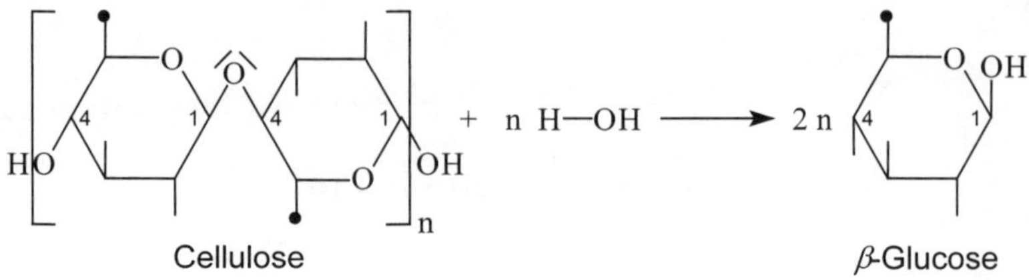

f) 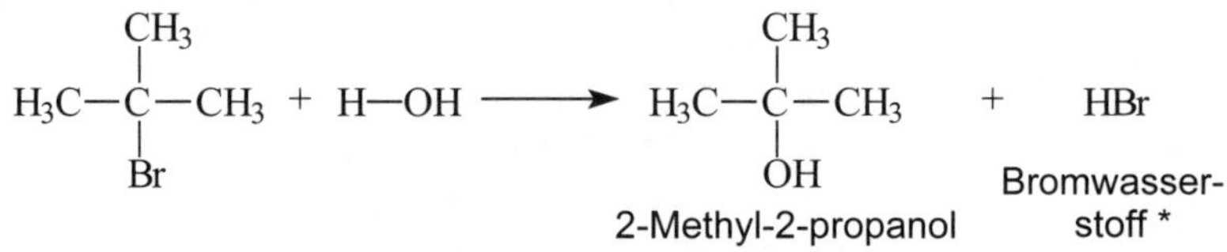

* *Hinweis:* Da diese Hydrolysen mit Wasser im Überschuss durchgeführt werden, liegen die markierten Verbindungen teilweise oder ganz in protolysierter Form vor, d.h. als Ionen: (NH_4^+ + OH^-) bzw. (H_3O^+ + Cl^-) bzw. (H_3O^+ + Br^-).

A2:

Die Reaktion von Wasser mit einem Alken nach dem Muster aus Gleichung (3) von S. 241 wird nicht als Hydrolyse bezeichnet, weil bei der Reaktion mit Wasser kein anderes Molekül und kein anderer Molekülteil gespalten wird. Es handelt sich dort um eine Wasser-Addition an ein Alken.

A3:

Da Seifen Salze der Fettsäuren sind (in der Regel Natriumsalze), ist es günstiger, bei der Herstellung von Seifen die Hydrolyse der Fette in alkalischer Lösung (in der Regel mit Natronlauge) durchzuführen. (*Hinweis*: Vgl. auch Lösung zu B5.)

A4:

Seifen sind Ionenverbindungen, Fettsäuren molekulare Verbindungen. Die Fettsäure-Anionen werden in Wasser besser hydratisiert als die Moleküle der Fettsäuren.

In einer Portion Fettsäure überwiegen die VAN-DER-WAALS-KRÄFTE zwischen den langen hydrophoben Resten in den Molekülen. Die Wasserstoffbrückenbindungen können diese Kräfte nicht ausgleichen. Die Fettsäure ist daher nicht wasserlöslich.

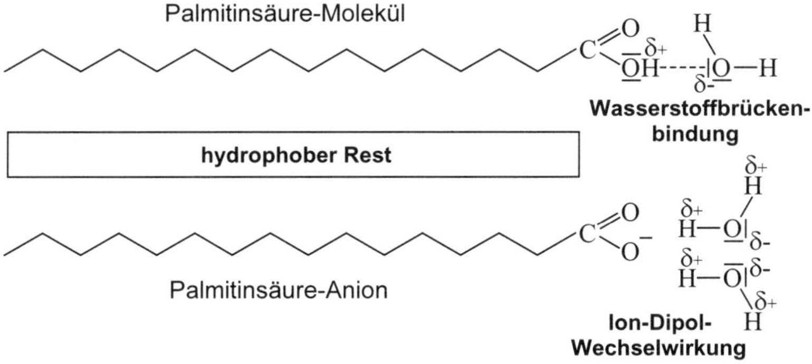

Bei den Anionen der Fettsäure sind die Anziehungskräfte zwischen der elektrisch geladenen Carboxy-Gruppe und den Wasser-Molekülen größer. Salze der Fettsäuren sind daher wasserlöslich.

Seite 264 und 265

Auswertung a):
Im Erlenmeyerkolben aus V1 wird Isobuten aus 2-Methyl-2-propanol hergestellt:

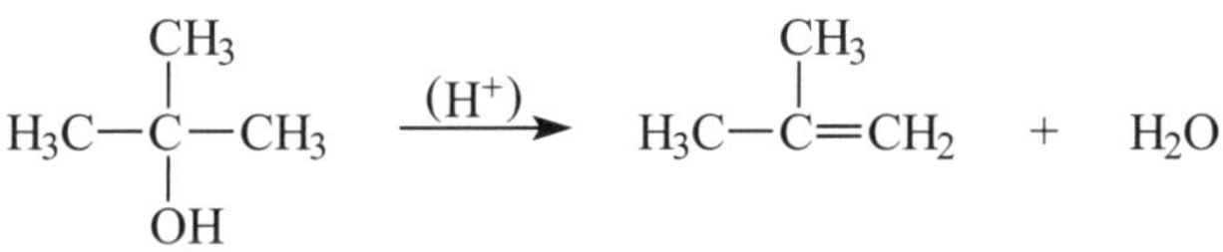

Auswertung b):
In den Rggl. bei V2 finden Veresterungsreaktionen statt:

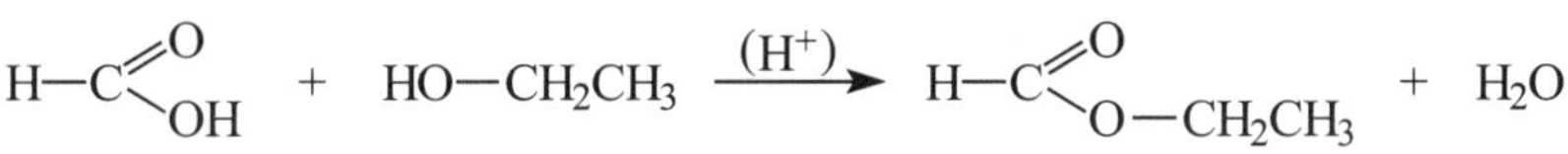

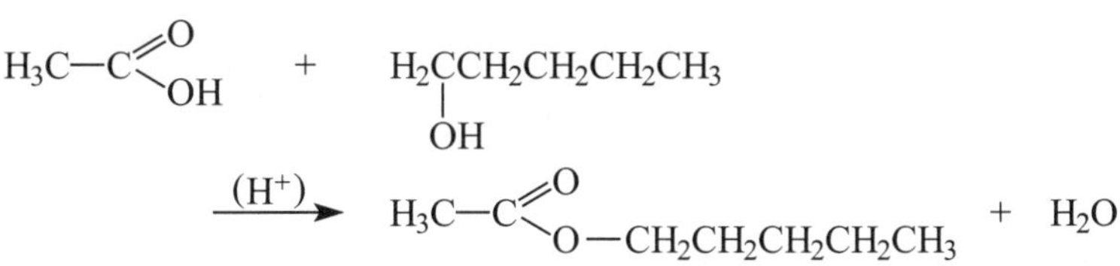

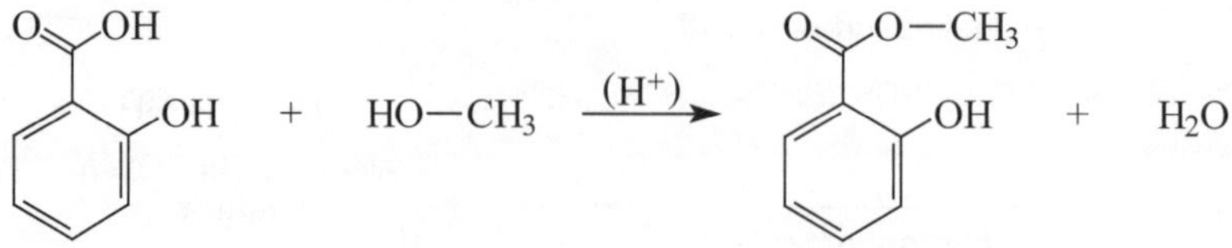

Auswertung c):

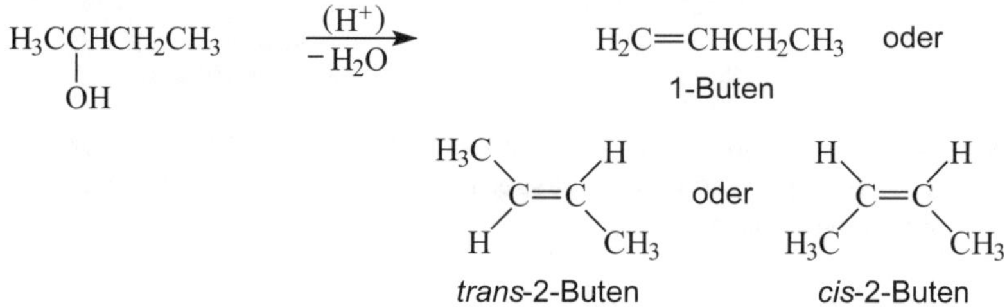

Auswertung d):
Bei allen genannten Reaktionen ist Wasser ein Reaktionsprodukt (vgl. auch Lösung zu B3).

Auswertung e):
Bei den Reaktionen der Auswertungen a), c) und d) handelt es sich um Eliminierungen, bei b) um Kondensationen. Bei den hier aufgeführten Eliminierungen wird jeweils aus *einem* Edukt-Molekül ein Wasser-Molekül abgespalten, wobei in a) und c) Alken-Moleküle gebildet werden. Bei den Kondensationen in b) wird jeweils aus *zwei* Edukt-Molekülen ein Wasser-Molekül abgespalten, wobei die Reste der beiden Edukt-Moleküle miteinander verknüpft werden. (*Hinweis:* Die Eliminierung von Wasser aus Maleinsäure bei d) kann auch als intramolekulare Kondensation angesehen werden.)

Auswertung f):
Bei a), c) und d) handelt es sich um intramolekulare Dehydratisierungen, bei b) um intermolekulare Dehydratisierungen.
Bei intramolekularen Dehydratisierungen wird aus *einem* Molekül ein Wasser-Molekül eliminiert, bei intermolekulare Dehydratisierungen aus *zwei* Molekülen.

Auswertung g):
Die formulierte Reaktion und die übrigen Reaktionen von dieser Seite haben gemeinsam, dass überall Wasser als Produkt auftritt. Der Unterschied zwischen der einfachen Eliminierung von Wasser und der Kondensation wurde unter e) dargestellt. Die Reaktion von g) zeigt das Prinzip einer Polykondensation. Neu

dabei ist, dass die Edukt-Moleküle zwei funktionelle Gruppen tragen, die sich an der intermolekularen Abspaltung von Wasser beteiligen können.

B1:
Das aufsteigende Rohr darf nicht zu kurz sein, weil die Dämpfe aus 2-Methyl-2-propanol und Wasser darin kondensieren müssen.

B2:
Der Alkohol kann im Rohr aus B2 stärker erhitzt werden als im Kolben aus B1, weil dort die Temperatur im Kolben durch die Siedetemperatur der Flüssigkeit begrenzt ist. Die Rohrfüllung aus B2 kann so hoch erhitzt werden, wie die Brennerflamme es ermöglicht.

B3:

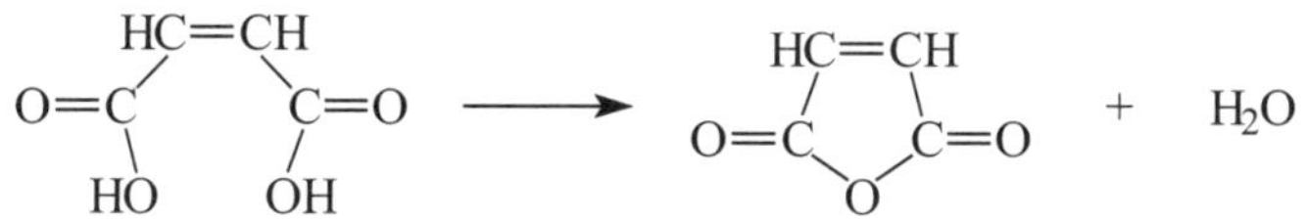

B4:
Der langsamste Schritt ist der geschwindigkeitsbestimmende, in diesem Fall also der zweite Schritt.

A1:
Alle drei Rückreaktionen (1) bis (3) von S. 241 sind Eliminierungen, nur (3) ist jedoch eine Dehydratisierung. In jeder der drei Rückreaktionen wird aus einem Edukt-Molekül ein kleineres Molekül abgespalten, nur bei (3) ist dies aber ein Wasser-Molekül.

A2:

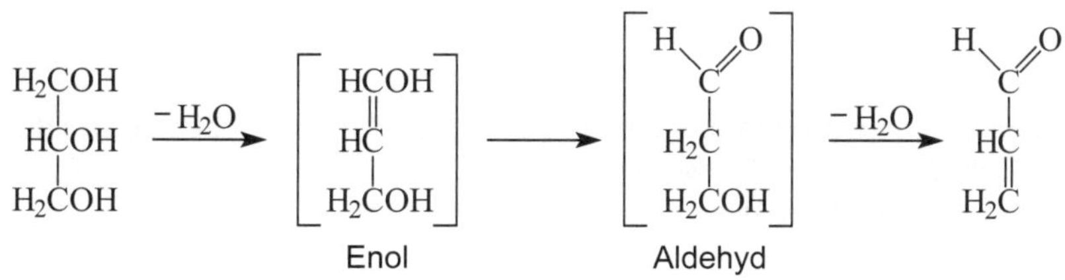

Es wird letztlich eine Kohlenstoff-Kohlenstoff-Doppelbindung und eine Kohlenstoff-Sauerstoff-Doppelbindung gebildet.
Hinweis: Statt der Interdukte in den eckigen Klammern können auch andere, aus Schülersicht plausible Zwischenstufen formuliert werden.

A3:

1. Schritt:

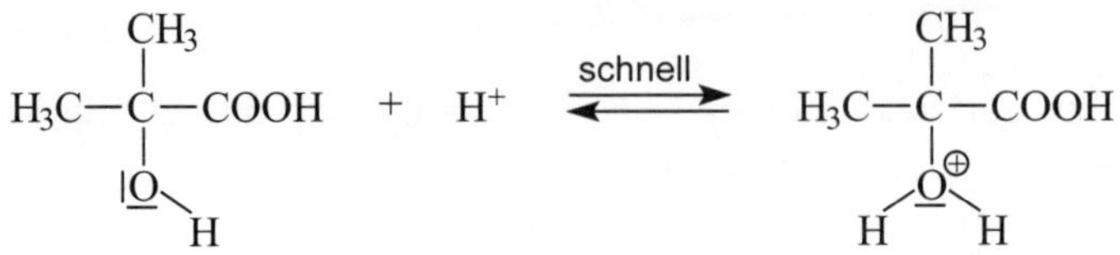

2. Schritt:

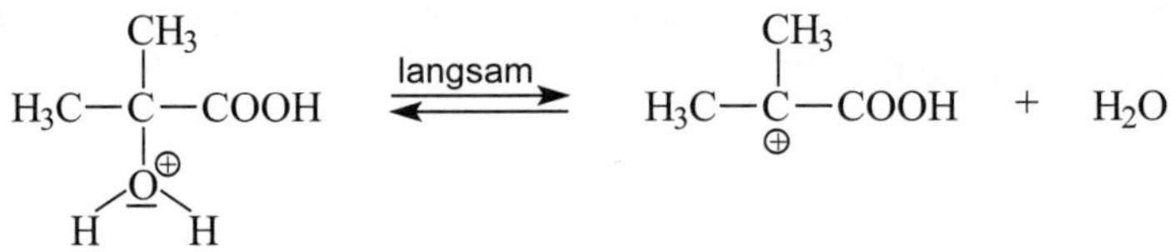

3. Schritt:

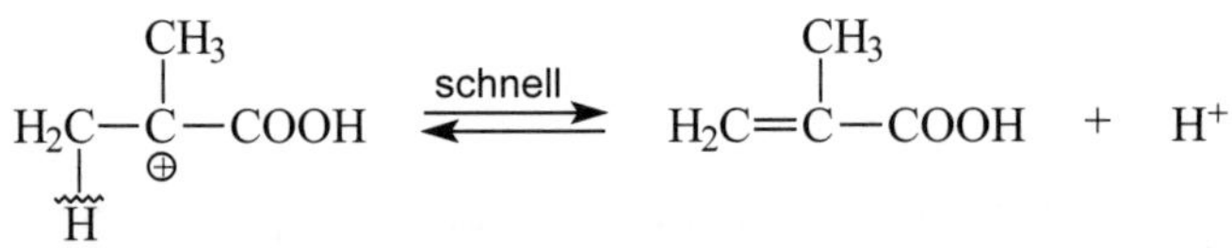

Dieser Mechanismus passt zu diesem Beispiel besonders gut, weil wie in B4 ein tertiäres Carbenium-Ion als Interdukt auftritt.

Seite 266 und 267 (EVA)

B1:

Das Abdestillieren eines Produkts aus dem Reaktionsgemisch bewirkt, dass sich im Kolben kein Gleichgewicht einstellen kann. Die Hinreaktion verläuft so lange, bis eines der Edukte verbraucht ist.

A1:

1-Propanol kann in der Apparatur aus V1 von S. 264 nicht zu Propen dehydratisiert werden, weil sich bei der Siedetemperatur von 1-Propanol, d.h. bei 97 °C, nach den Angaben aus B2 kein Alken bildet.

A2:

Bei 160 °C erhält man aus Ethanol als Hauptprodukt Diethylether. Als Nebenprodukt können auch geringe Mengen Ethen entstehen. Ethanol ist ein primärer Alkohol, daher treffen die Angaben aus B2 für die Reaktionsmöglichkeiten eines Alkohols auch für Ethanol zu.

A3:
Um nur 1-Penten zu erhalten, muss von 1-Pentanol ausgegangen werden.
Um nur 2-Penten zu erhalten, muss man von 3-Pentanol ausgehen.
Wenn man von 2-Pentanol ausgeht, erhält man ein Gemisch aus 1-Penten und 2-Penten.

A4:
Der Mesomeriepfeil steht zwischen Formeln, die mesomere Grenzstrukturen ein- und derselben Verbindung darstellen. Der Doppelpfeil steht zwischen den Edukten und den Produkten einer reversiblen Reaktion, also zwischen Formeln, die verschiedene Verbindungen darstellen.

Seite 268 und 269

Auswertung a):

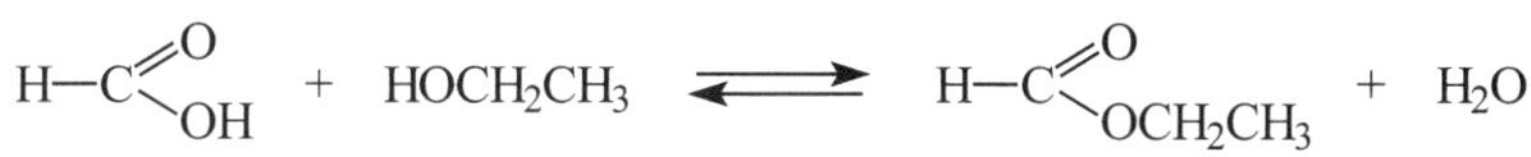

Auswertung b):

- Das Destillat aus LV1 riecht weder nach Methansäure (Ameisensäure) noch nach Ethanol, sondern fruchtig.
- Es wurde bei einer Temperatur abdestilliert, die niedriger ist als die der Methansäure und die des Ethanols.
- Es löst sich nicht in Wasser, aber in Heptan.
- Das Destillat verhält sich wie der eingesetzte Methansäureethylester bei V1 von S. 262.

Demnach wurde in LV1 dieser Ester abdestilliert.

Auswertung c):

$$K = \frac{c(HCOOC_2H_5) \cdot c(H_2O)}{c(HCOOH) \cdot c(H_3CCH_2OH)}$$

Auswertung d):
Mit „Schlupfloch aus dem Gleichgewicht“ ist gemeint, dass die fortwährende Entfernung eines Produkts aus dem Reaktionsgemisch, in dem es sich bildet, eine Möglichkeit („ein Schlupfloch“) ist, seine Ausbeute über die Grenze hinaus zu erhöhen, die durch das Gleichgewicht gegeben ist. In B1 ist zu sehen, dass weniger als 2/3 der eingesetzten Methansäure zu Ester reagiert haben, wenn sich das Gleichgewicht einstellt. Wenn man den Ester jedoch abdestilliert, kann die gesamte Menge der eingesetzten Säure verestert werden (vorausgesetzt, die Menge des eingesetzten Alkohols reicht dafür aus).

Auswertung e):
Eingesetzte Edukte:

$$n(HCOOH) = \frac{m(HCOOH)}{M(HCOOH)} = \frac{V(HCOOH) \cdot \rho\,(HCOOH)}{M(HCOOH)}$$

$$= \frac{20\text{ mL} \cdot 1{,}22\text{ g/mL}}{46\text{ g/mol}} = 0{,}53\text{ mol}$$

$$n(H_3CCH_2OH) = \frac{m(H_3CCH_2OH)}{M(H_3CCH_2OH)} = \frac{V(H_3CCH_2OH) \cdot \rho\,(H_3CCH_2OH)}{M(H_3CCH_2OH)}$$

$$= \frac{28\text{ mL} \cdot 0{,}79\text{ g/mL}}{46\text{ g/mol}} = 0{,}48\text{ mol}$$

Theoretisch können also maximal 0,48 mol Methansäureethylester erhalten werden.
Das sind:

$$V(Ester) = \frac{m(Ester)}{\rho\,(Ester)} = \frac{n(Ester) \cdot M(Ester)}{\rho\,(Ester)}$$

$$= \frac{0{,}48\text{ mol} \cdot 74\text{ g/mol}}{0{,}92\text{ g/mL}} = 38{,}6\text{ mL}$$

Hinweis: Wenn sauber gearbeitet wird, erhält man mehr als 30 mL Ester.

B1:
Man erkennt an der Abflachung beider Kurven nach ca. 45 min, dass sich in beiden Fällen ein Gleichgewicht einstellt.

B2:
Bei Methanol und bei Ethanol sind die Siedetemperaturen relativ hoch (viel höher als bei den betreffenden Alkanen Methan und Ethan), weil zwischen den Molekülen dieser beiden kurzkettigen Alkohole relativ starke Wasserstoffbrückenbindungen wirksam sind. Auch Methansäure und Ethansäure haben hohe Siedetemperaturen, weil es zu Wasserstoffbrückenbindungen zwischen den Molekülen kommt (vgl. B3).
Alle vier in B2 angegebenen Ester haben niedrigere Siedetemperaturen als der entsprechende Alkohol und die entsprechende Säure. Erklären kann man diese Tatsache dadurch, dass es zwischen den Ester-Molekülen nicht zu Wasserstoffbrückenbindungen kommen kann. Die Ester-Moleküle enthalten keine zu Wasserstoffbrückenbindungen fähigen Wasserstoff-Atome (vgl. S. 11).

B3:

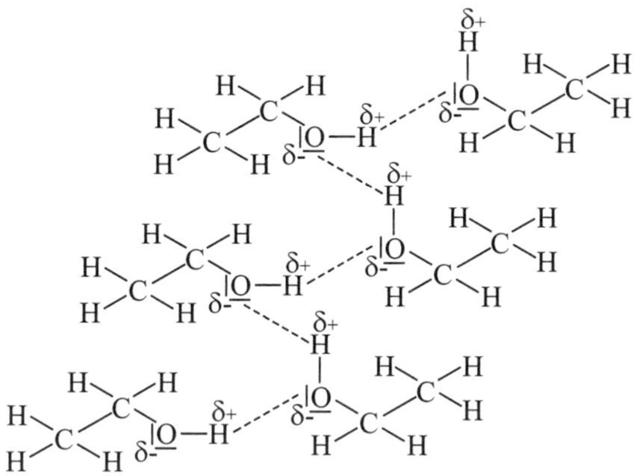

B4:
Die Darstellung aus B1 trifft auf die Apparatur aus B4 nicht zu, weil hier ein Reaktionsprodukt aus dem Reaktionsgemisch abdestilliert wird und es daher im Reaktionskolben nicht zur Einstellung des chemischen Gleichgewichts kommen kann.

B5:
Das chemische Gleichgewicht kann sich nur in geschlossenen Systemen einstellen, weil kein Austausch von Stoffen mit der Umgebung stattfinden darf.

A1:
Die Abfallsäure müsste nach der Entfernung des MMA theoretisch genauso viel Wasser enthalten wie die Schwefelsäure-Lösung, die bei der Hydrolyse des Cyanhydrins eingesetzt wurde. Bei der vollständigen Hydrolyse von 1 mol Cyanhydrin werden 2 mol Wasser verbraucht (vgl. Gleichung (4) auf S. 263). Bei der Dehydratisierung der 2-Hydroxy-2-methylpropansäure zu 2-Methacrylsäure wird 1 mol Wasser erzeugt (vgl. Gleichung (1) auf S. 265) und bei der Veresterung mit Methanol zu MMA wird wieder 1 mol Wasser erzeugt (Gleichung (1) auf S. 269).

A2:
Definition der MAK:
MAK (**M**aximale **A**rbeitsplatz**k**onzentrationen) sind höchst zulässige Konzentrationen von Arbeitsstoffen (Gase oder Schwebstoffe) in der Luft am Arbeitsplatz, die nach dem gegenwärtigen Kenntnisstand auch bei wiederholter und langfristiger, i.d.R. täglich achtstündiger Einwirkung, jedoch bei Einhaltung einer durchschnittlichen Wochenarbeitszeit von 45 Stunden im Allgemeinen die Gesundheit der Beschäftigten nicht beeinträchtigen und diese nicht unangemessen belästigen.

Schadstoffe	MAK in cm^3 / m^3
Hexan	50
Heptan	500
Methanol	200
Ethanol	1000
Methanal	1
Ethanal	50
Essigsäureethylester	400
Methylmethacrylat MMA	50

Die Toxizität von MMA ist vergleichbar mit der von Hexan und Ethanal (Acetaldehyd), jedoch geringer als die von Methanal (Formaldehyd).

Seite 270 und 271

Auswertung a):

V1: Bei den Polymerisationen in V1 wird beobachtet, dass das dünnflüssige MMA nach Zugabe des Starters und Erwärmen auf dem Wasserbad zunächst immer dickflüssiger wird und bis zur nächsten Chemiestunde zu einer festen, farblosen Masse erstarrt. Die erhaltenen Polymer-Proben sind trotzdem nicht alle klar und durchsichtig, weil darin Gasblasen eingeschlossen sind. In einer Probe sind umso mehr Gasblasen, je schneller die Polymerisation anfangs verlaufen ist.

Die Proben mit 100 mg Starter reagieren schneller als die Proben mit 50 mg Starter.

Ebenso reagieren die Proben umso schneller, je höher die Temperatur des Wasserbades ist.

Die Proben mit dem Starter Azoisobutyronitril reagieren etwas schneller als die Proben mit Dibenzoylperoxid als Starter.

V2: Wenn man bei V2 nach der Vorschift aus dem Buch verfährt, erhält man eine zähflüssige, blasenfreie, klare Flüssigkeit.

V3: Das Ergebnis dieses Versuchs ist eine klare, flache, blasenfreie Scheibe aus Plexiglas.

V4: Bei diesem Versuch erhält man farbige Scheiben aus Plexiglas, die an den Kanten hell leuchten (vgl. B1 und *Chemie 2000+ Online*).

V5: Bei der Bestrahlung der MMA-Lösung in Ethanol mit einem der beiden photochemischen Starter aus B2 fällt schwerlösliches Polymer aus. Nach dem Trocknen erhält man ein Pulver aus PMMA. (*Hinweis:* Proben aus V5 können ebenso wie Proben aus V1 wieder depolymerisiert werden. Die Versuchsvorschrift dazu steht unter V1 auf S. 272.)

Auswertung b):
Die Geschwindigkeit der Polymerisation von MMA wird durch die Menge der anfangs gebildeten Radikale bestimmt. Da sich die beiden Starter erst beim Erwärmen in Radikale spalten (vgl. Temperaturen in B2 auf S. 270), ist auch die Anfangsgeschwindigkeit der Polymerisation umso höher, je höher die Temperatur im Wasserbad ist. Der Nachteil einer hohen Anfangsgeschwindigkeit ist die Bildung vieler Blasen. Sie entstehen dadurch, dass durch die Reaktionswärme (die Polymerisation verläuft exotherm) die Temperatur der Reaktionsmasse lokal so hoch wird, dass Monomer verdampft und Gasblasen bildet, die wegen der Zähigkeit der Masse nicht entweichen können. Sie bleiben schließlich im gehärteten Polymer eingeschlossen.

B5:
Gegenstände, die aus PMMA gefertigt werden, sind im Buch auf S. 230 im oberen Textblock angegeben. Weitere Beispiele für die Verwendung sind über *Chemie 2000+ Online* zugänglich.

B6:
Ein Thermoplast wird erst beim Erwärmen plastisch, d.h. (ver)formbar. Beim Abkühlen behält er die neue Form.
Duroplaste werden beim Erwärmen nicht weich und lassen sich nicht verformen.
Elastomere sind elastisch, d.h. sie verformen sich bei der Einwirkung einer Kraft und nehmen wieder die ursprüngliche Form an, wenn die Kraft aufhört einzuwirken.

A1:
Die Bezeichnung Katalysator trifft für den Starter einer Polymerisation nicht zu, weil der Starter im Gegensatz zum Katalysator verbraucht und ins Reaktionsprodukt, ins Polymer, mit eingebaut wird.

A2:
Die Makromoleküle in einer Probe haben nicht alle die gleiche molare Masse, weil sie aus unterschiedlich vielen Monomer-Einheiten bestehen. Grund dafür ist, dass die Wachstumsreaktion (3) nach unterschiedlich vielen eingebauten Monomer-Einheiten durch Reaktionen des Typs (4) oder (5) gestoppt wird. Die Makroradikale M• sind also dann, wenn sie in die Abbruchreaktionen eingehen, unterschiedlich lang. Es ist auch nicht gleich, ob der Abbruch nach einer Reaktion des Typs (4) oder (5) erfolgt. Im zweiten Fall ist das Polymer etwa doppelt so lang wie im ersten und hat entsprechend auch die doppelte Masse.

A3:
Höhere Starter-Konzentrationen bewirken, dass mehr Radikale gebildet werden und demnach mehr Ketten gestartet werden. Je mehr Ketten aber in einer gegebenen Monomer-Probe gestartet werden, desto weniger lang können sie

wachsen, weil die Monomer-Menge begrenzt ist. Es bilden sich also Polymere mit niedrigeren molaren Massen.
Bei höheren Temperaturen bilden sich in kurzer Zeit mehr Radikale als bei niedrigeren Temperaturen, weil die thermische Spaltung des Starters dann schneller erfolgt. Der Rest der Begründung für niedrigere molare Massen ist identisch mit der Begründung im voranstehenden Absatz.

Seite 272 und 273

Auswertung a):
Bei V1 bilden sich im erhitzten Rggl. Dämpfe, die bei 100 °C über das Seitenrohr entweichen und im gekühlten Rggl. zu einer farblosen Flüssigkeit kondensieren. Diese Flüssigkeit kann anhand des Geruchs als MMA erkannt werden. Sie entfärbt (wie auch MMA) Bromwasser sofort – das gilt als Nachweis für Kohlenstoff-Kohlenstoff-Doppelbindungen in den Molekülen dieser Flüssigkeit.
Damit ist bewiesen, dass Plexiglas (PMMA) zu MMA depolymerisiert werden kann, also in das Monomer zurückgeführt wird, aus dem erneut Plexiglas hergestellt werden kann. Das ist ein echtes Recycling.
Andere Kunststoffe wie Polyethen, Polypropen und Polystyrol können durch Pyrolyse nur teilweise recycelt werden, weil sich dabei nur geringe Mengen der entsprechenden Monomere bilden – der überwiegende Teil der Pyrolyseprodukte sind andere Stoffe (vgl. S. 63). Andere Möglichkeiten der Nutzung von Kunststoffabfällen sind auf Seite 82 in B2 dargestellt.

Auswertung b):

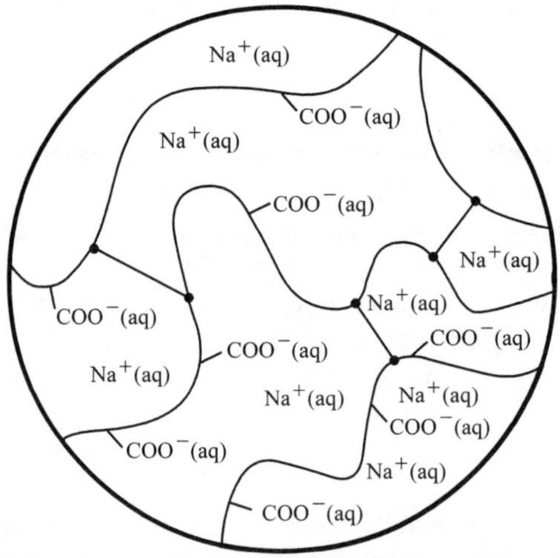

Beim Anlegen einer Gleichspannung im Zusatzversuch kommt es zu einem Stromfluss. Die Phenolphthalein-Lösung färbt sich am Minuspol pink. Bei genauem Hinschauen sind nach einiger Zeit Gasbläschen an den Elektroden zu beobachten.

An den Polen laufen folgende Reaktionen ab:

Minuspol: $2\,H_2O + 2\,e^- \longrightarrow 2\,OH^- + H_2$

Pluspol: $2\,OH^- \longrightarrow H_2O + 0{,}5\,O_2 + 2\,e^-$

Das Ergebnis der Internet-Recherche ist offen.

Auswertung c):
Beim Vermischen der beiden Komponenten erfolgt in kurzer Zeit die Härtung des Materials. Je nach verwendeter Mischung (Hersteller, Kalthärter, Warmhärter, UV-Härter) härtet das Material zu einer lichtundurchlässigen, weißen Masse mit Duroplast-Eigenschaften, d.h. es ist hart und weicht beim Erwärmen nicht auf. In der Brennerflamme entzündet es sich. Die Härtung und Ausbildung eines Duroplasts kommt durch die Quervernetzungen der Polyacrylat-Moleküle zustande. Möglicher Strukturausschnitt des Duroplasts auf Polyacrylat-Basis:

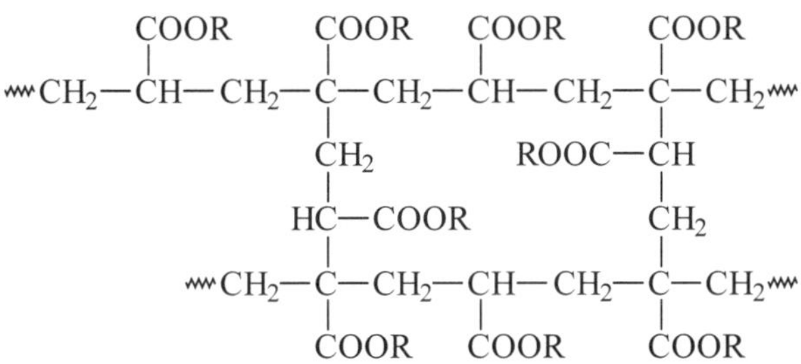

Hinweis: Sowohl die Hauptketten als auch die Verbrückungen können (müssen nicht bei jedem Präparat) aus Acrylester-Einheiten sein.

Die Recherche wird ergeben, dass die meisten Kunststoff-Präparate für Zahnfüllungen und Zahnersatz auf Polyacrylat-Basis sind.

B2:
Es ist schwierig, dicke Platten und Blöcke aus Plexiglas herzustellen, weil es bei der Polymerisation im Block sehr leicht wegen der exothermen Reaktion zur Verdampfung von Monomeren kommt und so Blasen im polymeren Material entstehen (vgl. dazu auch Lösung zu Auswertung b), Seite 270).

B4:
Die neueren Babywindeln enthalten leistungsfähige Superabsorber.

B5:

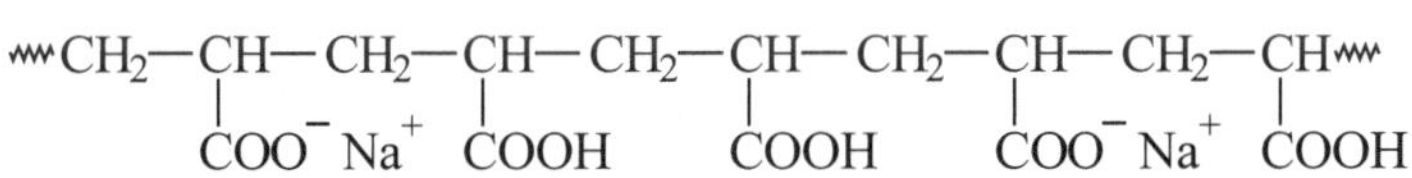

Hinweis: Nur ein Teil der Carboxy-Gruppen liegt als Carboxylat-Ionen vor. Im Strukturmodell aus B5 sind keine nichtionisierten Carboxy-Gruppen dargestellt.

B6:
Plexiglas ist ein Thermoplast, weil es aus linearen Makromolekülen besteht. Bakelit ist ein Duroplast, weil dieser Kunststoff aus einem hoch vernetzten System von Makromolekülen aufgebaut ist (S. 64, B4).

A1:

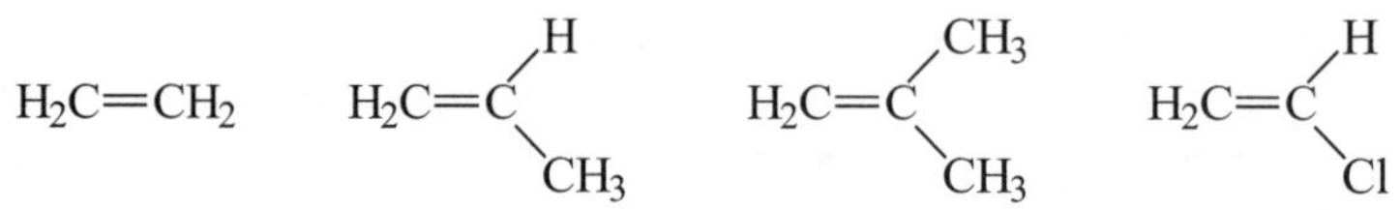

Ethen Propen Isobuten Vinylchlorid

Alle Monomere aus dieser Aufgabe außer Ethen können als Derivate des Ethens angesehen werden. Die Moleküle aller dieser Isomere enthalten eine Kohlenstoff-Kohlenstoff-Doppelbindung und sind daher polymerisationsfähig. Bei allen Monomeren außer Isobuten und Methylmethacrylat ist nur ein Wasserstoff-Atom aus dem Ethen-Molekül durch ein anderes Atom oder durch eine Atomgruppe substituiert. Allerdings sind die Substituenten an der Vinyl-Gruppe verschieden.

A2:
Die Monomere aus dem Text sind gegenüber den Monomeren aus A1 chemisch leichter modifizierbar, weil es sich bei den Substituenten um Derivate von Carbonsäuren (Ester bzw. Salze) handelt. Diese können relativ leicht chemisch modifiziert werden. Aus der Ester-Gruppe kann durch Hydrolyse die entsprechende Säure hergestellt werden oder durch Umesterung (mit einem anderen Alkohol) ein anderer Ester. Aus dem Natrium-Salz der Acrylsäure kann durch Ansäuerung mit einer starken Säure die Acrylsäure hergestellt werden.

A3:

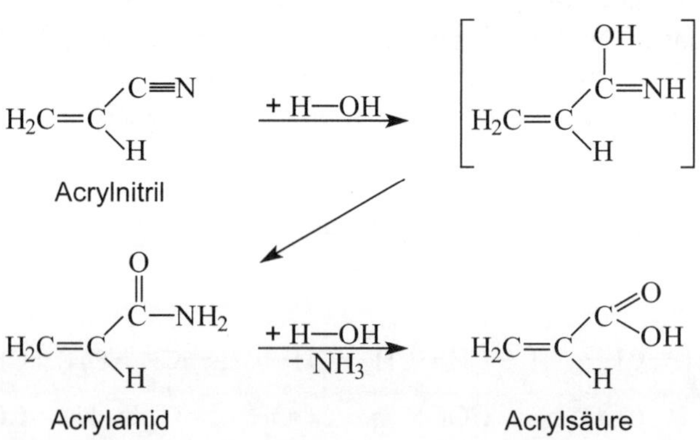

Seite 274 und 275 (EVA)

A1:

Radikalische Polymerisation:

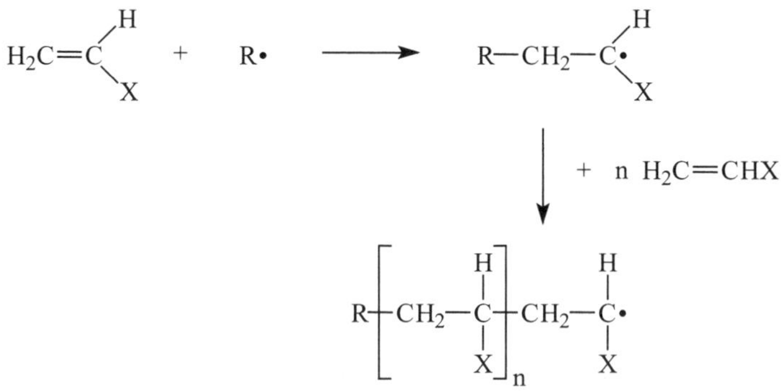

Makroradikal

Der Abbruch der Kette erfolgt durch Kombination mit einem anderen Radikal.

Kationische Polymerisation:

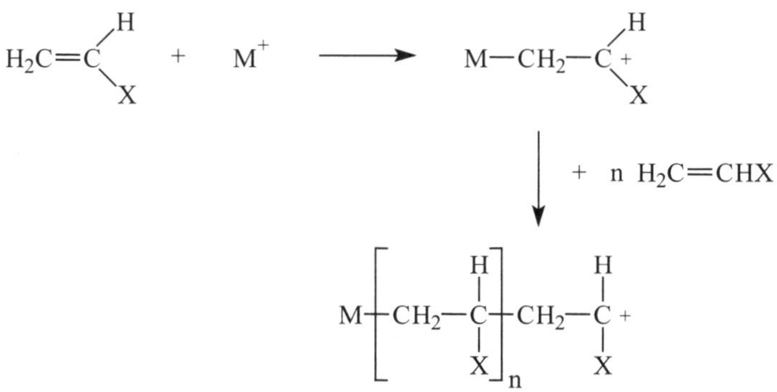

Makrokation

Der Abbruch erfolgt durch Kombination mit einem Anion oder durch Deprotonierung.

Anionische Polymerisation:

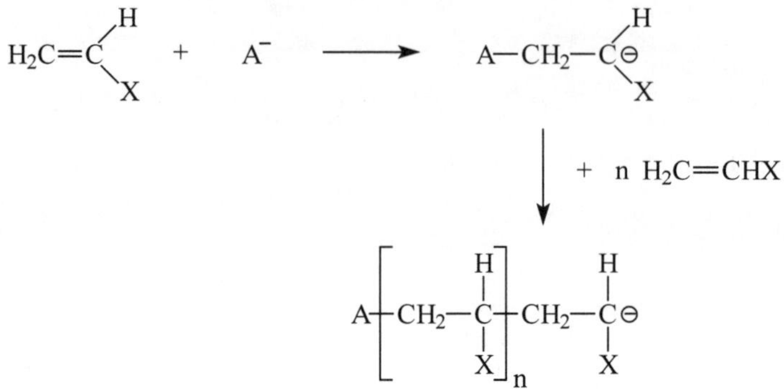

Makroanion

Der Abbruch erfolgt durch Kombination mit einem Kation oder durch Eliminierung einer negativ geladenen Atomgruppe (A^- oder X^-).

Gemeinsamkeiten:

- Jeder der drei Polymerisationstypen ist eine Kettenreaktion.
- Jeder der drei Polymerisationstypen benötigt einen Starter.

Unterschiede:

- Die reaktiven Zwischenstufen (Interdukte) sind verschieden (Radikal bzw. Kation bzw. Anion).
- Die Abbruchreaktionen sind verschieden (vgl. oben).

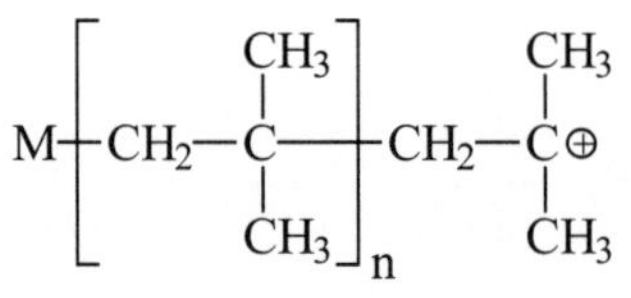

Makrokation

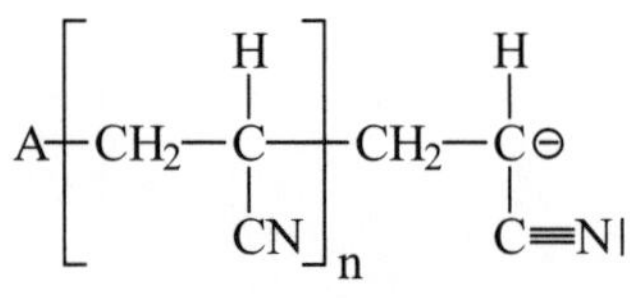

Makroanion

Beim Isobuten ist das „wachsende Polymer“ ein Kation. Es handelt sich dabei jeweils um ein tertiäres Carbenium-Ion, das durch die + I-Effekte von drei Alkyl-Gruppen stabilisiert ist.

Beim Acrylnitril ist das „wachsende Polymer“ ein Anion. Es handelt sich dabei jeweils um ein Anion, das durch den – I-Effekt der benachbarten Nitril-Gruppe stabilisiert ist.

A2:

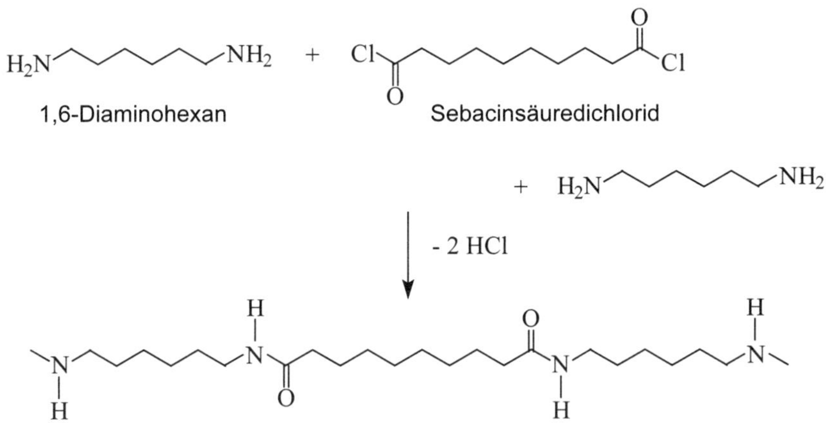

Bei der Polykondensation an der Phasengrenze und Entfernung des Produkts wird ebenso wie bei der Abdestillation eines Produkts bei einer Kondensation (S. 269) fortwährend dafür gesorgt, dass es nicht zu einem chemischen Gleichgewicht kommen kann und damit die Edukte quantitativ umgesetzt werden.

Die Polykondensation an der Phasengrenze hat mehrere Vorteile:

a) Es muss nicht erhitzt werden. Das Polykondensat ließe sich ohnehin nicht destillativ entfernen, weil Makromoleküle in der Regel nicht in die Gasphase überführt werden können – sie werden bei starkem Erhitzen in kleinere Moleküle gespalten.

b) Man kann in die beiden Phasen ständig Monomere nachführen und so die Polykondensation an der Phasengrenze als kontinuierlichen Prozess fahren.

A3:

Die auf S. 242 und 243 beschriebenen Additionen an Alkene verlaufen nach dem Mechanismus der elektrophilen Addition an die C=C Doppelbindung, die Additionen an die Carbonylgruppe (S. 259) sind nucleophile Additionen an die C=O Doppelbindung.

Die Addition eines Alkohols R_1–O–H an die Isocyanat-Gruppe –N=C=O kann folgendermaßen formuliert werden (vgl. auch B6 im Buch):

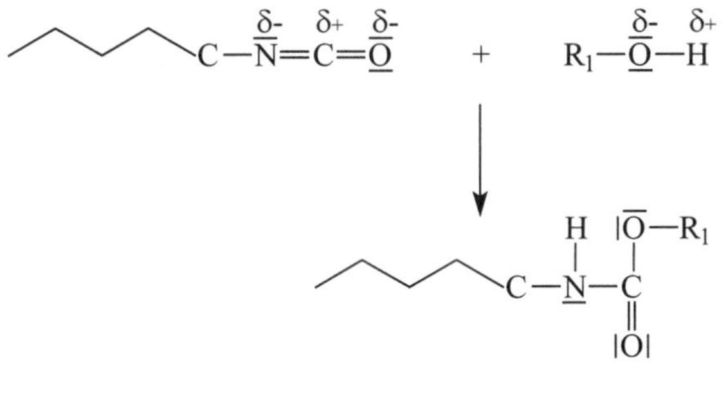

Das Sauerstoff-Atom der Hydroxy-Gruppe im Alkohol-Molekül greift das Kohlenstoff-Atom der Isocyanat-Gruppe nucleophil an. Das Wasserstoff-Atom der Hydroxy-Gruppe im Alkohol-Molekül wandert an das Stickstoff-Atom der Isocyanat-Gruppe. Insofern ist diese Addition der Addition eines Alkohols an eine Carbonylverbindung (mit Halbacetalbildung) ähnlich.

A4:
Die Lösung zu dieser Aufgabe wird offengelassen. Mit dieser Aufgabe sollen die Kompetenzen Recherchieren, Präsentieren und Diskutieren / Kommunizieren gefördert werden. Dabei ist darauf zu achten, dass die äußere Form der Präsentation ansprechend und prägnant ist und die Diskussion lebhaft aber themenzentriert.

Seite 276 und 277 (EVA)

A1:

a) Ein industrielles Verfahren ist ökonomisch, wenn dabei ein auf dem Markt gefragtes Produkt aus möglichst billigen Rohstoffen oder Grundchemikalien in kontinuierlich arbeitenden Anlagen mit möglichst geringem Energieaufwand hergestellt wird, die anfallenden Kopplungs- und Nebenprodukte ebenfalls verwertbar sind und die übrigen Chemikalien (Lösemittel, Katalysatoren etc.) prozessintegriert recycelt werden.

b) Für die Herstellung von Polycarbonat werden Aceton und Bisphenol-A benötigt, also die beiden Produkte aus dem Cumol-Verfahren. Sie werden in einem einzigen Reaktionsschritt zu Polycarbonat umgesetzt (B1, S. 276).
Für die Herstellung von Plexiglas wird ebenfalls Aceton benötigt, das industriell fast ausschließlich nach dem Cumol-Verfahren hergestellt wird. Vom Aceton bis zum Plexiglas sind aber noch mehrere Reaktionsschritte und weitere Chemikalien (Blausäure, Methanol) notwendig (B4, S. 231).

c) Es sind folgende Aspekte zu bedenken:
Industriell kann Aceton entweder durch Oxidation von 2-Propanol oder nach dem Cumol-Verfahren hergestellt werden. Wenn es für 2-Propanol einen sicheren und günstigen Anbieter gäbe, wäre dies für einen Betrieb, der nur Plexiglas herstellt, die bessere Variante.
Das nach dem Cumol-Verfahren hergestellte Aceton ist aber preisgünstiger. Wenn der Plexiglas-Betrieb aber danach Aceton produzieren soll, dann ist es unerlässlich, für das Kopplungsprodukt Phenol einen Abnehmer zu finden (falls man es nicht im eigenen Betrieb benötigt, beispielsweise für die Herstellung von Aspirin, Bakelit oder Farbstoffe).
Wenn nach diesen Überlegungen die Aceton-Produktion im eigenen Betrieb günstiger erscheint als der Einkauf, müssen auch logistische Probleme bedacht werden. Die Grundchemikalien Benzol und Propen müssen aus einer

Erdölraffinerie mit Crackanlage bezogen werden, die in der Nähe liegen sollte, um lange Transportwege und Engpässe bei der Zulieferung zu vermeiden. Weiterhin muss bedacht werden, ob der Transport über Kesselwagen oder Rohrleitungen erfolgen soll, ob Propen gasförmig oder flüssig transportiert wird etc.

A2:

a) Für den Industriestandort A wäre es von Vorteil, wenn alle fünf in der Aufgabenstellung genannten Industriebetriebe in der Nähe angesiedelt wären, weil so alle für die Polycarbonat-Anlage notwendigen Ausgangsstoffe wohl am sichersten und günstigsten bereitgestellt werden könnten.
Aus der Raffinerie mit Crackanlage würde man Benzol und Propen für das Cumol-Verfahren beziehen, aus der Chlor-Alkali-Elektrolyseanlage Chlor für die Herstellung von Phosgen $COCl_2$, das neben Bisphenol-A das zweite Edukt bei der Herstellung von Polycarbonat ist.
Für die Chlor-Alkali-Elektrolyseanlage ist es wiederum von Vorteil, sicher und günstig elektrische Energie zur Verfügung zu haben. Die ist auch notwendig, weil im Rahmen des prozessintegrierten Recyclings von Chlor Salzsäure elektrolysiert wird.
Schließlich könnte man aus der Ammoniakfabrik, in der Synthesegas H_2 + CO hergestellt wird, das für die Synthese von Phosgen benötigte Kohlenstoffmonooxid CO beziehen.

b) Propen müsste in diesem Fall aus einer weiter entfernt liegenden Crackanlage eingekauft und in Drucktankwagen bei über 18 bar per Schienentankwagen transportiert werden. (*Hinweis:* Benzol, das bei Normdruck bei 80 °C siedet, könnte ebenfalls in Tankwagen, jedoch ohne Überdruck transportiert werden. Da Benzol krebserzeugend ist, bergen Verkehrsunfälle beim Transport große Gefahren für die Bevölkerung und für die Umwelt in sich.)

A3:

a) Die Salzsäure bei der Herstellung von Siliconen ist ein Kopplungsprodukt aus der Hydrolyse von Chlormethylsilanen.
Ebenso ist auch die bei der Herstellung von Polycarbonaten anfallende Salzsäure ein Kopplungsprodukt aus der Kondensation von Phosgen mit Bisphenol-A.
Dagegen ist die Abfallsäure (verunreinigte Schwefelsäure) aus der MMA-Produktion eine „andere Chemikalie", da Schwefelsäure als Katalysator bei den Hydrolysen, der Eliminierung und der Veresterung wirkt.

b) Beim Recycling der Salzsäure im Beispiel aus B3 (Herstellung von Siliconen) werden Stoffe nicht chemisch zu anderen umgesetzt, sondern nur gereinigt, d.h. von anderen Stoffen getrennt. (*Hinweis:* Wenn man allerdings beispielsweise das Lösen von Chlorwasserstoff in Wasser als Protolysereaktion

begreift, kann die Antwort auch lauten: Ja, es finden auch chemische Reaktionen statt.)
Beim Recycling von Chlor bei der Herstellung von Polycarbonaten muss die Salzsäure, die bei der Kondensation von Phosgen mit Bisphenol-A anfällt, elektrolysiert werden. Hier findet also ein chemischer Prozess statt.
Auch beim dritten Beispiel, dem Recycling von Schwefelsäure bei der MMA-Produktion, laufen chemische Reaktionen ab, die sich so zusammenfassen lassen:
Schwefelsäure → Schwefeldioxid → Schwefeltrioxid → Schwefelsäure.

c) Bei der Herstellung von Siliconen und Polycarbonaten, zwei Klassen von chlorfreien Anwendungsprodukte, werden Chlorverbindungen eingesetzt (Chlormethylsilane bzw. Phosgen). In beiden Fällen wird das Element Chlor recycelt, im ersten Fall nur gebunden als Salzsäure, im zweiten als elementares Chlor, das durch die Elektrolyse der Salzsäure gewonnen wird.

A4:
Die Lösung zu dieser Aufgabe wird offengelassen. Mit dieser Aufgabe sollen die Kompetenzen Recherchieren, Präsentieren und Diskutieren / Kommunizieren gefördert werden. Dabei ist darauf zu achten, dass die äußere Form der Präsentation ansprechend und prägnant ist und die Diskussion lebhaft aber themenzentriert.

Seite 278 (TRAINING)

A1:

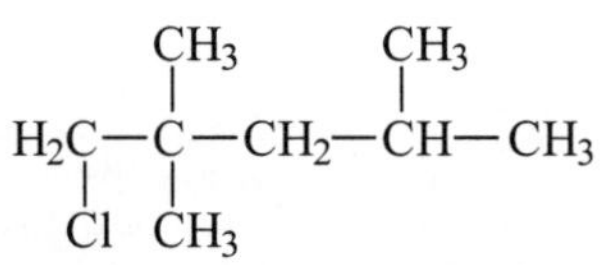

1-Chlor-2,2,4-trimethylpentan

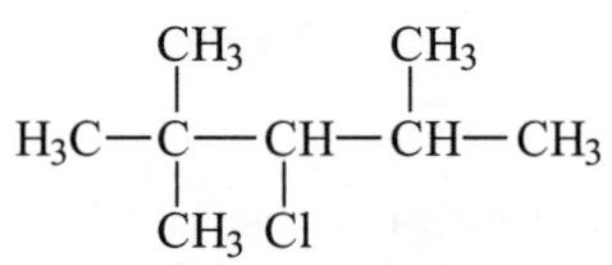

3-Chlor-2,2,4-trimethylpentan

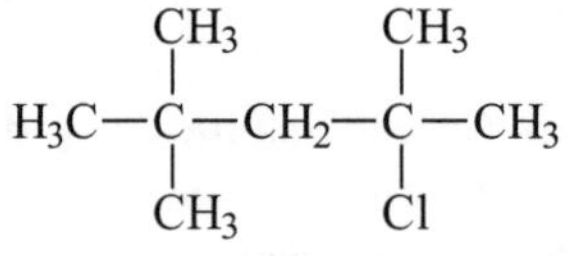

2-Chlor-2,4,4-trimethylpentan

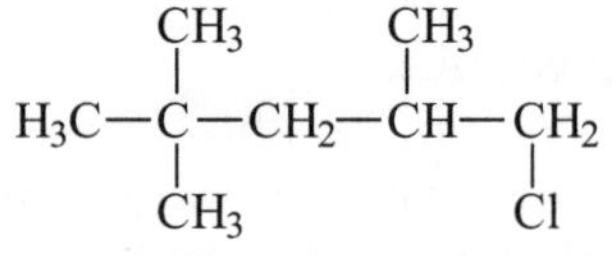

1-Chlor-2,4,4-trimethylpentan

A2:
Die Bindungsenergie bei Brom beträgt (vgl. S. 234):

$$\Delta H_B = 193 \text{ kJ/mol}$$

Berechnung der Wellenlänge eines Lichtquants, der ein Brom-Molekül in Atome spalten kann:

$$E(1\,Quant) = \frac{193\ \text{kJ/mol}}{6{,}022 \cdot 10^{23}\ \text{mol}^{-1}} = 32{,}049 \cdot 10^{-20}\,\text{J}$$

Berechnung der Wellenlänge λ:

$$E = h \cdot \nu = h \cdot \frac{c}{\lambda}$$

$$\lambda = \frac{h \cdot c}{E} = \frac{6{,}6 \cdot 10^{-34}\,\text{J} \cdot \text{s} \cdot 3 \cdot 10^{8}\,\text{m/s}}{32{,}049 \cdot 10^{-20}\,\text{J}} = 0{,}618 \cdot 10^{-6}\,\text{m} = 618\,\text{nm}$$

A3:

Unter Selektivität bei der Halogenierung eines Alkans versteht man den Grad der Bevorzugung einer bestimmten Position im Alkan-Molekül bei der Substitution eines Wasserstoff-Atoms durch ein Halogen-Atom. Es wird jeweils an dem Kohlenstoff-Atom substituiert, an dem das Halogen-Radikal aus dem Alkan-Molekül ein Wasserstoff-Atom entzieht.

Bei einer Bromierung ist die Selektivität größer (ausgeprägter) als bei einer Chlorierung (vgl. B6 auf S. 237). Grund dafür ist, dass Brom-Radikale (Brom-Atome) weniger reaktiv sind als Chlor-Radikale (Chlor-Atome). Ein Brom-Radikal „sucht sich die Position im Alkan-Molekül aus", von der es ein Wasserstoff entzieht. Entscheidend ist dabei, dass das dabei gebildete Alkyl-Radikal auch möglichst stabil ist. Das Resultat ist eine bevorzugte Substitution an tertiären Kohlenstoff-Atomen (vgl. B5, S. 237).

Das gleiche gilt zwar auch für Chlor-Radikale, diese sind aber wegen ihrer hohen Reaktivität nicht so „wählerisch" wie die Brom-Radikale. Daher ist die Selektivität bei Chlorierungen nicht so ausgeprägt.

A4:

Der *p*H-Wert wird bei dem Versuch von Ethen mit Bromwasser ohne Zusatz von Kaliumbromid niedriger ausfallen. In diesem Fall ist die Wahrscheinlichkeit, dass sich Wasser-Moleküle an der Reaktion beteiligen (vgl. 2. Schritt, Variante b) in B1, S. 242), größer als wenn noch zusätzliche Bromid-Ionen in der Lösung sind. Das bedeutet, dass sich auch mehr H^+(aq)-Ionen bilden und der *p*H-Wert also niedriger wird.

A5:

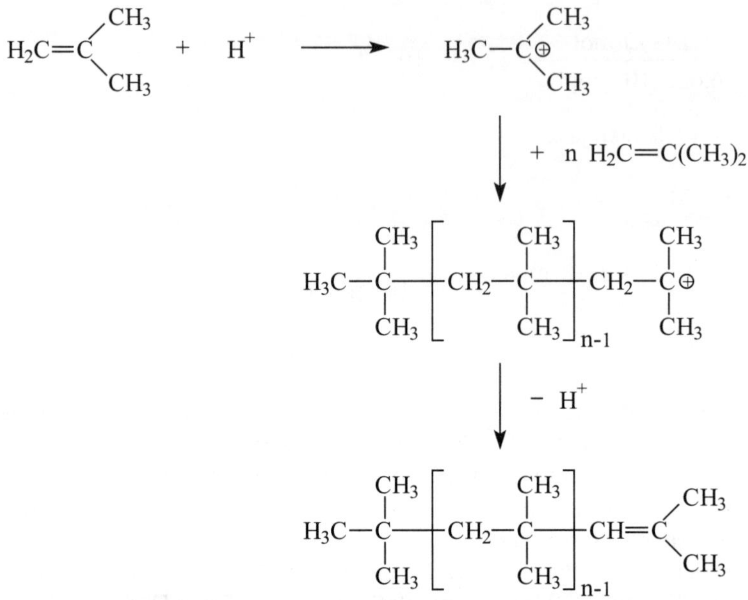

Zur Begründung vgl. Lösung zu A1 von S. 275.

A6:

- Synthese von Methyl-ethyl-ether:

  $H_3COH + Na \longrightarrow H_3CO^- + Na^+ + 0{,}5\ H_2$

  $H_3CO^- + ClCH_2CH_3 \longrightarrow H_3C–O–CH_2CH_3 + Cl^-$

- Synthese von Methyl-*tert.*-butylether:

  $H_3COH + Na \longrightarrow H_3CO^- + Na^+ + 0{,}5\ H_2$

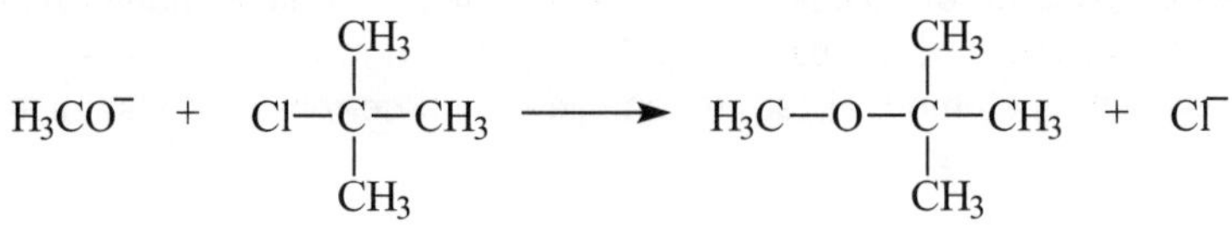

- Synthese von Diethylether:

  $H_3CCH_2OH + Na \longrightarrow H_3CCH_2O^- + Na^+ + 0{,}5\ H_2$

  $H_3CCH_2O^- + ClCH_2CH_3 \longrightarrow H_3CCH_2–O–CH_2CH_3 + Cl^-$

- Synthese von Diethylenglycol:

$$HOCH_2CH_2OH + Na \longrightarrow HOCH_2CH_2O^- + Na^+ + 0{,}5\ H_2$$

$$HOCH_2CH_2O^- + ClCH_2CH_2OH \longrightarrow HOCH_2CH_2\text{–}O\text{–}CH_2CH_2OH + Cl^-$$

- Synthese von Tetrahydrofuran:

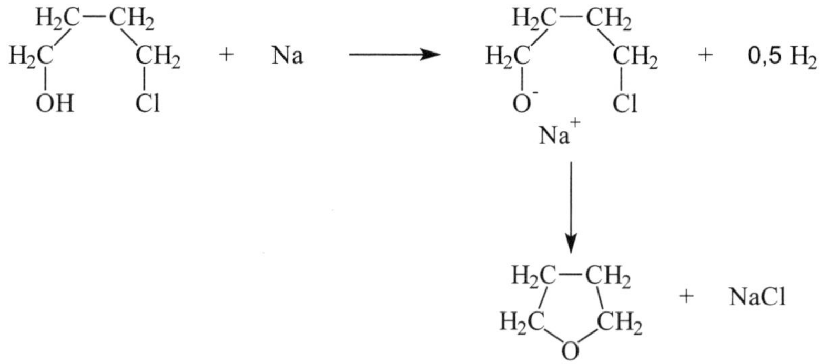

- Synthese von Dioxan:

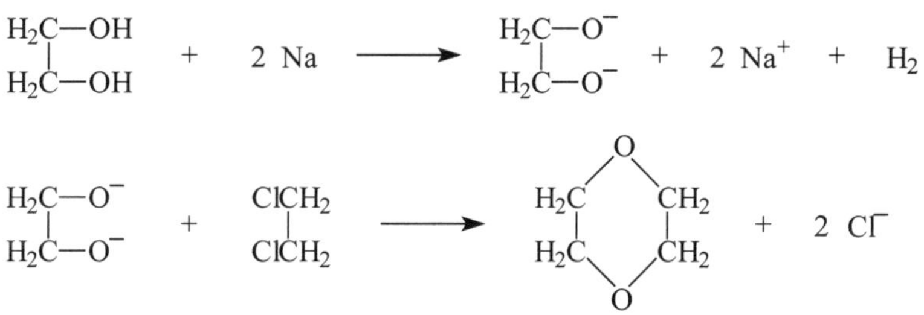

A7:

Das Arbeitsblatt mit Lösungen ist ebenso wie die genannten Versuche unter *DiSiDO* über das Portal *Chemie 2000+ Online* bzw. direkt durch Anklicken des *DiSiDO*-Feldes auf der Web-Seite **www.chemiedidaktik.uni-wuppertal.de** erreichbar.

A8:

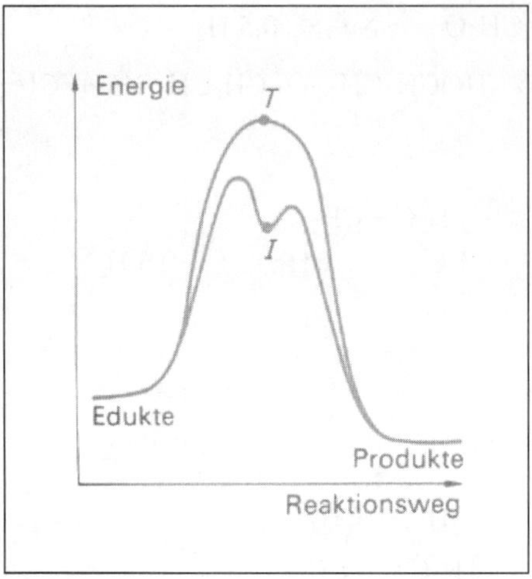

T: Tradukt beim SN2-Mechanismus, beispielsweise:

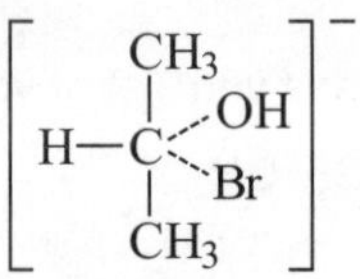

I: Interdukt beim SN1-Mechanismus, beispielsweise:

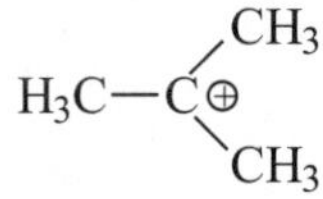

A9:

Nach dem SN1-Mechanismus reagieren das 2-Brom-2-methylbutan und das 3-Brom-3-ethylhexan, weil in den betreffenden Molekülen die Brom-Atome an tertiären Kohlenstoff-Atomen gebunden sind. Durch Abspaltung eines Bromid-Ions entsteht jeweils ein tertiäres Carbenium-Ion, das durch die + I-Effekte von drei Alkyl-Gruppen stabilisiert wird.

A10:

Produkte aus 2-Butanol:

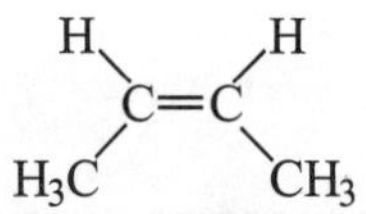
cis-2-Buten

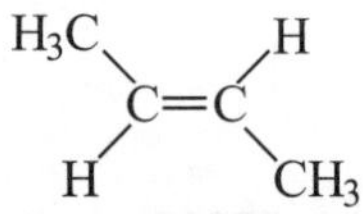
trans-2-Buten

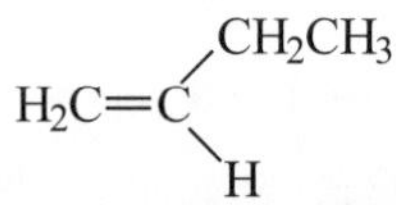
1-Buten

Die beiden 2-Butene entstehen als Hauptprodukte, weil sie thermodynamisch stabiler sind. (*Hinweis:* Diese Begründung muss der Lehrer geben.)

Aus 1-Butanol kann sich nur 1-Buten bilden.

Begründung: Wenn die OH-Gruppe am zweiten Kohlenstoff-Atom gebunden ist, kann „nach rechts" oder „nach links" im Molekül eliminiert werden, wenn die OH-Gruppe am ersten Kohlenstoff-Atom gebunden ist, nur „nach rechts".
Beim 2-Buten gibt es die beiden Isomere *cis* und *trans*, beim 1-Buten gibt es nur das eine, oben formulierte Isomer.

A11:

Hinter Plexiglas aus reinem PMMA wird man eher braun als hinter Normalglas, weil Normalglas weniger UV-Licht durchlässt als PMMA. Den Kurven aus B1 kann man entnehmen, dass Normalglas (Kurve 3) erst ab λ > 400 nm 90% des Lichts durchlässt, PMMA (Kurve 2) dagegen bereits ab λ > 320 nm.

Alle Plexiglas-Sorten, die weniger UV-Licht durchlassen als reines PMMA, enthalten verschiedene UV-Absorber. (*Hinweis*: Diese werden dem Monomer vor der Polymerisation zugesetzt – vgl. dazu Versuche in den Online-Ergänzungen zu S. 270 unter *Chemie 2000+ Online*.)

A12:

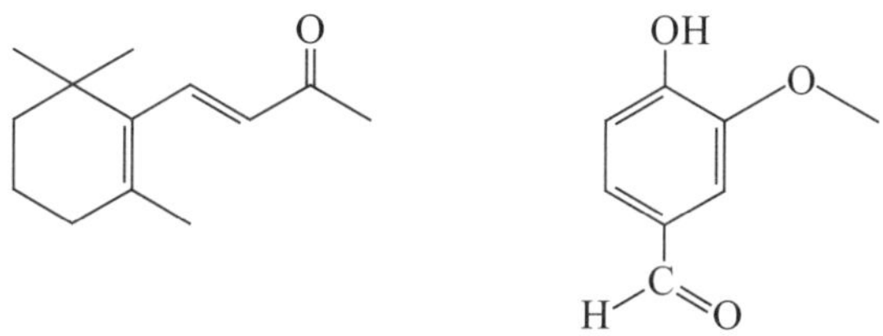

Ionon Vanillin

Vanillin ist ein Aldehyd, Ionon ein Keton. Da Aldehyde leichter oxidierbar sind als Ketone (vgl. B4 und B5, S. 257), kann gefolgert werden, dass Ionon beständiger gegenüber Sauerstoff aus der Luft ist als Vanillin.

A13:

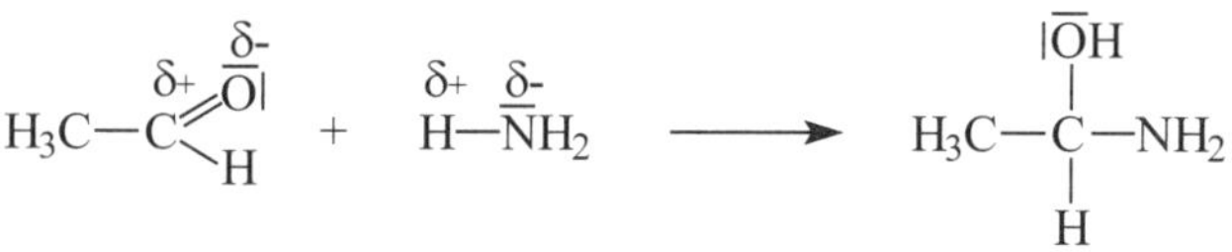

A14:

Im Chloral-Molekül übt die Trichlormethyl-Gruppe Cl_3C– einen starken – I-Effekt auf das Kohlenstoff-Atom der Carbonyl-Gruppe aus (vgl. B5, S. 259). Die positive Partialladung am carbonylischen Kohlenstoff-Atom ist also stark ausgeprägt, die nucleophile Anlagerung eines Wasser-Moleküls und die Ausbildung des Hydrats kann leicht erfolgen.

Das Kohlenstoff-Atom der Carbonyl-Gruppe im Aceton-Molekül hat eine wesentlich schwächere positive Partialladung, weil die Methyl-Gruppen genau den entgegengesetzten Effekt, nämlich einen elektronenschiebenden + I-Effekt ausüben (vgl. B5, S. 259). Die nucleophile Anlagerung eines Wasser-Moleküls wird dadurch erschwert.

A15:

$$H_3CCOOH + H_3CCH_2OH \rightleftharpoons H_3CCOOC_2H_5 + H_2O$$

Säure Alkohol Ester

$$K = \frac{c(Ester) \cdot c(Wasser)}{c(Säure) \cdot c(Alkohol)}$$

Annahmen: V = 1 L; x: Stoffmenge der bis zum Gleichgewicht verbrauchten Säure

	Säure	Alkohol	Ester	Wasser
zu Beginn:	1	2	0	0
beim Gleichgewicht:	$1 - x$	$2 - x$	x	x

$$4 = \frac{x^2}{(1-x) \cdot (2-x)}$$

$$4\,(2 - 3x + x^2) = x^2$$

$$4x^2 + 8 - 12x = x^2$$

$$3x^2 - 12x + 8 = 0$$

$$x^2 - 4x + \frac{8}{3} = 0$$

$$x^2 - 4x + 4 = -\frac{8}{3} + 4$$

$$(x-2)^2 = \frac{4}{3}$$

$$x - 2 = \frac{2}{\sqrt{3}} \quad \vee \quad x - 2 = -\frac{2}{\sqrt{3}}$$

$$x = \frac{2}{\sqrt{3}} + 2 \quad \vee \quad x = -\frac{2}{\sqrt{3}} + 2$$

$$x_1 \approx 3{,}155 \quad \vee \quad x_2 \approx 0{,}845$$

Nur x_2 ist gültig, da die Anfangskonzentration der Säure c_0 (Säure) = 1 mol beträgt.

Die Masse des gebildeten Esters beträgt:

$$m\,(Ester) = n\,(Ester) \cdot M(Ester)$$

$$= 0{,}845 \text{ mol} \cdot 88 \text{ g/mol} = 74{,}4 \text{ g}$$

A16:

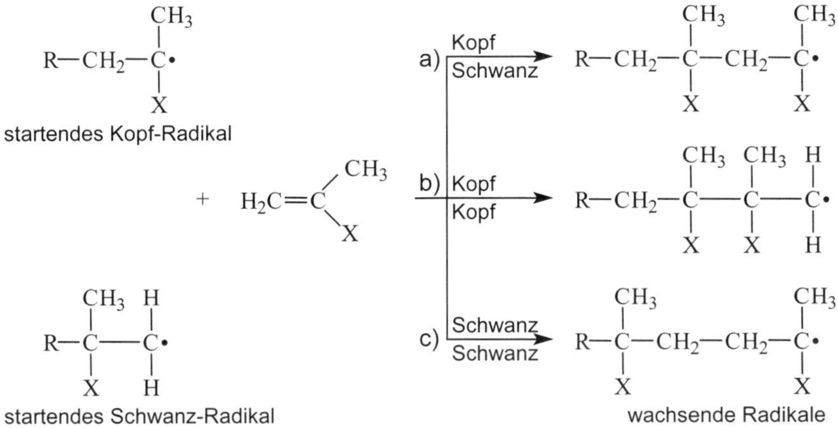

Hinweis: X steht für die –$COOCH_3$ Gruppe.

Bei der Polymerisation nach dem Kopf-Schwanz Muster ist das wachsende Radikal immer ein relativ stabiles tertiäres Radikal, beim Kopf-Kopf und beim Schwanz-Schwanz Muster wären es weniger stabile Radikale.

a) Das startende und das wachsende Radikal sind stabilisiert, weil das radikalische Zentrum jeweils an einem tertiären Kohlenstoff-Atom ist.
b) Das wachsende Radikal ist instabil (primäres Radikal) und daher unwahrscheinlich.
c) Das startende Radikal ist instabil (primäres Radikal) und daher unwahrscheinlich.

A17:
Die Volumenschrumpfung bei der Polymerisation kommt dadurch zustande, dass die Moleküle des Monomers als Monomer-Einheiten im Polymer näher aneinanderrücken.

A18:
Säuren und Laugen verursachen die Hydrolyse bzw. die Verseifung von Estern. Da sowohl die Makromoleküle im Plexiglas als auch die in den Polyestern viele Ester-Gruppen enthalten, würden diese Kunststoffe mit der Zeit durch Säuren und Laugen zersetzt werden.
Polyethen-Makromoleküle sind chemisch ähnlich inert wie Alkan-Moleküle, weil sie keine Ester-Gruppen und auch keine anderen funktionellen Gruppen tragen – sie werden durch Säuren und Laugen nicht angegriffen.

Plexiglas ist thermoplastisch, weil die PMMA-Makromoleküle linear sind. Es gibt weder einzelne chemische Verknüpfungen zwischen verschiedenen Makromolekülen noch ein dreidimensionales Netzwerk, daher ist PMMA weder elastisch noch duroplastisch.

A20:
Es ist zu schade, Abfälle aus reinem Plexiglas durch Verbrennung zu entsorgen, weil man daraus durch bloßes Erhitzen das wertvolle Monomer MMA zurückgewinnen kann (vgl. V1, S. 272). Dadurch unterscheidet sich Plexiglas PMMA von vielen anderen Kunststoffen, die sich nur sehr aufwändig oder gar nicht in die entsprechenden Monomere zurückführen lassen.

Seite 279 bis 281

B1:
In der Regel kann man Farben nur bei Licht sehen. Allerdings gibt es Farb- und Lichterscheinungen, die auch im Dunkeln sichtbar sind. Sie können von Lebewesen ausgehen (Biolumineszenz) ober auch von unbelebten Systemen, z.B. einer chemischen Reaktion (Chemolumineszenz).

B2:
In Lebensmitteln und Kosmetika setzt man möglichst naturidentische Farbstoffe ein, weil man davon ausgehen kann, dass der Organismus diese besser „verträgt" als synthetische Farbstoffe. (*Hinweis*: Das ist häufig der Fall, jedoch nicht allgemeingültig.)

Seite 282 und 283

B1:
Das Prisma zerlegt das weiße Licht in die Spektralfarben Rot bis Violett.

B2:
Violett, Hellgrün und Gelb werden nicht absorbiert.

B4:
E ist ein Maß für den absorbierten Strahlungsanteil, weil die Extinktion E und der absorbierte Strahlungsanteil nach Definition von E (vgl. Gleichung in B4) in einer „je größer umso größer" – Relation stehen. (*Hinweis*: Es handelt sich aber nicht um eine proportionale Abhängigkeit.)

B5:
Wenn ein Gegenstand die Eigenfarbe Rot hat, absorbiert er alle Farben von Violett bis Hellgrün und die Farben von Gelb bis Rot nicht. Ein purpurner Gegenstand absorbiert die Farben Grün und Gelb, dagegen Violett, Blau und Rot nicht.

B7:
Nach dieser Darstellung ist die Komplementärfarbe von Rot die additive Mischung (Überlagerung) von Blau, Violett, Hellgrün, Gelb und Rot. (*Hinweis*: Es ergibt sich ein Rotton zwischen „Rot" und „Purpur".)

Auswertung a):
GOETHES Auffassung, weißes Licht sei nicht in andere Farben zerlegbar, wird in V1 widerlegt, denn das weiße Licht des Diaprojektors wird durch das Prisma in die Spektralfarben des Regenbogens zerlegt.

Auswertung b):
In den Spektren der Lösungen treten dort (anstelle der Farbe) Dunkelzonen auf, wo die betreffende Lösung Licht absorbiert. Diese Dunkelzonen treten an unterschiedlichen Stellen auf, weil die verschiedenfarbigen Lösungen unterschiedliche Farben des Spektrums absorbieren.

Auswertung c):
In B2 tritt ein Peak dort auf, wo in B1 eine Dunkelzone ist. Der absorbierte Strahlungsanteil und damit die Extinktion *E* (vgl. Definition in B4) ist dort am größten.

Auswertung d):
Die Komplementärfarbe ist die additive Mischung (Überlagerung) der von einem farbigen Gegenstand nicht absorbierten Farben.

Auswertung e):

Für $E = 2$ gilt $\lg \frac{I_0}{I} = 2 \Leftrightarrow \frac{I_0}{I} = 100 \Leftrightarrow I = \frac{1}{100} I_0$

Für $E = 0$ gilt $\lg \frac{I_0}{I} = 0 \Leftrightarrow \frac{I_0}{I} = 1 \Leftrightarrow I = I_0$

A1:
Wenn die Grundfarben Cyan (Blau), Gelb, Magenta (Rot) *und* Schwarz (vgl. S. 449 im Schülerband) *in unterschiedlichen Intensitäten* übereinander gedruckt werden, können für den Leser durch subtraktive Farbmischung (vgl. B6) alle Farben erzeugt werden.

Seite 284 und 285

B1:
Es fluoresziert nur die obere Schicht, weil nur diese vom UV-Licht der Handlampe erreicht wird.

B2:

$$H_3BO_3 \rightarrow H_2O + HBO_2$$

Auswertung a):

- *Fluoreszenz* tritt bei V1, V2, V3, V4 und V5 (während des Bestrahlens mit der UV-Lampe) auf.
- *Phosphoreszenz* tritt bei V5 (nach Ausschalten der UV-Lampe) auf.
- *Chemolumineszenz* tritt bei V6 und V7 auf.

In allen drei Fällen handelt es sich um Licht, das vom lumineszierenden Gegenstand selbst ausgestrahlt (emittiert) wird, und in allen drei Fällen ist der lichtemittierende Gegenstand kalt.
Bei Fluoreszenz und Phosphoreszenz wird bzw. wurden lumineszierenden Proben mit energiereichem UV-Licht bestrahlt („angeregt"), bei Chemolumineszenz nicht. Hier kommt es durch chemische Reaktion zur Lumineszenz.

Auswertung b):
Fluoreszenz tritt beispielsweise auf, wenn Geldscheine, Kreditkarten, Ausweise oder modische Kleidungsstücke mit UV-Licht bestrahlt werden, aber auch bei einigen Signalfarben auf Verkehrsschildern, Sicherheitskleidung etc., wenn sie mit weißem Licht angestrahlt werden.
Phosphoreszenz ist beispielsweise bei Tafeln zu beobachten, die Fluchtwege in Gebäuden kennzeichnen. Sie leuchten bei Lichtausfall Minuten bis Stunden nach. Auch viele Gegenstände aus Bastel- und Spielwarengeschäften (glow-chalk, glow-pencil etc.) leuchten im Dunkeln längere Zeit nach, wenn sie vorher dem Licht ausgesetzt waren.
Chemolumineszenz (genauer Biolumineszenz) ist bei Glühwürmchen, Leuchtkäfern (Firefly) und bei vielen aquatischen Tieren (Fische, Krebse, Quallen u.a.) zu beobachten.

A1:
Die Desaktivierung des Triplett-Zustandes T1 kann durch *Phosphoreszenz* $T_1 \rightarrow S_0$ oder durch verlangsamte *Fluoreszenz* $T_1 \rightarrow S_1 \rightarrow S_0$ erfolgen. Eine kalte Probe phosphoresziert länger als eine warme, weil die verlangsamte Fluoreszenz, deren erster Schritt $T_1 \rightarrow S_1$ endotherm verläuft (vgl. B6), gehemmt ist.

A2:
In B6 wird deutlich, dass die Lichtquanten bei der Phosphoreszenz energieärmer sind als bei der Fluoreszenz (die Energiedifferenz beim Elektronenübergang ist geringer). So kommt es, dass bei der Fluoreszenz in V5 b) Lichtquanten aus dem blauen Spektralbereich emittiert werden, bei der Phosphoreszenz dagegen energieärmere Lichtquanten aus dem gelben Bereich.

Seite 286 und 287

B4:
Die gesehenen Farben bei fluoreszierenden und phosphoreszierenden Proben in B4 kommen additiv aus den einzelnen Spektralfarben zustande, weil die jeweils lumineszierende Probe alle Farben des betreffenden Spektrums *emittiert* (im Gegensatz zu den gesehenen Farben auf einem Farbfoto, die subtraktiv zustande kommen).

Auswertung a):

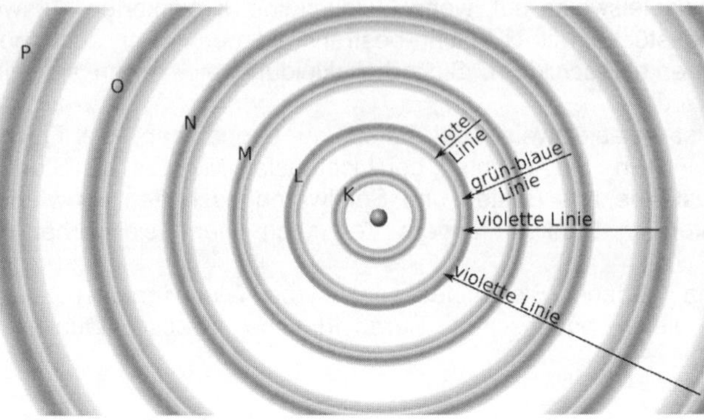

Die vier Linien aus dem sichtbaren Bereich des Wasserstoff-Spektrums (die sogenannte BALMER-Serie) kommen durch die eingezeichneten Elektronenübergänge zustande. Zur experimentellen Ermittlung der Wellenlängen dieser Linien vgl. S. 332 im Schülerband und die Ergänzung dazu in *Chemie 2000+ Online*.

Auswertung b):
Die Elektronenübergänge von höheren Schalen auf die K-Schale sind energiereicher als die der BALMER-Serie (vgl. Auswertung a). Die entsprechenden Lichtquanten sind im UV-Bereich und daher unsichtbar (LYMAN-Serie). Die Übergänge von höheren Schalen auf die M-, N- und O-Schale sind dagegen energieärmer als die der BALMER-Serie. Es handelt sich dabei ebenfalls um unsichtbare Energiequanten aus dem IR-Bereich (PASCHEN-, BRACKETT- und PFUND-Serie).

Auswertung c):
Helium-, Argon- und Quecksilber-Atome haben mehr besetzte und unbesetzte Energieniveaus als Wasserstoff-Atome, die Energiedifferenzen bei Elektronenübergängen haben andere Beträge als bei den Wasserstoff-Atomen. Daher treten in den betreffenden Spektren mehr Linien und mit anderen Farben auf.

Auswertung d):
Gemeinsamkeiten: Sowohl bei den Atomspektren in LV1 als auch bei den Molekülspektren in V2 müssen die Teilchen durch energiereiche Strahlen angeregt werden, um danach durch Emission von sichtbaren Lichtquanten zu lumineszieren.
Unterschiede: Bei LV1 werden Atome durch Elektronenstrahlen (Kathodenstrahlen) angeregt, bei V2 Moleküle durch UV-Strahlen. Die Atomspektren in LV1 sind diskontinuierliche Linienspektren, die Molekülspektren in V2 kontinuierliche Bandenspektren.

Auswertung e):
Aus der Art der Spektren (vgl. B1 und B4 sowie Auswertung d) lässt sich folgern, dass bei Molekülen im Vergleich zu Atomen sehr viele Übergänge zwischen sehr dicht liegenden Energieniveaus stattfinden.

Auswertung f):

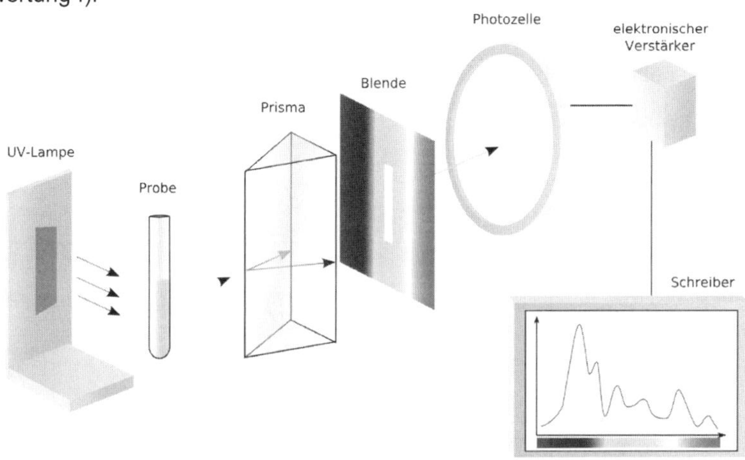

Beim Fluoreszenzspektrometer wird das zu analysierende Licht aus einer zur Fluoreszenz angeregten Probe wie beim Photometer spektral zerlegt und die einzelnen Spektralbereiche werden (ebenfalls wie beim Photometer) quantitativ bestimmt.

Auswertung g):
Für die elektronische Anregung in Molekülen sind relativ energiereiche Energiequanten notwendig. Quanten aus dem sichtbaren Bereich reichen dafür bei einigen Molekülen (farbiger Stoffe) gerade noch aus. Mit energiereicheren UV-Strahlen und Röntgenstrahlen können in der Regel alle Moleküle elektronisch angeregt (oder gar ionisiert) werden. Dagegen sind Mikro- und Radiowellen zu energiearm, um Moleküle elektronisch anzuregen. (*Hinweis*: Mit modernen Lasern ist es möglich, auch mit relativ energiearmen Photonen aus dem IR-Bereich durch Simultanabsorption von zwei Photonen Moleküle elektronisch anzuregen.)

A1:
Die Wellenlänge λ und die Energie E eines Lichtquants sind umgekehrt proportional ($E = h \cdot c/\lambda$). Daher gelten die in B5 angegebenen Relationen.

Seite 288 und 289

Auswertung a) zu V1/V2:
Der Extinktionskoeffizient ε ist eine Stoffkonstante, für eine gelöste Verbindung in einem bestimmten Lösungsmittel bei einer bestimmten Wellenlänge λ.

Auswertung b) zu V1/V2:
Aus der Gleichung $E = \varepsilon \cdot d \cdot c$ und der Angabe, dass E dimensionslos ist, folgt, dass der Extinktionskoeffizient ε beispielsweise die Einheit $\frac{\mathrm{m}^2}{\mathrm{mol}}$ haben kann (oder eine andere Flächeneinheit pro mol).

Auswertung a) zu V3/V4:
Messwerte bei V4:

Zeit *t* in s	Extinkion *E*
0	0,190
30	0,182
60	0,160
90	0,101
120	0,080
150	0,062
180	0.049
210	0,039
240	0,030
270	0,024
300	0,020
330	0,016
360	0,013
390	0,011
420	0,009
	0,009

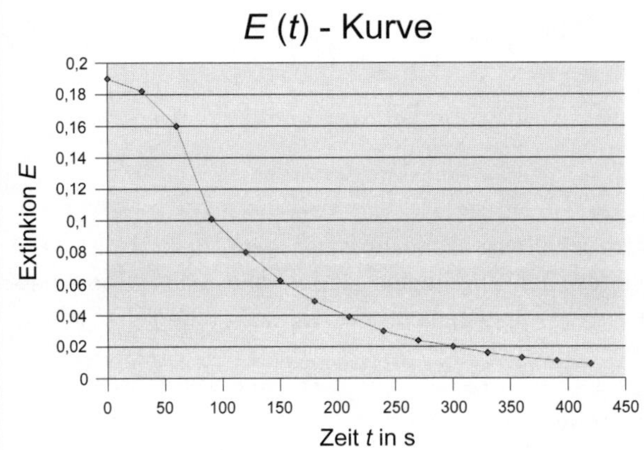

Auswertung b) zu V3/V4:
Die Kurve $t - E$ von a) stellt gleichzeitig auch den Verlauf der Kurve $t - c(\mathrm{KV}^+)$ dar, weil Kristallviolett die einzige farbige Verbindung im System ist und weil die Konzentration $c(\mathrm{KV}^+)$ laut LAMBERT-BEER-Gesetz proportional zur Extinktion E ist.

Auswertung c) zu V3/V4:
Die auf ln*E* und 1/*E* umgerechnete Tabelle aus Auswertung a) lautet:

Zeit *t* in s	**Extinkion *E***	**ln*E***	**1/*E***
0	0,190	-1,66	5,26
30	0,182	-1,70	5,94
60	0,160	-1,83	6,25
90	0,101	-2,29	9,90
120	0,080	-2,53	12,5
150	0,062	-2,78	16,13
180	0.049	-3,02	20,41
210	0,039	-3,24	25,64
240	0,030	-3,51	33,33
270	0,024	-3,73	41,67
300	0,020	-3,91	50
330	0,016	-4,14	62,5
360	0,013	-4,34	76,92
390	0,011	-4,51	90,91
420	0,009	-4,71	111,11

Daraus ergeben sich folgende Graphen *t* – ln*E* und *t* – 1/*E*:

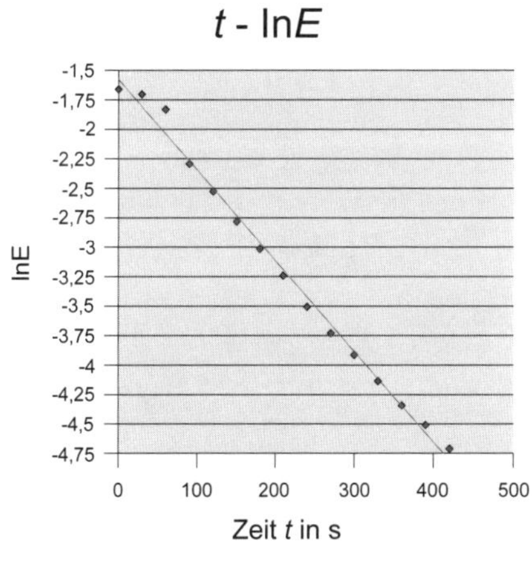

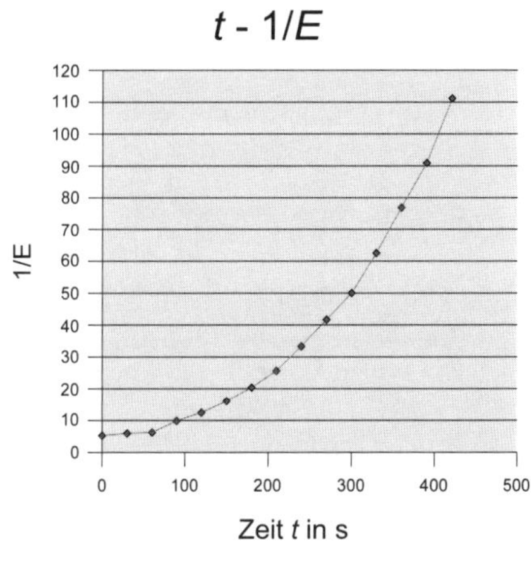

Eine lineare Beziehung liegt beim Graphen *t* – ln*E* vor. Das entspricht nach den Ausführungen von S. 252 – 253 einer Kinetik 1.Ordnung.

Auswertung d) zu V3/V4:
Die Kinetik der untersuchten Reaktion ist pseudo-1.Ordnung, weil die Konzentration des Edukts Kristallviolett $c(KV^+)$ zwar nach einem Gesetz 1.Ordnung abnimmt (vgl. Auswertung c), laut Reaktionsgleichung (vgl. Aufgabenstellung in Auswertung a) aber in einer bimolekularen Reaktion verbraucht wird. Erklären kann man das dadurch, dass das zweite Edukt, die Hydroxid-Ionen, im Überschuss vorliegen und ihre Konzentrationsänderung praktisch nicht ins Gewicht fällt.

Seite 290 und 291

Auswertung a):
Strukturmerkmal aller Farbstoff-Moleküle sind konjugierte Doppelbindungen.
Häufige Strukturelemente sind: Phenylringe (Sechserringe mit 3 Doppelbindungen), Carbonyl-Gruppen, Amino-Gruppen, Hydroxy-Gruppen.

Auswertung b):
Die Einfachbindung im Butadien-Molekül ist mit 148 pm kürzer als die Einfachbindung in einem Alkan (154 pm), die Doppelbindungen sind etwas länger (134 pm) als die in einem Alken (133 pm). Die Bindungslängen liegen zwischen den Bindungslängen der Einfach- bzw. Doppelbindungen. Dies lässt den Schluss zu, dass eine Angleichung von Einfach- und Doppelbindungen im Butadien-Molekül vorliegt, der Bindungszustand also zwischen einer Einfach- und einer Doppelbindung liegt.
Bei Cyanin-Molekülen sind die Einfach- bzw. Doppelbindungen fast gleich lang, der Bindungsausgleich ist deutlich ausgeprägter als beim Butadien-Molekül.

B6:
Auxochrome Gruppe bei Farbstoff 1 und 2: $-NC_2H_5$

Antiauxochrome Gruppe bei Farbstoff 1: $-C{=}\overset{\oplus}{N}C_2H_5$; bei Farbstoff 2: $-C{=}O$

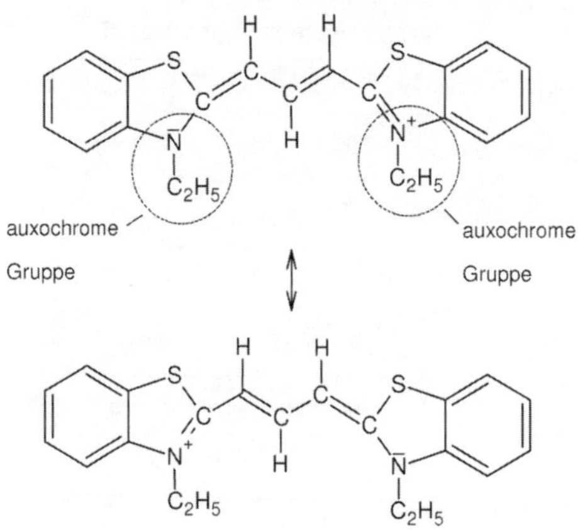

Farbstoff 1

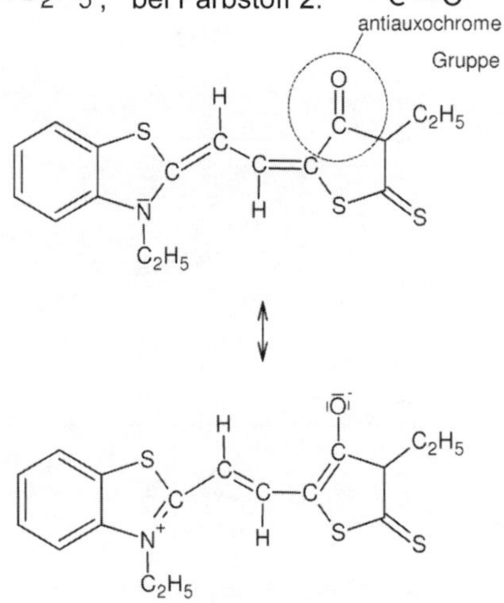

Farbstoff 2

A1:
Merocyanine:

$$R_2N-[CH{=}CH]_n-CH{=}O \longleftrightarrow R_2\overset{\oplus}{N}{=}[CH-CH{=}]_nCH-\overline{\underline{O}}|^{\ominus}$$

Cyanine:

Polyene:

Merocyanine absorbieren kürzerwelliges Licht als Cyanine. Dies lässt sich mit der besseren Elektronendelokalisierung bzw. dem besseren Bindungsausgleich bei den Cyanin-Molekülen erklären. Bei diesen sind beide mesomeren Grenzstrukturen gleichwertig, während bei den Merocyanin-Molekülen die dipolare Grenzstruktur weniger Gewicht hat als die unpolare, denn die $CH{=}O$ - Gruppe ist eine schwächere Akzeptor-Gruppe als die $CH{=}\overset{(+)}{N}R_2$ -Gruppe. Merocyanine absorbieren längerwelliges Licht als Polyene. Die bathochrome Verschiebung bei den Merocyaninen wird durch die Donator-Gruppe R_2N - und die Akzeptor-Gruppe $-CH{=}O$ hervorgerufen. Durch die beiden Gruppen wird eine bessere Elektronendelokalisierung (besserer Bindungsausgleich) als bei den Polyenen erreicht. Die dipolare Grenzstruktur bei den Merocyanin-Molekülen mit der negativen Ladung am Sauerstoff-Atom trägt mehr zur Elektronendelokalisierung bei als im Vergleich die dipolare Grenzstruktur bei den Polyen-Molekülen.

A2:

	auxochrome Gruppe	antiauxochrome Gruppe
Kristallviolett-Molekül	$-N(CH_3)_2$	$=N^{\oplus}(CH_3)_2$
Phenolphthalein-Molekül	$-\overline{\underline{O}}\vert^{\ominus}$	$C{=}\overline{\underline{O}}$

Mesomere Grenzstrukturen für das Kristallviolett-Molekül:

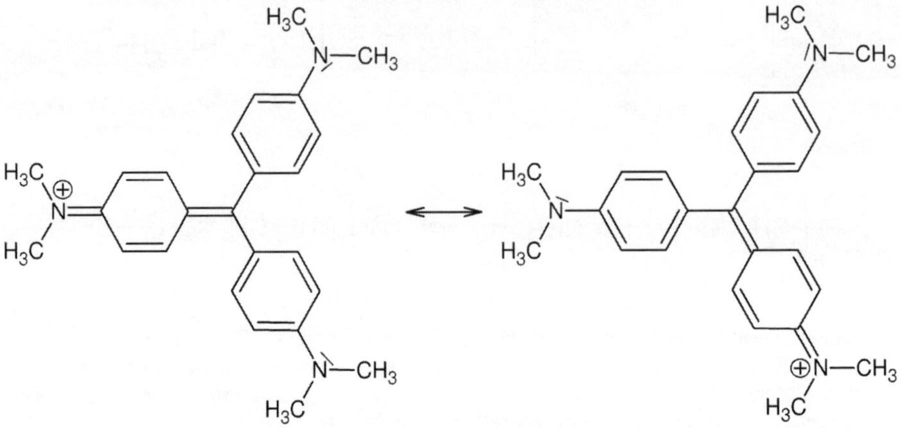

Mesomere Grenzstrukturen für das Phenolphthalein-Molekül:

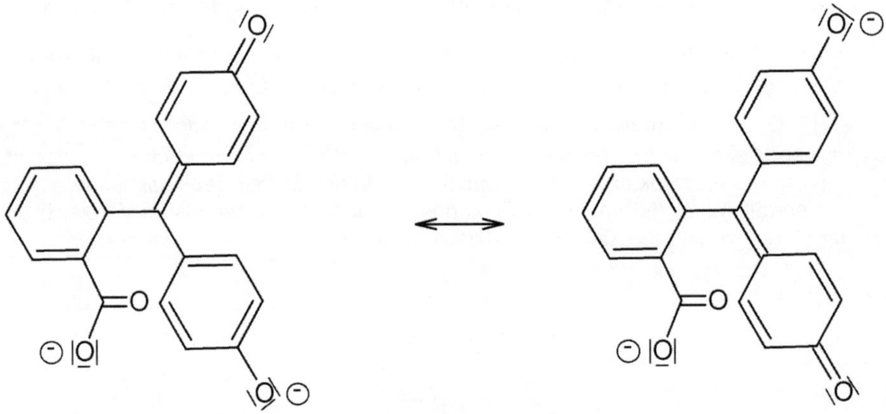

Seite 292 und 293

B2:

Hydrierung von Cyclohexen:

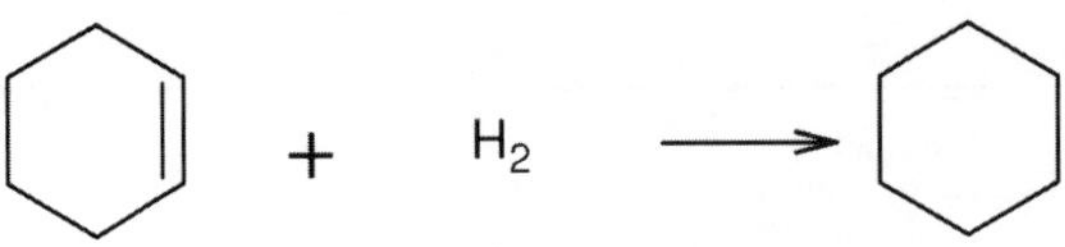

$\Delta H_H = -120\,kJ/mol$

Hydrierung von 1,3-Cyclohexadien:

$\Delta H_{\mathrm{H}} = -232\,\mathrm{kJ/mol}$

Die gemessene Hydrierungsenthalpie ist um den Betrag von 8 kJ/mol kleiner als die berechnete.

Hydrierung von Benzol:

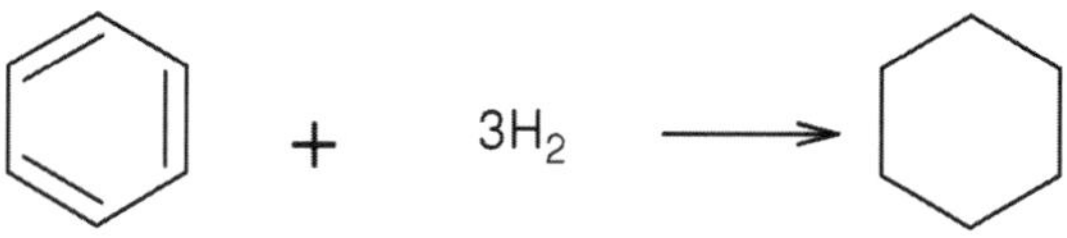

$\Delta H_{\mathrm{H}} = -209\,\mathrm{kJ/mol}$

Die gemessene Hydrierungsenthalpie ist um den Betrag von 151 kJ/mol kleiner als die berechnete.

A1:

Mögliche Valenzstrichformeln für C_6H_6 (Auswahl)	Anzahl der isomeren Monobromderivate	Anzahl der isomeren Dibromderivate
$H_2C{=}CH{-}C{\equiv}C{-}CH{=}CH_2$	2	5
$HC{\equiv}C{-}CH{=}CH{-}CH{=}CH_2$	5	11
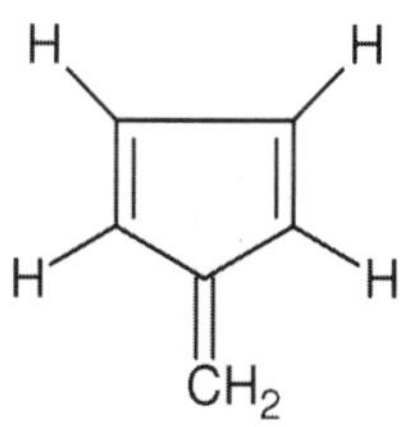	3	3

Mögliche Valenzstrichformeln für C_6H_6 (Auswahl)	Anzahl der isomeren Monobromderivate	Anzahl der isomeren Dibromderivate
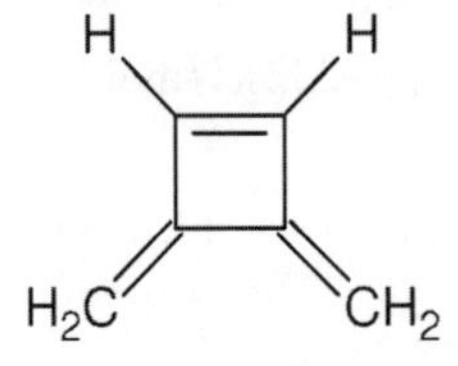	2	3
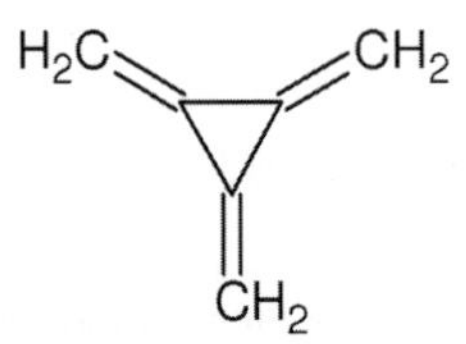	1	2

A2:
Die Konstitutionsformel von Kekulé für das Benzol-Molekül mit zwei im Gleichgewicht stehenden Formeln mit je drei Doppelbindungen erklärte nicht, dass Benzol nicht wie ein Alken reagiert. Daher wurden weitere Vorschläge von anderen Forschern gemacht.

A3:
Die Benzol-Formel nach Dewar enthält Doppelbindungen, kann demnach nicht die im Vergleich zu Alkenen geringe Reaktivität des Benzols erklären. Nach der Dewar-Formel müsste es 2 isomere Monobromderivate und 6 isomere Dibromderivate geben. Dies steht im Widerspruch zu der Tatsache, dass es nur ein Monobrombenzol und 3 Dibrombenzole gibt.
Die Benzol-Formel nach Ladenburg enthält keine Doppelbindungen, die geringe Reaktivität könnte mit ihr erklärt werden. Nach der Ladenburg-Formel müsste es 1 Monobromderivat und 3 Dibromderivate geben. Die Isomerenanzahl stimmt mit der tatsächlichen Isomerenanzahl überein.

A4:
In Dewar-Benzol, Ladenburg-Benzol (Prisman), Benzvalen und Bicyclopropenyl sind 6 CH-Gruppen miteinander verbunden wie im Benzol-Molekül. Die Kohlenstoff-Atome sind jedoch in unterschiedlicher Weise über Einfach- oder Doppelbindungen mit 2 oder 3 anderen C-Atomen verknüpft.

DEWAR-Benzol	Prisman	Benzvalen	Bicyclopropenyl
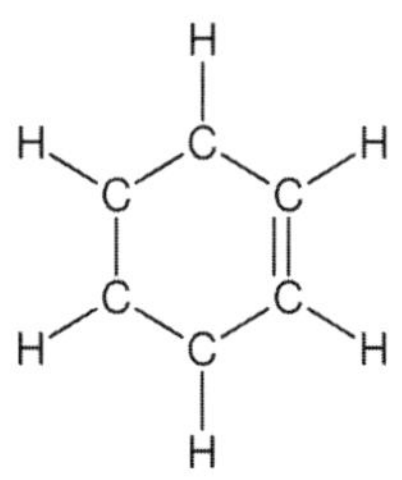	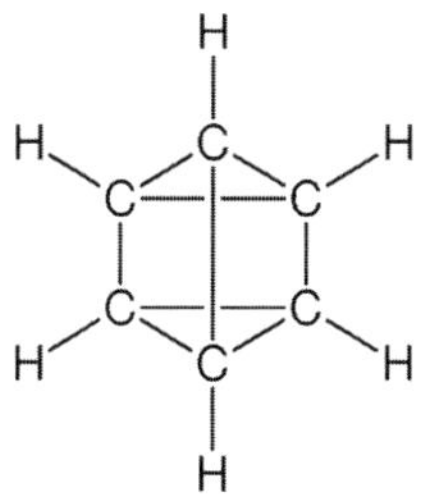	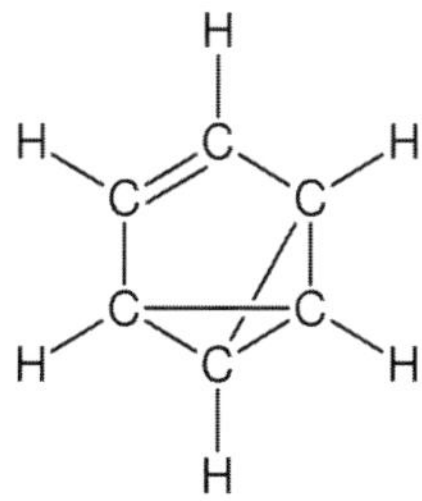	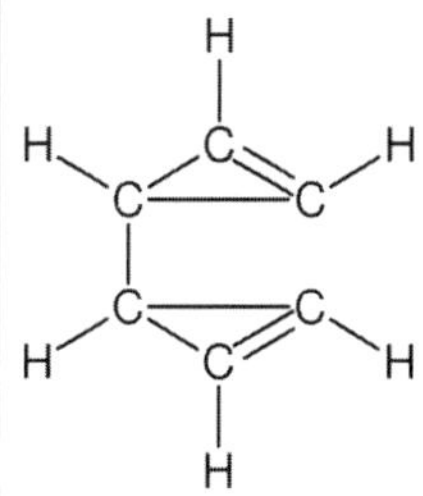

A1:
Nach KEKULÉS Vorstellung ist Benzol ein Isomerengemisch aus zwei sich schnell ineinander umwandelnden 1,3,5-Cyclohexatrien-Isomeren. Nach heutiger Vorstellung sind die Elektronen im Ring nicht in 3 Doppelbindungen zwischen je zwei C-Atomen lokalisiert, sondern über den ganzen Ring delokalisiert.

A2:
Die Mesomerieenergie für 1,3-Cyclohexadien beträgt E_{mes}= - 8 kJ/mol (vgl. B2).
Die Mesomeriestabilisierung von 1,3-Cyclohexadien ist sehr viel kleiner als die von Benzol. Demnach ist die Elektronendelokalisierung nicht so ausgeprägt wie beim Benzol-Molekül. Dies kann durch mesomere Grenzstrukturen, die beim 1,3-Cyclohexadien nicht gleichwertig sind, symbolisiert werden.

Seite 294 und 295

A1:
Aufgrund der sp^3-Hybridisierung des Kohlenstoff-Atoms im Methan-Molekül sind die vier sp^3-Hybridorbitale tetraedrisch im Raum ausgerichtet. Entsprechend sind die vier Wasserstoff-Atome im Methan-Molekül tetraedrisch um das Kohlenstoff-Atom herum angeordnet.

A2:
Bei der C-C –Einfachbindung gibt es kein π- und kein π^*-Molekülorbital, weil die beiden C-Atome sp^3-hybridisiert sind und daher keine p-Orbitale mehr vorliegen, die für die Ausbildung von π-Molekülorbitalen erforderlich sind.

A3:
In B2 wird deutlich, dass die Energiedifferenz bei einer $\pi \rightarrow \pi^*$ Anregung geringer ist als bei einer $\sigma \rightarrow \sigma^*$ Anregung. Alkene absorbieren daher Licht größerer Wellenlänge als Alkane.

A4:
Bei einer $\sigma \rightarrow \sigma$ * Anregung in einem Alkan-Molekül ist der bindende Charakter der σ-Bindung komplett aufgehoben. Das Molekül ist im Vergleich zu den beiden Radikalen nicht mehr energetisch begünstigt (nicht mehr energieärmer), jedoch entropisch benachteiligt (das Molekül hat weniger Freiheitsgrade als die Radikale). Das so angeregte Molekül zerfällt daher in Radikale
Bei einer $\pi \rightarrow \pi^*$ Anregung wird zwar der bindende Charakter der π-Bindung aufgehoben, die π-Bindung bleibt aber voll bestehen. Das so angeregte Molekül zerfällt nicht in Bruchstücke.

Seite 296 und 297

A1:
In den aromatischen Sechserringen des Pyrimidin- und des Purin-Moleküls sind die freien Elektronenpaare der Stickstoff-Atome nicht am aromatischen Elektronensextett beteiligt. Sie sind für die Bindung eines Protons verfügbar.
Beim Pyrrol-Molekül ist das freie Elektronenpaar des Stickstoff-Atoms am aromatischen Elektronensextett beteiligt und nicht für die Bindung eines Protons verfügbar. Daher sind Pyrimidin und Purin stärkere Basen als Pyrrol.

A2:

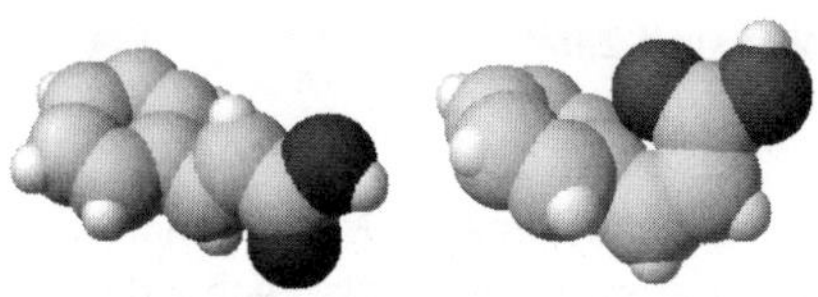

Kalottenmodell der Zimtsäure
links: *trans*, rechts: *cis*

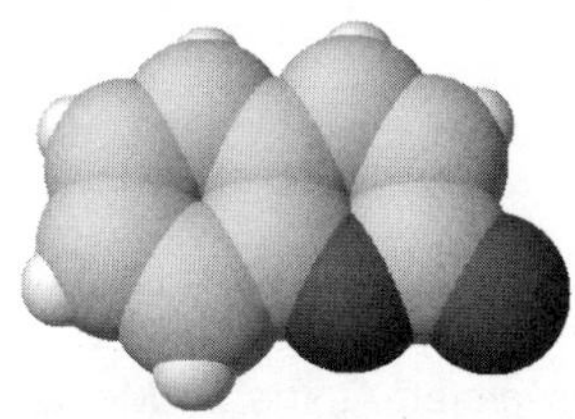

Kalottenmodell des Cumarins

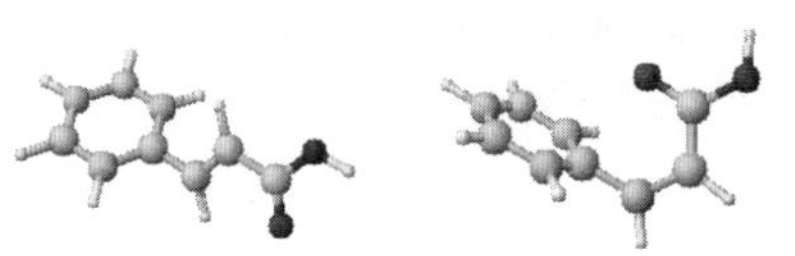

Kugel- und Stäbchenmodell der Zimtsäure
links: *trans*, rechts: *cis*

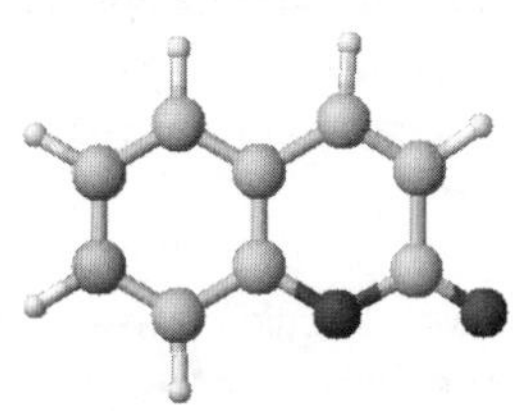

Kugel- und Stäbchenmodell
des Cumarins

A3:

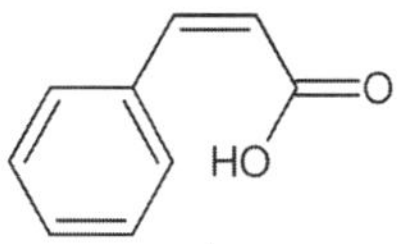

cis

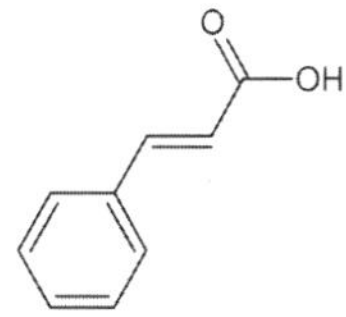

trans

Die Carboxy-Gruppe und der Phenyl-Rest behindern sich beim *cis*-Isomer wegen der räumlichen Nähe stärker.

Seite 298 und 299

Auswertung a):
Der bei der Bromierung von Benzol benötigte Katalysator Eisen(III)-bromid wird im Reaktionsgefäß aus elementarem Eisen und Brom gebildet:

$$2\,Fe + 3\,Br_2 \rightarrow 2\,FeBr_3$$

Auswertung b):
Auf die Bildung von Bromwasserstoff deuten hin
a) die Bildung eines Gases, das feuchtes Indikatorpapier rot färbt,
b) die Löslichkeit dieses Produktes in Wasser

Auswertung c):
Die positive BEILSTEIN-Probe mit dem organischen Reaktionsprodukt ist ein Nachweis für Halogene, hier Brom. Bromwasserstoff würde die BEILSTEIN-Probe verfälschen. Daher muss das organische Reaktionsprodukt vorher durch Waschen mit verd. Natronlauge von Bromwasserstoff befreit werden.

Auswertung d):
Das Reaktionsprodukt hat eine größere Dichte als Wasser, da sich die organische Phase unter dem Wasser absetzt. Die Dichte von Benzol ist kleiner als die von Wasser.

B2:
Die Reaktionen von Benzol zu Nitrobenzol, Cumol, Ethylbenzol und Chlorbenzol sind elektrophile Reaktionen.

A1:
Durch den negativen induktiven (-I-Effekt) des Brom-Atoms wird die Elektronendichte im aromatischen Ring des Brombenzol-Moleküls im Vergleich zu einem Benzol-Molekül erniedrigt. Daher ist die Reaktivität des Brombenzols bei einer elektrophilen Substitution geringer als die des Benzols und erfordert energischere Reaktionsbedingungen.

Seite 300 und 301

Auswertung a):
Bei Zugabe von einem Tropfen Wasser zu wenig festem Phenol, bildet sich eine klare Lösung, bei weiterer Wasserzugabe tritt Trübung ein. Es bildet sich eine Emulsion. Bei der Zugabe von sehr viel Wasser bildet sich wieder eine klare Lösung.
Der *p*H-Wert liegt ungefähr bei 4.

Auswertung b):
Der *p*H-Wert einer Ethanol-Lösung liegt bei 7, der einer Essigsäure-Lösung zwischen 2 und 3. Die Säurestärke von Phenol liegt demnach zwischen der von Ethanol und Essigsäure. Dies wird durch die pK_s-Werte bestätigt.

Auswertung c):
Beobachtung: Bei Zugabe von Natronlauge zur Phenol-Wasser-Emulsion bildet sich eine klare Lösung, bei Zugabe von Salzsäure zu der Lösung bildet sich wiederum eine Emulsion.

Erklärung: Phenol protolysiert in wässriger Lösung nach:

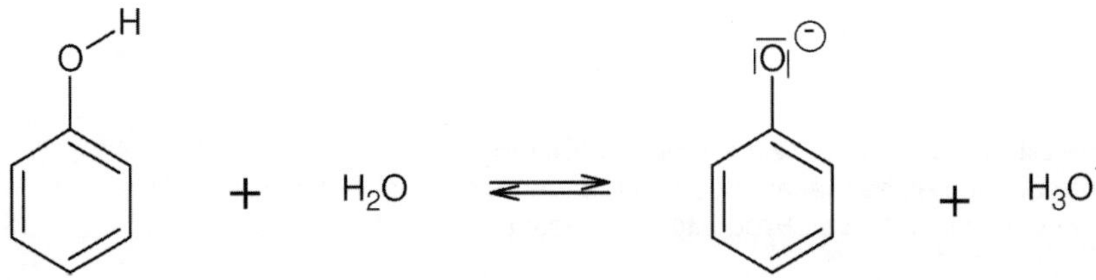

Durch Zugabe von Natronlauge wird die Oxonium-Ionenkonzentration erniedrigt und dadurch wird die Bildung der Phenolat-Ionen begünstigt. Die Phenolat-Ionen sind aufgrund der negativen Ladung polarer und hydrophiler als die ungeladenen Phenol-Moleküle und daher in Wasser besser löslich.
Bei Zugabe von Salzsäure wird die Oxonium-Ionenkonzentration erhöht, wodurch die Rückreaktion von Phenolat-Ionen zu den weniger hydrophilen Phenol-Molekülen begünstigt wird.

Auswertung d):
Bei Zugabe von Bromwasser zur Phenol-Lösung tritt eine Entfärbung des braunen Bromwassers ein. Die Lösung ist stark sauer. Dies deutet auf eine Substitution hin, bei der ein Wasserstoff-Atom durch ein Brom-Atom ersetzt wird.

Auswertung e):
Reaktionsmechanismus für die Bromierung von Phenol:
Elektrophiler Angriff des Brom-Moleküls und Bildung des Interduktes (σ-Komplexes):

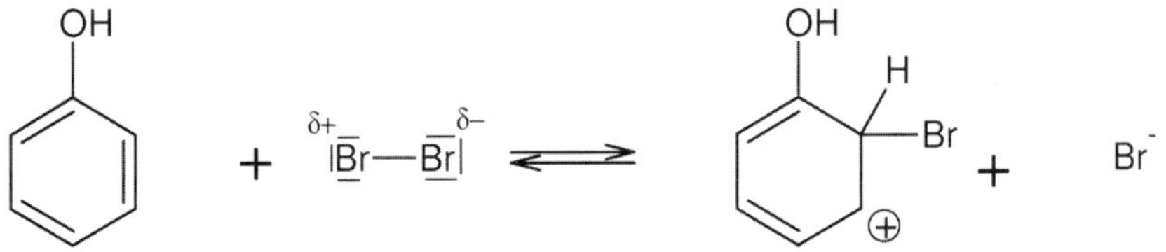

Protonenabspaltung und Rearomatisierung:

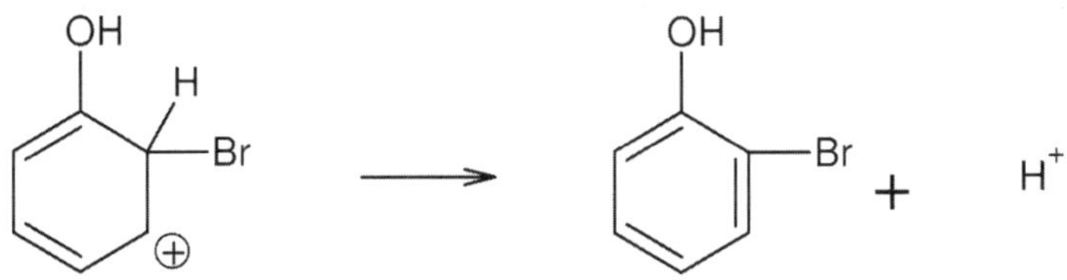

Mesomere Grenzstrukturen für das Interdukt (σ-Komplex) bei para-Substitution:

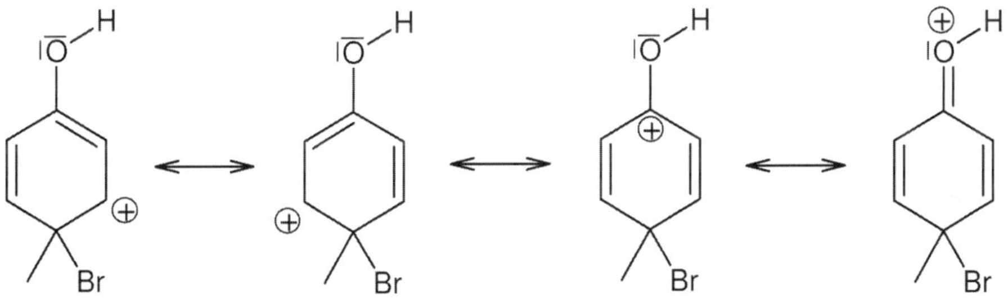

Mesomere Grenzstrukturen für das Interdukt (σ-Komplex) bei meta-Substitution:

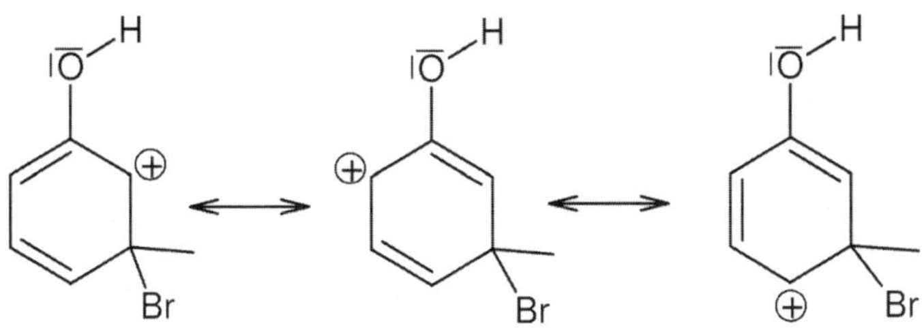

Bei den Interdukten der ortho- und para-Substitution gibt es 4 Grenzstrukturen. Bei je einer Grenzstruktur liegt die positive Ladung am Sauerstoff-Atom der Hydroxy-Gruppe. Bei der meta-Substitution gibt es nur drei Grenzstrukturen. Die positive Ladung ist bei den ortho-und para-Interdukten besser über das ganze Molekül delokalisiert als beim meta-Interdukt. Dies bedeutet, dass das meta-Interdukt energetisch ungünstiger ist als die beiden anderen, weshalb Substitution in ortho- und in para-Stellung bevorzugt eintritt.

B1:

Thymol ist ein Phenolderivat und reagiert mit Natronlauge zu Thymolat-Ionen. Diese sind besser löslich als Thymol-Moleküle.

B2:

Phenol: R: 24/25 - 34, S: 1 /2 -28 - 45

Giftig beim Einatmen und bei Berührung mit der Haut. Verursacht Verätzungen.

Unter Verschluss und für Kinder unzugänglich aufbewahren. Bei Berührung mit der Haut sofort mit viel ... (vom Hersteller anzugeben) abwaschen. Bei Unfall oder Unwohlsein sofort Arzt hinzuziehen.

Anilin: R: 23/24/25 - 33 - 40, S: 28 – 36/37- 44

Giftig beim Einatmen, Verschlucken und Berührung mit der Haut.

Gefahr kumulativer Wirkung. Irreversibler Schaden möglich.

Bei Berührung mit der Haut sofort mit viel ... (vom Hersteller anzugeben) abwaschen. Bei der Arbeit geeignete Schutzhandschuhe und Schutzkleidung tragen. Bei Unwohlsein ärztlichen Rat einholen (wenn möglich dieses Etikett vorzeigen).

B5:

+M-Effekt der Amino-Gruppe im Anilin-Molekül:

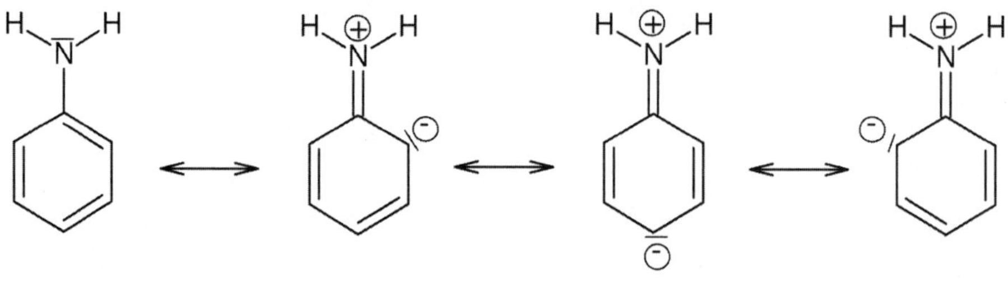

A1:

Vgl. Auswertung e).

A2:

Das freie Elektronenpaar des Stickstoff-Atoms im Anilin ist in die Mesomerie des aromatischen Ringes miteinbezogen.

Dadurch wird die Anlagerung eines Protons an das Stickstoff-Atom erschwert, weshalb Anilin schwächer basisch als Ammoniak reagiert.

A3:

a) Durch den +M-Effekt der Amino-Gruppe wird die Elektronendichte im aromatischen Ring erhöht. Anilin ist daher einer elektrophilen Substitution wie der Bromierung leichter zugänglich als Benzol.
Es werden o-Bromanilin und p-Bromanilin gebildet. Dies lässt sich mithilfe der mesomeren Grenzstrukturen (vgl. B5) erklären, die in ortho- und in para-Stellung eine erhöhte Elektonendichte anzeigen als in meta-Stellung.

Anmerkung: Die Erklärung der Bildung von o- und p-Bromanilin über den energetischen Zustand der σ-Komplexe ist zwar präziser, da die Aktivierungsenergie die Geschwindigkeit einer Reaktion bestimmt und daher die Bildung der Produkte über den energetischen Zustand der Zwischenstufen bestimmt wird. Der Vergleich der o-, m- und p-Interdukte hinsichtlich ihres Energiezustands erfordert das zeitraubende Zeichnen von 11 mesomeren Grenzstrukturen. Mit dem einfacheren Modell über die Elektronendichte im Grundzustand kann die o/p-Substitution genauso plausibel, dabei kürzer und anschaulicher erklärt werden. Dies entspricht auch dem fachmethodischen Usus, immer das einfachst mögliche Modell zur Erklärung eines Phänomens heranzuziehen.

b) Da Anilin eine Amino-Gruppe enthält, die in diesem Fall als Base fungiert, puffert sie das entstehende HBr. Somit ändert sich der *p*H-Wert nicht.

Seite 302 und 303

Auswertung a):
Salpetrige Säure entsteht in einer Säure-Base-Rekation aus den Nitrit-Ionen und den Oxonium-Ionen der Salzsäure:

$$NO_2^- + H_3O^+ \rightleftharpoons HNO_2 + H_2O$$

Auswertung b):
Diazonium-Ion aus Sulfanilsäure:

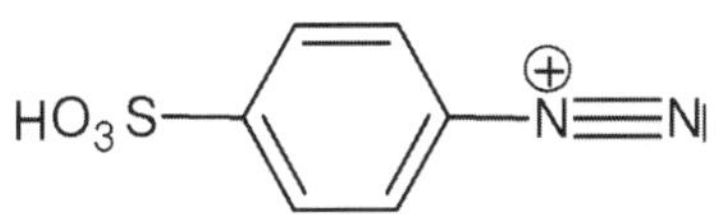

Auswertung c):
In alkalischer Lösung werden Naphtholat-Ionen gebildet. Das geladene Sauerstoff-Atom übt einen stärkeren +M-Effekt auf das aromatische System aus als die Hydroxy-Gruppe, sodass Naphtholat-Ionen bei einer elektrophilen Substitution reaktiver sind als Naphthol-Moleküle.

Auswertung d):
Naphtholorange:

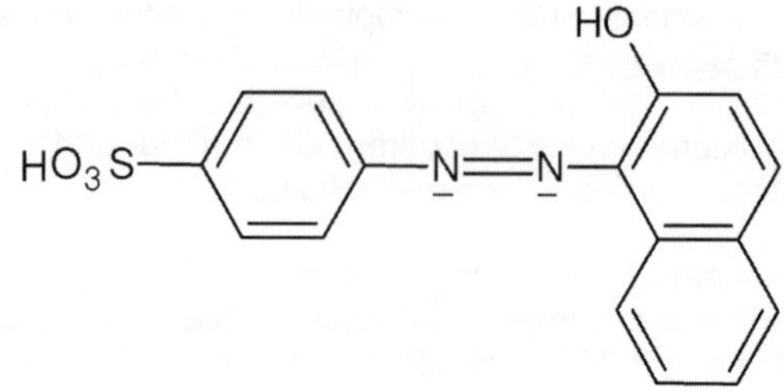

Auswertung e):
Der Nachweis von Nitrit-Ionen beruht auf der Bildung eines roten Azofarbstoffes.

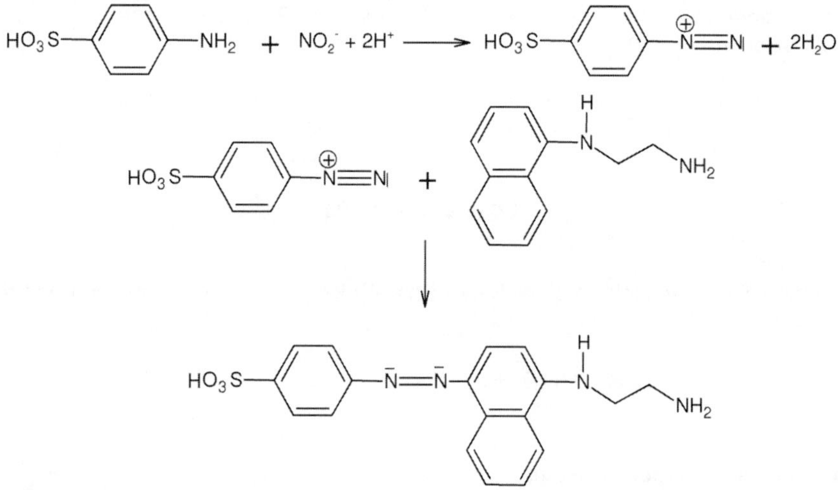

Die Kupplungskomponente α-Naphthylethylendiamin ist aufgrund des +-M-Effektes der Amino-Gruppe in o-und p-Stellung aktiviert. Aus sterischen Gründen ist die p-Stellung bevorzugt.

Auswertung f):
Beobachtung: In einer Natriumnitrit-Lösung werden beide Testfelder rot gefärbt.
In der Natriumnitrat-Lösung wird nur das untere Testfeld (Nitrat-Testfeld) rot gefärbt. Nach Zugabe von Zinkpulver färben sich beide Testfelder rot.
Erklärung: Durch Zugabe von Zinkpulver werden Nitrat-Ionen zu Nitrit-Ionen reduziert:

$$\overset{V}{N}O_3^- + \overset{0}{Zn} + 2\,H^+ \rightarrow \overset{III}{N}O_2^- + \overset{II}{Zn}{}^{2+} + H_2O$$

Das im Testfeld für den Nitrat-Nachweis vorhandene Zinkpulver reduziert die Nitrat-Ionen zu Nitrit-Ionen, die zum Azofarbstoff weiterreagieren. Erst durch diese Farbreaktionen können Nitrat-Ionen angezeigt werden.

B2:
In beiden Testfeldern reagieren Nitrit-Ionen mit den enthaltenen Reagenzien zum roten Azofarbstoff. Bei Vorhandensein von Nitrit-Ionen, erkennbar durch Rotfärbung des oberen Testfeldes, kann nicht eindeutig erkannt werden, ob die Rotfärbung im Testfeld für den Nitrat-Nachweis auch durch Nitrat-Ionen verursacht wird.

A1:
Die Azokupplung ist eine elektrophile Substitution an Aromaten. Aktivierte Aromaten wie Phenol oder Anilinderivate besitzen Substituenten mit einem +M-Effekt, die die Elektronendichte im aromatischen System erhöhen, was die elektrophile Substitution und daher die Azokupplung erleichtert.

A2:
Reaktionsgleichung für die Protolyse von *β*-Naphtholorange:

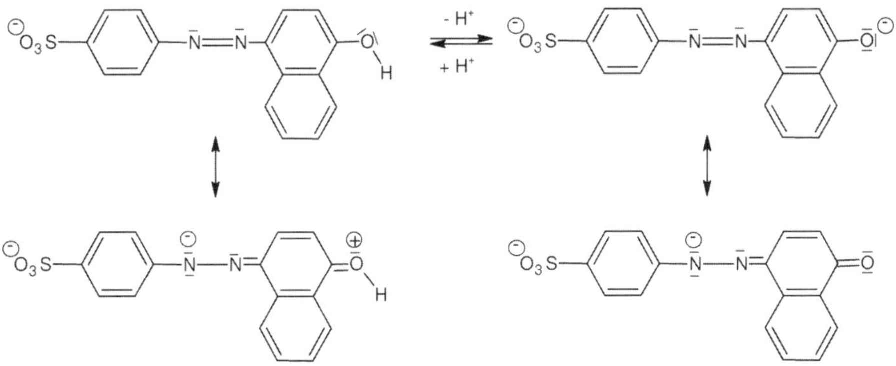

β-Naphtholorange
in saurer Lösung

β-Naphtholorange
in alkalischer Lösung

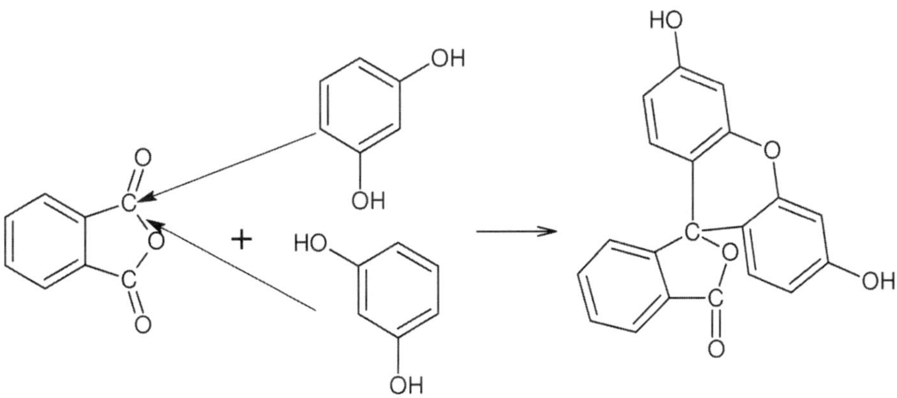

β-Naphtholorange hat in saurer Lösung eine gelb-orange Farbe, in alkalischer eine rote. In alkalischer Lösung wird also längerwelliges, energieärmeres Licht absorbiert. Für die Anregung der Elektronen ist weniger Energie nötig, was sich durch eine bessere Elektronendelokalisierung erklären lässt. Die bessere Elektronendelokalisierung wird durch den Vergleich der mesomeren Grenzstrukturen symbolisiert. Bei der Form in alkalischer Lösung sind die beiden Grenzstrukturen nahezu gleichwertig und mit einer Verteilung der negativen Ladung über das Molekül verbunden. Bei der Form in saurer Lösung hat die unpolare Grenzstruktur ein höheres Gewicht als die dipolare Struktur, die zur Elektronendelokalisierung weniger beiträgt.

B7:
Die Indikatorsäure von Methylorange besitzt eine rote Farbe, die Indikatorbase eine gelbe. Die Säure absorbiert längerwelliges Licht als die Base, d.h. die π-Elektronen der Base werden durch energieärmeres Licht angeregt als die der Säure. Wie die mesomeren Grenzstrukturen zeigen, ist die Delokalisierung bei der sauren Form besser als bei der basischen. Die mesomeren Grenzstrukturen der sauren Form sind nahezu gleichwertig mit einer Verteilung der positiven Ladung über das ganze Molekül, während bei der basischen Form die unpolare Grenzstruktur ein größeres Gewicht hat als die dipolare Form, die zur Elektronendelokalisierung weniger beiträgt.

B8:
Die rot gezeichnete Absorptionskurve von Methylorange-Lösung mit dem Absorptionsmaximum bei 510 nm ist dem *p*H-Wert 2 zuzuordnen. Es wird grünes Licht absorbiert und der Farbstoff erscheint in der Komplementärfarbe Rot. Die gelbe Absorptionskurve mit dem Absorptionsmaximum bei 460 nm ist entsprechend dem *p*H-Wert 10 zuzuordnen (Absorption von blauem Licht, Komplementärfarbe Gelb).

Seite 304 und 305

Auswertung a):
Die Phenolphthaleinsynthese ist eine elektrophile aromatische Substitution. Das elektrophile Teilchen wird aus Phthalsäureanhydrid durch Protonierung mit Schwefelsäure gebildet.

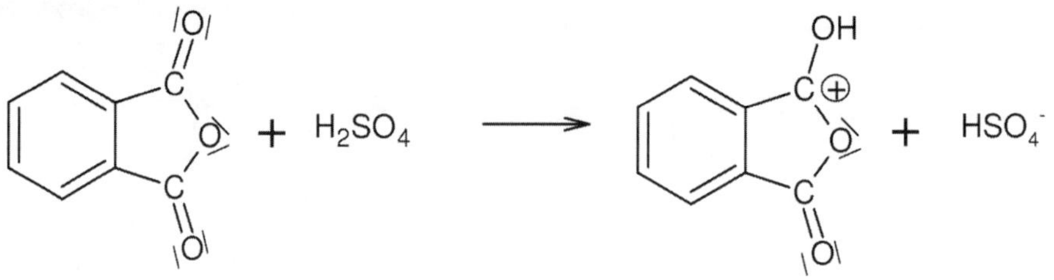

Phenol-Moleküle können in ortho- und in para-Stellung zur Hydroxy-Gruppe substituiert werden. Die Substitution erfolgt in para-Stellung aus sterischen Gründen, da das elektrophile Teilchen, das protonierte Phthalsäureanhydrid-Molekül relativ groß ist.

Auswertung b):
Reaktionsgleichung für die Synthese von Fluoreszein:

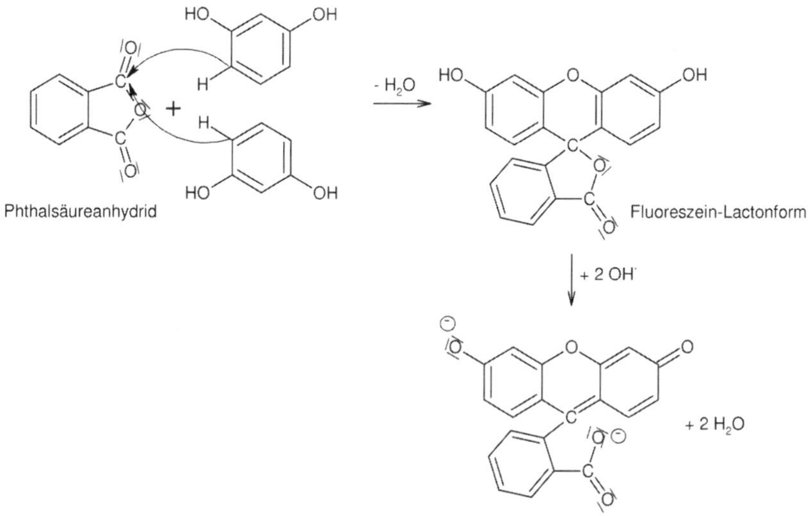

Gemeinsamkeiten bei der Fluoreszein- und Phenolphthaleinsynthese:
Elektrophile Substitution an ein Hydroxy-Benzol, elektrophiles Teilchen ist Phthalsäureanhydrid

Unterschiede:
Bei Fluoreszein bildet sich aus den meta-ständigen Hydroxy-Gruppen eine Etherbrücke unter Wasserabspaltung, da die Hydroxy-Gruppen in einer entsprechenden räumlichen Anordnung liegen. Dabei bildet sich ein verknüpfender Sechsring zwischen den beiden Phenylringen aus.

Auswertung c):
Phenolphthalein ist in Ethanol gut löslich, in neutraler wässriger Lösung schlecht und in alkalischer Lösung gut löslich. Phenolphthalein ist aufgrund der großen unpolaren Reste unpolar und daher in Wasser schlecht, aber in Ethanol gut löslich. In alkalischer Lösung bildet sich das Phenolphthalein-Dianion aus, das als Ion stark polar ist und daher in Wasser hydratisiert wird.

In neutraler Lösung liegen Phenolphthalein-Moleküle in der Lactonform vor, bei der das zentrale Kohlenstoff-Atom 4 Bindungspartner besitzt und tetraedrische Struktur hat. Es ist keine Elektronendelokalisierung über dieses zentrale Kohlenstoff-Atom hinweg möglich, sondern nur innerhalb der Phenylringe. Zur Anregung dieser Elektronen reicht die Energie des sichtbaren Lichtes nicht aus, daher ist die Lösung farblos. Beim Phenolphthalein-Dianion in alkalischer Lösung ist die Elektronendelokalisierung über das zentrale Kohlenstoff-Atom möglich. Es liegt ein ausgedehntes π-Elektronensystem vor, das durch Energie des grünen Lichtes angeregt werden kann. Daher erscheint die alkalische Lösung rot.

Auswertung d):
Durch die Addition eines Hydroxid-Ions an das zentrale Kohlenstoff-Atom wird die Elektronendelokalisierung über beide Ringe hinweg unterbrochen wie bei der Lactonform in saurer Lösung. Daher wird die alkalische Phenolphthalein-Lösung allmählich farblos.

Auswertung e):
Das Molekülgerüst von Fluoreszein ist durch die Kondensation von drei Ringen relativ starr. Schwingungen innerhalb des Moleküls sind stark eingeschränkt, sodass es nur wenige Schwingungsniveaus gibt. Wenn diese Moleküle durch Licht angeregt werden, wird nicht die gesamte aufgenommene Energie in Wärme umgewandelt, sondern auch durch Emission eines Lichtquants abgegeben.

A1:
Reaktionsgleichung für die Synthese von Alizarin aus Phthalsäureanhydrid und 1,2-Dihydroxybenzol: (Elektrophile Substitution)

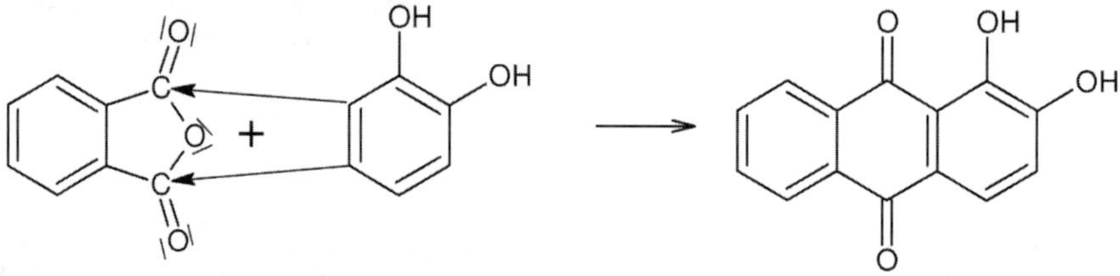

A2:
a) Thymolphthalein:

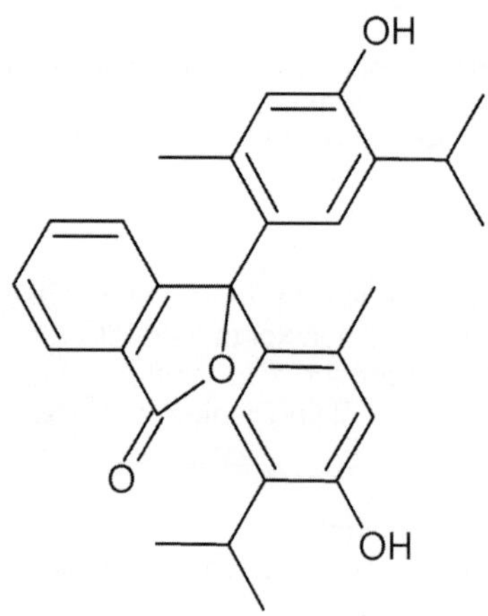

b) Die Indikatoren sind Säure-Base-Paare. Der pK_s-Werte entsprechen den pH-Werten der Umschlagsbereiche, da in diesen die Konzentrationen der Säure und der Base gleich sind. Phenolphthalein ist mit dem Umschlagsbereich von pH = 8,3 bis 10,0 die stärkere Säure als Thymolphthalein mit dem Umschlagsbereich von *p*H = 9,0 bis 10,5. Dies lässt sich mit dem +I-Effekt der Alkyl-Gruppen im Thymolphthalein-Molekül erklären, der die Polarisierung der Hydroxy-Gruppe erniedrigt und damit die Abspaltung eines Protons erschwert.

B6:
Oxidationszahlen von

Indoxyl und Indigo:

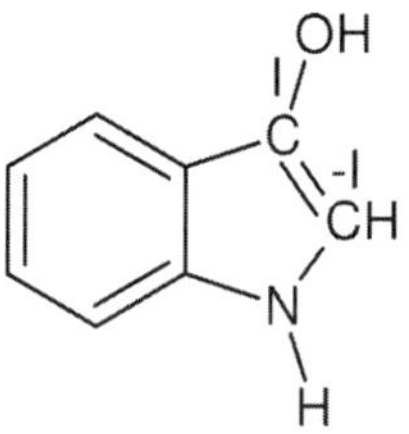

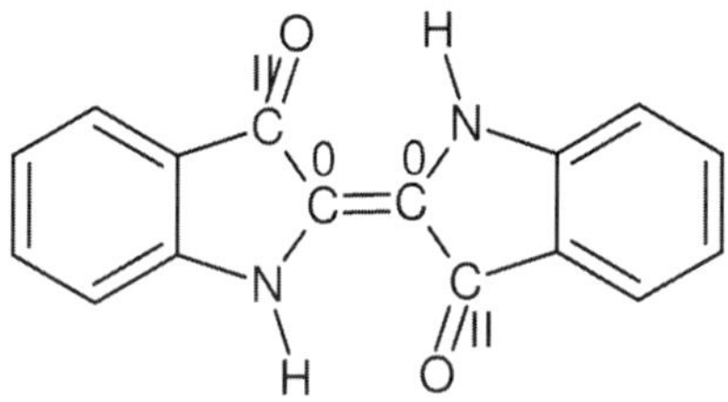

B7:
Der 1. Schritt der Indigo-Synthese ist eine nucleophile Substitution, bei der das Anilin-Molekül als Nucleophil auf das C-2-Atom der Chloressigsäure wirkt.
Der 2. Schritt ist eine elektrophile Substitution, bei der die Carboxyl-Gruppe des Zwischenproduktes den aromatischen Ring elektrophil angreift, wobei ein Ringschluss stattfindet.

Seite 306 und 307

Auswertung a)
Versuchsergebnisse bei LV1 bis LV 3:

Diphenol	**Brenzcatechin 1,2-Dihydroxybenzol**	**Resorcin 1,3-Dihydroxybenzol**	**Hydrochinon 1,4-Dihydroxybenzol**
LV 1: Stehenlassen der alkalischen Lösung an der Luft:	allmähliche Gelbfärbung, dann Braunfärbung	keine Beobachtung	rasche Braunfärbung
LV 2: Reaktion mit ammonikalischer Silbernitrat-Lösung:	schwarzer Niederschlag	keine Beobachtung	schwarzer Niederschlag

Diphenol	**Brenzcatechin 1,2-Dihydroxybenzol**	**Resorcin 1,3-Dihydroxybenzol**	**Hydrochinon 1,4-Dihydroxybenzol**
LV 3: Reaktion mit Silberbromid	Schwarzfärbung der Silberbromid – Brenzcatechin-Mischung bei Zugabe von Natronlauge	keine Beobachtung	Schwarzfärbung der Silberbromid – Brenzcatechin-Mischung bei Zugabe von Natronlauge

Versuchsergebnisse bei LV 4: Nachweis der phenolischen Hydroxy-Gruppen mit Eisen(III)-Ionen

Phenol und Polyphenole	**Färbung bei Zugabe von Eisen(III)-Ionen**
Phenol	violett
Brenzcatechin	dunkelgrün
Resorcin	blauviolett
Hydrochinon	zuerst blau-violett, dann gelb
Pyrogallol (1,2,3-Trihydroxybenzol)	zuerst violett, dann rot
Phloroglucin (1,3,5-Trihydroxybenzol)	blauviolett
Tee	dunkelblau
Kaffee	dunkelblau

Auswertung b):

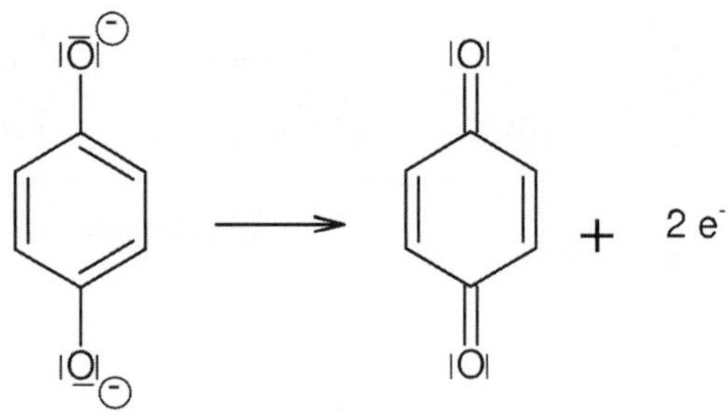

Oxidation des Hydrochinon-Dianions

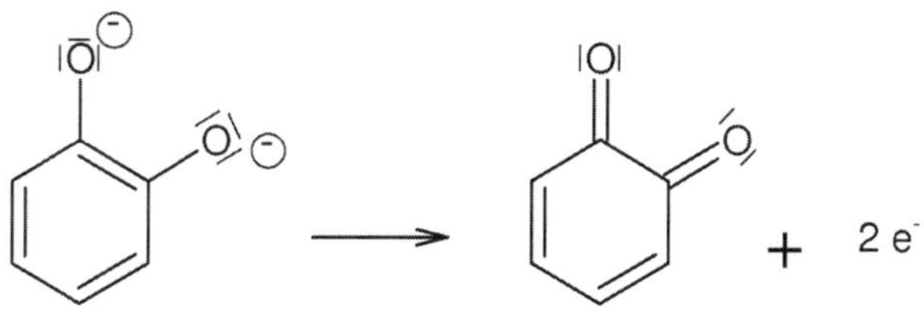

Oxidation des Brenzcatechin-Dianions

Bei den Oxidationen in alkalischer Lösung (LV 1 bis LV 3) liegen die Diphenole als Anionen vor, da die Diphenole als schwache Säuren protolysieren.

Anmerkung:
Auf der leichten Oxidierbarkeit von Hydrochinon bzw. Pyrogallol beruhen auch die Beobachtungen bei der Umsetzung mit Eisen(III)-chlorid-Lösung zum Nachweis der Hydroxy-Gruppen. Zuerst bilden sich die gefärbten Eisen(III)-Komplexe, Hydrochinon wird dann allmählich von den Eisen(III)-Ionen zum gelben p-Chinon oxidiert.

Auswertung c)
Resorcin kann nicht zu einem m-Chinon oxidiert werden, da dabei ein instabiles Diradikal entstehen würde:

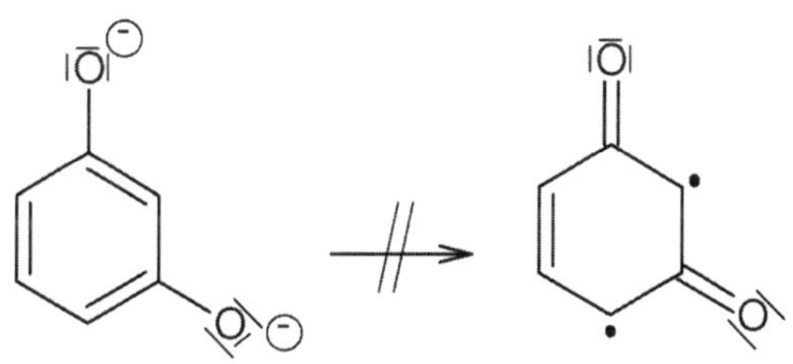

Auswertung d):
Bei LV 2 und LV 3 reduzieren die Diphenole die Silber-Ionen zu Silber-Atomen. Dabei werden die Diphenole zu den entsprechenden Chinonen oxidiert.

B3:
Geschwefelt werden folgende Trockenfrüchte: Äpfel, Aprikosen, Bananen
Nicht geschwefelt: Pflaumen, Feigen
Helle Früchte werden geschwefelt, damit diese nicht dunkel werden, bei dunklen Früchten erübrigt sich dies.

B5:

- Schritt: Oxidation des C-Atoms in ortho-Stellung zur phenolischen Hydroxy-Gruppe von der OZ –I zu OZ +I;
- Schritt: Oxidation der C-Atome, an die die phenolischen OH-Gruppen gebunden sind von der OZ + I zu OZ +II;
- Schritt: Die Ringschlussbildung durch Substitution ist formal eine Oxidation, Änderung der OZ des C-Atoms von – I zu + I;
- Reduktion der chinoiden C-Atome von je +II zu + I.

A1:
Redoxpotenzial des Hydrochinon/Chinon-Redoxpaares bei $pH = 14$:

$$\mathrm{HCh} \rightleftharpoons \mathrm{Ch} + 2\,\mathrm{H}^+ + 2\,\mathrm{e}^-$$

$$E(\mathrm{HCh/Ch}) = E^0(\mathrm{HCh/Ch}) + \frac{0{,}059\,\mathrm{V}}{z}\lg\frac{c(\mathrm{Ch})\cdot c^2(\mathrm{H}^+)}{c(\mathrm{HCh})}$$

Mit E^0 (HCh/Ch) = 0,699 V, $z = 2$ und $pH = 14$, c(HCh) = c(Ch) erhält man:

$$E(\mathrm{HCh/Ch}) = 0{,}699\,\mathrm{V} + \frac{0{,}059\,\mathrm{V}}{2}\lg c^2(\mathrm{H}^+)$$

$$= 0{,}699\,\mathrm{V} - 0{,}059\,\mathrm{V}\cdot pH = 0{,}699\,\mathrm{V} - 0{,}059\,\mathrm{V}\cdot 14 =$$

$$= -0{,}127\,\mathrm{V}$$

In alkalischer Lösung ist das Potenzial des Redoxpaares Hydrochinon/Chinon kleiner als das Potenzial des Redoxpaares Ag/AgBr. Hydrochinon kann also Silber-Ionen reduzieren. In neutraler oder saurer Lösung ist E(HCh/Ch) größer als E(Ag/AgBr), d.h. Hydrochinon kann Silber-Ionen nicht reduzieren.

A2:
Das Grundgerüst von Anthcyanidinen und Flavonoiden ist gleich. Es besteht aus 2 kondensierten aromatischen Ringen mit einem Hetero-Sauerstoff-Atom (Benzopyran) und einem Phenylring als Substituenten. Ähnlich sind auch die Hydroxy-Gruppen an den Molekülen. Der Unterschied besteht in einer Carbonyl-Gruppe bei den Flavonoiden (Benzopyranon-Derivat).

A3:
Pyrogallol besitzt 3 ortho-ständige Hydroxy-Gruppen. Es ist wie Brenzcatechin oxidierbar. Phloroglucin besitzt meta-ständige Hydroxy-Gruppen wie Resorcin und ist nur schwer oxidierbar.

A4:
Beim Erhitzen von Gallussäure wird eine Carboxy-Gruppe angespalten. Es bildet sich Pyrogallol und Kohlendioxid:

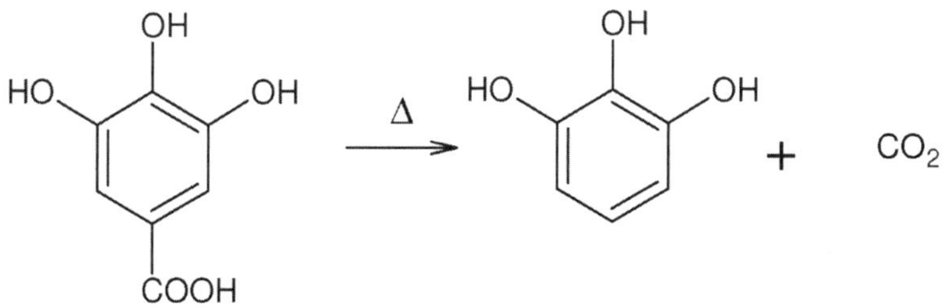

Seite 308 und 309

B1:
Toluol enthält Doppelbindungen. Daher ist der Namen Toluen treffender.

A1:
Seitenketten-Bromierung von Toluol:

1. Startreaktion
   Br–Br → 2 Br·

2. Kettenreaktion

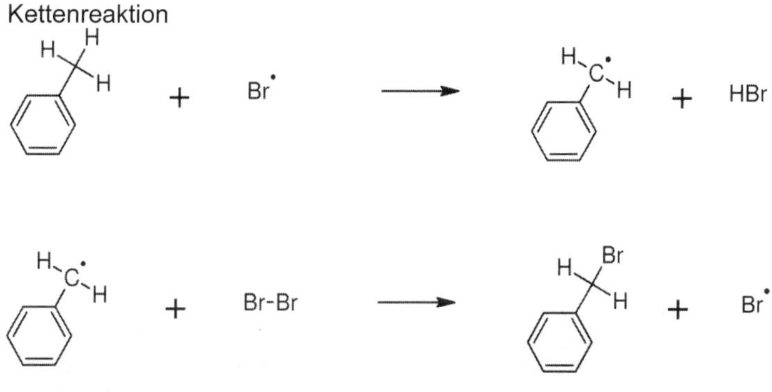

3. Kettenabbruch

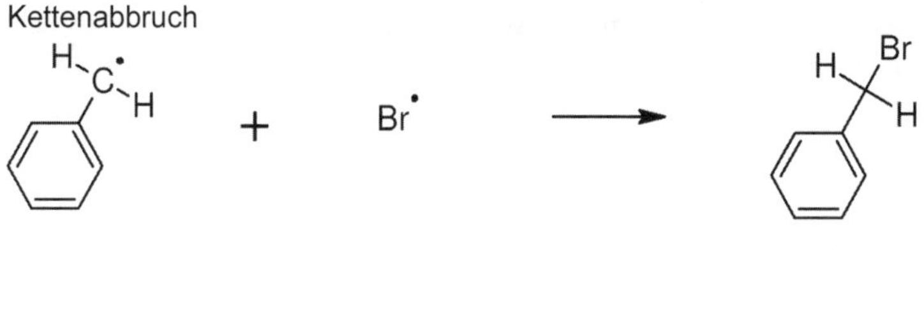

Mesomeriestabilisierung

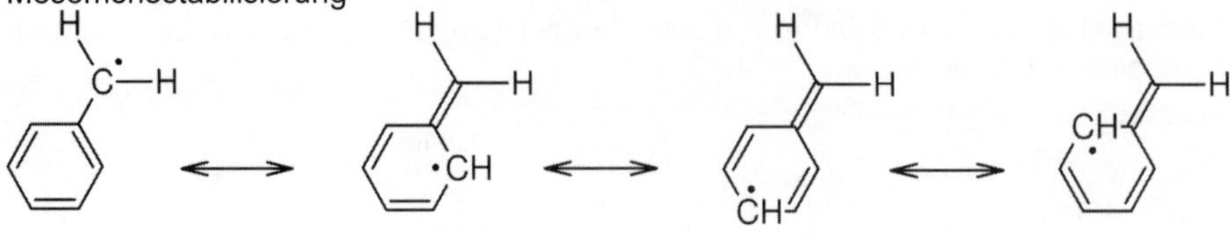

A2:

Die Reaktion des Kohlenwasserstoffs A (C_8H_{10}) mit Brom in Gegenwart von Eisen deutet darauf hin, dass A ein aromatischer Kohlenwasserstoff ist. Aus der Reaktion von A mit Brom unter Lichteinfluss kann man schließen, dass A auch Alkyl-Gruppen enthalten muss.

a) Valenzstrichformeln, die in Frage kommen:

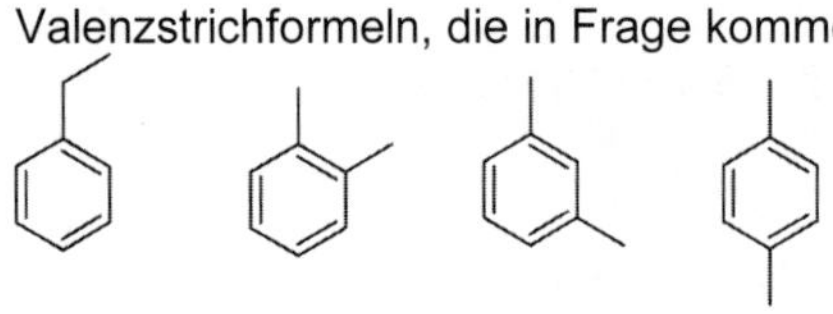

b)

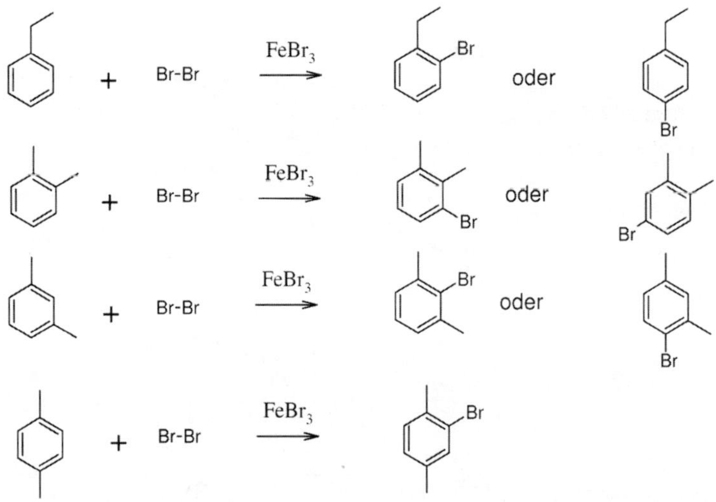

Nur 1,4-Dimethylbenzol reagiert mit Brom zu einem einzigen Monoderivat. Daher handelt es sich bei A um 1,4-Dimethylbenzol. Auch bei der Reaktion von 1,4-Dimethylbenzol mit Brom bei Lichteinwirkung entsteht nur ein Monobromsubstitutionsprodukt.

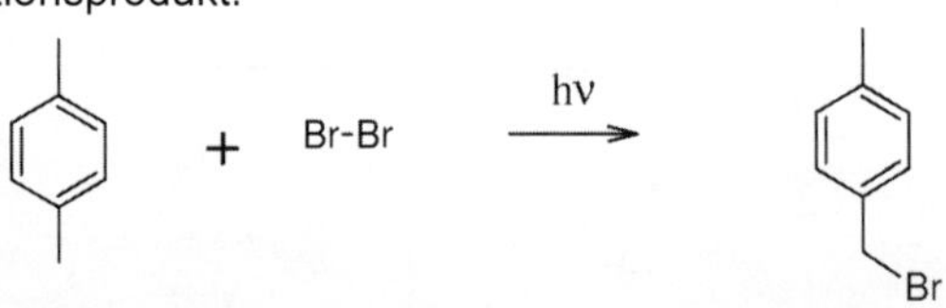

A3:

Die Bildung von 1-Chlor-1-phenylethan aus Ethylbenzol und Chlor verläuft über ein sekundäres Radikal, die Bildung von 1-Chlor-2-phenylethan über ein primäres Radikal. Die Bildung eines sekundären Radikals ist energetisch begünstigt.

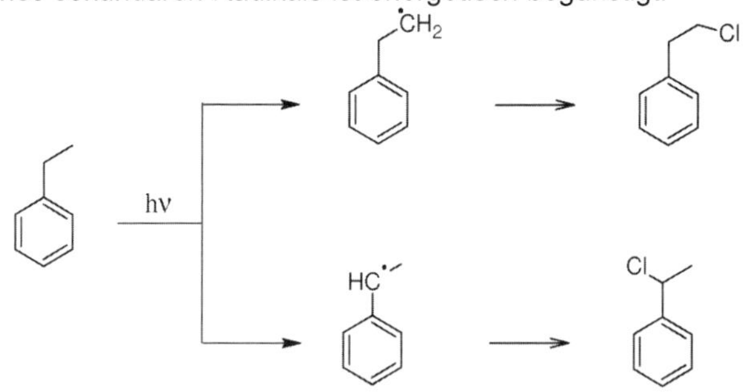

Weiterhin ist das sekundäre Radikal mesomeriestabilisiert, das primäre nicht.

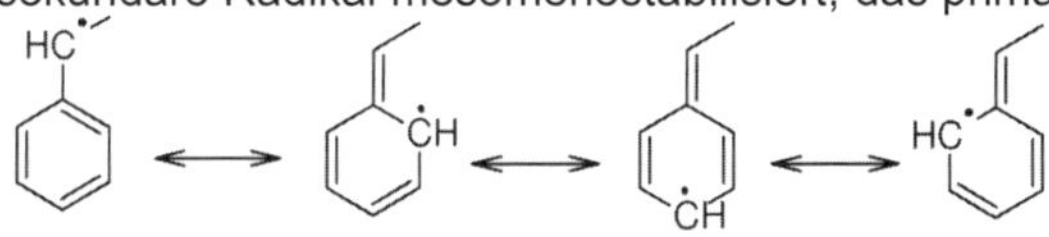

A4:

Herstellung von Benzoesäure aus Toluol:

1. radikalische Substitution

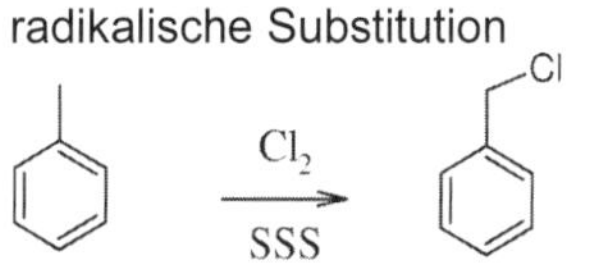

Toluol Benzylchlorid

2. nukleophile Substitution

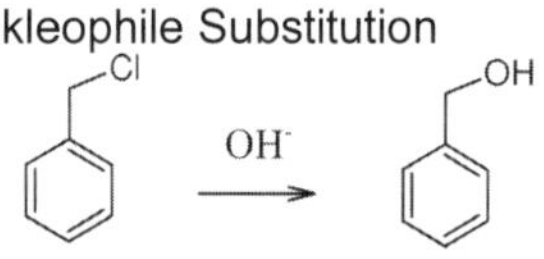

Benzylchlorid Benzalkohol

3. Oxidation

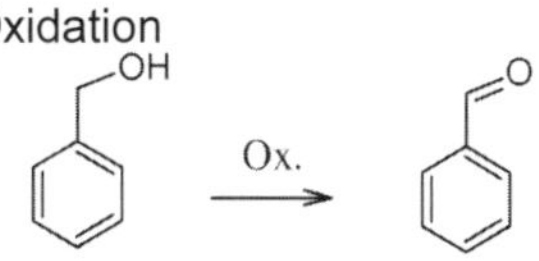

Benzalkohol Benzaldehyd

4. Oxidation

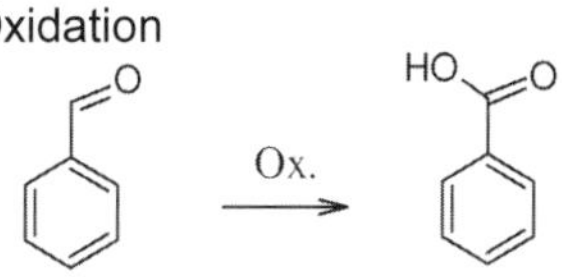

Benzaldehyd Benzoesäure

Seite 310 und 311

B2:

Synthese von Natriumdodecylbenzolsulfonat:

1. Alkylierung von Benzol

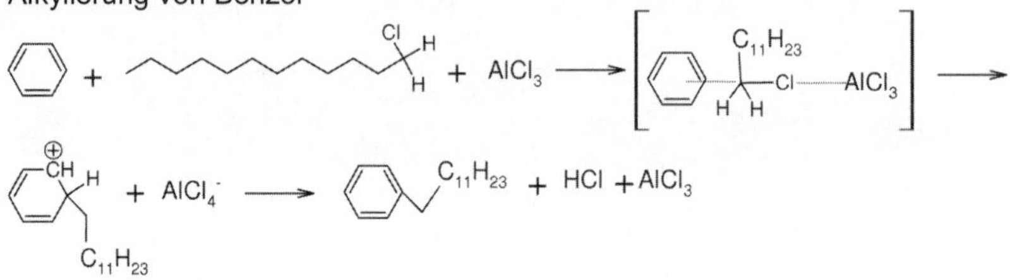

2. Sulfonierung von Dodecylbenzol

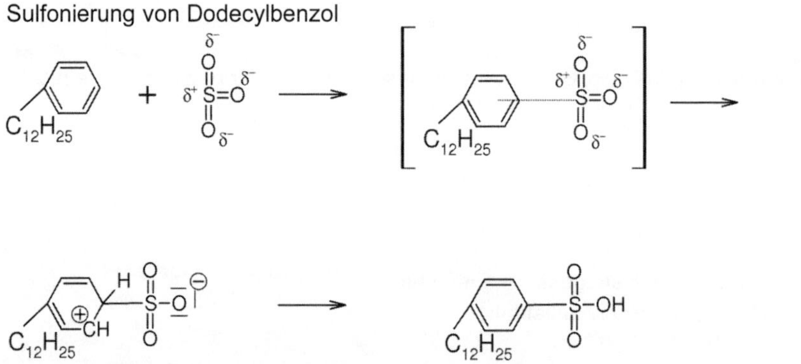

3. Neutralisation von Dodecylsulfonsäure mit Natronlauge

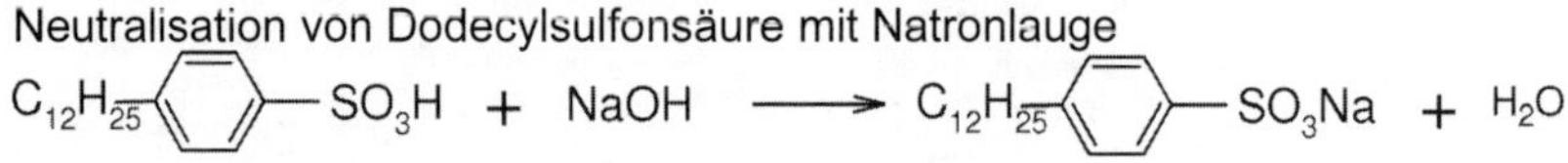

B4:

Mechanismus für die Bildung von *o*-Toluolsulfonsäure

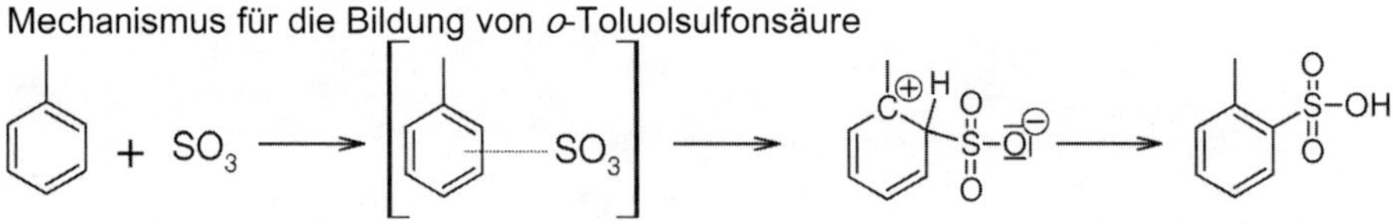

A1:

Mechanismus der Friedel-Crafts-Alkylierung

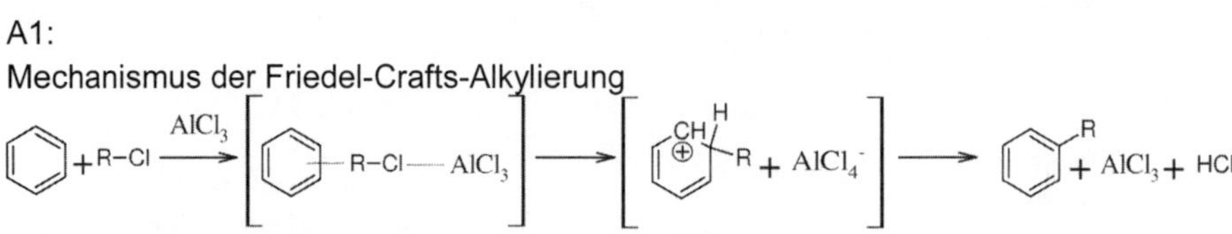

Tradukt (π-Komplex) Interdukt (σ-Komplex)

A2:

Herstellung von Triphenylmethan aus Benzol, Chloroform und Aluminiumchlorid

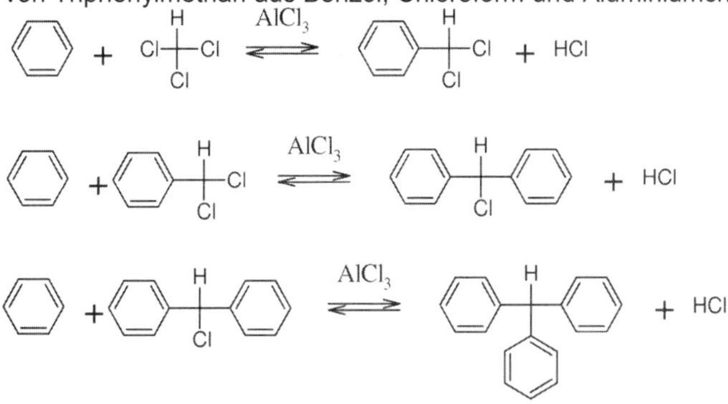

A3:

Reaktionsschritte für die Alkylierung von Benzol mit Propen

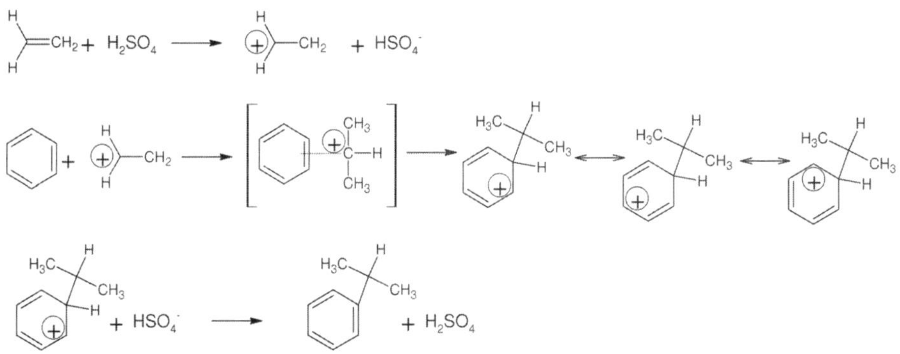

Da das sekundäre Propylcarbenium-Ion wesentlich stabiler als das primäre Propylcarbenium-Ion ist, entsteht ausschließlich Isopropylbenzol (Cumol, 2-Phenylpropan) und kein Propylbenzol (1-Phenylpropan).

A4:

Herstellung von Polystyrol aus Benzol und Ethen:

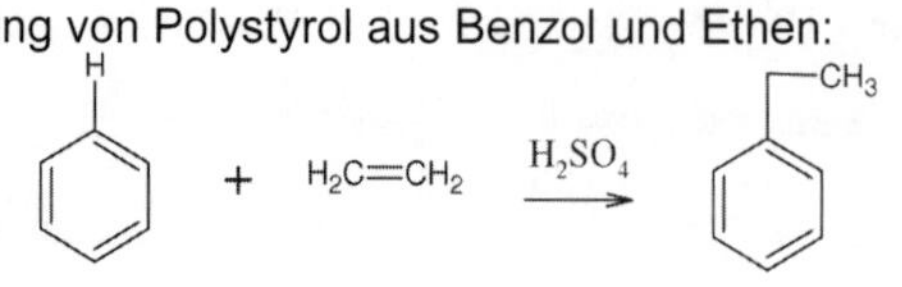

Friedel-Crafts-Alkylierung

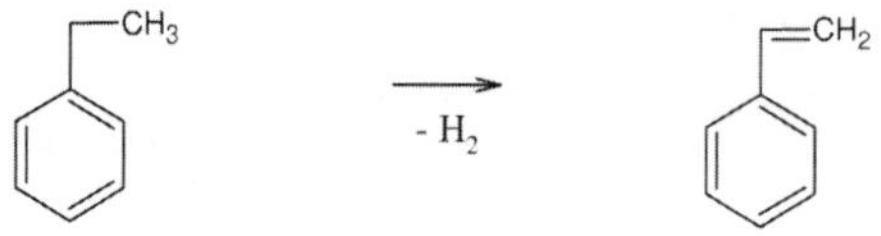

Eleminierung

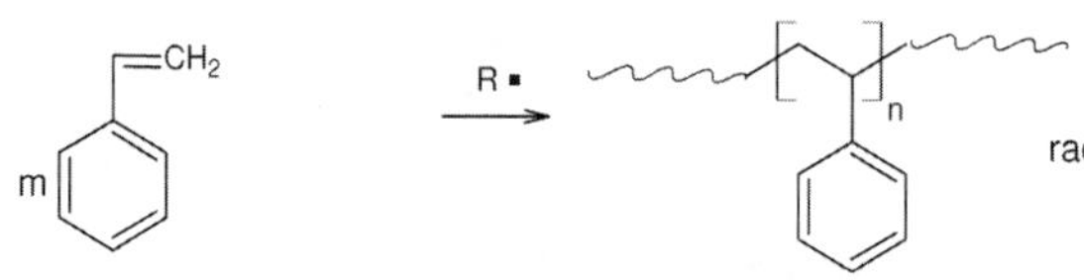

rad. Polymerisation

A5:

Reaktionsschritte für die Nitrierung von Benzol:

$H\text{-}O\text{-}NO_2 + H_2SO_4 \rightleftharpoons NO_2^+ + H_2O + HSO_4^-$

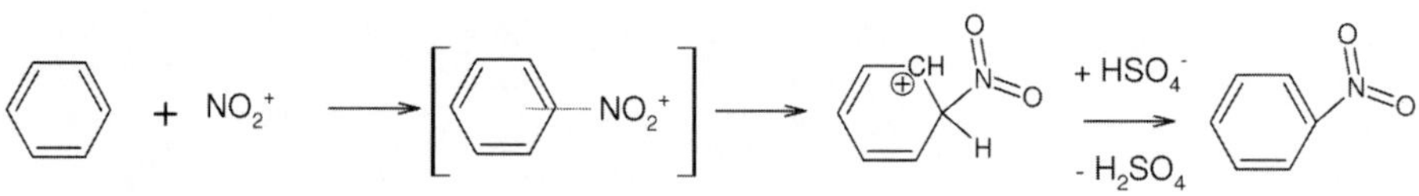

Reduktion zur Herstellung von Anilin:

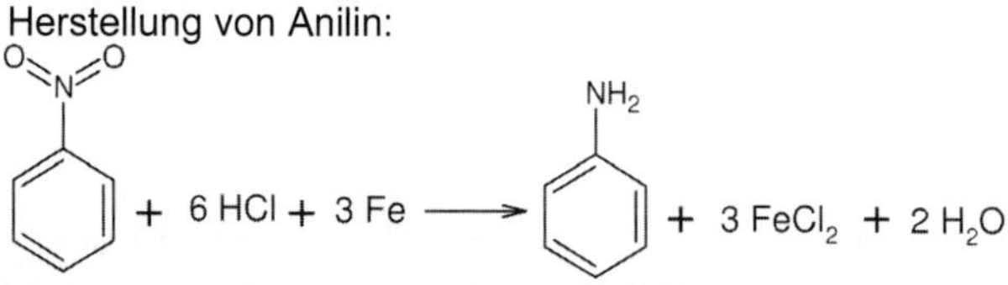

A6:

Die Methyl- ($-CH_3$) Gruppe des Toluol-Moleküls dirigiert den Zweitsubstituenten, NO^{2+}, in ortho/para-Stellung, sodass 2-Mononitrotoluol und 4-Mononitrotoluol entstehen.

Im zweiten Schritt kommt der Einfluss der Nitro- ($-NO_2$) Gruppe dazu, die weitere Substituenten in meta-Stellung dirigiert. Daher entstehen hauptsächlich 2,4-Dinitrotoluol und 2,6-Dinitrotoluol. Aus beiden Molekülen entsteht im dritten Schritt hauptsächlich 2,4,6-Trinitrotoluol.

Seite 312 und 313

B2:
Man kann das Bild des Schlüssels löschen, indem man die Platte aus B2 mit Licht bestrahlt. Um ein neues Bild zu erzeugen, erwärmt man die Platte zunächst bis sich die gesamte Lackschicht dunkelrot färbt und lässt sie auf Raumtemperatur abkühlen. Dann legt man den abzubildenden Gegenstand (z.B. den Schlüssel) auf und bestrahlt mit Licht. Die Schicht entfärbt sich dort, wo Licht auftrifft, und bleibt dort, wo kein Licht auftrifft rot.

B3:
Begründung ohne Orbitalmodell: Je ausgedehnter der Chromophor (oder die Bindungsdelokalisation oder das System der konjugierten Doppelbindungen) ist, desto größer ist die Wellenlänge des absorbierten Lichts. Mercocyanin absorbiert bei einer größeren Wellenlänge, weil im Merocyanin-Molekül der Chromophor über das ganze Molekül ausgedehnt ist, im Spiropyran-Molekül dagegen nur über jeweils eine Molekülhälfte.
Begründung mit dem Orbitalmodell: Je ausgedehnter die delokalisierten π-Molekülorbitale (π–MO) sind, desto geringer ist die Energiedifferenz zwischen dem höchsten besetzten und dem niedrigsten unbesetzten MO, desto größer also die Wellenlänge des absorbierten Lichts. Beim Merocyanin-Molekül sind die delokalisierten π–MO ausgedehnter als beim Spiropyran-Molekül.

B4:
Laut Zeichnung wird zur Anregung von A Licht mit λ_1 = 450 nm, also blaues Licht, benötigt, für die Anregung von B Licht mit λ_2 = 600 nm, also rotes Licht. Daher kann man das System mit Rotlicht von B nach A schalten, aber nicht umgekehrt.

B5:
Beim Schalten findet eine *trans – cis* Isomerisierung statt.

Auswertung a):
Bei der Bestrahlung mit Licht färbt sich die Lösung in V1 blau, im Dunkeln entfärbt sie sich spontan innerhalb von ca. 30 s zu farblos bzw. leicht gelblich. Diese Farbänderungen sind durch die Angaben in der Aufgabenstellung unter B3 zu erklären und deuten darauf hin, dass unter Lichtbestrahlung die Isomerisierung von A nach B erfolgt und im Dunklen die Isomerisierung von B nach A.

Auswertung b):
Das Spiropyran A und das Merocyanin B aus B3 haben die gleiche Summenformel $C_{19}H_{18}O_3N_2$, es handelt sich also um Isomere.

Auswertung c):
Die Beobachtungen aus V1 bis V4 zeigen, dass bei Dunkelheit und Raumtemperatur das farblose (leicht gelbliche) Isomer A stabiler ist und in Nagellack das farbige, dunkelrote Isomer B. (*Hinweis*: Die Lösung des farbigen Merocyanins B erscheint im unpolaren und niedrig viskosen Lösemittel Toluol blau und in der polaren, hochviskosen Matrix, die wie eine feste Lösung ist, dunkelrot. Es handelt sich hierbei um das Phänomen der Solvatochromie.)

Auswertung d):
Die bei Lichtbestrahlung ablaufenden Reaktionen, d.h. bei V1 bis V3 die Blaufärbung der Lösung und bei V4 die Entfärbung der Platte, sind photochemische Reaktionen, die in der Dunkelheit ablaufenden Reaktionen, d.h. die Entfärbung bei V1 bis V3 und die Rotfärbung bei V4 sind thermische Reaktionen.

Auswertung e):
Da die Blaufärbung der gekühlten Lösung in V3 genauso schnell verläuft wie bei der Lösung unter Raumtemperatur, kann man schließen, dass die photochemische Reaktion keine thermische Aktivierungsenergie hat (oder eine nur sehr geringe).

Auswertung f):
Bei V3 kann beobachtet werden, dass die Entfärbung der blauen Lösung im Dunkeln bei der gekühlten Lösung langsamer verläuft als die der Probe bei Raumtemperatur. Das kann man dadurch erklären, dass die Reaktion von B nach A (vgl. Reaktionsgleichung und Modelle in B3) thermisch verläuft und eine positive Aktivierungsenergie hat. (*Hinweis*: Nach der RGT-Regel verdoppelt bis vervierfacht sich die Geschwindigkeit einer thermischen Reaktion bei einem Temperaturanstieg von 10 °C.)

A1:
Die Sauerstoff-Atome aus dem Ringmolekül wechselwirken mit dem Alkalimetall-Ion über ihre freien Elektronenpaare (der Kronenether verhält sich wie ein mehrzähniger Ligand). Nach außen hin ist der Komplex lipophil, weil die unpolaren $-CH_2CH_2-$ Ethyliden-Reste den äußeren Rand des Komplexes (des sogenannten Wirt-Gast Komplexes) bilden.

A2:

1. Schritt: *trans – cis* Isomerisierung der Azophan-Einheit im Kronenether-Molekül durch Bestrahlung mit Licht geeigneter Wellenlänge, bei der die trans-Azophan-Einheit absorbiert. Das Molekül geht dabei aus der elliptischen in eine kreisförmige Konformation über. Im Innenraum des kreisförmigen Moleküls wird spontan ein Alkalimetall-Ion komplexiert.

2. Schritt: Der nach außen hin lipophile Komplex wird mit den Zellen in Kontakt gebracht, in die er eingeschleust werden soll. Er dringt durch die Doppellipid-Membran der Zellen hindurch. Alkalimetall-Ionen, die im Komplex gebunden sind, gelangen somit auch in die Zellen, sind aber dort noch nicht frei.
3. Schritt: *cis – trans* Isomerisierung der Azophan-Einheit im Kronenether-Molekül durch Bestrahlung mit Licht geeigneter Wellenlänge, bei der die *cis*-Azophan-Einheit absorbiert. Das Molekül geht dabei aus der kreisförmigen Konformation wieder in die ursprüngliche elliptische über und stößt das Alkalimetall-Ion aus dem Innenraum heraus.

Seite 314 und 315

Auswertung a)
Indigo ist nicht wasserlöslich und kann daher bei einer Direktfärbung nicht auf die Faser aufziehen.

Auswertung b):
Reduktion von Indigo in der Küpe:

$$\text{Red: Indigo} + 2\,e^- \rightarrow [\text{Leukoindigo} - \text{Base}]^{2-}$$

$$\text{Ox: } \overset{III}{S}_2O_4^{2-} + 4\,OH^- \rightarrow 2\,\overset{IV}{S}O_3^{2-} + 2\,e^- + H_2O$$

Rückbildung von Indigo beim Trocknen:

$$\text{Ox: } [\text{Leukoindigo} - \text{Base}]^{2-} \rightarrow \text{Indigo} + 2\,e^-$$

$$\text{Red: } \overset{0}{O}_2 + 2\,H_2O + 4e^- \rightarrow 4\,\overset{-II}{O}H^-$$

Auswertung c):
Indigo ist nicht wasserlöslich, die Leukoindigo-Base (Dianion) dagegen gut wasserlöslich, da sie aufgrund der negativen Ladung polarer und hydrophiler ist als Indigo.
In alkalischer Lösung bildet sich das Dianion, das besser wasserlöslich ist als das Molekül. Bei der Reduktion werden Hydroxid-Ionen verbraucht, das Redoxpotenzial von Dithionit-Ionen ist in alkalischer Lösung kleiner als in neutraler, d.h. die Dithionit-Ionen sind in alkalischer Lösung bessere Reduktionsmittel als in neutraler.

Auswertung d):
Auf der Küpe mit der gelösten Leukoindigo-Base erkennt man eine blaue Haut. Diese wird durch schlecht lösliches Indigo gebildet, das an der Grenzfläche zwischen der Lösung und der Luft durch Oxidation von Leukoindigo gebildet wird.

Auswertung e):
Mit Supracen Blau® G werden Seide, Wolle und Polyacrylnitril angefärbt. Supracen Blau ist ein kationischer Farbstoff. Es bilden sich salzartige Verknüpfungen zu anionischen Gruppen der Seiden-, Woll- und Polyacrylfaser aus.

B4:
Kongorot kann als Säure-Base-Indikator reagieren. Bei Protonenaufnahme an den Amino-Gruppen wird die Indikatorsäure gebildet, die längerwelliges Licht absorbiert. Daher wird Kongorot nicht als Textilfarbsoff eingesetzt. Weiterer wichtiger Grund: Kongorot steht in dem Verdacht, cancerogen zu sein.

A1:

a) Das Textilentfärbemittel hat Indigo zu gelbem, fast farblosem Leukoindigo reduziert. Da dieses nicht aus der Jeans völlig ausgewaschen worden ist, ist beim Trocknen an der Luft wieder blaues Indigo entstanden.
b) Textilentfärber müssen Reduktionsmittel enthalten.

A2:
Küpenfärbung mit Indanthrenblau:

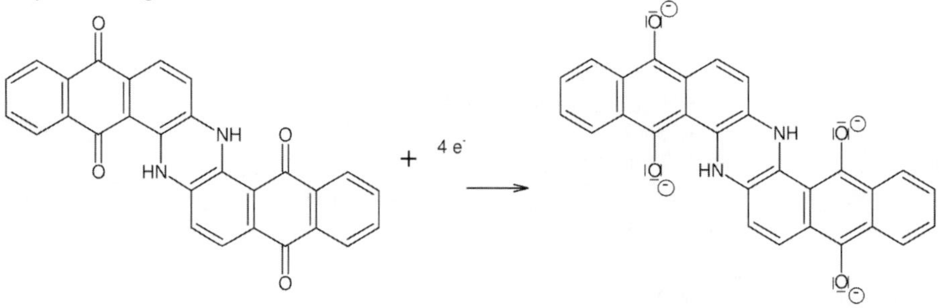

Küpenfärbung mit Indanthrenrot:

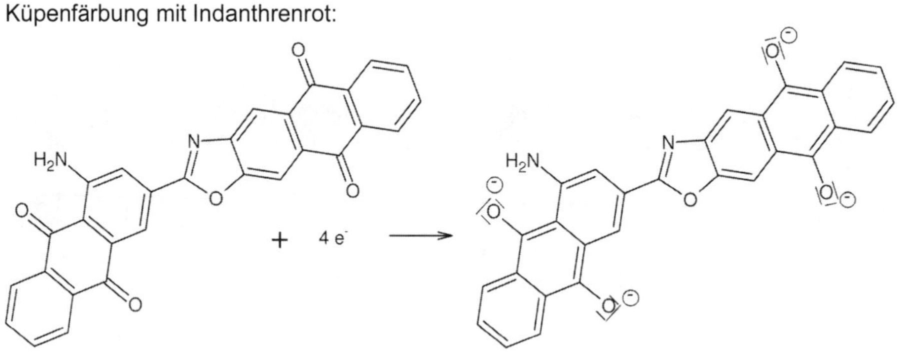

Seite 316 und 317

Auswertung a)

Beobachtung:

Die Lösungen A und B sind schwach gelb gefärbt. Beim Eintauchen eines Baumwolltuches in Lösung A wird das Tuch nur schwach gefärbt, beim anschließenden Eintauchen des getränkten Tuches in die Lösung B wird es sofort tiefrot gefärbt.

Erläuterung:

Das Baumwolltuch wird zuerst mit der Kupplungskomponente Naphthol ASD in Lösung getränkt. Lösung B enthält das Diazonium-Ion. Beim Eintauchen des mit Naphthol ASD getränkten Tuches in die Diazoniumsalz-Lösung findet eine Azokupplung zum roten Farbstoff direkt auf der Faser statt.

Auswertung b):

Reaktionsgleichung:

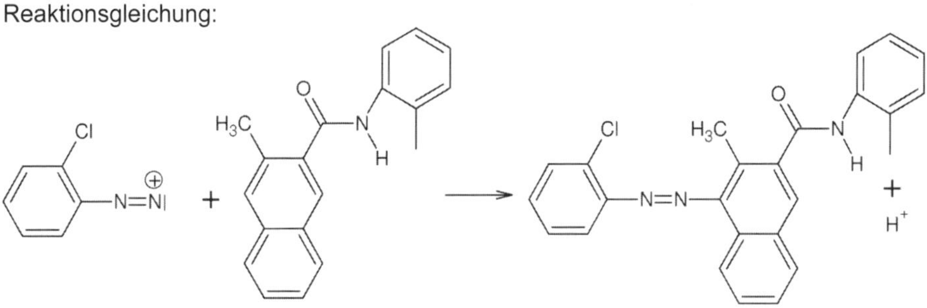

Auswertung c):

Der Farbstoff wird in der Hitze direkt auf der Faser gebildet.

Das Stoffmengenverhältnis von $n(Cu^{2+})$: n(Phthalocyanin) beträgt 1 : 4.

Auswertung d):

Beim Färben mit Direktfarbstoffen werden die Textilien in die Farbstoff-Lösung eingetaucht, sodass der gelöste Farbstoff auf die Fasern aufziehen kann. Beim Färben mit Entwicklungsfarbstoffen entstehen die Farbstoffe erst beim Färbeprozess direkt auf der Faser.

Auswertung e):

Beim Färben mit einem Reaktivfarbstoff mit Triazin-Rest bildet sich eine Etherbrücke zwischen dem Faser- und dem Farbstoff-Molekül, wobei ein Chlorwasserstoff-Molekül abgespalten wird. Durch die Zugabe von Natriumcarbonat wird der *p*H-Wert der Lösung konstant gehalten, da Chlorwasserstoff neutralisiert wird.

B3:

Kupferphthalocyanin und Chlorophyll sind Komplexfarbstoffe, bei denen in den Zentren der Moleküle je ein Metall-Ion von vier Stickstoff-Atomen, die in Pyrollringe eingebunden sind, umgeben ist.

B5:
Beim Färben mit einem Reaktivfarbstoff mit einen Triazin-Rest findet eine nucleophile Substitution statt. Das Chlor-Atom des Triazin-Restes wird nucleophil durch die Hydroxy-Gruppe einer Cellulosefaser ersetzt.

Beim Färben mit einem Reaktivfarbstoff mit einem Vinylsulfon-Rest findet eine elektrophile Addition an der C=C-Doppelbindung der Vinylsulfon-Gruppe statt.

A1:
Beim Färben mit Reaktivfarbstoffen werden die Farbstoff-Moleküle mit den Faser-Molekülen über Elektronenpaarbindungen verknüpft. Die übrigen Farbstoffe haften über zwischenmolekulare Bindungen an den Fasern.

A2:
Wasser-Moleküle können die Chlor-Atome der Triazin-Reste nucleophil substituieren.

A3:
Zwischen unpolaren Dispersionsfarbstoffen und unpolaren Fasern bilden sich VAN-DER-WAALS-Kräfte aus. Dispersionsfarbstoffe sind waschecht, da sie in Wasser nicht löslich sind und daher nur wenig aus dem Textil ausgewaschen werden.

A4:
Purpur ist ein Indigo-Farbstoff. Als Färbemethode eignet sich die Küpenfärbung.

Seite 318 und 319

Auswertung a):
Unterschiedliche experimentelle Ergebnisse je nach Art der Schokolinsen.

Auswertung b):
Die Farbstoffe lösen sich beim Extrahieren von Puddingpulver im Ethanol. Beim Schütteln des ethanolischen Extraktes mit Benzin und Kochsalz-Lösung bilden sich zwei Phasen. Unpolare, lipophile Farbstoffe wie β-Carotin lösen sich in der Benzinphase, polare, hydrophile Farbstoffe wie Gelborange S lösen sich in der wässrigen Phase. Ist die Benzinphase gelb gefärbt, enthält das Puddingpulver unpolare Farbstoffe, ist die wässrige Phase gelb gefärbt, sind polare Farbstoffe enthalten.

Auswertung c):
Curcumin bzw. Currypulver zeigt in Wasser eine gelbe Färbung, bei Zugabe von Natriumcarbonat ändert sich die Farbe nach Orangebraun. Curcumin löst sich beim Schütteln des ethanolischen Extraktes mit Benzin und Wasser aufgrund seines lipophilen Charakters in der Benzinphase.

Auswertung d):
In alkalischen Lösungen protolysiert Curcumin. Die phenolischen Hydroxy-Gruppen spalten ein Proton ab. Dabei bilden sich die entsprechenden Phenolat-Anionen, die stärkere auxochrome Gruppen sind als die Hydroxy-Gruppen.

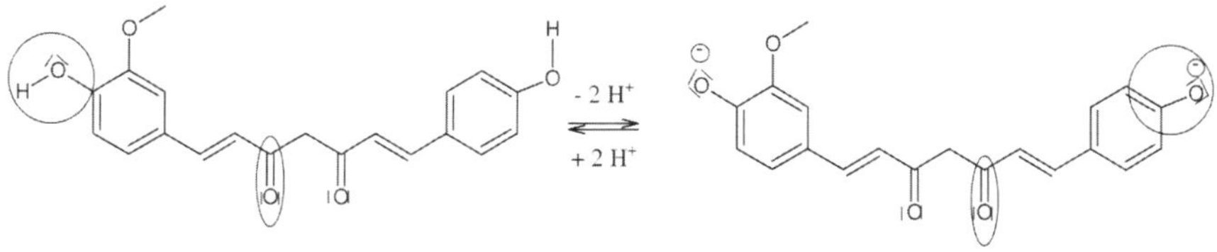

Curcumin-Molekül: Antiauxochrome Gruppe -C=O, auxochrome Gruppe –OH
Curcumin-Anion: Antiauxochrome Gruppe –C=O, auxochrome Gruppe O^-.

B2:

Lebensmittelfarbstoff	Farbstoffklasse
E 100: Curcumin	Polyenfarbstoff, Carbonylfarbstoff
E 110: Gelborange S	Azofarbstoff
E 131: Patentblau V	Triphenylmethanfarbstoff
E 132: Indigotin	Indigofarbstoff, Carbonylfarbstoff
E 162: Betanin	Cyaninfarbstoff

B4:
Farbstoffe für Lippenstifte müssen gesundheitlich unbedenklich sein wie Farbstoffe für Lebensmittel.

A1:
Anthocyane und Anthocyanidine (Aglycone der Anthocyane) sind Indikatoren. Beim Aufträufeln von Natriumcarbonat-Lösung auf einen Anthocyanfleck auf Filterpapier bilden sich verschiedene *p*H-Wert-Zonen, bei denen Anthocyane verschiedene Farben zeigen, im neutralen Bereich Rot, im schwach alkalischen Blau und im stark alkalischen Grün. Betanine sind keine Indikatoren und zeigen keine *p*H-Wert abhängige Farbänderung (vgl: *G.Schwedt, Experimente mit Supermarktprodukten, Wiley VCH Verlag, Weinheim 2001, S.56*).

A2:
Indigotin wird wie Indigo durch Dithionit-Ionen zur fast farblosen Leukobase reduziert, Patentblau V nicht (vgl: *G.Schwedt, Experimente mit Supermarktprodukten, Wiley VCH Verlag, Weinheim 2001, S.111*).

A3:
Indigotin enthält geladene SO_3^- -Gruppen. Diese können salzartige Bindungen zu kationischen Seitengruppen der Wollfaser ausbilden und auf diese Weise direkt auf die Wollfaser aufziehen.

A4:
Capsanthin (roter Pfeffer) und Citraurin (Orange) sind Polyenfarbstoffe. Capsanthin-Moleküle enthalten 11 konjugierte Doppelbindungen einschließlich der Carbonyl-Doppelbindung, Citraurin nur 10. Das System der delokalisierten Elektronen ist bei Capsanthin größer als bei Citraurin, daher absorbiert Capsanthin längerwelliges (grünes) Licht als Citraurin, das blaues Licht absorbiert.

Seite 320 und 321 (EVA)

B1:
Das farbige Licht trifft im Film zunächst auf die blauempfindliche Schicht. Ist blaues Licht enthalten, werden in dieser Schicht Silber-Ionen reduziert. Damit kein weiteres blaues Restlicht in die anderen farbempfindlichen Schichten gelangen kann, ist eine Gelbfilterschicht integriert, die das restliche blaue Licht absorbiert.
Damit kein grünes Restlicht in die rotempfindliche Schicht dringen kann, befindet sich zwischen der grün- und der rotempfindlichen Schicht die Rotfilterschicht, die grünes Restlicht absorbiert.
Die blauempfindliche Silberhalogenid-Schicht liegt oben, da das energiereiche blaue Licht auch in anderen Schichten Silber-Ionen reduzieren kann.

B4:
Das weiße Licht kann in allen drei Schichten (B, G, R) Silber-Ionen reduzieren. Bei der Entwicklung entstehen in der blauempfindlichen Schicht B ein gelber Farbstoff, in der grünempfindlichen Schicht G ein purpurfarbener Farbstoff und in der rotempfindlichen Schicht R ein blaugrüner Farbstoff. Beim Bleichen und Fixieren wird Silber oxidiert und alle löslichen Silbersalze werden ausgewaschen. Die Farbstoffe bleiben zurück. Die Überlagerung von Gelb, Purpur und Blaugrün erscheint schwarz.
Das gelbe Licht setzt sich aus rotem und grünem Licht zusammen. Entsprechend werden in den zwei Schichten G und R Silber-Ionen reduziert. Bei der Entwicklung entstehen ein purpurfarbener und ein blaugrüner Farbstoff. Beim Bleichen und Fixieren wird Silber oxidiert, die Silbersalze werden ausgewaschen, die Farbstoffe bleiben zurück. Die Überlagerung von Purpur und Blaugrün erscheint violett.
Um vom Farbnegativ einen Positivabzug zu erhalten, wird durch die Bestrahlung des Farbnegativs wieder ein Film belichtet. Entsprechend der Farbe im Farbnegativ werden in den lichtempfindlichen Schichten B, G und R Silber-Ionen reduziert. Bei der Entwicklung entstehen entsprechend die Farben Gelb, Purpur und Blaugrün. Z.B. werden bei purpurfarbenem Licht in den Schichten B und R Silber-Ionen reduziert. Bei der Entwicklung entstehen die Farbstoffe Gelb und Blaugrün, die in der Mischung grün erscheinen.

Seite 322 und 323

Auswertung a):
Das Indikatorpapier wird auf der Unterseite, die Kontakt mit der Durchschrift hat, rot. Dies zeigt, dass das Durchschriftpapier mit einer Säure behandelt sein muss.

Auswertung b)
Beobachtungen:
Legt man unter das Bankformular ein Blatt unbehandeltes weißes Papier und schreibt etwas auf das Bankformular, kann man auf dem untergelegten Blatt nichts erkennen. Legt man ein mit Citronensäure behandeltes Blatt unter das Bankformular, erkennt man nach dem Schreiben entsprechende Schwärzungen auf dem untergelegten Blatt. Diese Schwärzungen verschwinden beim Bestreichen mit Natronlauge.
Erklärung:
Der Farbstoff entsteht erst bei Kontakt mit einer Säure, denn nur auf dem mit Säure behandelten Blatt ist ein Schriftzug zu erkennen. Diese Reaktion ist umkehrbar, bei Neutralisation der Säure mit Natronlauge läuft die Rückreaktion ab.

A1:
Reaktionsgleichung für die Bildung des violetten Farbstoffes aus Kristallviolettlacton:

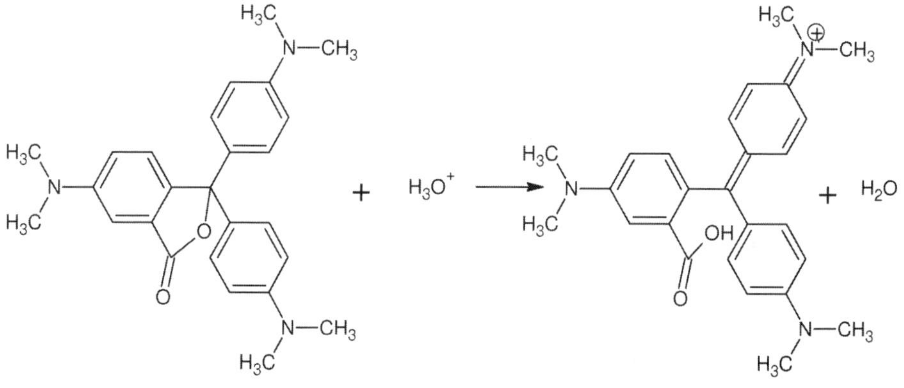

A2:
In neutraler Lösung liegt Kristallviolettlacton vor, in dessen Molekülen das zentrale Kohlenstoff-Atom 4 Bindungspartner besitzt. Es ist keine Elektronendelokalisierung über dieses zentrale Kohlenstoff-Atom hinweg möglich, sondern nur innerhalb der Phenylringe. Zur Anregung dieser Elektronen reicht die Energie des sichtbaren Lichtes nicht aus, daher ist die Lösung farblos. Beim KVL^+-Kation in saurer Lösung ist die Elektronendelokalisierung über das zentrale Kohlenstoff-Atom möglich. Es liegt ein ausgedehntes π-Elektronensystem vor, das durch Energie des gelben Lichtes angeregt werden kann. Daher erscheint die saure Lösung violett.

A3:
Beim Zusatz von Salzsäure zu einer 2,6-Dichlorindophenol-Lösung tritt eine Farbänderung von Blau nach Rosa ein. An das negativ geladenen Phenolat-Sauerstoff-Atom wird dabei ein Proton addiert.

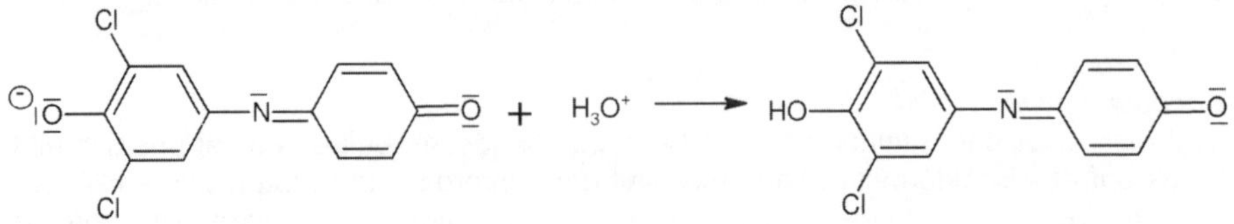

Alkalische Form von DCPIP: auxochrome Gruppe: -O$^-$, antiauxochrome Gruppe -C=O;
Saure Form von DCPIP: auxochrome Gruppe: -OH, antiauxochrome Gruppe –C=O;

Bei der alkalischen Form ist die Mesomerie stärker ausgeprägt als bei der sauren Form, was sich durch die mesomeren Grenzstrukturen symbolisieren lässt. Diese sind für die alkalische Form gleichwertig, bei der sauren Form hat die neutrale Grenzstruktur ein größeres Gewicht als die bipolare. Dies erklärt, dass die π-Elektronen der alkalischen Form von DCPIP durch energieärmeres, längerwelliges Licht angeregt werden können als die der sauren Form.

A4:
Bei Zusatz von Ascorbinsäure zu einer blauen DCPIP-Lösung tritt zunächst eine Rosafärbung auf, dann eine Entfärbung.
Im 1. Schritt findet eine Protonenanlagerung statt, und es entsteht die rosafarbene saure Form von DCPIP. Im 2. Schritt wird DCPIP durch Ascorbinsäure als Reduktionsmittel reduziert. Dabei wird das mesomere System am Stickstoff-Atom unterbrochen. Die Energie des sichtbaren Lichtes reicht nicht aus, die Elektronen anzuregen, daher erscheint die Lösung farblos.

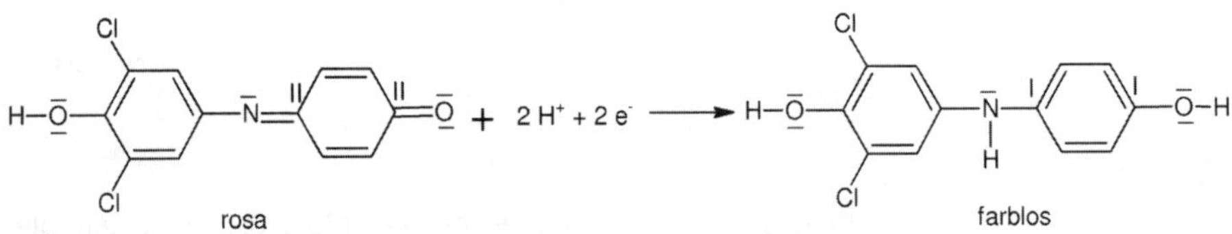

B3:
Die Moleküle der Farbstoffe von Henna und Walnussschalen, die zum Haarefärben genutzt werden, enthalten Hydroxy-Gruppen. Zwischen diesen und Amino- oder Hydroxy-Gruppen der Haare können sich Wasserstoffbrückenbindungen ausbilden.

Auswertung a):

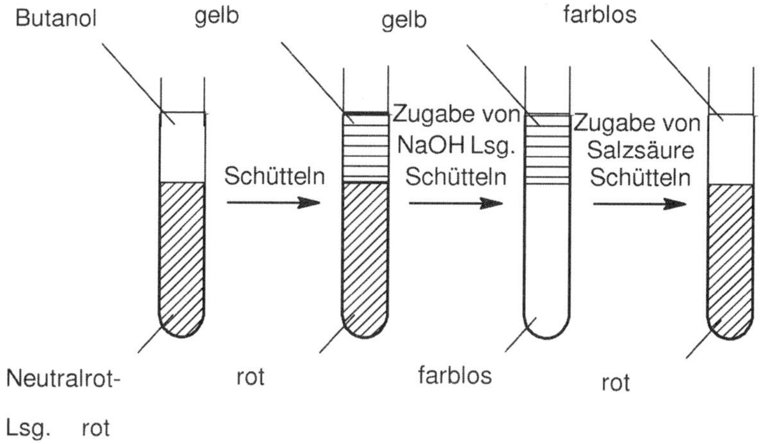

Beobachtungen bei V1

Auswertung b):
Neutralrot ist eine lipophiler Farbstoff, der sich mit gelber Farbe in Butanol löst. In wässriger Lösung stellt sich ein Protolyse-Gleichgewicht zwischen den ungeladenen Neutralrot-Molekülen und den Neutralrot-Kationen ein. In der Butanolphase reichern sich die lipophilen Neutralrot-Moleküle an, in der wässrigen Phase die geladenen hydrophilen Neutralrot-Kationen.

Bei Zugabe von Natronlauge reagieren die Neutralrot-Kationen zurück zu Neutralrot-Molekülen, die sich im unpolaren Butanol besser als in Wasser lösen. Dadurch wird die wässrige Phase entfärbt und die Butanolphase bleibt gelb. Bei Zugabe von Salzsäure verläuft die umgekehrte Reaktion. In der wässrigen Lösung reichern sich die rot gefärbten Neutralrot-Kationen an, da diese in Wasser besser löslich als in Butanol sind. Die Butanolphase wird dadurch entfärbt.

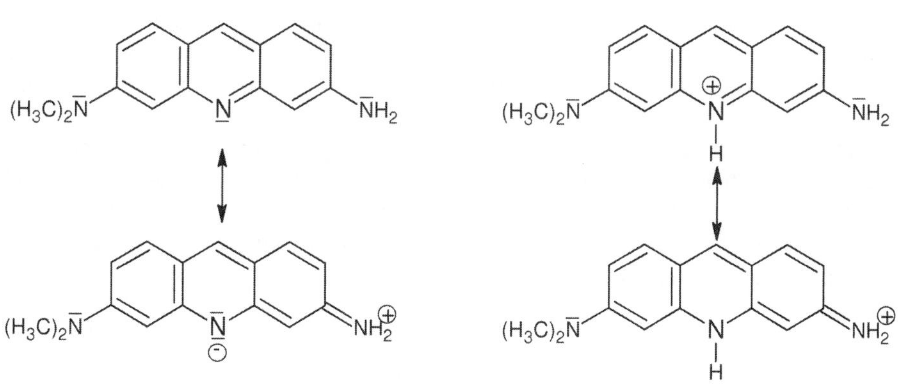

Auswertung c):
Bei den Neutralrot-Kationen ist die Mesomerie stärker ausgeprägt als bei den Neutralrot-Molekülen, was sich durch die mesomeren Grenzstrukturen symbolisieren lässt. Diese sind für die Kationen gleichwertig, bei den Molekülen hat die neutrale Grenzstruktur ein größeres Gewicht als die bipolare. Dies erklärt, dass die π-Elektronen der Neutralrot-Kationen durch energieärmeres, längerwelliges, grünes Licht angeregt werden können als die der Neutralrot-Moleküle (Absorption von blauem Licht).

Auswertung d):
Die Zellwände werden gelb angefärbt, die Zellflüssigkeit in den Zellen rot.
Die Zellflüssigkeit muss daher sauer sein, da sich Neutralrot-Kationen in der Zelle anreichern, die Zellwände sind lipophil, da sich hier die Neutralrot-Moleküle anreichern.

Seite 324 und 325

B1:
Weißes Kupfersulfat gibt in Wasser eine hellblaue Lösung:

$$CuSO_4 + 6\,H_2O \rightarrow [Cu(H_2O)_6]^{2+} + SO_4^{2-}$$

Im Hexaaquakupfer(II)-Kation kommt es aufgrund der Aufspaltung der Energieniveaus (*d*-Orbitale) zur Absorption von Licht aus dem sichtbaren Spektrum. Daher ist dieser Komplex farbig.
Hinweis: Entsprechend B4 sind die d-Orbitale im oktaedrischen Ligandenfeld schwach (Aqua-Ligand!) aufgespalten. Das Cu^{2+}-Ion hat ein d^9-Elektronensystem, die im oktaedrischen Ligandenfeld folgendes Besetzungsschema aufweisen: $t_2g(6)$, $eg(3)$. Das Absorptionsmaximum liegt im roten Bereich, sodass der Komplex blau gefärbt ist. Anzumerken ist, dass der Hexaaquakupfer(II)-Komplex eine verzerrt oktaedrische Geometrie besitzt: Zwei Wasser-Moleküle sind weiter vom Cu^{2+}-Ion entfernt als die vier anderen. (Die Aufspaltung der d-Orbitale im verzerrt oktaedrischen Ligandenfeld ändert sich entsprechend: Das d_{xy}-Orbital liegt energetisch etwas höher als das d_{xz}- und das d_{yz}-Orbital, während das $d_{x^2-y^2}$- Orbital energetisch etwas tiefer als das d_{z^2}-Orbital liegt. Im Falle des d^9-Elektronensystems ist das d_{z^2}-Orbital einfach besetzt.)
Die Lösungsenthalpie für $CuSO_4$ (s) beträgt -67 $^{kJ}/_{mol}$, während die Lösungsenthalpie für $CuSO_4 \cdot 5\,H_2O$ (s) +11 $^{kJ}/_{mol}$ beträgt. Das bedeutet, dass auch die Bildung von festem $CuSO_4 \cdot 5\,H_2O$ (s) aus $CuSO_4$ (s) exotherm erfolgt. Zur qualitativen Temperaturmessung bietet sich an, zu 5 g weißem Kupfersulfat wenige mL Wasser zuzufügen.

B2:

Bei einem Komplex der Zusammensetzung $[ML_2X_2]$ sind drei Stereoisomere möglich:

a) quadratisch-planare Geometrie: *cis*-$[ML_2X_2]$
b) quadratisch-planare Geometrie: *trans*-$[ML_2X_2]$
c) tetraedrische Geometrie

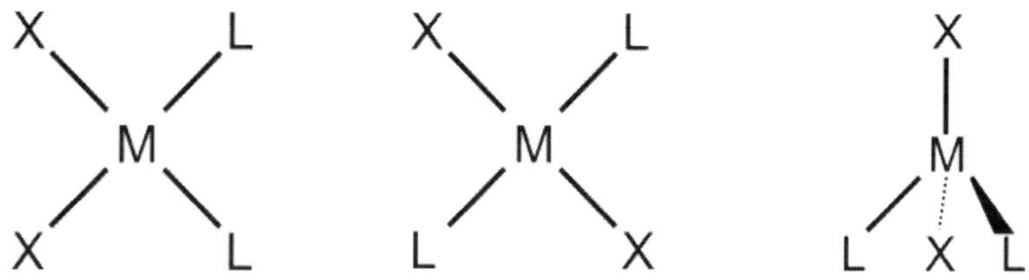

a) b) c)

B6:

Hinweise: Tris(1,10-phenanthrolin)eisen(II) wird in der quantitativen Analyse als Redoxindikator unter dem Namen Ferroin eingesetzt. In der Photometrie lässt sich Eisen aus wässrigen eisenhaltigen Lösungen als Tris(1,10-phenanthrolin)eisen(II) photometrisch bestimmen. Der Phenanthrolin-Ligand stabilisiert beim Eisen die Oxidationsstufe +2, da es sich beim rotfarbigen $[Fe(phen)_3]^{2+}$-Komplex um einen oktaedrisch konfigurierten low-spin-Komplex handelt. Der oktaedrisch konfigurierte low-spin-Komplex $[Fe(phen)_3]^{3+}$ ist dagegen blau gefärbt.

$[Fe(phen)_3]^{2+}$ + $[Fe(phen)_3]^{3+}$ + e^- E^{θ}= + 1,14 V (*p*H-abhängig!)
rot *blau* (E^{θ}= + 1,06 V in 1M H_2SO_4)

Analog gilt für die entsprechende Ruthenium-Verbindung:

$[Ru(phen)_3]^{2+}$ + $[Ru(phen)_3]^{3+}$ + e^- E^{θ}= + 1,26 V

Die reduzierte Form des Redoxpaares $[Ru(phen)_3]^{2+}$ / $[Ru(phen)_3]^{3+}$ (Oxidationsstufe +2) wird bei der Ruthenium-Verbindung in noch größerem Maße stabilisiert als bei der Eisen-Verbindung. Das Normalpotenzial ist größer.
Aufgrund des größeren Ionenradius von Ru^{2+}/Ru^{3+} im Vergleich zu Fe^{2+}/Fe^{3+} ist die Ligandenfeldaufspaltung Δ_0 bei den Ruthenium-Phenanthrolin-Komplexen größer. Dies zeigt sich in der tieferen und intensiveren Rotfärbung von $[Ru(phen)_3]^{2+}$. Das Absorptionsmaximum von $[Ru(phen)_3]^{2+}$ liegt bei 447 nm , während das von $[Fe(phen)_3]^{2+}$ bei 510 nm liegt.

In stark saurem Milieu hydrolysieren die Komplexe zu Aqua-Komplexen (Phenanthrolin ist eine Base!).

Gemeinsam ist ebenfalls die Existenz von Spiegelbild-Isomeren (Konfigurations-Isomerie):

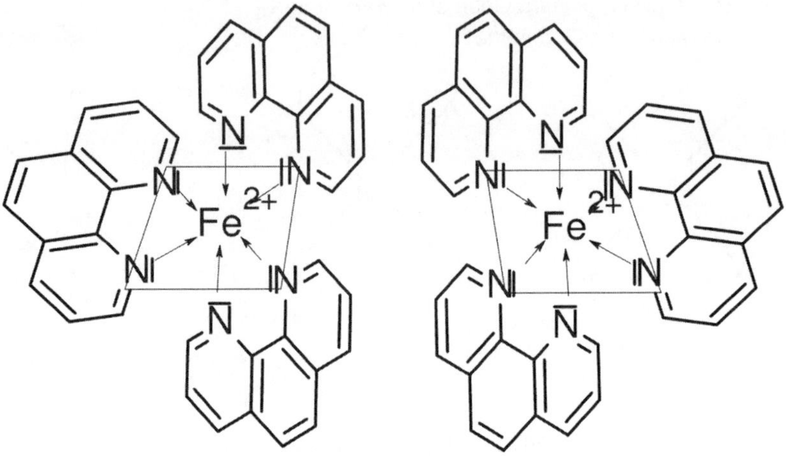

Das Fe^{2+} kann hier durch Ru^{2+} ersetzt werden.

Auswertung a) und b):

Versuch	Edukte	Beobachtungen			Deutung
V1		Farbe der wässrigen Lösungen	Farbe des Nieder-schlages nach wenig zugesetztem Ammoniak	Farbe der ammoniakalischen Lösung (Überschuss Ammoniak)	
	a) $CuSO_4 \cdot 5\ H_2O$ (aq) NH_4 (aq)	hellblau	hellblau	tiefblau	Zunächst Ausfällung von Kupferhydroxid gemäß: $NH_3 + H_2O \rightarrow NH_4^+ + OH^-$ Cu^{2+} (aq) + $2\ OH^- \rightarrow Cu(OH)_2 \downarrow$ Im Überschuss Ammoniak Komplexbildung: $[Cu(H_2O)_6]^{2+} + 4\ NH_3 \rightarrow \mathbf{[Cu(NH_3)_4(H_2O)_2]^{2+}} + 4\ H_2O$ **Tetraammindiaquakupfer(II)-Ion**
	b) $CrCl_3$ (aq) NH_4 (aq)	grün	grün	gelb	Zunächst Ausfällung von Chrom(III)hydroxid gemäß: $NH_3 + H_2O \rightarrow NH_4^+ + OH^-$ Cr^{3+} (aq) + $3\ OH^- \rightarrow Cr(OH)_3 \downarrow$ Im Überschuss Ammoniak Komplexbildung: $[CrCl_x(H_2O)_{6-x}]^{(3-x)+} + 6\ NH_3 \rightarrow [Cr(NH_3)_6]^{3+} + 4\ H_2O$[1] **Hexaamminchrom(III)-Ion**

1 x=1 hellgrün; x=2 dunkelgrün; (Anm.: Im Überschuss Wasser: x=0 violett)

Versuch	Edukte	Beobachtungen			Deutung
V2	Kupfersalz	Farbe des Salzes	Farbe der wässrigen Lösung (1 mL H_2O)	Farbe der wässrigen Lösung (12 mL H_2O)	Komplexbildungsreaktion und ggf. Ligandenaustauschreaktion nach weiterer Verdünnung mit Wasser
	(1) $CuCl_2$ (s)	braun	grün	hellblau	$CuCl_2 + 2\ H_2O \rightarrow [CuCl_2(H_2O)_2]$ (aq) grün **$[CuCl_2(H_2O)_2]$(aq)** $+ 4\ H_2O \rightarrow$ **$[Cu(H_2O)_6]^{2+}$** $+ 2\ Cl^-$ **Diaquadichlorokupfer(II)** **Hexaaquakupfer(II)-Ion** hellblau
	(2) $CuCl_2 \cdot 2\ H_2O$ (s)	türkisgrün	grün / türkisgrün	hellblau	$[CuCl_2(H_2O)_2]$ (s) $\xrightarrow{H_2O}$ $[CuCl_2(H_2O)_2]$ (aq) grün **$[CuCl_2(H_2O)_2]$(aq)** $+ 4\ H_2O \rightarrow$ **$[Cu(H_2O)_6]^{2+}$** $+ 2\ Cl^-$ **Diaquadichlorokupfer(II)** **Hexaaquakupfer(II)-Ion** hellblau
	(3) $CuSO_4$ (s)	weiß	blau	hellblau	$CuSO_4$ (s) $+6\ H_2O$ $\xrightarrow{H_2O}$ **$[Cu(H_2O)_6]^{2+}$** (aq) + SO_4^{2-} (aq) weiß **Hexaaquakupfer(II)-Ion** hellblau
	(4) $CuSO_4 \cdot 5\ H_2O$ (s)	blau	blau	hellblau	$[Cu(H_2O)_4]SO_4 \cdot H_2O$ (s) $\xrightarrow{H_2O}$ $[Cu(H_2O)_6]^{2+}$ (aq) + SO_4^{2-} (aq) weiß **Hexaaquakupfer(II)-Ion** blau (Verdünnungseffekt: hellblau)
	(5) $Cu(NO_3)_2 \cdot 6\ H_2O$ (s)	blau	blau	hellblau	$[Cu(H_2O)_6](NO_3)_2$ (s) $\xrightarrow{H_2O}$ $[Cu(H_2O)_6]^{2+}$ (aq) + 2 NO_3^{2-} (aq) weiß **Hexaaquakupfer(II)-Ion** blau (Verdünnungseffekt: hellblau)

Versuch	Edukte	Beobachtungen	Komplexbildungsreakton und Ligandenaustauschreaktion
V3	$FeCl_3 \cdot 6\ H_2O$ KSCN	Die wässrige Lösung ist gelb. Nach Zugabe von Thiocyanat (Rhodanid) Rotfärbung	$[FeCl_2(H_2O)_4]Cl \cdot 2\,H_2O(s) \xrightarrow{H_2O} [FeCl_{2-x}(H_2O)_{4+x}]^{(1+x)+}(aq) + (1+x)Cl^-(aq)$[2] Der Übersichtlichkeit halber ist im Folgenden nur der Hexaaquaeisen(III)-Komplex formuliert: $[Fe(H_2O)_6]^{3+} + SCN^- \rightarrow [Fe(SCN)(H_2O)_5]^{2+} + H_2O$ $[Fe(SCN)(H_2O)_5]^{2+} + SCN^- \rightarrow [Fe(SCN)_2(H_2O)_4]^{+} + H_2O$ $[Fe(SCN)_2(H_2O)_4]^{+} + SCN^- \rightarrow \mathbf{[Fe(SCN)_3(H_2O)_3]}\downarrow + H_2O$ **Triaquatrithiocyanatoeisen(III)** Mit SCN^-- Ionen werden die roten bis blutroten oktaedrischen Thiocyanato-Eisenkomplexe gebildet, die sich zum qualitativen (und quantitativen) Nachweis von Eisen eignen.

Versuch	Edukte	Beobachtungen	Deutung
V4	Mohrsches Salz Phenanthrolin	Die fast farblose Lösung färbt sich nach Zugabe von Phenanthrolin rot bis rotorange.	$[Fe(H_2O)_6]^{2+} + 3\ phen \rightarrow [Fe(phen)_3]^{2+} + 6\ H_2O$

2 x=0, 1 oder 2

Auswertung c):

V5 zeigt, dass die Fluoreszenz erst dann gut sichtbar ist, wenn braune Eierschalen mit Salzsäure umgesetzt wurden. Die Salzsäure bewirkt das Auflösen der Kalkmatrix ($CaCO_3$ (s) + 2 HCl (aq) $\rightarrow$ Ca^{2+} (aq) + 2 Cl^- (aq) + CO^2 $\uparrow$ + H_2O), dabei wird der rote Blutfarbstoff Häm freigesetzt und Eisen-Ionen aus dem Porphyrin-Gerüst entfernt. Auch dieser Vorgang wird von der Salzsäure bewirkt, da Porphyrine zwei Protonen aufnehmen können und eine zweiwertige Kationen-Säure bilden (vgl. Abb. zu der Lösung von A1). Diese protonierte Form ist nicht in der Lage, Metall-Ionen zu binden. (Porphyrine können auch zwei Protonen abgeben, das zweifach negativ geladene Anion bildet mit – meist zweiwertigen – Metall-Ionen die Metall-Porphyrin-Komplexe). Das auf diese Art freigesetzte rot gefärbte Porphyrin mit seinem delokalisierten π-Elektronensystem fluoresziert. Die freigesetzten Eisen(II)-Ionen lassen sich nach Oxidation mithilfe von Wasserstoffperoxid zu Eisen(III)-Ionen mit Kaliumthiocyanat nachweisen (V6/V4).

A1:

Der Porphin-Ligand

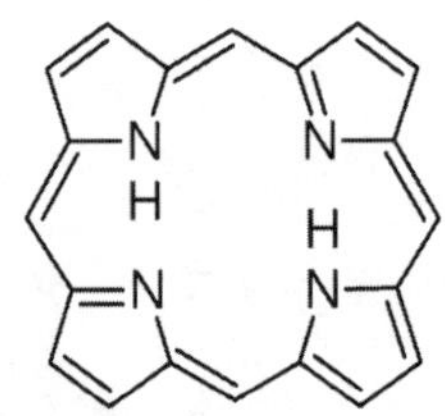

Aus der Struktur wird der amphotere Charakter von Porphin deutlich, weshalb es sowohl als Protonenakzeptor als auch als Protonendonator fungieren kann. Die Starrheit des Molekülgerüsts ist durch die Delokalisation der 22 π-Elektronen (Hückel-Regel: {4n+2}π-Elektronen; hier: n=5 $\Rightarrow$ aromatischer Charakter) bedingt.

Zusätzliche Informationen (vgl. auch A3):

Der „Leerraum" im Zentrum des Ringes hat die passende Größe für die Aufnahme eines 3d-Metall-Ions. Ist bei der Komplexbildung das Metall-Ion für das „Loch" zu klein (z.B. Ni^{2+}), dann wellt sich der Ring, sodass ein geringerer Bindungsabstand zwischen den Stickstoff-Ligatoratomen und dem Metall-Ion möglich wird, überschreitet das Metall-Ion eine bestimmte Größe, passt es nicht in den freien Raum innerhalb der Ringebene und sitzt oberhalb des Porphyrin-Ringes (z.B.: low-spin- Fe^{2+} im Sauerstoff beladenen Hämoglobin passt, high-spin- Fe^{2+} im Hämoglobin ist um 17 pm größer und sitzt oberhalb der Ebene).

A2:
Porphyrin verfügt über ein ausgedehntes konjugiertes delokalisiertes π-Elektronensystem, das sichtbares Licht im blau-violetten Spektralbereich absorbiert. Daher erscheint Porphyrin farbig (dunkelrot).

A3:
Offene Aufgabenstellung:
Pophyrine ist die Sammelbezeichnung für in der Natur weit verbreitete Pigmente, die sich vom Grundkörper Porphin (s.o.) durch Substitution des makrocyclischen Tetrapyrrol-Gerüsts durch diverse Reste (Methyl-, Vinyl-, Propansäure- u.v.a.m.) ableiten.
Komplexe aus Metall-Ionen und Porphyrin-Liganden stellen die vielleicht wichtigste Klasse metallhaltiger Verbindungen in biologischen Systemen dar. Die Liganden sind Tetrapyrrol-Makrocyclen mit konjugierten Doppelbindungen und verschiedenartigen, an der Peripherie gebundenen Gruppen.
Die Stabilitäten der Komplexe von Porphyrinen mit zweifach positiven Metall-Ionen nehmen in folgender Reihe zu:

$$Zn^{2+} < Fe^{2+} < Co^{2+} < Cu^{2+} < Ni^{2+}$$

Die Bildungsgeschwindigkeiten entsprechen der Folge:

$$Ni^{2+} < Fe^{2+} < Co^{2+} < Cu^{2+}$$

Von besonderer Bedeutung sind das magnesiumhaltige Chlorophyll der Pflanzen und das durch Abbau daraus entstehende Phäophytin, ebenso Eisen-Porphyrin-Derivate wie die Blut- und Muskelfarbstoffe des tierischen Körpers Hämoglobin und Myoglobin (Funktion: Sauerstoff-Transport), die Enzyme (Funktion: biochemische Katalyse) Peroxidase, Katalase, Oxygenasen (z.B. Cytochrom P450) und die anderen Cytochrome (Funktion: Elektronenübertragung), im Wesentlichen Cyt *a*, Cyt *b*, Cyt *c*. Beim sogenannten Faktor 430 aus den Archaebakterien handelt es sich um einen Nickel-Porphyrin-Komplex.

Die Eisen-Porphyrine in Hämoglobin und Myoglobin bilden ideale Sauerstoff-Transportsysteme, während die eisenhaltigen Cytochrome in der Atmungskette Elektronenübertragungssysteme darstellen. Der Elektronenfluss verläuft in der Richtung Cyt $b \rightarrow$ Cyt $c \rightarrow$ Cyt $a \rightarrow O_2$ (Redoxpotenziale!).
In Cytochrom *a* liegt das Eisen-Atom fünffach koordiniert vor, wodurch eine Bindungsstelle unbesetzt ist. Dies ermöglicht, Sauerstoff zu koordinieren, aber erklärt auch die außerordentliche Toxizität des Cyanid-Ions. Dieses besetzt mit sehr fester Bindung die sechste Koordinationsstelle und stabilisiert das Eisen(III) in einem solchen Maße, dass es nicht mehr leicht reduziert werden kann. Die Elektronentransportkette

der Atmungskette wird unterbrochen. Zwar wird Cyanid, wie auch Kohlenstoffmonoxid auch von Hämoglobin gebunden, jedoch wirkt die Blockierung von Cytochrom *a* durch das Cyanid viel schwerer als die Beeinträchtigung des Sauerstoff-Transports. Die Standard-Behandlung bei Cyanid-Vergiftung (Gabe von Natriumnitrit i.v., Inhalation von Amylnitrit) führt zur Oxidation eines Teils von Hämoglobin zu Methämoglobin (Fe^{3+}). Methämoglobin ist zum Sauerstoff-Transport unfähig, es bindet aber Cyanid noch stärker als Hämoglobin oder Cytochrom *a* und entfernt es aus dem System.

Eine Reihe von synthetischen Metall-Porphyrinen eignen sich als Metallkomplex-Farbstoffe, allerdings haben die strukturell verwandten Metall-Phthalocyanin-Farbstoffe eine größere Bedeutung erlangt. Ein stabiler Naturfarbstoff ist Turacin, ein Kupfer-Uro-Porphyrin-Komplex.

Störungen der Häm-Biosynthese führt zu der Krankheit Porphyrie, die mit einer Überproduktion oder vermehrter Ausscheidung von Porphyrinen und deren Vorstufen einhergeht.

Seite 326 und 327

B1:
An dieser Stelle sind die gängigen Lehrwerke zur Koordinations- und Komplexchemie zu empfehlen. Ein ausführlicher Artikel zu dieser Thematik, der auch die historischen Aspekte besonders berücksichtigt, ist in der Fachzeitschrift *Chemie in unserer Zeit* zu finden. Dort sind im Literaturverzeichnis auch weitere Werke zitiert, die u.a. eine umfassende Lebensbeschreibung sowie eine Bibliographie der Literatur zu ALFRED WERNER beinhalten.

LUTZ H. GADE: „Eine geniale Frechheit" ALFRED WERNERS Koordinationstheorie, in: *Chemie in unserer Zeit*, *3* (36) , S.168-175, 2002.

Bezüglich der Oxidationszahlen der Eisen-Ionen im BERLINER BLAU (+II bzw. +III) soll an dieser Stelle ergänzend eine Hintergrundinformation angegeben werden:
BERLINER BLAU entsteht, wenn man Eisen(III)-Salze zu Hexacyanoferrat(II) gibt:

$$K^+ + Fe^{3+} + [Fe(CN)_6]^{4-} \rightarrow {}^1/_x\ [KFe(CN)_6Fe]_x \downarrow$$

Versetzt man Hexacyanoferrat(III) mit Eisen(II)-Salzen, entsteht TURNBULLS BLAU:

$$K^+ + Fe^{2+} + [Fe(CN)_6]^{3-} \rightarrow {}^1/_x\ [KFe(CN)_6Fe]_x \downarrow$$

Spektroskopische Untersuchungen haben gezeigt, dass Berliner Blau und Turnbulls Blau und andere ähnliche polymere Cyanid-Komplexe (s.u.) das gleiche Eisen-Cyanid-Gerüst besitzen; sie unterscheiden sich ausschließlich in der Anzahl der Ionen (z.B. Kalium-Ionen), die zur Aufrechterhaltung der Elektroneutralität notwendig sind. Die kubische Struktur besteht aus hexakoordinierten Eisen(II)-Ionen (low-spin), das die Cyanid-Ionen über die Kohlenstoff-Atome bindet, und hexakoordinierten Eisen(III)-Ionen (high-spin), das mit den Stickstoff- Atomen der Cyanid-Ionen verknüpft ist. Würfelförmige Hohlräume oder auch Leerstellen des Gerüsts enthalten Wasser-Moleküle oder auch Kalium-Ionen. Das eigentliche Berliner Blau hat die empirische Formel $Fe_4[Fe(CN)_6]_3 \cdot 15\ H_2O$.
Im Eisen(III)hexacyanoferrat(III) (Berliner Grün) – erhalten durch Umsetzung von Eisen(III)-Salzen mit Hexacyanoferrat(III) – sind alle Eisen-Plätze mit Fe^{3+}-Ionen besetzt, das „weiße Eisen(II)hexacyanoferrat(II)“ $[K_2Fe(CN)_6Fe]$ – erhalten durch Umsetzung von Eisen(II)-Salzen mit Hexacyanoferrat(II) – enthält Fe^{2+}-Ionen auf allen Eisen-Plätzen.

B4:

Komplex-formel	Name	Koordinations-zahl[3]	Liganden-zahl
$[Fe(phen)_3]^{2+}$	Tris(1,10-phenanthrolin)eisen(II)	6	3
$[Ca(EDTA)]^{2-}$	Ethylendiamintetraacetatocalciumat(II)	6	1
$[Cu(OH)_4]^{2-}$	Tetrahydroxocuprat(II)	4	4

B7:

Komplexformel	**Name**	**Art des Komplexes**
$[Ag(NH_3)_2]Cl$	Diamminsilber(I)chlorid	Kation-Komplex
$[Co(H_2O)_6]Cl_2$	Hexaaquacobalt(II)chlorid	Kation-Komplex
$[CuCl_2(H_2O)_2]$	Diaquadichlorocuprat(II)	Neutral-Komplex
$[Cu(NH_3)_4]SO_4$	Tetraamminkupfer(II)sulfat	Kation-Komplex
$K_3[FeF_6]$	Kaliumhexafluoroferrat(III)	Anion-Komplex
$K_2[Zn(OH)_4]$	Kaliumtetrahydroxozinkat(II)	Anion-Komplex

3 Zahl der Ligatoratome

Seite 328 und 329

B1:
Die abgebildeten Lampen könnten für Zimmerleuchten, Scheinwerfer, Schlüsselanhänger, Laserpointer, Kontrolleuchten etc. bestimmt sein.

B2:
Der Glühdraht (Wolframdraht) hält länger, weil er ständig dadurch regeneriert wird, dass abgedampftes Wolfram sich zu Wolframhalogenid verbindet und bei dessen Thermolyse am heißen Draht dort wieder abgesetzt wird.

B3:
Indem die Lebensmittel mit Licht einer bestimmten Farbkomposition (vgl. Spektrum der Lampe in B3) bestrahlt werden, erscheinen bestimmte Farben in den Lebensmitteln intensiver als andere. Man wählt die Spektren der Lampen so aus, dass die appetitlichen Farben besser zur Wirkung kommen.

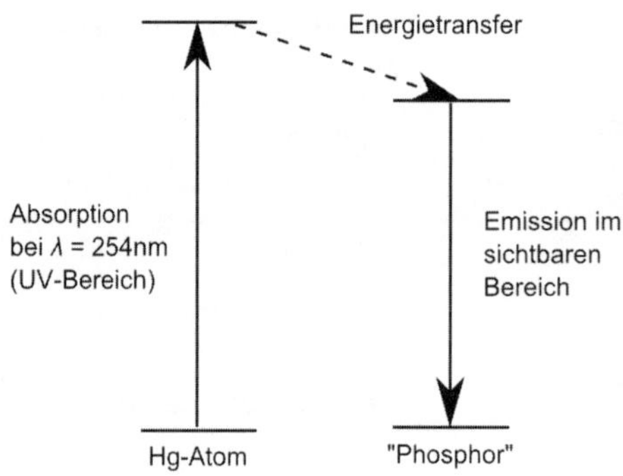

B4:
Die zusätzliche Energie der von den Quecksilber-Atomen übertragenen UV-Quanten wird in Wärme umgewandelt. Auch Leuchtstoffröhren erwärmen sich bei langer Funktionsdauer, allerdings bei Weitem nicht so stark wie Lampen mit Glühdraht.

B6:
Die in Klammern angegebenen Elemente Europium und Terbium sind Lanthanoide (Seltenerdelemente).

B7:
Die Energie E_1 eines Quants mit λ_1 = 172 nm (UV-Bereich) ist:

$$E_1 = \frac{h \cdot c}{\lambda_1} = \frac{6{,}626 \cdot 10^{-34}\,\text{Js} \cdot 3 \cdot 10^{8}\,\text{m/s}}{172 \cdot 10^{-9}\,\text{m}} = 11{,}557 \cdot 10^{-19}\,\text{J}$$

Die Energie E_2 eines Quants mit λ_2 = 600 nm (oranger Bereich des sichtbaren Spektrums – vgl. B5) ist:

$$E_2 = \frac{h \cdot c}{\lambda_2} = \frac{6{,}626 \cdot 10^{-34}\,\text{Js} \cdot 3 \cdot 10^{8}\,\text{m/s}}{600 \cdot 10^{-9}\,\text{m}} = 3{,}313 \cdot 10^{-19}\,\text{J}$$

Damit ist bewiesen, dass die Energie eines UV-Quants mit λ_1 = 172 nm ausreicht, um zwei sichtbare, beispielsweise zwei orange, Quanten mit λ_2 = 600 nm zu erzeugen.

Auswertung a):
Bei V1 wurde Luft in den Glaskolben der Glühbirne eingelassen. Der heiße Draht oxidiert an der Luft sehr schnell.

Auswertung b):
Ergebnisse aus LV2:

	UV-Lampe mit λ = 366 nm	UV-Lampe mit λ = 254 nm
Bestrahlung der Innenschicht durch das Glas der Leuchtröhre	- - -	- - -
Direkte Bestrahlung der Innenschicht der Leuchtröhre	- - -	Fluoreszenz (keine Phosphoreszenz)

Erklärung der Ergebnisse: Die Innenbeschichtung kann nur durch kurzwelliges UV-Licht (λ = 254 nm) zur Fluoreszenz gebracht werden. Das Glas der Röhre absorbiert kurzwelliges UV-Licht.

Auswertung c):
Die Innenbeschichtung löst sich nicht in Heptan und Aceton, löst sich aber allmählich in Wasser und wird schnell durch Säure (und Lauge) abgelöst und teilweise umgesetzt. Daraus kann geschlossen werden, dass die Innenbeschichtung aus anorganischen Verbindungen besteht.

Auswertung d):
Die Bezeichnung „Phosphore“ ist in doppelter Hinsicht irreführend. Erstens phosphoresziert die Beschichtung nicht (sie fluoresziert) und zweitens enthält die Beschichtung in aller Regel keinen gebundenen Phosphor.

Auswertung e):

$$W + I_2 \rightarrow WI_2 \qquad \Delta H_R < 0$$

$$WI_2 \rightarrow W + I_2 \qquad \Delta H_R > 0$$

A1:

Beide Beschichtungen liefern zwar Licht mit verschiedenen Wellenlängen aus dem sichtbaren Bereich, jedoch kein weißes Licht. Das Licht der Beschichtung A hat einen grün-blauen Stich, das aus der Beschichtung B einen gelb-orangen. Die Mischung aus den Beschichtungen A und B liefert die additive Mischung an Licht, dessen Spektrum sich über den gesamten sichtbaren Bereich erstreckt und insgesamt weiß erscheint.

A2:

Ein Objekt erscheint uns in der Farbe, die durch Überlagerung der vom Objekt nicht absorbierten, aber von der Lampe ausgestrahlten Farben entsteht. Wenn ein Objekt z.B. im weißen Licht einer Lampe gelb erscheint, absorbiert es den blauen Teil des weißen Lichts, die anderen Farben überlagern sich zum gesehenen Gelb (vgl. auch B5 auf S. 283). Wenn dasselbe Objekt aber mit einer Lampe bestrahlt wird, die nur blaues Licht emittiert, dann erscheint das Objekt schwarz, d.h. im Extremfall sehen wir es nicht.

Seite 330 und 331

Auswertung a):

Der Luftsauerstoff ist Edukt bei der Reaktion. Es findet eine langsame Oxidation statt, die nur in Gegenwart des Reaktionspartners Sauerstoff ablaufen kann. Ist er verbraucht, so erlischt die Chemolumineszenz, die als Produkt betrachtet werden kann (vgl. Reaktionsgleichung in B1). Öffnet man das Glasrohr, so erfolgt neue Sauerstoffzufuhr und das Leuchten nimmt ausgehend von der Glasöffnung wieder zu.

Auswertung b):

Es ergeben sich die folgenden Oxidationszahlen:

$$\underbrace{[(\overset{-II}{C}H_3)_2N]_2\overset{+II}{C}=\overset{+II}{C}[N(\overset{-II}{C}H_3)_2]_2}_{\text{Tetrakisdimethylaminoethylen TDAE}} + O_2 \rightarrow \underbrace{\overset{+IV}{C}O[N(\overset{-II}{C}H_3)_2]_2}_{\text{Tetramethylharnstoff}} + h\nu$$

Es findet also eine Oxidation der zentralen Kohlenstoff-Atome statt. (Abgabe zweier Elektronen pro Kohlenstoff-Atom, Übergang von der Oxidationszahl + II zu + IV.) Sauerstoff wird reduziert (Übergang von der Oxidationszahl 0 zu –II).

Auswertung c):

Das Leuchten findet in der Elektrolyt-Lösung in unmittelbarer Nähe der Scherfolie statt. Es leuchtet also nicht die Scherfolie, wie der Name suggeriert (dazu wäre eine wesentlich höhere Spannung nötig), sondern eine Spezies in der wässrigen Phase. Bei eingeschalteter Rührung werden kontinuierlich neue zu oxidierende Spezies, d.h. der Luminophor Tris-(1,10(phenanthrolin-) ruthenium(II)-chlorid und der Opferdonor EDTA, an die Scherfolie transportiert, es kommt zu einem kontinuierlichen Leuchten.

Auswertung d):
Das „leuchtende“ Scherblatt ist mit dem Pluspol der Batterie verbunden. Beim Umpolen leuchtet entsprechend die andere, nun mit dem Pluspol verbundene Scherfolie. Bei Elektrolysen findet an diesem Pol eine Oxidation statt. In diesem Fall werden sowohl der Luminophor als auch der Opferdonor oxidiert (vgl. B5):

$$[Ru(phen)_3]^{2+} \rightarrow [Ru(phen)_3]^{3+} + e^-$$
$$EDTA \rightarrow EDTA_{ox} + e^-$$

Auswertung e):
Vergleich der Reaktion von LV1 mit der Verbrennung von Eisenwolle:

- Es handelt sich jeweils um exotherme Reaktionen, wobei bei LV1 ein Teil der angegebenen Energie als Lichtenergie frei wird (Chemolumineszenz).
- Es finden jeweils Oxidationsreaktionen statt. Während es sich bei der Verbrennung von Eisenwolle um eine schnelle Oxidation handelt, findet bei LV1 eine langsame Oxidation statt.
- Bei der Verbrennung von Eisenwolle findet die Oxidation schnell statt, da hier Wärme zugeführt wird, LV1 findet bei Raumtemperatur statt.

Vergleich von LV1 und V2:

- Bei beiden Versuche wird kaltes Licht erzeugt.
- Das kalte Licht entsteht jeweils durch eine Oxidation.
- Während der Erzeugung von kaltem Licht bei LV1 lediglich eine chemische Reaktion zugrunde liegt, also Chemolumineszenz generiert wird, ist das kalte Licht bei V2 Folge einer elektrischen Spannung und chemischer Reaktionen, es handelt sich um Elektrochemolumineszenz.
- Bei diesen Versuchsanordnungen kommt das Leuchten bei LV1 zum Erliegen, wenn das Oxidationsmittel Sauerstoff verbraucht ist, bei V2, wenn die oxidierbaren Spezies, insbesondere der Opferdonor EDTA, verbraucht sind.

B2:
Die Anordnung ist mit einer Elektrolyse-Zelle vergleichbar, da zwei Elektroden in eine Elektrolyt-Lösung tauchen und mit einer Spannungsquelle verbunden sind. Auch hier erfolgt ein Stoffumsatz bedingt durch das Anlegen einer elektrischen Spannung. Am Pluspol erfolgt die Oxidation, wobei der im ersten Schritt oxidierte Luminophor durch die in B5 gezeigten Folgereaktionen regeneriert wird. Am Minuspol erfolgt die Reduktion von Wasserstoff-Ionen zu elementarem Wasserstoff.

A1:
Der Multimedia-Baustein veranschaulicht die in B5 dargestellten Prozesse. Sie können über die Steuerung der Buttons die Animation anhalten und somit Momentaufnahmen erzeugen, die die einzelnen Schritte wiedergeben.

A2:
Teilbild a) gibt sowohl eine Oxidation als auch eine Reduktion wieder:
Die Extraktion eines Elektrons aus der höchsten besetzten Energiestufe über den Pluspol entspricht einer Oxidation.
Die Injektion eines Elektrons über den Minuspol in die niedrigste unbesetzte Energiestufe entspricht einer Reduktion.
Die in Teilbild c) dargestellte Rekombination von Elektron und Loch entspricht einer intramolekularen Redoxreaktion. Dabei wird die niedrigste unbesetzte Energiestufe oxidiert, das Elektron wird abgegeben, und die höchste besetzte Energiestufe wird reduziert, ein Elektron wird aufgenommen. Da diese Vorgänge zwischen den Energiestufen desselben Moleküls erfolgen, handelt es sich um einer intramolekulare Redoxreaktion.

B4:
Teilbild a) entspricht dem Grundzustand, die niedrigste unbesetzte Energiestufe ist leer. Die Teilbilder b) und c) entsprechen dem elektronisch angeregten Zustand. Es liegt ein Elektron-Loch-Paar vor, d.h. es existiert ein Elektronendefizit in der höchsten besetzten Energiestufe und es befindet sich ein (angeregtes) Elektron in der niedrigsten unbesetzten Energiestufe.
Anmerkung: Korrekterweise dürften die Energiestufen bei den Teilbildern b) und c) nicht als „höchste besetzte" und „niedrigste unbesetzte" Energiestufen bezeichnet werden. In der Fachwissenschaft wird für die entsprechenden Molekülorbitale die Bezeichnung SOMO (singly occupied molecular orbital) verwendet. Darauf wurde hier verzichtet. Mit der im Buch verwendeten Bezeichnung ist die Energiestufe des entsprechenden Grundzustandes gemeint.

B5:
Der hohe Preis des Ruthenium-Komplexes ist unerheblich, da der Komplex durch die in B5 genannte Reaktionsfolge regeneriert wird.
Das preiswertere EDTA dient als Opferdonor, da es irreversibel oxidiert wird. Die zweite Oxidation dient der Erzeugung des Ru-Komplexes in seiner ursprünglichen Oxidationsstufe, jedoch im angeregten Zustand.

Seite 332 und 333

Auswertung a):
Die Ansprechzeiten anorganischer Leuchtdioden sind extrem kurz. So ist in V1 sofort nach Erreichen der Betriebsspannung ein Leuchten zu sehen, beim leuchtenden Scherblatt von S. 330 hingegen erst zeitlich verzögert.
Aufgrund der geringen Ansprechzeiten anorganischer Leuchtdioden verspricht man sich bei der Verwendung bei Warnleuchten, Ampeln und Verkehrsschildern eine Steigerung der Verkehrssicherheit.

Auswertung b):
Bei den in V2 beobachtbaren Spektren handelt es sich um Linienspektren. Im Vergleich zum Linienspektrum des Wasserstoffs sind die Linien allerdings weniger scharf, sodass man auch von schmalen Banden sprechen kann. Das Licht ist daher nur annähernd monochromatisch.

Die Farben der Linien entsprechen denen der ausgestrahlten Lichtfarbe, es handelt sich um Echtfarben-Emissionsspektren.

Auswertung c):
Da das emittierte Licht nur annähernd monochromatisch ist, sollte zur Ermittlung der Wellenlänge nach der Musterrechnung unter B3 der Abstand b vom Mittelpunkt der Bande ausgehend bestimmt werden.

Auswertung d):
Für die in B1 abgebildeten Leuchtdioden ergeben sich die folgenden Wellenlängen und Bandlücken:

Farbe	Wellenlänge λ (in nm)	Bandlücke E_g (in eV)
rot	662	1,87
orange	624	1,99
gelb	619	2,00
grün	527	2,35
blau	479	2,59

Daraus folgt:

c) Bei der roten Leuchtdiode liegt die kleinste Bandlücke vor, bei der blauen die größte.

d) Die ermittelten Wellenlängen des emittierten Lichts entsprechen den typischen Wellenlängenbereichen der jeweiligen Farben des sichtbaren Lichts (vgl. S. 282/283).

e) Je größer die Bandlücke, desto kleiner die Wellenlänge des emittierten Lichts. Dies geht auch aus der bei Schritt 3 verwendeten Beziehung zwischen der Bandlücke E_g und der Wellenlänge λ hervor.

Auswertung e):
Vergleicht man Glühbirne, leuchtendes Scherblatt und anorganische LEDs als mögliche Lichtquellen, so werden die Vorteile der Verwendung von anorganischen Leuchtdioden deutlich. Die Leuchtkörper sind energieeffizienter als Glühbirnen, da sie eine geringere Betriebsspannung benötigen und keine Energie in Form von Wärme verloren geht. Das leuchtende Scherblatt hat ebenfalls den Vorteil, dass eine niedrige Spannung benötigt wird und wenig Energie ungenutzt bleibt. Hier kommt aber der entscheidende Nachteil zum Tragen, dass es zu einem Stoffumsatz kommt. Ein Leuchtkörper bestehend aus einer solchen „nassen" Zelle müsste also gewartet werden, wobei Opferdonor nachgefüllt und die Zelle immer wieder versiegelt werden müsste. Anorganische LEDs hingegen sind wenig wartungsintensiv, da hier auch kein Stoffumsatz erfolgt und es sich um „trockene" Zellen handelt.

	Glühbirne	leuchtendes Scherblatt	anorganische LEDs
Wie entsteht das Licht?	Glühen der metallischen Wolframwendel	Elektrochemolumineszenz	Elektrolumineszenz
Art des Lichts?	„heißes" Licht	kaltes Licht	kaltes Licht
Chemische Umsetzung?	keine	Opferdonor wird verbraucht	keine
Energieumsatz	ein Großteil der Energie geht ungenutzt als Wärme verloren	kein erkennbarer Energieverlust	kein erkennbarer Energieverlust
Betriebsspannung	220V	4,5 V	9-12V, teils auch weniger

A1:
Prinzipiell laufen in anorganischen LEDs die gleichen Vorgänge ab wie in B4 dargestellt. Es handelt sich hier aber um Halbleitermaterialien, sodass hier die Begriffe Valenzband statt höchste besetzte Energiestufe und Leitungsband statt niedrigste unbesetzte Energiestufe verwendet werden müssen.

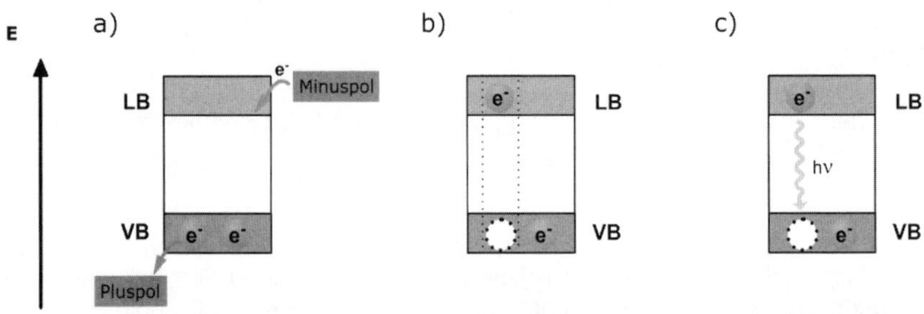

Grundzustand, Extraktion eines Elektrons am Pluspol, Injektion eines Elektrons am Minuspol

angeregter Zustand, Elektron-Loch-Paar

Rekombination von Elektron und Loch: Lichtemission

A2:
Einsatzgebiete von LEDs sind vielfältig. LEDs haben inzwischen in unseren Alltag Einzug gehalten, z.B. bei Warnleuchten im Auto, Betriebsanzeigen elektrischer Geräte, Fernbedienungen, allgemein als Leuchtmittel im privaten und öffentlichen Raum, bei Displays, Notfallbeleuchtungen, Werbeschriftzügen, Lichtkunst etc. Über Internet-Suchmaschinen gelangen die Schülerinnen und Schüler zu einer Fülle von Informationen zu den Einsatzgebieten. Dabei wird zudem deutlich, dass anorganische Leuchtdioden besonders wegen der größeren Effizienz trotz derzeit noch höherer Herstellungskosten eine gute Alternative zu herkömmlichen Leuchtmitteln (z.B.

Glühbirnen) darstellen. Macht man sich klar, wo überall im privaten und öffentlichem Raum Leuchtanzeigen, Beleuchtungen, etc. installiert sind, liegt der große ökonomische Nutzen auf der Hand.

A3:
Beim roten Licht einer LED handelt es sich um annähernd monochromatisches Licht (vgl. V2). Das wahrgenommene Licht ist emittiertes Licht, das bei der Rekombination von Elektron-Loch-Paaren im Halbleiter-Material erzeugt wird. In B7 auf S. 283 hingegen wird verdeutlicht, wie rotes Licht aufgrund der Absorption der weiteren Bestandteile des weißen Tageslichts erzeugt wird. Der rote Farbeindruck entsteht also auf zwei völlig verschiedene Weisen.

A4:
Weißes Licht lässt sich mit LEDs auf zwei Arten erzeugen.

a) Besonders die in den Anfangszeiten eingesetzten LEDs sind sog. Multi-LEDs, die verschiedenfarbige LEDs enthalten. Hier wird weißes Licht durch additive Farbmischung von Rot, Grün und Blau (vgl. B6 auf S. 283) oder auch z.B. nur von Blau und Gelb erzeugt. Sehr frühe weiße LED-Strahler enthielten mehrere verschiedenfarbige LEDs, in späteren Modellen wurden drei verschiedene LED-Chips in einer LED kombiniert.
b) In sog. Lumineszenz-Konversions-LEDs wird eine blaues oder auch UV-Licht emittierende LED mit Lumineszenzfarbstoffen kombiniert. Ähnlich wie bei Leuchtstoffröhren (B4, S. 328) regt das kurzwellige und damit energiereichere blaue Licht den Farbstoff zum Leuchten an, längerwelliges, energieärmeres gelbes Licht wird dabei abgegeben. Da nicht das gesamte blaue Licht umgewandelt wird, ergibt die resultierende additive Mischung der Spektralfarben das weiße Licht. Über die Wahl und Dosierung des Farbstoffes ist der Farbton des weißen Lichts einstellbar.

B5:
Beim Betrieb von LEDs muss auf richtige Polung und Gleichspannung geachtet werden. Der kurze Draht ist die Kathode, also der Minuspol, der lange Draht die Anode, also der Pluspol. Über den Pluspol erfolgt die Extraktion eines Elektrons, über den Minuspol die Injektion eines Elektrons. Wenn man Wechselstrom anlegen würde, käme es zu einem ständigen Richtungswechsel des Elektronenflusses. Dadurch würden die nachfolgenden Schritte Rekombination des Elektron-Loch-Paares und die daraus resultierende und gewünschte Lumineszenz verhindert.

B6:
Metalle sind keine geeigneten Materialien, da hier aufgrund der Überlappung von Valenzband und Leitungsband keine Bandlücke existiert. So würde es nach einer Anregung zu keiner Lumineszenz kommen, sondern zu strahlungsloser Desaktivierung. Ähnliches ist der Fall bei organischen Molekülen, bei denen die Energiestufen sehr dicht beieinander liegen (vgl. S. 287).

B7:
Allein im Bereich der Straßenbeleuchtung wird der ökonomische Nutzen am Beispiel LED-bestückter Ampeln deutlich:
Da LEDs mit einem Kunststoff-Gehäuse versehen sind, sind sie wesentlich robuster gegenüber Vandalismus und damit weniger wartungsintensiv. Zudem werden bei Ampeln eine Vielzahl von Leuchtdioden für jede Farbe verwendet. Funktioniert eine davon nicht mehr, so ist dies für die Gesamtleuchtkraft unerheblich. Eine defekte Glühbirne in herkömmlichen Ampeln muss sofort ausgewechselt werden, die entsprechende Farbe ist nicht mehr erkennbar, was auch zu einem Sicherheitsrisiko bzw. zu Behinderungen des Verkehrsflusses führen kann.
LEDs haben eine stärkere Leuchtkraft als Glühbirnen und sind auch bei ungünstigen Sichtverhältnissen (z.B. niedrig stehender Sonne) besser erkennbar. Dies sowie die schnellen Ansprechzeiten führen zu größerer Verkehrssicherheit.

Seite 334 und 335

A1:
Zur Herstellung von Reinstsilicium vgl. *Chemie 2000+* Online.

A2:
Eine p-Dotierung bewirkt eine Anhebung der Lage der Oberkante des Valenzbandes, eine n-Dotierung ein Absinken der Lage der Unterkante des Leitungsbandes. Dies hat direkte Konsequenzen für die Größe der Bandlücke, die wiederum in direktem Zusammenhang mit der Wellenlänge des zu absorbierenden Lichts steht. Eine Verkleinerung der Bandlücke hat eine Vergrößerung der Wellenlänge zur Folge, es kommt zu einer Verschiebung zu großen Wellenlängen, also energieärmerem Licht.

A3:
Eine Verbindung ist umso stärker ionisch, je größer die Differenz der Elektronegativitäten der Bindungspartner ist. Für die in der Tabelle aufgeführten binären Halbleiter liegen die folgenden Elektronegativitäts-Differenzen vor:

Halbleiter	EN-Differenz	Bandlücke
GaP	0,5	2,3
GaAs	0,4	1,4
GaSb	0,3	0,7
AlAs	0,5	2,1

GaP hat also einen stärker ionischen Charakter als GaSb. Am Beispiel von GaP und AlAs wird jedoch deutlich, dass bei gleichen EN-Differenzen die Bandlücken nicht identisch groß sein müssen.
Allgemein lässt sich daher nur formulieren:
Je größer die EN-Differenz, desto größer die Bandlücke.

A4:
Aus der Beziehung $E = h \cdot \lambda = h \cdot c / \lambda$ ergibt sich zwischen Wellenlänge und Bandlücke der Zusammenhang $\lambda = 1240 / E_g$.
Mit LEDs der Zusammensetzung $GaAs_xP_{1-x}$ kann Licht der Wellenlängen zwischen 886 nm und 539 nm ausgestrahlt werden. Das entspricht einem Teil des für unser Auge unsichtbaren Bereichs des infraroten Lichts und dem sichtbaren Licht von Rot bis hin in den grünen Bereich.

A5:
Aus A4 wird deutlich, dass eine Erhöhung des Anteils des elektronegativeren Halbleiters zu einer Vergrößerung der Bandlücke führt.
Analog müssten a) eine Erhöhung des Indium-Anteils (EN: 1,7) eine Verringerung der Bandlücke und b) eine Erhöhung des Arsen-Anteils (EN: 2,0) eine Vergrößerung der Bandlücke bewirken.
Insgesamt müssten angesichts der Elektronegativitäten bei einem Halbleiter der Zusammensetzung GaInAs die Bandlücken insgesamt etwas kleiner als beim GaAsP sein.

A6:
Der erste Elementarprozess am p/n-Übergang in einer Si-Solarzelle und die Vorgänge am p/n-Übergang in einer LED sind prinzipiell gleich, wobei das Elektron-Loch Paar unterschiedlich generiert wird. Die Folgeprozesse sind unterschiedlich:

	LED	Solarzelle
1. Schritt	Erzeugung eines Elektron-Loch Paares / elektronisch angeregten Zustands	
	Anlegen einer Spannung: Injektion eines Elektrons vom Minuspol in das Leitungsband und Extraktion eines Elektrons aus dem Valenzband an den Pluspol	Einstrahlung von Licht geeigneter Energie: Anregung eines Elektrons aus dem Valenzband in das Leitungsband
2. Schritt	Rekombination von Elektron und Loch, dabei Emission von Licht mit der Bandlücke entsprechender Wellenlänge	Separation von Elektron und Loch, die Elektronen wandern in Richtung Anode und in den äußeren Stromkreis ab , die Löcher in Richtung Kathode (vgl. bipolarer Leitungsmechanismus beim Halbleiter bzw. „hopping-Prozess“, S. 155)

Seite 336 und 337

B1:
Vergleich des Aufbaus anorganischer und organischer LEDs

	Anorganische LEDs	**Organische LEDs**
Material	anorganische Halbleiter	organische Moleküle
Rekombination	p/n-Übergang	organische Emitterschicht
Größe	wenige mm^2	auch großflächig

Anorganische LEDs bestehen aus Halbleiter-Materialien, im einfachsten Fall aus einem Sandwich aus einer p- und einer n-dotierten Halbleiterschicht. Am p/n-Übergang erfolgt die Rekombination und Emission von Licht. Bei organischen LEDs liegt im einfachsten Fall eine Emitterschicht einer organischen elektrolumineszierenden Verbindung vor, z.B. Poly(p-phenylenvinylen), PPV (vgl. B2). Innerhalb dieser Emitterschicht kommt es zur Wanderung der Elektronen und Löcher aufeinander zu und schließlich zur Rekombination.

B2:

- Polymere:
  trans-Polyacetylen,
  cis-Polyacetylen,
  Polythiophen,
  Polypyrrol,
  Poly(p-phenylen),
  Poly(p-phenylenvinylen),
  Poly(2-methoxy-5-(2´-ethylhexoxy)p-phenylenvinylen)

- Emitter, die aromatische Systeme enthalten:
  Polythiophen,
  Polypyrrol,
  Poly(p-phenylen),
  Poly(p-phenylenvinylen),
  Poly(2-methoxy-5-(2´-ethylhexoxy)p-phenylenvinylen),
  Acridin-Orange,
  Anthracen,
  Al-Hydroxy-chinolinat,
  Spiro-(6p-phenylen)

- Komplexe:
  Al-Hydroxy-chinolinat

- Kohlenwasserstoffe:
  trans-Polyacetylen,
  cis-Polyacetylen,
  Poly(p-phenylen),
  Poly(p-phenylenvinylen),
  Anthracen,
  Spiro-(6p-phenylen)

A1:
Unter Dotierung versteht man die Zugabe von Fremdatomen, wobei es im Gitter des Halbleiters zu einem Elektronenüberschuss oder zu Elektronenfehlstellen kommt (vgl. S. 334).
Bei der Behandlung von Polymeren mit Oxidationsmitteln oder Reduktionsmitteln finden im Polymer Oxidations- bzw. Reduktionsreaktionen statt, wobei es nicht zur Bindungsbildung mit anderen Molekülen oder Atomen kommt. Da also keine Fremdatome vorliegen, dürfte man streng genommen hier nicht von einer Dotierung sprechen.
Das Resultat der Oxidations- bzw. Reduktionsreaktionen ist aber in beiden Fällen ein Elektronenmangel bzw. ein Elektronenüberschuss, sodass man diesbezüglich auch die Behandlung von Polymeren mit Oxidations- oder Reduktionsmitteln als Dotierung bezeichnen könnte.
In der Fachwissenschaft ist die Bezeichnung „Dotierung" für die Einwirkung von Oxidationsmitteln oder Reduktionsmitteln auf Polymere inzwischen ein etablierter Begriff.

A2:
Das Resultat bei der Behandlung mit Oxidationsmitteln ist, dass im Vergleich zu vorher weniger Elektronen vorhanden sind. Die ist auch bei einer p-Dotierung der Fall.
Die Behandlung mit Reduktionsmitteln führt im Vergleich zur Ausgangsstruktur des Polymers zu einem Überschuss an Elektronen. Dies ist auch bei einer n-Dotierung der Fall.

A3:
Beim xerografischen Prozess kommt es im Gegensatz zur in A1 und A2 diskutierten Dotierung zu einer Photodotierung des halbleitenden Polymers.
Bei einer Photodotierung wird ein Halbleiter ohne chemische oder elektrochemische Dotierung einer Strahlung ausgesetzt. Ist deren Energie größer als die der Bandlücke, werden Elektron-Loch Paare gebildet. Wird die Lichteinstrahlung beendet, kommt es sehr schnell zu einer Rekombination der gebildeten Elektronen und Löcher. Die Erzeugung von Ladungsträgern ist also nur temporär.
Beim xerografischen Prozess wird aber gleichzeitig eine elektrische Spannung angelegt. Dadurch werden die Elektron-Loch Paare bei Belichtung getrennt und Elektronen und Löcher wandern in entgegengesetzte Richtungen (temporäre Photoleitfähigkeit). Vielversprechende Photoleiter sind PPV (B2), Polycarbazole und Polysilane.

A4:
Beim Kopiervorgang bleiben die belichteten Stellen weiß, man könnte von einem Positiv-Verfahren sprechen. Die Kopie ist identisch mit der Vorlage.
Bei der (Schwarz-Weiß-)Fotografie hingegen handelt es sich um ein Negativ-Verfahren, bei dem die belichteten Stellen des Films schwarz werden (Reduktion des Silberbromids zu Silberkeimen und Brom) und die unbelichteten Stellen hell bleiben. Um ein Positiv, d.h. ein Abbild der Wirklichkeit zu erhalten, muss daher erneut ein „Negativ des Negativs" erstellt werden.

B4:
Die Kopiervorlage wird durch die Lampe des Kopierers ausgeleuchtet. Dort, wo auf der Kopiervorlage weiße Stellen sind, wird das Licht reflektiert und gelangt über Spiegelungen (vgl. Abbildung) auf die Photoleiterschicht. Dies ist in der Abbildung durch die roten Pfeile angedeutet.

Seite 338 und 339

B2:
Bei den organischen Pigmenten fallen als Strukturmerkmale jeweils mehrere aromatische Ringe auf. Beim Kupfer-Phthalocyanin sind es vier Benzolringe, die jeweils mit einem Pyrrolring kondensiert sind. Die vier Pyrrolringe sind wiederum über vier Stickstoff-Atome zu einem größeren Ring (einem Porphyrinring) verbunden. Beim Perylen-Pigment sind fünf Benzolringe aneinander kondensiert.

B3:

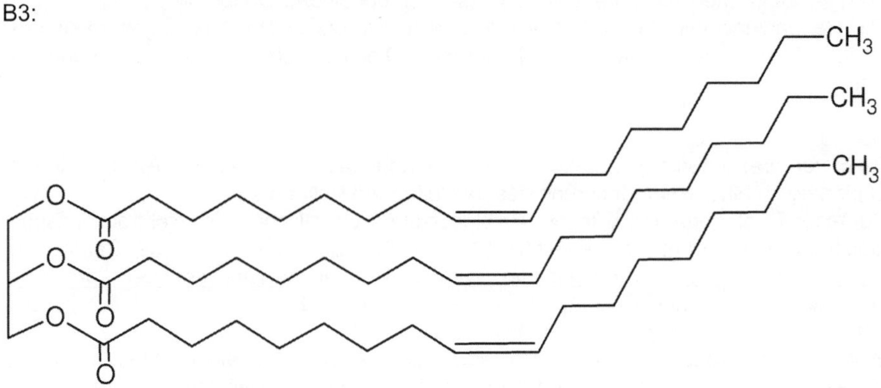

B4:
Der Verdünner macht das Gemisch flüssig, sodass es aufgetragen werden kann. Beim Trocknen verdunstet der Verdünner. Das Bindemittel bleibt nach dem Trocknen im Lack. Die Teilchen des Bindemittels sind im getrockneten Film untereinander verbunden und betten die Pigment-Teilchen in eine feste Matrix (den festen Lackfilm) ein.

B5:
Effektpigmente werden bei Designerartikeln und in Kosmetika eingesetzt. In der Natur gibt es Käfer, Fische und andere Tiere mit Effektpigmenten in einigen Körperteilen.

B6:
Die Wirkungsweise von Perlglanzeffekten wird in der linke Spalte auf S. 342 im Schülerband erklärt.

Auswertung a):
Alle verwendeten Pigmente sind laut Definition eines Pigments (vgl. Aufgabenstellung) unlöslich im angewandten Medium, dem Verdünner. Es handelt sich um folgende Pigmente: in V1-V3: rotes und gelbes Eisenoxid (ggf. auch andere Pigmente aus B2); in V4: Titandioxid (Rutil) und Bariumsulfat; in V5: Metallglitter.
Anhand der Modelle für die beiden Metalloxide aus B2 (Fe_2O_3 und TiO_2) kann man erklären, dass sich die Partikel zwar gut in Wasser verteilen (Wasserstoffbrückenbindungen zwischen den –OH Gruppen von der Partikeloberfläche zu den Wasser-Molekülen), es sich aber nicht um eine richtige Lösung handelt, sondern um eine Suspension, in der die winzigen Pigment-Teilchen in der flüssigen Phase schweben. In unpolaren organischen Lösemitteln klumpen die beiden Oxide aus, weil die Oxid-Partikel stärker untereinander wechselwirken als mit den Molekülen des Lösemittels.
Die organischen Pigmente aus B2 verteilen sich in unpolaren oder schwach polaren organischen Lösemitteln besser als in Wasser. Auch hier handelt es sich nicht um molekulare Lösungen sondern um Suspensionen aus Pigment-Teilchen in der Flüssigkeit. In Wasser verteilen sich diese Pigmente schlecht.

Auswertung b):
Die in B3 formulierte Härtung verläuft über radikalische Zwischenstufen. Es ist kein Starter notwendig, weil Sauerstoff aus der Luft mit den ungesättigten Molekülen aus dem Leinöl reagiert und das dabei gebildete Zwischenprodukt (Hydroperoxid) in Radikale spaltet. Diese reagieren mit weiteren ungesättigten Molekülen aus dem Leinöl. Es kommt zur Ausbildung von netzwerkartigen Makromolekülen.

Auswertung c):

Die 3 anderen Komponenten aus V1 sind z.B. rotes Eisenoxid (als Pigment), Leinöl (als Bindemittel) und Terpentinöl (als Verdünner).

Auswertung d):

Über *Chemie 2000+ Online* (Adresse: http://www.chemiedidaktik.uni-wuppertal.de/ > Chemie 2000+ > Bücher > Band 3 > S. 60) findet man die Brechungsindices *n*. (*Hinweis*: Für den Brechungsindex wird in der Literatur das gleiche Größenzeichen wie für die Stoffmenge verwendet.) Auf dieser Internetseite werden weitere Versuche zum Deckvermögen von Pigmenten beschrieben.

$n(TiO_2\text{-Rutil}) = 2{,}7$

$n(BaSO_4) = 1{,}64$

Wegen des größeren Brechungsindex hat das Titandioxid (Rutil) ein besseres Deckvermögen als Bariumsulfat.

Auswertung e):

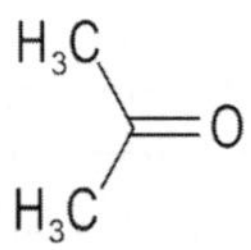

Aceton

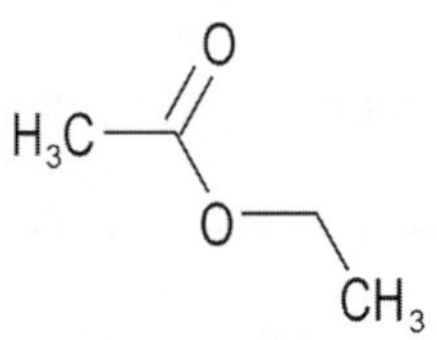

Essigsäureethylester

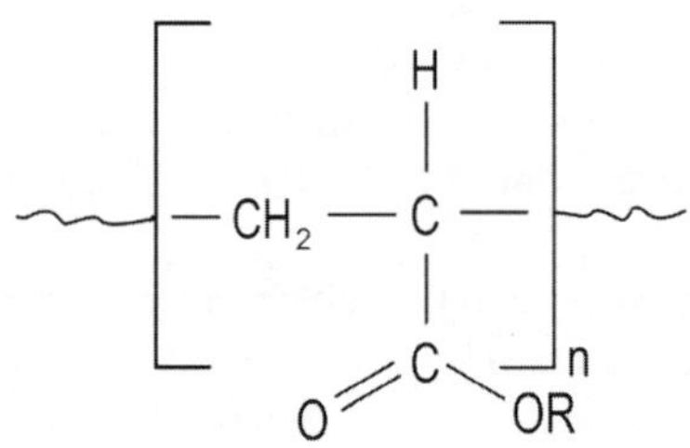

Polyacrylat

Da im Polyacrylat-Film nach dem Verdunsten des Verdünners (Aceton oder Essigsäureethylester) winzige Plättchen aus Metall eingebettet sind (vgl. B4), kommt es, wie in B6, oben rechts, angedeutet, zur Reflexion des Lichts. Die Plättchen sind allerdings nicht alle parallel angeordnet wie in B6.

A1:

Die LC (Liquid Crystals)-Pigmente bestehen aus organischem Material, die Perlglanzpigmente aus anorganischem. Daher können LC-Pigmente besser in organische Polymere wie Polyolefine, Polyester und Polycarbonate eingearbeitet werden.

A2:

Bei einem Lack ist Lichtschutz notwendig, weil der Lack i.d.R. dem Licht exponiert ist und dieses (insbesondere wenn es auch UV-Anteile enthält) zur Rissbildung im Lack führt. (Organische Moleküle können unter Einfluss von Licht gespalten werden.)

Zugesetzte Lichtschutzmittel wirken prinzipiell so, dass sie Licht absorbieren und die Energie des absorbierten Lichts in Wärme umwandeln. Dadurch wird das organische Material vor Abbau geschützt. (*Hinweis*: Vgl. dazu auch „UV-Absorption mit und ohne Fluoreszenz“ auf S. 297 im Schülerband.)

Seite 340 und 341

B2:
Es muss gekühlt werden, weil die Lampe neben Licht auch (viel!) Wärme ausstrahlt, aber in V2 und V3 photochemische Reaktionen untersucht werden sollen, nicht thermische.

B3:
Die Summenformel des Methylenblau-Kations lautet $C_{16}H_{18}N_3S$ und die des Leukomethylenblau-Kations $C_{16}H_{20}N_3S$.

B4:
Die Energie der UV-Strahlen wird in Wärme umgewandelt.

B5:
Die Hinreaktion verläuft nur bei Lichtbestrahlung weil die in B5 formulierte Redoxreaktion endergonisch ist. Die Energie der Lichtquanten wird genutzt, um den Elektronentransfer vom Donator D zum Akzeptor A anzutreiben.

Auswertung a):
Man erkennt bei V1 am Schatten auf dem Fluoreszenzschirm, dass Titandioxid (Anatas) UV-Licht absorbiert.

Auswertung b):
Titandioxid (Anatas) erscheint farblos bzw. weiß, weil es kein Licht des sichtbaren Spektrums (zwischen Rot und Blau) absorbiert, sondern nur energiereicheres Licht. Als Sonnenschutzmittel eignet es sich jedoch, weil die Absorption laut Angaben aus der Aufgabenstellung im nahen UV-Bereich liegen müsste. (*Hinweise*: Genau genommen entsprechen die angegebenen 3,2 eV violettem Licht mit λ = 387 nm im Grenzbereich zwischen dem sichtbaren und dem UV-A-Bereich. Zur Berechnung der Wellenlänge λ eines Energiequants, dessen Energie in eV angegeben ist, siehe Schülerband, S. 332, Auswertung c.)

Auswertung c):
Wenn der PE-Beutel durch ein Glasgefäß ersetzt wird, verläuft die Entfärbung wesentlich langsamer, weil Glas das für die Reaktion notwendige UV-Licht weitgehend absorbiert.

Auswertung d):

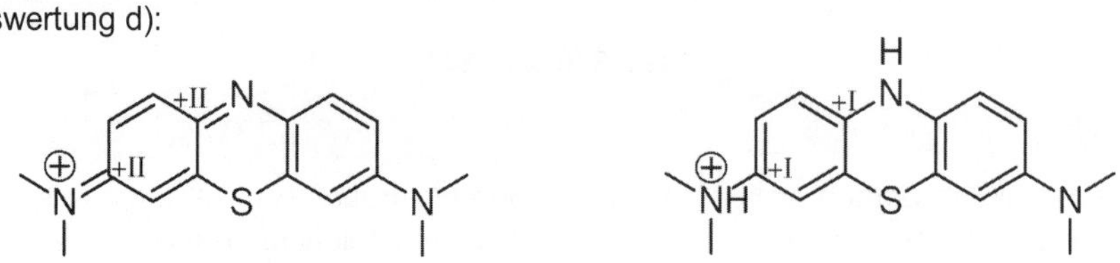

An den beiden markierten Atomen wird die Oxidationszahl jeweils um 1 kleiner. Das entspricht einer Reduktion des Methylenblaus zum Leukomethylenblau.

Auswertung e):
Das entfärbte Gemisch aus V2 färbt sich beim Stehenlassen im Dunklen spontan wieder blau, weil die in der Aufgabenstellung formulierte Reaktion dann rückwärts verläuft. Sie ist exergonisch (kann also spontan verlaufen) und die dafür notwendigen Edukte (Leukomethylenblau und Sauerstoff) sind beide vorhanden.

Auswertung f):
Aus der Tatsache, dass das entfärbte Methylenblau aus V3 und die Flecken aus V4 weder unter oxidativen noch unter reduktiven Bedingungen wieder die ursprünglichen Farben annehmen, kann man schließen, dass die farbgebenden Moleküle (bzw. Molekül-Ionen) bei der photokatalytischen Oxidation tiefgreifende chemische Veränderungen erlitten haben, bei der die Chromophore in diesen Molekülen unumkehrbar zerstört wurden. Das könnte beim Methylenblau-Kation beispielsweise die Öffnung des mittleren Rings sein. (*Hinweis*: Nach ausreichender Reaktionszeit kann auch das Produkt der vollständigen Oxidation der Kohlenstoff-Atome, Kohlenstoffdioxid, nachgewiesen werden.)

A1:
Damit die in B5 formulierte Redoxreaktion exergonisch verläuft, müsste $E_0(D/D^+)$ < $E_0(A^-/A)$ sein, d.h. das Redoxpaar des Donors müsste negativer sein als das Redoxpaar des Akzeptors. Ein gut bekanntes Beispiel ist die Bildung von Wasserstoff aus Salzsäure und Zink. Hier entspricht Zn/Zn^{2+} dem Donor-Paar D/D^+ und $H_2/2H^+$ entspricht dem Akzeptor-Paar A^-/A. Die entsprechenden Standard-Redoxpotenziale sind $E_0(Zn/Zn^{2+})$ = - 0,76 V und $E_0(H_2/2H^+)$ = 0 V.

Seite 342 und 343

A1 :

Gemeinsamkeiten von Elektrochromie und Photochromie:

a) reversible Farbänderungen,
b) Reaktionszyklen, Stoffkreisläufe (Am Ende eines Zyklus liegen die gleichen Stoffe vor wie am Anfang, es werden auf Dauer, d.h. auch nach sehr vielen Zyklen, keine Stoffe verbraucht.)

Unterschied zwischen Elektrochromie und Photochromie:

Farbänderungen werden durch Anlegen einer elektrischen Spannung bzw. durch Bestrahlen mit Licht einer bestimmten Wellenlänge erzeugt.

A2:

Um die EC-Schicht aus B2 dunkel zu färben, muss sie mit dem Minuspol der Gleichspannungsquelle verbunden werden. Dadurch wird die Reduktion von Wolfram(VI)- zu Wolfram(V)- und Wolfram(IV)-Verbindungen angetrieben. Diese sind blau (also dunkel) gefärbt.

A1 (S. 343):

In der REM-Aufnahme des ungesinterten Pulvers (*Chemie 2000+ Online*: Adresse: http://www.chemiedidaktik.uni-wuppertal.de/ > Chemie 2000+ > Bücher > Band 3 > S. 65) sind einzelne Titandioxid-Partikel zu erkennen. Die Aufnahme des gesinterten, aber noch nicht photosensibilisierten Pulvers zeigt Agglomerate aus Titandioxid-Partikeln, ähnlich wie die Aufnahme aus B3. Die Agglomerate aus dem Vordergrund des Bildes erscheinen jedoch nicht so hell wie in B3. Die aufgehellte Oberfläche der Titandioxid-Agglomerate bei dem photosensibilisierten Material aus B3 wird durch die an die Oberfläche gebundenen Farbstoff-Moleküle verursacht.

Seite 344 und 345

Auswertung a):

MBBA schmilzt bei 20 °C zu einer leichtbeweglichen, trüben, schwach gelben Flüssigkeit und wird beim Klärpunkt von 47 °C eine klare, gelbe Flüssigkeit.

Auswertung b):

Wie in B5 gezeigt kann das linear polarisierte Licht bei parallelen Polarisationsfiltern auch den zweiten Filter passieren, da dessen Polarisationsebene der Schwingungsebene des Lichts entspricht. Bei gekreuzten Polarisatoren hingegen ist der zweite Filter um 90 ° gedreht und die Polarisationsebene entspricht nicht mehr der Schwingungsebene des linear polarisierten Lichts, es kommt zur Auslöschung.

Auswertung c):
Wird die ungestreckte Folie in V2a zwischen gekreuzte Polarisatoren gehalten, so bleibt die Auslöschung erhalten. Es kommt zunächst zu keinem Effekt. Dreht man die Folie aber um ca. 45° ist eine Aufhellung erkennbar. Die Folie wirkt dann wie ein dritter Polarisationsfilter, der im 45°-Winkel eingeführt wird. Teile des linear polarisierten Lichts gelangen durch den mittleren Filter und davon wiederum gelangt ein Anteil durch den dritten Filter.
Beim Dehnen der Folie kommt es zur Aufhellung und zu einem Farbenspiel. Dies ist zurückzuführen auf Lichtbrechung durch die erreichte Orientierung der Moleküle in Zugrichtung.

Auswertung d):
Bei den getesteten Flüssigkeiten ist lediglich beim MBBA eine Aufhellung zu beobachten, je nach Druck, mit dem die Objektträger zusammengehalten werden, auch ein changierendes Farbspiel. Bei festen Ascorbinsäure-Kristallen geeigneter Größe (die feinen Ascorbinsäure-Kristalle aus den üblichen Vorratsgefäßen eignen sich aufgrund zu geringer Größe nicht!) ist an den Kanten ein buntes Farbspiel, bei Bestrahlung über der Fläche lediglich Aufhellung zu erkennen. Auch bei Glimmer ist diese Beobachtung zu machen.
Daher kann man nicht sagen, dass die Bildung von Farbmustern vom Aggregatzustand des untersuchten Stoffs bestimmt wird.
Anmerkung: Es wurden bewusst anorganische und organische feste und flüssige Substanzen verwendet. Aus den Beobachtungen wird auch deutlich, dass Aufhellung bzw. Farbenspiel nicht davon abhängig ist, ob es sich um eine organische oder anorganische Probe handelt.

Auswertung e):
Nur im flüssig-kristallinen Zustand kommt es beim MBBA zur Aufhellung bzw. zum Farbenspiel. Die flüssig-kristalline Phase von MBBA liegt im Temperaturintervall zwischen 20 °C und 47 °C. Erhitzt man in V4 das MBBA-Sandwich mit dem Fön, so tritt am Klärpunkt beim Übergang in die flüssige Phase Auslöschung ein. Beim Abkühlen erkennt man das Erreichen der Klärtemperatur und damit den Übergang zurück in den flüssig-kristallinen Zustand daran, dass das Farbenspiel wieder eintritt.
Aus V5 ist ersichtlich, dass MBBA zwischen 20 °C und 47 °C eine milchig-trübe Flüssigkeit und über der Klärtemperatur von 47 °C eine klare, gelbe Flüssigkeit ist. Das Farbenspiel in V4 ist also nur zu erkennen, wenn die Probe im Sandwich eine Temperatur unter 47 °C hat. Mit dem Verschwinden bzw. Wiedererscheinen des Farbenspiels muss diese Temperatur über- bzw. unterschritten sein.

Auswertung f):
Die stäbchenförmige Struktur wird anhand der Formel für das stabilere *trans*-Isomer von MBBA deutlich:

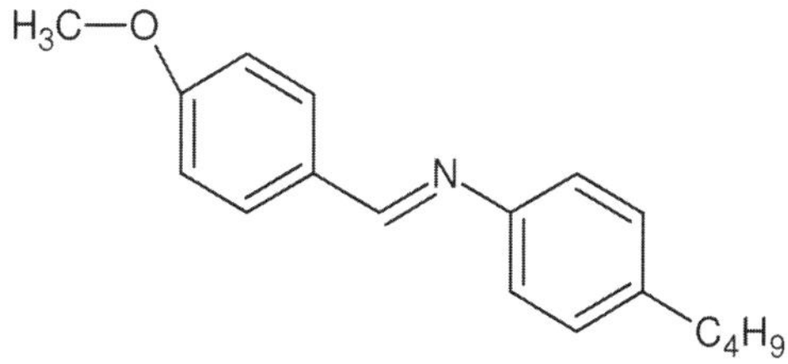

trans-N-(4-Methoxybenzyliden)-4-butylanilin

A1:
Bei der Herstellung der Tesafilmstreifen erfährt das Polymer herstellungsbedingt eine einheitlichere Streckung als die Polyethylen-Folie bei der manuellen Streckung. Daher ist der Tesafilmstreifen von einheitlicher Dicke. Die Lichtbrechung beim Tesafilmstreifen ist also über das gesamte Stück gleich, der Beobachter sieht bei der Verwendung nur eines Streifens ein einheitliches Farbbild. Die scharf abgegrenzten Konturen bei der Rosette kommen dadurch zustande, dass durch das Überkleben verschiedene einheitliche Lagen geschaffen werden. Bei dem Polyethylen-Streifen hingegen sind unterschiedliche Dicken gegeben, die ineinander übergehen.

A2:
Hier sind der Kreativität der Lernenden keine Grenzen gesetzt. Ein möglicher Begleittext könnte folgendermaßen lauten:
„Dies ist ein Sandwich, bei dem sich zwischen zwei Objektträgern aus Glas ein winziger Tropfen der flüssig-kristallinen Substanz N-(4-Methoxybenzyliden)-4-butylanilin, kurz MBBA, befindet. Das MBBA-Sandwich wird durch vier Papierklammern zusammengehalten.
Betrachten wir, was geschieht, wenn man das MBBA-Sandwich zwischen zwei gekreuzte Polarisatoren bringt. Im Dunkelraum ist die Diaprojektorlampe die einzige Lichtquelle. Ohne ein Objekt zwischen den gekreuzten, d.h. um 90° gegeneinander verdrehten Polarisatoren, ist Auslöschung zu sehen. Bringt man das MBBA-Sandwich zwischen die gekreuzten Polarisatoren, so ist ein buntes Farbmuster an der Stelle zu sehen, an der das linear polarisierte Licht die MBBA-Probe durchdringt. Das MBBA ist aufgrund seiner Struktur und der Anordnung seiner Moleküle innerhalb der Probe in der Lage, das Licht gewissermaßen zu leiten. Dabei wird die Schwingungsebene des Lichts gedreht. Es kann nun den zweiten Polarisator durchdringen.
Wird das MBBA-Sandwich erhitzt, so geht die Stoffprobe bei Erreichen der Klärtemperatur vom flüssig-kristallinen in den flüssigen Aggregatzustand über. Flüssiges MBBA ist nicht in der Lage, die Schwingungsebene des linear polarisierten Lichts zu drehen. Man beobachtet wieder eine Auslöschung.
Was geschieht nun beim Abkühlen der Probe?
Nach einiger Zeit erscheinen zunächst von den Rändern, dann aber sich rasch über das ganze MBBA-Sandwich erstreckend, die typischen Farbmuster wieder. Die Probe ist jetzt wieder flüssig-kristallin. Das Erreichen der Klärtemperatur lässt sich im Experiment deutlich durch das Verschwinden bzw. Erscheinen der bunten Farben erkennen. Für MBBA liegt sie bei 47 °C."

B5:
Hält man einen dritten Polarisationsfilter zwischen a) zwei ungekreuzte und b) zwischen zwei gekreuzte Polarisationsfolien, so kann man die in der linken Spalte genannten Beobachtungen machen.

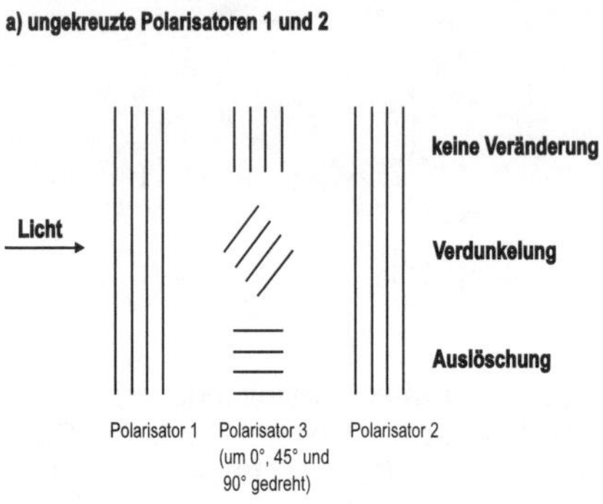

a) Bei ungekreuzten Polarisatoren stimmen im ersten Fall die Ebenen aller drei Filter miteinander überein, Ergebnis: maximale Helligkeit. Im zweiten Fall kommt es zu einer Abschwächung der Helligkeit, da der mittlere Polarisationsfilter nur einen Teil des Lichts passieren lässt und davon wiederum ein Teil durch den zweiten Polarisator gelangt (vgl. b). Im dritten Fall kommt es zur Auslöschung, da bereits kein Licht durch den mittleren Polarisator gelangt.

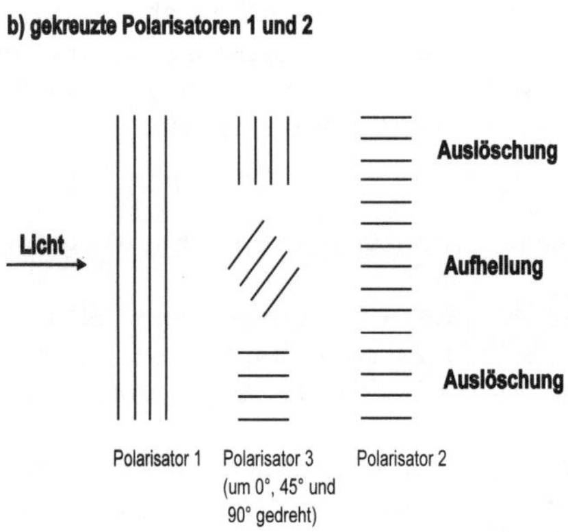

b) Bei gekreuzten Polarisatoren kommt es nur dann zu einer Aufhellung, wenn der Winkel der Drehung des dritten Filters keinem der beiden anderen Polarisatoren entspricht. In diesem Fall kann ein Teil des Lichts den dritten Polarisator passieren und davon wiederum ein Teil den zweiten Polarisator. Es kommt insgesamt zu einer Aufhellung.

B6:
B6 zeigt eine zugeschmolzene, mit etwas MBBA gefüllte Pipette, die zunächst erhitzt und anschließend mit der unteren Spitze unter kaltes Wasser gehalten wurde. Entsprechend liegt das MBBA im unteren Teil flüssig-kristallin und im oberen Bereich flüssig vor.
Die flüssig-kristalline und die flüssige Phase unterscheiden sich bereits optisch voneinander, während die flüssige Phase klar ist, hat die flüssig-kristalline Phase das für flüssig-kristalline Phasen typisch milchig trübe Aussehen.
In der Flüssigkeit liegen die Moleküle ungeordnet vor und befinden sich in ständiger Bewegung. In der flüssig-kristallinen Phase liegen die Moleküle entlang einer Vorzugsrichtung angeordnet. Sie befinden sich jedoch nicht in einem Gitter, sondern statistisch verteilt und ebenfalls in ständiger (jedoch etwas langsamerer) Bewegung.

B7:
Die Schmelzkurve von MBBA weist im Vergleich zur Schmelzkurve einer Probe, die nicht im flüssig-kristallinen Zustand vorliegt, zwei Plateaus auf. Diese liegen bei den für die Schmelz- und Klärtemperatur charakteristischen Werten. Während dieses Zeitintervalls gehen alle Moleküle in den flüssig-kristallinen bzw. flüssigen Zustand über. Die Klärtemperatur wird manchmal auch als „zweite Schmelztemperatur“ bezeichnet.

Seite 346 und 347

A1:
Im Gegensatz zu Displays auf OLED-Basis haben die Flüssigkristallanzeigen selbst keine Leuchtkraft. Durch ihre Ansteuerung kann nur die Auslöschung oder der Durchgang einer Hintergrundbeleuchtung, z.B. eine Fluoreszenzröhre, reguliert werden.

A2:
Das transparente, leitfähige ITO-Glas wird benötigt, um die Flüssigkristallschicht elektrisch „anzusprechen“. Durch Anlegen einer elektrischen Spannung richten sich die Flüssigkristall-Moleküle parallel zum elektrischen Feld aus, sodass es zu einer Abdunkelung bis hin zur Auslöschung kommt. Es kann kein Metall verwendet werden, da das Display transparent bleiben muss.

A3:
Im spannungslosen Zustand wird das Licht entlang der Helix der flüssig-kristallinen Moleküle gedreht und passiert den zweiten gekreuzten Filter. Eine Sonnenbrille könnte je nach Orientierung der Gläser zu einem verdunkelten Bild führen. Ist Spannung angelegt, kommt es durch Wegfall der Helix zu einer Auslöschung an der zweiten Polarisationsfolie des Displays. Hier hat eine Sonnenbrille mit polarisierenden Gläsern keinen Effekt. Die Situation ist dann die gleiche, wie bei B5, Seite 345, wenn der dritte (mittlere) Filter um 90° gedreht wird.

A4:
Die Tabelle enthält einige mögliche Argumente für und gegen den Einsatz von smart windows als Fenster-Ersatz.

Vorteile	**Nachteile**
Smart windows sind im spannungslosen Zustand transparent.	Sollten die Flüssigkristalle nach längerer Zeit aus dem smart window auslaufen, hätte man ein schwarzes Fenster, da die Polarisationsfolien um 90° gegeneinander verdreht sind.
Smart windows können durch Regelung der angelegten Spannung in den verschiedensten Grauabstufungen getönt werden.	Manuell bewegliche Jalousien erfordern keinen Energieverbrauch (sind aber reparaturanfällig).

Vorteile	Nachteile
Der Stromverbrauch ist gering und könnte durch Kopplung mit Solarzellen erzeugt werden.	Die Entsorgung von Displays und anderen Anwendungsprodukten, die Flüssigkristalle enthalten, ist noch nicht ausgereift.
Durch das Abdimmen könnten im Sommer große Mengen an durch Klimaanlagen anfallende Kosten gespart werden.	Die Herstellung großflächiger ITO-Gläser bereitet derzeit noch Schwierigkeiten, zudem zeichnen sich große ITO-Flächen derzeit noch durch große Schaltzeiten aus.

A5:
Durch Verunreinigungen kommt es im Allgemeinen zu einer Gefrierpunktserniedrigung und einer Siedepunktserhöhung, das Temperaturintervall, in dem das Gemisch flüssig vorliegt, wird damit vergrößert. Bei Mischungen verschiedener flüssig-kristalliner Substanzen kommt es analog zu einem größeren Temperaturintervall, in dem die Mischung im flüssig-kristallinen Zustand vorliegt. Das ist für Anwendungsprodukte essentiell, die die flüssig-kristalline Phase nutzen, da diese in unseren Breitengraden gewöhnlich Temperaturschwankungen zwischen –10 °C und –40 °C ausgesetzt sein können.

A6:
Die Farben der Pixel am Farbmonitor entstehen durch additive Farbmischung. Bei einer gelben Fläche werden nur die roten und grünen Subpixel angesteuert, die blauen sind dunkel. Bei einer weißen Fläche werden alle drei Subpixel angesteuert, etc.
Das additive Farbmischverfahren wird immer dann angewendet, wenn Licht direkt - ohne Reflexion durch einen Gegenstand - in das Auge gelangen soll. Das ist z.B. auch beim Fernseher, bei dem man die einzelnen Farbpunkte bei sehr naher Betrachtung mit dem bloßen Auge erkennen kann, der Fall.

A7:
Weiße Farben werden durch gleichmäßige Ansteuerung aller drei Farbpixel erreicht (vgl. A6). Schwarz erhält man, wenn man keinen Farbpixel ansteuert und durch die angelegte Spannung keine Lichtleitung entlang einer Helix aus Flüssigkristall-Molekülen erfolgen kann. Man erhält die auch für 7-Segmentanzeigen typische Auslöschung.

A8:
Bei Mehrschicht-OLEDs ist im Vergleich zur den Einschicht-OLEDs (vgl. S. 336) die Effizienz der OLEDs höher, d.h. es kommt im Durchschnitt zu mehr Rekombinationen von Elektronen und Löchern.
Generell besteht die Möglichkeit, dass es zu keiner Rekombination kommt, da sich Elektron und Loch nicht „treffen", d.h. sich durch das Material aneinander vorbei und in Richtung Anode bzw. Kathode bewegen. Weiter besteht theoretisch die Möglichkeit, dass Oxidations- oder Reduktionsreaktionen mit dem Schichtmaterial stattfinden. Praktisch werden aber Materialien verwendet, bei denen diese Reaktionen in der Regel auszuschließen sind.
Allgemein ist die Wanderungsgeschwindigkeit von Löchern größer als die der Elektronen. Dem wird insofern Rechnung getragen, als die Lochtransportschichten

etwas dicker als die Elektronentransportschichten sind. Somit rekombinieren Elektronen und Löcher tatsächlich innerhalb der Emitterschicht zwischen den Transportschichten.
Tatsächlich gehen weder Elektronen noch Löcher verloren, es kommt lediglich zu konkurrierenden Prozessen. Es kann allenfalls von Verlust in Bezug auf die mögliche und gewünschte Rekombination und Emission von Licht die Rede sein.

Seite 348 und 349

B1:
Der Farbstoff E 160 befindet sich in vielen Lebensmitteln. Oft verbirgt er sich unter dem Namen Provitamin A (hauptsächlich in Multivitamin-Säften) oder ist als Farbstoff Carotin (z.B. Butter, Margarine) zu finden. In Butter, Margarine, Käse und Multivitamin-Säften bewirkt er die auffällig gelblich-orange Färbung.

B2:
Da β-Carotin ein Kohlenwasserstoff aus unpolaren Molekülen ist, löst es sich am besten in unpolaren Lösemitteln wie Benzol oder Toluol, mäßig in organischen, weniger oder mehr polaren Lösemitteln (Aceton, Diethylether, Ethanol) und sehr schlecht in Wasser.

B3:
Bei V5 färbt sich die Probe ohne Zusatz von β-Carotin innerhalb von wenigen Sekunden violett, die mit β-Carotin erst nach mehreren Minuten (vgl. B3). Da die Violettfärbung durch die Bildung von elementarem Iod I_2 verursacht wird, folgt, dass der Zusatz von β-Carotin diese Bildung verhindert. Die Bildung von Iod I_2 verläuft über Iod-Radikale I·, die durch lichtgetriebene homolytische Spaltung der C-I Bindungen aus dem Tetraiodethen-Molekül $I_2C{=}CI_2$ gebildet werden. β-Carotin wirkt als Radikalfänger für Iod-Radikale, da es diese an C=C Doppelbindungen addiert (vgl. dazu auch Auswertung d).

B4:
Die Summenformel von β-Carotin lautet: $C_{40}H_{56}$. Ein β-Carotin-Molekül besteht daher aus 8 Isopren-Einheiten (2-Methylbutadien-Einheiten), also aus 8 C_5-Einheiten. Der Chromophor erstreckt sich über 22 C-Atome.

B5:

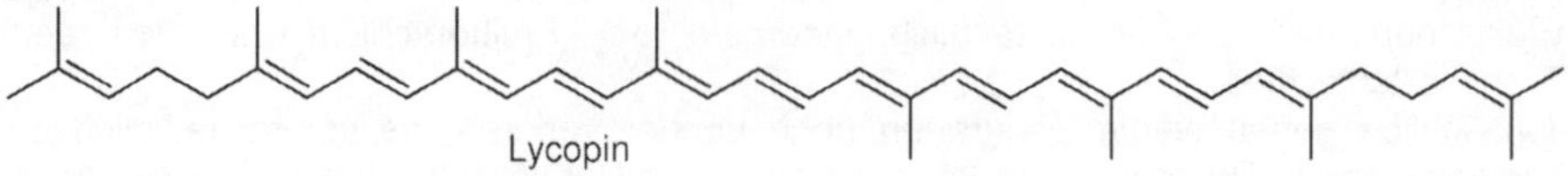

Lycopin

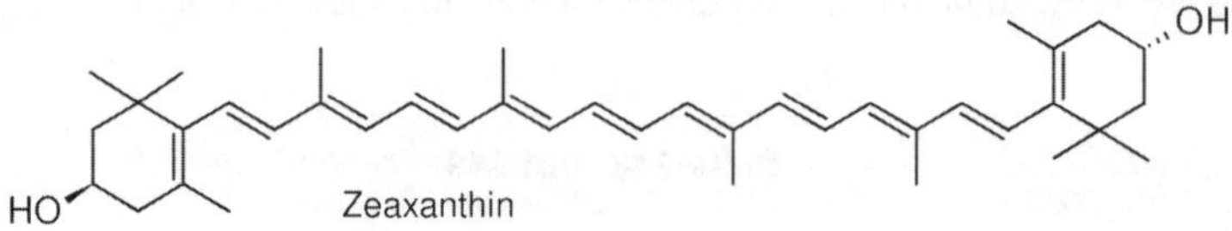

Zeaxanthin

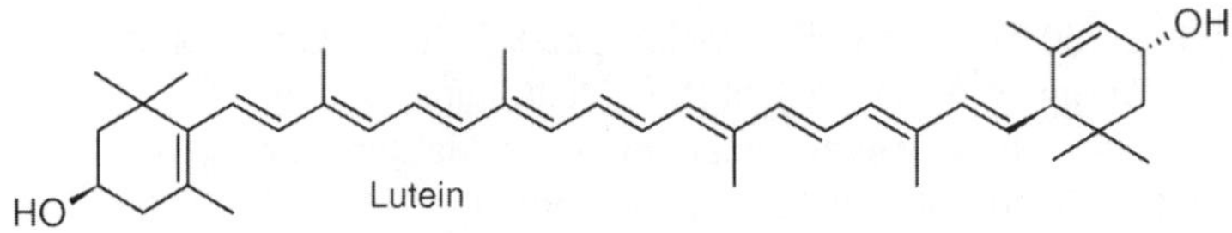

Lutein

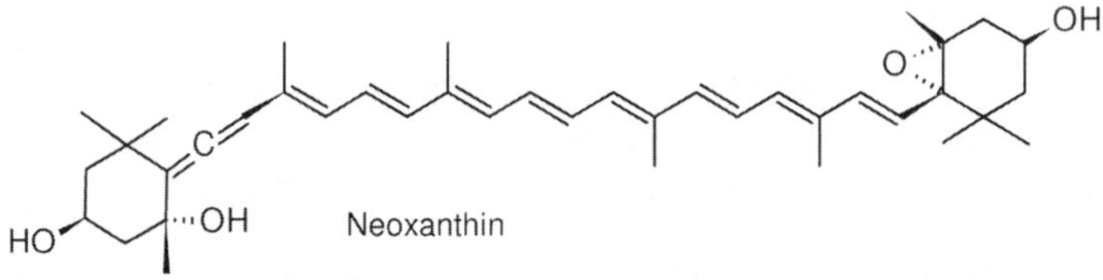

Neoxanthin

B7:

Bei diesen Reaktionen bleicht die Farbe aus, weil der Chromophor im *β*-Carotin-Molekül zerstört wird (das System der konjugierten Doppelbindungen wird unterbrochen).

Auswertung a):

Da auf einem polaren Trägermaterial (Kieselgel) mit einem Fließmittel aus vorwiegend unpolaren Molekülen (vgl. Versuchsbeschreibung) chromatographiert wird, läuft diejenige Komponente aus dem aufzutrennenden Gemisch am weitesten mit, die aus unpolaren Molekülen besteht. Das ist *β*-Carotin (oberster gelber Fleck auf dem DC). Die Moleküle der anderen genannten Komponenten (Chlorophylle, Xanthophylle etc.) sind mehr oder weniger polar. Die einzelnen Komponenten sind umso polarer, je weiter unten auf dem DC sie als bunte Flecken erscheinen.

Auswertung b):

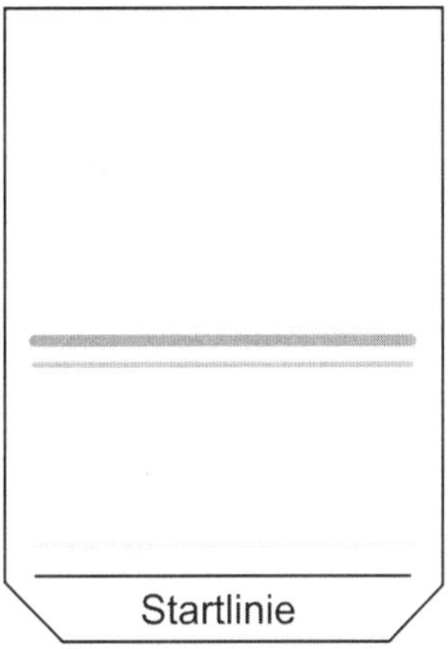

Das Chromatogramm der Probe in V3, die im Dunklen gehalten wurde, enthält alle Komponenten aus der nebenstehenden Skizze und dient als Referenz. Von oben nach unten entsprechen die Linien bzw. Farbflecke folgenden Blattpigmenten: *β*-Carotin (gelb), Chlorophyll A und B (zwei grüne Linien), Xanthophylle (mehrere gelbe und braune Linien).

Im Chromatogramm der bestrahlten Lösung mit Blattgrünextrakt fehlt die gelbe Linie oben und die beiden grünen sind schwächer und/oder braun verfärbt. Bei der bestrahlten Lösung mit Zusatz von *β*-Carotin sind wieder alle Linien wie im Referenzspektrum vorhanden.

Daraus kann geschlossen werden, dass *β*-Carotin als Erstes unter den Blattpigmenten durch Licht abgebaut wird und dass es die übrigen gegen den Abbau durch Licht schützt.

Auswertung c):

Bei den mit *β*-Carotin getränkten und mit verschiedenen Lichtfarben bestrahlten Filterpapieren in V4 wird beobachtet, dass die gelbe Farbe am Filterpapier bei Bestrahlung mit Blaulicht stark ausbleicht und bei Rotlicht gar nicht. Bei den anderen Farben des Lichts, mit dem bestrahlt wird, liegt der Grad der Ausbleichung dazwischen. Damit wird der erste Satz aus dem Auswertungstext „Nur absorbiertes Licht kann chemisch genutzt werden" bestätigt, denn das gelbe absorbiert blaues Licht.

Auswertung d):

- Abspaltung eines Iod-Radikals (Photolyse der C–I-Bindung)

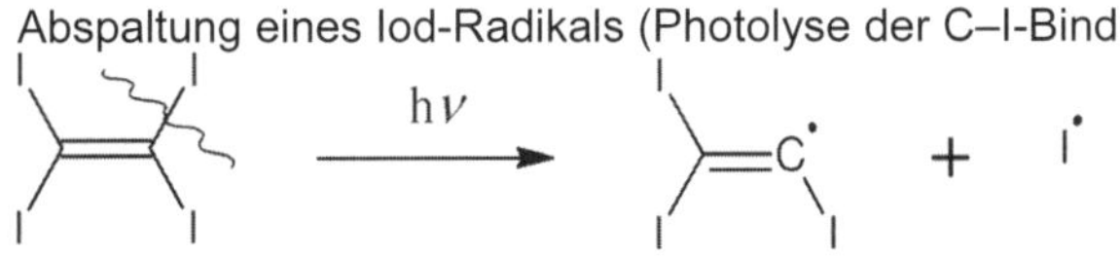

- Bildung von Iod

  $I\cdot + I\cdot \rightarrow I_2$

- Iod-Radikale werden durch *β*-Carotin eingefangen

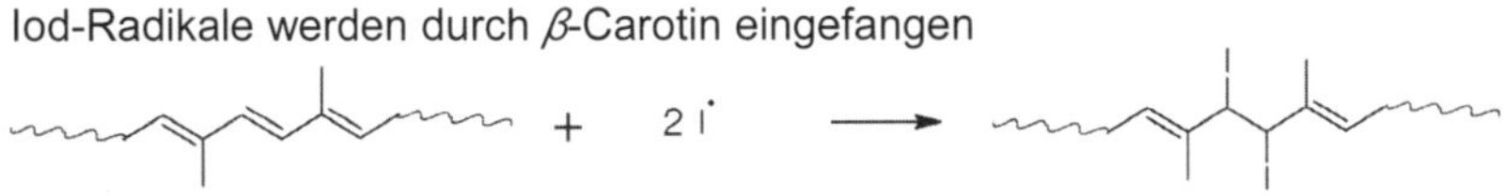

A1:

Die Lösung zu dieser Aufgabe ist offen.

Hinweise: β-Carotin findet Anwendung in Kosmetik (dekorative und protektive Cremes), Körperpflege und Medizin. Es kommt in Sonnencremes, Selbstbräunern und Anti-Aging Cremes vor. Es schützt die Haut vor UV-Strahlen (Werbeslogan: „schnelles und sicheres Bräunen"), wirkt bei der Behandlung von Photodermatosen (erhöht durch seine photoprotektive Funktion die Toleranz der Haut gegenüber Sonnenlicht) und bei der Prophylaxe gegen Vitamin-A-Mangel (liefert durch enzymatische Spaltung Vitamin A). Inwiefern β-Carotin auch bei der Behandlung einiger Krebsarten wirkt, ist noch umstritten.

Seite 350 und 351

B1:

Bei den Anthocyanfarbstoffen aus B1 überwiegen die Farben Rot, Violett und Blau; bei den Carotinoiden die Farben Gelb und Orange.

B3:

Es muss mit destilliertem Wasser gespült werden, um die nicht fest an das Titandioxid gebundenen Bestandteile der Himbeersaft-Lösung zu entfernen.

B4:

Anthocyane sind gut wasserlöslich, weil ihre Moleküle bzw. Molekül-Ionen polare und zu Wasserstoffbrückenbindungen fähige Gruppen enthalten.

Bei $pH = 7$ absorbiert Cyanidin bei $\lambda_{max} = 570$ nm, bei $pH > 9$ ist das Absorptionsmaximum um 20 nm bathochrom (zu größeren Wellenlängen hin) auf $\lambda_{max} = 590$ nm verschoben (vgl. Angaben in B4). Der wesentliche strukturelle Unterschied liegt darin, dass von den vier auxochromen Hydroxy-Gruppen (Donator-Gruppen) bei $pH = 7$ und bei $pH > 9$ eine deprotoniert vorliegt. Die ionisierte Hydroxy-Gruppe ist stärker elektronenschiebend als die Hydroxy-Gruppe, sie trägt noch mehr zum Bindungsausgleich zwischen Doppel- und Einfachbindungen bei.

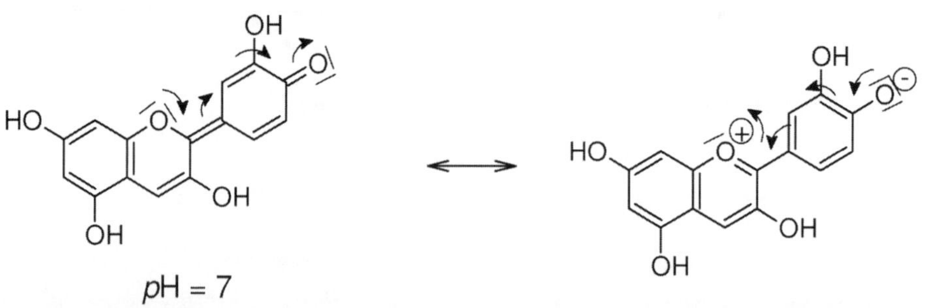

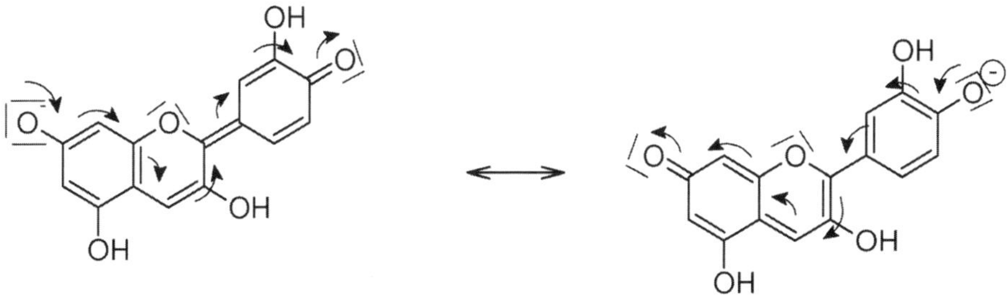

*p*H > 9

B5:

Durch Absorption eines Lichtquants aus dem sichtbaren Bereich wird im Anthocyan-Molekül ein Elektron aus der höchsten besetzten in die niedrigste unbesetzte Energiestufe angehoben. Das „Elektronenloch“ im Anthocyan-Molekül wird durch Aufnahme eines Elektrons von einem Donator-Teilchen aus der Lösung „gestopft“. Gleichzeitig wird das angeregte Elektron ins Leitungsband des Halbleiter-Korns (Titandioxid) „geschoben“, von wo es über das leitfähige Glas in den äußeren Stromkreis gelangt. (*Hinweis*: In Chemie 2000+ Online sind mehrere Informationen und Animationen zu Photoelektroden zugänglich. Für diese Aufgabe eignet sich am besten die Adresse: http://www.chemiedidaktik.uni-wuppertal.de/ > Chemie 2000+ > Bücher > Band 3 > S. 73 > „Photoelektrochemische Zelle“ > „Funktionsmodell beim Stromfluss“ und/oder „Funktionsmodell beim Spannungsaufbau“.)

B6:

Malvidin lässt sich nicht wie Cyanidin an TiO_2-Körner binden, weil das Malvidin-Molekül nicht wie das Cyanidin-Molekül zwei ortho-ständige Hydroxy-Gruppen am Phenyl-Ring hat.
Im Anthocyanidin-Molekül-Kation (vgl. B6 im Schülerband) ist die Ebene des Phenyl-Rings zur Ebene der restlichen Kohlenstoff-Atome (des Benzpyran-Systems) verdrillt, weil eine Drehung um die Einfachbindung zwischen dem C2-Atom und dem Phenyl-Ring möglich ist und sich das zu dieser Bindung ortho-ständige H-Atom und die Hydroxy-Gruppe von C3 in der verdrillten Konformation nicht so nahe kommen wie in der ebenen. (*Hinweise*: Dies lässt sich an einem Molekülmodell oder auch in einer entsprechenden Moleküldarstellung am Computer anschaulich zeigen. Es lässt sich auch zeigen, dass es zur ebenen Anordnung des gesamten Anthocyanidin-Gerüsts kommt, wenn eine Doppelbindung zwischen dem Phenyl-Ring und dem Rest des Moleküls vorliegt, also bei den Strukturen, die in B4 für *p*H = 7 und für *p*H > 9 angegeben sind.)

Auswertung a):

Wenn bei den Chromatogrammen aus V2 in gleicher Höhe gleich gefärbte Flecke auftreten, ist das ein Hinweis, dass in den untersuchten Blumensorten die gleichen

Farbstoffe, d.h. die gleichen Verbindungen, enthalten sein können. Sicher ist das jedoch nicht, weil auch unterschiedliche Farbstoffe (Verbindungen) gleiche oder sehr ähnliche, auf dem DC nicht unterscheidbare Farben und sehr ähnliche Retentionsfaktoren bei der Dünnschichtchromatographie in V2 haben können.

Auswertung b):
Das Lösemittel, mit dem in V1 extrahiert wird, ist relativ stark sauer. Bevor man diese Extrakte in V4 einsetzt, muss neutralisiert werden.

Auswertung c):
Bei V3 müssen die Blütenblätter entfettet werden, weil die Fett- bzw. Wachsschicht auf den Blättern sonst das Blattinnere vor Ammoniak- und Essigsäure-Dämpfen schützen und somit die in V3 angestrebte Untersuchung unmöglich machen würde.

Auswertung d):
Bei *p*H = 2 liegt ein Molekül-Kation wie in B4 vor. Darin ist der ausgedehnteste Chromophor das System aus den 10 Atomen der beiden kondensierten Ringe im linken Molekülteil (Benzol-Ring und Pyran-Ring, zusammen als Benzpyran-System bezeichnet), an das auch drei auxochrome Hydroxy-Gruppen gebunden sind. Bei *p*H = 10 liegt ein Anion wie in B4 vor. Darin ist die Bindungsdelokalisation über das System der 18 Atome (Benzpyran- und Phenyl-Ring) ausgedehnt. Daran sind wiederum mehrere auxochrome Hydroxy-Gruppen gebunden, von denen eine sogar deprotoniert und dadurch noch stärker als Donator-Gruppe wirksam ist. (*Hinweis*: Vgl. auch Lösung zur Aufgabe aus B4 weiter oben.)

Auswertung e):

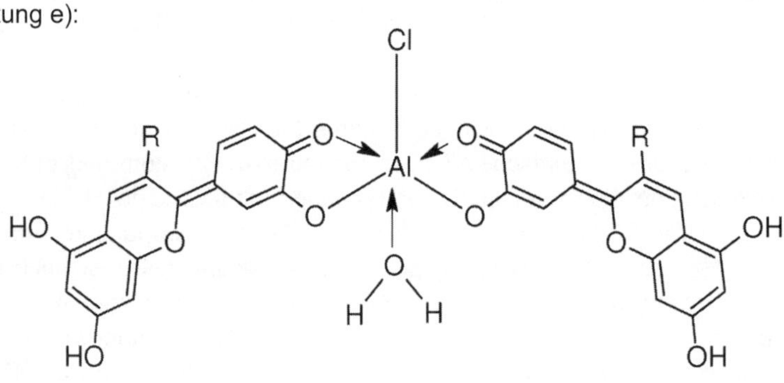

Auswertung f):
Eine photogalvanische 1-Topf-Zelle wie in B2 liefert sogar mit dem weißen Licht einer Taschenlampenbatterie eine Photospannung von ca. 200 mV. Die Spannung ist unterschiedlich hoch, je nach Leistung der Lampe und Qualität der Photoelektrode. Mit dem blauen Licht einer Leuchtdioden-Taschenlampe erhält man dagegen keine Photospannung. Nach dem Eintauchen der Photoelektrode in Himbeersaft oder

Rotwein und Abspülen mit destilliertem Wasser erhält man auch mit dem Blaulicht der Leuchtdioden-Taschenlampe eine Photospannung.
Die Erklärung liegt darin, dass selbst blaues Licht noch nicht ausreicht, um im Titandioxid eine elektronische Anregung aus dem Valenzband ins Leitungsband zu bewirken. Dafür sind Energiequanten mit mindestens 3,2 eV pro Quant notwendig, Lichtquanten des blauen Lichts haben aber nur Energien von 3,0 eV. Das Licht der Taschenlampe enthält auch geringe Anteile an Quanten, deren Energie 3,2 eV oder größer ist aus dem violetten und nahen ultravioletten Bereich. Nach der Sensibilisierung der Elektrode liefert die Zelle auch mit blauem (und selbst mit rotem) Licht Photospannung, weil dann die elektronische Anregung zunächst in den Anthocyan-Molekülen stattfindet und die angeregten Elektronen in das Titandioxid übertragen werden (vgl. dazu auch Lösung zu Aufgabe in B5 und Chemie 2000+ Online unter http://www.chemiedidaktik.uni-wuppertal.de/ > Chemie 2000+ > Bücher > Band 3 > S. 72).

Seite 352 (TRAINING)

A1:
Bei der durch Lichtabsorption zustande gekommenen Farbe eines Objekts ist die gesehene Farbe im Lichtspektrum der Lampe, die das Objekt anstrahlt, enthalten. Bei der durch Lichtemission zustande gekommenen Farbe eines Objekts ist die gesehene Farbe im Lichtspektrum der Lampe, die das Objekt anstrahlt, nicht enthalten.
Im ersten Fall (Farbigkeit durch Lichtabsorption) werden die Teilchen (z.B. die Moleküle) des Objekts durch Absorption von Lichtquanten elektronisch angeregt. Die aufgenommene Energie wird in Wärme umgewandelt. Im zweiten Fall (Farbigkeit durch Lichtemission) werden elektronisch angeregte Teilchen des Objekts durch Emission von Lichtquanten desaktiviert. Davor müssen elektronisch angeregte Zustände erzeugt werden. Das kann durch Absorption von energiereichen Strahlen (z.B. UV-Licht), durch exergonische chemische Reaktionen oder durch elektrische Gleichspannung erfolgen.

A2:
Beispiele:

a) Fluoreszenz einer Aesculin-Lösung beim Eintauchen eines angeschnittenen Kastanienzweigs in Wasser und Bestrahlung mit einer UV-Lampe (V3, S. 284).
b) Phosphoreszenz von Fluoreszein in einer Borsäurematrix (V5, S. 284).
c) Chemolumineszenz bei der Oxidation von Luminol in alkalischer Lösung (V7, S. 284);
d) Leuchten einer LED (S. 332 - 333).

Gemeinsamkeiten:

a) Bei allen genannten Phänomenen entsteht Farbigkeit durch Lichtemission.
b) Auf Teilchenebene findet jeweils eine Desaktivierung von elektronisch angeregten Zuständen statt.

Unterschiede:

a) Fluoreszenz und Phosphoreszenz bezeichnet man in der Regel auch als Formen der Photolumineszenz, weil die angeregten Zustände durch Einstrahlung von energiereichem Licht erzeugt werden, bei der Chemolumineszenz und Elektrolumineszenz werden die angeregten Zustände auf anderem Weg erzeugt (vgl. dazu auch A1).
b) Bei der Fluoreszenz handelt es sich um einen spinerlaubten Elektronenübergang $S_1 \rightarrow S_0$, bei der Phosphoreszenz um einen spinverbotenen Elektronenübergang $T_1 \rightarrow S_0$; entsprechend ist die Dauer der Fluoreszenz und Phosphoreszenz verscheiden (Größenordnung: 10^{-9} bis 10^{-7} s bzw. 10^1 bis 10^2 s).

A3:

Bei den Fluoreszenzkollektoren wird das Sonnenlicht, das über eine große Fläche in den Kollektor eindringt, genutzt, um Moleküle eines Fluoreszenzfarbstoffs anzuregen. Das gesamte Fluoreszenzlicht wird durch Totalreflexion im Kollektor gehalten und auf eine kleine Fläche gelenkt, z.B. die Kante eines Dachziegels, wo es über eine photovoltaische Zelle in elektrische Energie umgewandelt wird (vgl. auch linke Spalte auf S. 289 im Schülerband). Statt die gesamte Fläche des Daches mit teuren Silicium-Zellen auszulegen, müssen als Fluoreszenzkollektoren arbeitende Dachziegel (Dachplatten), die wesentlich billiger als Solarzellen-Silicium sind, nur jeweils an einer Kante mit photovoltaischen Zellen ausgestattet sein.

A4:

Für die Absorption von Licht sind in organischen Molekülen in der Regel Systeme aus konjugierten Doppelbindungen, sogenannte Chromophore, verantwortlich.
Polyene sind konjugierte lineare Kohlenwasserstoffe, Cyamine sind Diamine.
Bei Cyaminen ist der Bindungsausgleich zwischen Doppel- und Einfachbindungen wesentlich stärker als bei Polyenen (vgl. B2 und B3, S. 290, im Schülerband). Daher absorbieren Cyamin-Moleküle gleicher Länge wie entsprechende Polyen-Moleküle Lichtquanten größerer Wellenlänge (niedrigere Energie).

A5:

Als Mesomerieenergie (Delokalisierungsenergie) des Benzols bezeichnet man jenen Energiebetrag, um den Benzol energieärmer ist als hypothetisches Cyclohexatrien, das einer KEKULÉ-Grenzformel entspricht.
Die Mesomerieenergie des Benzols kann aus den experimentell ermittelten Hydrierungswärmen von Cyclohexen und Benzol berechnet werden (vgl. B2, S. 292, im Schülerband).

A6:

Benzol und Toluol sind Grundchemikalien, weil sie in großen Mengen aus dem Rohstoff Erdöl gewonnen und zur Herstellung vieler anderer Produkte eingesetzt werden, beispielsweise:

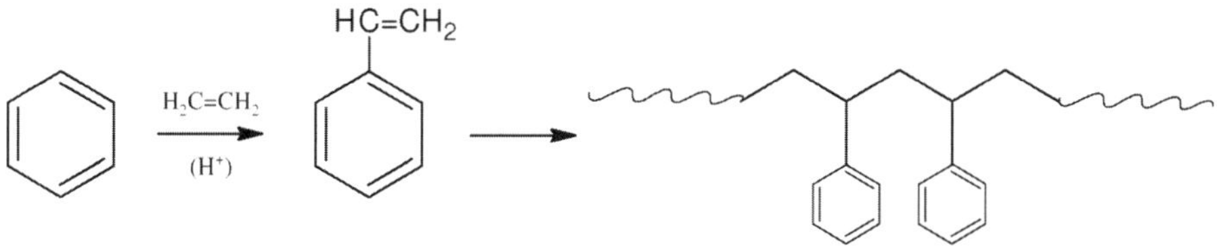

Styrol Polystyrol

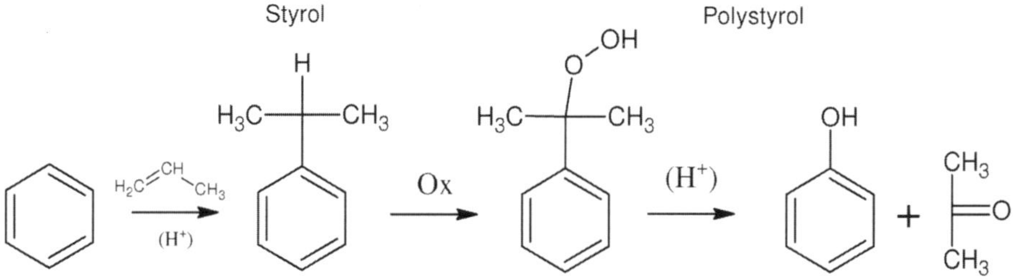

Isopropylbenzol (Cumol) Cumolhydroperoxid Phenol Aceton

Grundchemikalien

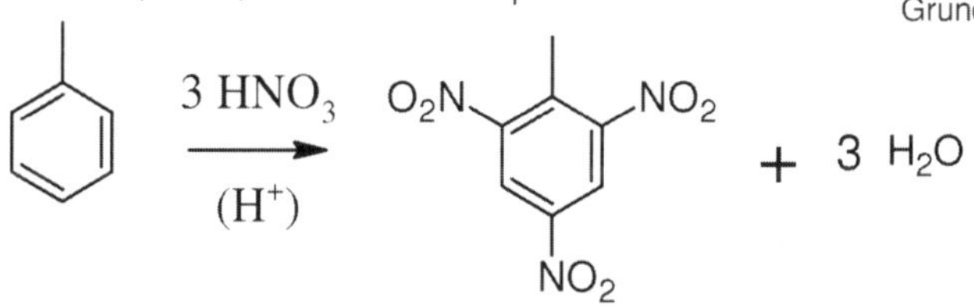

Trinitrotoluol, Sprengstoff

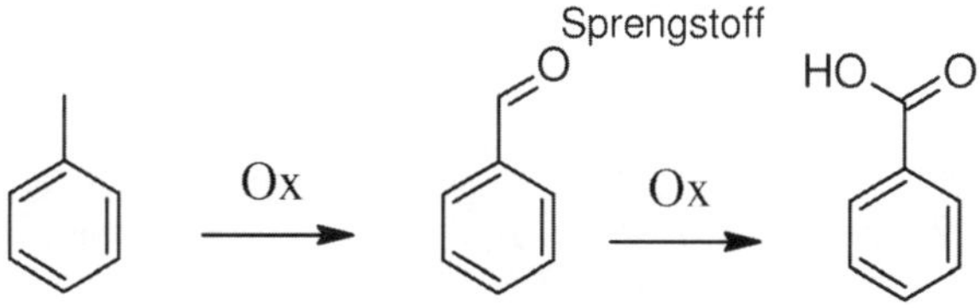

Benzaldehyd Benzoesäure

z.b. Konservierungsmittel

A7:

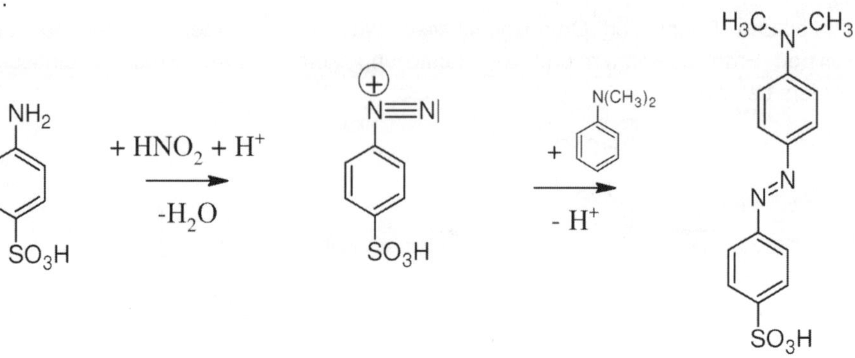

A8:

a) Ein Farbstoff ist in dem Lösemittel, in dem er aufgetragen (auf Flächen) oder aufgezogen (auf Fasern) wird, löslich, ein Pigment nicht.

b) In einem organischen Molekül ist der Chromophor ein System aus konjugierten Doppelbindungen (in der Terminologie des MO-Modells: über mehrere Zentren delokalisierte π-Molekülorbitale), bei einem Metall-Komplex ist der Chromophor ein Zentral-Atom oder -Ion, an das mehrere Liganden gebunden sind. (Es kann sich dabei um anorganische oder organische sowie um ein- oder mehrzähnige Ionen oder Moleküle handeln.)

c) Einkomponentige Lacke (korrekter „einkomponentige Bindemittel in Lacken") können direkt aufgetragen werden, weil sie Pigment und Bindemittel (aus fertigen Polymeren) enthalten, bei zweikomponentigen Lacken müssen die das Bindemittel erzeugenden Vorstufen (z.B. ein Polyol und ein Polyisocyanat) vor dem Aufbringen zusammengemischt werden.

d) Ein Metallpigment besteht aus dünnen, metallischen Plättchen, die in einen Lack eingebettet werden, Perlglanzpigmente bestehen z.B. aus mikroskopischen Glimmer-Plättchen (Schichtsilikaten), die mit einer transparenten, ca. 100 nm dicken Schicht aus Titandioxid bedeckt sind.

A9:

Es ist prinzipiell möglich, die Ordnung einer Reaktion mithilfe des Photometers zu bestimmen, weil das Zeitgesetz $c(t)$, nach dem sich die Konzentration einer lichtabsorbierenden Verbindung ändert, die gleiche mathematische Form hat wie das Zeitgesetz $E(t)$, nach dem sich die Extinktion dieser Verbindung ändert. Die Methode ist allerdings auf Verbindungen beschränkt, die bei einer Wellenlänge absorbieren, die das Photometer bereitstellen kann. Bei einem VIS-Photometer ist das der sichtbare Bereich, bei einem UV-VIS-Photometer der sichtbare und der UV-Bereich. Eine weitere Einschränkung ist der Konzentrationsbereich, in dem die Extinktion der zu untersuchenden Verbindung A proportional zu deren Konzentration ist, also in dem das Gesetz von Lambert und Beer $E(A) = \varepsilon(A) \cdot d \cdot c(A)$ gültig ist.

A10:

Die Anzahl der π–Elektronen in den Ringen aus B1, S. 296, ist jeweils in der Klammer angegeben: Cyclobutadien (4), Benzol (6), Cyclopentadienyl-Anion (6), Cycloheptatrienyl-Kation (6), Cyclooctatetraen (8), Cyclodecapentaen (10), Cyclododecahexaen (12). Aromatisch sind nach der HÜCKEL-Regel die Ringe mit (4n+2) π–Elektronen, also Benzol, das Cyclopentadienyl-Anion, das Cycloheptatrienyl-Kation und Cyclodecapentaen.

A11:

Beim Pyrimidin-Molekül kommt das aromatische Elektronensextett durch die 3 π–Elektronenpaare zustande. Im Purin-Molekül bilden ebenfalls π–Elektronenpaare das Elektronensextett im Sechserring; im Fünferring sind es 2 π–Elektronenpaare und das freie Elektronenpaar eines Stickstoff-Atoms.

A12:

Graphit blättert, weil die Schichten aus polykondensierten Benzol-Einheiten aufgrund der relativ schwachen VAN-DER-WAALS-Kräfte, die zwischen ihnen wirken, leicht übereinandergleiten können. Da innerhalb dieser Schichten die Bindungsdelokalisation sehr ausgedehnt ist (die π–Molekülorbitale erstrecken sich über die ganze Schicht), können sich die Elektronen hierin „frei" bewegen. Aus diesem Grund leitet Graphit den elektrischen Strom, wenn auch nur in den Schichten und nicht zwischen den Schichten. Ebenfalls wegen der ausgedehnten Bindungsdelokalisation in den Schichten gibt es sehr viele, energetisch sehr dicht beieinanderliegende besetzte und unbesetzte Energieniveaus. Das hat zur Folge, dass Graphit alle Wellenlängen des sichtbaren Lichts absorbiert und folglich schwarz erscheint.

A13:

a) Überschlagsrechnung: Aus den Angaben in B6 von S. 293 wird die Gesamtlänge eines Benzolrings schätzungsweise als 160 pm angenommen. Wenn ein Nanoröhrchen einen Durchmesser von 1 nm = 1000 pm hat, dann passen in einen kreisförmigen Querschnitt, dessen Länge 3,14 nm = 3140 pm ist, ca. 3140:160 ≈ 20 Benzolringe. Entlang der Achse eines 1 cm = 10 mm = 10^{10} pm langen Nanoröhrchen fallen dann etwa $10^{10}:(20 \cdot 160) = 3{,}125 \cdot 10^{6}$ Benzolringe an, also über 3 Millionen Benzolringe.

b) Durch die ausgedehnte Bindungsdelokalisation entlang der Röhrchenachse werden bevorzugt Elektronen aufgenommen und in diese Richtung geleitet.

c) Diamant ist sehr hart, transparent und leitet den Strom nicht. Die Erklärung dafür ist ein stabiles Gitter aus Kohlenstoff-Atomen, in dem jedes C-Atom über 4 Elektronenpaarbindungen an 4 andere C-Atome, die tetraedrisch um das C-Atom angeordnet sind, geknüpft ist. Graphit ist weich, schwarz und elektrisch leitend. Die Erklärung dafür wird in der Lösung zu A12 geliefert. Fulleren ist gelb, kristallin, löslich in Benzol und leitet den Strom nicht. Es besteht aus C_{60}-Molekülen, in denen jedes C-Atom ähnlich wie im Graphit und in den Nanoröhrchen an drei andere C-Atome gebunden ist. Die Eigenschaften und die Struktur der Nanoröhrchen aus Kohlenstoff sind in der Aufgabenstellung genannt.

A14:

a) Beim Erhitzen wird der Magnesiumkomplex des Chlorophylls zerstört, was an der Änderung der intensiv grünen Farbe zu erkennen ist. Bei Anwesenheit von Kupfer-Ionen bleibt die grüne Farbe erhalten. Die Magnesium-Ionen des Chlorophylls werden durch Kupfer-Ionen ersetzt, da der Kupfer-Chlorophyll-Komplex stabiler ist. Dieser Kupfer-Chlorophyll-Komplex wird deshalb nicht so leicht durch Erhitzen zerstört wie der Magnesium-Komplex, was sich an der Beständigkeit der grünen Farbe erkennen lässt.

b) Beim Garen von Gemüse im Kupfertopf nutzt man die Bildung der stabileren Kupfer-Chlorophyll-Komplexe aus, die sich aus den in Lösung gegangenen Kupfer-Ionen und dem Chlorophyll des grünen Gemüses bilden.

A15:

a) Im Molekül-Kation von Methylenblau erstreckt sich der Chromophor (das System der konjugierten Doppelbindungen) über alle drei Ringe, d.h. über die beiden Benzolringe und den mittleren Ring. Methylenblau absorbiert Licht im sichtbaren Bereich und erscheint blau. Im Molekül-Kation von Leuko-Methylenblau ist die Bindungskonjugation zwischen den beiden Benzolringen am mittleren Ring unterbrochen. Daher absorbiert dieses Kation nicht mehr im sichtbaren Bereich und erscheint farblos.

b)

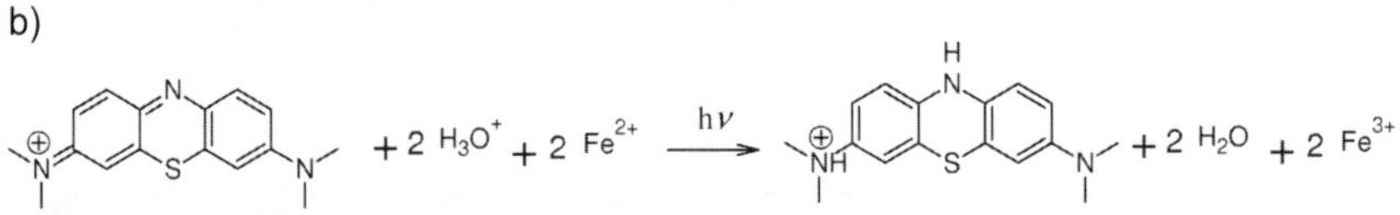

Methylenblau-Kation

Leuko-Methylenblau -Kation

A16:

Beim Sehprozess ist der erste Schritt eine photochemische Reaktion, die *cis-trans* Isomerisierung des Retinal-Rests im Rhodopsin. Es folgen mehrere biochemische und biophysikalische Elementarprozesse, bis es zum Aktionspotenzial für den Sehnerv kommt.

Auch die Bildung des bodennahen Ozons beginnt mit einer photochemischen Primärreaktion, z.B. der Photolyse von NO_2 zu O· und NO·, auch hier gibt es mehrere Folgereaktionen.

(*Hinweis*: Vergleiche auch „Vom Lichtquant zum Sehreiz“, S. 245, und „Photosmog“, S. 79)

A17:

a) Als Solvatochromie bezeichnet man die Beeinflussung der Farbe ein- und derselben Substanz durch das Lösemittel (Solvens). So erscheint beispielsweise eine Lösung von Iod in Ethanol gelb-braun und in Heptan violett. Im Wesentlichen ist die Polarität des Lösemittels für den solvatochromen Effekt verantwortlich. Wenn sich bei einer Verbindung bei zunehmender Polarität des Lösemittels das Absorptionsmaximum nach immer kleineren Wellenlängen verschiebt (hypsochrome Verschiebung), dann liegt eine negative Solvatochromie vor. Verschiebt sich das Absorptionsmaximum bei zunehmender Polarität des Lösemittels nach größeren Wellenlängen (bathochrome Verschiebung), so sprich man von positiver Solvatochromie. Für die Erklärung der Solvatochromie bei organischen Verbindungen eignet sich das MO-Modell. Genauere Angaben darüber sowie ein Experiment und Beispiele von solvatochromen Verbindungen sind in *Chemie 2000+ Online* zu finden (Adresse: http://www.chemiedidaktik.uni-wuppertal.de/ > Chemie 2000+ > Bücher > Band 3 > S. 74) .

b) Bei allen genannten Phänomenen (Solvatochromie, Thermochromie, Photochromie und Elektrochromie) handelt es sich um Farbänderungen, die durch bestimmte Einflüsse verursacht werden (Lösemittel, Wärme, Licht, elektrischer Strom). Beispiele für solvatochrome Verbindungen sind unter a) und der dort angegebenen Internet-Adresse zu finden; ein thermochromes System ist der Cobalt-Komplex von S. 68; eine photochrome Verbindung ist das Spiropyran von S. 313; Wolfram(VI)-oxid WO_3 in Kombination mit den anderen Verbindungen liefert ein elektrochromes System, das auf S. 342 näher beschrieben ist.

A18:

Die Aufgabe ist offen, aber die Liste könnte z.B. so aussehen:

Lichtquelle	**Farbe(n)**	**Funktionsprinzip**
Lampe auf dem Nachttisch	Weiß	Glühdraht (Halogenlampe), B2, S. 328
Lampe am Spiegel im Bad	Weiß	Fluoreszenz, B4, S. 328
Lampen im Klassenraum	Weiß	Fluoreszenz, B4, S. 328
LEDs am Armaturenbrett im Auto	Rot, Grün, Blau	Elektrolumineszenz, S. 332 bis S. 335

Lichtquelle	Farbe(n)	Funktionsprinzip
Lampen in Lebensmittelvitrinen	z.B. rotstichiges Weiß	Fluoreszenz, B3 und B5, S. 329
Straßenbeleuchtung	Gelb	Fluoreszenz (Emission aus Na-Atomen)
Schwarzlicht in der Disco	Dunkelblau, „Schwarz“	Fluoreszenz (Emission aus Hg-Atomen)
Laserpointer	z.B. Rot	Stimulierte Emission
Verkehrsampel	Rot, Gelb, Grün	z.B. LED's, Elektrolumineszenz, S. 332 bis S. 335
Autoscheinwerfer	Weiß	Glühdraht (Halogenlampe, Xenonlampe)

A19:
Versuchsplanung:

a) Zunächst wird eine photogalvanische 1-Topf-Zelle wie in B2, S. 350, zusammengebaut. Damit werden Spannungsmessungen mit weißem Licht einer herkömmlichen Taschenlampe und blauem Licht einer LED-Taschenlampe durchgeführt. Es ist zu erwarten, dass die Zelle mit weißem Licht Photospannung liefert, mit dem blauen Licht der LED dagegen nicht.

b) Nun wird die Photoelektrode vorsichtig aus der Zelle heraus genommen, ca. 15 s in ein Glas mit der zu untersuchenden Weinsorte eingetaucht, heraus genommen, mit destilliertem Wasser abgespült und erneut in die Zelle eingeführt. Es wird erneut geprüft, ob die Zelle mit dem Blaulicht der LED Photospannung liefert. Ist das der Fall, dann enthält der Wein Cyanidin und/oder Delphinidin, anderenfalls nicht.
Begründung: Von den in B6, S. 351, angegebenen Anthocyanidinen enthalten nur Cyanidin und Delphinidin die beiden ortho-ständigen Hydroxy-Gruppen, die zur kovalenten Bindung des Moleküls an das Titandioxid notwendig sind (vgl. B5, S. 351).

Seite 353 bis 355

B1:
„Chemie **in** unserem Körper“: Facetten Nr. 1, 2, 5, 9.
„Chemie **an** unserem Körper“: Facetten Nr. 3, 4, 6, 7.

B2:
Diese Kleidung sollte wasser-, wind- und reißfest sein, warm halten und modisch gefärbt sein.

B4:
Im Bild sind ein Kalottenmodell und zwei unterschiedlich ausführliche Struktursymbole dargestellt. In diesen Struktursymbolen sind die Kohlenstoff-Atome aus dem Ring nicht als „C" angegeben, alle anderen Atome (auch das C-Atom außerhalb des Rings) sind durch die Atomsymbole dargestellt.
Für die Veranschaulichung der räumlichen Form des Moleküls ist das Kalottenmodell gut geeignet. Es ist jedoch sehr aufwändig, es auf Papier oder an die Tafel zu zeichnen. Dafür eignen sich die beiden Struktursymbole besser. Das Struktursymbol in der Bildmitte lässt sich am leichtesten zeichnen, es gibt auch die Alternanz der Substituenten am Ring wieder, aber nicht ihre genaue räumliche Ausrichtung. Das ist bei dem Struktursymbol im rechten Bildteil der Fall. Hier wird auch die Sessel-Konformation des Moleküls deutlich (vgl. dazu auch die Isomerie-Tabelle im vorderen Vorsatz des Schülerbands).

Seite 356 und 357

B1:
Offene Antwort.

B2:
Die Stoffklasse der Fette hat den höchsten Energiegehalt. Lebensmittel, die einen hohen Anteil an Fetten enthalten, beispielsweise Butter und Schokolade, haben die höchsten Energiegehalte in kJ / 100 g.

B3:
Die angegebenen Anteile der Stoffklassen am Körperaufbau entsprechen nicht dem Anteil dieser Stoffklassen in unserer Nahrung. So ist der Massenanteil an Salzen in unserer Nahrung weit weniger als 6%, der Massenanteil an Kohlenhydraten weit höher als 1%.

B4:
Im Eidotter sind Carotinoide enthalten (vgl. S. 348 - 349 im Schülerband). Darauf deutet die gelbe Farbe hin. *β*-Carotin als Futterzusatz kann die Farbintensität des Dotters erhöhen.

Auswertung a):
Kohlenstoff wird durch Kohlenstoffdioxid (Trübung bei Einleiten in Kalkwasser) und Wasserstoff durch Wasser (Blaufärbung von wasserfreiem Kupfersulfat) nachgewiesen.

$CO_2(g) + Ca(OH)_2(aq) \rightarrow CaCO_3(s) + H_2O$ und

$CuSO_4(s) \xrightarrow{+5H_2O} CuSO_4 \cdot 5H_2O(s)$

Auswertung b):
Falls Ammoniak durch eine Säure, beispielsweise Schwefelwasserstoff, gebunden wird, misslingt der Nachweis sowohl über den Geruch, als auch über die Rauchbildung mit HCl(g).

Auswertung c):
In V3 (und V5 von S. 324) werden Porphirine in den braunen Eierschalen nachgewiesen, in V4 wird die emulgierende Wirkung von Lecithin überprüft und in V5 werden Indikator-Farbstoffe im Tee nachgewiesen. Diese Stoffe sind in Teilen des Frühstücks enthalten und kommen auch in unserem Körper vor, jedoch in geringen Mengen: Porphirin im Blut (vgl. S. 324) und Lecithin in der Zellmembran (vgl. S. 369); die Indikator-Farbstoffe aus dem Tee sind im Körper (wenn überhaupt) nur in Spuren enthalten.

A1:
Das Frühstücksei wäre in der Ernährungspyramide aus B5 in die Kategorie 5% bis 10% einzuordnen, weil Eier, wie die dort eingezeichneten Lebensmittel, hohe Anteile an Eiweißstoffen enthalten.

A2:
Offene Antwort.

A3:

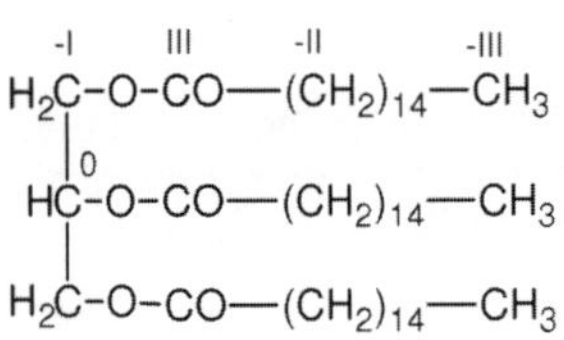

Fett (Glycerintripalmitat)

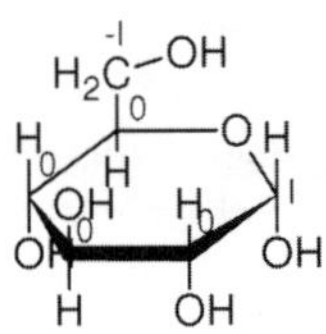

α-D-Glucose

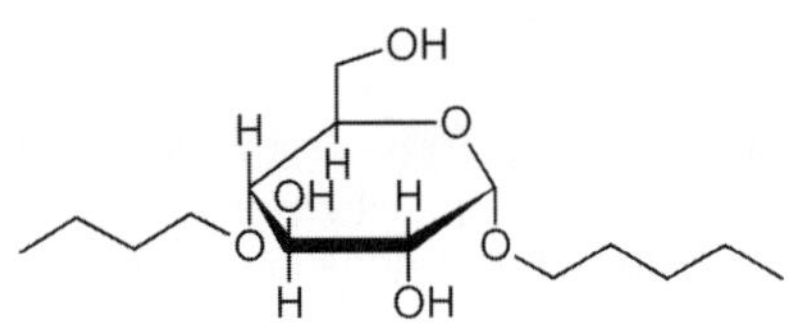

Ausschnitt aus einem Stärke-Molekül; die OZ der C-Atome stimmen mit denen im Glucose-Molekül überein.

Bei der Oxidation („Verbrennung") von 1 g Fett wird mehr als doppelt so viel Energie verfügbar wie bei der Verbrennung von 1 g Glucose, weil die Kohlenstoff-Atome in der Glucose im Vergleich zu den Kohlenstoff-Atomen im Fett größtenteils bereits höhere Oxidationszahlen haben, d.h. schon näher an der Endstufe der Oxidation (Kohlenstoffdioxid, OZ = IV) liegen.

A4:
Offene Antwort.

Seite 358 und 359

Auswertung a):
Beim Zerquetschen in V2 ist die Ausbeute an Öl/Fett zwar sehr gering, das Fett/Öl ist dafür aber nicht durch Lösemittelrückstände verunreinigt. Bei V3 und V4 ist die Ausbeute an Fett größer, da das Lösemittel das Öl/Fett aus den Pflanzenteilen extrahiert. In V4 ist die Extraktion am vollständigsten, da durch die Konstruktion der Soxhlet-Apparatur immer wieder frisches Lösemittel auf das Pflanzenmaterial gegeben wird. Die Fett/Öl-Rückstände können allerdings auch nach dem Trocknen noch geringe Mengen an Lösemittel enthalten.

Auswertung b):
Nach dem 2. Satz von V4a wird der Satz „Wiegen Sie die gefüllte Extraktionshülse ab und notieren Sie seine Masse." eingefügt. Nach dem 1. Satz von V4c wird der Satz „Wiegen Sie die vollständig getrocknete Extraktionshülse und ermitteln Sie die Massenabnahme gegenüber der Wägung vor dem Versuch." eingefügt.

Auswertung c):
Triglyceride sind Ester des dreiwertigen Alkohols Glycerin mit drei Fettsäuren. Weitere Beispiele für Ester: Ethansäuremethylester, Butansäureethylester, Oxalsäure-di-ethylester u.s.w. (vgl. Chemie 2000+, S. 34 ff).

B1:
Margarine ist ein pflanzliches Produkt, Butter ein tierisches. Margarine wird aus pflanzlichen Ölen wie z.B. Sonnenblumen- oder Rapsöl hergestellt, während Butter ein Milchprodukt ist. Margarine enthält zudem weitere Stoffe, z.B. Emulgatoren und Farbstoffe (z.B. Carotin) (vgl. Aufgabe zu B3).

B2:
Das Lösemittel wird im Rundkolben erhitzt, verdampft und kondensiert bei ausreichender Hitze am Rückflusskühler, von dem es dann in das Pflanzenmaterial tropft. Mit der Zeit füllen sich Extraktionshülse und Heberohr mit Lösemittel. Sobald das Heberohr bis zum Scheitelpunkt gefüllt ist, läuft das Lösemittel aus dem Kühler zurück in den Rundkolben (Prinzip der kommunizierenden Röhren). Das zurücklaufende Lösemittel enthält das gelöste Fett/Öl, das sich nach mehrmaliger Wiederholung des Vorgangs im Rundkolben anreichert.

B3:
Mögliche Inhaltsstoffe von Margarine:

- verschiedene Pflanzenöle
- Wasser
- Kochsalz
- Emulgatoren (z.B. Lecithin, Mono-, Diglyceride)
- natürliche Aromastoffe
- Citronensäure
- Vitamine
- Farbstoffe (z.B. β-Carotin)

A1:
Als Ester besitzen die Triglycerid-Moleküle der Fette keine Hydroxy-Gruppen, die Wasserstoffbrückenbindungen eingehen könnten. Durch die langkettigen Fettsäure-Reste ist das Triglycerid-Molekül hydrophob und somit wasserunlöslich.

A2:
Mit dem Ersatz von Rindertalg durch Kokosfett bei der Margarineherstellung ist der Anteil an ungesättigten Fettsäuren in der Margarine geringer geworden (vgl. B5). Der ernährungsphysiologische Wert der Margarine ist infolgedessen vermindert, da der menschliche Körper ungesättigte Fettsäuren benötigt.

B4:
Sechs verschiedene Triglycerid-Moleküle sind möglich:

Glycerin-Rest	Mögliche Fettsäurekombinationen					
	FS1	FS1	FS1	FS2	FS1	FS2
	FS1	FS1	FS2	FS2	FS2	FS1
	FS1	FS2	FS2	FS2	FS1	FS2

B5:
Eine umfassende Tabelle über die Fettsäurezusammensetzung zahlreicher Fette/Öle findet man auf der Homepage der „Deutschen Gesellschaft für Fettwissenschaft, DGF“: http://www.dgfett.de/material/fszus.htm

Seite 360 und 361

Auswertung a):

$$C_{17}H_{33}COOH \quad + \quad Br_2 \quad \rightarrow \quad C_{17}H_{33}Br_2COOH$$

Die beiden Brom-Atome des Br_2-Moleküls werden an die Doppelbindung der Ölsäure addiert.

Auswertung b):
Tropft man Brom-Lösung zu Lösungen verschiedener Fettsäuren bzw. Fette, so verschwindet die gelb-braune Farbe der Brom-Lösung unterschiedlich schnell, bis bei einer bestimmten Brom-Zugabe keine Entfärbung mehr eintritt. Ölsäure entfärbt dabei mehr Brom als eine gleich große Portion Stearinsäure. Olivenöl entfärbt mehr Brom als eine gleich große Portion Kokosfett. Verantwortlich für die Entfärbung der Brom-Lösung sind die in den Fett(säure)-Molekülen enthaltenen Doppelbindungen, die mit

den Brom-Molekülen reagieren. Jede Doppelbindung addiert ein Brom-Molekül. Aus B2, S. 361, geht hervor, dass Ölsäure eine und Stearinsäure keine Doppelbindung enthält. Aus B5, S. 359, geht hervor, dass Olivenöl einen größeren Anteil an ungesättigten Fettsäuren enthält als Kokosfett.

Auswertung c):
Olivenöl ist flüssig, das Reaktionsprodukt besitzt eine festere Konsistenz. Bei V2 reagiert zunächst Zink mit Schwefelsäure unter Freisetzung von Wasserstoff. Der gebildete Wasserstoff addiert nun an die Doppelbindungen der Triglycerid-Moleküle des Olivenöls. Hierdurch werden die ungesättigten Fettsäuren gesättigt. Da gesättigte Fettsäuren einen höheren Schmelzpunkt besitzen als ungesättigte Fettsäuren, erhöht sich die Konsistenz des Ölivenöls. Man erhält ein gehärtetes Fett.
Hinweis: Bei der Reaktion von Zink mit Schwefelsäure bildet sich Wasserstoff im status nascendi. Dieser atomare Wasserstoff reagiert dann mit der Doppelbindung der Fettsäuren.

B1:
Die Länge der Fettsäure-Moleküle bzw. deren molare Masse und die Anzahl an Doppelbindungen in den Fettsäuren eines Fett-Moleküls bedingen seine Schmelztemperatur. Je höher der Anteil an ungesättigten Fettsäuren in einem Fett ist, desto niedriger ist seine Schmelztemperatur. Je größer die molare Masse eines Fettes ist, desto höher ist seine Schmelztemperatur.
Der niedrigere Schmelzpunkt der Ölsäure gegenüber der Stearinsäure wird hauptsächlich durch die Doppelbindung bedingt.

B2:
Ölsäure besitzt eine, Linolsäure zwei und Linolensäure drei *cis*-ständige Doppelbindungen. Durch den daraus resultierenden Knick in den Kohlenwasserstoff-Ketten der Fettsäuren wird die Möglichkeit zur Ausbildung von Van-der-Waals-Kräften zwischen benachbarten Fettsäure-Molekülen behindert. Während zwischen zwei benachbarten Ölsäure-Molekülen Van-der-Waals-Kräfte zwischen der Carboxyl-Gruppe und der Doppelbindung (9. C-Atom) bzw. zwischen der endständigen Methyl-Gruppe (18. C-Atom) und der Doppelbindung (10. C-Atom) wirksam werden können, ist es bei der Linolensäure nur noch der Bereich zwischen der Carboxyl-Gruppe und der Doppelbindung (9. C-Atom). Siehe auch B3.

A1:

$$\underset{\text{Linolsäure}}{C_{17}H_{31}COOH} + 2\,H_2 \rightarrow \underset{\text{Stearinsäure}}{C_{17}H_{35}COOH}$$

A2:
Die Schmelztemperaturen von Fettsäuren mit *trans*-ständiger Doppelbindung liegen höher als die derjenigen mit *cis*-ständiger Doppelbindung, da die *trans*-Stellung keinen Knick in der Kohlenwasserstoffkette bewirkt.

Doppelbindung:

trans-ständig

Richtung der Kohlenwasserstoffkette setzt sich fort.

cis-ständig

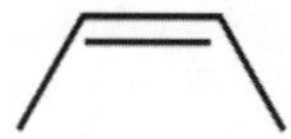

Knick in der Kohlenwasserstoffkette

Seite 362 und 363

Auswertung a):
Zur Ermittlung der Iodzahl lässt man Brom, das besser als Iod reagiert, mit ungesättigten Fetten (Fettsäuren) reagieren.
Im Teilschritt (a) werden Brom-Moleküle an die Doppelbindungen der Fett-Moleküle addiert. Da in V1 Brom im Überschuss zugegeben wird, werden im zweiten Teilschritt überschüssige Brom-Moleküle, die nicht reagiert haben, mit Iodid-Ionen reduziert (b). Die durch Oxidation entstandenen Iod-Moleküle entsprechen der nach der vollständigen Addition verbliebenen Stoffmenge an Brom-Molekülen. Sie werden mit Stärke-Lösung durch Blaufärbung nachgewiesen. Die entstandenen Iod-Moleküle werden durch zutitrierte Thiosulfat-Ionen reduziert (c).
Die Stoffmenge an unverbrauchten Brom-Molekülen lässt sich durch die Stoffmengenverhältnisse in den Reaktionsgleichungen berechnen:

$n(\mathrm{Br_2}) = n(\mathrm{I_2}) = {}^1/_2\, n(\mathrm{S_2O_3^{2-}})$

Die Stoffmenge an addierten Brom-Molekülen berechnet sich nach:

$n(\mathrm{Br_2})_{\mathrm{add.}} = n(\mathrm{Br_2})_{\mathrm{gesamt}} - n(\mathrm{Br_2})_{\mathrm{Rest}}$

Berechnungsgrundlagen sind in B3, S. 363, beschrieben (vgl. auch Auswertung c)).

Auswertung b):
Es soll verhindert werden, dass Brom durch lichtinduzierte radikalische Substitution an der Kohlenwasserstoffkette der Fettsäuren verbraucht und das Ergebnis der Iodzahl somit verfälscht wird.

Auswertung c):
Durch das Kochen einer Fettportion mit Kaliumhydroxid-Lösung werden die Ester-Gruppen der Triglycerid-Moleküle vollständig hydrolysiert (verseift). Durch

anschließende Titration mit Salzsäure-Lösung wird die Stoffmenge an übrig gebliebenem Kaliumhydroxid bestimmt. Um alle Ester-Gruppen zu hydrolysieren, muss Kaliumhydroxid im Überschuss zugesetzt werden.
Den Blindversuch führt man durch, um die Stoffmenge an eingesetztem Kaliumhydroxid zu ermitteln (s. d)).

Auswertung d):
In den beiden Blindversuchen wird kein Fett eingesetzt, sodass auch kein Brom bzw. Kaliumhydroxid verbraucht wird. Durch Titration mit Thiosulfat- bzw. Salzsäure-Lösung bei den Blindversuchen in V1 und V2 können die Stoffmengen an eingesetztem Brom bzw. Kaliumhydroxid ermittelt werden. Da in den Blind- und Hauptversuchen von V1 und V2 jeweils dieselben Stoffmengen an Reaktionspartnern eingesetzt werden, lassen sich die umgesetzten Stoffmengen an addiertem Brom bzw. neutralisiertem Kaliumhydroxid aus der Volumendifferenz der titrierten Lösungen (Thiosulfat bzw. Salzsäure) errechnen. Vergleiche auch B3, S. 363.

Auswertung e):
Beispiel-Rechnungen:
Ermittlung der Iodzahl
Im Blindversuch ohne Fett sind 63 mL Thiosulfat-Lösung, $c(S_2O_3^{2-})$ = 0,1 mol/L, verbraucht worden. Im parallel durchgeführten Hauptversuch wurden nur noch 10 mL Thiosulfat-Lösung benötigt. Die Fetteinwaage betrug 1,1 g.
Die Iodzahl errechnet sich aus:

$$\mathrm{IZ} = \frac{(63\,\mathrm{mL} - 10\,\mathrm{mL}) \cdot 1{,}269\,\mathrm{g/mL}}{1{,}1\,\mathrm{g}} = 61$$

Es wurden also 61 g Iod von 100 g Fett addiert (vgl. Definition IZ, S. 363).

Ermittlung der Verseifungszahl
Im Blindversuch ohne Fett sind 30 mL Salzsäure-Lösung, c(HCl) = 0,5 mol/L, verbraucht worden. Im parallel durchgeführten Hauptversuch wurden 12 mL Salzsäure-Lösung verbraucht. Die Fetteinwaage betrug 2 g. Die Verseifungszahl errechnet sich aus:

$$\mathrm{VZ} = \frac{(30\,\mathrm{mL} - 12\,\mathrm{mL}) \cdot 28\,\mathrm{mg/mL}}{2\,\mathrm{g}} = 252$$ [1]

Es werden also 252 mg Kaliumhydroxid zur vollständigen Verseifung von 1 g Fett benötigt (vgl. Definition VZ, S. 363).

Auswertung f):
Die Iodzahl erlaubt Aussagen über den Anteil an ungesättigten Fettsäuren in einem Fett. Je größer die Iodzahl, desto größer ist der Gehalt an ungesättigten Fettsäuren im Fett.

---

1 Die Verseifungszahl wird ohne Einheit angegeben. Sie besitzt eigentlich die Einheit [mg/g].

Die Verseifungszahl erlaubt Aussagen über Molekülgröße (= molare Masse) der Triglycerid-Moleküle eines Fetts. Je größer die Verseifungszahl eines Fetts ist, desto mehr Ester-Gruppen liegen in 1 g Fett vor und umso kleiner sind die Triglycerid-Moleküle (kürzerkettige Fettsäuren).

Auswertung g):
Die in den beiden Berechnungsformeln angegebenen Faktoren von 1,269 $^{g}/_{mL}$ (IZ) bzw. 28 $^{mg}/_{mL}$ (VZ) sind unter Einbeziehung der Konzentrationen der Thiosulfat- bzw. Salzsäure-Lösungen errechnet worden (vgl. B3). Die Berechnungformel gilt daher nur für die in V1 und V2 eingesetzten Konzentrationen.

A1:
Die Iodzahl würde kleiner werden, da keine bzw. weniger Doppelbindungen in den Triglycerid-Molekülen mehr enthalten sind und somit auch kein bzw. weniger Iod mehr addiert wird.
Die Verseifungszahl würde sich nur geringfügig ändern. Da durch die Hydrierung die molare Masse der Triglycerid-Moleküle leicht erhöht wird, würde die Verseifungszahl leicht ansteigen.

A2:
Da Ölsäure-Moleküle eine Doppelbindung besitzen, addiert 1 mol Ölsäure 1 mol Iod gemäß der Gleichung

$$C_{17}H_{33}COOH + I_2 \rightarrow C_{17}H_{33}I_2COOH$$

$M(C_{17}H_{33}COOH) = 299\ ^{g}/_{mol}$

$M(I_2) = 254\ ^{g}/_{mol}$

Die Masse an Iod, die von 100 g Ölsäure addiert wird, beträgt somit:

$$m(I_2) = \frac{254\,g/mol \cdot 100\,g}{299\,g/mol} = 84{,}9\,g$$

Die Iodzahl von Ölsäure beträgt also IZ = 85

A3:
Aus B4 sind die ungefähren Verseifungszahlen der beiden Fette zu entnehmen:

VZ(Kokosfett) ≈ 250

VZ(Leinöl) ≈ 175

Fette sind Ester eines dreiwertigen Alkohols mit Fettsäuren. Daher reagieren Fett und Kaliumhydroxid bei der Verseifung im Stoffmengenverhältnis:

$$\frac{n(\text{Fett})}{n(\text{KOH})} = \frac{1}{3} \quad \text{bzw.} \quad \frac{\dfrac{m(\text{Fett})}{M(\text{Fett})}}{\dfrac{m(\text{KOH})}{M(\text{KOH})}} = \frac{1}{3}$$

Löst man die Gleichung nach M(Fett) auf, so erhält man:

$$M(\text{Fett}) = \frac{m(\text{Fett}) \cdot M(\text{KOH}) \cdot 3}{m(\text{KOH})}$$

Nach der Definition gibt die Verseifungszahl an, wie viel Milligramm Kaliumhydroxid benötigt werden, um 1 g Fett vollständig zu verseifen.
Für Kokosfett ergibt sich daher folgende Rechnung:

$$M(\text{Kokosfett}) = \frac{1000\,\text{mg} \cdot 56\,\text{g/mol} \cdot 3}{250\,\text{mg}} = 672\,\frac{\text{g}}{\text{mol}}$$

Für Leinöl:

$$M(\text{Leinöl}) = \frac{1000\,\text{mg} \cdot 56\,\text{g/mol} \cdot 3}{175\,\text{mg}} = 960\,\frac{\text{g}}{\text{mol}}$$

Bei den berechneten molaren Massen handelt es sich um Durchschnittswerte.

B3:
Ableitung der Berechnung der Verseifungszahl (VZ):
VZ gibt an, wie viel Milligramm Kaliumhydroxid für die vollständige Verseifung von 1 Gramm Fett verbraucht werden. Die entsprechende Stoffportion KOH berechnet sich nach:

(a) $m(\text{KOH})_{\text{verbr.}} = n(\text{KOH})_{\text{verbr.}} \cdot M(\text{KOH})$

Die Stoffmenge an verbrauchtem Kaliumhydroxid errechnet sich aus dem Vergleich von Blind- und Hauptversuch:

(b) $n(\text{KOH})_{\text{verbr.}} = n(\text{KOH})_B - n(\text{KOH})_H$

Die jeweiligen Stoffmengen an KOH in beiden Teilversuchen lassen sich durch Titration mit Salzsäure ermitteln:

$n(\text{KOH})_{B/H} = n(\text{HCl})_{B/H}$

bzw.

(c) $n(\text{KOH})_{B/H} = c(\text{HCl}) \cdot [V(\text{HCl})_B - V(\text{HCl})_H]$

(c) eingesetzt in (a):

(d) $m(\text{KOH})_{\text{verbr.}} = [V(\text{HCl})_B - V(\text{HCl})_B] \cdot c(\text{HCl}) \cdot M(\text{KOH})$

Es gilt:

$M(\text{KOH}) = 56\ ^{g}/_{mol} = 56\ ^{mg}/_{mmol}$

$c(\text{HCl}) = 0{,}5\ ^{mol}/_{L} = 0{,}5\ ^{mmol}/_{mL}$ (vgl. V2, S. 362)

Eingesetzt in (d):

(e) $m(\text{KOH})_{verbr.} = [V(\text{HCl})_B - V(\text{HCl})_H] \cdot 28\ ^{mg}/_{mL}$

Aus (e) errechnet sich die Stoffportion an KOH in Milligramm, die man zur vollständige Verseifung von 1 Gramm Fett benötigt. Für beliebige Fettportionen gilt dann:

$$\text{VZ} = \frac{[V(\text{HCl})_B - V(\text{HCl})_H] \cdot 28\,\text{mg/mL}}{m(\text{Fett})}$$

B4:

- Aus B4 lässt sich die Iodzahl von Olivenöl ablesen. Sie beträgt z.B.:
  IZ(Olivenöl) = 85
  Gemäß der Definition der Iodzahl werden also 85 g Iod an 100 g Olivenöl addiert. Für 1 g Iod benötigt man 0,85 g Iod.
- Fette bestehen aus einem Gemisch von verschiedenen Trigylcerid-Molekülen. Als Naturprodukte unterliegen die Zusammensetzungen dieser Gemische natürlichen Schwankungen, die durch Herkunft, Produktionsbedingungen und Klima verursacht werden.

Seite 364 und 365

B4:

Durch Zentrifugation werden Stoffe aufgrund ihrer unterschiedlichen Dichte getrennt. Stoffe mit großer Dichte sedimentieren durch die Zentrifugalkraft schneller als solche mit niedriger Dichte. Daher befindet sich HDL nach der Zentrifugation unter LDL und VLDL.

Im elektrischen Feld wandern die drei Lipoproteine unterschiedlich weit in Richtung Minuspol (vgl. B2, S. 380) und werden dadurch aufgetrennt. LDL-Moleküle besitzen eine größere positive Gesamtladung und wandern daher weiter als VLDL- und HDL-Moleküle. Die Gesamtladung wird bestimmt durch die Ladungen der Aminosäure-Reste des Proteinanteils der Lipoproteine.

B5:

- Hydroxy-Gruppe(n): Vitamin A, D_3, E, B_1, B_2, B_5, B_6, B_9, B_{12}, C.
- Carboxy-Gruppe(n): Vitamin B_3, B_5, B_9, H.
- Heterocyclus: Vitamin E, B_1, B_2, B_3, B_6, B_9, B_{12}, H, C.
- konjugierte π-Bindungen: alle Vitamine außer Vitamin B_5 und H.

Seite 366 und 367

Auswertung a):
Bei V1a beobachtet man, dass das auf der Oberfläche verstreute Pulver von der Eintauchstelle des Tropfens ausgehend zum Rand hin auseinander gedrückt wird. Dies wird durch die Seifen-Moleküle verursacht, die sich auf der Oberfläche des Wassers anordnen, wobei die hydrophilen Köpfe ins Wasser ragen und die hydrophoben Schwänze parallel nebeneinander ausgerichtet in die Luft ragen (vgl. B4). Auf diese Weise ordnen sich die Seifen-Moleküle nebeneinander auf der Wasseroberfläche an und drängen die Pulver-Partikel auseinander.
Bei V1b entstehen durch das Schütteln von Wasser bzw. Seifenlösung mit Öl Emulsionen. Lässt man die beiden Emulsionen stehen, so beobachtet man, dass sich das Öl der Wasser/Öl-Emulsion schneller auf der Oberfläche des Wassers sammelt als bei der Seifenlösung/Öl-Emulsion. Die fein verteilten Öltröpfchen werden durch die Seifen-Moleküle länger in der wässrigen Umgebung gehalten als im reinen Wasser. Dadurch, dass die Seifen-Moleküle mit den hydrophoben Resten in die Öltröpfchen tauchen, ragen die hydrophilen Köpfe aus den Öltröpfchen heraus. Es bilden sich nach außen hin hydrophile Micellen (vgl. B4), die im Wasser festgehalten werden.
Bei V1c gibt die Federwaage die Gewichtskraft des Metallrings an. Senkt man den Metallring auf die Wasseroberfläche ab, so nimmt die Gewichtskraft bei Berühren der Oberfläche ab; der Ring wird von der Oberflächenspannung des Wassers getragen. Nach Durchstoßen der Wasseroberfläche nimmt die Gewichtskraft wieder zu. Die Federwaage zeigt aber einen geringeren Wert als außerhalb des Wassers (Auftrieb). Zieht man den Metallring wieder aus dem Wasser, steigt die Gewichtskraft bei Berührung mit der Wasseroberfläche deutlich an, die Gewichtskraft ist jetzt deutlich größer als außerhalb des Wassers. Erst wenn man die Federwaage weiter aufwärts zieht, kann der Metallring die Oberflächenspannung des Wassers überwinden.

Auswertung b):

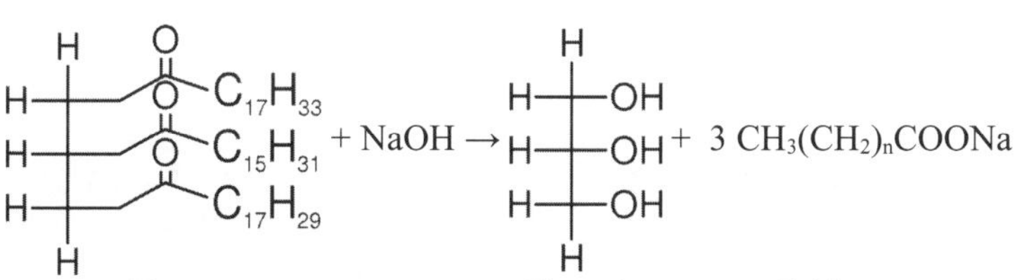

Fett Glycerin Seife

Auswertung c):

$$C_{12}H_{25}OH + H_2SO_4 \rightarrow C_{12}H_{25}OSO_3H + H_2O$$

Durch anschließende Neutralisation wird der entstandene Ester Dodecylsulfat zum Anionen-Tensid Dodecylsulfonat:

$$C_{12}H_{25}OSO_3H \; + \; NaOH \; \rightarrow \; C_{12}H_{25}OSO_3Na \; + \; H_2O$$

Auswertung d):
Anionen-Tenside reagieren mit den freien Protonen der Säure zu schwerlöslichen Fettsäuren und mit den Calcium-Ionen des Kalkwassers zu schwerlöslichen Kalkseifen (vgl. Reaktionsgleichungen auf S. 367 unten).
Kationen-Tenside reagieren nicht mit Protonen und Calcium-Ionen, sodass ihre waschaktiven Eigenschaften wie z.B. Schaumbildung erhalten bleiben. Daher schäumen angesäuerte bzw. mit Kalkwasser versetzte Kationen-Tenside, wie sie z.B. in V4 hergestellt wurden, weiterhin beim Schütteln. Anionen-Tenside schäumen hierbei nicht.

B3:
Es handelt sich um eine nucleophile Substitution.

B4:
Tensid-Teilchen orientieren sich an der Wasseroberfläche wie in B4 dargestellt mit den hydrophilen Köpfen in das Wasser und den hydrophoben Resten in die Luft. Micellen entstehen, wenn die Tensid-Teilchen in wässrige Umgebung z.B. durch Schütteln eingebracht werden. Befinden sich Fetttröpfchen im Wasser (Emulsion), so tauchen die hydrophoben Reste der Tensid-Teilchen in das ebenfalls hydrophobe Fetttröpfchen ein. Nach außen ragen die hydrophilen Köpfe der Tensid-Teilchen. Diese nach außen hin nun hydrophile Micelle kann stabil im wässrigen Milieu verbleiben. Ohne Fetttröpfchen orientieren sich die hydrophoben Reste der Tensid-Teilchen zueinander. Auch hier ragen die geladenen, hydrophilen Köpfe nach außen und stabilisieren die Anordnung der Tensid-Teilchen. Da Micellen sehr viele Tensid-Teilchen enthalten können, erscheint die Seifenlösung durch Lichtbrechung an den Micellen trübe.

A1:
Die Micellen aus Fetttröpfchen und Tensid-Teilchen sind nach außen hin durch die Ladung der Tensid-Teilchen geladen (z.B. bei Seife negativ). Die Tensid-Teilchen besetzen auch die Fasern, wobei sich die hydrophoben Reste zur Faser hin orientieren, da diese ebenfalls hydrophob ist. Die mit den Tensid-Teilchen umschlossenen Fetttröpfchen werden dann von den Tensid-Teilchen auf der Faser abgestoßen.

A2:
Kalkhaltiges Wasser setzt die waschaktive Wirkung von Seifen durch Bildung von Kalkseifen herab (s.o.). Versetzt man z.B. kalkhaltiges und kalkfreies Wasser mit gleichen Mengen Seifenlösung und schüttelt, so wird sich beim kalkfreien Wasser ein stabilerer Schaum zeigen als beim kalkhaltigen Wasser. Auf diese Weise kann man den Kalkgehalt verschiedener Wässer unterscheiden.

Seite 368 und 369

B3:
Die Farbmuster auf Seifenblasen entstehen durch Interferenz von Lichtstrahlen, die an der Außen- und Innenseite der Seifenhaut reflektiert werden. Ist die Seifenmembran dünner als die Hälfte der Wellenlänge des sichtbaren Lichts kürzester Wellenlänge (Violett, < 200 nm), so kann kein Phasenunterschied mehr erfolgen, der zum Auslöschen einer Farbe führt. Die Membran ist dann nur etwa zwei Zehntausendstel Millimeter dick und wird bald platzen.

B6:
Die Membran der Seifenblase wird durch eine wässrige Lösung gebildet, in die von außen und innen die hydrophilen Köpfe der Seifen-Anionen ragen. Es ergibt sich eine Doppelschicht aus Seifen-Anionen, die nach außen und innen hydrophob ist.
Die Zellmembran weist auch eine Doppelschicht auf. Bei der Zellmembran ragen die hydrophilen Köpfe der Phospholipide nach außen, deren hydrophobe Reste aber nach innen. Die Oberflächen der Zellmembranen sind somit hydrophil und trennen zwei wässrige Bereiche voneinander (z.B. ein Zellorganell von dem Cytoplasma).

A1:
Es handelt sich um den Phosphorsäure-Rest, der bei dem gegebenen *p*H-Wert in der Zelle deprotoniert vorliegt.

A2:
Lecithin fungiert mit seinem hydrophilen Kopf (Cholin und Phosphat-Rest) und hydrophoben Rest (2 Fettsäure-Reste) als Emulgator.

Seite 370 und 371

B1:
Offene Aufgabe (Internetrecherche):

Die wichtigsten Waschmittel-Inhaltsstoffe

- *Alkohole (in Flüssigwaschmitteln)*
  dienen einerseits als Lösevermittler, um eingesetzte Rohstoffe in Lösung zu halten, andererseits steigern niedere Alkohole die schmutzlösende Wirkung der Tenside. In höheren Konzentrationen fungieren sie als Konservierungsmittel und erhöhen Lagerstabilität von Enzymen.

- *Bitterstoff*
  soll Kinder daran hindern, Waschmittel zu trinken, und bewirkt somit das sofortige Ausspucken.

- *Bleichmittel*
  Perborat, Percarbonat oder Wasserstoffperoxid oxidieren und entfärben die im Wäscheschmutz vorkommenden organischen Farbstoffe.

- *Bleichaktivatoren (z.B. Tetraacetylethylendiamin TAED)*
  erhöhen Wirksamkeit von Bleichmitteln bei niedrigen Waschtemperaturen.

- *Citrate*
  Citrate werden in Waschpulvern in Verbindung mit Zeolith A eingesetzt. Für sich alleine sind Citrate nicht als Phosphatersatz geeignet. In Flüssigwaschmitteln verhindern sie durch Komplexierung von Ca^{2+} und Mg^{2+} die Bildung von Kalkseife.

- *Duftstoffe/Parfümöle*
  verleihen Waschmittel und Wäsche (feucht/schranktrocken) eine Duftnote.

- *Enzyme (optimale Wirkung bei 40-60 °C)*
  Amylasen beseitigen stärkehaltige Speisereste.
  Cellulasen führen zu einer verbesserten Schmutzablösung bei Baumwolle und anderen Cellulosefasern.
  Lipasen spalten natürliche Öle und Fette bereits bei niedrigen Temperaturen.
  Proteasen spalten proteinhaltige Verschmutzungen (Blut, Ei, Kakao, Gras).

- *Farbstoffe*
  geben Waschmittel ansprechendes Aussehen und überdecken die Eigenfarbe der Agenzien.

- *Gleitmittel*
  sind wachsartige Substanzen, welche beim Bügeln die Gleitwirkung erhöhen.

- *Hilfsstoffe/Füllstoffe*
  werden bei modernen Kompaktwaschmitteln nicht mehr verwendet. Früher wurde Natriumsulfat zur besseren Rieselfähigkeit, Löslichkeit und Dosierung eingesetzt.

- *Konservierungsmittel/Biozide*
  verhindern das Wachstum von Schimmelpilzen, Fäulnisbakterien und erhöhen die Haltbarkeit von flüssigen oder pastösen Waschmitteln.

- *Korrosionsinhibitoren*
  Silikate, organische Salze, Tenside oder Fettsäuren schützen Aluminiumteile vor Korrosion durch die stark alkalische Waschflotte.

- *Natriumcarbonat*
  Ein hoher *p*H-Wert der Waschflotte sorgt für gute Schmutzentfernung. Dies wird durch die verwendeten Enthärter bzw. durch Zusatz von Natriumcarbonat erreicht.

- *Optische Aufheller (Weißtöner)*
  bewirken, dass Wäsche, die nach häufigem Waschen einen Gelbstich bekommen hat, dennoch strahlend weiß erscheint. Sie verbleiben auf der Wäsche und sind biologisch besonders schwer abbaubar.

- *Phosphonate*
  fungieren als Bleichstabilisatoren, die Schwermetall-Ionen komplexieren, weil diese die Bleichmittel autokatalytisch zersetzen. Phosphonate werden heutzutage aber nur in geringen Mengen eingesetzt.

- *Polycarboxylate*
  Wasserlösliche Salze der langkettigen Polycarbonsäuren verhindern in phosphatfreien Waschmitteln in Verbindung mit Zeolith A die Fällung schwerlöslicher Erdalkalisalze. Polycarboxylate sind schwer biologisch abbaubar und werden in Kläranlagen zu über 90% entfernt (Fällung, Adsorption). Sie verbessern als Vergrauungsinhibitoren die Farbbrillanz der Wäsche.

- *Seifen*
  sind das ältestes Waschmittel überhaupt. Heute werden sie als Schaumregulatoren eingesetzt, um Waschmittelreste während der Spülvorgänge ohne Schaumbildung auszuspülen.

- *Silikate*
  Die Alkalinität der Silikate verstärkt die Reinigungskraft, sie dienen auch als Korrosionsinhibitoren gegenüber bestimmten Waschmaschinenbau-elementen.

- *Tenside*
  Die Waschaktivität der Tenside lässt sich auf einen langen hyrophoben Kohlenwasserstoff-Rest und eine hydrophile Molekülgruppe zurückführen. Aufgrund dieser Molekülstruktur reichern sich Tenside bevorzugt an Grenzflächen wie Wasser/Luft oder Wasser/Schmutz (z.B. Öl) an und setzen dabei die Oberflächenspannung des Wassers herab. Der Schmutz wird durch Dispersion bzw. Emulsion in der Schwebe gehalten, ohne dass er auf die Faser wieder aufzieht. Je nach Art der Ladung des hydrophilen Molekülteils wird zwischen anionischen, nichtionischen, kationischen und amphoteren Tensiden unterschieden.
  - *Anionische Tenside*
    Hauptkomponente der waschaktiven Substanzen heutiger Waschmittel.

  - *Nichtionische Tenside*
    sind besonders wirksam bei synthetischen Fasern und niedrigen Waschtemperaturen.

  - *Kationische Tenside*
    Hauptkomponente in Weichspülern, machen Textilien weich, erleichtern das Bügeln und rüsten Textilien antistatisch aus. Einige dieser Tenside haben biozide Wirkung.

  - *Amphotere Tenside*
    Wichtigste Vertreter: Alkylbetaine, die sehr gute waschtechnische Eigenschaften besitzen.

- *Verfärbungsinhibitoren*
  Häufig eingesetzt: Polyvinylpyrrolidon. Es verhindert, dass auslaufende Farben Textilien aus Cellulosefasern (z.B. Baumwolle, Viskose, Leinen) anfärben.

- *Wäschesteifen*
  Naturstärken, modifizierte Stärken und synthetische Polymere werden zur Wäschenachbehandlung eingesetzt (insbesondere am Hemdkragen).

- *Zeolithe*
  Natriumaluminiumsilikate unterschiedlicher Zusammensetzung, die Kalkablagerungen auf der Wäsche und der Waschmaschine durch Bindung von Calcium- und Magnesium-Ionen verhindern. Durch Zeolith-Einsatz ist es möglich, in Waschmitteln völlig auf den Einsatz von Phosphaten zu verzichten. Um die Leistung von Pentanatriumtriphosphat zu erreichen, werden Alkalibildner (Natriumcarbonat oder Natriumsilikat) und Komplexbildner (Co-Builder, z.B. Polycarboxylate) benötigt.

(Quelle: Umweltbundesamt.de, Wasch-und Reinigungsmittel (20.12.2004), www.umweltbundesamt.de/uba-info-daten/daten/wasch/trends.htm [12.05.2005])

B2:

$$Zn^{2+} + H_2Na_2EDTA \rightarrow [Zn(EDTA)]^{2-} + 2\,Na^+ + 2\,H^+$$

A1:
Offene Aufgabe:
Komplexe in Reinigungsmitteln sind z.B. Citrate, Phosphate, Phosphonate (M_2PHO_3), Carboxylate, EDTA (Calcium-Komplex: Struktur vgl. S. 371, B4) und NTA.

A2:
EDTA darf heutzutage nicht mehr als Konservierungsstoff in Lebensmitteln, Kosmetika und ähnlichen Produkten verwendet werden. Wird es jedoch als Feuchthaltemittel oder Antioxidationsmittel eingesetzt, gilt EDTA nicht als Konservierungsstoff und seine Verwendung ist erlaubt. EDTA weicht die Mikrobenzellmembran auf. In der E-Nummern-Liste wird es mit E385 bezeichnet und stellt ein künstliches Antioxidationsmittel und Komplexbildner für Metallionen (z.B. Eisen-Ionen) dar, die das Ranzigwerden von fetthaltigen Produkten katalysieren. Es ist nur für Dosen und Glaskonserven (z.B. Hülsenfrüchte, Pilze und Fische), Halbfettmargarine und gefrorene Krebstiere zugelassen. E385 kann durch Komplexbildung von Mineralstoffen zu Stoffwechselbeeinträchtigungen führen. Vom Verzehr wird abgeraten.

A3:
Wenn der Zeolith in Wasser suspendiert ist, können die in den Hohlräumen vorhandenen Natrium-Ionen durch andere Kationen ausgetauscht werden. Dabei werden aufgrund der spezifischen Größe des Hohlraumes (bei Zeolith A 410 nm) bevorzugt Calcium-Ionen aufgenommen. Dabei müssen zwei Natrium-Ionen

abgegeben werden (Ionenaustausch, Erhaltung der Ladungsbilanz). Der mit Calcium-Ionen beladene Zeolith kann regeneriert werden, indem Natrium-Ionen in hoher Konzentration angeboten werden. Dabei werden die Calcium-Ionen wieder aus den Hohlräumen entfernt. Aufgrund dieser Eigenschaften kann Zeolith A als Ionenaustauscher bezeichnet werden.
Andererseits bindet Zeolith A Calcium-Ionen analog zu den Kryptanden derart, dass sie sich im wahrsten Sinne des Wortes in dem Hohlraum („der Höhle") „verbergen". Somit fungiert Zeolith A als Kryptand und der mit Calcium-Ionen beladene Zeolith A ist als Kryptat - eine Komplexverbindung eines Kryptanden - zu bezeichnen (vgl. Chemie 2000+, S. 427, A5). Somit sind Zeolithe durchaus als spezielle Komplexliganden zu bezeichnen.

A4:
Offene Aufgabe:
Das Umweltverhalten von EDTA wird derzeit erforscht und in zahlreichen Publikationen beschrieben. EDTA ist nach bisherigen Kenntnissen nur schwer biologisch abbaubar. Gelangt es ins Abwasser, wird es in Kläranlagen nicht zurückgehalten, da es aufgrund seiner guten Wasserlöslichkeit und geringen Adsorptionsneigung weder abgebaut noch an den Klärschlamm angelagert wird.
So werden Schwermetalle, wenn sie als Schwermetall-EDTA-Komplex im Abwasser vorliegen, nicht mehr zurückgehalten, sondern gelangen in erhöhtem Maß in die Oberflächengewässer. Die hohe Mobilität von Schwermetall-EDTA-Komplexen in Gewässern kann zu Trinkwasserbelastungen führen. Diskutiert wird auch eine Anreicherung von EDTA in der aquatischen Umwelt, die zur Lösung von schwerlöslichen Schwermetallsalzen aus Gewässersedimenten durch Komplexierung führt. Auch die photochemische Abbaubarkeit z.B. von Fe-EDTA ist inzwischen gut untersucht. Als Ersatzstoffe werden im Sinne einer vorsorgenden Stoffpolitik verschiedene Verbindungen (Komplexbildner) in Betracht gezogen. Einige wurden und werden parallel zu EDTA schon seit langer Zeit genutzt, andere wurden durch die „EDTA-Diskussion" erst im Laufe der letzten Jahre entwickelt und von der Industrie zur Marktreife geführt. Dazu zählen u.a. NTA, Citrate, Gluconate, Phosphate, Phosphonate, DTPA (Diethylentriaminpentaessigsäure), PDTA (Propylendiamintetra-essigsäure), ADA (Alanindiessigsäure), MGDA (Methylglycindiessigsäure), IDS (Imino-dibernsteinsäure-Na-Salze), Octaquest E (Ethylendiamin-N,N'-dibernsteinsäure-trinatriumsalz).

Auswertung a):

Versuch	Umsetzung	Beobachtungen	Auswertung
V1	a) 100 mL dest. Wasser + Seifenlösung (schütteln)	Schaumbildung	Die Seife kann bei a) und c) die volle Wirkung erzielen, da in Lösung keine Ca^{2+}-Ionen verfügbar sind, die zur Ausfällung von Kalkseife führen.
	b) 100 mL Leitungswasser (hart) + Seifenlösung (schütteln)	Ausfällung eines flockigen farblosen Niederschlags, sehr geringe Schaumbildung	b) Ausfällung von Kalkseife: $Ca^{2+} + 2\ H_3C(CH_2)_nCOO^- \rightarrow (H_3C(CH_2)_nCOO)_2Ca\downarrow$ n=9-19
	c) 100 mL Leitungswasser (hart), 30 mL EDTA, c=0,01 $^{mol}/_{L}$ + Seifenlösung (schütteln)	Schaumbildung	c) Maskierung der Calcium-Ionen durch EDTA: $Ca^{2+} + EDTA^{4-} \rightarrow [Ca(EDTA)]^{2-}$, daher ist eine Schaumbildung möglich. Das Wasser wird durch Komplexierung „enthärtet".
V2	Calciumhydrogencarbonat-Lösung erhitzen und abkühlen lassen	Ausfällung eines farblosen Niederschlags	$Ca(HCO_3)_2 \xrightarrow{\Delta T} CaCO_3\downarrow + H_2O + CO_2\uparrow$ Die Calcium-Ionenkonzentration in Lösung wird durch Ausfällung von Calciumcarbonat beim Abkochen erniedrigt.
	a) Calciumhydrogencarbonat-Lösung erhitzen und abkühlen lassen, Zusatz von Pentanatriumtriphosphat b) Calciumhydrogencarbonat-Lösung erhitzen und abkühlen lassen, Zusatz von EDTA c) Calciumhydrogencarbonat-Lösung erhitzen und abkühlen lassen, Zusatz von Vollwaschmittel	a) – c) keine Niederschlagsbildung	a) - c) Calcium-Ionen werden durch die jeweiligen Komplexliganden komplexiert. In Lösung verringert sich die Calcium-Ionenkonzentration beträchtlich (Enthärtung). a) $Ca^{2+} + PNT^{5-} \rightarrow [Ca(PNT)]^{3-}$ b) $Ca^{2+} + EDTA^{4-} \rightarrow [Ca(EDTA)]^{2-}$ c) $Ca^{2+} + Zeolith \rightarrow [Ca(Zeolith)]^{2+}$

Versuch	Umsetzung	Beobachtungen	Auswertung
V3	Zeolithhaltiges Vollwaschmittel kochen, Zusatz Titriplex III, Titration mit Zinksulfat-Lösung, Indikator Dithizon	Nach Aufarbeitung und Titration Farbumschlag von Blau nach Rosa	Durch Säureaufschluss werden die im Waschmittel gebundenen Aluminium-Ionen freigesetzt und durch Zugabe des Komplexbildners H_2EDTA^{2-} im Überschuss komplexiert: $Na_{12}(Al_{12}Si_{12}O_{48})+48H_3O^+ \rightarrow 12Na^+ + 12Al^{3+} + 12SiO_2 + 72H_2O$ $Al^{3+} + H_2EDTA^{2-} + 2\ H_2O \rightarrow [Al(EDTA)]^- + 2\ H_3O^+$ Der nicht verbrauchte Anteil an Komplexbildner wird mit Zink-Ionen Zn^{2+} gegen den Indikator Dithizon titrimetrisch ermittelt. Dabei bildet Zn^{2+} mit EDTA einen farblosen $[Zn(EDTA)]^{2-}$ - Komplex. Ist EDTA komplett von Zink-Ionen komplexiert worden, bildet sich ein rosa farbener Zink-Komplex mit dem Metallindikator Dithizon. Die Bestimmung von Aluminium bzw. des Zeoliths erfolgt insgesamt über eine Rücktitration. Dies ist nötig, da man die genaue Zusammensetzung des Zeolithen nicht kennt.
V4	a) Zugabe von EDTA zu je einer Calciumchlorid-, Magnesium-chlorid-, Zinksulfatlösung b) Zugabe von Eriochromschwarz T-Lösung zu je einer Calcium-chlorid-, Magnesiumchlorid-, Zinksulfat-Lösung; anschließend tropfenweise Zugabe von EDTA	a) Es resultiert je eine farblose Lösung. b) Nach Zugabe des Indikators Eriochrom-schwarz T bilden sich drei rot gefärbte Lösungen, die sich nach Zugabe einer bestimmten Stoffportion EDTA grün färben.	a) $M^{2+} + EDTA^{4-} \rightarrow [M(EDTA)]^{2-}$, M= Ca, Mg, Zn b) $M^{2+} + 2\ Ind^{2-} \rightarrow [M(Ind)_2]^{2-}$ $[M(Ind)_2]^{2-} + EDTA^{4-} \rightarrow [M(EDTA]^{2-} + 2\ Ind^{2-}$ M= Ca, Mg, Zn ; Ind= Eriochromschwarz T (vgl. S.93, B4)

Versuch	Umsetzung	Beobachtungen	Auswertung
V5	a) Zugabe von EDTA zu Eisen(III)salz-Lösung	a) farblose Lösung	$Fe^{3+} + EDTA^{4-} \rightarrow [Fe(EDTA)]^{-}$
	b) Zugabe von Sulfosalicylsäure (2-Hydroxy-5-sulfobenzoesäure) zu Eisen(III)salz-Lösung, anschließend tropfenweise EDTA-Lösung	b) zunächst orangerot gefärbte Lösung, die nach Zugabe von EDTA farblos wird	$Fe^{3+} + 3\,L \rightarrow [FeL_3]^{3-} + 6\,H^+$ L = Sulfosalicylsäure-Ligand (2-zähnig, Ligatoratome: O, Carboxyl-Gruppe und Hydroxy-Gruppe) $Fe^{3+} + EDTA^{4-} \rightarrow [Fe(EDTA)]^{-}$
V6	Titration einer Zinksulfat-Lösung mit EDTA gegen Eriochrom-schwarz T	Titration von roter Lösung bis zum Farbumschlag nach Grün	$Zn^{2+} + 2\,Ind^{2-} \rightarrow [Zn(Ind)_2]^{2-}$ $[Zn(Ind)_2]^{2-} + EDTA^{4-} \rightarrow [Zn(EDTA]^{2-} + 2\,Ind^{2-}$ Ind= Eriochromschwarz T (vgl. S.93, B4)

Auswertung b):
$V_{\text{Titriplex III}} \cdot 14{,}15\text{ mg} \approx m(\text{Zeolith A})$

Auswertung c):
siehe Auswertung a) / V6 sowie Chemie 2000+, S. 371, B4: Anstatt des Zentralmetall-Ions Ca^{2+} ist Zn^{2+} einzusetzen, ansonsten sind die Strukturen identisch.

Auswertung d):
In V6 wird eine Zinksulfat-Lösung mit EDTA titriert. Es bildet sich $[Zn(EDTA]^{2-}$.
In V4 hingegen beabsichtigt, den Aluminium-Gehalt zu bestimmen. Da die Stoffmenge der Aluminium-Ionen, die aus dem Zeolithen herausgelöst wurden, nicht bekannt ist, setzt man einen Überschuss Titriplex III-Lösung bekannter Konzentration zu. Diese reagiert mit den Aluminium-Ionen zu $[Al(EDTA)]^{-}$. Die unverbrauchte Stoffmenge an Titriplex III wird titrimetrisch durch Titration mit einer Zinksulfat-Maßlösung (bekannter Konzentration) bestimmt. Aus der Differenz der EDTA-Stoffmenge lässt sich über diesen „indirekten" Weg die Aluminium-Konzentration ermitteln. Daher wird in der Analytik diese Art der Titration als indirekte Titration bezeichnet.

Seite 372 und 373

Auswertung a):
Vor der Salzzugabe erscheinen Cremes und Lotionen homogen. Schon während und einige Zeit nach der Salzzugabe erfolgt eine Phasentrennung in eine milchig weiße und eine noch leicht getrübte farblose Phase. Das Aussalzen bewirkt also eine Phasentrennung der ansonsten stabilen Emulsion.

Auswertung b):
Die eingesetzte Körperlotion ist eine O/W-Emulsion, die Sonnencreme eine W/O-Emulsion. Wasserbasierte O/W-Emulsionen lassen sich beim Abwaschtest abspülen, W/O-Emulsionen bleiben auf der Haut (vgl. B2). Bei V3 „verdünnt" man die Hauptphase, d.h. bei der Verwendung von Lotion mit Wasser, bei der Verwendung von Creme mit Öl. Gibt man hingegen Öl zur wasserbasierten Lotion, kommt es zu keiner Vermischung, dies ist auch bei der Zugabe von Wasser zur Creme der Fall.

Auswertung c):
Das zugegebene Wasser bzw. Öl könnte man als Lösemittel bezeichnen.

Auswertung d):
Wurde eine Lotion gewählt, so handelt es sich um eine O/W-Emulsion, wurde eine Creme gewählt, handelt es sich um eine W/O-Emulsion. Um eine sprühfähige Sonnencreme zu erhalten müsste man die Ölphase vergrößern.

Auswertung e):
Nur die wässrige Phase leitet den elektrischen Strom. Sie ist beim W/O-Präparat nur zu einem sehr geringen Anteil vorhanden, wobei die einzelnen Wassertropfen von den Emulgator-Molekülen wie bei einer Micelle abgeschirmt sind (vgl. S. 373, B4 und B5 und S. 367, B4). Es liegt also keine kontinuierliche wässrige Phase vor, durch die Ionenfluss stattfindet. Bei O/W-Emulsionen hingegen sind die Öltropfen von den Emulgator-Molekülen ummantelt, es liegt eine kontinuierliche äußere wässrige Phase vor.

Auswertung f):
Sudanrot löst sich in Öl, Methylenblau löst sich in Wasser. W/O-Emulsionen, d.h. Cremes, lassen sich also mit Sudanrot anfärben, O/W-Emulsionen, d.h. Lotionen, mit Methylenblau.

Auswertung g):
Ermittlung des Emulsionstyps durch:

- Aussalzen (V1): Trennung der Phasen, man kann abschätzen, wie groß der Anteil der beiden Phasen ist, und darüber Vermutungen anstellen, ob es sich um eine O/W- oder W/O-Emulsion handelt.
- Abwaschtest (V2): beruht auf der Verdünnung der äußeren Phase der O/W-Emulsion durch das darüber fließende Wasser.
- Verdünnungstest (V3): beruht auf der Verdünnung der jeweils äußeren Phase
- Letifähigkeitstest (V4): beruht auf der Eigenschaft der äußeren wässrigen Phase, den elektrischen Strom zu leiten.
- Anfärbe-Test (V5): Farbstoffe, die aus unpolaren Molekülen bestehen, lösen sich in unpolaren Phasen, d.h. in der äußeren Phase einer W/O-Emulsion. Farbstoffe, die aus polaren Molekülen oder ionischen Verbindungen bestehen, lösen sich in der polaren äußeren Phase von O/W-Emulsionen.
- Ölfleck-Test (V6): Wasser verdunstet und hinterlässt keinen Rückstand auf dem Filterpapier, Öl bleibt als "Fettfleck" auf dem Filterpapier zurück.

Es handelt sich bei den Versuchen V2 bis V6 um qualitative Tests, V1 gibt einen Hinweis auf die ungefähre Zusammensetzung der Präparate. V2 und V3 basieren auf dem gleichen Prinzip der Verdünnung.

B1:

a) Man könnte einen Tropfen Tinte zu dem jeweiligen Gemisch geben. Die wässrige Phase wäre danach blau gefärbt, die ölhaltige Phase hingegen nicht.
b) Betrachtet man das Volumen der abgetrennten wässrigen Phasen in B1, so kann man davon ausgehen, dass die Sonnencreme einen geringen, die Lotion einen hohen Wasseranteil hat. (*Anmerkung:* Es bietet sich hier an, die Probe über einen längeren Zeitraum stehen zu lassen, da dann eine bessere Phasentrennung erfolgt.)

B2:
Das Wasser darf nicht heiß sein, da (neben Verbrühungsgefahr) mit heißem Wasser auch die ölhaltige Phase zu einem großen Teil abgewaschen würde.

B3:
Sudanrot ist lipophil und Methylenblau ist hydrophil. Dies ist aus den abgebildeten Strukturformeln der Farbstoff-Moleküle ersichtlich. Methylenblau liegt als ionische Verbindung vor, Sudanrot als eher unpolare Verbindung.

B5:
Die als blaue Kugel dargestellte Gruppe ist die hydrophile Gruppe, die als gelbes Stäbchen dargestellte Gruppe ist die lipophile Gruppe. Dies wird einerseits deutlich durch die Orientierung der Kugeln bzw. Stäbchen innerhalb der wässrigen und der ölhaltigen Phasen, andererseits durch die in der Legende angeführte polare Carboxylat-Gruppe in der Kugel und die unpolare Alkylkette innerhalb des Stäbchens.

B6:
Eine Zuordnung und Erklärung ist grundsätzlich nicht einfach, da die chemische Struktur eines Emulgators nur innerhalb einer chemisch sehr eng verwandten Gruppe Voraussagen über die Emulgatoreigenschaften erlaubt. Diese und die sich ergebende Stabilität der jeweiligen Emulsion müssen empirisch ermittelt werden.
Der HLB-Wert, der den hydophilen und den hydrophoben Anteil miteinander in Beziehung stellt, gibt jedoch eine Orientierung für die Verwendbarkeit. Bei einem O/W-Emulgator ist der hydrophile Molekülabschnitt wirksamer als der hydrophobe Teil. Bei W/O-Emulgatoren ist hingegen der hydrophile Strukturbereich schwächer wirksam als der hydrophobe Teil.
Bei der Bearbeitung der Frage sollten also hydrophobe und hydrophile Strukturelemente der abgebildeten Moleküle identifiziert und betrachtet werden.
Bei den abgebildeten O/W-Emulgatoren handelt es sich um mehr oder weniger gut wasserlösliche Moleküle mit stark polaren Strukturelementen wie Hydroxy- oder Carboxyl- bzw. Carboxylat-Gruppen, die teils verethert oder verestert sind.
Tegomuls besitzt mit zwei nicht veretherten Hydroxy-Gruppen eine große hydrophile Gruppe, Natriumstearat mit der Carboxylat-Gruppe ein stark polares Strukturelement.
Beim W/O-Emulgator Lecithin bewirkt die Veresterung der Carboxyl-Gruppen eine Abschwächung der hydrophilen Eigenschaften.
Vergleicht man den O/W-Emulgator Natriumstearat mit dem W/O-Emulgator Cetylalkohol, so wird deutlich, dass der O/W-Emulgator mit der Carboxylat-Gruppe ein stärker polares Strukturelement hat als der W/O-Emulgator mit der Hydroxy-Gruppe, wobei allerdings die Kettenlänge beim W/O-Emulgator kleiner ist.

Seite 374 und 375

Auswertung a):
Da man das verschieden stark ausgeprägte Absorptionsvermögen der Sonnenschutzpräparate untersuchen möchte, kommt als Trägermaterial nur Material infrage, das selbst kein UV-Licht absorbiert. Glas absorbiert UV-Licht, PE-Folie hingegen nicht. Daher ist die PE-Folie das Trägermaterial der Wahl.

Auswertung b):
Je stärker die Schwärzung, desto größer ist die Absorption der UV-Strahlung. Bei der in B1 abgebildeten Probe 3 (LSF 30) ist die Absorption stärker als bei Probe 1 (LSF 12) und Probe 2 (LSF 18). Produkte mit hohem LFS schirmen das UV-Licht stärker ab.

Die Art des Sonnenschutzprodukts (Lotion, Öl oder Creme) hat keinen Einfluss auf die Schutzwirkung.

Auswertung c):
Das Lösemittel selbst darf das UV-Licht nicht absorbieren, da sonst das Absorptionsvermögen der UV-Filter nicht ermittelt werden kann.

Auswertung d):
Wird mehrfach oder länger mit Wasser gespült, so nimmt die UV-Abschirmung auch etwas ab. Für einen Badeurlaub ergibt sich daraus als Konsequenz, dass man nach dem Baden erneut Sonnencreme auftragen sollte. Hier kommt als weiterer Faktor der Abrieb des Sonnenschutzmittels beim Abtrocknen hinzu.

Auswertung e):
In V5 werden 30 mL Wasser und 10 mL Sojaöl verwendet. Es handelt sich also eher um eine O/W-Emulsion, sodass eher von Sonnenlotion als von Sonnencreme gesprochen werden sollte. Gibt man in eine Suchmaschine die entsprechenden Namen der verwendeten Substanzen als Suchbegriffe ein, so gelangt man auf verschiedene Seiten zu Kosmetik-Inhaltsstoffen. Hier findet man bezüglich der Funktionen z.B. folgende Informationen:

- Tegomuls: O/W-Emulgator (vgl. S. 373, B6)
- Cetylalkohol: W/O-Emulgator (vgl. S. 373, B6) und Konsistenzgeber
- Eusolex 2292: UV-Absorber (vgl. S. 373, B2)
- D-Panthenol: spendet und bindet Feuchtigkeit, unterstützt den Aufbau neuer Hautzellen.
- Aloe Vera: Feuchtigkeitsspender, Immunsystem stärkend
- Heliozimt: Konservierungsmittel
- Parfumöl: Duftstoff

B1:
Die Aussagekraft des Schnelltests ist relativ begrenzt, da das von der Handlampe ausgestrahlte UV-Licht Licht der Wellenlänge 254 nm ist, also Teil der UV-C-Strahlung ist (S. 375, B4). Mit diesem Test lässt sich die Schutzwirkung nur in Bezug auf diese Wellenlänge prüfen. Das die Haut erreichende und schädigende Licht liegt aber im UV-B- und UV-A-Bereich. Die für Sonnenschutzpräparate verwendeten UV-Filter haben ihre Absorptionsmaxima sinnvollerweise in diesem Bereich der UV-Strahlung. Die Testmethode, die den Vorteil hat, einfach und schnell durchführbar zu sein, liefert aber dennoch einige wichtige übertragbare Erkenntnisse (vgl. Versuche 2 bis 4).

B2:

a) Eusolex 232 ist aufgrund seiner SO_3-Gruppe wasserlöslich, die anderen Filter sind aufgrund der überwiegend unpolaren Strukturen löslich in Öl.
b) Die Extinktion ist ein Maß für die Absorptionsfähigkeit einer Probe (vgl. S. 282, 283 und 288). Ein hoher Extinktionskoeffizient besagt, dass die Probe einen großen Anteil des auftreffenden Lichts absorbiert. UV-Filter sollten also Substanzen mit hohen Extinktionskoeffizienten sein.
c) Als Breitbandfilter eignet sich Eusolex 4360, da es mehrere Absorptionsmaxima hat. Nachteilig ist aber, dass Eusolex 4360 im Vergleich zu den anderen in B2 aufgeführten UV-Filtern niedrige

Extinktionskoeffizienten hat, also die UV-Strahlung zu einem geringeren Anteil absorbiert. Alternativ könnten mehrere UV-Filter mit höheren Extinktionskoeffizienten als „Breitband-Mischung“ verwendet werden.

A1:
Hier sollen die Lernenden die Liste der Inhaltsstoffe eigener Sonnenschutzmittel betrachten und mit den im Buch genannten typischen UV-Filtern vergleichen. Dabei sollte sowohl auf organische (S. 374, B2) als auch auf anorganische UV-Filter (Titandioxid, Zinkoxid) geachtet werden.

B3:
Im Folgenden sind nur einige Punkte genannt, die Liste kann jeweils beliebig erweitert werden.

Vorteile:
- Stimulation der körpereigenen Vitamin D-Synthese
- Förderung der persönlichen Stimmung und Agilität

Nachteile:
- Gefahr von Sonnenbrand und dessen Folgen
- Sonnenstich
- langfristig Schädigung der Augen
- frühzeitige Hautalterung

Schutzmaßnahmen gegen UV-Strahlung:
- sachgemäße Verwendung von Sonnenschutzmitteln
- leichte, langärmlige Kleidung und entsprechende Beinbekleidung, ggf. Kleidung mit eingebautem Lichtschutzfaktor tragen
- längere Aufenthalte in der prallen Sonne, insbesondere mittags, vermeiden
- Sonnenbrille mit eingebautem UV-Schutz (lediglich dunkle Gläser sind kontraproduktiv) tragen
- Kopfbedeckung verwenden

B4:
Wie aus B2 ersichtlich haben die handelsüblichen organischen UV-Filter Absorptionsmaxima in relativ engen Wellenlängen-Bereichen. Die die Erde erreichende Strahlung deckt aber den UV-B- und den UV-A- Bereich ab. Dieses breite Spektrum kannt nur durch eine sinnvolle Mischung von UV-Filtern abgedeckt werden, die ihre Absorptionsmaxima über diesen Bereich verteilt haben. So wäre es z.B. sinnvoll in einer Mischung u.a. Eusolex 9020 ($\lambda_{max} \approx 357$ nm) und Eusolex 6300 ($\lambda_{max} \approx 298$ nm) zu verwenden, nicht aber nur Eusolex 323 ($\lambda_{max} \approx 303$ nm) und Eusolex 6300 ($\lambda_{max} \approx 298$ nm), deren Absorptionskurven fast deckungsgleich sind.

B5:

a) Die Absorptionskurve von Ozon ist im nahen UV-C-Bereich deckungsgleich mit der von DNA. Ein Abbau der Ozonschicht hätte die Folge, dass auch UV-C-Strahlung die Erde erreicht, die nachhaltig DNA-Schäden hervorrufen könnte.
b) Die Absorptionskurve eines optimalen UV-Filters (oder Gemischs mehrerer UV-Filter) müsste alle Bereiche des UV-Lichts abdecken.

Seite 376 und 377

Auswertung a):
Der Selbstbräuner reagiert mit den Aminosäuren. Reiner Selbstbräuner zeigt keine Farbveränderung. Die Reaktion findet sowohl bei Bestrahlung als auch im Dunkeln statt. Es handelt sich also nicht um eine photochemische Reaktion. Durch Zufuhr von Aktivierungsenergie verläuft die Reaktion schneller.

Auswertung b):
Man setzt Aminosäuren ein, da auch die menschliche Haut aus Aminosäuren besteht.

Auswertung c):
Die Pigmentbildung ist unabhängig von Licht, aber abhängig von der Temperatur.

B1:

a) Die beiden Kohlenstoff-Atome, an die die Hydroxy-Gruppen gebunden sind, liegen in der Oxidationsstufe –I vor, das mittlere, die Ketogruppe tragende Kohlenstoff-Atom, in der Oxidationsstufe +II. Somit können die beiden äußeren Kohlenstoff-Atome unter Bildung von Farbstoffen oxidiert werden. Dies erfolgt auch bei der Maillard-Reaktion, die z.B. bei der Bräunung von Speisen abläuft, wobei reduzierende Zucker-Moleküle über eine Reihe von Zwischenstufen mit Aminosäuren Melanoide bilden.
b) Beim Tryptophan und Melanin handelt es sich um aromatische Systeme, die unterschiedlich groß sind. Wegen dieses Unterschieds ist Tryptophan weiß, Melanin hingegen bräunlich (vgl. S. 291).
In beiden Formeln befindet sich eine (Tryptophan) bzw. mehrere (Melanin) Indol-Einheiten (benzanelliertes Derivat der 1-Hetero-2,4-cyclopropentadiene). Die Indol-Einheit ist beim Tryptophan an Position 3 des Pyrrol-Rings mit dem Rest der Aminosäure verknüpft, beim Melanin an Position 2 mit einer weiteren Indol-Einheit, wobei es hier zu dem ausgedehnten Chrompohor kommt. Beim Melanin sind die Indol-Einheiten substituiert, wobei es sich teils um mit ortho-Chinon-Bausteinen kondensierte Pyrrole handelt.

A1:
Da Eiweiße aus Aminosäure-Bausteinen bestehen, würde schon in der Tube die Reaktion zwischen Dihydroxyaceton und den Aminosäuren stattfinden.

A2:
Unter Einstrahlung von UV-Licht kommt es u.a. zu einer Störung der Konzentration des Enzyms Collagenase. Im Körper ist dieses am Abbau des Hautcollagens beteiligt. Durch häufiges Sonnenbaden wird zu viel Collagenase gebildet und vermehrt Hautcollagen abgebaut.

A3:
Synthetisch gewonnene Fruchtsäuren stellen eine gute Alternative zu natürlich gewonnenen Fruchtsäuren dar. Sie sind als Reinsubstanzen leicht synthetisierbar, während man bei der Isolierung der natürlichen Fruchtsäuren ein großes Gemisch verschiedener Fruchtsäuren als Ausgangsstoffe hat. Ist für ein Anwendungsprodukt nicht unbedingt eine Fruchtsäure als Reinsubstanz mit hohem Reinheitsgrad erforderlich, so wären sicherlich die aus natürlichen Rohstoffen gewinnbaren Fruchtsäuren interessant.
(Es bietet sich an, mit den Schülerinnen und Schülern auch verschiedene Trennmethoden bzw. die bei der Synthese herrschenden Reaktionsbedingungen und benötigte Chemikalien sowie Neben- bzw. Kopplungsprodukte anzusprechen.)

A4:
Da beim Einsatz von Antifaltencremes die obere Hautschicht und damit oberflächliche Flecken und Fältchen entfernt werden, könnte man hier am ehesten von einem „Verschwinden" der Falten sprechen. Tatsächlich ist dieser Effekt aber extrem kurzfristig und innerhalb kurzer Zeit tritt das durch lebenslange Aktivität der Gesichtsmuskulatur und fehlende Erneuerung des Collagens geprägte Hautmuster wieder auf.
Beim Einsatz des Giftes Botox kommt es über eine zeitweilige Lähmung der Gesichtsmuskulatur an der jeweils gewünschten Stelle teilweise zu einem (im Vergleich zur Lebenszeit) kurzfristigen Einfrieren der Faltenbildung. Dennoch kann die ausbleibende Aktivität der Gesichtsmuskulatur nicht der ausbleibenden Erneuerung des Collagens bzw. dessen Abbau entgegenwirken.

A5:
Da durch Botox die Freisetzung der für die Muskelkontraktionen verantwortlichen Neurotransmitter blockiert wird, könnte an falscher Stelle injiziertes Botox auch eine Blockade anderer Neurotransmitter zur Folge haben. Eine Folge wäre dann z.B. ein hängendes Oberlid, das dann mehrere Monate ertragen werden muss.

A6:
Die als Geruchslöscher verwendeten Zinkricinoleate können in ihrer unmodifizierten Form wie folgt beschrieben werden:

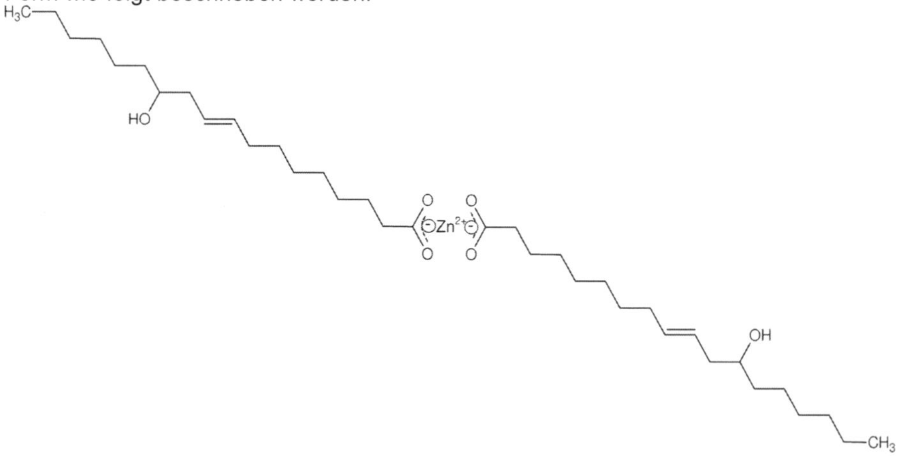

Es handelt sich im zwei Ricinolsäure-Anionen, die mit dem zweifach positiv geladenem Zinkion eine salzartige Verbindung eingehen.

B2:

a) Bei dem Reaktionsweg a) handelt es sich um eine nucleophile Substitution (vgl. S. 247). Das gebundene Chlor-Atom wird durch eine Hydroxy-Gruppe ersetzt, d.h. es findet eine Hydrolyse der α–Halogencarbonsäure statt. Beim ersten Schritt des Reaktionsweges b) handelt es sich um die Bildung eines Cyanhydrins. Hier wird das Kohlenstoff-Gerüst um ein Kohlenstoff-Atom verlängert. Dies erfolgt durch Umsetzung mit Cyanwasserstoff, HCN, die nucleophile Addition an die Carbonyl-Gruppe (vgl. S. 259). Die zur α–Hydroxysäure führende Anschlussreaktion ist die Hydrolyse des Cyanhydrins zur Carbonsäure (vgl. S. 263) .
b) Eine hochkonzentrierte Lösung von α–Hydroxysäure auf der Haut würde zu Hautverletzungen führen. Diese wären das Resultat der Denaturierung der Polypeptidketten in den tieferen Hautschichten durch die Einwirkung der Säure (vgl. S. 387).
c) Die im Text genannten Säuren sind im Folgenden mit den entsprechenden pK_{s1}-Werten (erste Protolysestufe) aufgelistet.

Name	**Formel**	pK_{S1}
Glycolsäure	$HOCH_2COOH$	3,83
Milchsäure (Racemat)	$CH_3CHOHCOOH$	3,87 (3,87)
Citronensäure	$HOOCCH_2C(OH)(COOH)CH_2COOH$	3,13 (4,74 bzw. 5,39)
Äpfelsäure	$HOOCCH_2CHOHCOOH$	3,42

Name	Formel	*pKs*$_1$
(Racemat)		
Mandelsäure (Racemat)	$C_6H_5CHOHCOOH$	3,37
Weinsäure (Racemat)	HOOCCHOHCHOHCOOH	2,96 (2,48)

Je nach Quelle findet man unterschiedliche Werte. [Quelle für *pKs*$_1$-Werte: *H.R. Christen, Organische Chemie,* Band 1, Salle + Sauerländer, Frankfurt a.M. / Aarau, 1988, S. 299; Werte in Klammern: Schülerbuch *Chemie 2000+*]

Seite 378 und 379

B2:
Beim Prolin-Molekül ist das Stickstoff-Atom im Gegensatz zu allen anderen Aminosäure-Molekülen aus B2 in einen Fünferring eingebunden. Die Amino-Gruppe beim Prolin ist also die eines sekundären Amins, die aller anderen sind die primärer Amine.

B3:
Nur das Glycin weist keine Spiegelbild-Isomerie auf. Im Gegensatz zu allen anderen Aminosäure-Molekülen gibt es im Glycin-Molekül kein asymmetrisches Kohlenstoff-Atom (kein Kohlenstoff-Atom mit vier verschiedenen Substituenten).
Die Gleichgewichtskonstante bei der Autoprotolyse einer Aminosäure ist um mehr als 14 Zehnerpotenzen größer als die Gleichgewichtskonstante bei der Autoprotolyse von Wasser. Bei Gleichgewicht überwiegen die Zwitterionen gegenüber den unprotolysierten Aminosäure-Molekülen. (*Hinweis:* Aus diesem Grund sind in B2 und B5 ausschließlich die Zwitterionen formuliert.)

B4:
In B4 wird auf die Muskeln aufbauende Wirkung einer an Aminosäuren reichen Nahrung hingewiesen.

Auswertung a):
Bei V5 zeigen die Lösungen von Eiweiß und von Gelatine (ggf. auch die Pepton-Lösung) den Tyndall-Effekt, d.h. eine mit bloßem Auge erkennbare Spur eines Lichtstrahl durch die Lösung. Der Tyndall-Effekt wird durch die Lichtstreuung an kleinen Teilchen in einer Lösung hervorgerufen, die zwar zu klein sind, um die Lösung trüb erscheinen zu lassen, aber dennoch groß genug, um das Licht zu streuen. Teilchen von der Größe von Makromolekülen zeigen diesen Effekt.

Auswertung b):
In Hühnereiweiß lassen sich die Elemente Kohlenstoff, Wasserstoff, Stickstoff und Schwefel nachweisen. Da in Gelatine verhältnismäßig wenig Schwefel enthalten ist, fällt der Schwefel-Nachweis hier i.d.R. negativ aus.

Auswertung c):
Die Biuretreaktion fällt in V2 bei allen Verbindungen positiv aus, weil sie entweder Peptid-Gruppen -HN—CO- oder benachbarte Amino- und Carboxy-Gruppen in den Molekülen enthalten.

Auswertung d):
In B2 auf S. 324 ist die Struktur des Kupfer-tetraamminkomplexes $[Cu(NH_3)_4]^{2+}(aq)$ als planarquadratisch angegeben. Dazu analog lässt sich folgender Komplex von Kupfer(II)-Ionen mit der Aminosäure $HOOCCHRNH_2$ formulieren:

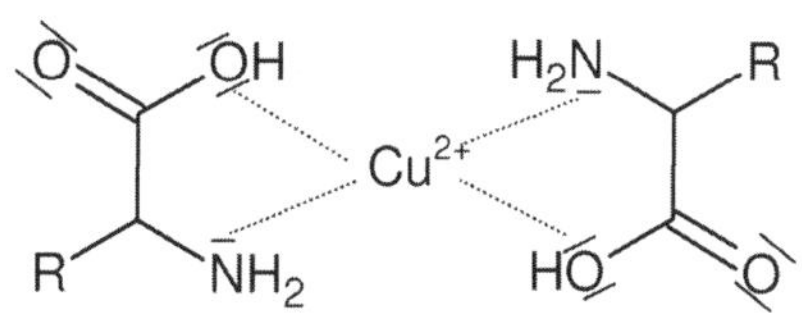

Auswertung e):
Von den in V3 untersuchten Aminosäuren enthält nur das Tyrosin aromatische Reste. Die Makromoleküle der Gelatine, des Peptons und des Eiklars enthalten auch Aminosäure-Reste, in denen aromatische Ringe vorkommen.

Auswertung f):

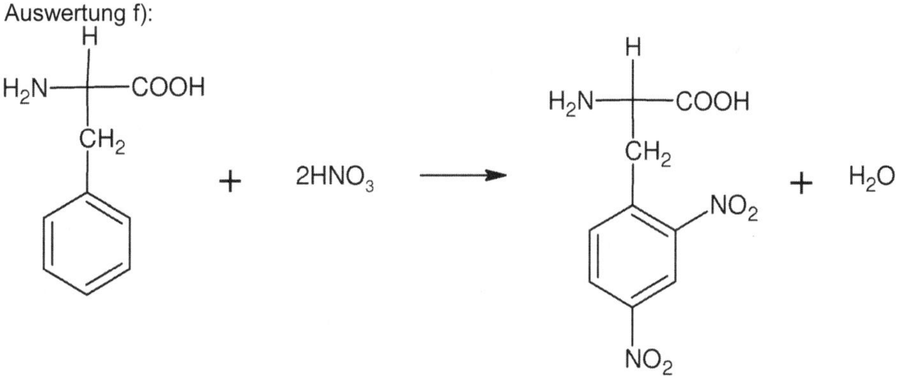

Auswertung g):
Reaktion des Ninhydrins mit Leucin:

1. Schritt:

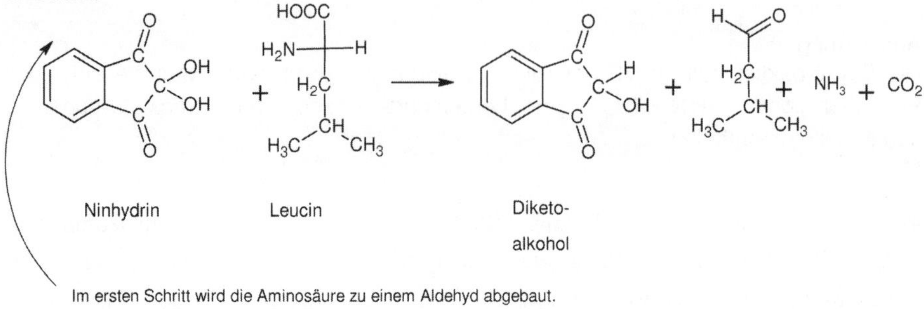

2. Schritt:
Der auf den DC-Platten gebildete Farbstoff entsteht durch Reaktion eines zweiten Ninhydrin-Moleküls mit dem Diketoalkohol und Ammoniak aus dem 1. Schritt:

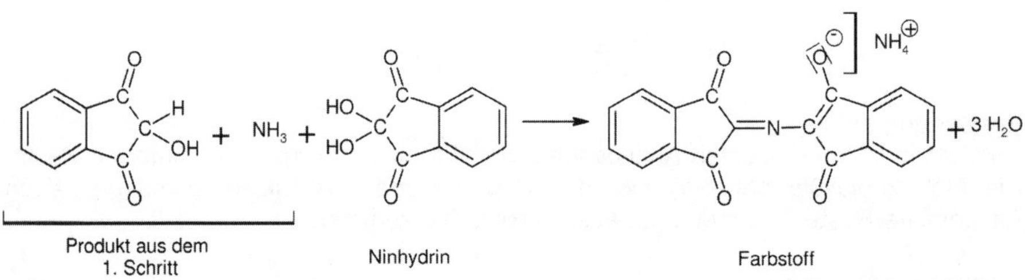

Auswertung h):
Es müssen jene Aminosäuren mit der Nahrung zugeführt werden, die im Körper nicht synthetisiert werden können (essenzielle Aminosäuren). Das sind: Valin, Methionin, Threonin, Phenylalanin, Isoleucin, Leucin, Tryptophan und Lysin (vgl. Text, S. 379).

A1:

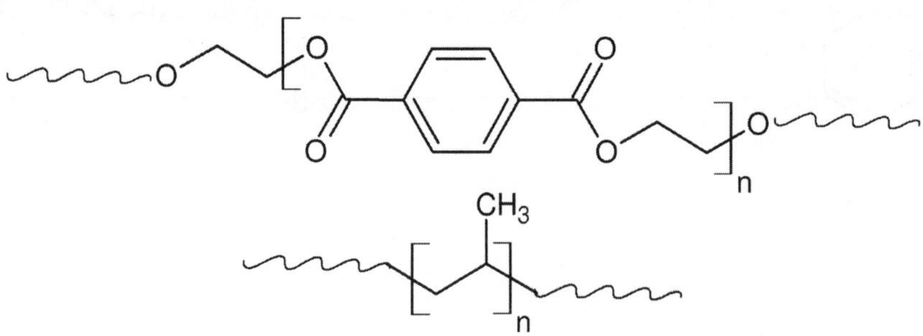

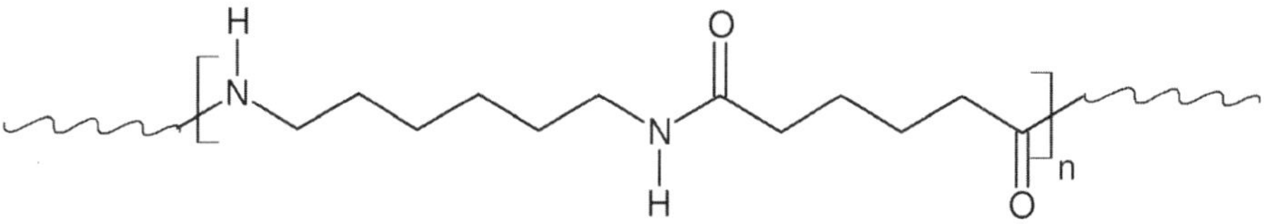

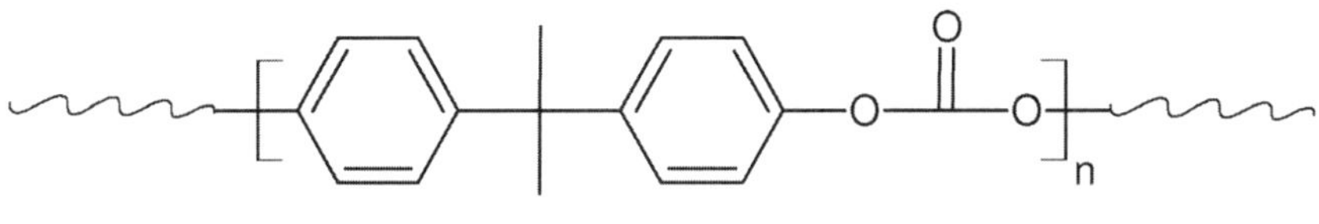

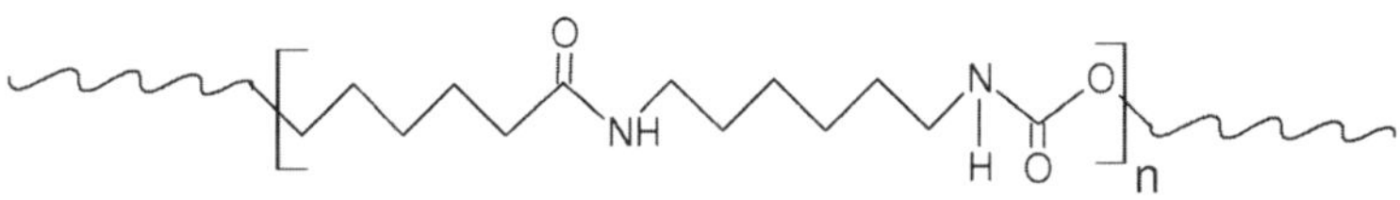

In den Makromolekülen des oben formulierten Polyesters, Polyolefins (Polypropens), Polyamids, Polycarbonats und Polyurethans wiederholt sich jeweils die in den Klammern angegebene Struktureinheit.

A2:
Mögliche Tripeptide aus 3 verschiedenen Aminosäuren Gly, Ala, Phe:
Gly-Ala-Phe; Gly-Phe-Ala; Phe-Ala-Gly; Phe-Gly-Ala; Ala-Gly-Phe; Ala-Phe-Gly.
Anzahl der Möglichkeiten: 6 = 3 x 2 x 1 = 3!

Mögliche Tetrapeptide aus 4 verschiedenen Aminosäuren Gly, Ala, Phe, Ser:
Ser-Gly-Ala-Phe; Ser-Gly-Phe-Ala; Ser-Phe-Ala-Gly; Ser-Phe-Gly-Ala;
Ser-Ala-Gly-Phe; Ser-Ala-Phe-Gly;

Gly-Ser-Ala-Phe; Gly-Ser-Phe-Ala; Phe-Ser-Ala-Gly; Phe-Ser-Gly-Ala;
Ala-Ser-Gly-Phe; Ala-Ser-Phe-Gly;

Gly-Ala-Ser-Phe;...
.......................; Ala-Phe-Ser-Gly;

Gly-Ala-Phe-Ser; ....
.........................;Ala-Phe-Gly-Ser.

Anzahl der Möglichkeiten: 24 = 4 x 3 x 2 x 1 = 4!

Analog können für 5 verschiedene Aminosäuren 5! = 5 x 4 x 3 x 2 x 1 = 120 Möglichkeiten ermittelt werden.

Für 20 verschiedene Aminosäure-Einheiten ergeben sich somit 20! = 2.432.902.008.176.640.000 Möglichkeiten.
Die Rechenformel lautet „n!".

Seite 380 und 381

B1:
Die Kurve aus B1 hat ebenso wie die Titrationskurve von Oxalsäure (vgl. S. 223) drei Wendepunkte. Bei der Kurve aus B1 ist die Steigung der Tangente am mittleren Wendepunkt (isoelektrischer Punkt) maximal, bei der Kurve von S. 223 hat die Steigung der Tangente am mittleren Wendepunkt ($pH = pK_{s2}$) einen Minimalwert. Die Tangentensteigungen in den beiden äußeren Wendepunkten aus B1 sind minimal, bei der Kurve von S. 223 maximal. Bei der Kurve aus B1 sind drei *p*H-Sprünge zu erkennen, bei der Kurve von S. 223 nur zwei.

B2:
Um wie in B2 angedeutet zu wandern, müssen die Aminosäuren als Kationen vorliegen, weil nur Kationen zum Minuspol wandern.
Als Pufferlösung für diese Trennung eignet sich ein Puffer, der im sauren Bereich puffert, beispielsweise der Carbonat-Puffer H_2CO_3/HCO_3^- (puffert zwischen $pH = 3{,}7$ und $pH = 5{,}7$) oder der Phosphorsäure-Puffer $H_3PO_4/H_2PO_4^-$ (puffert zwischen $pH = 1$ und $pH = 3$).

B3:
Nach der Formel aus Auswertung h) ergibt sich für den isolektrischen Punkt *p*H(I) von Glycin:

$$pH(I) = 1/2\,(2{,}4 + 9{,}8) = 6{,}1$$

B4:
Wenn (1) das Elektropherogramm eines gesunden Menschen ist, dann zeigen (2) und (3) die Blutbilder nicht gesunder Menschen an, weil sie zu (1) verschieden sind. Es handelt sich bei (2) und (3) nicht um die gleiche Erkrankung, weil auch diese beiden Elektropherogramme deutliche Unterschiede aufweisen.

B5:
Im sauren Bereich bei $pH = 4$ liegen alle Aminosäuren als Kationen vor und wandern in Richtung Minuspol. Dabei gelangen sie in Bereiche mit zunehmendem *p*H-Wert. An der Stelle, wo der *p*H-Wert des Trägermaterials dem isoelektrischen Punkt *p*H(I) einer bestimmten Aminosäure entspricht, bleibt diese „hängen“, weil sie jetzt als Zwitterion bzw. neutrales Molekül vorliegt und somit weder zum Minuspol noch zum Pluspol wandert. Da die *p*H(I)-Werte der Aminosäuren verschieden sind (vgl. B2 und B5, S. 378 und 379), wandern sie unterschiedlich weit in Richtung Minuspol.

Auswertung a):
In V1 wird festgestellt, dass die Essigsäure- und die Milchsäure-Lösung niedrigere *p*H-Werte als die Glycin-Lösung haben und den elektrischen Strom besser leiten als diese. Die Erklärung liegt darin, dass Essigsäure- und Milchsäure-Moleküle mit Wasser-Molekülen unter Bildung von Hydronium-Ionen $H_3O^+(aq)$ protolysieren, während die Glycin-Moleküle vorwiegend autoprotolysieren (vgl. mittleren roten Kasten in B3). Dabei bilden sich weder Hydronium-Ionen noch Hydroxid-Ionen.

Auswertung b):
Die *p*H-Bereiche, in denen eine Aminosäure puffert, entsprechen den grünen Zonen aus B1, d.h. den Bereichen, in denen sich der *p*H-Wert bei Zugabe von Säure oder Base nur geringfügig ändert. Im Falle von Glycin sind das in etwa die Bereiche von *p*H = 1,8 bis *p*H = 2,8 und *p*H = 9 bis *p*H = 10,2.

Auswertung c):
Mithilfe der Gleichgewichte aus B3 lässt sich die Pufferwirkung von Glycin wie folgt erklären:
Im sauren Pufferbereich liegt das Gleichgewicht zwischen dem Aminosäure-Kation und dem Zwitterion vor; bei Säurezugabe werden die H^+-Ionen durch die Zwitterionen unter Bildung von Aminosäure-Kationen abgefangen, das Gleichgewicht verschiebt sich nach links; bei Basezugabe verschiebt es sich nach rechts.
Im alkalischen Pufferbereich liegt das Gleichgewicht zwischen dem Zwitterion und dem Aminosäure-Anion vor; bei Säurezugabe werden die H^+-Ionen durch die Aminosäure-Anionen unter Bildung von Zwitterionen abgefangen, das Gleichgewicht verschiebt sich nach links; bei Basezugabe verschiebt es sich nach rechts.

Auswertung d):
Bei pK_{s1} liegen in der Lösung folgende Teilchen vor: $^+NH_3CH_2COOH$ und $^+NH_3CH_2COO^-$;
Beim isoelektrischen Punkt liegen in der Lösung folgende Teilchen vor: $^+NH_3CH_2COO^-$ und NH_2CH_2COOH;
Bei pK_{s2} liegen in der Lösung folgende Teilchen vor: $^+NH_3CH_2COO^-$ und $NH_2CH_2COO^-$

Auswertung e):
Bei V4 erhält man für Glycin, Alanin und Leucin nahezu neutrale Lösungen (*p*H $\approx$ 6), für Glutaminsäure und Asparaginsäure saure Lösungen (*p*H $\approx$ 3,2) und für Lysin und Arginin alkalische Lösungen (*p*H $\approx$ 10). Das entspricht in etwa den *p*H(I)-Werten aus B2 und B5, S. 378 und 379.

Auswertung f):
Bei Alanin ist nahezu die gleiche Titrationskurve wie in B1 zu erwarten, weil das Alanin-Molekül sich vom Glycin-Molekül nur durch eine Methyl-Gruppe unterscheidet. Da Asparaginsäure zwei Carboxy-Gruppen im Molekül enthält, sind bei der entsprechenden Titrationskurve zwei *p*H-Sprünge zu erwarten. Ebenfalls zwei *p*H-Sprünge sind auch bei der Titrationskurve von Lysin zu erwarten, da es sich hierbei um eine Aminosäure mit zwei Amino-Gruppen im Molekül handelt. Die *p*H-Sprünge bei der Titrationskurve von Asparaginsäure liegen jeweils bei niedrigeren *p*H-Werten als bei der Titrationskurve von Lysin.

Auswertung g):

$$H_3\overset{\oplus}{N}{-}CH_2{\cdot}COOH + H_2O \rightleftharpoons H_3\overset{\oplus}{N}{-}CH_2{\cdot}COO^{\ominus} + H_3O^+$$

$$K_{s1} = \frac{c(H_3\overset{\oplus}{N}CH_2COO^{\ominus}) \cdot c(H_3O^+)}{c(H_3\overset{\oplus}{N}CH_2COOH)}$$

Auswertung:

Die Aminosäure H_2NCH_2COOH liegt als Zwitterion $H_3\overset{\oplus}{N}CH_2COO^{\ominus}$ vor.

Auswertung h):

$$H_3\overset{\oplus}{N}{-}CH_2{\cdot}COO^{\ominus} + H_2O \rightleftharpoons H_2N{-}CH_2{\cdot}COO^{\ominus} + H_3O^+$$

$$K_{s2} = \frac{c(H_2NCH_2COO^{\ominus}) \cdot c(H_3O^+)}{c(H_3\overset{\oplus}{N}CH_2COO^{\ominus})}$$

Auswertung i):
Die Gleichungen für K_{S1} (vgl. Auswertung g) und für K_{S2} (vgl. Auswertung h) werden miteinander multipliziert:

$$K_{s2} \cdot K_{s1} = \frac{\cancel{c(H_2NCH_2COO^{\ominus})} \cdot c(H_3O^+)}{c(H_3\overset{\oplus}{N}CH_2COO^{\ominus})} \cdot \frac{c(H_3\overset{\oplus}{N}CH_2COO^{\ominus}) \cdot c(H_3O^+)}{\cancel{c(H_3\overset{\oplus}{N}CH_2COOH)}}$$

$$K_{s2} \cdot K_{s1} = \frac{c^2(H_3O^+) \cdot c(H_2NCH_2COO^{\ominus})}{c(H_3\overset{\oplus}{N}CH_2COOH)}$$

Beim isoelektrischen Punkt

ist dieses Verhältnis 1.

$$K_{S1} \cdot K_{S2} = c^2(H_3O^+)$$

Durch Logarithmieren erhält man:

$$\lg K_{S1} + \lg K_{S2} = 2 \cdot \lg c(H_3O^+) \quad / \cdot -\frac{1}{2}$$

$$-\frac{1}{2}\lg K_{S1} - \frac{1}{2}\lg K_{S2} = -\lg c(H_3O^+)$$

$$\frac{1}{2} \cdot (pK_{S1} + pK_{S2}) = pH(I)$$

A1:
Beim IEP liegt eine Aminosäure als Zwitterion oder neutrales Molekül vor. Daher wandert sie weder zum Minuspol noch zum Pluspol.

A2:
Asparaginsäure bildet folgende Ionen:

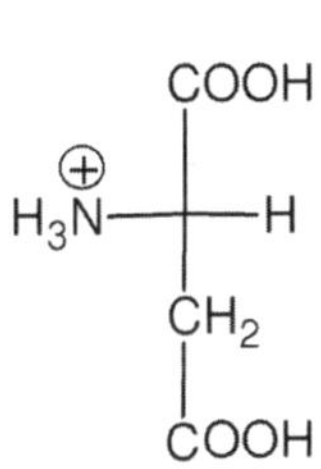
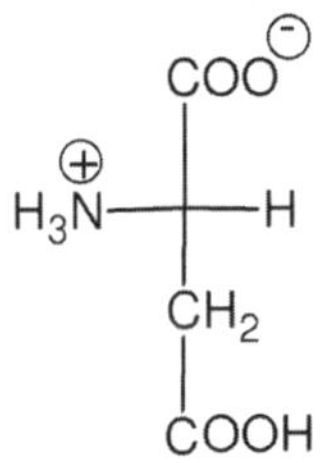
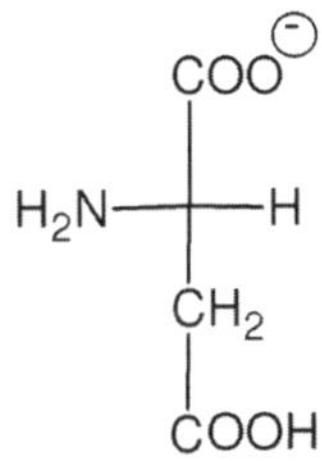
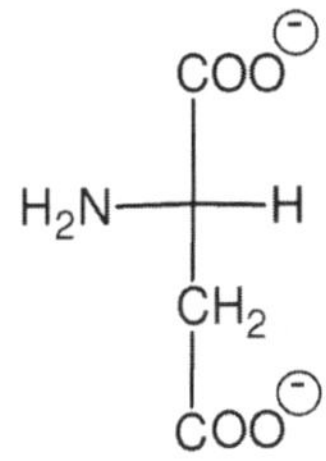

Kation Zwitterion Monoanion Dianion

Lysin bildet folgende Ionen:

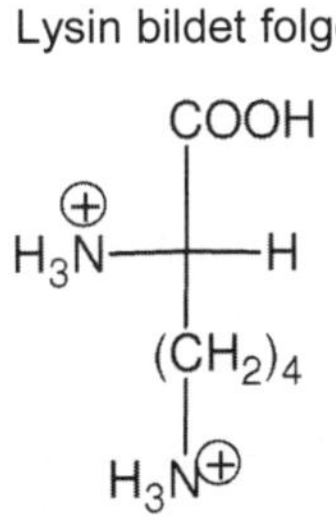
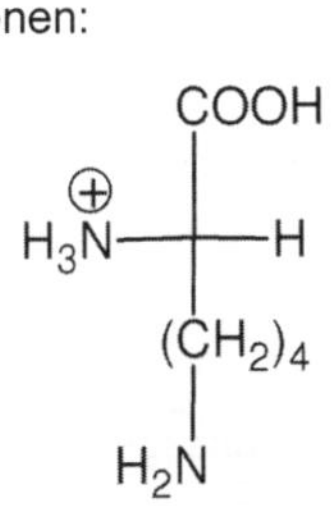
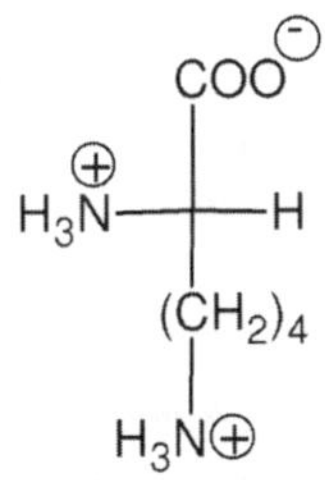
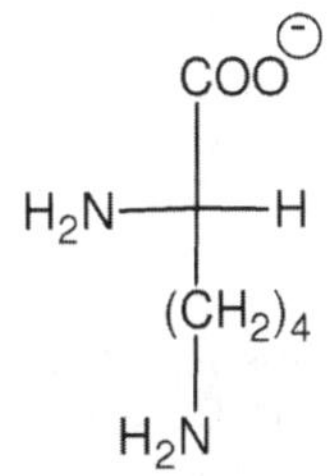

Dikation Monokation Zwitterion Anion

A3:

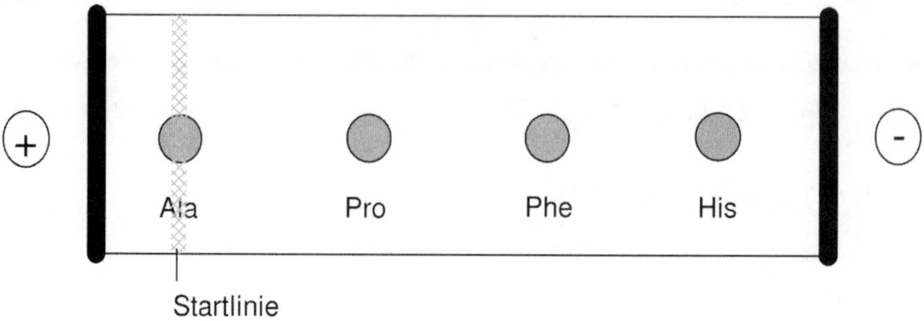

Bei pH = 6,02 bleibt Alanin (IEP = 6,02) am Startfleck, weil es als Zwitterion vorliegt. Die folgenden Flecke korrelieren mit den zunehmenden isoelektrischen Punkten der Aminosäuren und entsprechen Prolin (IEP = 6,3) Phenylalanin (IEP = 6,88) und Histidin (IEP = 7,59).

Seite 382 und 383

B2:
Fleisch enthält insgesamt viel mehr Glutamat als Gemüse. Allerdings ist im Fleisch der Anteil des freien (ungebundenen) Glutamats viel geringer als im Gemüse.

B5:
In Schritt 2 greift das Wasser-Molekül nucleophil an einem Kohlenstoff-Atom an, das durch Doppelbindung an ein Sauerstoff-Atom (Carbonyl-Gruppe) und durch eine Einfachbindung an ein zweites Sauerstoff-Atom gebunden ist. Dadurch ist dieses Kohlenstoff elektrisch partiell positiv geladen und dem Angriff durch ein Nucleophil besonders gut ausgesetzt.

Auswertung a):
Ein Dünnschichtchromatogramm zu V1 ist in B3 dargestellt. Darin kann man erkennen, dass Glutaminsäure Glu in den Hydrolyseprodukten von Glutathion (Tripeptid: Glu-Cys-Gly) und von Parmesankäse enthalten ist. Die Auftrennung der drei Aminosäuren aus dem Glutathion ist gut. Dagegen ist die Auftrennung der Hydrolyseprodukte aus Parmesan nicht so gut, weil hier mehrere verschiedene Aminosäuren vorliegen.

Auswertung b):
Die DC-Ergebnisse lassen keine quantitativen Aussagen über den Glutaminsäure-Gehalt zu. Die Intensität der Farbflecke im DC lässt zwar eine Abschätzung (viel-wenig) zu, nicht jedoch genaue Aussagen, weil die Farbreaktion mit Ninhydrin bei den verschiedenen Aminosäuren nicht mit gleicher Ausbeute verläuft und weil die Produkte nicht gleich stark gefärbt sind.

Auswertung c):

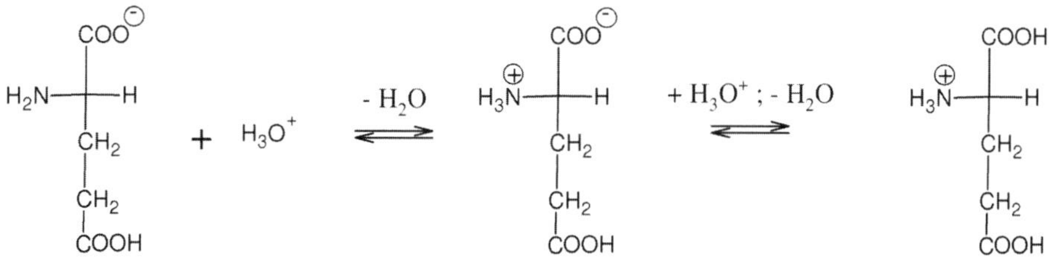

Monoanion der Glutaminsäure — Zwitterion — Kation

Im sauren Milieu des Magen ($pH < 2$) liegt nicht das Anion vor, sondern das Kation, weil der pH-Wert niedriger ist als der isoelektrische Punkt der Glutaminsäure ($pH(I) = 3{,}2$; vgl. B5, S. 379).

Auswertung d):
Möglicher Mechanismus der säurekatalysierten Hydrolyse des Dipeptids Gly-Ala:

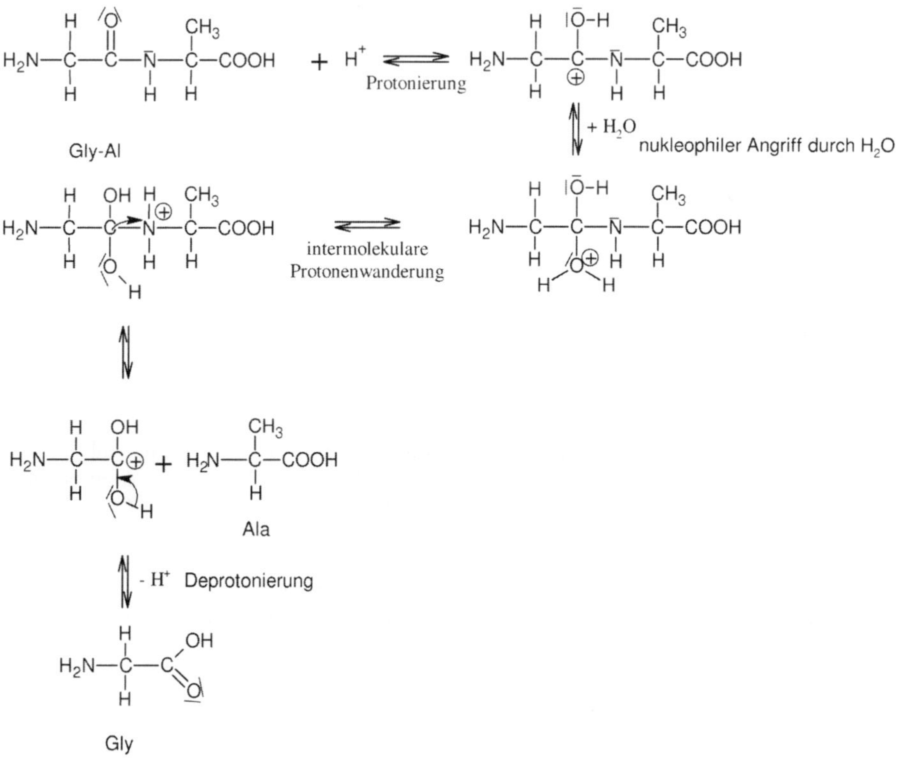

Auswertung e):
Valenzstrichformeln von Methional und Dimethyldisulfid:

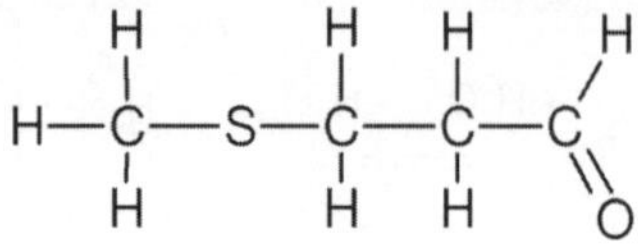

Methional

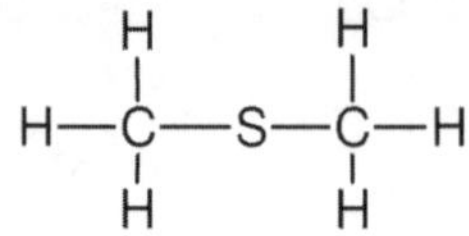

Dimethylsulfid

A1:
Die mit C_α bezeichneten Atome sind im Gegensatz zu den an Peptid-Gruppen beteiligten Kohlenstoff-Atomen nicht an Doppelbindungen beteiligt. Die Substituenten an den C_α-Atomen sind daher tetraedrisch im Raum angeordnet. Das führt zur Verdrillung der in B4 farbig unterlegten Ebenen der benachbarten Peptid-Gruppen. (*Hinweis*: Wenn des MO-Modell und die Hybridisierung eingeführt wurden, argumentiert man mit der sp^3-Hybridisierung der C_α–Atome und der sp^2-Hybridisierung der Peptid-Kohlenstoffatome bzw. mit der tetraedrischen und trigonal-planaren Anordnung der betreffenden Orbitale.)

A2:
Man kann eine Carboxy-Gruppe beispielsweise durch Veresterung mit einem Alkohol schützen, der dann später durch Hydrolyse wieder abgespalten werden kann.

Seite 384 und 385

B2:
Die α-Helices werden in der Superhelix durch zwischenmolekulare Kräfte zwischen den einzelnen α-Helices (in B2 durch den roten und den blauen Strang dargestellt) zusammengehalten. Als solche zwischenmolekularen Kräfte können prinzipell alle in B6 angegebenen Wechselwirkungen und Bindungen (Wasserstoffbrückenbindungen, Ionenbindungen, VAN-DER-WAALS-Kräfte und Disulfid-Brücken) auftreten, weil die Aminosäure-Reste R der α-Helix nach außen zeigen (vgl. B4).

B3:
Die Schwefel-Atome haben in den Disulfid-Brücken –S-S- die Oxidationszahl OZ = 0, in den Thiol-Gruppen –SH die OZ = -1. Beim „Öffnen" werden die Schwefel-Atome folglich reduziert und beim „Schließen" zurückoxidiert.

B4:
In der α-Helix in B4 kann man erkennen, dass es jeweils zwischen solchen Peptid-Gruppen der Polypeptid-Kette zu direkten Wasserstoffbrückenbindungen kommt, zwischen denen genau drei Aminosäure-Reste liegen. Gleichzeitig ist aber jede Peptid-Gruppe an Wasserstoffbrückenbindungen beteiligt, in B4 einmal nach oben (vgl. kleine weiße Kugeln an den blauen Kugeln) und einmal nach unten (vgl. rote Kugeln). Dadurch und wegen der in B4, S. 383, dargestellten Verdrillung der Ebenen

zweier benachbarter Peptid-Gruppen kommt es zur Gesamtanordnung der Polypeptid-Kette als α-Helix (Linksschraube), bei der die R nach außen gerichtet sind. (*Hinweis*: Die geometrische Anordnung der Atome in der α-Helix lässt sich mithilfe von Modellen oder Computer-Animationen anschaulicher demonstrieren als mit der Grafik im Buch.)

B5:
Die Wasserstoffbrückenbindungen (vgl. auch Lösung zu B4) bilden sich in diesem Fall zwischen benachbarten Polypetid-Ketten aus. Die Ursache der zickzack-förmigen Faltung liegt wiederum in der Verdrillung der Ebenen benachbarter Peptid-Gruppen in einer Peptid-Kette (B4, S. 383).

B6:
Die stärkste dieser Wechselwirkungen ist die kovalente Bindung in der Disulfid-Brücke, der schwächste Typ von Wechselwirkungen sind die VAN-DER-WAALS-Kräfte.

Auswertung a):
Bei der Fönfrisur werden Wasserstoffbrückenbindungen zwischen Aminosäure-Resten der Polypeptid-Ketten geöffnet und geschlossen. Beim Fönen werden Wasser-Moleküle, die in den feuchten Haaren über Wasserstoffbrückenbindungen an die Aminosäure-Reste gebunden sind, entfernt. Dadurch kommt es zu Wasserstoffbrückenbindungen zwischen den Aminosäure-Resten. Werden die Haare wieder feucht, so schieben sich wieder Wasser-Moleküle zwischen die Aminosäure-Reste, die vorher durch Wasserstoffbrückenbindungen gebunden waren.

Auswertung b):
Wird die Fönfrisur durch Spray oder Gel stabilisiert, so setzt sich ein hauchdünner, wasserabweisender Polymerfilm über die Haare. Wasser-Moleküle können jetzt nicht so leicht an jene Stellen treten, an denen beim Fönen Wasserstoffbrückenbindungen zwischen den Aminosäure-Resten der Polypeptid-Ketten ausgebildet wurden.

Auswertung c):
„An anderer Stelle“ heißt, dass ein Cystein-Rest, der vor dem Öffnen der Disulfid-Brücken an einen bestimmten anderen Cystein-Rest gebunden war, nach dem Schließen der neuen Disulfid-Brücken an einen anderen Cystein-Rest gebunden ist.

Auswertung d):

$$HS\text{-}CH_2\text{-}COO^- + NH_4^+ + H_2O \rightleftharpoons HS\text{-}CH_2\text{-}COOH + NH_3 + H_2O$$

Wenn Ammoniumthioglycolat hydrolysiert, wird Ammoniak frei. Dieser bestimmt den Geruch im Frisörsalon. Es riecht im Salon aber nicht nach reinem Ammoniak, weil dort eine Mischung vieler Stoffe geruchsbestimmend ist.

Auswertung e):
Nach dem Öffnen der Disulfid-Brücken und dem Legen der Frisur muss gespült werden, weil das Reaktionsprodukt der ersten Reaktion aus B3, ein wasserlösliches Diammoniumsalz einer Dicarbonsäure, entfernt werden muss.

Auswertung f):
Die Einstellung eines sauren *p*H-Werts beim Fixieren bewirkt, dass die während des ersten Arbeitsgangs im schwach alkalischen Milieu gequollenen Haare beim Fixieren neutralisiert werden und wieder entquellen.

Auswertung g):
Sowohl beim „Öffnen“ als auch beim „Schließen“ können unter drastischen Reaktionsbedingungen, d.h. wenn die Reagenzien zu stark alkalisch, zu stark sauer, zu stark oxidierend oder zu heiß sind, Abbaureaktionen der Haare und der Kopfhaut ablaufen. Dabei kann es beispielsweise zur Hydrolyse oder Verseifung von Peptid-Gruppen und Ester-Gruppen kommen.

A1:
Beim Makromolekül aus B4 handelt es sich um intramolekulare Wasserstoffbrückenbindungen, bei den Makromolekülen aus B5 um intermolekulare (vgl. auch Lösungen zu den Aufgaben in B4 und B5).

A2:
Blei- und Kupfer-Ionen können mit den Aminosäure-Resten aus Protein-Molekülen stabile Komplexe bilden. Dadurch verändert sich die Tertiärstruktur des Proteins; im Falle eines Enzyms hat dieses dann nicht mehr die „richtige“ Tertiärstruktur, in der es als Katalysator wirken kann. Auch Alkohol kann die Tertiärstruktur von Proteinen stark und irreversibel verändern, beispielsweise durch Veresterung von Carboxy-Gruppen aus Aminosäure-Resten in Protein-Molekülen.

Seite 386 und 387

B1:
Die Grafik in B1 sieht auf den ersten Blick wie ein „wirres Knäuel“ aus, sie zeigt jedoch ein supramolekulares System aus Protein-, Farbstoff- und anderen Molekülen und Ionen mit einer wohldefinierten und hochgeordneten Struktur. Nicht nur die Positionen der einzelnen Bausteine (vgl. verschiedene Farben) müssen stimmen, auch die gesamte Tertiär- und Quartärstruktur ist genau vorgegeben. Das bedeutet, dass im Bild alle Streckenabschnitte die richtigen Längen und alle Knicks die richtigen Winkel haben müssen.

B2:
Die Tatsache, dass Blut auch bei Raumtemperatur und ohne Zusatz von anderen Stoffen (im Gegensatz zu Eiklar) schnell gerinnt, ist auf eine rasche Veränderung von Tertiär- und Quartärstruktur zurückzuführen. Die besondere Struktur der Proteine, der Luftsauerstoff oder Enzyme, die das Gerinnen katalysieren, könnten dafür verantwortlich sein. (*Hinweis*: Vgl. auch B4 und die Lösung dazu.)

B3:
Hämoglobin enthält auch den Farbstoff Häm, ein Eisenkomplex des Porphyrins (vgl. B3, S. 324).

B4:
Fibrinogen wird vor der Analyse des Blutplasmas entfernt, damit das Plasma während der Analyse nicht gerinnt.

B5:
Einstieg über *Chemie 2000+ Online* (www.chemiedidaktik.uni-wuppertal.de) oder über eine der großen Suchmaschinen, wie Google:
→ Bildersuche → Lipase → bzw. Amylase

B6:
Sowohl beim Kochen als auch beim Grillen wird das Fleisch in der Wurst gar. Dabei werden die Proteine denaturiert, sie verändern ihre Tertiärstruktur, teilweise auch die Sekundärstruktur. Während das Kochen bei ca. 100 °C und in Gegenwart von Wasser erfolgt, werden beim Grillen höhere Temperaturen erreicht und in der Umgebung der denaturierenden Protein-Moleküle ist (fast) kein Wasser, dafür aber je nach Fleischsorte mehr oder weniger Fett und Luftsauerstoff sowie Produkte aus der Grillkohle oder dem Gasgrill. Unter diesen Bedingungen können viele Reaktionen ablaufen, Abspaltung von Aminosäure-Resten, Spaltung von Peptid-Bindungen, Oxidationen u.a. Dabei werden wohlriechende und gut schmeckende Stoffe gebildet. Verbranntes oder ausgetrocknetes Grillgut kann aber auch schädliche Stoffe enthalten, die sich erst beim Grillen gebildet haben.

Auswertung a):
Beim Erhitzen denaturiert Eiklar zu einer festen, weißen Masse, die von gebratenen Spiegeleiern bekannt ist. Bei Zugabe von Salzsäure, Natronlauge oder Eisen(III)-chlorid-Lösung zu Eiklar bilden sich Flocken, die sich nach und nach zu einer gallertartigen Masse vereinigen.

Denaturierung (Gerinnung) von Milch in V2:
Bei der Zugabe von Essigsäure zu Milch bilden sich weiße Klümpchen in der Milch, die im Glaswollefilter vom Rest, einer hellen Flüssigkeit (der Molke), getrennt werden können.

Auswertung b):
Zwischen den Aminosäure-Resten können folgende Kondensationsreaktionen stattfinden: Veresterungen zwischen Carboxy-Gruppen und Hydroxy-Gruppen (z.B. zwischen Glutaminsäure- und Serin-Resten), Etherbildung zwischen zwei Hydroxy-Gruppen (z.B. zwischen Tyrosin- und Threonin-Resten), Amidbildung zwischen Carboxy- und Amino-Gruppen (z.B. zwischen Asparaginsäure- und Lysin-Resten) und Bildung von Anhydriden zwischen zwei Carboxy-Gruppen (z.B. zwischen Asparaginsäure- und Glutaminsäure-Resten). Durch diese Reaktionen ändert sich die Tertiärstruktur des Proteins (Denaturierung).

Auswertung c):
Bei V1 könnte man die erhitzte Probe wieder abkühlen, die mit Säure und mit Lauge behandelten Proben könnte man durch Zugabe von Lauge bzw. Säure wieder neutralisieren und die Eisen(III)-Ionen könnte man durch Ausfällen mit Natronlauge wieder entfernen.
Bei V2 könnte man die Essigsäure mit Natronlauge neutralisieren.

Auswertung d):
Die unter b) beschriebenen Kondensationsreaktionen (mit der Benennung der funktionellen Gruppen) sind auch bei dieser Auswertungsfrage ein Teil der Lösung. Hinzu kommt die Bildung von Komplexen mit Eisen(III)-Ionen bei V1. (*Hinweis:* Eisen(III)-Ionen bilden farbige Komplexe mit Phenol-Bausteinen, z.B. aus Tyrosin-Resten, aber auch mit anderen Aminosäure-Resten. In den Komplexen ist das Eisen(III)-Ion oktaedrisch von 6 Liganden umgeben, wobei im Falle eines Proteins alle 6 Liganden aus dem gleichen Makromolekül sein können. Das führt zur Veränderung der Tertiärstruktur, also zur Denaturierung.)

Auswertung e):
Zu Casein findet man u.a. folgende Informationen:
Milchproteine bestehen zu 76% bis 86% aus Casein und zu 14% bis 24% aus Molkeeiweiß. Die Caseinfraktion in der Milch ist jener Anteil des Milcheiweißes, der beim Ansäuern auf *p*H = 4,6 ausfällt. In neutraler Milch tragen die Casein-Moleküle aufgrund der funktionellen Gruppen aus den Aminosäure-Resten elektrische Ladungen, sie verhalten sich wie Polyelektrolyte. Die Moleküle enthalten hydrophobe und hydrophile Domänen und schließen sich zu Micellen zusammen. Viele Hydroxy-Gruppen aus Serin- und Tyrosin-Resten sind mit Phosphorsäure verestert. Zwischen den dabei gebildeten Phosphat-Anionen und den Calcium-Ionen aus der Milch kommt es zu elektrostatischen Anziehungskräften, über die mehrere Micellen vernetzt werden können.
Beim Ansäuern der Milch in V2 bildet sich ein Niederschlag aus Casein und Fett. Das Casein fällt aus, weil es beim isoelektrischen Punkt aus der Polyelektrolyt-Form in die neutrale Form übergeht. Es finden keine Veresterungen und andere Reaktionen zwischen den Aminosäure-Resten, wie z.B. beim Erhitzen von Eiklar, statt (vgl. Auswertung b).

Auswertung f):
Bei der „Chemie der Dauerwelle" wird wie bei der Denaturierung in V1 und V2 die Tertiärstruktur von Proteinen verändert. Bei der Dauerwelle wird nur ein bestimmter Typ von Bindungen geöffnet und neu geschlossen, die Disulfid-Brücken. Hinzu kommt, dass dieser Prozess (Öffnen-Schließen) nicht an den gleichen Stellen der Makromoleküle erfolgt, die Tertiärstruktur also nach dem Fixieren eine andere ist als vorher. Es handelt sich bei der Dauerwelle um eine irreversible Änderung der Tertiärstruktur, also um eine echte Denaturierung.

Auswertung g):
In B1 kann man erkennen, dass Chlorophyll-Moleküle Chl im Photosynthesezentrum in große Bereiche aus Protein-Molekülen und anderen Pigment-Molekülen eingebettet sind. Darin kann ein angeregtes Chlorophyll-Molekül, Chl*, seine Anregungsenergie an eines der benachbarten Moleküle übertragen. Nach den Ausführungen von S. 349 können insbesondere β-Carotin-Moleküle Car die Energie angeregter Chlorophyll-Moleküle Chl* aufnehmen. Das Chlorophyll im photosynthetischen Zentrum fluoresziert daher kaum.
In der Methanol-Lösung gibt es keine Teilchen, auf die angeregte Chlorophyll-Moleküle Chl* ihre Energie übertragen können. Daher geben sie die Anregungsenergie durch Emission von Fluoreszenzstrahlung ab. Die Methanol-Lösung von Chlorophyll fluoresziert.

A1:
Die Modelle (Zick-Zack-Linien) aus B1 ermöglichen durch ihre Einfachheit die Darstellung sehr großer molekularer Bereiche unter Wahrung der Verhältnisse bei Bindungslängen und –winkeln. Durch unterschiedliche Färbung können auch unterschiedliche Moleküle oder Ionen hervorgehoben werden. Die Atome und ihre elektronische Umgebung kommen darin aber nicht zum Ausdruck. Das ist der Fall bei den Kalottenmodellen aus B5. Darin werden aber wiederum andere strukturelle Merkmale, beispielsweise die α-Helix Segmente in einer Polypeptid-Kette nicht so klar deutlich, wie bei den Bändern in B3. Wie bereits in B3 und B5 zu erkennen ist, kombiniert man oft verschiedene Darstellungsweisen (Bänder und Zick-Zack-Linien in B3 bzw. Kalotten und Zick-Zack-Linien in B5), um zweckgebunden aussagekräftige Modelle zu erzeugen.

A2:
Der prosthetische Bestandteil beim Rhodopsin ist der Rest von 11-*cis*-Retinal (Vitamin-A-Aldehyd). Er ist an einen Lysin-Aminosäure-Rest im Opsin gebunden und wirkt als Chromophor (vgl. B2. 2, S. 397).

A3:
Globuline sind wasserlöslich, Skleroproteine nicht. Erklären kann man das mit den hydrophilen Außengruppen bei den Globulinen und deren Fehlen bei Skleroproteinen.

Seite 388 und 389

B1:
Das Zucker-Phosphat-Rückgrat des DNA-Moleküls wird durch Esterbindungen zwischen der Phosphorsäure und den Hydroxy-Gruppen der Desoxyribose gebildet, jeweils an den C-Atomen 3 und 5.

B2:
1. Grund: Zwischen Adenin und Thymin können sich zwei Wasserstoffbrücken, zwischen Guanin und Cytosin jedoch drei Wasserstoffbrücken ausbilden.
2. Grund: Für eine Paarung der beiden Purin-Basen Adenin und Guanin wäre der Abstand zwischen den beiden DNA-Strängen zu klein, für eine Paarung der beiden Pyrimidin-Basen Thymin und Cytosin wäre der Abstand zu groß. Nur bei Paarung jeweils einer Purin- mit einer Pyrimidin-Base ist ein gleichmäßiger Abstand der beiden DNA-Stränge voneinander gewährleistet.

A1:
Die Wahrscheinlichkeit, dass zwei Menschen bei 10 Wiederholungen in einem Minisatelliten den gleichen genetischen Fingerabdruck haben, beträgt 1 : 10.
Untersucht man 10 Minisatelliten, so ergibt sich eine Wahrscheinlichkeit von

1 : 10.000.000.000 (1 : 10 Milliarden). Damit ist es nahezu ausgeschlossen, dass zwei Menschen identische genetische Fingerabdrücke haben (vgl. Weltbevölkerung im Jahr 2005 etwa 6,5 Milliarden).

B3:
Die negative Ladung der Phosphorsäure-Reste im Zucker-Phosphat-Rückgrat der DNA führt zu einer negativen Gesamtladung der DNA-Fragmente. Sie wandern daher im elektrischen Feld vom Minus- zum Pluspol.

B4:
Die DNA-Fragmente des Täters (T) und der am Tatort gefundenen Spuren (S) stimmen hinsichtlich ihrer Molekülgröße überein. Sie zeigen nach der elektrophoretischen Auftrennung identische Laufstrecken. Dass die DNA-Spuren nicht vom Opfer selbst stammen können, beweist der genetische Fingerabdruck des Opfers, dessen entsprechende DNA-Fragmente eine geringere Molekülmasse aufweisen. Der Täter ist somit identifiziert.

B5:

1. Schritt: Der DNA-Doppelstrang wird enzymatisch denaturiert, d.h. die beiden Stränge der DNA-Doppelhelix werden getrennt.
2. Schritt: An jeden Einzelstrang wird jeweils ein Primer komplementär angeheftet, der aus einer kurzen, einsträngigen DNA-Sequenz besteht.
3. Schritt: Nun kann DNA-Polymerase an den beiden komplementären Basensequenzen ansetzen und mithilfe von zugegebenen Nucleotiden die DNA-Stränge vervollständigen (Replikation). Als Produkt erhält man eine identische Verdoppelung der ursprünglichen DNA-Sequenz.
4. Schritt: Die Schritte 1 – 3 werden vielfach wiederholt, sodass ein einzelnes DNA-Molekül nach Belieben für weitere Untersuchungen vermehrt werden kann.

Seite 390 und 391

B1:
Human- und Schweineinsulin bestehen aus 51 Aminosäuren. Das Schweineinsulin unterscheidet sich vom menschlichen Insulin lediglich durch eine, das Rinderinsulin durch drei Aminosäuren.

B2:

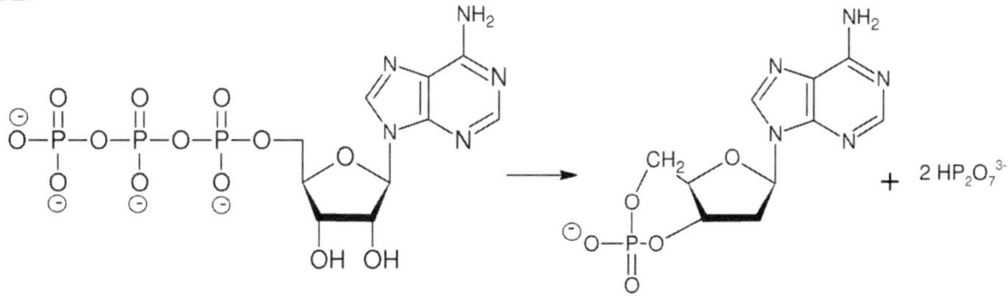

Die Phosphatbindung zwischen dem 2. und 3. Phosphorsäure-Rest wird hydrolytisch gespalten. Anschließend bildet sich eine Esterbindung zwischen der Hydroxy-Gruppe der Ribose (C-Atom 3) und dem verbleibenden Phosphorsäure-Rest (intramolekulare Veresterung).

A1:
Der Blutzucker Glucose kann nur aus dem Blut in die Körperzelle gelangen, wenn diese als Folge der Insulinwirkung c-AMP bildet. Liegen auf der Zellmembran zu wenige Rezeptoren vor, so können die von der Bauchspeicheldrüse produzierten Insulin-Moleküle nicht an ausreichend viele Rezeptoren binden. Als Folge wird in der Zelle weniger c-AMP produziert und Glucose kann nicht aus dem Blut in die Zelle gelangen. Der Blutzuckerspiegel steigt; es liegt eine Diabetes-Erkrankung vor.

A2:
Glucose ist ein hydrophiles Molekül, das die hydrophobe Phospholipid-Doppelschicht der Zellmembran nicht passieren kann.

B3:
Summenformel Morphin:

$C_{17}H_{19}NO_3$

B4:
Bei einer Überdosis Morphin werden alle Opiat-Rezeptoren der Nervenzelle mit Morphin besetzt. Dadurch wird im Zellinneren die Adenylatcyclase an den Opiat-Rezeptoren inaktiv gebunden. Die Zelle hat dann für die natürlichen Vorgänge der Reizweiterleitung nicht mehr genügend Adenylatcyclase zur Verfügung, sodass Nervenimpulse nicht mehr weitergeleitet werden können, das Nervensystem wird blockiert, was den Tod zur Folge haben kann.

B5:
Die Abb. a) zeigt eine normal funktionierende Zelle. Die an die Rezeptoren gebundenen Hormon-Moleküle führen im Zellinneren zur Bindung von Adenylatcyclase und Bildung von c-AMP.

Bei Abb. b) sind neben den natürlichen Hormon-Molekülen auch Opiat-Moleküle vorhanden. Beide binden an die entsprechenden Rezeptoren. Im Zellinneren konkurrieren nun beide Rezeptoren um die Adenylatcyclase-Moleküle. Es entwickelt sich zunächst ein Adenylatcyclase-Mangel in der Zelle, der jedoch bei längerer Opiat-Gabe durch Neuproduktion ausgeglichen wird.
Abb. c) zeigt den Zustand der Sucht. Die Bildung von c-AMP ist wieder normal (vgl. a), da die mit Opiaten belegten Opiat-Rezeptoren die zusätzlich gebildeten Adenylatcyclase-Moleküle gebunden haben. Solange genügend Opiate („Drogen") vorhanden sind, ist der Zustand der Zelle „normal".
Abb. d) zeigt den Zustand beim Entzug. Es sind kein Opiat-Moleküle mehr vorhanden. Dadurch steigt der Adenylatcyclase-Gehalt in der Zelle plötzlich an. Die Zelle stellt in ihrem Inneren dann übermäßig viel c-AMP her, was zu einer „Überreaktion" der Zelle führt. Es kommt zu Entzugserscheinungen. Erst wenn nach einiger Zeit der natürliche Adenylatcyclase-Gehalt wieder hergestellt ist (Abb. a), funktioniert die Zelle wieder normal.

Seite 392 und 393

B1:
Offene Aufgabe.

A1:
Offene Aufgabe.

Seite 394 und 395

B3:
1. Das Polyamid aus B4 enthält keinen gebundenen Schwefel. 2. Beim Verbrennen des Polyamids aus B6 bleibt keine Asche zurück.

B4:
Das Säurechlorid (Sebacinsäuredichlorid) ist in Heptan gelöst, das Diamin (Hexandiamin) in Wasser.

B5:
Seidenraupenfäden und Schafswollehaare bestehen aus langen Polypeptid-Ketten mit vielen Segmenten aus α-Helices und schwefelhaltigen Aminosäure-Resten.
Schafswollehaare enthalten im Gegensatz zu Seidenraupenfäden bis zu 50% ihrer Gesamtmasse Fett (Lanolin), Wasser und allerlei Schmutz.

B6:
Offene Aufgabe.

Auswertung a):

Wolle	brennt auch außerhalb der Flamme. Geruch nach „verbrannten Haaren", Asche bleibt übrig.
Seide	brennt nur in der Flamme, Geruch ähnlich wie bei Wolle, keine Asche.
Polyamid	brennt nur in der Flamme, tropft, kein besonderer Geruch, keine Asche.
Baumwolle	brennt auch außerhalb der Flamme, kein besonderer Geruch, keine Asche.
Polyacryl	brennt nur in der Flamme, tropft, kein besonderer Geruch, keine Asche.
Polyester	brennt leuchtend, rußt und tropft, kein besonderer Geruch, keine Asche.

Hinweis: Textilstücke bestehen häufig nicht nur aus einem dieser Materialien. Daher können die Ergebnisse auch anders ausfallen.

Auswertung b):
Die Ergebnisse aus V1 und V2, also das Verbrennungsverhalten, die Verbrennungsprodukte und die elementare Zusammensetzung lassen keine eindeutige Zuordnung der untersuchten Proben zur Klasse der Naturfasern oder Synthesefasern („Chemiefasern") zu. So haben beispielsweise Baumwolle und Polyester die gleiche qualitative elementare Zusammensetzung und brennen ähnlich (nicht gleich). Aufgrund der Ergebnisse aus V1 und V2 kann aber bereits mit hoher Wahrscheinlichkeit vermutet werden, um welchen Fasertyp es sich handelt, also auch ob eine natürliche oder eine synthetische Faser vorliegt. So kann anhand der Verbrennung ziemlich sicher entschieden werden, ob es sich um Wolle, Seide oder eine andere Faser handelt.

Auswertung c):
Es handelt sich um eine Kondensationsreaktion, genauer eine Polykondensationsreaktion, weil viele Molekülreste (hier aus einem Disäuredichlorid und einem Diamin) unter Abspaltung kleiner Moleküle (hier HCl-Moleküle) aneinander gebunden werden.

Auswertung d):
Die Reaktion läuft nur an der Phasengrenze ab, weil die Edukt-Moleküle nur hier aufeinander treffen. Das bewirkt, dass nach und nach die gesamte Menge der eingesetzten Edukte reagiert, wenn das Produkt von der Phasengrenze fortlaufend entfernt wird.

Auswertung e):
Es ist günstig, die wässrige Phase alkalisch (und nicht sauer) einzusetzen, weil dann die gebildete Säure HCl sofort neutralisiert und aus dem System entfernt wird.

Auswertung f):

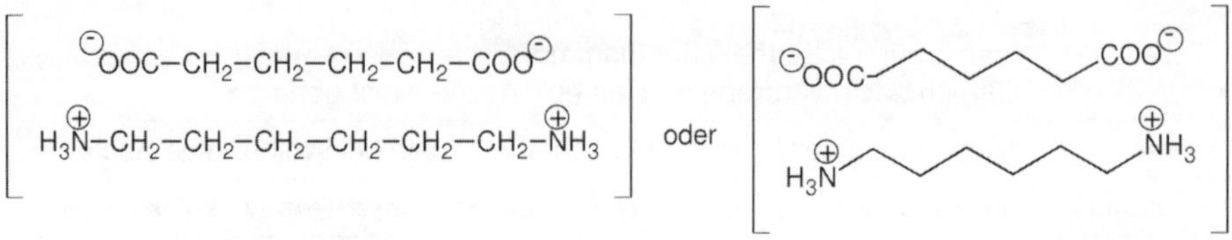

Salz der Adipinsäure mit

1,6-Diaminohexan

Auswertung g):
Bei V3 und V4 wird die Technik der Entfernung eines Reaktionsprodukts aus dem Reaktionsgemisch angewandt, um das Gleichgewicht auf die Seite der Produkte zu verschieben. Bei V3 wird die gebildete Säure HCl durch Neutralisation in der alkalischen wässrigen Phase entfernt, bei V4 wird durch Erhitzen das Reaktionsprodukt Wasser entfernt.

Auswertung h):
Wolle, Seide und Polyamide haben in der Hauptkette der Makromoleküle Peptid-Gruppen. Während Wolle und Seide Proteine sind, also aus ca. 20 verschiedenen Aminosäure-Resten aufgebaut sind, bestehen Polyamid-Makromoleküle in der Regel nur aus einem Monomer (beispielsweise bei Nylon 6, B7) oder aus zwei Monomeren (beispielsweise Nylon 6.6, Textspalte S. 395). Wolle und Seide enthalten auch Cystein-Bausteine mit Schwefel, synthetische Polyamidfasern dagegen nicht.

A1:

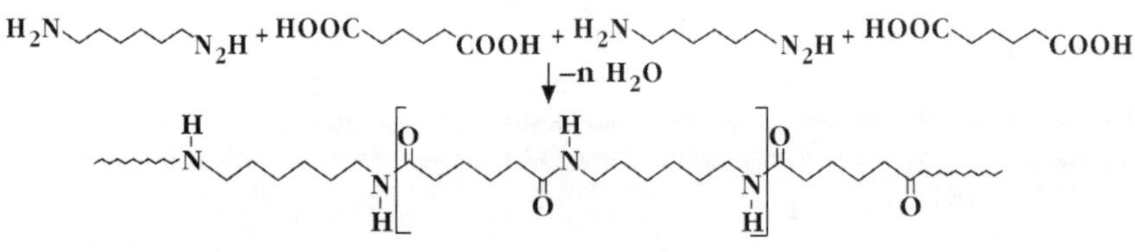

A2:
Die Bezeichnung „Nylon 6.6“ gibt an, dass dieses Polyamid von einer Dicarbonsäure mit 6 Kohlenstoff-Atomen (Adipinsäure $HOOCCH_2CH_2CH_2CH_2COOH$) und einem Diamin mit 6 Kohlenstoff-Atomen (Hexandiamin, $H_2NCH_2CH_2CH_2CH_2CH_2CH_2NH_2$) stammt. „Nylon 6“, eine alternative Bezeichnung für das Polyamid Perlon, gibt an, dass es von einer Aminocarbonsäure mit 6 Kohlenstoff-Atomen stammt, der ε-Aminocapronsäure $H_2NCH_2CH_2CH_2CH_2CH_2COOH$.

A3:
Die Fäden aus Nylon 6.6. und Nylon 6 sind noch reißfester als Fäden aus Schafswolle und Naturseide weil die zwischenmolekularen Kräfte zwischen den Polyamid-Makromolekülen noch stärker sind als zwischen den Protein-Makromolekülen. Grund

dafür ist die streng periodische Abfolge von identischen Molekülfragmenten bei den synthetischen Polyamiden im Gegensatz zur aperiodischen Folge verschiedener Aminosäure-Reste in Protein-Makromolekülen (vgl. auch Auswertung h).

Seite 396 und 397

B1:
Materialien aus linearen Makromolekülen sind spinnbar, weil sich die linearen Makromoleküle beim Pressen durch die Spinndüse relativ leicht in eine parallele Anordnung orientieren lassen. (*Hinweis*: Die parallele Ausrichtung beim Spinnen geschieht nur teilweise. Sie wird beim anschließenden Strecken der Fasern fortgesetzt – vgl. dazu linke Spalte auf S. 398.)

B2:
Die Masse nimmt nicht zu, nur das Volumen nimmt zu. Die Masse nimmt sogar eher ab, weil ein Teil des frei werdenden Kohlenstoffdioxids (vgl. letzte Reaktionsgleichung in B4) entweicht.

B4:
Die Urethan-Gruppe –NH-CO-O- unterscheidet sich durch den Mehrgehalt der –NH-Gruppe von der Ester-Gruppe –CO-O- und durch den Mehrgehalt der –O- Gruppe von der Peptid-Gruppe –NH-CO-.

B6:
Offene Aufgabe.

Auswertung a):
Das Kondensat aus V1 und V2 ist Wasser. Es wird mit weißem Kupfersulfat nachgewiesen, das sich bei Wasseraufnahme blau färbt.

Auswertung b):

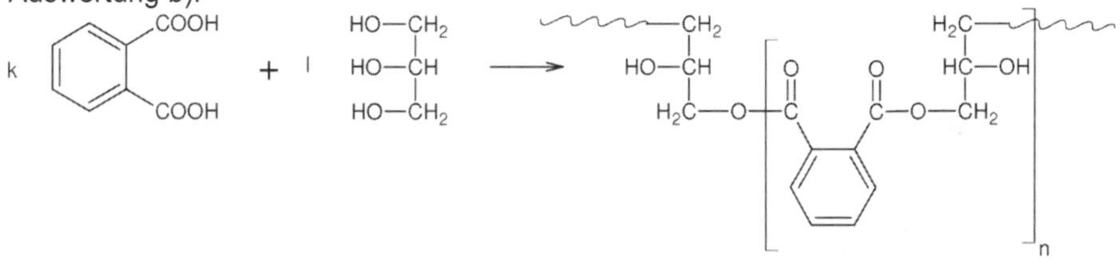

Auswertung c):

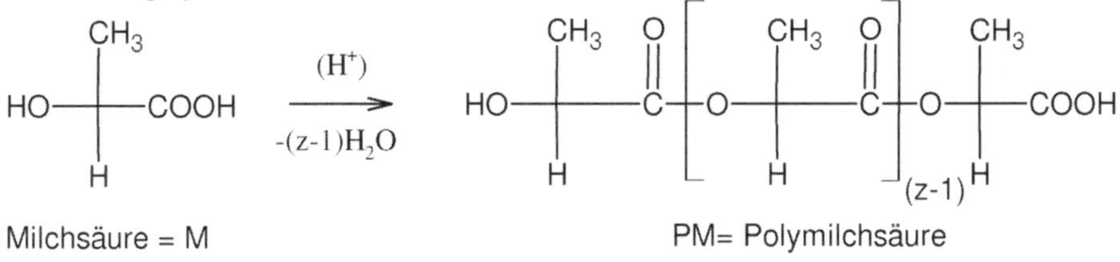

Milchsäure = M PM= Polymilchsäure

Hier reicht das eine Edukt Milchsäure für die Synthese eines Polyesters, weil die einzelnen Moleküle der Milchsäure (Hydroxypropansäure) sowohl eine Carboxy-Gruppe als auch eine Hydroxy-Gruppe enthalten. Somit können Milchsäure-Moleküle unter sich lineare Polyester-Moleküle bilden.

Auswertung d):
Laut Angabe in der Aufgabenstellung und mit der Reaktionsgleichung aus Auswertung c) gilt:

(1) $\frac{n(\mathrm{NaOH})}{n(\mathrm{PM})}=\frac{1}{1}$ <=> $n(\mathrm{PM})=n(\mathrm{NaOH})$

(2) Die molare Masse von Polymilchsäure, die nach der Gleichung aus Auswertung c) gebildet wurde, ist:

$$M(\mathrm{PM})=[\mathrm{z}\cdot(36+6+48)\cdot(\mathrm{z}-1)\cdot 18]\,\mathrm{g/mol}=$$
$$(90\mathrm{z}-18\mathrm{z}+18)\,\mathrm{g/mol}=$$
$$(72\mathrm{z}-18)\,\mathrm{g/mol}$$

Durch Einsetzen von $n=c\cdot V$ bzw. $n=\frac{m}{M}$ in die Gleichung (1) erhält man:

(3) $\frac{m(\mathrm{PM})}{M(\mathrm{PM})}=c\cdot V_{LS}(\mathrm{NaOH})$

Annahme: Es wurden bei der Titration $V_{LS}(\mathrm{NaOH})$ = 0,2 ml verbraucht.

Umformen und Einsetzen der Zahlenwerte:

(4) $M(\mathrm{PM})=\frac{0{,}2\,\mathrm{g}}{0{,}1\,\mathrm{ml/L}\cdot 0{,}2\cdot 10^{-3}\,\mathrm{L}}=10\,000\,\mathrm{g/mol}$

Der Polymerisationsgrad (in der Aufgabe nicht gefragt) berechnet sich wie folgt:

$$72\mathrm{z}-18=\frac{0{,}2}{0{,}2\cdot 10^{-4}}$$
$$72\mathrm{z}=10\,000+18$$
$$\mathrm{z}=\frac{10\,018}{72}\approx\underline{\underline{139}}$$

Auswertung e):
Bei der Bildung von Polyurethan-Molekülen handelt es sich um eine Polyaddition und nicht um eine Polykondensation, weil die Monomer-Moleküle sich aneinander addieren, ohne dass andere Moleküle dabei abgespalten werden.

Auswertung f):
Die Spuren von Wasser sind notwendig, um die Bildung von Kohlenstoffdioxid zu gewährleisten (vgl. letzte Gleichung in B4).

Auswertung g):
Das C-Atom aus der Isocyanat-Gruppe ist für einen nucleophilen Angriff durch das O-Atom aus der Hydroxy-Gruppe besonders gut geeignet, weil es durch die beiden stark elektronegativen Nachbar-Atome (O und N) eine relativ stark ausgeprägte positive Teilladung trägt.

A1:
Gemeinsamkeiten zwischen Polykondensation, Polymerisation und Polyaddition:
a) Alle drei Reaktionstypen führen zu Makromolekülen.
b) Bei allen diesen drei Reaktionstypen geht man in der Regel von nur einem oder zwei Edukten aus, den Monomeren.
c) Die Makromoleküle aus diesen drei Polyreaktionen sind aus sich streng periodisch wiederholenden Struktureinheiten, den Monomer-Resten, aufgebaut.

Unterschiede zwischen Polykondensation, Polymerisation und Polyaddition:
- Bei der Polykondensation tritt ein Kopplungsprodukt (z.B. Wasser, Ammoniak oder Chlorwasserstoff) auf, bei der Polymerisation und der Polyaddition gibt es kein Kopplungsprodukt.
- Bei den Polykondensationen und Polyadditionen geht man in der Regel von zwei verschiedenen Edukten aus, bei den Polymerisationen jeweils nur von einem.
- In den Edukten vieler Polymerisationen liegt jeweils eine C=C Doppelbindung vor, in den Edukten der Polykondensationen und Polyadditionen nicht. Bei letzteren liegen aber Doppelbindungen in der Thiocyanat-Gruppe –N=C=O vor.
- Die Hauptketten der Polymere aus Polymerisationen bestehen in der Regel ausschließlich aus Kohlenstoff-Atomen, in der Hauptkette der Makromoleküle aus Polykondensationen und Polyadditionen kommen auch andere Atome vor.

A2:
Fasern aus bakteriell und enzymatisch abbaubarer Milchsäure sind für Bekleidungstextilien ungeeignet, weil sie zu rasch abgebaut werden und reißen, gegebenenfalls sogar von Bakterien und Enzymen, die sich am Körper befinden.

Seite 398 und 399

A1:
Beim Schmelzspinnverfahren werden keine zusätzlichen Chemikalien (Lösemittel, Fällbad) benötigt. Daher ist es den beiden anderen Verfahren ökonomisch und ökologisch überlegen.

A2:
Beim Texturieren werden die Garne mechanischen Torsionskräften ausgesetzt. Dadurch werden die Garne bauschig, voluminös und gekräuselt. Das wirkt sich positiv auf einige Eigenschaften wie Wärmeisolation und Wasseraufnahme aus.
Durch Thermofixieren, d.h. Erhitzen von Geweben aus thermoplastischen Fasern geringfügig über den Erweichungsbereich, werden die beim Strecken erzeugten Kräfte zwischen den Makromolekülen aufgehoben. Die Moleküle lagern sich in eine „entspannte" Form um. Dadurch behalten die Maschen und Falten aus dem Gewebe ihre Form nach dem Gebrauch. Thermofixieren ist bei Naturfasern nicht möglich, weil diese nicht thermoplastisch sind.

A3:
Alle in B3 angegebenen Kategorien von Chemikalien a) bis e) kommen bei Naturfasern zum Einsatz, weil alle in B4 genannten Arbeitsschritte, vom Entfernen des Schmutzes bis zum Ausrüsten mit Naturfasern durchgeführt werden müssen. Bei Synthesefasern sind die in B4 unter a) und b) genannten Arbeitsschritte nicht notwendig, also kommen auch die dort genannten Kategorien von Chemikalien nicht zum Einsatz.

Seite 400 und 401

Auswertung a):
Beim Iod-Stärke-Nachweis kommt es zur Einlagerung von Iod-Molekülen in die Stärkespiralen, wobei sich die typisch dunkelblau bis schwarzen Einlagerungskomplexe bilden. Beim Cellulose-Nachweis liegt der Hauptunterschied darin, dass auch Zink-Komplexe mit den Hydroxy-Gruppen der Cellulose sowie den I_3^--Komplexen gebildet werden.

Auswertung b):
Die Einsatzmöglichkeiten von Baumwolle sind sehr groß. Bei Raumtemperatur und auch bei hohen Temperaturen zeigt sich Baumwolle sehr beständig gegen Salzsäure, Natronlauge, Oxidations- sowie Reduktionsmittel. Lediglich die mit Salzsäure behandelten Stoffproben haben nach dem Trocknen eine leichte Gelbfärbung angenommen. In ihrer weiteren Beschaffenheit, d.h. Steifheit des Gewebes, Reißfestigkeit, Weichheit des Stoffs, sind keine Unterschiede zu einer unbehandelten Stoffprobe bemerkbar. Baumwolle ist also ein für viele Zwecke geeignetes Material, z.B. auch für Arbeitsschutzkleidung, und kann beliebig oft gewaschen werden.
Anmerkung: Es bietet sich an, hier den Unterschied zu Wolle, die aus tierischen Fasern (Proteinfasern) besteht, anzusprechen.

Auswertung c):
Für einen Vergleich sollten entweder Stoffproben gleicher Masse verwendet werden oder die aufgenommene Wassermasse in Bezug auf 1g Stoffprobe gesetzt werden. Beim Versuch wird deutlich, dass Baumwolle und Wolle mehr Feuchtigkeit aufnehmen können als Polyester oder Polyamid.

B1:
Es kann eine Vielzahl an Stoffen getestet werden, z.B. verschiedene Papiersorten wie Schreibpapier, Filterpapier, Papierhandtücher etc.

B2:
T-Shirts aus Baumwollstoff sind angenehmer zu tragen, da sie einen gewissen Anteil des transpirierten Wassers aufsaugen und man sich daher weniger verschwitzt fühlt als in Kleidung aus Polyester oder Polyamid. Nachteilig ist allerdings, dass ein vollgesogenes T-Shirt aus Baumwolle schwer wird und die Feuchtigkeit nicht weiter abgeleitet wird. In diesem Zusammenhang ist ein Verweis auf Funktionskleidung möglich (S. 399), bei der der Wasserdampf durch entsprechende Poren nach außen gelangt und nicht von der Faser aufgesogen wird.

A1:
Lineare Glucoseketten entstehen durch glycosidische Verknüpfung vieler einzelner Glucose-Moleküle. Bei den wichtigen Polysacchariden Stärke, Cellulose und Glykogen liegt meist eine (1,4)-glycosidische Verknüpfung der Monomere vor.

Bei der **Cellulose** erlaubt die β-(1,4)-glycosidische Verknüpfung der Monomere β-D-Glucose-Moleküle die Ausbildung von Wasserstoffbrückenbindungen zwischen den Makromolekülketten. Sie verhindern eine spiralförmige Verdrillung der Molekülketten und bewirken und stärken so die Ausbildung der linearen Ketten.
Bei der **Stärke** bestehen die Makromoleküle dagegen aus α-D-Glucose-Moleküle, sie sind α-(1,4)-glycosidische miteinander verknüpft. Dadurch ist eine Stabilisierung zu linearen Ketten über Wasserstoffbrückenbindungen hier nicht möglich und die Glukoseketten in Stärke sind spiralförmig verdrillt.

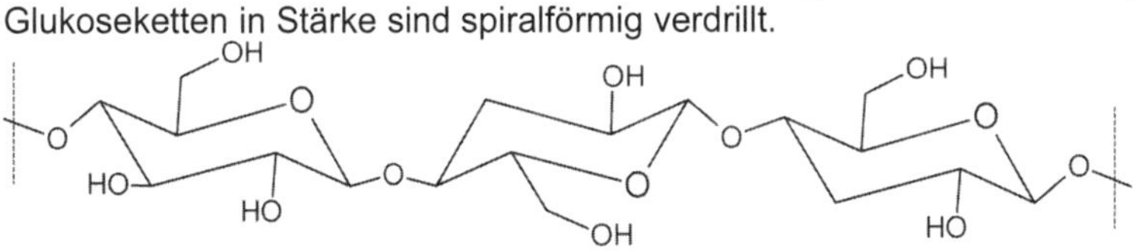

Cellulose

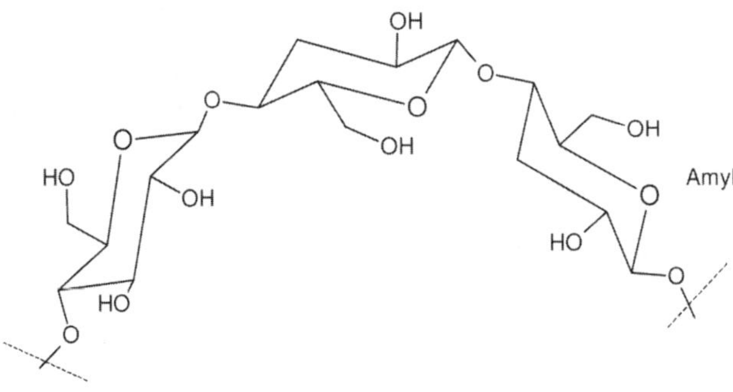

Amylose (unverzweigte Stärke)

Es bietet sich an, die β- bzw. α-1,4-glycosidische Verknüpfung mittels Molekül-Baukästen nachzuvollziehen.

A2:
Die Holzcellulosefaser besteht aus festen Faserbündeln, die durch Wasserstoffbrückenbindungen stabilisiert sind. Die Regeneratfaser unterscheidet sich von der ursprünglichen Faser chemisch gesehen nicht. Es sind nur nicht mehr die gleichen Faserstränge über Wasserstoffbrückenbindungen miteinander verknüpft. Durch das Pressen durch Spinndüsen und anschließendes Verstrecken erhält man gleichmäßig geformte, gestreckte, feste Fasern.

A3:
Zellstoff wird in Deutschland nicht aus Baumwolle gewonnen, da hier die den Rohstoff liefernde Baumwollpflanze nicht heimisch ist und wächst.

A4:
Die direkt versponnene Baumwollfaser ist nicht so gleichmäßig gestreckt wie die Regeneratfaser. Bei der natürlichen Baumwolle liegen teilweise verknäuelte Bereiche vor, in die Wasser eingelagert werden kann.

B4:

a) Die Cellulose-Makromoleküle sind aus β-Glucose-Bausteinen aufgebaut.
b) Die Stärke-Makromoleküle bestehen aus α-Glucose-Bausteinen. Wegen der α-1,4-glycosidischen Verknüpfung liegt die Stärke in einer Spiralstruktur vor (vgl. A1).

B5:

a) Sowohl die entstehende Alkalicellulose als auch das Cellulosexanthogenat sind ionische Verbindungen und daher besser wasserlöslich als die Holzcellulose- oder die Regeneratfaser.
b) Kohlenstoffdisulfid ist eine giftige, leicht entzündliche Flüssigkeit, die im reinem Zustand angenehm, mit leichten Verunreinigungen widerwärtig riecht. Kohlenstoffdisulfid wirkt auf das Nervensystem stark toxisch, es kann zu Lähmungen, Muskelschwund, Krämpfen oder Sehstörungen kommen, in schweren Fällen auch zum Tod. Daher ist Kohlenstoffdisulfid bei der industriellen Verwendung sorgfältigst zu entsorgen. Das erfolgt in Luftreinigungsanlagen nach dem Sulfosorbon®-Verfahren. Dabei erfolgt die Abscheidung von Kohlenstoffdisulfid adsorptiv an Aktivkohle („Supersorbon"). Wie aus B5 jedoch deutlich wird, kann das Kohlenstoffdisulfid in einem Kreislauf geführt werden, da es Edukt im zweiten Reaktionsschritt und Produkt im dritten Reaktionsschritt ist.

Seite 402 und 403

Auswertung a):
Nach Auflösen von 50 g α-Glucose in 200 cm^3 Wasser:

Gemessener Drehwinkel: α = 50 grd
Massenkonzentration β = 50g : 200 cm^3 = 0,25 g $\cdot cm^{-3}$
Schichtdicke der Lösung: l = 20 cm = 2 dm

Spezifischer Drehwinkel von α-Glucose:

Berechnung:

$$\alpha_{sp} = \alpha / \beta \cdot l$$

$$\alpha_{sp} = 50\,\text{grd} / 0{,}25 \cdot 2\,\text{g} \cdot \text{cm}^{-3} \cdot \text{dm}$$

$$\alpha_{sp} = 100\,\text{grd} \cdot \text{cm}^{3} \cdot \text{g}^{-1} \cdot \text{dm}^{-1}$$

Nach Einstellung der Gleichgewichte misst man etwa folgende Werte:

D(+)-Glucose: α = 25 grd entspricht α_{sp} = 50 grd· $cm^3 \cdot g^{-1} \cdot dm^{-1}$
D(-)-Fructose: α = - 45 grd entspricht α_{sp} = - 90 grd· $cm^3 \cdot g^{-1} \cdot dm^{-1}$
Saccharose: α = 30 grd entspricht α_{sp} = 60 grd· $cm^3 \cdot g^{-1} \cdot dm^{-1}$

Auswertung b)
Die Messwerte zur Bestimmung des Drehwertes von α-D-(+)-Glucose sind niedriger als die Literaturwerte, da in Lösung die Bildung von β-D-(+)-Glucose einsetzt.
Die übrigen Messwerte liegen in Bereich der Ablesegenauigkeit des Polarimeters.

Auswertung c):
Beispiele für Messwerte von V3 (Bestimmung der Konzentrationsabhängigkeit des Drehwinkels):

Konzentration der Saccharose-Lösung	Drehwinkel
25 g/ 100 cm^3 (0,25 g/cm^3)	16 grd
50 g/ 100 cm^3 (0,5 g/cm^3)	30 grd
75 g/ 100 cm^3 (0,75 g/cm^3)	47 grd

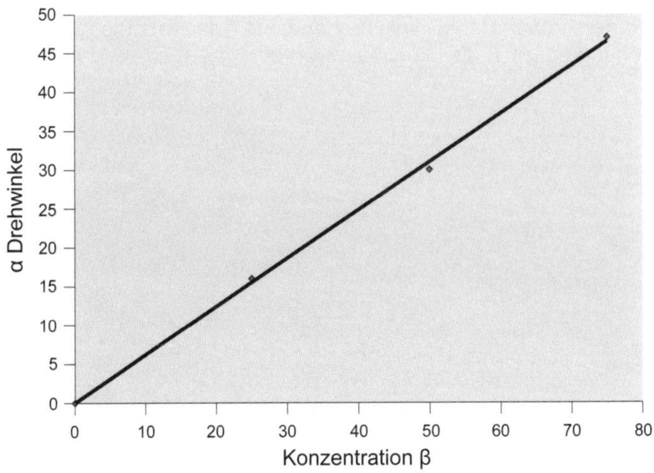

Der Drehwert der Saccharose-Lösung ist proportional zur Konzentration. Dies entspricht der angegebenen Gleichung.

Auswertung d):
Messungen mit verschiedenen Schichtdicken, z.B. 2 dm und 1 dm.

B5:
Galactose und Glucose unterscheiden sich in der Konfiguration am 4. C-Atom.

A1:
Sowohl Maltose- als auch Lactose-Lösungen zeigen eine Mutarotation, da beide Disaccharide eine freie Halbacetal-Gruppe besitzen. Über die Aldehyd-Form bildet sich ein Gleichgewicht zwischen der α- und der β-Form aus.

A2:
Die Tatsache, dass man in Di- und Polysacchariden überwiegend 1,4- und 1,6-glycosidische Verknüpfungen findet, hat vermutlich sterische Gründe. Bei 1,4- und 1,6-Verknüpfungen sind die Abstände zwischen den Atomen am größten.

A3:

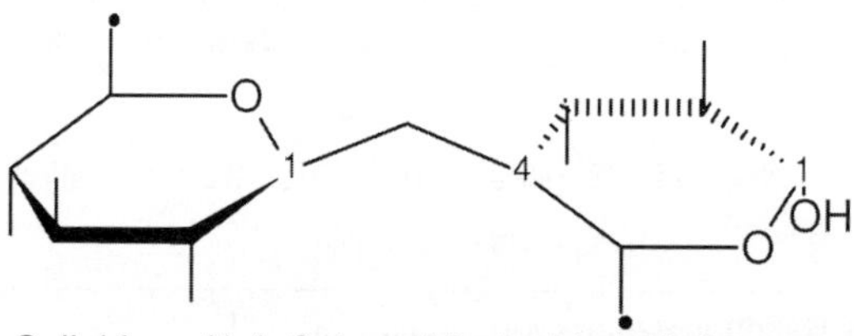

Cellobiose (1,4-β-glycosidische Verknüpfung von Glucose-Molekülen)

A4:
Da im Honig ein Gemisch aus Glucose und Fructose durch Hydrolyse von Saccharose gebildet wird, liegen Fructose und Glucose in gleichen Konzentrationen vor. Es ist daher zu erwarten, das Honig linksdrehend ist, da Fructose eine deutlichere spezifische Drehung aufweist als Glucose.

Seite 404 und 405

A1:
Die folgende Aufstellung enthält wesentliche Informationen von den Textseiten. Sie kann durch weitere Recherchearbeiten der Schülerinnen und Schüler beliebig ergänzt werden.

Faser	Aufbau der Makromoleküle	Herstellung der Faser	Eigenschaften	Verwendung
Baumwolle	lineare Celluloseketten, die sich zu Fasern (Makrofibrillen) anordnen	Rohbaumwolle ist direkt nach der Baumwollernte spinnbar	widerstandsfähig, gut spinn- und färbbar, kochfest, nimmt Feuchtigkeit gut auf, hautsympathisch, knitteranfällig, kann einlaufen, wenig wärmend	Textilindustrie, Papierindustrie
Viskose	Cellulosefaser Verhältnis kristalline : amorphe Bereiche liegen bei 6:1	aus Holzzellstoff, Regeneratfaser entsteht über Alkalicellulose und Cellulosexanthogenat (S. 401, B5)	besser dehnbar als Lyocell, relativ feste Fäden	Textilien
Lyocell	Cellulosefaser Verhältnis kristalline : amorphe Bereiche liegen bei 9:1	aus Zellstoff nach dem Aminoxid-Verfahren mit NMMO (S. 404, B1)	hohe Festigkeit und niedrige Dehnbarkeit der Fasern	Textilien: Damenoberbekleidung, Hemden, Dessous; auch in Mischgeweben
Kupferseide	Cellulosefaser	Behandlung von Rohcellulose mit Schweizers Reagenz $[Cu(NH_3)_4](OH)_2$ (nicht mehr in Deutschland hergestellt)	weiche, geschmeidige, glänzende Fasern, gut waschbar	Oberbekleidung, Futterstoffe, Unterwäsche
Acetatseide	veresterte Cellulose-Ketten (2 bis 2 ½ OH-Gruppen pro Glucose-Baustein sind verestert) im Molekülbau kürzere Ketten	Veresterung mit Essigsäure oder Essigsäureanhydrid: Triacetat, Erwärmen und Wasserzugabe: Acetatseide	wenig Wasser aufnehmend, temperaturempfindlich, edler Glanz, hohe Elastizität, knitterarm	Abendgarderobe, Futterstoffe, Samt, Zigarettenfilter, Acetatkabel, (thermoplastische Kunststoffe)

A2:
Lyocell ist wie Viskose eine Regeneratfaser, die sich chemisch nicht vom Naturprodukt Cellulose unterscheidet. Als organisches Makromolekül bestehend aus Kohlenstoff-, Wasserstoff- und Sauerstoff-Atomen kann sie biologisch komplett zu Kohlenstoff und Wasser zersetzt werden.

A3:
Bei der Herstellung von Kupferseide wird Rohcellulose mit Schweizers Reagenz $[Cu(NH_3)_4](OH)_2$ gelöst. Dieser schwermetallhaltige Komplex sammelt sich in den Abwässern und ist deshalb problematisch für die Umwelt.

A4:
Bei der Herstellung der Acetatfasern entsteht zunächst das Triacetat, das durch den folgenden Makromolekülabschnitt formuliert werden kann:

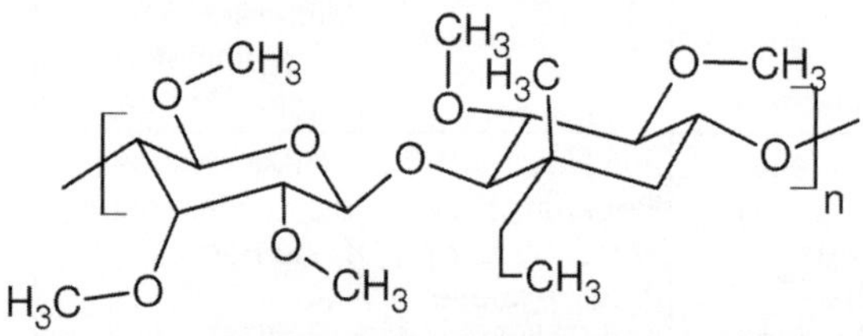

Primäracetat (Triacetat)

A5:
Bei der Veresterung reagieren die Essigsäure-Moleküle mit den Hydroxy-Gruppen der Glucose-Bausteine. Diese gehen bei unbehandelter Cellulose Wasserstoffbrückenbindungen mit den benachbarten Celluloseketten ein und stabilisieren die Cellulosefasern. Da sich nach der Veresterung nun größere Gruppen zwischen den einzelnen Makromolekülsträngen befinden, kommt es durch die größeren Abstände untereinander zu einem lockererem Gefüge als bei der Rohcellulose.

B1:
Analog zur Darstellung des Herstellungsverfahrens von Lyocellfaser kann für die Herstellung von Viskose das folgende Schema erstellt werden:

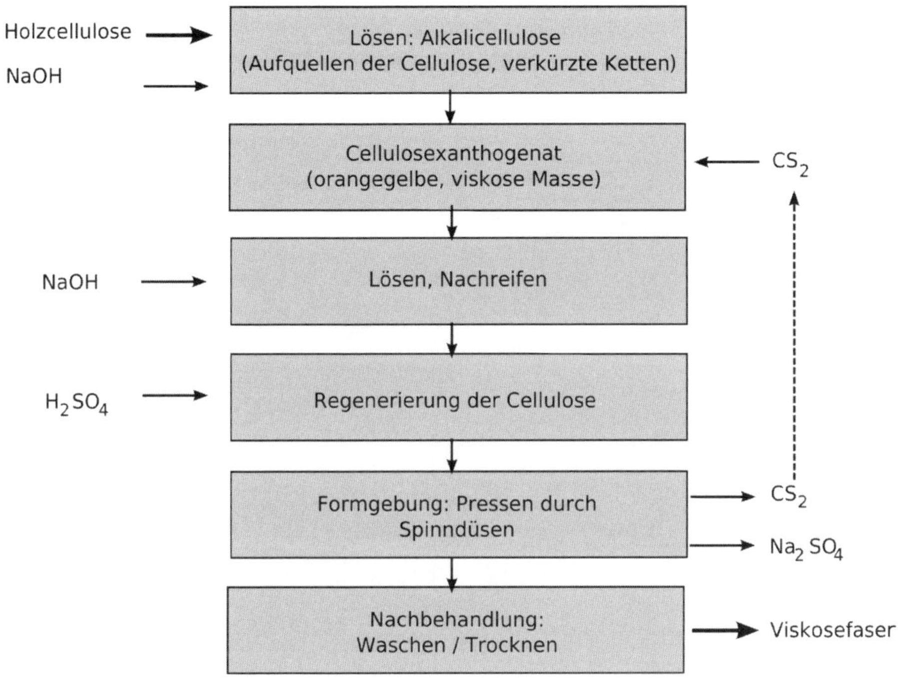

In beiden Fällen handelt es sich um die Erzeugung von Regeneratfasern aus Rohcellulose. Bei der Herstellung der Cellulose sind mehr Arbeitsschritte erforderlich als bei der Herstellung von Lyocellfasern. Bei letzterer wird der Zellstoff lediglich in NMMO gelöst und in Form gegeben wieder ausgefällt. Es entstehen keine Zwischenprodukte. Bei der Herstellung der Viskosefasern liegt Cellulose zwischenzeitlich als Alkalicellulose und Cellulosexanthogenat vor. Zudem werden Natronlauge und Schwefelsäure verbraucht und Natriumsulfat fällt als Abfallstoff an. Ähnlich wie bei der Herstellung der Lyocellfasern kann aber eine Komponente, hier das giftige Kohlenstoffdisulfid, im Kreis geführt werden .

B2:
Nagellackentferner werden häufig auf Aceton-Basis hergestellt. Da Acetatseide in Aceton löslich ist (vgl. Herstellung der Faser), käme das Abendkleid zu Schaden.

A1:
Vgl. auch Orginalabbildung im Schülerband.
In die roten Kreise müssen die Zahlen wie folgt eingetragen werden:

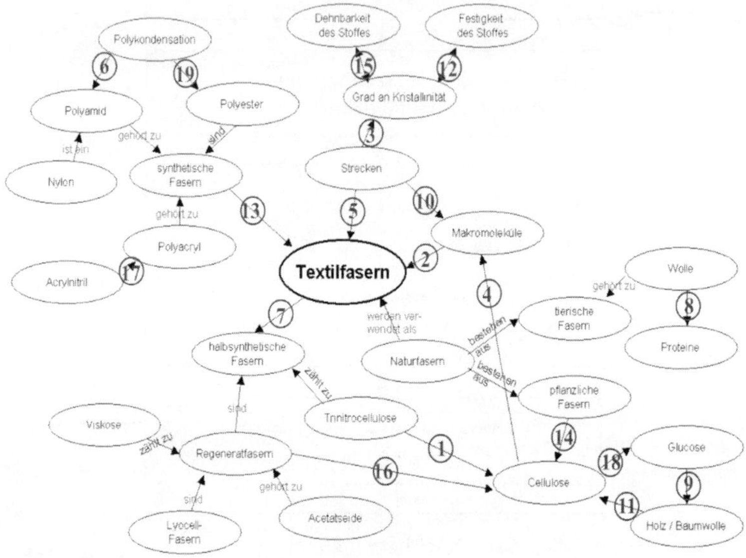

Seite 406 und 407

B2:
Das siliconisierte Filterpapier bzw. die siliconisierte Baumwolle ist hydrophob und lipophil, weil ein großer Teil der Hydroxy-Gruppen aus den Cellulose-Molekülen durch Reste mit unpolaren Methyl-Gruppen $-CH_3$ substituiert wurde. Wasserstoffbrückenbindungen zwischen Wasser- und Cellulose-Molekülen sind dadurch stark erschwert, dafür kann es aber zu VAN-DER-WAALS-Wechselwirkungen zwischen unpolaren Lösungsmittel-Molekülen und der modifizierten Cellulose kommen.

B3:
Während unbehandelte Baumwolltücher sich bei Zugabe von Phenolphthalein-Lösung rosa färben, verschwindet die Farbe der alkalischen Phenolphthalein-Lösung wenn diese auf CD-imprägnierte Baumwolltücher gelangt (vgl. B3). Phenolphthalein entfärbt sich auf der mit Cyclodextrin imprägnierten Faser, weil es in den hydophoben Hohlräumen der Cyclodextrin-Reste als farbloses Lacton (und nicht als rot-violettes Dianion) eingelagert wird.

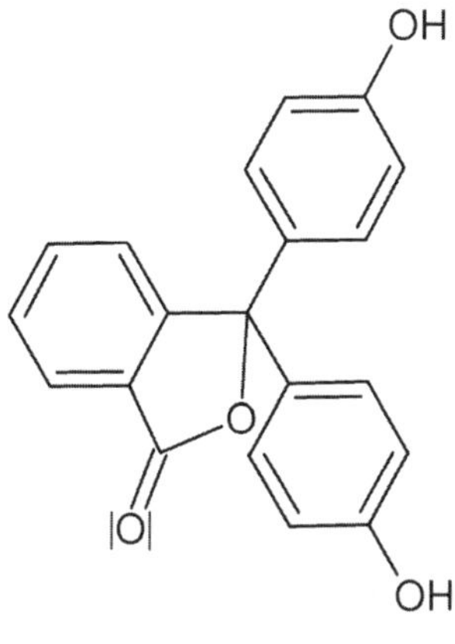

Phenolphthalein

Lactonform

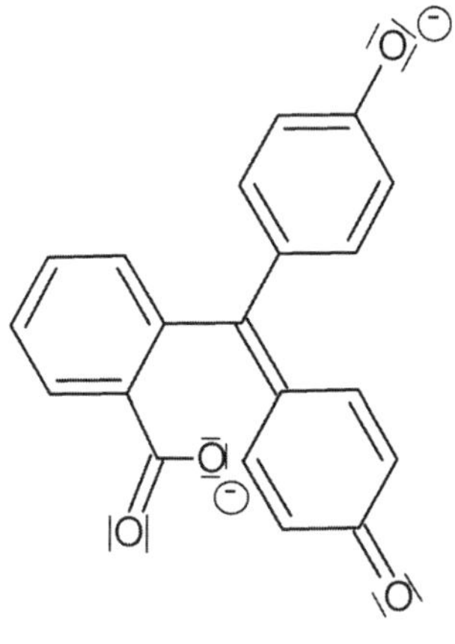

Phenolphthalein

Dianion

B4:
In den Innenraum der Cyclodextrin-Moleküle können unpolare Moleküle oder Molekülteile eingelagert werden, wenn sie von ihrer Größe her in den Hohlraum hineinpassen.

B5:
Moleküle aus Geruchsstoffen können mit ihren unpolaren Teilen in die hydrophoben Innenräume von Cyclodextrin-Molekülen eindringen und dort gespeichert werden.

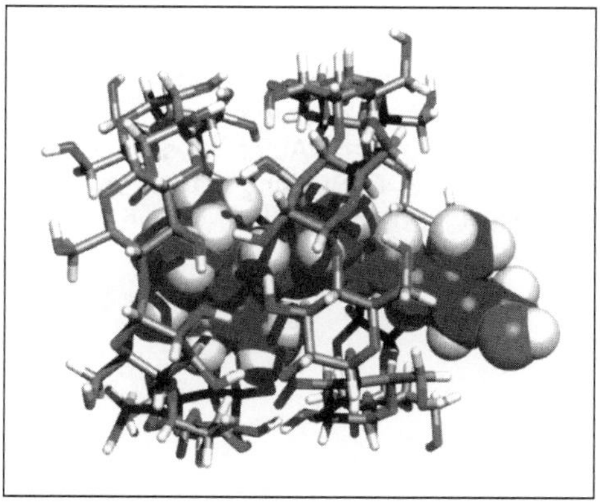

B6 von S. 261:
Modell eines Wirt-Gast Komplexes aus einem Retinol-Molekül und zwei γ-Cyclodextrin-Molekülen

Die Abgabe der gespeicherten Gast-Moleküle erfolgt nur langsam und kontrolliert, beispielsweise durch Erwärmen, durch Verdrängen mit anderen Gast-Molekülen oder durch Extraktion mit geeigneten Mitteln.

B7:

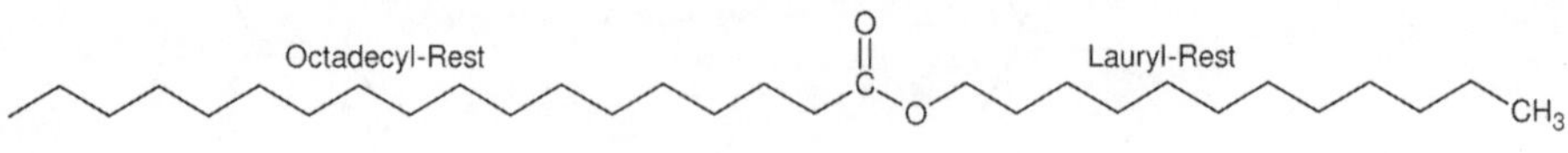

Octadecylsäurelaurylester

Auswertung a):

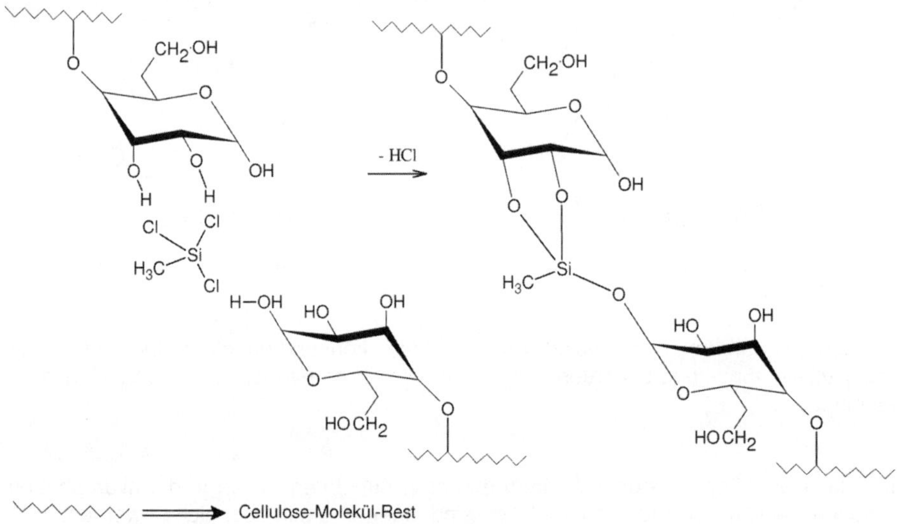

Das Baumwolltuch und das Filterpapier verhalten sich gleich, weil beide aus Cellulose bestehen.
Die Reaktion zwischen Dichlordimethylsilan und Cellulose ist eine nucleophile Substitution. Die Hydroxy-Gruppen aus den Cellulose-Molekülen greifen dabei die Si-Atome aus den Dichlordimethylsilan-Molekülen nucleophil an. Aufgrund der größeren Elektronegativitätsdifferenz zwischen Si und Cl ist die Si-Cl Bindung stärker polarisiert als die C-Cl Bindung im 2,2-Dichlorpropan-Molekül und damit reaktiver als diese.

Auswertung b):

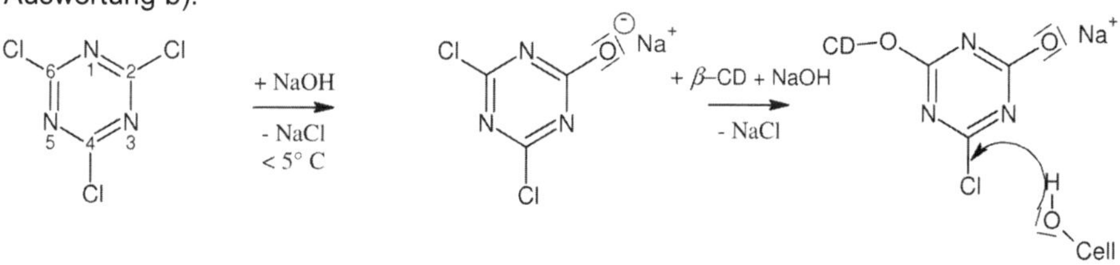

Monochlortriazinyl-

β-Cyclodextrin

MCT-β-CD

Somit können CD-Einheiten über die Anker-Einheit aus dem Triazin-Rest besser an Cellulose-Moleküle gebunden werden

Durch die negative Ladung im MCT-β-CD Anion wird das Kohlenstoff-Atom an der noch vorhandenen C-Cl Bindung für den nucleophilen Angriff durch das O-Atom aus einer Hydroxy-Gruppe im Cellulose-Molekül aktiviert.

Auswertung c):

Die unbehandelten Baumwollstücke aus dem Test b) riechen stark nach Zigarettenrauch bzw. nach den Geruchsstoffen, denen sie ausgesetzt wurden, die CD-imprägnierten und mit Phenolphthalein behandelten Tücher riechen weniger. Die CD-imprägnierten, aber nicht mit Phenolphthalein behandelten, riechen am wenigsten. In diesem Fall werden die unpolaren (oder zumindest teilweise unpolaren) Moleküle der Geruchsstoffe als Gäste in den freien Hohlräumen der Cyclodextrin-Moleküle aufgenommen und relativ schwer wieder abgegeben. Es bilden sich relativ stabile Wirt-Gast Komplexe. Als Folge riecht das Tuch nicht nach den Stoffen, denen es ausgesetzt wurde. Bei den mit CD-imprägnierten und mit Phenolphthalein behandelten Tüchern sind viele Hohlräume der CD-Moleküle bereits besetzt. Hier und bei den unbehandelten Tüchern werden die Moleküle der Geruchsstoffe zwar auch aufgenommen, aber nur schwach festgehalten, weil sie mit den an Hydroxy-Gruppen reichen Cellulose-Molekülen nur schwach wechselwirken. Die entsprechenden Tücher riechen stark, nachdem man sie aus der Wanne mit den Geruchsstoffen herausnimmt. (*Hinweis:* Beim Waschen mit Tensiden werden die Gast-Moleküle aus den Wirt-Gast Komplexen extrahiert und die an die Faser gebundenen Cyclodextrin-Wirteinheiten können neue Gäste aufnehmen.)

A1:

Bei der Siliconisierung (und bei der Ausrüstung mit Cyclodextrinen) werden die Baumwollfasern chemisch modifiziert, bei der Ausrüstung mit Mikrokapseln wie in B7 dagegen nicht.

A2:

Die Tetracarbonsäure aus B6 kann einerseits mit Cyclodextrin unter Bildung von Ester-Gruppen kondensieren und andererseits mit Hydroxy-Gruppen aus Cellulose-Molekülen verestern. Somit kann sie als Anker zwischen Cyclodextrin und Cellulose wirken.

Seite 408 und 409

A1:

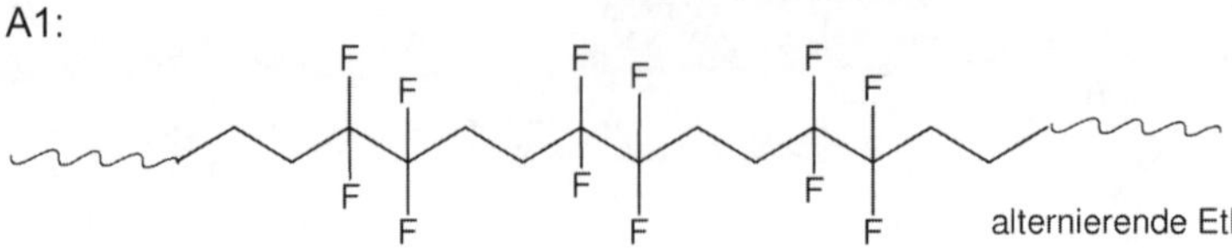

alternierende Ethen- und Tetrafluor-ethen-Einheit

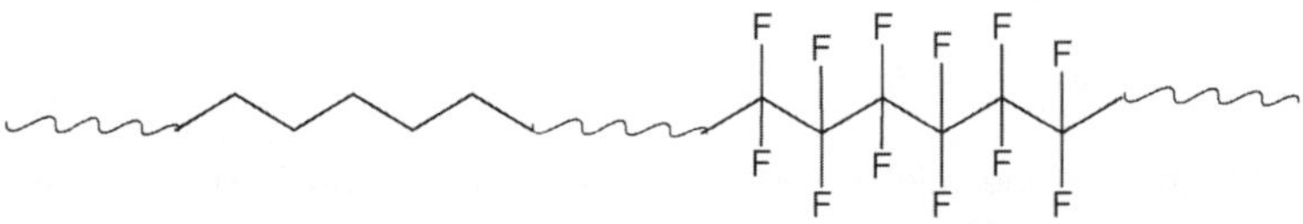

Blöcke aus Polyethen und Polytetra-fluorethen

In dem einen Fall handelt es sich um ein Copolymer mit alternierenden Monomer-Einheiten, in dem anderen um ein Block-Copolymer, bei dem die Makromoleküle aus wenigen Polymer-Blöcken bestehen, in denen jeweils nur eines der beiden Monomere vertreten ist.

A2:
Im ETFE verleiht das Tetrafluorethen dem Material die Flammbeständigkeit. Begründung: Polyethylen PE ist gut brennbar, Polytetrafluorethen Teflon brennt nicht.

A3:
Bei der auf Seite 399 beschriebenen Outdoor-Textilie wird Teflon zu hauchdünnen Membranen mit winzigen Löchern verarbeitet und als Oberschicht in Kombi-Textilien eingesetzt. Teflon wird durch Polymerisation aus reinem Tetrafluorethen hergestellt. Für die Herstellung des Copolymers ETFE muss dagegen Tetrafluorethen und Ethen zusammen polymerisiert werden. (*Hinweis:* Auf die prinzipiellen Herstellungsmöglichkeiten von ETFE und darauf, wie ETFE industriell tatsächlich hergestellt wird, nämlich ob a) durch Copolymerisation der beiden Monomere oder b) durch Verknüpfung vorgefertigter Blockpolymere oder c) durch Teilfluorierung von PE, kann als zusätzliche Aufgabe gestellt werden und ist durch Literatur- und Internetrecherche zu lösen.)

A4:
Für die Erzeugung der genannten Eigenschaften werden Moleküle mit entsprechenden Eigenschaften in der Regel chemisch, beispielsweise über Ether- oder Ester-Brücken an die Makromoleküle der Faser verankert.
Für eine Signalfarbe eignet sich beispielsweise Fluoreszein I, für optische Aufhellung (Weißtönung) ein Stilbenderivat II und für UV Schutz ein Zimtsäure-Derivat III.

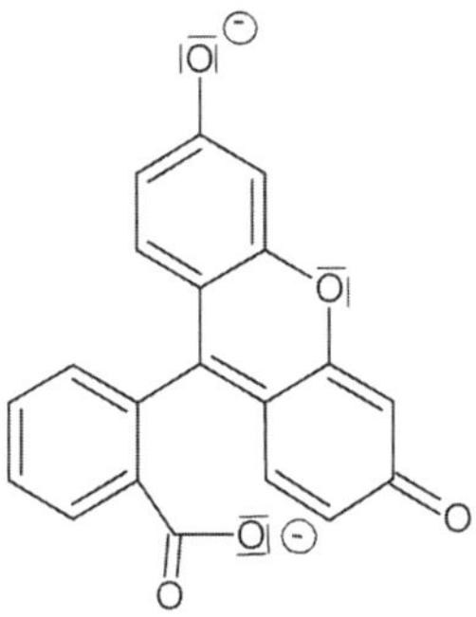

Fluoreszein-Dianion

I

(Fluoreszenzmittel)

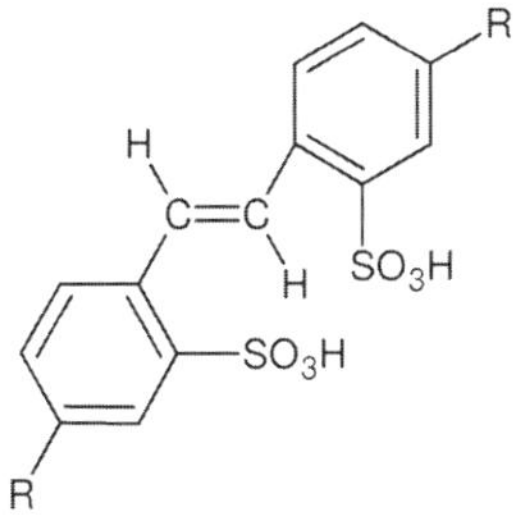

trans-Stilbendi-
sulfonsäurederivat

II

(Weißtöner)

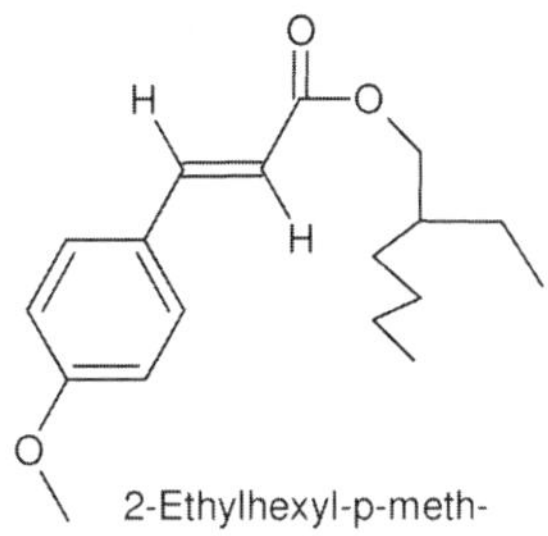

2-Ethylhexyl-p-meth-
oxycinnamat
(Eurolex 2292)
trans-Zimtsäuretransester

III

(UV-Schutzmittel)

A5:
Die Fäden aus Polymilchsäure werden enzymatisch abgebaut und müssen daher nicht mehr gezogen werden.

A6:
Gemeinsamkeiten:
Alle drei in der Aufgabenstellung genannten Kautschukarten sind makomolekulare Elastomere, die ihre elastischen Eigenschaften erst durch chemische Verarbeitung erhalten, sei es „nur" durch Vulkanisation wie beim Naturkautschuk, sei es durch Polymerisation wie beim Butylkautschuk, sei es durch Polykondensation und anschließende Vernetzung wie beim Siliconkautschuk.

Unterschiede:
Einige Unterschiede sind in Stichworten in der folgenden Tabelle aufgelistet.

Naturkautschuk	**Butylkautschuk**	**Siliconkautschuk**
elastisch, Dehnfaktor hängt vom Vulkanisationsgrad, d.h. vom S-Gehalt ab, löst sich in Öl und Benzin, entflammt relativ leicht und verbrennt mit rußender Flamme zu CO_2 und H_2O	ähnlich wie Naturkautschuk, aber im Vergleich zu diesem weniger luftdurchlässig, und resistenter gegen Oxidation, Hydrolyse und Abbau durch Licht	elastisch, Dehnfaktor hängt von Vernetzungsgrad und -art ab, löst sich nicht in Öl und Benzin, entflammt sehr schwer und verbrennt zu SiO_2, CO_2 und H_2O
Hauptkette aus *cis*-Polyisopren (Isopren = 2-Methyl-butadien)	Hauptkette ist ein Copolymer aus 97% bis 99% Isobuten und 1% bis 3% Isopren.	Hauptkette ist Polydimethylsiloxan, gewonnen aus Dichlordimethylsilan.

Naturkautschuk	Butylkautschuk	Siliconkautschuk
Naturkautschuk wird aus dem Latex des Gummibaums gewonnen.	Isobuten wird aus den Crackgasen von Erdölfraktionen gewonnen.	Dichlordimethylsilan wird aus Silicium und Chlormethan hergestellt (MÜLLER-ROCHOW Synthese).

A7:

a) $H_2O \rightarrow OH^{\circ} + H^{+} + e^{-}$ (Dieses Elektron geht ins Valenzband des TiO_2-Korns über.)

b) Das bei a) gebildete Kation H^{+} wird durch Aufnahme eines Elektrons aus dem Leitungsband des TiO_2-Korns zu ½ H_2 reduziert.

c) $OH^{\circ} + OH^{\circ} \rightarrow HO-OH$ (Das gebildete Wasserstoffperoxid ist ein starkes Oxidationsmittel, weil der darin gebundene Sauerstoff die Oxidationszahl –I hat und bestrebt ist, die Oxidationszahl –II zu erreichen.)

A8:

Offene Lösung für das Ergebnis einer Recherche.

Hinweis: Neben Büchern (*Chemie 2000+*, andere Bücher, Zeitschriften) sowie Internet (Einstieg über eine Suchmaschine oder über www. Chemiedidaktik.uni-wuppertal.de > Chemie 2000+ Online > Bücher > Bd. 3 > S. 130 > Links zu Seiten mit Textilien) bietet sich auch die Infoserie „Textilchemie“ des Fonds der Chemischen Industrie zur Recherche an. Sie besteht aus einer gedruckten Broschüre und einer CD-ROM mit Versuchen und Arbeitsblättern.

A9:
Mögliche Lösung:
(*Hinweis*: Der Zentralbegriff ist sowohl als „Ausrüsten von Textilien“, als auch „Ausgerüstete Textilien“ zu verstehen.)

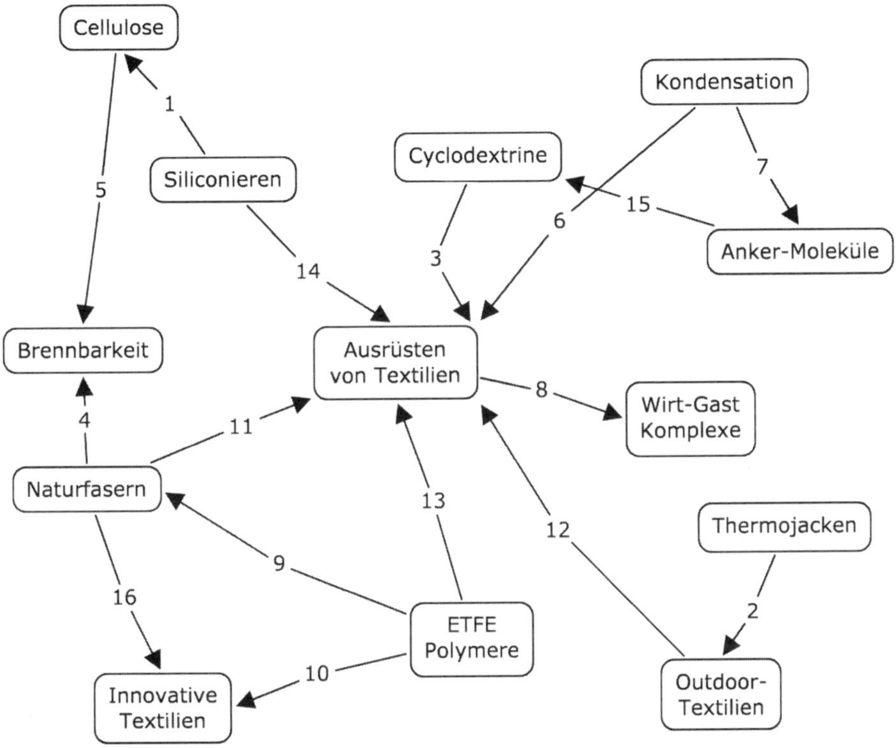

1. ist eine Möglichkeit der Hydrophobierung von
2. sind aus gegen Kälte und Wärme ausgerüsteten
3. werden verwendet zum
4. für Feuerwehrkleidung müssen ausgerüstet werden gegen
5. ist nicht geschützt gegen
6. ist als Reaktionstyp oft vertreten beim
7. verläuft oft besser beim Einsetzen von
8. mit Cyclodextrinen führt mit manchen Molekülen zur Bildung von
9. sind keine
10. sind
11. werden für Bekleidungstextilien nur eingesetzt als
12. sind immer
13. sind bereits durch die Synthese mit Flammschutz
14. beinhaltet den Einsatz von Chloralkalisilenen beim
15. dienen beim Ausrüsten von Cellulose mit
16. Können durch Ausrüsten überführt werden in

Hinweis: Eine free-software zur Erstellung von concept maps ist zugänglich über: www.chemiedidaktik.uni-wuppertal.de > Chemie Interaktiv > Methodik-Seminar > Mind-Mapping und Concept-Mapping.

A10, A11, A12:
Die Lösungen zu diesen Aufgaben sind offen. Die Aufgaben können als Anregungen für fächerübergreifendes Arbeiten mit den Fächern Deutsch (A10), Sozialkunde (A11), Geographie und Biologie (A13) sowie für Referate und Facharbeiten dienen.

Seite 410 und 411

Auswertung a):
Da die in V6 zu testenden Materialien von den Schülerinnen und Schülern frei wählbar sind, fehlen entsprechende Angaben in der folgenden Tabelle.

Versuch	**Leimart**	**Aussehen**	**Lösemittel**
V1	Stärkeleim	weiß, klumpig	Wasser
V2	Dextrinleim	dünnflüssig, klar, hellgelb	Wasser
V3	Caseinleim	zähflüssig, weiß bis hellgelb	Wasser
V4	Nitrocelluloseleim	viskos, milchig weiß	Aceton

Auswertung b):
Das Fädenziehen deutet auf Kohäsionskräfte innerhalb des Leims hin. Ferner wirken Adhäsionskräfte, da der Leim am Glas kleben bleibt.

Auswertung c):
Das freigesetzte, deutlich riechbare Ammoniak stammt von den Aminosäure-Resten des Caseins aus dem Quark. Bei dem farblosen Gas handelt es sich um Kohlenstoffdioxid, das durch Decarboxylierung der Carboxyl-Gruppen der Aminosäuren freigesetzt wird.

Auswertung d):
In V5 wird durch Verkohlen das Element Kohlenstoff nachgewiesen.

Auswertung e):
Als Briefmarkenleim eignen sich alle in V1 bis V4 hergestellten Leime, da sie Papier gut kleben. Für die Verwendung als Tapetenleim muss auch eine gute Adhäsion auf den Putz gegeben sein. Caseinleim eignet sich zur Etikettierung von Flaschen, da er sowohl Papier als auch Glas verklebt. Weitere Vorschläge erwachsen aus den von den Schülerinnen und Schülern gewählten Materialsorten.

Auswertung f):
Einige Anforderungen an einen Klebstoff:

- große Kohäsionskräfte
- große Adhäsionskräfte auf den zu verleimenden Materialien
- Haltbarkeit
- umweltfreundlich
- gute Verarbeitbarkeit
- möglichst transparent trocknend
- ...

A1:
Disaccharide eignen sich nicht als Klebstoffe, da es sich nicht um Makromoleküle handelt. Ein Leim aus Disacchariden würde keinen guten Kohäsionskräfte haben, da hier keine langen Molekülketten miteinander wechselwirken oder sich miteinander verknäulen können. Es können in einem gewissen Ausmaß Adhäsionskräfte wirksam sein, da über die Hydroxy-Gruppen der Zucker-Bausteine Wechselwirkungen z.B. mit der Cellulose eines zu verklebenden Stücks Papier entstehen können.

A2:
Die innere Festigkeit dreidimensional verknüpfter Makromoleküle ist größer als die von zweidimensional verknüpften Makromolekülen, da hier ein festeres Netzwerk ausgebildet wird.

A3:
Die Herstellung der Methylcellulose findet in alkalischer Lösung statt, da bei der ablaufenden nucleophilen Substitution ein Teil der Hydroxy-Gruppen deprotoniert wird. Im weiteren Verlauf reagieren die deprotonierten Gruppen unter Etherbildung mit dem zugesetzten Halogenalkan (vgl. *Chemie 2000+*, S. 247, B5).

A4:
Ein Strukturausschnitt der Nitrocellulose kann wie folgt formuliert werden:

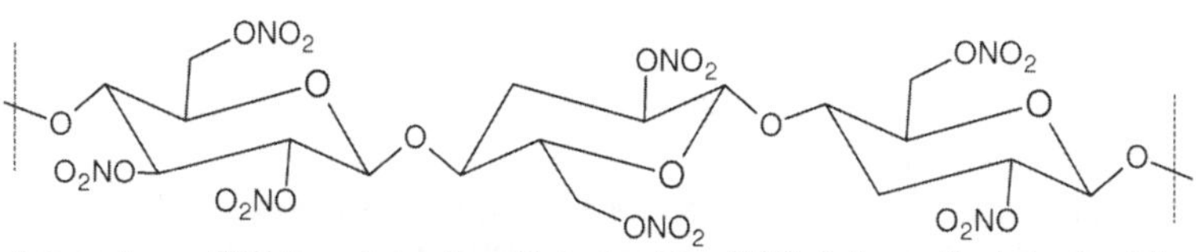

Nitrocellulose

Anmerkung: Richtig wäre eigentlich der Begriff Cellulosenitrat. In der Literatur hat sich jedoch der Begriff Nitrocellulose durchgesetzt und wird auch hier verwendet.

B4:
Ist die Kohäsion sehr groß und die Adhäsion nicht, so kommt es nicht zur Haftung an den zu verklebenden Materialien. Nach Verdampfen des Lösemittels entstünde lediglich ein Feststoffklumpen.
Umgekehrt würde im Falle einer großen Adhäsionskraft, aber einer nur geringen Kohäsion ein Klebstofffilm an den zu verklebenden Komponenten entstehen, ohne dass beide Komponenten nicht miteinander verklebt wären.

B5:

Bei der Herstellung von Methylcellulose werden in Gegenwart von wässriger Natronlauge die Hydroxy-Gruppen durch Halogenalkane alkyliert. Es findet eine nucleophile Substitution statt.

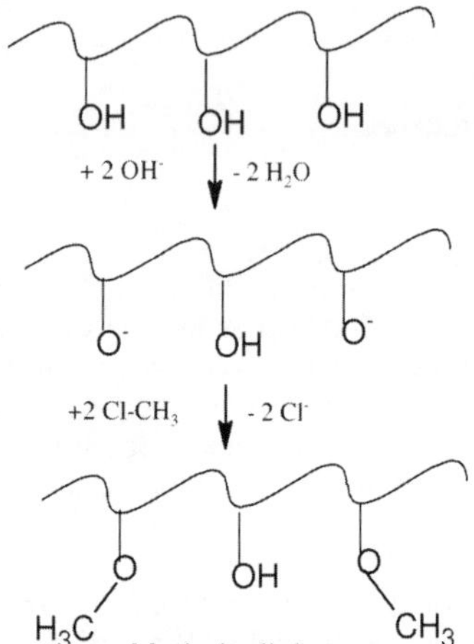

Methylcellulose

Es ist darauf zu achten, dass die deprotonierten Hydroxy-Gruppen als Nucleophil wirken und das Halogen-Atom des verwendeten Halogenalkans ersetzen. Es kommt also *nicht* zur Spaltung der C-O-Bindung bei den Cellulose-Molekülen. Diese würde nur säurekatalysiert verlaufen, da die OH^- -Gruppe eine schlechte Abgangsgruppe ist.

Seite 412 und 413

Auswertung a)

V1: Auf trockener Pappe erfolgt die Erhärtung nur langsam, auf feuchter Pappe entsteht an der Kontaktstelle schnell eine leichte Trübung, dort wird der Klebstoff auch zuerst fest.

V2: Im Leitungswasser wird der Tropfen nach einigen Sekunden leicht trübe, er schwimmt an der Wasseroberfläche, mit der Pinzette lässt sich ein weicher, milchig-trüber Stoff aus dem Wasser ziehen. In heißem Leitungswasser sinkt der milchig-trübe Tropfen schnell auf den Boden des Becherglases. Die Härte ist wesentlich größer, der Stoff ist aber noch verformbar. In Natronlauge erstarrt der Tropfen unmittelbar, wird milchig-trübe und sinkt zu Boden, der Stoff ist hart und spröde.

V3: Nach der Reinigung in der Spülmaschine ist die zuvor sehr stabile Klebung zerstört.

Auswertung b)
Im gebildeten Carbanion wird sich die negative Ladung an demjenigen Kohlenstoff-Atom befinden, an dem die beiden Substituenten einen -I-Effekt ausüben und so die negative Ladung stabilisieren können.

Auswertung c)
Auf trockener Pappe setzt die Reaktion nur langsam ein, da an der Pappe nur sehr geringe Wasserspuren haften, Luftfeuchtigkeit kann den Start der Kettenreaktion bewirken. An feuchter Pappe setzt die Reaktion an der Phasengrenze zum Wasser ein, was die dort auftretende Trübung und einsetzende Erhärtung erklärt. Zur Reaktion werden Hydroxid-Ionen benötigt, die im Leitungswasser in einer Konzentration von 10^{-7} $^{mol}/_{L}$ vorhanden sind. Daher führt eine Erhöhung der Konzentration der Hydroxid-Ionen zu einer Steigerung der Reaktionsgeschwindigkeit (Natronlauge anstelle von Leitungswasser). Auch eine Temperaturerhöhung steigert die Reaktionsgeschwindigkeit, wie die Polymersiation in heißem Leitungswasser zeigt.

Auswertung d)
Auf einer trockenen Klebefläche kann der Sekundenkleber langsam erhärten. Es bilden sich nur wenige Polymerketten, diese können aber sehr groß werden. Dadurch erhöht sich die Festigkeit des Produktes.

Auswertung e)
Da Sekundenklebstoffe als Thermoplaste nur begrenzt wärmebeständig sind und eine hohe Feuchtigkeit durch basisch katalysierte Hydrolyse zur Auflösung der Klebung führt, hält eine Klebung mit Sekundenklebstoff dem „Spülmaschinen-Test“ nicht stand.

B1:
Aus Gummibärchen lässt sich Klebstoff herstellen.

B2:
Gemeinsamkeiten: Alle Verbindungen enthalten Doppelbindungen und können zu Makromolekülen polymerisieren. Mit Methylmethacrylat hat Cyanacrylsäureester die Estergruppe gemeinsam, mit Vinylchlorid einen Substituenten mit -I-Effekt.

B3:

Bezeichnung	**Basisrohstoff**	**Art der Härtung**
Methylmethacrylate	Methacrylsäuremethylester	Polymerisation
Strahlenhärtbare Klebstoffe	Epoxyacrylate, Polyesteracrylate	Polymerisation
Silicone	Polyorganosiloxane	Polykondensation

Bezeichnung	Basisrohstoff	Art der Härtung
Polyurethane	di- und trifunktionelle Isocyanate, Polyole	Polyaddition

B4:

Anionische Polymersiation bedeutet, dass bei der Polymerisation die Doppelbindung durch ein Anion aktiviert wird.

Beim Isobuten-Molekül befinden sich an der Doppelbindung zwei Methylgruppen, die einen +I–Effekt ausüben und ein Carbeniumion stabilisieren können. Im Cyanacrylsäureester-Molekül befinden sich an der Doppelbindung zwei Substituenten mit -I–Effekt, welche die Elektronendichte an der Doppelbindung verringern, den Angriff nucleophiler Reagenzien begünstigen und das entstehende Carbanion stabilisieren.

B5:

Für die Auflösung der Klebung bei hoher Luftfeuchtigkeit wird eine basisch katalysierte Hydrolyse postuliert. Nach diesem Mechanismus spalten sich Formaldehyd-Moleküle (H_2CO) ab. Der Nachweis von Formaldehyd unter den Produkten bestätigt daher den Mechanismus. Ebenso bestätigt der Effekt, dass eine Erhöhung des *p*H-Wertes von 7 auf 8 die Reaktionsgeschwindigkeit erhöht, den postulierten Mechanismus, da hierbei die Hydrolyse durch Hydroxid-Ionen gestartet wird.

A1:

Anionische Polymerisation mithilfe tertiärer Amine:

1. Startreaktion

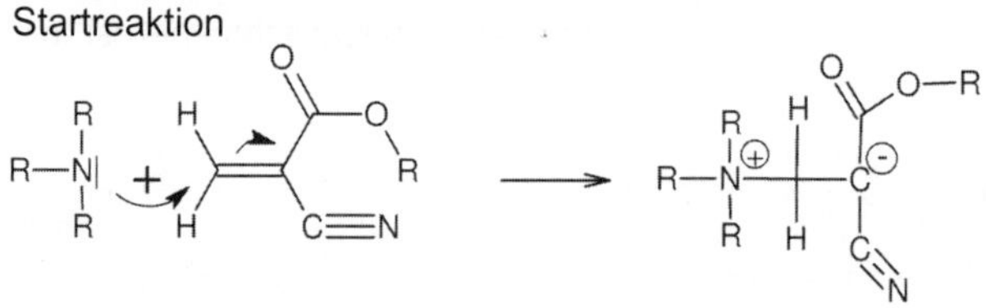

2. Polymerisation

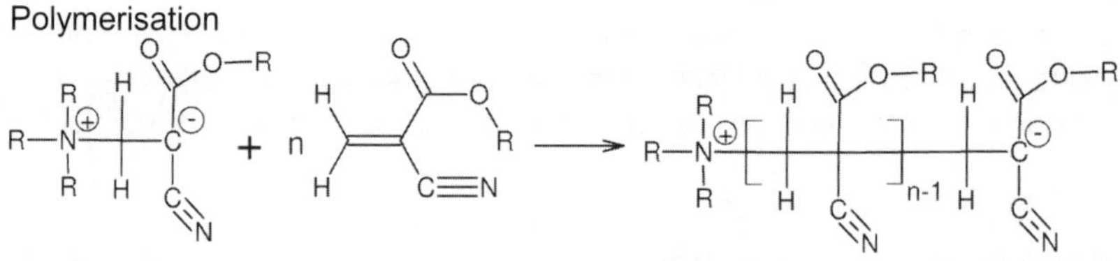

A2:

Da Feuchtigkeit die Aushärtung initiiert, muss der Klebstoff dicht verschlossen und trocken gehalten werden. Da eine Temperaturerhöhung zu einer Erhöhung der Reaktionsgeschwindigkeit führt, sollte der Klebstoff auch kühl gelagert werden.

A3:
Da Sekundenklebstoffe als Thermoplaste nur begrenzt wärmebeständig sind und eine hohe Feuchtigkeit durch basisch katalysierte Hydrolyse zur Auflösung der Klebung führt, hält eine Klebung mit Sekundenklebstoff dem „Spülmaschinen-Test“ nicht stand. Verwendet man Epoxidharz-Klebstoffe wie Pattex®Kraft-Mix oder Uhu®plus, hält die Klebung auch nach der Reinigung in der Spülmaschine. Bei Epoxidharz-Klebstoffen reagiert ein Harz (z.B. Bisphenol-A-bis-epoxid) mit einem Härter wie Polyamin durch Polyaddition zu linearen Ketten, die allerdings durch restliche Protonen an den Stickstoff-Atomen und weitere Epoxid-Moleküle mehrdimensionale vernetzte Polymere ausbilden können.

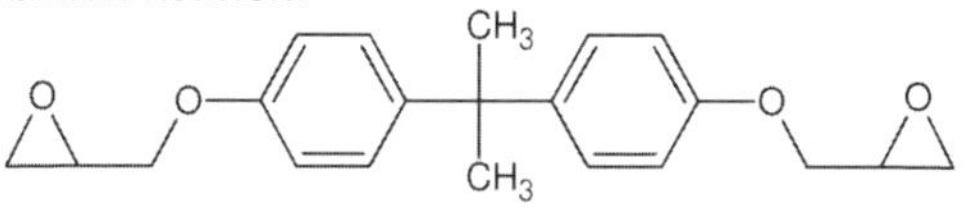

Diphenol-A-bis-Epoxid (Harz)

$H_2N—X—NH_2$ Polyamin (Härter)

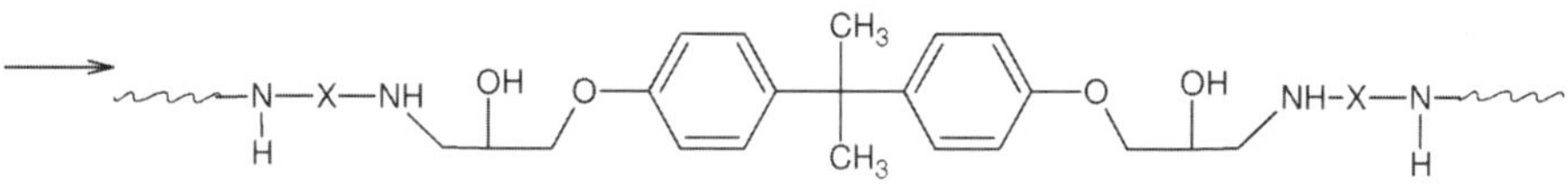

A4:
Früher wurden im Automobilbau und in der Flugzeugherstellung Stahlbleche vernietet. Durch den Einsatz von Klebstoff kann man leichtere, faserverstärkte Kunststoffe und Leichtmetalllegierungen verwenden. Dadurch erhält man eine höhere Flexibilität, höhere Festigkeit und ein geringeres Gewicht, sodass Treibstoffkosten gespart werden.

Seite 414 und 415

Auswertung a):
Man misst in V1 z.B. bei Benzoesäure einen *p*H-Wert von ca. 3, bei Salicylsäure einen *p*H-Wert von ca. 2,5 (genauere Werte wären 2,6 und 2,0).

Auswertung b):
Salicylsäure ist in Wasser nicht, in Ethanol hingegen schon und in Natronlauge gut löslich. Benzoesäure ist in Wasser unlöslich, in Ethanol und Natronlauge schlechter löslich als Salicylsäure.
Beide Stoffe sind in Wasser kaum aber in Ethanol gut löslich, da die Moleküle einen großen hydrophoben Teil haben und die Carboxyl-Gruppe hauptsächlich undissoziiert

vorliegt. In Natronlauge geben Benzoesäure- und Salicylsäure-Moleküle Protonen ab, es entstehen Säureanionen.

Auswertung c):
Aus dem Protolysegleichgewicht

$$\mathrm{HA} \rightleftharpoons \mathrm{H^+} + \mathrm{A^-}$$

erhält man für die Säurekonstante K_S

$$K_s = \frac{c(\mathrm{A^-}) \cdot c(\mathrm{H^+})}{c(\mathrm{HA})}$$

Da nach dem Auflösen näherungsweise

$$c(\mathrm{A^-}) = c(\mathrm{H^+(aq)})$$

und

$$c(\mathrm{HA}) \approx c_0(\mathrm{HA})$$

gilt, resultiert

$$K_S = c\frac{(\mathrm{H^+(aq)})^2}{c_0(\mathrm{HA})}$$

Damit erhält man mit den gemessenen Werten:

$$pK_S(\text{Benzoesäure}) = -\lg\left(\frac{10^{-2\cdot 3}}{0{,}1}\right) = 5$$

und

$$pK_S(\text{Salicylsäure}) = -\lg\left(\frac{10^{-2\cdot 2{,}5}}{0{,}1}\right) = 4$$

Abweichungen vom Literaturwert können durch Messungenauigkeiten, Verunreinigungen, Konzentrationsfehler, Temperaturunterschiede u.a. verursacht sein.

Auswertung d):

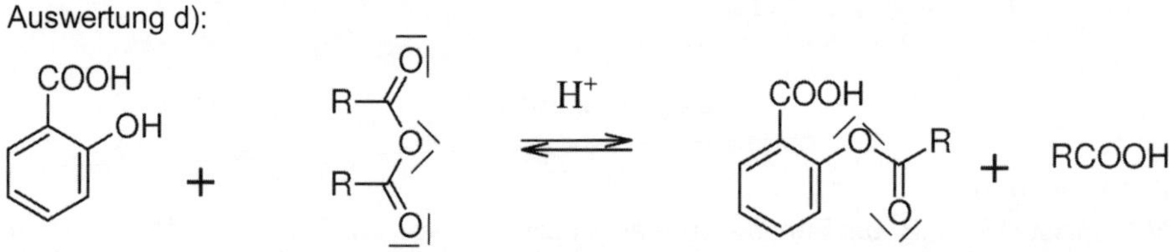

Im ersten Schritt wird das Essigsäureanhydrid-Molekül durch die Schwefelsäure protoniert. Das mesomeriestabilisierte Hydroxycarbokation wird im zweiten Schritt durch die Hydroxy-Gruppe des Salicylsäure-Moleküls elektrophil angegriffen. Nach der Deprotonierung erfolgt im dritten Schritt die Eliminierung des Essigsäure-Moleküls, sodass das Acetylsalicylsäure-Molekül entsteht.

Auswertung e):
Da Acetylsalicylsäure in Ethanol leicht löslich ist, kann man es durch Lösen in Ethanol von den in Ethanol unlöslichen Bestandteilen Stärke und Cellulose abtrennen.

Auswertung f):
Ein Salicylsäure-Molekül enthält eine phenolische Hydroxy-Gruppe. Dadurch kann es mit Eisen(III)-Ionen zu farbigen Verbindungen reagieren. Durch die Untersuchung der Acetylsalicylsäure-Präparate kann man mithilfe von V4 prüfen, ob noch Verunreinigungen von Salicylsäure im Medikament vorhanden sind.

Auswertung g):
Versetzt man eine halbe Aspirin-Tablette mit Natronlauge, hydrolysiert die Acetylsalicylsäure zu Na-Salicytat und Na-Acetat. Durch Versetzung mit Salzsäure entstehen wieder die molekularen Säuren. Die Salicylsäure wird anschließend mit Eisen(III)-chlorid-Lösung nachgewiesen.

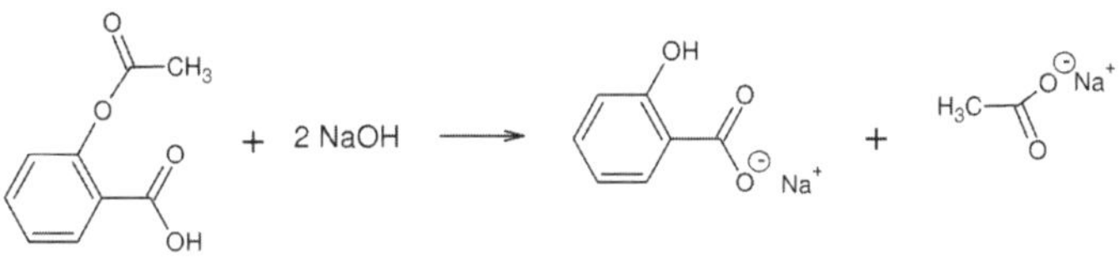

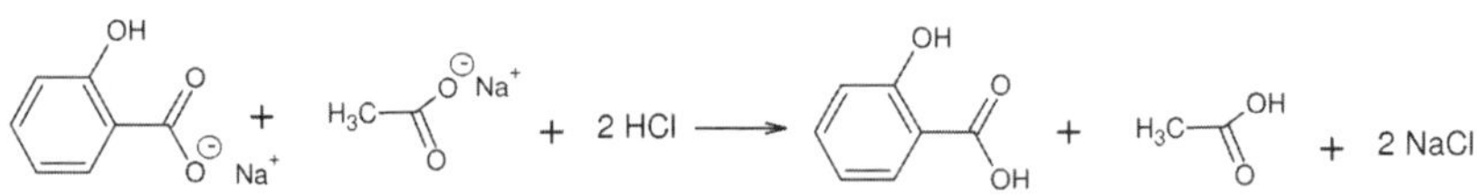

Bei der alkalischen Verseifung greift das Hydroxid-Ion das positiv polarisierte Kohlenstoff-Atom der Carbonyl-Gruppe an. Dabei bildet sich eine Bindung aus und die Bindung zum Sauerstoff-Atom des Salicylat-Restes wird gespalten. Das Dianion deprotoniert anschließend die Essigsäure, sodass keine Rückreaktion mehr stattfinden kann.

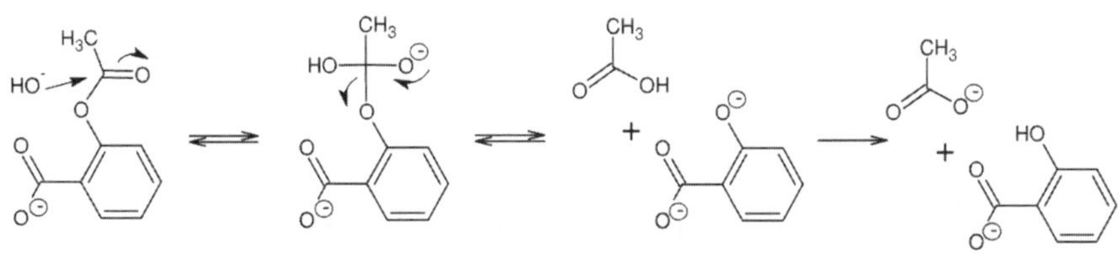

B1:
Der Geruch nach Essig zeigt eine Hydrolyse der Acetylsalicylsäure an feuchter Luft zu Essigsäure und Salicylsäure an. Da Salicylsäure grässlich schmeckt, sollten die Tabletten nicht mehr verwendet werden.
Hilfsstoffe in Aspirin® sind Cellulosepulver und Maisstärke, in Aspirin® direkt sind neben Acetylsalicylsäure noch Mannitol, Magnesiumcarbonat, Citronensäure,

Maisstärke, Carmellose-Natrium, Natriumcarbonat, Ascorbinsäure, Aspartam, Calciumstearat, Farbstoff E 110 und Aromastoffe enthalten.

B3:

Die hohe Säurestärke der *o*-Hydroxybenzoesäure kann nicht allein mit dem - I-Effekt der Hydroxy-Gruppe erklärt werden. Als wesentlicher Effekt kommt hinzu, dass das Anion durch eine intramolekulare Wasserstoffbrückenbindung zwischen der Carboxy- und der benachbarten Hydroxy-Gruppe stabilisiert wird, die zur Ausbildung eines sterisch günstigen Sechsrings führt.

B4:

Acetylsalicylsäure (HAs) ist ein organisches Molekül mit einem großen hydrophoben Anteil und aufgrund der geringen Polarität nur schwer in Wasser löslich. Liegt es hingegen als Anion (As^-) vor, ist dieses in Wasser leicht löslich.
Das Stoffmengenverhältnis von Säure zu Anion ist *p*H-abhängig:

$$HAs + H_2O \rightleftharpoons As^- + H_3O^+$$

$$K_s = \frac{c(As^-)\cdot c(H_3O^+)}{c(HAs)} \Rightarrow \frac{c(As^-)}{c(HAs)} = \frac{K_s}{c(H_3O^+)} = \frac{10^{-pK_s}}{10^{-pH}} = 10^{pH - pK_s}$$

*p*H	$\frac{n(As^-)}{n(HAs)}$	$\frac{n(As^-)}{n(HAs)+n(As^-)}$
1,5	0,01 : 1	0,99%
2,5	0,1 : 1	9,09%
3,5	1 : 1	50,00%
4,5	10 : 1	90,90%
5,5	100 : 1	99,00%
6,5	1000 : 1	99,90%

Bei gleichen Volumen gilt:

$$\frac{n(As^-)}{n(HAs)} = 10^{pH-3,5}$$

B5:

Das Prostaglandin E_2-Molekül besitzt vier asymmetrische Kohlenstoff-Atome.

A1:

Essigsäureanhydrid kann wegen der starken positiven Partialladungen an den Kohlenstoff-Atomen besser nucleophil angegriffen werden als Essigsäure. Das Acetat-Ion kann wegen der geringeren Basizität im Vergleich zum Hydroxid-Ion leichter abgespalten werden.

A2:

Aus Methanol und Salicylsäure entsteht Salicylsäuremethylester, Wintergrünöl. In diesem Molekül ist die Carbonsäure-Gruppe der *o*-Hydroxybenzoesäure verestert.

Aspirin, Acetylsalicylsäure, gehört ebenfalls zur Gruppe der Ester. Allerdings dient hier die Hydroxy-Gruppe der *o*-Hydroxybenzoesäure als Alkohol, der mit Essigsäure verestert wird.

Beide Verbindungen sind Ester, die Salicylsäure als Baustein enthalten. Beim Wintergrünöl ist Salicylsäure als Säure an der Esterbindung beteiligt, beim Aspirin dient Salicylsäure als Alkohol.

A3:

Synthese von Salicylsäure nach dem KOLBE-SCHMITT-Verfahren:

Das Kohlenstoff-Atom des Kohlenstoffdioxid-Moleküls ist stark positiv polarisiert und greift den Ring elektrophil an.

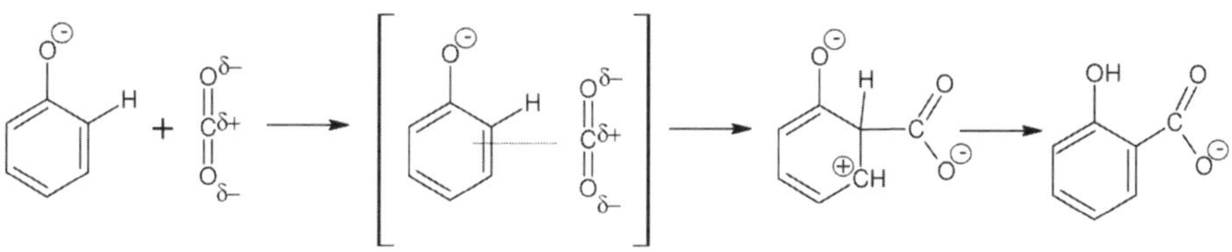

Tradukt Interdukt Rearomatisierung

Man verwendet hierbei Natriumphenolat anstelle von Phenol, da das Phenolat-Ion reaktiver als das Phenol-Molekül ist. Im Phenolat-Ion liegen ein +M- und ein + I-Effekt vor, welche die Elektronendichte im Ring erhöhen. Daher kann das relativ schwach elektrophile Kohlenstoffdioxid-Molekül eher mit dem Phenolat-Ion reagieren als mit dem Phenol-Molekül, in dem die Hydroxy-Gruppe einen - I-Effekt ausübt.

A4:

Man versetzt die Probe mit unbekannter ASS-Konzentration mit Natronlauge bekannter Konzentration im Überschuss und erhitzt die Lösung zum Sieden. Hierbei hydrolysiert die Acetylsalicylsäure zu Salicylsäure und Essigsäure und die Carboxyl-Gruppen werden deprotoniert. Durch Titration mit Salzsäure wird die nicht verbrauchte Natronlauge bestimmt. Man titriert mit Phenolrot, da im unteren Umschlagsbereich von Phenolrot die Acetat-Ionen und die Carboxylat-Gruppe der Salicylsäure so gut wie nicht protoniert werden.

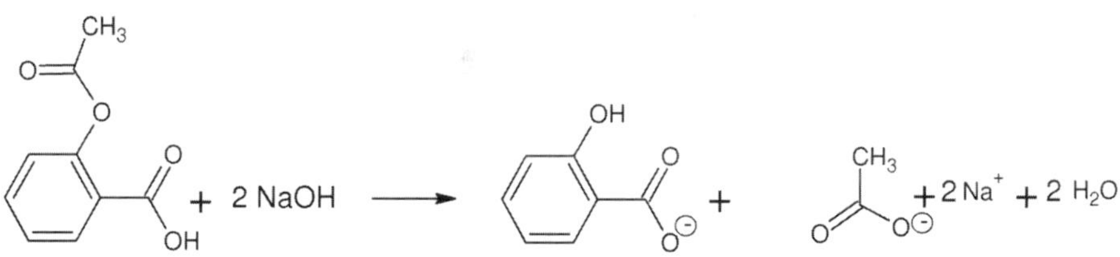

Seite 416 und 417

B1:

Synthese von Acetanilid aus Anilin und Essigsäure:

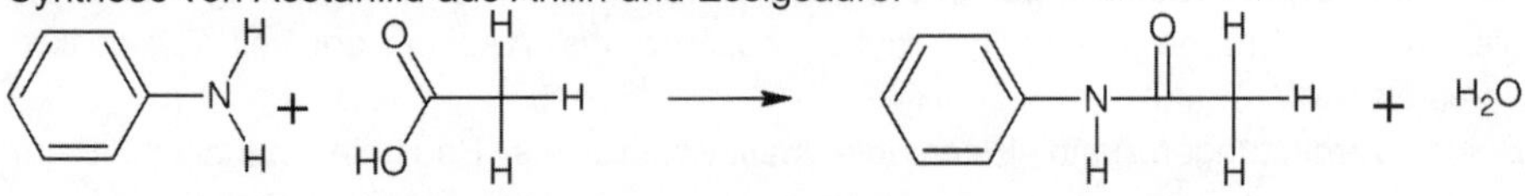

Anilin   Essigsäure

B2:

Synthese von Phenacetin aus *p*-Nitrophenol

1. Nucleophile Substitution

p-Nitrophenol

2. Reduktion

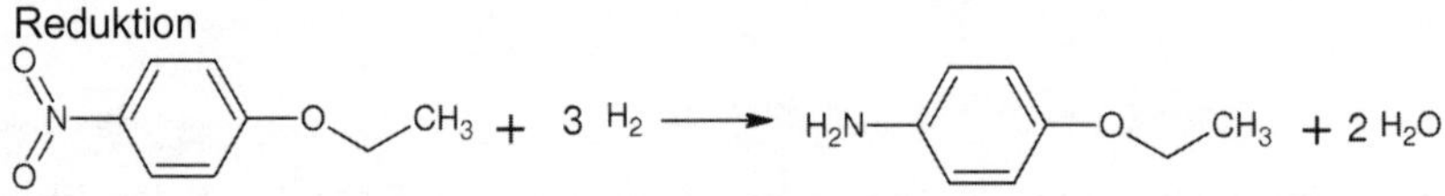

3. Nucleophile Substitution

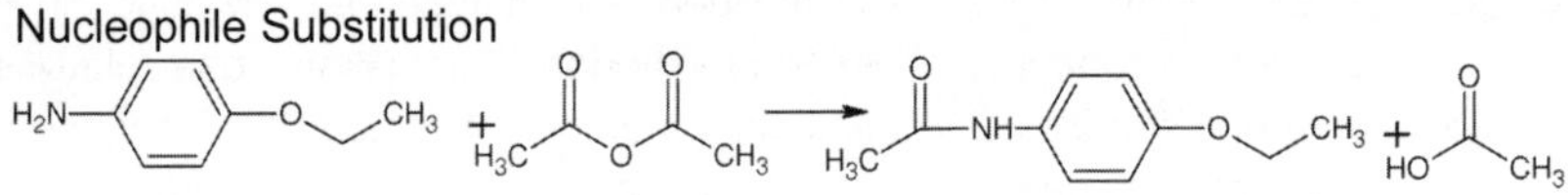

A1:

Synthese von Paracetamol aus *p*-Nitrophenol:

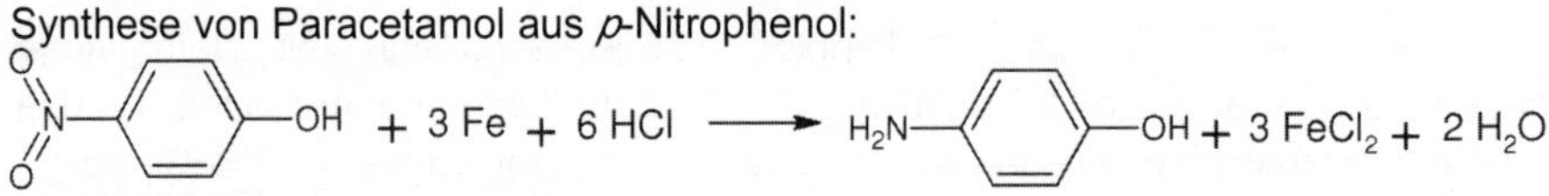

p-Nitrophenol

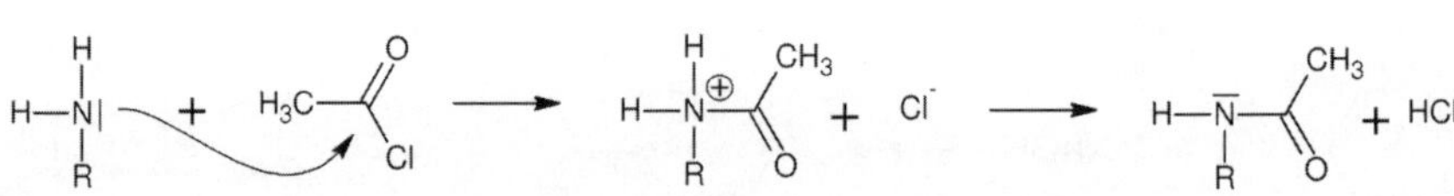

Seite 418 und 419

Auswertung b):
Ascorbinsäure ist eine zweiprotonige Säure ohne Carboxy-Gruppen. Das Monoanion ist wie das Dianion mesomeriestabilisiert. Als wesentlicher Effekt kommt hinzu, dass das Anion durch eine intramolekulare Wasserstoffbrückenbindung stabilisiert wird, die zur Ausbildung eines sterisch günstigen Fünfrings führt.

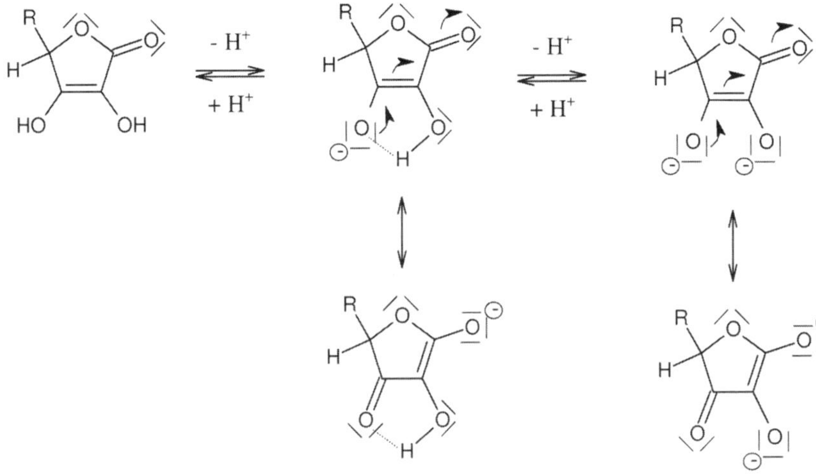

Auswertung c):
Ascorbinsäure reagiert als Säure: mit Universalindikator kommt es zur Rotfärbung, bei der Reaktion mit Magnesium entsteht Wasserstoff, Kalk wird unter Bildung von Kohlenstoffdioxid zersetzt.

$$AscH_2 + 2\,H_2O \rightarrow Asc^{2-} + 2\,H_3O^+$$
$$AscH_2 + Mg \rightarrow Asc^{2-} + Mg^{2+} + H_2$$
$$AscH_2 + CaCO_3 \rightarrow Asc^{2-} + Ca^{2+} + H_2O + CO_2$$

Auswertung d):
Die FEHLING-Reaktion bei Glucose findet nur bei erhöhter Temperatur statt, bei Ascorbinsäure schon bei Raumtemperatur. Dies zeigt, das Ascorbinsäure ein stärkeres Reduktionsmittel ist.

Auswertung e):
Bei der Oxidation von Ascorbinsäure ändern sich die Oxidationszahlen der Kohlenstoff-Atome an der Doppelbindung. Ascorbinsäure reduziert Silber-Ionen, entfärbt eine Iod-Lösung, da Iod-Moleküle zu Iod-Ionen reduziert werden, und reduziert Kupfer(II)-Ionen. Das Standardpotenzial muss unterhalb demjenigen von I_2/I^- und Ag^+/Ag liegen, also unterhalb von 0,54 V.

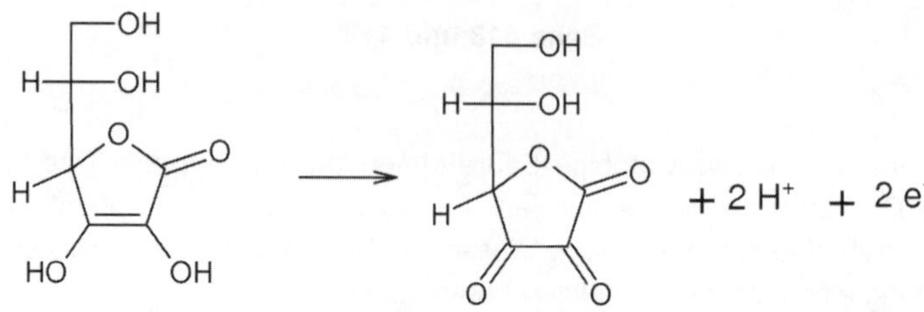

$AscH_2$ $\quad$ Asc_{Ox}

$$AscH_2 + 2\,Ag^+ \rightarrow Asc_{Ox} + 2\,H^+ + 2\,Ag$$
$$AscH_2 + I_2 \rightarrow Asc_{Ox} + 2\,H^+ + 2\,I^-$$

Auswertung f):

Bei der Titration von Ascorbinsäure-Lösung mit Kaliumiodat-Lösung werden zunächst die Kaliumiodat-Ionen zu Iodid-Ionen reduziert, indem Ascorbinsäure oxidiert wird. Am Äquivalenzpunkt komproportionieren die Iodat- und Iodid-Ionen zu Iod-Molekülen, die mit Stärke einen blauen Komplex bilden. Am Äquivalenzpunkt haben alle Ascorbinsäure-Moleküle reagiert und für die Stoffmengen gilt: 3 $n(KIO_3)=n(Asc_{Ox})$. Mit den Beziehungen $c = {}^{n}/_{V}$ und $n = {}^{m}/_{M}$ erhält man die Masse von Ascorbinsäure in der zu bestimmenden Lösung:

$$IO_3^- + 3\,AscH_2 \rightarrow I^- + 3\,Asc_{Ox} + 3\,H_2O$$

$$3 \cdot n(\mathrm{KIO_3}) = n(\mathrm{AscH_2})$$
$$3 \cdot c(\mathrm{KIO_3}) \cdot V(\mathrm{KIO_3}) = \frac{n(\mathrm{AscH_2})}{M(\mathrm{AscH_2})}$$
$$\begin{aligned} m(\mathrm{AscH_2}) &= 3 \cdot c(\mathrm{KIO_3}) \cdot M(\mathrm{AscH_2}) \cdot V(\mathrm{KIO_3}) \\ &= 3 \cdot 0{,}0333\ {}^{\mathrm{mol}}/_{\mathrm{L}} \cdot 176\ {}^{\mathrm{g}}/_{\mathrm{mol}} \cdot V(\mathrm{KIO_3}) \\ &= 17{,}6\ {}^{\mathrm{g}}/_{\mathrm{L}} \cdot V(\mathrm{KIO_3}) \end{aligned}$$

Auswertung g):

In diesem Versuch wird gezeigt, dass Ascorbinsäure aufgrund der *p*H-Abhängigkeit des Redoxpotenzials in alkalischer Lösung besonders schnell oxidiert wird. Desweiteren wird die Reaktion auch von Kupfer-Ionen beschleunigt. Citronensäure-Moleküle hingegen komplexieren Schwermetall-Ionen und verhindern so die Oxidation (vgl. auch A2).

B2:
Man sollte die Speisen nicht zu lang erhitzen. Durch Auslaugen beim Waschen und Kochen geht ebenfalls Vitamin C verloren. Je länger das Material gewaschen und gekocht wird und je kleiner die Gemüsestücke sind, desto mehr Vitamin C löst sich im Wasser.

B3:
mg Vitamin C in 100 g roher Frischsubstanz

Johannisbeere, schwarz	189	Petersilienkraut	166
Kiwi	150	Meerrettich	114
Papaya	50	Broccoli	110
Grapefruit	41	Rosenkohl	102
Johannisbeere, rot	36	Blumenkohl	69
Stachelbeere	34	Kohlrabi	66
Mandarine	32	Spinat	51
Mango	30	Tomaten	24

B4:
Wasserstoffbrückenbindungen der Endiolform

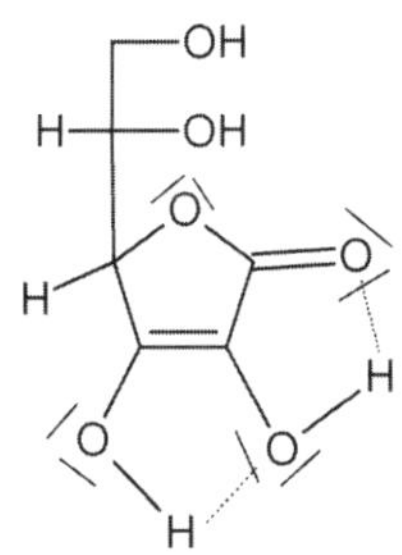

B6:
Fast 60% der jährlichen Produktion in Höhe von 40.000 t Ascorbinsäure werden in Lebensmitteln eingesetzt. Hier erfüllt die Ascorbinsäure verschiedene Aufgaben: In Margarine, Wein und Säften dient sie als Antioxidationsmittel, in Backwaren dient sie als Teigstabilisierungsmittel und in Wurstwaren als Umrötungsmittel.
In der Fleischindustrie wird Nitritpökelsalz, Kochsalz mit ca. 0,4% Natriumnitrit, eingesetzt, da es auf Bakterien wachstumshemmend wirkt und der Wurst den typischen Geruch und Geschmack gibt. Insbesondere erhält Nitritpökelsalz die rote Farbe von rohem Fleisch. Normalerweise zersetzt sich der Muskelfarbstoff an der Luft, Pökelsalz bildet hingegen mit dem Muskelfarbstoff einen roten Komplex. Allerdings kommt es in Nebenreaktionen zur Bildung von Nitrosaminen, die unter dem Verdacht stehen, krebserregend zu sein.

Ascorbinsäure reduziert Nitrit zu Stickstoffmonooxid und baut Nitrosamine ab. Daher ist ihre Verwendung in Wurstwaren besonders beliebt.

A1:

Kinder und Erwachsene sollen etwa 75 mg Vitamin C pro Tag zu sich nehmen. Da 100 g roter Paprika etwa 180 mg Ascorbinsäure enthalten, sollte man pro Tag etwa $\frac{75\,\text{mg}}{180\,\text{mg}} \cdot 100\,\text{g} = 42\,\text{g}$ roter Paprika essen, wenn man seinen Tagesbedarf ausschließlich mit roter Paprika decken möchte. Bei rohen Kartoffeln wären das eine Portion von $\frac{75\,\text{mg}}{28\,\text{mg}} \cdot 100\,\text{g} = 268\,\text{g}$.

A2:

Die Oxidation von Vitamin C wird durch Schwermetall-Ionen, insbesondere Kupfer(II)-Ionen, beschleunigt. Daher sollte man die Speisen nicht in Kupfergeschirr zubereiten. Weitere Tipps zur vitaminerhaltenden Zubereitung sind:

- die Entfernung von Schalen oder anderer vitaminhaltiger Teile vermeiden
- kurzes Waschen, sowie Kochen mit möglichst wenig Wasser, da Ascorbinsäure wasserlöslich ist
- kurzes Erhitzen
- Luftsauerstoff vermeiden, da Ascorbinsäure oxidiert

A3:

Die Oxidation von Ascorbinsäure wird durch Schwermetall-Ionen erheblich beschleunigt. Citronensäure verhindert dies, indem sie mit Schwermetall-Ionen stabile Komplexe bildet. Da Zitrussäfte Citronensäure enthalten, ist Vitamin C in Zitrussäften lange haltbar.

Ein weiterer wichtiger Punkt ist die *p*H-Abhängigkeit des Redoxpotenzials, das im sauren Bereich höher ist als im alkalischen. Daher wird Ascorbinsäure in sauren Lösungen, wie z. B. Zitrussäften, nicht so leicht vom Luftsauerstoff oxidiert.

A4:

Eisen(II)-Ionen oxidieren an der Luft leicht zu Eisen(III)-Ionen. Diese werden nicht vom Körper aufgenommen und sind daher unwirksam. Durch Ascorbinsäure können sie wieder zu Eisen(II)-Ionen reduziert werden.

A5:
DCPIP liegt als Phenolat (blau) vor, durch Aufnahme eines Protons bildet sich die Phenolgruppe (rot). Hydroxid-Ionen kehren den Vorgang um:

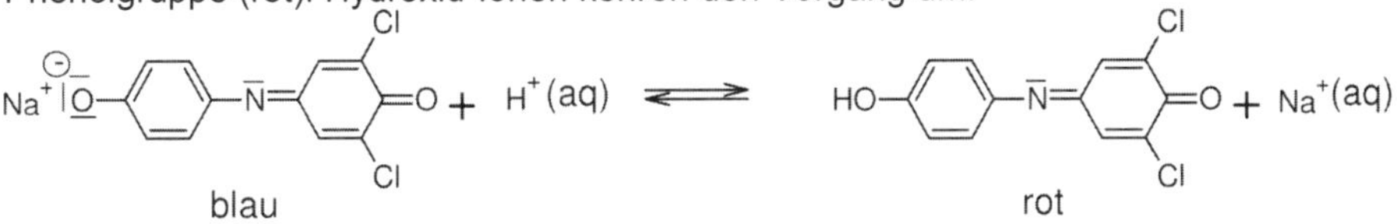

Durch Oxidation der Ascorbinsäure wird der Farbstoff DCPIP reduziert und es kommt zu einer Entfärbung.

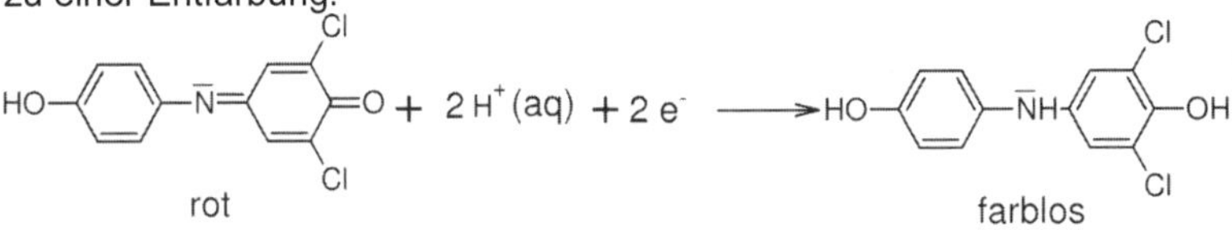

$$AscH_2 \rightarrow Asc_{OX} + 2H^+ + 2e^-$$

Titriert man also angesäuerte, Vitamin C-haltige Lösungen mit einer DCPIP-Lösung bekannter Konzentration, erfolgt zunächst eine Entfärbung, da beide Substanzen miteinander reagieren. Am Äquivalenzpunkt bleibt die rote Farbe erhalten, man beobachtet eine Rosafärbung der gesamten Lösung.

Seite 420 und 421

Auswertung a) und b):
Die Tablette von Aspirin® zerfällt sowohl in Salzsäure als auch in Natronlauge rasch. Die Tablette von Aspirin®protect zerfällt in Salzsäure gar nicht, in Natronlauge quillt sie nach einigen Minuten auf und zerfällt.
In verdünnter Säure liegt ein niedriger *p*H-Wert vor. Aufgrund der hohen Hydroxonium-Konzentration sind keine Carbonyl-Gruppen protolysiert. Die Polarität dieser Gruppen reicht nicht aus, das Copolymer des Überzuges aufzulösen, die Tablette ist stabil. In verdünnter Natronlauge hingegen protolysieren die Carbonyl-Gruppen. Die entstehenden Carboxylat-Gruppen erhöhen die Wasserlöslichkeit des Copolymers erheblich, sodass der Überzug aufbricht und sich langsam im Wasser löst.

Auswertung c):
Zur Vorbeugung von Herzinfarkten muss man ASS regelmäßig einnehmen. Um den Kontakt mit der Magenschleimhaut zu vermeiden, nimmt man Aspirin® protect, das sich im Magen (*p*H 1 - 2) nicht löst, wohl aber im Darm (*p*H 6 - 8).

Kopfschmerzen hat man nicht regelmäßig, sodass man Aspirin® nur einmalig einzunehmen braucht. Dabei kann sich die Tablette im Magen lösen - eine Schädigung der Magenschleimhaut ist beim einmaligen Einnehmen sehr unwahrscheinlich.

Hat man Kopfschmerzen, so möchte man, dass sie durch das Medikament schnell beseitigt werden. Hierzu sollte man nicht Aspirin®protect einnehmen, da die Tablette sich nur sehr verzögert im Darm löst. Die Tablette Asprin® löst sich umgehend bereits im Magen (*p*H 1 - 2).

Auswertung d) und e):
Man erhält Messreihen, die die *p*H-Abhängigkeit des Löseprozesses veranschaulichen. In der Aspirin®protect Tablette liegt das Protolysegleichgewicht der Carbonyl-Gruppen vor. Ab einem *p*H-Wert von etwa 5,5 liegt das Gleichgewicht auf der Seite der Carboxylat-Gruppen und die Überzüge lösen sich aufgrund der Ionenbildung auf.
Bei den mit Schellack überzogenen Vitamin C Präparaten dringt vermutlich Wasser ein, das den Innendruck in den Pellets erhöht und die Tabletten zum Platzen bringt. Bei höheren Temperaturen erfolgt die Freisetzung schneller.

Auswertung f):
Im Darm sind die Säuren des Schellacks aufgrund des hohen *p*H-Wertes protolysiert. Wegen der vorhandenen Carboxylat-Ionen löst sich der Überzug besser auf als im Magen. Dort liegt im sauren Milieu das Protolysegleichgewicht vollständig auf der Seite der Carbonyl-Gruppen.

B1:
Strukturausschnitt des Lacküberzugs:

Methacrylsäure

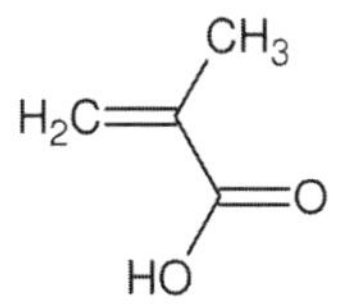

Ethylacrylat

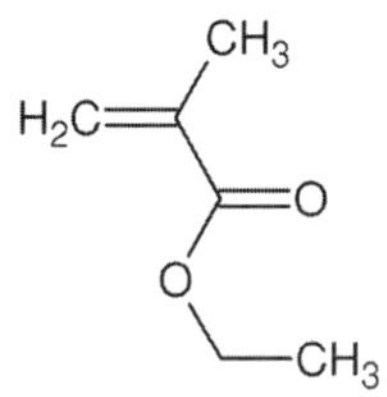

Lacküberzug

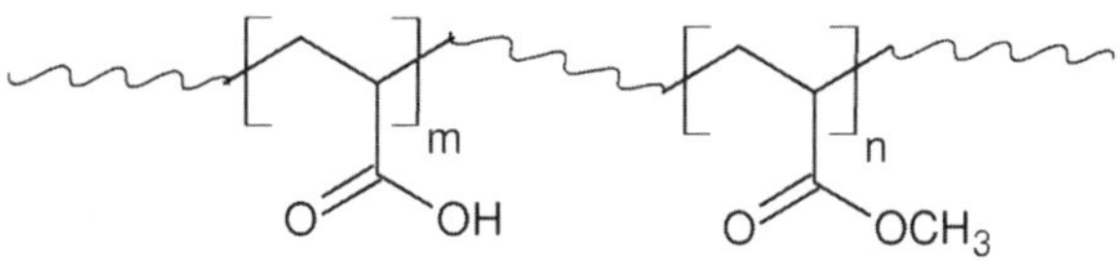

B2:
9,10,16-Trihydroxypalmitinsäure bzw. 9,10,16-Trihydroxyhexadecansäure bzw. Aleuritinsäure:

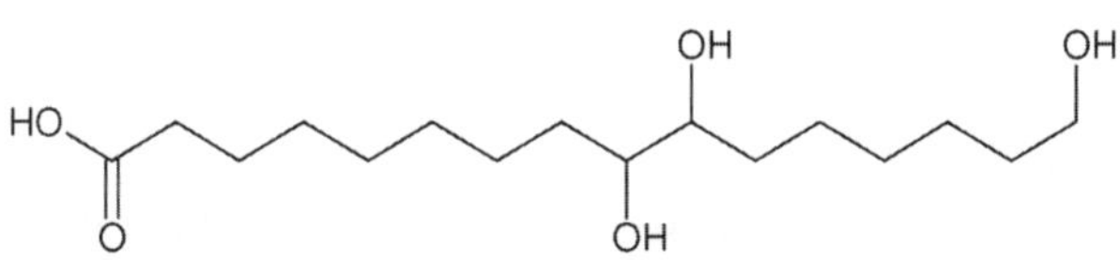

B3:
Die Copolymere lösen sich in Wasser, wenn die Carbonyl-Gruppen überwiegend als Carboxylat-Gruppen vorliegen. Denn durch die Ionen wird das Makromolekül so polar, dass es von Wasser-Molekülen hydratisiert werden kann.
Je nach Substituent protolysieren die Carboxylat-Gruppen unterschiedlich schnell, sodass es unterschiedliche „Löse-*p*H-Bereiche“ gibt. Für die Darreichung von Wirkstoffen können so gezielte Bereiche der Auflösung und damit der Wirkstofffreigabe synthetisiert werden.

B4:
Celluloseacetatphthalat (CAP) enthält viele Hydroxy-, Ester- und Carbonyl-Gruppen. Dieser organische Stoff wird in Wasser erst löslich, wenn möglichst viele Carbonyl-Gruppen als Ionen vorliegen, sich also durch Protolyse von Carboxylat-Gruppen gebildet haben, was oberhalb eines *p*H-Wertes von 5,8 der Fall ist.

A1-A3:
Eine Quelle für Informationsmaterial zu diesen Themen findet sich in: M. Petersen-Braun, U. Gessner (Hrsg.), Arzneimittel und Chemie, Institut für Didaktik der Chemie J.W. Goethe-Universität, Frankfurt a.M., Institut für Didaktik der Chemie Universität Kassel, Bayer Vital GmbH Consumer Care, Wissenschaftliche Abt. Köln, 2002.

A4:
Vitamin C dient als *Cofaktor* verschiedener Enzyme, die an der Biosynthese von z.B. Collagen und Neurotransmittern beteiligt sind. Es beeinflusst auch die Enzyme, die am Cholesterinabbau beteiligt sind.
Ascorbinsäure kann mit reaktiven Sauerstoffverbindungen wie Peroxo- oder Nitrosylradikalen (z. B. HOO·, NO·) reagieren und verhindert so die Schädigung des Organismus.
Bei Befall mit Bakterien kommt es zur vermehrten Bildung von Oxidantien wie Wasserstoffperoxid, welche die Bakterien abtöten. Diese Oxidantien können von Ascorbinsäure reduziert werden, sodass das umliegende Gewebe geschützt wird.

Seite 422 und 423

Auswertung b):
Superabsorbierende Polymere können ein Vielfaches ihres Gewichtes an Wasser aufnehmen und geben die aufgenommene Flüssigkeit selbst unter Druck nicht ab.

Auswertung c):
Die Wasser-Moleküle diffundieren wegen des osmotischen Gradienten in das Polymer hinein und hydratisieren die Carboxylat-Gruppen. Im Polymer sind mehr Ionen vorhanden als im umgebenden Wasser, sodass das System versucht, die Ionenkonzentration auszugleichen. Das Molekülgerüst dehnt sich so lange aus, bis die rücktreibenden elastischen Kräfte des Polymernetzes den Druck der einströmenden Wasser-Moleküle gerade kompensieren. Die Wasser-Moleküle werden durch Wasserstoffbrückenbindungen im Netzwerk festgehalten.

Auswertung d):
Bei Salzlösungen ist das Absorptionsvermögen geringer als bei dest. Wasser, da der Konzentrationsunterschied und damit auch der osmotische Gradient kleiner sind. Die

Kationen dringen in den gequollenen Superabsorber ein und können die Natrium-Ionen ersetzen. Im Gegensatz zu Kalium-Ionen können Calcium-Ionen Carboxylat-Brücken bilden (B6). Dadurch nimmt die Vernetzung im Polymer zu und das Ausdehnungsvermögen ab.

Auswertung e):
Für die Farbigkeit der Lösung sind einerseits die blauen Kupfer(II)-Ionen und andererseits die violetten Permanganat-Ionen verantwortlich. Die blauen Kupfer(II)-Ionen werden von den Carboxylat-Gruppen im Polymer durch Ionenbindung gehalten, weshalb die blaue Färbung durch Spülen mit dest. Wasser nicht auswaschbar ist. Die violetten, negativ geladenen Permanganat-Ionen lassen sich mit Wasser ausspülen, da sie im Polymer nicht durch Ionenbindung gehalten werden.

Auswertung f):
Das Quellvermögen nimmt zunächst mit steigendem *p*H-Wert zu, bei *p*H = 8 ist es maximal, danach nimmt es wieder ab.
In saurer Lösung ist das Quellvermögen sehr gering. Alle Carboxylat-Gruppen sind protoniert und liegen als Carbonyl-Gruppen vor und sind damit in Wasser nur wenig löslich. Bei *p*H = 8 ist das Verhältnis von Carbonyl-Gruppen zu Carboxylat-Gruppen optimal. Bei höheren *p*H-Werten nimmt das Quellvermögen wieder ab, da die Abstoßung zwischen den ausschließlich vorhandenen Carboxylat-Gruppen durch Gegen-Ionen kompensiert wird.
Der Überzug von Aspirin®protect ist in Säure unlöslich, da ebenfalls alle Carboxylat-Gruppen protoniert sind und als wenig lösliche Carbonyl-Gruppen vorliegen. Erst bei höheren *p*H-Werten und entsprechend vorhandenen ionischen Carboxylat-Ionen löst sich der Überzug in Wasser.

B1:
Eine Windel besteht aus drei Teilen:
- einem Innenvlies aus Polypropylen oder Polyester,
- einem Saugkissen und einer wasserundurchlässigen Außenfolie aus Polyethylen.
- Elastische Bündchen an den Beinen, Klettverschluss und Auslaufsperre am Bund vervollständigen den Aufbau.

Das Saugkissen nimmt den Urin auf und besteht aus Zellstoff-Flocken und Superabsorber.

B2:
Bei Zugabe einiger Tropfen Salzsäure nehmen die Carboxyl-Gruppen die Protonen auf. Bei Zugabe einiger Tropfen Natronlauge können die Carbonyl-Gruppen Protonen abgeben und die Hydroxid-Ionen neutralisieren. Beide Male wird die Säure- bzw. Basezugabe gepuffert.

B3:

Zur Deutung vgl. auch Auswertung e). Der gequollene Superabsorber ist bei Zugabe von Kupfersulfat-Lösung stärker geschrumpft als bei Zugabe von Kaliumpermanganat-Lösung, da das Kupfer-Ion entsprechend den Calcium-Ionen Quervernetzungen aufbauen kann, wodurch das Ausdehnungsvermögen abnimmt (vgl. auch B6).
Bei Kaliumdichromat-Lösung wird die Gelbfärbung der Lösung von den Dichromat-Anionen verursacht. Da diese nicht im Polymer gehalten werden, lassen sie sich ähnlich der violetten Permanganat-Anionen mit dest. Wasser ausspülen.

B5:

Der Gehalt an Superabsorber hat in den letzten Jahren stark zugenommen. Dadurch sind die Windeln für Babys angenehmer geworden:

- Sie sind dünner und leichter, da wesentlich weniger Zellstoff benötigt wird.
- Sie sind saugfähiger und laufen daher nicht so schnell aus.
- Sie geben die Flüssigkeit unter Druck nicht ab, dadurch bleibt der Popo in allen Lagen trocken.
- Sie halten auch einen großen Teil des Geruchs zurück, sodass das Tragen für alle Beteiligte angenehmer ist.

Alles zusammen trägt dazu bei, dass die Windel für Kinder nicht mehr als unangenehm empfunden wird. Daher wollen die Kleinkinder erst Monate später als früher die Windel endgültig aufgeben.

B6:

Da Aluminium-Ionen dreiwertige Ionen sind, können sie noch stärkere Quervernetzungen aufbauen, wodurch das Quellvermögen noch stärker als bei Zugabe von Calcium-Ionen verringert wird. Hinzu kommt aber ein weiterer Effekt: Da Aluminiumchlorid-Lösung sauer reagiert, wird damit das Quellvermögen noch weiter gesenkt.

A1:

Ein Schwamm gehört nicht zur Stoffgruppe der Superabsorber, da er aufgenommene Flüssigkeit unter Druck wieder abgibt.

A2:

In Cobaltchlorid-Lösung sind die positiv geladenen Cobalt-Ionen für die Rosafärbung verantwortlich. Da positive Ionen durch die Carboxylat-Gruppen im Polymernetz gehalten werden, lässt sich die Rosafärbung durch Spülen mit Wasser nicht entfernen. In Kaliumhexacyanoferrat-Lösung wird die Farbe durch die Anionen erzeugt, die sich wie Permanganat-Ionen auswaschen lassen.

Seite 424 und 425

Auswertung a):
Das Gemisch erwärmt sich etwas und erstarrt nach einigen Minuten zu einer klaren, farblosen Masse.

Auswertung b):
Radikalische Polymerisation:

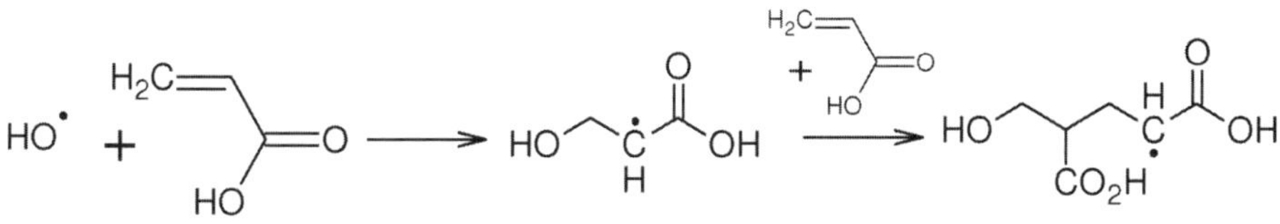

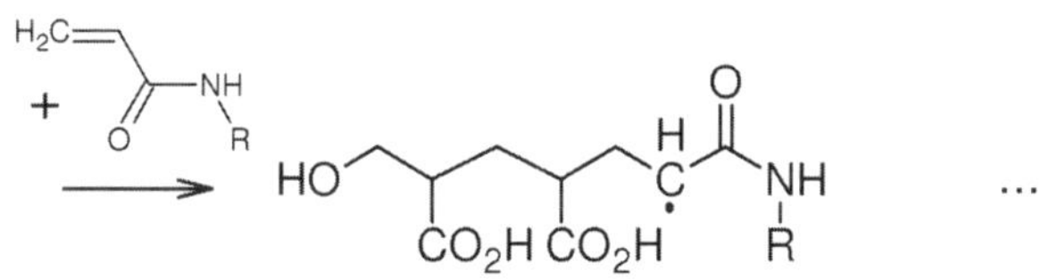

Auswertung c):
Bei V2 werden größere Mengen an Starter verwendet. Dadurch beginnt die Polymerisation aufgrund der hohen Konzentration an Radikalen an vielen Stellen gleichzeitig. Die Polymerketten werden kürzer und enthalten weniger Quervernetzungen.
Bei V3 werden größere Mengen an Quervernetzer eingesetzt. Dadurch kommt es zu einer stärkeren Ausbildung von Quervernetzungen.

Auswertung d):
Im zweiten Schritt der Reaktion wird ein Teil der Carbonyl-Gruppen deprotoniert, es bilden sich Natrium-Carboxylat-Gruppen.

Auswertung e):
Das Polymer mit vielen Quervernetzungen (V3) kann kaum Wasser aufnehmen, da sich das Polymer aufgrund der vielen Vernetzungen nur wenig ausdehnen kann. Das Polymer aus V2 hat eine hohe Quellfähigkeit. Aber das entstehende Gel ist instabil, da sich die kurzen, wenig vernetzten Ketten eher lösen und besser auseinanderdriften können.

A1:

Wasserdichte Nachrichtenkabel werden z.B. im/unter dem Meer verlegt. Dringt Wasser ein, quillt der Superabsorber auf, die Schadstelle wird abgedichtet und weiteres Vordringen des Wassers verhindert. Das Wasser wird gehalten.

A2:

Der Einsatz von Superabsorbern ist besonders bei groben Bodensubstraten wie Kies und Geröll sinnvoll, da hier das Wasser für die Pflanzen kaum gehalten wird. Gequollene Superabsorber halten das Wasser und geben es nur langsam an die Pflanzen ab.

A3:

Bei der Bepflanzung an Autobahnen werden die Superabsorber häufig eingesetzt, einerseits um Wasser auf schrägen Flächen besser zu konservieren, andererseits um den Pflegebedarf durch Personen zu minimieren, da die Flächen nur schwer erreichbar sind.

A4:

Die Spielzeugeidechse quillt in Wasser langsam auf, vergrößert ihr Volumen erheblich und bleibt im gequollenem Zustand stabil.

A5:

Weitere Anwendungsgebiete sind z.B.

- Absorptionsmittel beim Umgang mit wassergefährdenden Stoffen: Öle und organische Flüssigkeiten werden schnell aufgesaugt und können sicher entsorgt werden.
- Vlies zur Aufnahme von Flüssigkeiten: Werden Fleischstücke verpackt, kann man sie auf ein Vlies mit Superabsorbern legen. So können Flüssigkeiten aufgesaugt werden und richten beim Transport keine Schäden an.
- Spielzeug
- Hygieneartikel

Seite 426 und 427

A1:
Von Diammindichloroplatin(II) existieren zwei Stereoisomere (in diesem Fall sogar Diastereomere) mit unterschiedlicher Konfiguration:
cis-Diammindichloroplatin(II) und *trans*-Diammindichloroplatin(II).

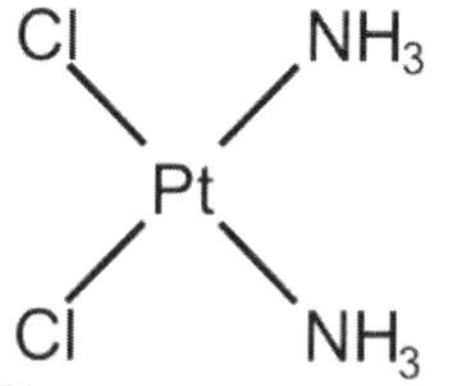

cis-Diammindichloroplatin(II)

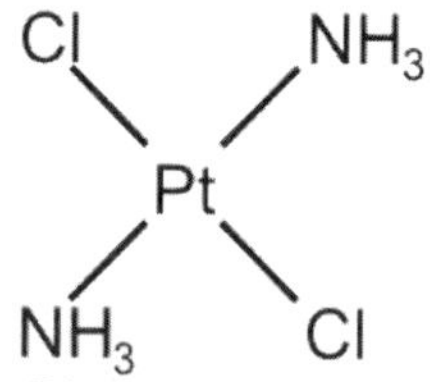

trans-Diammindichloroplatin(II)

A2:
In der Zelle wird durch Hydrolyse zunächst ein Chloro-Ligatoratom ausgetauscht. Dabei bildet sich *cis*-$[PtCl(NH_3)_2(H_2O)]^+$. Aufgrund der α-helicalen Kettenstruktur der DNA ist allein das *cis*-Isomer in der Lage, zunächst an prinzipiell alle vier DNA-Basen zu binden (siehe auch *Chemie 2000+*, S. 388, B1 und B2). Die Stickstoff-Ligatoratome der Nucleinbasen mit ihren freien Elektronenpaaren liegen so nebeneinander, dass zwei DNA-Basepaare nur in *cis*-Stellung koordiniert werden. Beim *trans*-Isomer würde eine Zweit-Substitution in *trans*-Stellung erfolgen müssen (*trans*-Effekt!). Dies ist aus sterischen Gründen jedoch nicht möglich.

A3:
Blei(II)-Ionen bilden im Vergleich zu Calcium-Ionen den stabileren Metall-EDTA-Komplex (vgl. Daten aus *Chemie 2000+*, S. 371, B3). Die Komplexbildungskonstante $K_{([Pb(EDTA)]^{2-})}$ ist mit 10^{18} größer als $K_{([Ca(EDTA)]^{2-})}$ mit $10^{10,7}$. In Konkurrenz stehen folgende Gleichgewichtsreaktionen:

$$(1)\ Pb^{2+} + H_2EDTA^{2-} \rightleftharpoons [Pb(EDTA)]^{2-} + 2\ H^+$$ und

$$(2)\ Ca^{2+} + H_2EDTA^{2-} \rightleftharpoons [Ca(EDTA)]^{2-} + 2\ H^+ .$$

Da die Komplexbildungskonstante von Reaktion (1) größer ist, verringert sich bei Komplexbildung von $[Pb(EDTA)]^{2-}$ die Konzentration an H_2EDTA^{2-} im Substrat. Dadurch wird das Gleichgewicht von Reaktion (2) nach dem Prinzip von LE CHATELIER nach links verschoben. Da davon auszugehen ist, dass CaH_2EDTA im Verhältnis zu den im Substrat aufgrund der Vergiftung befindlichen Blei(II)-Ionen (frei oder z.B. an S-Gruppen gebunden) medikamentös im Überschuss zugegeben wird, können Blei(II)-

Ionen gebunden in Form des stabilen $[Pb(EDTA)]^{2-}$ -Komplexes aus dem Körper über den Urin ausgeschieden werden.
Im Zusammenhang mit der Auflösung von Calciumoxalat-Nierensteinen mit Na_3HEDTA stehen folgende Gleichgewichtsreaktionen in Konkurrenz:

Das Lösungsgleichgewicht von Calciumoxalat lautet:

$$CaC_2O_4(s) \rightleftharpoons Ca^{2+}(aq) + C_2O_4^{2-}$$

$$(1)\, K_L = c(Ca^{2+}) \cdot c(C_2O_4^{2-}) = 10^{-8,07} \frac{mol^2}{L^2}$$

Das Komplexbildungsgleichgewicht von [Ca(EDTA)]2- lautet:

$$(2)\, Ca^{2+} + HEDTA^{3-} \rightleftharpoons [Ca(EDTA)]^{2-} + H^+$$

$$K_{[Ca(EDTA)]^{2-}} = 10^{10,7}$$

Da die Komplexbildungskonstante größer als das Löslichkeitsprodukt ist, werden dem Gleichgewicht (1) Calcium(II)-Ionen entzogen, so dass sich dieses Gleichgewicht nach rechts verschiebt. Das schwerlösliche Calciumoxalat löst sich auf. Auf diese Weise – sozusagen durch „gezielte Anwendung des MWG" – lassen sich Nierensteine bestehend aus Calciumoxalat mittels EDTA-Chelat-Therapie auflösen.

A4:
Analog den Kryptanden und Kronenethern (vgl. A5) werden beispielsweise Kalium-Ionen durch Liganden komplexiert, die als Carrier-Ionophore fungieren können. Ein solches Carrier-Ionophor wird beispielsweise von Valinomycin gebildet. Kalium-Ionen werden vom Liganden Valinomycin komplexiert, wobei die sechs Sauerstoff-Atome der Carbonyl-Gruppen aus Lactat und Hydroxyisovalerat als Ligatoratome fungieren (vgl. *Chemie 2000+*, S. 427, B4 und B3). Es bildet sich ein Chelat-Komplex, der nach außen eine unpolare Kohlenwasserstoffperipherie aufweist, die das Kalium-Ion „lipophilisiert". Dieser lipophile Chelat-Komplex ist nun in der Lage, durch die (lipophile) Lipiddoppelschicht zu diffundieren (vgl. B3). In der biochemischen, pharmazeutischen und medizinischen Forschung ist die Einschleusung von Wirkstoffen und Medikamenten durch Zellmembranen von großer Bedeutung. Die Aufklärung der Funktionsweise des Ionentransports durch Ionophore stellt in diesem Zusammenhang einen entscheidenden Meilenstein des Wissenschaftszweigs der Biochemie dar.
Kanalbildende Ionophore (beispielsweise Gramicidin A) durchspannen die Zellmembran mit einem Kanal, durch den Ionen diffundieren können. Zwei Gramicidin-Moleküle bilden über das Stickstoff-terminale Ende gebunden einen Kanal aus. Nach außen hat das dimere Molekül analog der Lipiddoppelschicht lipophilen Charakter. In das Kanalinnere sind Carboxy-Gruppen des Gramicidins gerichtet. Alkalimetall-Ionen

können diesen Kanal passieren, wobei sie von den hydrophilen Carboxy-Gruppen vorübergehend komplexiert werden. Die Bindungsstärke ist von der Ladungsdichte (Verhältnis von Ladung zu Radius) des Metall-Ions abhängig. Der Kanaldurchmesser führt zu einer ionenselektiven Membran. Ionenselektive Ionenkanäle spielen in vielen biochemischen Stoffwechselvorgängen der Zelle eine bedeutende Rolle.

Voraussetzungen für derartige Transportmechanismen sind

- große Bildungsgeschwindigkeit des Alkalimetall-Komplexes
- schneller Transport durch die Membran
- hohe Zerfallsgeschwindigkeit des Komplexes

Mit Kronenethern als Modellsubstanzen sind derartige Transportmechanismen an künstlichen Zellmembranen untersucht worden.

A5:

Kronenether sind makrocyclische Polyether, die aufgrund ihrer Konstitution im Zentrum des Ringes Metall-Ionen zu binden vermögen. Die Bezeichnung Kronenether wurde gewählt, weil alle Sauerstoffatome das Metall-Ion kranz- oder kronenartig umgeben und an der koordinativen Bindung des Metall-Ions beteiligt sind. Die Komplexe der Kronenether werden als Koronate bezeichnet. Kronenether haben zunächst für die Komplexierung von Alkalimetallen besonderes Interesse gewonnen. Prototyp für solche Verbindungen ist *18-Krone-6*, ein achtzehngliedriger Makrocyclus mit sechs Sauerstoff-Atomen, dem der systematische Name (IUPAC) *1,4,7,10,13,16-Hexaoxa-cyclooctadecan* zukommt.
Kronenether werden insbesondere als Modellsysteme für Alkalimetall-Carrier in der Membranchemie und in der Analytik beispielsweise zur selektiven Extraktion von Elementen eingesetzt, insbesondere von seltenen (Nebengruppen-)Elementen aus Meerwasser.

Kryptanden sind bicyclische Verbindungen aus Kohlenstoff, Stickstoff und Sauerstoff, teilweise auch Schwefel, die ähnlich wie Kronenether mit Alkali- und Erdalkalimetall-Ionen recht stabile Komplexe bilden können. Dabei werden die Metall-Ionen im käfigartigen Hohlraum der Ringverbindung eingeschlossen. Mittels solcher *Kryptate* (von *crypta* (griech.) = Höhle) lassen sich zahlreiche Alkalisalze in wenig polaren organischen Lösemitteln lösen. Prototyp für derartige Verbindungen ist z.B. Diazahexabicyclo-[8,8,8]hexacosan. Kryptate werden zur Trennung von Kationengemischen, zur Entwicklung von Ionenaustauschern, zur selektiven Extraktion von Elementen aus Salzlösungen und für Entgiftungsprozesse im menschlichen Körper verwendet.
„Das Ion muss in den Hohlraum passen“. Nach diesem Motto wurden zahlreiche Kronenether und Kryptanden synthetisiert, um durch Komplexbindung „lipophilisierte“

Metall-Ionen in bzw. durch unpolaren Medien (z.B. Benzin, Fette, Membranen) ein- bzw. durchschleusen zu können.

Als spezielle Kryptate sind die stabilen Komplexe anzusehen, die von dem fußballähnlichen Molekül mit der Formel C_{60}, den Buckminster-Fullerenen, beispielsweise mit Kalium gebildet werden. Das Zentralmetall-Ion wird vor der äußeren chemischen Umgebung verborgen.

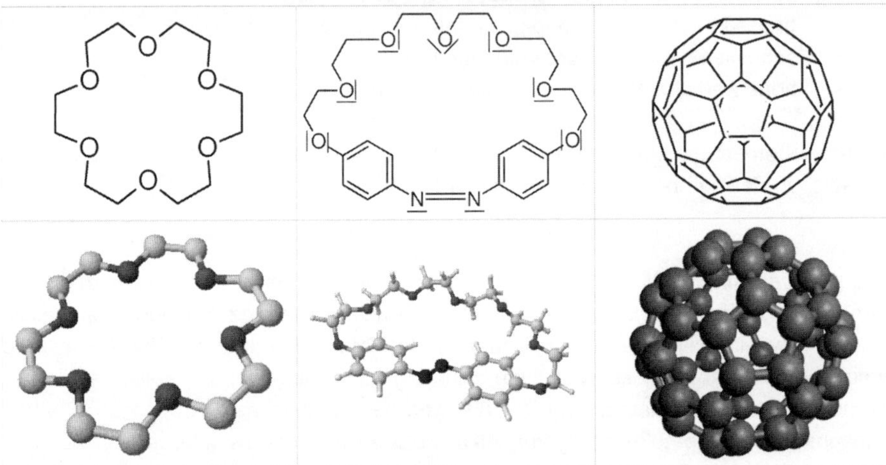

18-Krone-6	Kryptand	C_{60} Fulleren

Seite 430 (TRAINING)

A1:

a)

i) Addition von Brom an die Doppelbindungen der Fettsäuren:

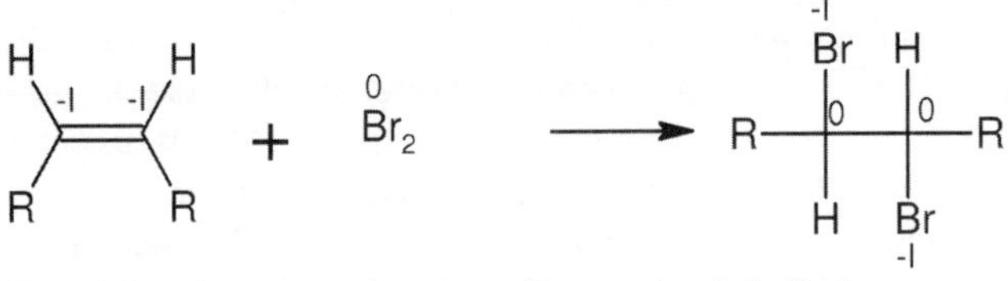

ii) Reduktion des überschüssigen Broms durch Iodid-Ionen:

$$\overset{0}{Br_2} + 2\,\overset{-I}{I^-} \rightarrow 2\,\overset{-I}{Br^-} + \overset{0}{I_2}$$

iii) Reduktion des überschüssigen Iods mit Thiosulfat-Ionen:

$$\overset{0}{I_2} + 2\,\overset{+II\ -II}{S_2O_3^{2-}} \qquad 2\,\overset{-I}{I^-} + \overset{+II/+III^*\ -II}{S_4O_6^{2-}}$$

* 2 S-Atome +II, 2 S-Atome +III

b)
Berechnung der Iodzahl IZ:

$$IZ = \frac{(V_B - V_H) \cdot 1{,}269\ ^g/_{mL}}{m(\text{Fett})}$$

V_H, V_B: Verbrauch an Thiosulfat-Lösung in Haupt- bzw. Blindversuch in mL
m(Fett): Einwaage der Fettportion in g

$$IZ = \frac{30\,\text{mL} \cdot 1{,}269\ ^g/_{mL}}{1\,\text{g}} = 38{,}07$$

c)
Die Iodzahl der Tafelmargarine ist deutlich geringer als die der Reformmargarine. Die Fett-Moleküle der Tafelmargarine können weniger Brom/Iod addieren als die der Reformmargarine, da sie weniger Doppelbindungen besitzen. Sie weist daher bei einer gegebenen Temperatur auch einen höheren Schmelzpunkt auf als die durch mehr ungesättigte Fettsäuren charakterisierte Reformmargarine. Die Reformmargarine ist daher weicher und streichfähiger.

A2:
a)
Kaliumpalmitat:
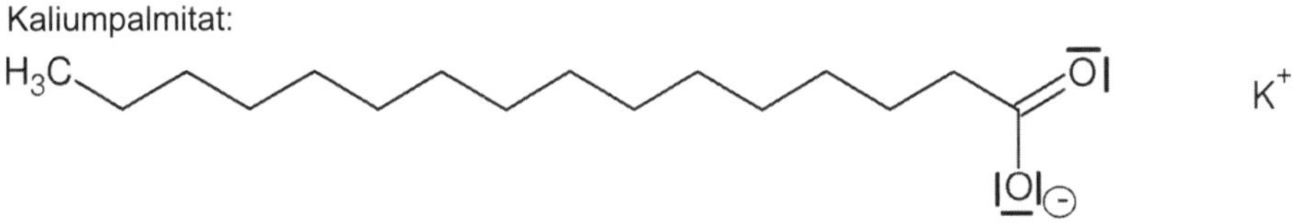

b)
Die Seifen-Anionen bilden mit den Calcium-Ionen des Wassers schwerlösliche Kalkseifen. Jeweils zwei Seifen-Anionen reagieren mit einem Calcium-Ion:

$$2\ CH_3(CH_2)_{14}COO^- \quad + \quad Ca^{2+} \quad \rightarrow \quad [CH_3(CH_2)_{14}COO^-]_2\ Ca^{2+}$$

Solange noch Calcium-Ionen in der Lösung sind, werden die zugegebenen Seifen-Anionen gebunden und können keine Schaumbildung verursachen. Erst wenn alle Calcium-Ionen als Calciumpalmitat ausgefällt sind, wird beim Schütteln eine Schaumbildung sichtbar. Aufgrund des verbrauchten Volumens an Seifen-Lösung, deren Konzentration bekannt ist, und des o.g. Stoffmengenverhältnisses lässt sich die Konzentration an Calcium-Ionen berechnen (s. u.).

c)

c(Kaliumpalmitat) = 0,1 $^{mol}/_{L}$
V(Probe) = 100 mL
V(Kaliumpalmitat) = 5 mL

Die Stoffmenge an Calcium-Ionen in der Probe errechnet nach:

$n(Ca^{2+}) = \frac{1}{2}\, n(\text{Kaliumpalmitat})$

bzw.

$c(Ca^{2+}) \cdot V(Ca^{2+}) = \frac{1}{2}\, c(\text{Kaliumpalmitat}) \cdot V(\text{Kaliumpalmitat})$

Die Calcium-Ionen-Konzentration beträgt also:

$$c(\text{Ca}^{2+}) = \frac{0{,}1\ ^{\text{mol}}/_{\text{L}} \cdot 5\,\text{mL}}{2 \cdot 100\,\text{mL}} = 0{,}0025\ ^{\text{mol}}/_{\text{L}}$$

A3:

In den Innenraum einer Micelle ragen die unpolaren Enden der Tensid-Teilchen (Anionen, Kationen oder Moleküle). Somit wirken innerhalb einer Micelle VAN-DER-WAALS-Kräfte. Die polaren Enden der Tensid-Teilchen ragen bei einer Micelle nach außen. Zwischen der Micelle und den Wasser-Molekülen der Umgebung können sich Wasserstoffbrückenbindungen ausbilden. Nichtionische Tensid-Teilchen besitzen in den polare Köpfen Ether- oder Hydroxy-Gruppen, kationische Tensid-Teilchen meist positiv geladene quartäre Stickstoff-Atome. Bei anionischen Tensid-Teilchen liegen Carboxylat-, Sulfat- oder Sulfonat-Gruppen vor. Entsprechend kann es bei anionischen Tensiden in saurer Lösung oder hartem Wasser zu schwerlöslichen Ionenverbindungen kommen.

A4:

Bei zu starker UV-Exposition tritt eine frühzeitige Hautalterung auf. UV-B- bzw. UV-A-Strahlung dringt ins Hautgewebe bis zur Lederhaut bzw. Unterhaut ein. Es kommt z.B. zur Bildung von freien Radikalen, die das Gewebe angreifen können. Auch die DNA kann bei zu intensiver UV-B-Exposition geschädigt werden.

Unter UV-Einstrahlung gerät zudem das collagenabbauende Enzym Collagenase außer Kontrolle. Das bei Hautalterung typisch faltige Aussehen der Haut ist darauf zurückzuführen, dass die Proteinfamilie der Collagene, die in Bindegeweben (z.B. Haut) vorkommen, nicht laufend erneuert wird.

A5:

Man muss trotz der ausschließlich im Schweiß nachweisbaren Urocaninsäure, die als körpereigener Sonnenschutz wirkt, auf künstliche Sonnenschutzmittel zurückgreifen, da die Urocaninsäure wasserlöslich ist und somit beim Baden abgespült wird.

Desweiteren schützt Urocaninsäure lediglich vor UV-B-Strahlen im Bereich bis ca. 300 nm, wobei sie sich von der *trans*-Form in die energiereichere *cis*-Form umwandelt. Um die Haut vor auftreffenden UV-Strahlen der Wellenlängen bis zu 400 nm zu schützen, sind künstliche Sonnenschutzmittel erforderlich.

A6:
Das Biomolekül Lecithin ist in der Schreibweise aus B5 von S. 369 ein Zwitterion mit zwei Fettsäure-Resten, also zwei hydrophoben Molekülresten. Lecithin ist damit keiner der Tensid-Gruppen von S. 367 zuzuordnen, denn unter diesen gibt es nur anionische, kationische und nicht-ionische Tenside. Darüber hinaus haben alle Tenside von S. 367 nur einen hydrophoben Molekülrest.

A7:
- Phenylalanin, Tyrosin, Histidin, Tryptophan
- Cystein, Methionin
- Asparaginsäure, Glutaminsäure
- Lysin, Arginin, Histidin, Tryptophan
- Serin, Tyrosin
- Glutamin, Asparagin

A8:
a)

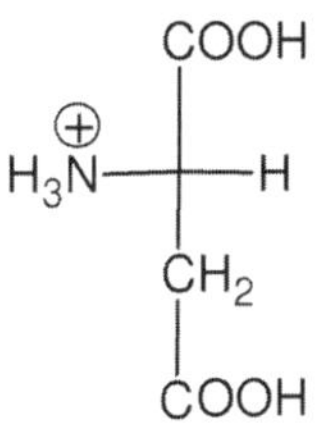
Kation

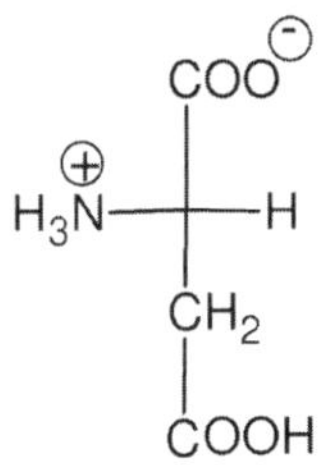
Zwitterion

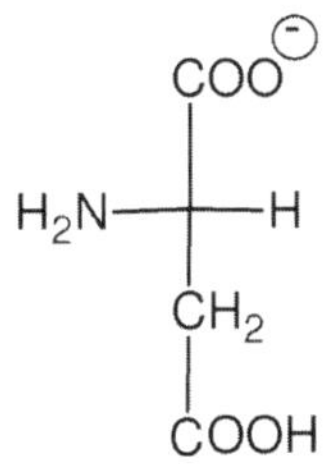
Monoanion

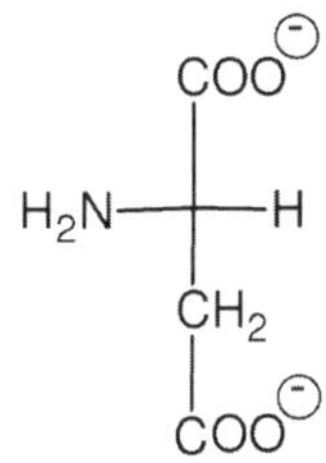
Dianion

b)

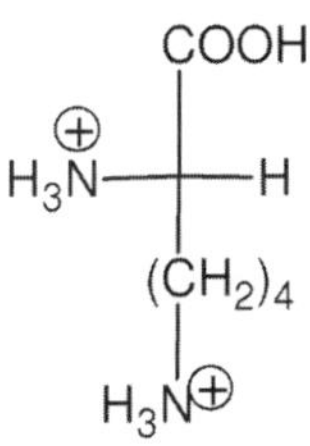
Dikation

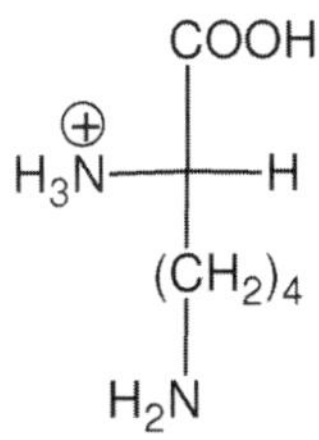
Monokation

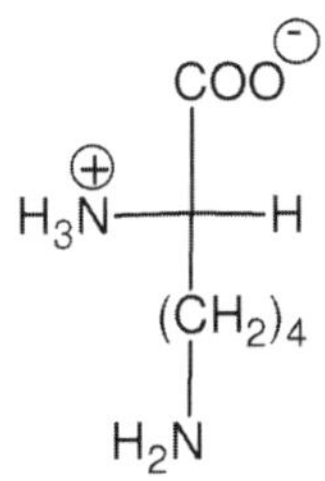
Zwitterion

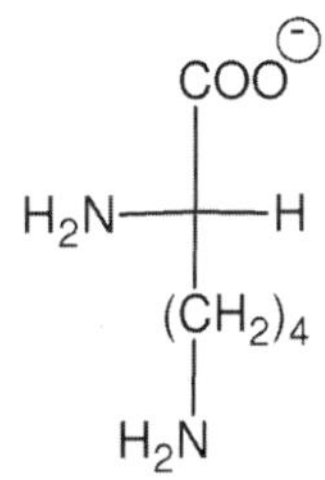
Anion

A9:
Aus den drei genannten Aminosäuren können 6 Tripeptide, in denen jede der drei Aminosäuren vorkommt, gebildet werden:

Glu-Gly-Cys, Gly-Cys-Glu, Cys-Glu-Gly, Gly-Glu-Cys, Glu-Cys-Gly und Cys-Gly-Glu. Da in der Aufgabenstellung keine Beschränkung auf Tripeptide angegeben ist, sind sehr viel mehr Peptide aus diesen drei Aminosäuren möglich.

A10:
Oxytocin hat die Sequenz (vgl. S. 383) Cys-Try-Ile-Glu-Cys-Pro-Leu-Gly

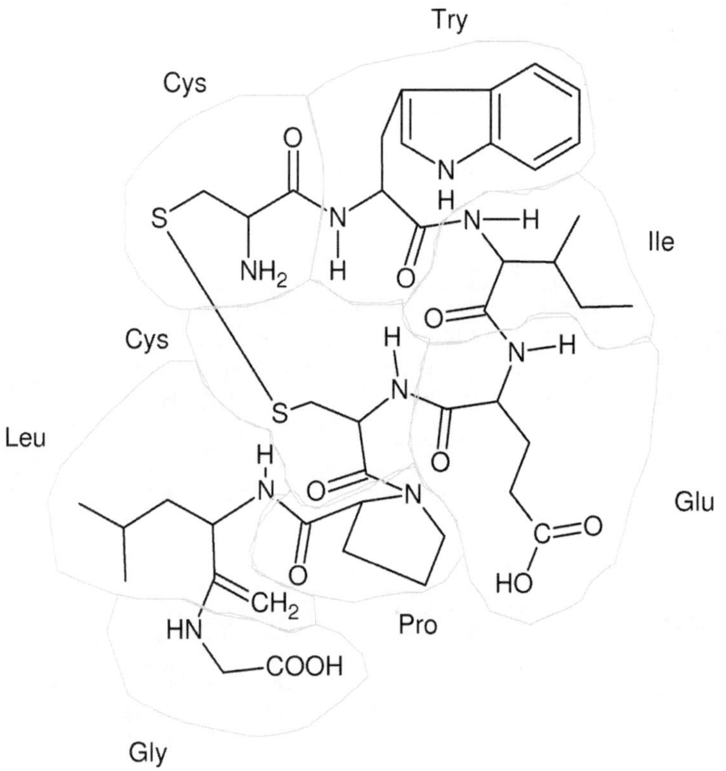

A11:

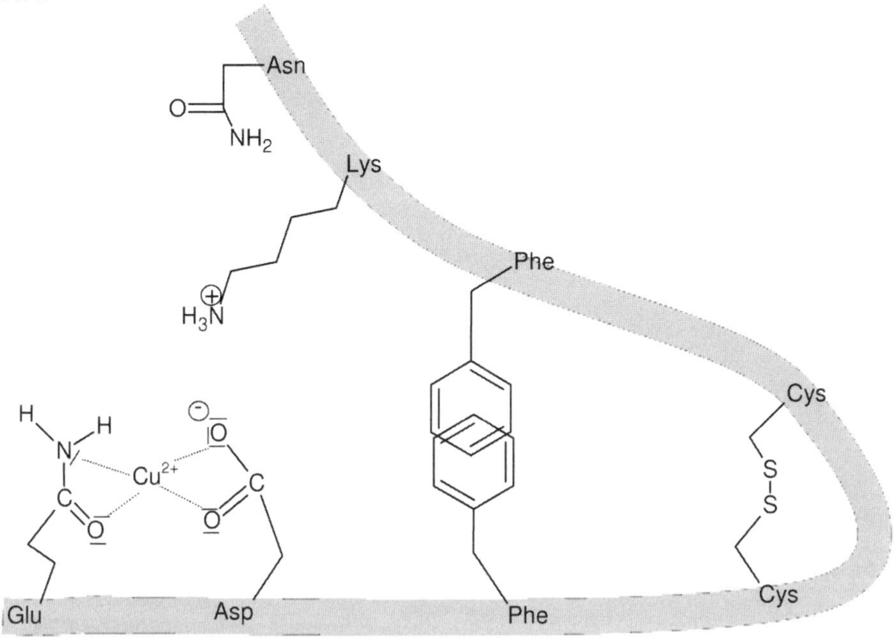

Erläuterung: Das Cu^{2+}-Ion lagert sich am Carboxylat-Ion des Asparagin-Rests an (elektrostatische Anziehung), drückt die Ammonium-Gruppe des Lysin-Restes weg und wechselwirkt mit der Amid-Gruppe von Glutamin.

A12:
Man muss wasserfrei arbeiten, um die Bildung von Kohlenstoffdioxid aus Diisocyanat und Wasser zu vermeiden (vgl. B4, S. 396). Denn dies würde zur Quellung des polymeren Materials führen.

A13:
Abkürzungen in der Tabelle: n = natürlich, s = synthetisch, mc = modifizierte Cellulose

Baumwolle	n	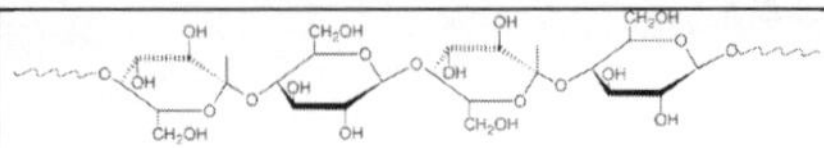	---
Schafswolle Naturseide	n n	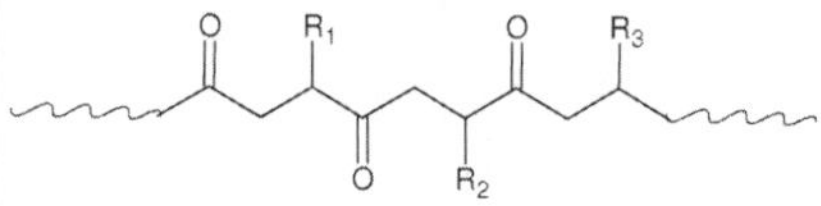	--- ---
Viskose (Regeneratfaser)	mc	- siehe Baumwolle	Aus Cellulosexanthogenat (S. 401)
Lyocellfaser (Regeneratfaser)	mc		Aus Cellulose-NMMO Lösung (vgl. S. 404)
Kupferseide	mc		Aus Cellulose-Kupfer-Komplex Lösung
Acetatfaser	mc	- siehe Baumwolle, OH-Gruppen teilweise in -O-COCH$_3$ umgesetzt	Aus Cellulose-Triacetat (S. 404)
Polyester , PET (Trevira®, Diolen)	s	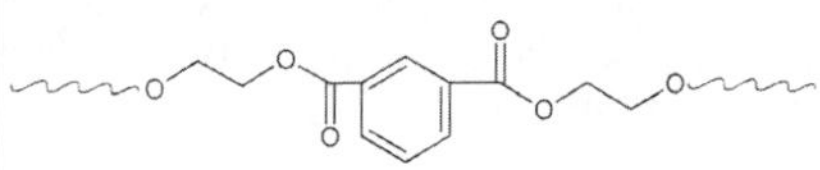	Polykondensation
Polyamid, Nylon 6.6	s	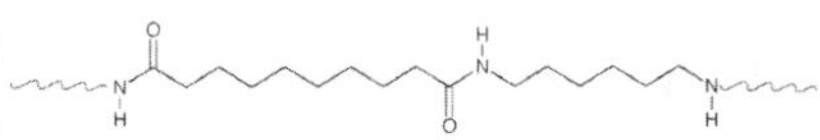	Polykondensation
Polyamid, Nylon 6 (Perlon®)	s	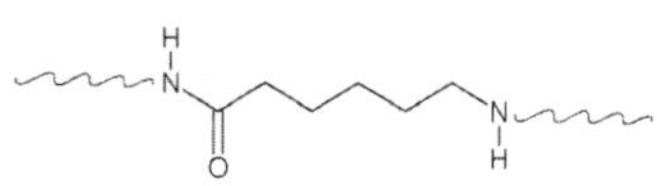	Polyaddition
Polyacrylnitril, PAN (Dralon®, Orlon®)	s	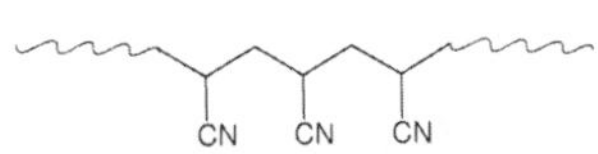	Polymerisation
Polyurethan, Elatan (Lycra®, Dorlastan®)	s	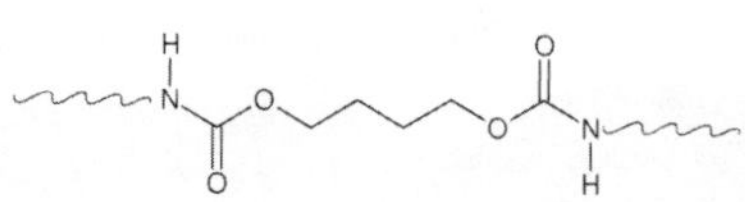	Polyaddition

A14:
In Salzsäure gelöste Sulfonamide reagieren mit Natriumnitrit zu Diazonium-Ionen:

$$RNH\text{-}O_2S\text{-}C_6H_4\text{-}NH_2 + NO_2^- + 2H^+ \rightarrow RNH\text{-}O_2S\text{-}C_6H_4\text{-}N^+{\equiv}N| + 2\,H_2O$$

Die Diazonium-Ionen können mit der Kupplungskomponente, *β*-Naphthol, reagieren, wobei *β*-Naphthol in α-Stellung elektrophil substituiert wird:

$$RNH\text{-}O_2S\text{-}C_6H_4\text{-}\underline{N}{=}N|^+ + C_{10}H_7OH \rightarrow RNH\text{-}O_2S\text{-}C_6H_4\text{-}N{=}N\text{-}C_{10}H_6OH + H^+$$

Durch Diazotierung und Azokupplung entsteht ein Produkt, das ein ausgedehntes System konjugierter Doppelbindungen besitzt und daher sichtbares Licht absorbieren kann und farbig erscheint.
Der Nachweis ist nicht spezifisch, da auch andere aromatische Amine entsprechend reagieren können.

A15:
Bei der Aushärtung findet eine radikalische Polymerisation statt.
Dibenzoylperoxid zerfällt in Startradikale:

$$C_6H_5-CO-O-O-CO-C_6H_5 \rightarrow 2C_6H_5-CO-\dot{O}$$

Die Kette setzt sich fort durch Reaktion mit Methacrylsäuremethylester:

$$C_6H_5-CO-\dot{O} + CH_2{=}C(CH_3)COOCH_3 \rightarrow$$

$$C_6H_5-CO-O-CH_2-\dot{C}(CH_3)(COOCH_3)$$

$$C_6H_5-CO-O-CH_2-\dot{C}(CH_3)(COOCH_3) + CH_2{=}C(CH_3)COOCH_3 \rightarrow$$

$$C_6H_5-CO-O-CH_2-C(CH_3)(COOCH_3)-CH_2-\dot{C}(CH_3)(COOCH_3)$$

Der Abbruch erfolgt durch Reaktion zweier Radikale miteinander.

A16:

Reaktionsgleichung: $SiCl_3H(g) + H_2(g) \rightarrow Si(s) + 3\,HCl(g)$

Schema zur Gewinnung von Solarzellen-Silicium:

HCl ist das Kopplungsprodukt beim CVD-Verfahren. Es wird wieder bei der Synthese von Trichlormethan eingesetzt: $Si + HCl + Cl_2 \rightarrow SiCl_3H$

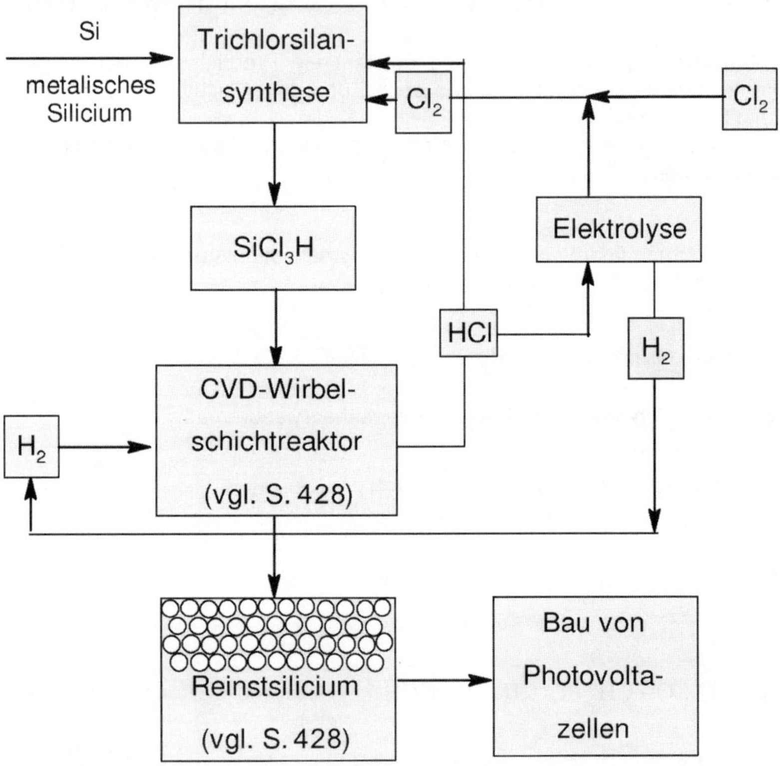

HCl wird teilweise elektrolysiert, um die benötigten Mengen an Cl_2 und H_2 bereitzustellen.